뇌과학 연구에 근거하여 영단어 암기법을 개발

닥터보카 저자
이홍재 교수

" 닥터보카를 처음 구상한 것은 1994년 학원에서 영어강의를 할 때였습니다. 비효율적인 영단어학습법으로 단순 암기하는 학생들을 접하면서, 뇌과학적으로 효율적으로 공부할 수 있는 어휘집을 만들어 영어를 배우고자 하는 누구에게나 도움이 되는 책을 만들고 싶었습니다. "

고려대학교 심리학 박사
- 1997-2001 고려대학교 생리심리학 전공박사
- 1989-1996 고려대학교 생리심리학 전공 석사
- 1985-1989 고려대학교 심리학 학사

고려대학교 지혜과학연구센터 교수
- MC스퀘어시스템이 학습에 미치는 효과 [대양합동㈜ 위탁연구]
- 향이 학습에 미치는 효과 [태극 IBA㈜ 위탁연구]
- 한약물의 치매치료 연구 [경희대 한방병원 공동연구]
- Virtual reality에 미치는 생리신호 연구 [KIST 공동연구]
- 뇌파와 학습연구 [창세㈜ 위탁연구]
- 뇌과학 연구 [Brain Tech.2 사업단 과제 [과학기술부]
- 언어와 자기공명영상 [삼성생명과학연구소]

뇌과학& 영단어암기 강의 및 연구경력 20년
- 2013 고려대학교 지혜과학연구센터 교수
- 2007 이홍재 언어기억 연구소 소장
- 2005-2007 서울사이버대학교 강사
- 2000-2003 고려대학교 강사
- 2001 서울대, 연세대 긴지과학 대학원 강의 / 삼성 임상의학 연구소 선임연구원 / 삼성 생명과학연구소 선임연구원
- 1993-1996 영어학원강사

닥터보카 200% 활용법

필수어휘 3000

닥터보카 필수어휘 맛보기 강의

닥터보카 터치암기앱 * 안드로이드 전용

어휘집 한 권을 끝까지 본 적 없는 분들이라면 특히 추천합니다

01 인강 수강으로 시너지 효과 UP

육각 기억법

인강을 통해 교수님께 직접 육각기억법을 배움으로써 더 효과적으로 영단어를 암기할 수 있습니다! 3배 더 빨리 외우고, 3배 오래 기억할 수 있는 9배의 효과를 누릴 수 있습니다.

터치암기앱

터치 암기앱을 제공함으로써 언제, 어디서나 편리하게 영단어를 암기하고 체계적으로 복습할 수 있도록 도와줍니다.

---

02 인강과 함께라면 한달 만에 3,000단어 마스터

한달 동안 오로지 단어에만 집중해보세요

30분/60강 × 1.2배속 수강 = 24시간

✓ 하루 2~3시간만 집중 투자해도 2주 안에 완강!
✓ 한달 안에 한번 더 반복하여 완전히 단어를 내 것으로 정복!!

---

03 닥터보카 수강후기

이미 많은 분들이 닥터보카의 효과를 경험했습니다

일반공통
처음은 맛보기 강의로 시작했는데, 맛보기 강의를 들으면서 강의가 재밌다고 생각했는데이때 들은 강의가 몇주 동안 잊혀지지 않는걸 보고 확실히 효과가 있구나 싶어서 확실히 듣기로 결정했어요들어보니 생각한것보다 더 좋아서 잘 듣고 있어요ㅎㅎ 좋습니다.
수강생 박*희

공무원
영어 단어 암기에 있어 획기적입니다. 강의를 다 듣고 나면 저절로 생각이 나더라구요..파생단어까지 정리되어 있어 아주 많이 도움이 되네요.선생님께서도 아주 세심하게 설명해주셔서 머리속에 쏙쏙 들어와요.
수강생 조*정

토익
선생님의 강의를 들으면 이미지를 통해서 단어의 위치를 기억해내게 되고책을 보지 않고도 복습이 가능해집니다. 정말 놀랍습니다. 결과는 토익 인생최고점인 토익 895점을 취득하며 성적향상에 도움을 받아기분이 좋습니다.
수강생 김*곤

수능
'단어는 원래 그렇게 외우는 거야, 반복!'이라고 하셨던 선생님과 친구들..그렇게 단어 외우기에 지쳐갔습니다.그러던 중에 만나게 된 닥터보캐 이젠 그렇게 외우지 않아도 하루 1번 강의듣고그림보면서 한번씩 써주어도 며칠 뒤에도 기억이 술술 납니다!
수강생 김*

닥터보카 3단계 커리큘럼

닥터보카는 뇌과학 이론에 기반한 3단계 커리큘럼으로 이루어져 있습니다

기초 D1 > 기본 D3 > 고급 D7

기초영단어 D1
자칭 영어 왕초보이신 분. 영어를 거의 처음 공부하시는 분들을 위한 기초 단어 강좌입니다. 가장 기초적이면서 반드시 필요한 단어만 1,000단어로 구성되어 있습니다.

20분/27강 · 정가 69,000원

기본영단어 D3
강좌의 다음 단계로, 필수 단어를 다룹니다. 영어단어의 근본이 되는 어원을 중심으로 단어를 한 데 묶어 학습하므로 영어단어의 큰 줄기를 세울 수 있는 강좌입니다.

30분/60강 · 정가 138,000원

고급영단어 D7
토플/유학/텝스 등 고급 언어시험을 목표로 하시는 분들이 최종적으로 섭렵해야 할 단어들을 다루고 있습니다. 기본영단어와 마찬가지로 어원을 중심으로 단어를 묶어 학습하게 됩니다.

45분/58강 · 정가 149,000원

> " 3단계 커리큘럼으로 일반영어 뿐만 아니라
> 모든 영어시험에 필요한 영어 단어를 **마스터**할 수 있습니다. "

- **D** 일반공통
- **V** 수능
- **G** 공무원
- **B** 초중등
- **T** 토익

닥터보카 4가지 테마특강

접사특강 S1
접두사와 접미사의 종류와 특성을 배우면 모르는 단어가 나왔을 때 대략적인 단어의 의미를 유추할 수 있습니다.

혼동어휘특강 S2
한국인이라면 누구나 공통적으로 헷갈려 하는 136개의 단어를 집중적으로 다뤄 시험에서 정확히 해석할 수 있도록 도와줍니다.

다의어특강 S3
필수 단어중에서도 가장 중요하며 주요한 다의어 150개를 다뤄 다양한 의미를 확실하게 정리해 줍니다.

전치사특강 S4
가장 기본적인 단어이지만 영문장에서 가장 많이 쓰이는 전치사를 정리하여 제대로 된 해석을 할 수 있도록 도와줍니다.

닥터보카 FAQ

Q 단어강의, 학습기 등 여러가지 방법들을 다 써봤는데, 닥터보카는 괜찮을까요?

시중의 단어강의나 학습기의 경우 주로 2가지 방법으로 단어를 암기하게 됩니다. 그림이나 스토리를 활용하는 암기법, 발음/뜻 힌트를 활용하는 암기법. 이렇게 한가지 방법으로 치우친 학습법으로 단어를 암기할 경우 순간적인 암기는 될지 모르나 장기기억으로 전환되기 어려워 효율적인 학습이라 할 수 없습니다. 닥터보카는 단어암기의 실질적 효과를 고려하여 이미지 연상법, 스토리텔링법, 연상힌트법, 어원학습법, 어휘확장법, 반복학습법의 6가지 방법을 종합적으로 적용합니다. 그렇기 때문에 3배 빠르고 3배 오래 기억될 수 있는 것입니다.

Q 문제 풀다가 모르는 단어가 나올 때마다 외우는 게 좋나요?

단어공부를 따로 하지 않고 독해, 문제풀이 등 실전 학습 과정에서 단어를 그때 그때 습득하는 방법과 단어부터 어느정도 끝내는 방법 두 방법 모두 장단점이 있지만 닥터보카에서는 최소한 시험이나 학습과정에서 반복적으로 등장하는 필수단어만큼은 본격적인 영어 학습을 시작하기 전에 먼저 따로 암기하시기를 권합니다. 기본적인 단어 정도는 알고 있어야 영어 학습에 속도를 낼 수 있고 흥미를 잃지 않을 수 있기 때문입니다.

Q 문법, 독해 강좌를 들으면서 단어강의를 병행할 경우 좋은 방법이 있을까요?

만약 단어로 인해 문법이나 독해의 진도를 나가는 데에 지장을 많이 받는다면 문법이나 독해강좌는 잠시 멈추고 한 달 정도는 기본필수단어를 집중적으로 공부해 끝내시길 추천드립니다. 단어는 100% '암기'에 달려있는 만큼, 꾸준한 학습과 꾸준한 복습이 반드시 필요합니다. 따라서 독해나 문법 등 다른 학습과 병행을 하는 경우, 단어공부 (닥터보카)만큼은 '매일' 강의 1강씩 수강 혹은 복습을 진행해주시기 바랍니다.

교재 구매고객 특별 할인쿠폰

**닥터보카 기본어휘 강좌
3일 무료 체험권**

VC791020WOE90834CQX7

이용방법

- 닥터보카 홈페이지 www.drvoca.com 에 접속 후, 회원가입을 해주세요.
- 닥터보카 사이트 내 '내강의실 〉 캐시 / 마일리지 / 쿠폰 / 체험권' 에서 체험권 등록하기 버튼을 클릭하여 위의 쿠폰번호를 적어주세요.
- 체험권 등록과 함께 **3일간** 수강기간 권한이 부여됩니다.

유의사항

- ID 하나만 1회만 등록 및 사용 가능합니다. * 중복 사용 불가능

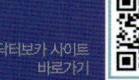

닥터보카 사이트
바로가기

3배 더 빨리 외워지고 3배 더 오래 기억되는 초단기 뇌과학 영단어 암기법

닥터보카
필수어휘 3000

PREFACE | 머리말

닥터보카,
어휘 학습의 뇌과학 시대를 열다.

   4차 산업혁명의 도래로 개인적으로나 국가적으로 기대 반 두려움 반으로 미래에 대한 대비를 하기 위해 여기저기 분주합니다. 그러면 이러한 4차 산업혁명이 가능하게 된 근본 기술은 어디에서 나온 것일까요? 그것은 바로 두뇌 과학에 대한 수많은 연구로 두뇌의 비밀이 서서히 드러나게 되었고, 이러한 두뇌를 닮은 시스템을 가능하게 한 컴퓨터 기술이 있었기에 가능하게 된 것입니다. 우리가 영어공부에 그토록 많은 에너지를 투자하고도 매번 제자리걸음을 걷는 초라한 결과를 맛 보아야 하는 이유는 뇌과학의 원리를 적용하지 않았기 때문입니다. 그러므로, 바로 이 뇌과학을 통해야만 어휘 학습의 혁명이 일어날 수 있습니다.

   필자는 그동안 뇌과학, 심리학의 기억 분야에 대한 이론 연구를 수행하고, 이러한 이론을 영어학습, 특히 영어 어휘 학습에 실질적으로 적용할 수 있는 최적의 방법을 강구해 왔습니다. 대부분의 어휘 학습 교재나 도구들을 분석해 보면 이론이나 적용 둘 중에 하나에 있어 취약한 것이 드러납니다. 기하급수적으로 증가하는 지식의 양으로 학습자가 무엇을 선택해야 할 지 어떻게 해야할 지 더 힘들어지는 세상으로 변하고 있습니다. 만약에 필자가 기존의 책들과 차별화되지 않은 그러한 책을 만들어 세상에 내놓는다면 이러한 학생들의 부담만 가중시키는 결과만 초래하게 될 것입니다.

    필자는 분명히 다른 책을 만들고 싶었습니다. 다른(Different) 책을 만들기 위해서, 어휘 분야에 있어 그동안 축적된 거의 모든 지식을 분석하였다고 자부합니다. 그리고, 저자가 갖고 있는 뇌과학적 지식과 새로운 아이디어를 독자가 잘 이해하고 활용할 수 있는 콘텐츠로 만들기 위해 가용한 모든 지혜를 이끌어내려고 마음을 기울였습니다. 그리하여 실질적인 결과를 도출할 수 있는 바로 그 길, 닥터보카가 탄생하게 되었습니다. 실질적인 결과, 그것은 '공부한 내용을 잊지 않고 오래 기억하는 것'입니다.

    영어 어휘 학습에 있어서의 뇌과학 원리는 닥터보카에 육각암기법으로 정리하여 소개하였는바, 이미지 연상법, 스토리 텔링법, 열쇠단어법(키워드법), 어원학습법, 어휘확장법 그리고 반복학습법이 그것입니다. 이러한 원리는 닥터보카의 마 지면, 매 단어마다 녹아있어 학습자들이 직접 경험할 수 있습니다. 그러면, 이러한 뇌과학 학습법을 통해 얻는 유익은 무엇일까요? 그것은 바로, 3배 빨리 기억하고 3배 오래 기억할 수 있다는 점입니다. 뇌과학적으로 단기 기억, 장기 기억에 엄청난 변화가 일어납니다.

    이제, 어휘 학습에 혁명이 일어날 것입니다. 직접 경험해 보십시오.

저자 이홍재

CONTENTS | 목차

ROOT A-C

- 001 알카에다의 9.11 테러 · 012
- 002 미국, 테러와의 전쟁 · 014
- 003 고산부족의 성인식 · 016
- 004 엔과 자동차의 발전 · 018
- 005 개교기념일 · 020
- 006 도자기포, 거 예술이네! · 022
- 007 코스모스 피어있는 우주 · 024
- 008 어디 audi서 들리니? · 026
- 009 도로의 독재자 · 028
- 010 의적 로빈 훗 · 030
- 011 황야의 무법자 1 · 032
- 012 황야의 무법자 2 · 034
- 013 페니실린의 발견 · 036
- 014 지금 국회에선… · 038
- 015 장난꾸러기 대장 · 040
- 016 날씨 던지기 · 042
- 017 사막의 캐리어 · 044
- 018 사막의 카라반 · 046
- 019 보카 축구단 · 048
- 020 B인지 13인지 · 050
- 021 보장이 확실한 종신보험 · 052
- 022 아이스크림의 변신 · 054
- 023 악! 쿵! · 056
- 024 알렉산더와 고디안 매듭 · 058
- 025 환경보호운동단체 · 060
- 026 문명화 도시 · 062
- 027 내 마음은 산으로 기울었어 · 064
- 028 핸드폰 떠가네 · 066
- 029 이러다 압사 당하겠네 · 068
- 030 재개발 보상한다더니 … 1 · 069
- 031 재개발 보상한다더니 … 2 · 070
- 032 프로크루스테스의 침대 · 072
- 033 Core Ngrato 무정한 마음 · 074
- 034 아인슈타인, 나도 몸짱 · 076
- 035 쉰들러리스트 1 · 078
- 036 쉰들러리스트 2 · 080
- 037 지금은 예배중 · 082
- 038 수산 시장 경매 · 084
- 039 식민지 경작 · 086
- 040 병원 1 : 119 구조 · 088
- 041 병원 2 : 간호사 · 090

ROOT D-F

- 042 흥부가 기가막혀 · 092
- 043 무명작가 성공일화 1 · 094
- 044 무명작가 성공일화 2 · 096
- 045 베니스의 상인 1 · 098
- 046 베니스의 상인 2 · 100
- 047 의심, 두마음을 품는 것 · 102
- 048 듀스네 집 · 104
- 049 오리 공작 납치 사건 · 106
- 050 과학 기술 개요 · 108
- 051 E=MC4? · 110
- 052 스승의 날 · 112
- 053 태교동화 · 114
- 054 천사와 악마의 담판 · 116
- 055 십자가에 달린 예수 · 118
- 056 잘못했어 · 120
- 057 이 몸이 죽고 죽어 · 121
- 058 환상의 무대 · 122
- 059 지하철 1 : 가짜 결혼식 · 124
- 060 지하철 2 : 잡상인 · 126
- 061 지하철 3 : 꼴불견 · 128
- 062 MT 가자 · 130
- 063 MT, 야 신난다 · 132
- 064 난장판 미식축구 · 134
- 065 종전(終戰)의 주역, 아세톤 · 136
- 066 나일강의 범람 · 138
- 067 이집트 노예 생활 · 140
- 068 개작 흥부놀부전 · 142
- 069 한 우물을 파라 · 144
- 070 나무 인간 앤트 · 146

ROOT G-L

- 071 공룡의 발생 1 · 148
- 072 공룡의 발생 2 · 150
- 073 음식물 소화 과정 · 152
- 074 결혼 식장 · 154
- 075 6·25 전쟁 · 156
- 076 앞으로 앞으로 · 158
- 077 휴전 협정 체결 · 160
- 078 우리의 스윈은 통일 · 162
- 079 그래픽 · 164
- 080 아저씨의 장례식 · 166
- 081 사랑의 해비타트 운동 · 168
- 082 유산 싸움 · 170
- 083 보카 병원 · 172
- 084 나홀로 섬에 · 174
- 085 일방통행 길의 깡패 · 176
- 086 판사 日, 저지하시오 · 178
- 087 니들이 인생을 알아? · 180
- 088 떴다, 노털 선생님 · 182
- 089 삼송 – 조요타 합작 · 184
- 090 뽀빠이 힘 자랑 · 186
- 091 농구 1 : 연습 · 188
- 092 농구 2 : 내다리 내놔 · 190
- 093 농구 3 : 코치 선거 · 192
- 094 호적맨 살려주세요 1 · 194
- 095 호적맨 살려주세요 2 · 196
- 096 황산벌 전투 · 198
- 097 택배 집하장 · 200
- 098 열강하는 선생님 · 202
- 099 브로드웨이 공연 · 204

ROOT M-O

- 100 노사협탁 · 206
- 101 정이품승 · 208
- 102 다윗과 골리앗 · 210
- 103 고려왕술 · 212
- 104 의약분듭 · 214
- 105 전우의 기념비 · 216
- 106 전쟁 기념관 견학 · 218
- 107 벼룩의 간 빼먹기 · 220
- 108 차원 측량하기 · 222
- 109 라이온 킹 · 224
- 110 걸리버 여행기 소인국 1 · 226
- 111 걸리버 여행기 소인국 2 · 228
- 112 오~ 기적이야 · 230
- 113 선교사 선발 · 232
- 114 선교사 파송 · 234
- 115 선교사 열정 · 236
- 116 모터쇼 · 238
- 117 FTA 반대 시위 · 240
- 118 철새는 날아가고 · 242
- 119 키쿠츠 공동체 · 244
- 120 헌혈, 사랑의 실천 · 246
- 121 통그길, 껌 묻었어? · 247
- 122 인생의 산을 넘어라 · 248
- 123 돈다, 돌아 · 249
- 124 우량아 유니버스 선발대회 · 250
- 125 이게 머지? 해저 2만리 · 252
- 126 팔레스타인 가자 지구 · 254
- 127 방송사고 · 256
- 128 안팎의 혁신 바람 · 258
- 129 앤 설리반 · 260
- 130 에델바이스 · 262
- 131 안경 고르기 · 263
- 132 짜장면 시키신 분 · 264
- 133 어! 애버리진 말어 · 266

ROOT P-Q

STORY
- 134 아빠 손잡고 · 268
- 135 골프, 준비 됐나요? · 270
- 136 동갑내기 골프하기 · 272
- 137 타이어 씹는 느낌이에요 · 274
- 138 인종차별 백화점 · 276
- 139 아파트 파티 · 278
- 140 음주단속, 무사통과? · 280
- 141 딱 걸렸네 · 282
- 142 마지막 잎새 · 284
- 143 애국자 안중근 · 286
- 144 존슨씨의 탐험일지 · 288
- 145 킹콩을 격퇴하라 · 290
- 146 절박한 독립 · 292
- 147 국채보상운동 · 294
- 148 인라인 스케이트 경연대회 · 295
- 149 국방 실험실 · 296
- 150 선착순 · 298
- 151 꺄악! 팔뚝 오빠! · 300

STORY
- 152 치과 · 302
- 153 블랑카 취업 성공기 1 · 304
- 154 블랑카 취업 성공기 2 · 306
- 155 메트로폴리스 · 308
- 156 팝 불러 유세장 · 310
- 157 부산한 항구 · 312
- 158 괴물 1 · 314
- 159 괴물 2 · 316
- 160 폭군 네로황제 · 318
- 161 노예상인 · 320
- 162 반지 원정대 · 322
- 163 자동차 노조 진압 1 · 324
- 164 자동차 노조 진압 2 · 326
- 165 제일초등학교 학예회 · 328
- 166 과외, 2% 부족해요 · 330
- 167 실연의 아픔 · 332
- 168 정경유착 · 334

ROOT R-S

STORY
- 169 아리랑 목장의 습격 · 336
- 170 카레의 황금비 · 338
- 171 족구 대회 · 340
- 172 활쏘기 대회 · 342
- 173 대지진 · 344
- 174 똥 아줌마의 도약 · 346
- 175 나의 병영일기 · 348
- 176 개미의 전쟁 · 350
- 177 세기의 재판 1 · 352
- 178 세기의 재판 2 · 354
- 179 동물원 아르바이트 · 356
- 180 사무실 진풍경 · 358
- 181 아들 찾아 사막으로 · 360
- 182 박물관 유물 지키기 · 362
- 183 대통령 집무실 · 364
- 184 정부 보조로 재건의 기회를! · 366
- 185 위기의 바다 표범 · 368
- 186 사회학 협회, 어서 오셔 · 370
- 187 솔로의 세레나데 · 372
- 188 꼴초에서 수도사로 · 374
- 189 춘향이의 수절 · 376
- 190 암행어사 출두야! · 378
- 191 교수님, 눈치보여요 · 380

STORY
- 192 지혜에 대한 사랑 · 381
- 193 여행 – 대기실 · 382
- 194 여행 – 검열 · 384
- 195 여행 – 면세점 · 386
- 196 여행 – 기내 · 388
- 197 여행 – 방문 · 390
- 198 지구는 내 손 안에 있소이다 · 392
- 199 에디슨의 열망 · 394
- 200 위문 편지 · 396
- 201 세종대왕과 훈민정음 · 398
- 202 뿌리깊은나무 · 400
- 203 집현전 · 402
- 204 자유 여신상, 63빌딩 방문 · 404
- 205 경마장 매점 · 406
- 206 경마장 배팅 · 408
- 207 미운 오리, 똥침에 날다 · 410
- 208 불멸의 이순신 · 412
- 209 두발규제 · 414
- 210 건설 산업현장 · 416
- 211 불량 영사 퇴출작전 1 · 418
- 212 불량 영사 퇴출작전 2 · 420
- 213 면접 시험을 잡아라 · 422

ROOT T-W

STORY
- 214 에일리언 지구침공 · 424
- 215 에일리언 섬멸 대작전 · 426
- 216 최후의 심판 · 428
- 217 테일러, 이제 봉합하게 · 430
- 218 고시생 남편 · 432
- 219 아빠, 힘내세요 · 434
- 220 고시 합격 · 436
- 221 쏴! 이 물총으로 · 438
- 222 한국 은행 금고 털이 · 440
- 223 수학여행, Love me tender · 442
- 224 수학여행, 텐트치기 · 444
- 225 사이버 테러 · 446
- 226 지금 저 중해에선… · 448
- 227 알개시더 잔혹사 · 450
- 228 너희당 경선 콘테스트 · 452
- 229 십자군 전쟁 · 454
- 230 놀람 교향곡 · 456
- 231 별주부전 – 토끼 고문전 · 458
- 232 순대도둑이야! · 460
- 233 우리 배추는 좋은 것이여 · 462

STORY
- 234 한청 조약 · 464
- 235 나라파는 매국노 · 466
- 236 로마의 공물 징수 · 468
- 237 유니온 잭 · 470
- 238 영업제로 게임지존 · 472
- 239 고래의 가치 · 474
- 240 우리 둘이 집에 · 476
- 241 군바리의 복수 · 478
- 242 산타클로스 총회 · 480
- 243 산타어드벤처 · 482
- 244 눈물 도는 보카 유격장 1 · 484
- 245 눈물 도는 보카 유격장 2 · 486
- 246 갈라진 홍해 · 488
- 247 오빠 100점 맞아와 · 490
- 248 칭찬하는 선생님 · 492
- 249 목소리 높이는 선생님 · 494
- 250 해와 바람 · 496
- 251 신혼여행에 무슨 날벼락 · 498
- 252 평강 요새를 사수하라 · 500
- 253 왕의 사위 · 502

CONSTRUCTION | 닥터보카 구성과 특징

01
스토리텔링

수많은 단어의 뜻을 아무런 맥락없이 개별적으로 외우고 있나요? 여러 개의 단어 사이에 관계성을 부여하여 하나의 스토리로 묶으면 단어가 쉽게 암기되고 기억에 오래 남습니다. 3천여개의 단어를 253개의 재밌는 스토리로 정복해 보세요!

02
보카툰 이미지

인간 기억의 65% 이상을 차지하는 시각! 구체적인 그림을 통해 입력된 정보는 단순 텍스트로 입력된 정보보다 장기 기억으로 전환될 가능성이 훨씬 높습니다. 닥터보카의 보카툰은 암기에 최적화된 전략적 이미지 설계를 통해 만들어졌습니다.

03
연상 힌트

아무리 해도 단어가 외워지지 않는다면 연상 힌트를 보세요! 철자와 음운으로 단어를 연상시켜줍니다.
연상 힌트를 생각하면서 소리 내어 발음하다 보면 저절로 외워질 수 있습니다.

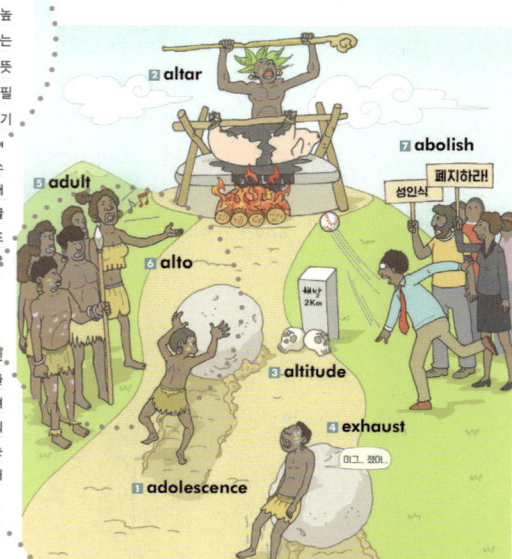

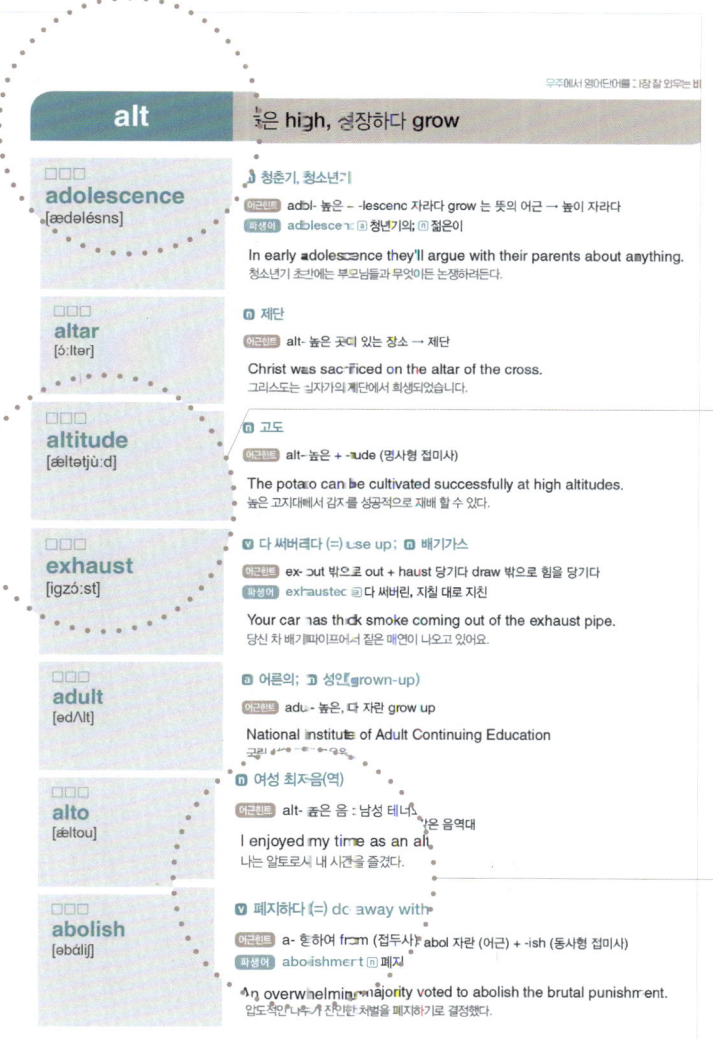

04 어근 학습법

어근의 뜻 〉 어근에서 파생되는 단어 순서로 페이지가 구성되어 있습니다.
어근의 뜻을 알고, 파생된 단어를 외우면 좀 더 빠르게 단어를 이해할 수 있습니다. 또 어근이 같아서 비슷하게 생겼던 단어들을 헷갈리지 않고, 분별력 있게 외울 수 있습니다.

05 복습 체크란

단어를 오래 기억하기 위해서는 복습이 필요합니다. 복습을 얼마나 했는지 잊어버리지 않고 한눈에 보기 위해 복습 체크란을 준비했습니다.
복습 체크란의 세 번째까지 모두 체크해 보세요!

06 마무리 암기 TIP

마무리 암기TIP으로 세가지를 제시해줍니다!
첫번째, 어근 힌트를 통해 이 단어가 어떻게 의미를 가지게 되었는지 알려줍니다.
두번째, 파생어를 알려줌으로써 어휘를 좀 더 확장시킵니다.
세번째, 실제로는 어떻게 쓰일 수 있는지 예시를 보여줌으로써 이해를 도와줍니다.

3배 더 빨리 외워지고 3배 더 오래기억되는
초단기 뇌과학 영어단어 암기비법

닥터보카
필수어휘 3000

STORY 01
ROOT A
알카에다의 9.11테러

💬 STORY

오사마 빈 라덴이 미국에 대항하는 행동 action을 하도록 군중들을 선동했다. 9.11 테러가 일어날 당시 폭발 현장에서 심한 고통 agony중에 있는 사람들 사이에서 빠져나오는 한 남자가 TV 뉴스에 방송되었다. 그 뉴스를 보고 있던 식당의 손님들은 배우 actor가 연기하는 것으로 생각하며 그 뉴스가 정확한 exact 뉴스인지 의심했다. 카운터에 앉아 있는 여직원은 믿을 수 없는 실제의 actual 사건에 충격을 받아 높아진 혈압을 떨어뜨리고자 counteract 혈압약을 먹었다.

💡 연상 HINT

① action
오사마 빈 라덴이 미국에 대항하는 행동action을 하도록 손(-tion)을 들어 선동한다.

② agony
한 사람이 심한 고통 agony을 느끼며 건물에서 도망쳐 나오며 소리를 지른다. '아고 (ago-) 죽겠구먼. 니(-ny)는 괜찮냐?'

③ actor
식당에서 식사를 하던 사람은 이 뉴스에 나오는 장면이 액션 영화의 한 장면으로 착각하고, "저 배우 actor 누구지? 못 본 사람인데"라고 말한다.

④ exact
그 친구는 '저거 정확한 exact 방송 내보내는 거야?'라고 묻는다. ex-는 '밖으로'라는 뜻의 접미사이다. 공중파를 타는 내용은 정확한 것을 다루어야지 그렇지 않으면 큰 문제가 생길 수 있다.

⑤ actual
여직원은 얼(-al)굴이 상기되어 '믿을 수 없는 실제의 actual 사건이야'라고 말한다.

⑥ counteract
이 여직원은 충격을 받아 심장이 두근거려 혈압이 급격하게 올라간다. 그래서 혈압을 떨어뜨려 중화시키려고 counteract 약을 먹고 있다. 카운터 (counter-)에서 먹는다고 소리 힌트를 떠올리면 좋겠다.

act · ag 행하다 do

action
[ǽkʃən]

n 행동

어근힌트 act- 행동하다 + -tion (명사형 접미사)
파생어 act n 행위 v 행동하다 active a 활동적인 activity n 활동 inactive a 활동하지 않는 inactivity n 무활동

What is the actual cost of making the product?
제품을 만들기위한 실제 비용은 얼마입니까?

agony
[ǽgəni]

n 심한 고통

어근힌트 agon- 고통, 분투, 움직이다 + -y (명사형 접미사)

The thrill of victory, and the agony of defeat.
승리의 스릴과 패배의 고통

actor
[ǽktər]

n 배우

어근힌트 act- 행동하다 + -or (명사형 접미사 : 행위자)
파생어 actress n 여자 배우

How much money does an actor make a year?
배우는 1년 동안 얼마 돈을 벌지?

exact
[igzǽkt]

a 정확한 (=) correct

어근힌트 ex- 밖으로(접두사) + -act 행동하다
파생어 exactly ad 정확히 exactness n 정확함

This map can show the exact location of the town.
이 지도는 마을의 정확한 위치를 보여줄 수 있다.

actual
[ǽktʃuəl]

a 현실의

어근힌트 act- 행동하다 + -ual (형용사형 접미사)
파생어 actually ad 실제로

He will help you take action to overcome your fear.
그는 당신의 두려움을 극복하기위한 행동을 취할 수 있도록 도와 줄 것입니다.

counteract
[kàuntərǽkt]

v 거스르다, (약, 효력 등을) 중화하다

어근힌트 counter- 반대의, 거꾸로 (접두사) + -act 행동하다
파생어 counteraction n 훼방, 중화 작용

Here are some drugs to counteract the effects of alcohol.
여기에 알코올의 영향을 막는 약물들이 있다.

STORY 02 미국, 테러와의 전쟁

💬 STORY

알 카에다의 테러공격에 대해서 미국 국회는 애국 법을 제정하기로 enact 결정한다. 당시의 부시 대통령은 테러에 반응해서 react '테러와의 전쟁'을 선포했다. 그런데, 이 세기의 사건이 자작극이라는 비화가 항간에 나돌기도 한다. 미국 국방부 장관은 무기 제조회사인 유나이티드 디펜스 United Defense 회사 사장과 친구인데 무기를 팔아 서로 이득을 보려고 한 것일 수도 있다고 한다. 국방장관과 이 사장이 서로 비밀리에 상호작용 한다 interact. 국방부는 대리인 agent 을 시켜서 이 회사와 거래하도록 transact 주선한다.

💡 연상 HINT

① **enact**
미국 국회가 애국 법을 제정하는 enact 법안을 통과시킨다. act는 행동하게 만드는 것이 법이므로 법이라는 뜻도 있다.

② **react**
부시 대통령은 엄청난 이들의 테러에 반응하여 react 테러와의 전쟁을 선포한다.

③ **interact**
국방부 장관과 친구 사이인 유나이티드 디펜스 회사 사장은 서로 간에 inter 이익을 주고받으려고 상호작용한다 interact.

④ **agent**
미 국방부는 대리인(에이전트) agent을 시켜 음모를 꾸민다.

⑤ **transact**
국방부의 대리인은 이 회사와 비밀리에 거래한다 transact.

act · ag · ig 행하다 do

enact
[inækt]

v ~을 법률로 제정하다

어근힌트 en- 만들다 make (접두사) + act 행동하다, 법(法) → (법률을) 제정하다.
파생어 enactment ⓝ (법률) 제정

Both houses of Congress must vote to enact a law.
의회의 양원은 법을 제정하기 위해 투표해야합니다

react
[riækt]

v 반응하다

어근힌트 re- 뒤로, 다시, 되갚아 (접두사) + act 행동하다 → 반응하다
파생어 reaction ⓝ 반작용, 반응

The wise way to react is to confront the problem with realistic plans.
현명한 대응 방법은 현실적인 계획으로 문제를 해결하는 것입니다.

interact
[íntərækt]

v 서로 작용하다

어근힌트 inter- 서로, 사이의 (접두사) + act 행동하다
파생어 interaction ⓝ 상호 작용, 대화, 접촉

Lack of self-confidence can make it really hard to interact with people.
자신감이 부족하면 사람들과 상호 작용하기가 어려울 수 있다.

agent
[éidʒənt]

ⓝ 대리인

어근힌트 ag- 움직이다, 행하다 (접두사) + -ent (명사형 접미사 : 사람)
파생어 agency ⓝ 대리점

The real estate agent may have a team of agents.
부동산 중개인은 대리인 팀을 구성 할 수 있습니다.

transact
[trænsækt]

v 거래하다

어근힌트 trans 가로질러 through (접두사) + act 행동하다
파생어 transaction ⓝ 거래

He is getting ready to transact business with the company.
그는 회사와 거래를 준비하고 있다.

STORY 03 고산부족의 성인식

STORY

성인이 되기 위해서는 반드시 높은 산(고산;高山)에 올라가야 하는 부족이 있다. 물론 높은 이라는 뜻의 어원 alt-를 공부하기 위해서 필자가 상상해낸 부족이다. 청소년기 adolescence가 된 이 부족의 청소년들은 성인이 되기 위해 산 꼭대기에 있는 제단 altar까지 돌을 굴리며 올라가야 한다. 이 산은 고도 altitude 가 2km나 될 정도로 매우 높다. 어떤 청소년들은 도중에 힘을 다 써버려 exhaust 쓰러지기도 한다. 이러한 성인식에 대해 찬성파와 반대파가 서로 입장이 다르다. 찬성쪽의 어른 adult이 이 청소년들을 지켜보고 있다. 그 옆에서 한 여자 부족은 알토 alto 음으로 응원의 노래를 부른다. 한편, 반대쪽에서는 이런 구시대적인 성인식을 폐지해야 abolish 한다고 주장하고 있다.

연상 HINT

① **adolescence**
청소년기 adolescence 아이들이 하나의a 돌dol을 굴리며 힘들게 올라간다. 애들이 레슨을 배우는 중이다.

② **altar**
제단 alter에 까지 올라가야 한다. 변강하다 alter와 발음이 같기 때문에 철자를 구분하기 위해 제물에 –tar '타르'가 묻어있다고 연상하자.

③ **altitude**
해발 2km 높이의 고도 altitude가 표시되어 있는 비석 아래를 보자. 얼굴에 T(티)자가 두 개 새겨진 두개골이 놓여 있다.

④ **exhaust**
돌을 굴리며 올라가다 도중에 힘을 다 써서 exhaust 지쳐버린 아이가 '이그 졌어.'라고 말한다.

⑤ **adult**
찬성쪽의 어른들 adult이 청소년들을 지켜보고 있다. "어른들이 되려면 다 거쳐야 해"라고 속으로 되뇌인다.

⑥ **alto**
한 여성이 알토로 노래를 한다. 여성의 저음부 음역대를 알토라고 한다. 알토는 여자로서는 낮은 음역대이지만 남성 고음 파트인 테너와 같은 음역대로서 높은 alt- 의미가 담겨 있다.

⑦ **abolish**
빨간 넥타이를 맨 것을 보니 신식 교육을 받은 사람 같다. 이 사람이 "구시대적인 성인식을 폐지해야 abolish 합니다."라고 외치며 야구공을 던진다. 하나의 a 공 ball이 '쉬'소리를 내며 날아간다.

alt — 높은 high, 성장하다 grow

adolescence
[ædəlésns]

n 청춘기, 청소년기

어근힌트 adol- 높은 + -lescenc 자라다 grow 는 뜻의 어근 → 높이 자라다
파생어 adolescent ⓐ 청년기의; ⓝ 젊은이

In early adolescence they'll argue with their parents about anything.
청소년기 초반에는 부모님들과 무엇이든 논쟁하려든다.

altar
[ɔ́ːltər]

n 제단

어근힌트 alt- 높은 곳에 있는 장소 → 제단

Christ was sacrificed on the altar of the cross.
그리스도는 십자가의 제단에서 희생되었습니다.

altitude
[ǽltətjùːd]

n 고도

어근힌트 alt- 높은 + -tude (명사형 접미사)

The potato can be cultivated successfully at high altitudes.
높은 고지대에서 감자를 성공적으로 재배 할 수 있다.

exhaust
[igzɔ́ːst]

v 다 써버리다 (=) use up; **n** 배기가스

어근힌트 ex- out 밖으로 out + haust 당기다 draw 밖으로 힘을 당기다
파생어 exhausted ⓐ 다 써버린, 지칠 대로 지친

Your car has thick smoke coming out of the exhaust pipe.
당신 차 배기 파이프에서 짙은 매연이 나오고 있어요.

adult
[ədʌ́lt]

a 어른의; **n** 성인 (grown-up)

어근힌트 adul- 높은, 다 자란 grow up

National Institute of Adult Continuing Education
국립 성인 평생 교육원

alto
[ǽltou]

n (여성 최저음(역))

어근힌트 alt- 높은 음 : 남성 테너와 같은 음역대

I enjoyed my time as an alto.
나는 알토로서 내 시간을 즐겼다.

abolish
[əbɑ́liʃ]

v 폐지하다 (=) do away with

어근힌트 a- 향하여 from (접두사) + abol 자란 (어근) - -ish (동사형 접미사)
파생어 abolishment ⓝ 폐지

An overwhelming majority voted to abolish the brutal punishment.
압도적인 다수가 잔인한 처벌을 폐지하기로 결정했다.

STORY 04 앤과 자동차의 발전

STORY

자동차의 역사로 말하자면 20세기 초반은 고대의 ancient 시기, 21세기는 현대의 시기라고 할 수 있겠다. 우리의 빨강머리 앤은 먼저 걸어가는 선구자 ancestor이다. 그 뒤에서 한 사람이 골동품 antique같이 오래된 차를 끌고 따라간다. 한편 핸섬보이는 보란 듯이 하늘을 날아가는 밴차를 타고 올라간다. 이 차는 진보해 advance 나가는 차이다. 엄지 손가락을 내밀며 "아주 좋아졌어요. 향상되었어요 enhance"라고 말하며 올라간다. 세월이 흘러 22세기에 앤의 후손이 등장한다. 그녀는 모든 장점 advantage을 구비한 초강력 성능을 갖춘 차를 자랑한다.

연상 HINT

① **ancient**
안쉬어서 가다보면 고대의 ancient 시기에 다가갈 수 있다.

② **ancestor**
빨강머리 앤은 자동차의 역사에서 조상 ancestor라고 생각해 보자. 앤은 나의 누이(시스터)이다.

③ **antique**
이 차는 골동품 antique 같이 많이 낡았다. 이전에 티코라는 차가 있었는데 그 차와 생김새가 같다.

④ **advance**
진보한 advance 이 차가 어디 ad로 밴 van차가 올라가는가 보라.

⑤ **enhance**
이 차의 운전자는 안 en에서 손 hand을 들어 올리며 '더욱 향상되었어요'라고 외친다. 질이 높아지고 enhance 향상된 차를 자랑한다.

⑥ **advantage**
앤의 후예는 모든 장점 advantage을 구비한 차량을 차를 자랑한다. 이 차는 벤츠차 인가 보다. "아 벤츠지"

anc · ant 앞, 전 before

ancient
[éinʃənt]

ⓐ 고대의 (↔) modern; ⓝ 고대인

어근힌트 anc- 오래된 + -ent (형용사형 접미사)

The ancient city of Troy was located in northwestern Anatolia.
고대 도시 트로이는 아나톨리아 북서쪽에 위치해 있었다.

ancestor
[ǽnsestər]

ⓝ 조상 (↔) descendant

어근힌트 anc- 오래된 + cest 가다 (어근) + -or (명사형 접미사 : 사람) → 앞서 간 사람

Many a researcher has missed their ancestor in records due to spelling errors.
많은 연구가들이 철자오류로 기록에서 그들의 조상을 누락시켰다.

antique
[æntíːk]

ⓐ 골동의; ⓝ 골동품

어근힌트 anti- 오래된, 낡은 + -que (명사형, 형용사형 접미사)

파생어 antiquity ⓝ 낡음

The antique collector must be able to distinguish real antiques from later imitations.
골동품 수집가는 실제 골동품을 이후의 모방품과 구별 할 수 있어야 한다.

advance
[ædvǽns]

ⓥ 나아가다, 진척시키다; ⓝ 전진

어근힌트 advan- 앞의, 이전의

파생어 advanced ⓐ 앞쪽에 놓은, 진보한 (=) progressive   advancement ⓝ 전진, 진보

Thanks in advance for your support.
지원해 주셔서 미리 감사드립니다.

enhance
[inhǽns]

ⓥ 〈질 · 능력 등을〉 높이다

어근힌트 enhan- 앞의, 높은

This program aims to enhance the student learning experience.
이 프로그램은 학생들의 학습 경험을 향상시키는 것을 목표로 한다.

advantage
[ædvǽntidʒ]

ⓝ 유리(한 입장)

어근힌트 advan- 앞의, 이전의 + -age (명사형 접미사)

파생어 disadvantage ⓝ 불리한 처지(조건)

The man who doesn't read good books has no advantage over the man who can't read them.
좋은 책을 읽지 않는 사람은 읽을 수없는 사람보다 이점이 덜다.

STORY 05 — 개교기념일

STORY

빨강머리 앤이 대학교 개교를 축하하는 기념일 anniversary 행사에 참석하고자 교문을 들어선다. 정문 바로 오른편에서는 한 사람이 해마다 annual 제작되는 행사 안내문 책자를 배포한다. 정문 왼편의 게시판에는 스포츠로 매년 경쟁하는 두 대학교의 행사의 역사 연대기 annals가 붙어있다. 안으로 들어가 보니, 학생들이 2년마다 biennial 열리는 동아리 비엔날레 홍보를 하는 중이다. 캠퍼스 교정에는 3년생 triennial 나무 세 그루가 우뚝 서 있다. 한 가운데에는 백주년 centennial을 축하해서 기업이 지어준 기념관 건물이 보인다.

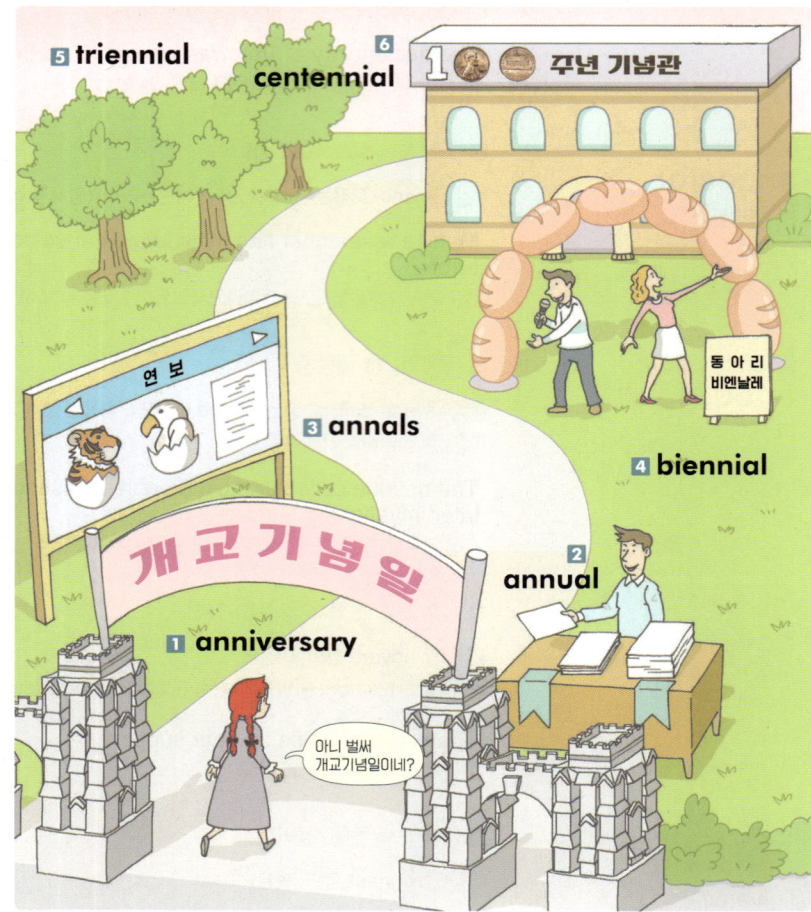

연상 HINT

① **anniversary**
빨강머리 앤이 개교 기념일 anniversary 행사에 참석하고자 교문을 들어서면서 말한다. '아니 벌써 기념일이네!'

② **annual**
매년 annual 나누어 주는 책이 무슨 매뉴얼 같다.

③ **annals**
경쟁하는 두 대학의 연대기 annals가 붙어 있다. 두 개의 알들 -als로부터 깨어 나오는 동물들

④ **biennial**
장식된 풍선 모양이 비엔나 소시지 모양이다. 우리가 자주 듣는 비엔날레 biennale가 여기서 나온 말이다.

⑤ **triennial**
교정에 3년생 triennial 나무 tree 3그루가 서 있다.

⑥ **centennial**
한 가운데에 100주년 centennial 기념관이 있다. 100주년의 글자 '00'은 1센트 cent짜리 동전이다. cent-는 '100'이라는 뜻이다.

annu · enni   1년의, 해마다 yearly

anniversary
[æ̀nəvə́ːrsəri]

n 기념일

어근힌트 ann- 1년 + vers- 돌다 + -ary (명사형, 형용사형 접미사) → 1년마다 돌아오는 것

Today is Susan's 70th birthday and 30th wedding anniversary as well.
오늘은 수잔 탄생 70 주년과 결혼 30 주년 기념일입니다.

annual
[ǽnjuəl]

a ~년의

어근힌트 ann- 1년 + -al (형용사형 접미사)
파생어 biannual **a** 1년에 두 번의, 2년에 한 번의

I went to the hospital to take my annual checkup.
나는 연례 검진을 받기 위해 병원에 갔다.

annals
[ǽnlz]

n pl. 연대기

어근힌트 ann- 1년 + al (명사형 접미사) + -s (복수형)

The Annals of biology is published bimonthly by the department of biology.
생물학의 연보는 생물학과에서 격월로 출판된다.

biennial
[baiéniəl]

a 2년마다의

어근힌트 bi- 2 + enn- 1년 + -al (형용사형 접미사)

Please note the application may be revised on a biennial basis.
신청서는 2년마다 개정 될 수 있다는 것에 유의하십시오.

triennial
[traiéniəl]

a 3년마다의; **n** 3년생 식물

어근힌트 tri- 3 + enn- 1년 + -al (형용사형 접미사)

This triennial event is now well-established and known throughout the musical world.
매 3년마다 열리는 이 행사는 음악계 전반에 걸쳐 잘 확립되고 알려져 있다.

centennial
[senténiəl]

a 100년마다의; **n** 100주년

어근힌트 cent- 100 + enn- 1년 + -al (형용사형 접미사)

The U.S centennial was celebrated in 1876.
미국 백주년 기념식은 1876년에 경축되었다.

STORY 06 도자기포, 거 예술이네!

💬 STORY

국방 신문 뉴스를 보여주는 기사 article를 읽어보자. 요즈음은 인공지능이 대세이다. 기사 1항은 인공의 artificial 지능을 보여주는 대포에 관한 기사이다. 포병 artillery 은 대포 소리 때문에 귀가 먹먹하여 잘 안 들리는 것 같다. 그러자, 동료 병사에게 "또박또박 발음하라 articulate"고 다그친다. 기사 2항은 도자기 명인의 스토리가 담겨있다. 도자기 명인은 그야말로 훌륭한 예술가 artist이다. 숙련된 기술 skill로 도자기를 만든다. 그의 밑에서 기술을 전수받은 제자가 후에는 마음이 교활해 crafty 졌나보다. 모든 기술과 작품을 빼돌리는 중이다. 이 제자는 도자기 명인으로부터 배워서 장인 craftsman의 기술을 다 배웠는데, 이렇게 배반하다니 애통한 일이다.

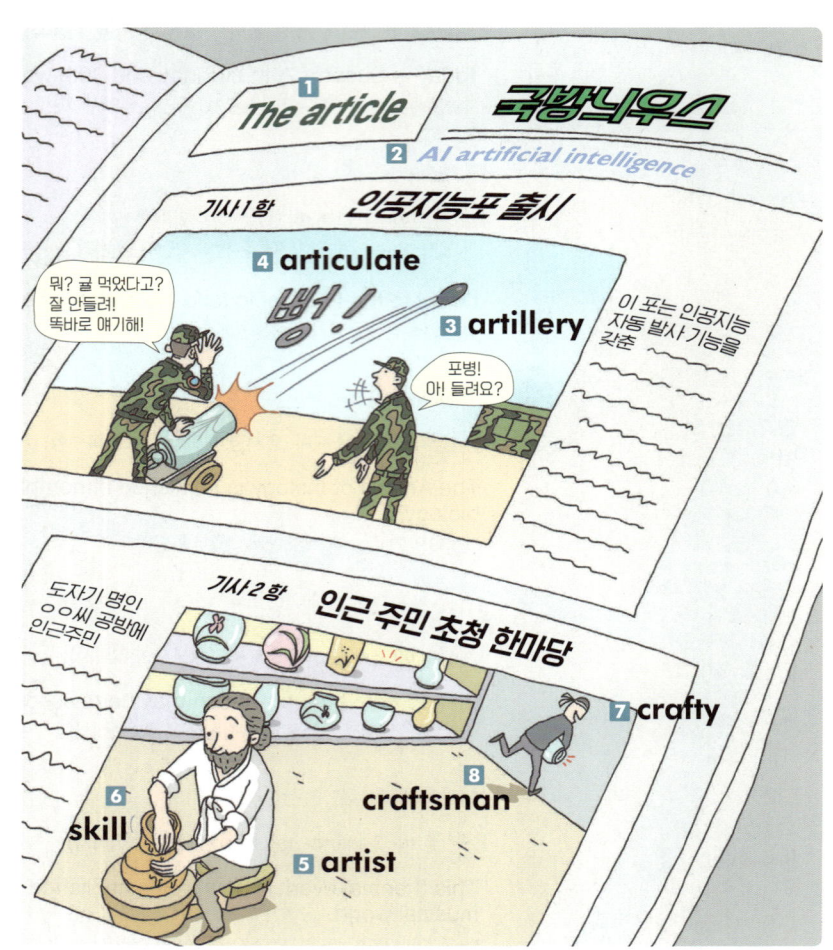

💡 연상 HINT

① **article**
신문기자는 티끌 같은 많은 정보를 모아서 기사를 작성한다. 이 단어는 기사, 조항, 관사, 물품 등 여러 가지 뜻이 있다. 기사 article는 조항 article이 두 개다. 2항에는 도자기 물품 article이 놓여있다. 이 단어 앞에 정관사 the가 붙어 있다. 이렇게 여러가지 뜻을 그림 속에서 다 기억하도록 하자.

② **artificial**
AI란 말을 많이 듣게 되는데 이것은 artificial intelligence의 약자로 인공지능을 말한다. fic-는 fact-와 같이 만들다라는 뜻이다.
만든 → 인공적인

③ **artillery**
대포 소리에 귀가 먹먹하여 잘 들리는지 알아보고자 포병artillery에게 '아아, 들려요?'라고 묻는다.

④ **articulate**
잘 안 들려서 포병이 되받아서 묻는다. '뭐라구, 귤 cul 먹었다고 ate? 잘 안 들려, 똑바로 발음해 articulate!'

⑤ **artist**
예술가(아티스트) artist인 도자기 명인이 도자기를 만든다.

⑥ **skill**
이 명인이 숙련된 기술 skill로 도자기를 만든다. 손(수手)기술이 죽임 kill(킬). 보통 손놀림이 죽여준다고 하는데 그 어감이 비슷함.

⑦ **crafty**
기술을 다 배운 제자가 모든 것을 갖고 도망간다. "그래 튀어! 교활한 crafty 녀석이다."

⑧ **craftsman**
이 녀석은 자신이 이제 어엿한 장인 craftsman이 되었다고 마음이 높아졌나보다.

art 예술, 기술, 마디 art

article [á:rtikl]
- n 기사, 조항, 물품, [문법] 관사
- 어근힌트 art- 예술 기술 + -cle 작은 것 (명사형 접미사)
- Click here to open this article in a new window.
  새 창에서 이 기사를 열려면 여기를 클릭하십시오.

artificial [à:rtəfíʃəl]
- a 인공적인; n 인공물
- 어근힌트 art- 예술 기술 + fic-만들다 + -al (형용사형 접미사) → 기술적으로 만든 것
- 파생어 artificial respiration n 인공호흡 artificial intelligence(AI) n 인공지능
- Here are a few emerging applications of artificial intelligence for the real world.
  다음은 인공 지능을 현실세계에 새롭게 적용한 사례이다.

artillery [a:rtíləri]
- n 포, 포병과
- 어근힌트 art- 예술 기술 + -ery (명사형 접미사). 기술로 만든 것 → 포
- He was commissioned as a Field Artillery officer upon graduation in 1994.
  그는 1994년 졸업 때 야전 포병 장교로 임명 받았다.

articulate [a:rtíkjulət]
- a 말이 분명한; v 똑똑히 발음하다
- 어근힌트 art- 예술 기술 + -cle 작은 것 + -ate (동사형, 형용사형 접미사) 작게 잘라서 말하다.
- She was unable to articulate what she meant.
  그녀는 자신이 의미하는 바를 말로 표현할 수 없었다.

artist [á:rtist]
- n 예술가
- 어근힌트 art- 예술 기술 + ist (명사형 접미사 : 사람)
- 파생어 art n 예술 artisan n 장인 artistic a 예술적인
- If one is an artist, with the help of concentration one can produce wonderful works.
  예술가라면 집중력의 도움을 받아 멋진 작품을 만들어 낼 수 있다.

skill [skil]
- n 기술
- 어근힌트 구분하다 separate에서 나옴, 잘 구분하는 것이 기술
- 파생어 skillful a 숙련된
- In fact, working well with others is one of the most important job skills.
  사실, 다른 사람들과 잘 작업하는 것이 가장 중요한 직무 기술 중 하나이다.

crafty [kræfti]
- a 교활한 (=) cunning, sly
- 어근힌트 craft 기술, 기교 + -y (형용사 접미사)
- The serpent was more crafty than any animal of the field.
  뱀은 들판의 어떤 동물보다 교활했다.

craftsman [kræftsmən]
- n 장인
- 어근힌트 craft 기술, 기교 + man → 기술있는 사람, 장인, 기술자
- 파생어 craft n 기능, 교활
- To become a master craftsman, you should practice your craft continuously.
  장인이 되기 위해서 너는 계속해서 기술을 연마해야 한다.

STORY 07 코스모스 피어있는 우주

STORY

우주와 별에 관한 단어를 공부해 보자. 우주를 코스모스라고 한다. 하늘에 코스모스 꽃이 띠를 두르고 있다. 별들의 규칙, 관계 등을 연구하는 학문을 천문학 astronomy이라고 한다. 별자리를 보고 보고 운명에 대해 점을 치는 것은 점성술 astrology이다. 옛날 사람들은 별이 떨어지면 재난 disaster이 온다고 믿었다. 우주비행사 astronaut가 되려면 신체와 정신이 건강하고 탁월해야 한다. 우주비행사가 건강 검진을 받는 중이다. 의사가 청진기 stethoscope로 건강상태를 확인한다. 천체를 관측하는 데는 망원경 telescope이 사용된다. 한 천문학자는 우주에서 떨어진 미세한 운석을 현미경 microscope으로 관찰한다. 태양계에는 행성과 그 주위를 도는 소행성 asteroid이 있다.

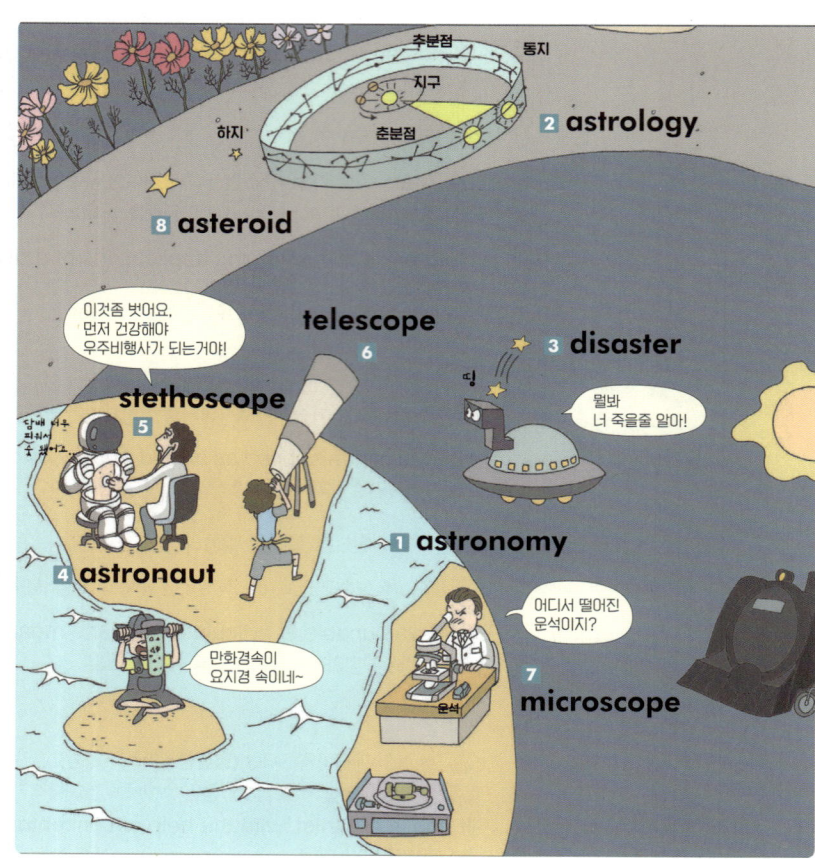

연상 HINT

① **astronomy**
천문학 astronomy은 아무 놈이나 하는게 아니야.

② **astrology**
점성술 astrology이란 점성가는 별을 가지고 말로 놀지.

③ **disaster**
별이 떨어져? 별이 디졌었대 재앙 disaster이래.

④ **astronaut**
우주비행사 astronaut는 관찰사항을 노트에 기록해야 돼.

⑤ **stethoscope**
소행성 asteroid은 별에서 나온, 별 같은 것이란 뜻이다. 안드로이드 android, 휴머노이드 humanoid란 말을 많이 들어보았을 텐데, '안드로, 휴먼'은 모두 '사람, 인간'이란 뜻이다. 그러니까 '사람과 같은, 사람에게서 나온' 이란 의미를 갖고 있다.

⑥ **telescope**
의사가 우주 비행사 가슴을 청진기 stethoscope로 재보니 담배를 많이 피워서 그런지 가슴이 숯됐어!

⑦ **microscope**
망원경 telescope은 멀리 tele 보는 scope 기구이다. 텔레비전 television은 멀리서 보는 것, 텔레파시 telepathy는 멀리는 느끼는 것 이라는 뜻이다.

⑧ **asteroid**
현미경 microscope은 미세한 micro 것을 보는 scope 기구이다.

aster — 별 star

astronomy
[əstránəmi]

n 천문학

어근힌트 astro- 별 + nom 규칙 + -y (명사형 접미사)
파생어 astronomer **n** 천문학자

He is a professor of astronomy at Korea University.
그는 고려대 천문학 교수이다.

astrology
[əstrálədʒi]

n 점성술

어근힌트 astro- 별 + -log 말 + -y (명사형 접미사)

Astrologers have tried to find how astrology can apply to love and romance.
점성가는 점성술이 사랑과 로맨스에 어떻게 적용될 수 있는지 알아내려고 노력했다.

disaster
[dizǽstər]

n 재해

어근힌트 dis- '분리된, 떨어진' (접미사) + aster 별 — 별이 떨어진 → 재앙
파생어 disastrous **a** 비참한

I always tried to turn every disaster into an opportunity.
나는 항상 모든 재앙을 기회로 바꾸려고 노력했다.

astronaut
[ǽstrənɔ̀ːt]

n 우주 비행사

어근힌트 astro- 별 + -naut, nav- 항해. 별을 항해하는 자

The American astronaut Neil Armstrong was the first human to set foot on the Moon.
미국의 우주 비행사 닐 암스트롱은 달에 발을 들여 놓은 최초의 인간이었다.

asteroid
[ǽstərɔ̀id]

n 소행성; **a** 별 모양의

어근힌트 aster 별 + -oid ~에서 나온, ~같은 것 (형용사형 접미사)

Asteroids are minor planets, especially those of the inner Solar System.
소행성은 특히 태양계 내부의 작은 행성이다.

scope — 보다 see

stethoscope
[stéθəskòup]

n 청진기

어근힌트 stetho 가슴 + scope 보는 기계 → 가슴을 보는 기구

The doctor examined me by listening to my heart with a stethoscope.
의사는 청진기로 내 심장 소리를 들으면서 나를 검사했다.

telescope
[téləskòup]

n 망원경

어근힌트 tele 멀리 (=far) + scope 보는 기계

Love looks through a telescope; envy, through a microscope.
사랑은 망원경을 통해 본다. 질투는 현미경을 통해 본다.

microscope
[máikrəskòup]

n 현미경

어근힌트 micro 작은, 미세한 + scope 보는 기계 → 작은 것을 보는 기구

The exact date of when the microscope was developed is still under debate.
현미경이 개발된 정확한 날짜가 언제인지는 여전히 논란 중이다.

STORY 08 ROOT A 어디 audi새 들리니?

💬 STORY

요즘 젊은 층에서는 연예인 지망생이 많다. 많은 청중 앞에서 오디션 audition 열기가 한창이다. 무대 옆에는 귀의 aural 포스터 그림이 붙어있다. 강당 auditorium에서 청중 audience은 발표자의 노래 소리를 듣고 감상 중이다. 이때 회계 감사하는 audit 검열관이 오디션 현장에 들이닥친다. 불법으로 이 행사를 진행하던 주최자는 이 검열관에게 고분고분 순종하는 obedient 자세로 대한다.

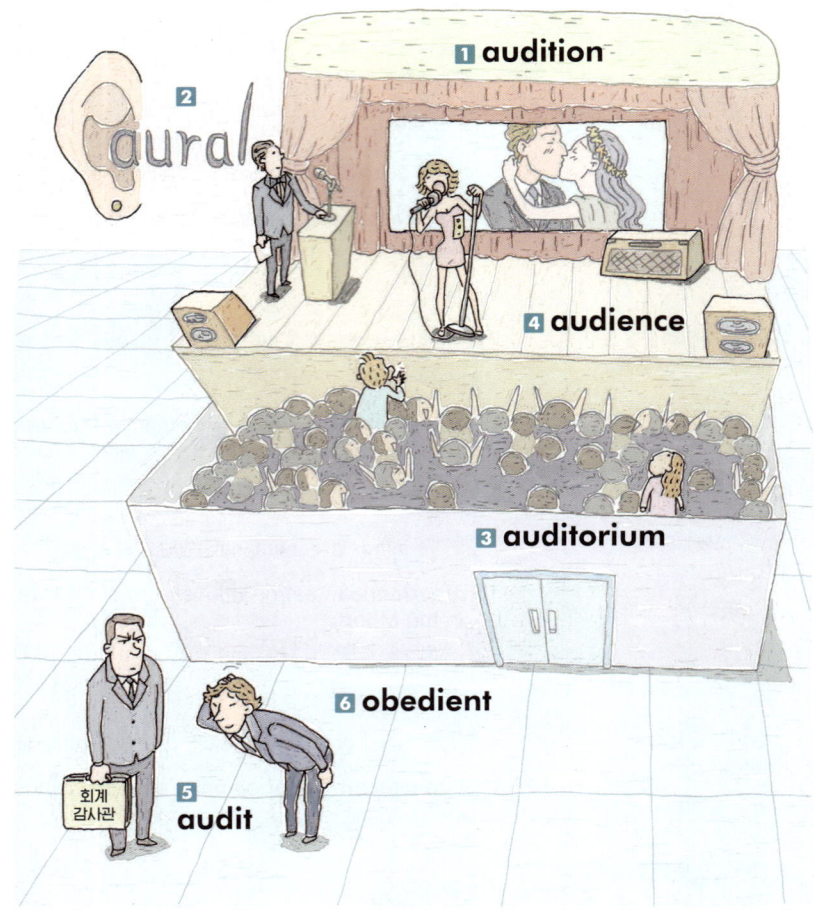

💡 연상 HINT

① **audition**
오디션 audition 중인 가수가 많은 사람들 앞에서 노래한다. 어디서 첫 선을 보이는 거야?

② **aural**
귀모양의 aural 포스터 그림이 벽에 있다. 우리가 오디오 audio, 비디오 video라는 말에 익숙할 텐데 au-는 듣는, vid-는 보는 뜻의 어근이다.

③ **auditorium**
강당 auditorium은 듣는 장소라는 뜻이다. aquarium 수족관, stadium 경기장 등 장소의 접미사 –ium이 붙어서 만들어진 단어가 많다. -ium 움이 터진 장소

④ **audience**
청중 audience은 듣는 사람들 이란 뜻이다. "어디여, 언제 하는 겨"

⑤ **audit**
회계감사관이 감사 audit하기 위해 들이닥친다. '어딨다 감추었소?'라고 다그친다.

⑥ **obedient**
주최자는 다급해져서 회계감사관에게 순종하는 obedient 자세로 대한다. '오우, 뵀던 분! 잘 좀 봐주셔'

aud · aur · ey 듣다 hear

audition
[ɔːdíʃən]

n 청력, 오디션

어근힌트 audi- 귀의 + -tion (명사형 접미사)

Each candidate must choose and present two memorized audition pieces.
각 응시자는 암기한 두 개의 오디션 곡을 선택하여 발표하야 한다.

aural
[ɔ́ːrəl]

a 청각의

어근힌트 aur- 귀의 + al (형용사형 접미사)

He has some difficulty in aural and reading comprehension of heavy subject matter.
그는 무거운 주제의 청각 및 독해력에 약간의 어려움이 있다.

auditorium
[ɔ̀ːditɔ́ːriəm]

n 청중석, 강당

어근힌트 audi- 귀의 + -ium (명사형 접미사 : 장소)

An auditorium is the area where the audience is located so as to hear and watch the performance.
강당은 청취자가 위치하여 연주를 듣고 볼 수 있는 영역입니다.

audience
[ɔ́ːdiəns]

n 청중

어근힌트 audi- 귀의 + -ence (명사형 접미사)

Define your target market and find audience that you want to reach.
목표 시장을 정의하고 원하는 잠재 고객을 찾으십시오.

audit
[ɔ́ːdit]

n 회계 감사; **v** (회계장부 따위)를 감사하다, 청강하다

어근힌트 audi- 귀의 + -it (명사형, 동사형 접미사)

The audit report states whether the company's financial statements are presented fairly.
감사 보고서에는 회사의 재무제표가 공정하게 표시되는지 여부가 명시되어 있다.

obedient
[oubíːdiənt]

a 순종하는

어근힌트 obedi- 귀의 + -ent (형용사형 접미사)

파생어 obey **v** 복종하다, 순종하다 obedience **n** 복종, 순종 isobey **v** 불복종하다 disobedience **n** 불순종, 불복종 disobedient **a** 불순종하는

Children should learn to be obedient to their parents.
아이들은 부모에게 순종하는 법을 배워야 한다.

STORY 09 도로의 독재자

STORY

장차 독재정치 autocracy를 주도한 육군 장군 차량이 과속하자, 교통경찰이 차를 멈춰 세웠다. 이 차는 기어가 수동이 아니라 자동으로 automatic 조작된다. 이 장군은 자동차 automobile를 불법으로 운전하고 다녔다. 그리고 자랑이나 되는 듯 자신이 행한 일을 자서전 autobiography으로 기록해 왔다. 교통경찰에 걸렸으나 막무가내로 큰소리만 친다. 화가난 경찰은 밤에 몰래 차 뒷부분에 못으로 긁어서 "자필 서명 autograph"이란 글씨를 써 놓았다.

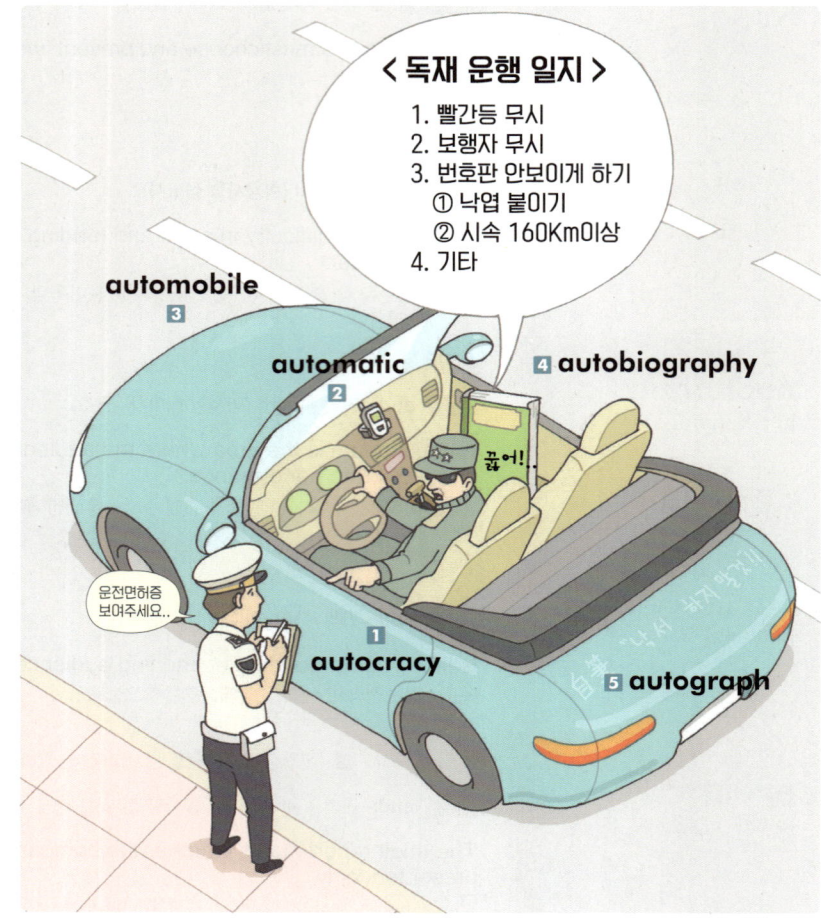

연상 HINT

① **autocracy**
교통경찰에 걸린 장군은 오히려 교통경찰에게 호통친다. '그래, 나 왔다. 너 무릎 꿇어 씨!'

② **automatic**
이 자동차는 자동 오토매틱 automatic 기어로 되어 있다.

③ **automobile**
자동차 automobile는 스스로 움직인다는 뜻이다. 기본적으로 차에 모바일(휴대폰)을 설치해 놓았다.

④ **autobiography**
이 장군은 자신의 '독재운행일지'이기도 한 자서전 autobiography을 조수석에 싣고 다닌다. 자서전 봐요

⑤ **autograph**
자필 autograph로 차량 뒷편에 '낙서하지 말 것!'이라고 긁어 놓았다. "나 경찰이 왔다 그램"

auto   자신의, 스스로의 self

autocracy
[ɔːtákrəsi]

n 독재정치

어근힌트 auto 스스로 self + -cracy 통치 rule, power → 혼자 통치 → 독재정치

Autocracy is based on the assumption that one man is wiser than a million men.
독재 정치는 한 사람이 백만명보다 현명하다고 하는 가정에 기초한다.

automatic
[ɔ̀ːtəmǽtik]

a 자동의

어근힌트 auto 스스로 self + -mat 생각하는 thinking + -ic (형용사형 접미사)
파생어 automate ⓥ 자동화하다[되다] automatically ⓐⓓ 자동적으로
automation ⓝ 자동화

The company reduced its water use by installing automatic faucets and water-saving toilets.
회사는 자동 수도꼭지와 절수 변기를 설치하여 용수 사용을 줄였다.

automobile
[ɔ̀ːtəmbíːl, ɔ̀ːtə-móubiːl]

n 자동차

어근힌트 auto 스스로 자自 + mobile 움직일 동動 → 자동차

Today millions of people own automobiles.
오늘날 수백만 명의 사람들이 자동차를 소유하고 있다.

autobiography
[ɔ̀ːtəbaɪ | ɑːgrəfi]

n 자서전

어근힌트 auto 스스로 자自 + bio 살아있는 + graph 쓰다 + -y 명사형 접미사

The president began his autobiography.
대통령은 자서전을 쓰기 시작했다.

autograph
[ɔ́ːtəgræf]

n 서명, 자필

어근힌트 auto 스스로 자自 + bio 살아있는 + graph 쓰다

Then at the stage door the girl asked the violinist for his autograph.
그 무대 문에서 소녀는 바이올리니스트에게 사인을 요청했다.

STORY 10 의적 로빈 훗

💬 STORY

나라가 혼란스럽고 어려우면 의적이 생겨나기 마련이다. 로빈훗은 12~13세기에 영국에 실존했던 인물이다. 로빈 훗 무리 band는 셔우드 숲을 지나던 귀족들의 돈을 빼앗아 가난한 사람들에게 나누어 준다. 한 귀족이 이들에게 잡혀서 옷 보따리 bundle를 빼앗기고 손목이 묶여 bind 있다. 간신히 피한 한 귀족은 금화 상자를 포기하고 abandon 달아난다. 로빈 훗은 화살 다발 bunch을 손에 들고 있다. 이들 중에 누가 깃발 banner을 들고 있는가 확인해 보니 배가 나온 사람이다. 숲 한 구석에는 가난의 속박 bond에 매여 어렵게 지내고 있는 거지가 돈을 구걸한다.

💡 연상 HINT

① **band**
band는 여러 가지 뜻이 있다. 산적 무리 band가 머리에 띠 band를 두르고 있다 서로 묶여서 연합한 악단도 밴드 band 라고 한다.

② **bundle**
한 귀족이 로빈 훗 산적 무리에게 걸려 옷 보따리 bundle를 빼앗긴다. 가죽으로 된 보따리라서 그런지 보따리 표면이 번들거린다.

③ **bind**
이 무리는 바인더를 잡고 있는 귀족의 손을 묶는다 bind.

④ **abandon**
한 귀족이 어렵게 번 돈 상자를 포기하고 abandon 도망간다. "아, 번돈 왜 버려?"

⑤ **bunch**
화살 한 다발 bunch을 주먹 쥔 손으로 잡고 있다. b를 p로 뒤집으면 펀치(주먹)이 된다.

⑥ **banner**
깃발 banner을 들고 있는 배 나온 산적에게 동료가 한마디 한다. '야, 배 넣어'

⑦ **bond**
한 거지의 등에 '가난'이란 글씨가 본드bond로 붙어 있다. 사실 가난의 속박bond은 벗어나기가 쉽지 않다.

band — 묶다 bind

band [bænd]
n 끈, 무리, 악단
- 어근힌트: ban-, bon-, bin-, ben- bun- 묶다
- 파생어: bandage **n** 붕대

I play the clarinet in the school band.
나는 학교 밴드에서 클라리넷을 연주한다.

bundle [bʌndl]
n 묶음, 보따리
- 어근힌트: ban-, bon-, bin-, ben- bun- 묶다 + -dle (명사형 접미사)

You must have made a bundle of cash.
당신 한 몫 잡았겠어요.(한 보따리 현금을 잡았음에 틀림없다)

bind [baind]
v 묶다
- 어근힌트: ban-, bon-, bin-, ben- bun- 묶다
- 파생어: unbind **v** 풀다

Self is the only prison that can bind the soul.
자아는 영혼을 묶어 놓는 유일한 감옥입니다.

abandon [əbændən]
v 버리다, 그만두다
- 어근힌트: ad- 로부터 from (접두사) + band 묶다, 권력 → 권력에서 떠나다

When you have faults, do not fear to abandon them.
결점이있을 때 그것을 버리는 것을 두려워하지 마십시오.

bunch [bʌntʃ]
n 송이, 다발
- 어근힌트: ban-, bon-, bin-, ben- bun- 묶어 놓은 것

I bought a bunch of flowers for my wife.
나는 내 아내를 위해 한 다발의 꽃을 샀다.

banner [bænər]
n 깃발, 현수막
- 어근힌트: ban- 묶다 + -er (명사형 접미사: 사람, 기계). 하나로 묶어주는 것 → 깃발

Attach this banner to an empty picture frame.
이 배너를 빈 그림 프레임에 붙이시오.

bond [band]
n 묶는 것, 속박, 유대
- 어근힌트: ban-, bon-, bin-, ben- 묶다
- 파생어: bondage **n** 속박

They tried to find ways to build a bond with their children.
그들은 자녀들과 유대감을 쌓을 수 있는 방법을 찾으려고 노력했다.

STORY 11 황야의 무법자 1

💬 STORY

황야의 무법자들이 드나드는 곳은 술집이다. 여기는 막대기 bar로 만든 술집 bar이다. 출입문 앞에는 '19세 미만 출입금지'라는 장애물 barrier이 놓여 있다. 술집 안에는 한 바리톤 baritone 성악가가 노래를 부른다. 한쪽 구석에는 술 한 통 barrel이 놓여있다. 창밖으로는 가꾸지 않아서 불모지가 된 barren 땅이 보인다.

1 bar
2 barrier
3 baritone
4 barrel
5 barren

💡 연상 HINT

① **bar**
bar는 막대기라는 뜻인데, '바코드 barcode' 코드가 막대기처럼 여러 개 있는 것이다. 또한, 이전에는 술집 bar을 막대기(나무)로 만들었다. 보통 우리가 '○○ 바'라고 할 때 바로 이 bar를 말한다.

② **barrier**
건물 입구에 '19세(year) 미만 출입금지'라고 쓰인 막대기 장애물 barrier가 놓여있다. 막대기 bar와 나이 year를 붙여서 'barrier 배뤼어'로 발음하여 기억하면 좋다.

③ **baritone**
술집 안에서는 한 바리톤 baritone 성악가가 노래를 부른다. bari-는 무거운 이란 뜻으로 무거운 목소리(tone)로 노래하니 바리톤이 된다.

④ **barrel**
'석유 1배럴에 얼마'라고 하는 뉴스를 듣곤 하는데, 배럴은 부피의 단위이다. 이전에는 무엇을 담는 통을 나무로 만들었다.

⑤ **barren**
창밖으로 불모의 barren 배린('버린'의 사투리) 땅이 보인다. 총잡이들이 있으니 농사를 짓지 않아서 땅을 배려 놓은 것 같다.

bar — 막대 rod, 장애 barrier

bar [ba:r]
n 막대기, 술집
어근힌트: bar 막대기, 막다라는 뜻
People brought drinks from the bar and gathered in groups.
사람들은 술집에서 술을 가져 와서 그룹으로 모였다.

barrier [bǽriər]
n 장벽
어근힌트: bar 막다, 막대기 + -er 행위자, 기계(접미사) → 막아놓는 것
This has a tendency to lower the barriers separating him from others.
이것은 다른 사람들과 그를 떼어 놓는 장벽을 낮추는 경향이 있다.

baritone [bǽrətòun]
n 바리톤
어근힌트: bari 무거운 (=heavy) + -tone 음(音)
It is difficult to decide whether you are a bass or a baritone here.
당신이 베이스인지 바리톤인지를 결정하는 것은 어렵습니다.

barrel [bǽrəl]
n 한 통, 1배럴(의 양)
어근힌트: bar 막다, 막대기 + -el (접미사)
One rotten apple spoils barrel.
하나의 썩은 사과가 통을 망친다.

barren [bǽrən]
a 불모의, 임신 못하는
어근힌트: bar 막대기 + -en(접미사) → 막대기처럼 버려진
Mercury is a barren planet with virtually no vegetation.
수성은 식물이 거의 없는 불모의 행성이다.

STORY 12 황야의 무법자 2

💬 STORY

바보 이발소 barbershop에서 바보 이발사 barber가 총잡이의 머리를 깎고 있다. 총잡이는 윗몸을 벌거벗고 bare 맨발로 barefoot 앉아 있는 중이다. 바바리 코트를 입은 이 총잡이는 야만인 barbarian 같이 생겼다. 이발이 끝났을 때 총잡이가 '물물교환하자 barter'고 하며 돈 대신 버터를 툭 던지고 나가는 행동이 이발사를 당황시킨다 embarrass. 이발사는 총잡이의 뒷머리에 빵꾸가 난 것처럼 어설프게 이발을 한 것을 보고 후에 해코지 당할까봐서도 당황해 하는 것 같다.

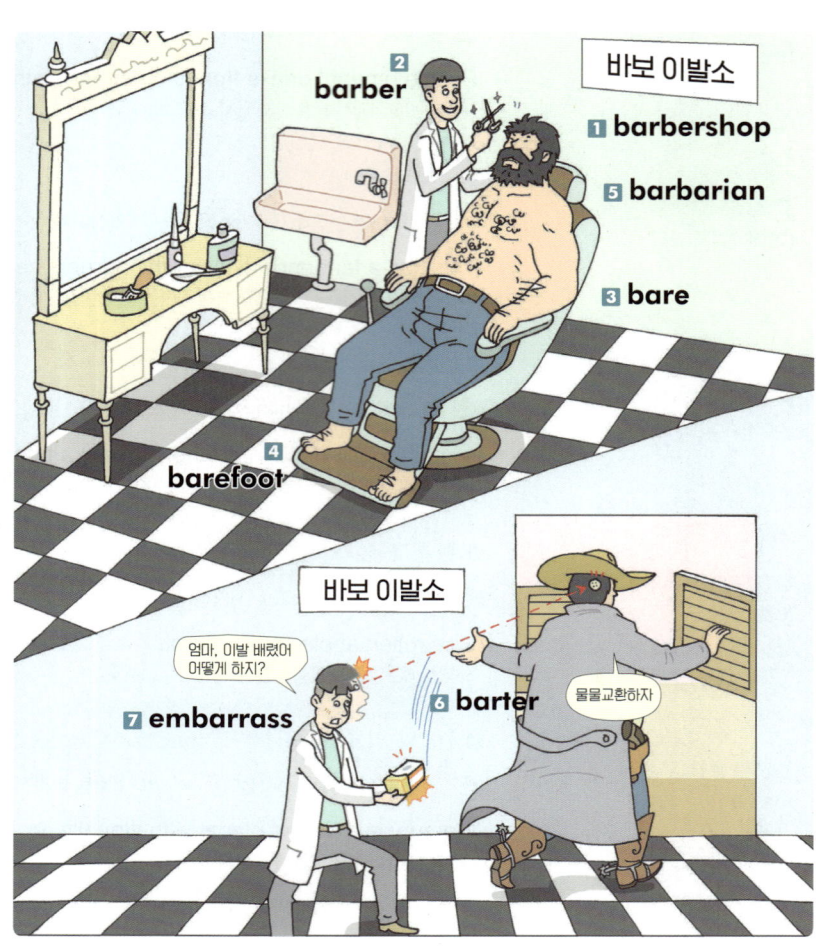

💡 연상 HINT

① **barbershop**
총잡이들이 자주 드나드는 이발소의 명칭이 <바보 이발소>이다. 이발사 barber가 운영하는 가게 shop이니 이발소이다. 참고로 머리손질하는 곳은 헤어샵 hairshop 이라고 하는 간판을 주위에 볼 수 있다.

② **barber**
이발사 barber 눈을 보니 좀 '바보' 같다. 단어 기억을 위한 것이니 양해하시길.

③ **bare**
총잡이가 벌거벗은 bare 모습이 곰 bear처럼 보인다. bear와 bare는 동음이의어이다. 소리힌트로 기억하면 좋다.

④ **barefoot**
맨발의 barefoot는 문자그대로 벌거벗은 bare 발 foot 이다. 맨손으로 하면 barehand가 된다.

⑤ **barbarian**
총잡이는 야만인 barbarian이다. 총잡이들이 사실 야만스럽지 않은가? 총잡이는 바바리를 입고 다닌다. 바바리안, 바바리 소리힌트로 기억하자.

⑥ **barter**
총잡이가 돈이 없나보다. 돈 대신에 버터를 주면서 '야, 물물교환하자 barter'고 말한다. 바터, 버터 이렇게 그림, 소리힌트로 기억에 도움을 얻기 바란다.

⑦ **embarrass**
이 말이 이발사를 당황하게 한다 embarrass. 돈도 돈이지만 총잡이 뒷머리를 빵꾸낸 것처럼 해 놓아서 나중에 '임마 배려놨어'라고 해코지할까봐 더 걱정스럽다.

bar   막대 rod, 장애 barrier

barbershop
[báːrbərʃàp]

🅝 이발소

어근힌트 barber 이발사 + shop 가게

The barbershop is filled with persons who share their stories.
이발소는 이야기를 나누는 사람들로 가득 차 있다.

barber
[báːrbər]

🅝 이발사

어근힌트 barb 턱수염 (←beard) + -er 행위자 (접미사)

Are you interested in becoming a barber?
이발사가 되는 데 관심이 있습니까?

bare
[bɛər]

🅐 벌거벗은

어근힌트 낳다 bear와 같은 어원 → 아이들은 몸이 벗은 채로 태어남
파생어 barely 🅐🅓 간신히, 거의 ~않다 (= scarcely)

My father used to catch a fish with his bare hands.
우리 아버지는 맨손으로 물고기를 잡곤 했다.

barefoot
[bɛrfʊt]

🅐, 🅐🅓 맨발의[로]

어근힌트 bare 벗은 + foot 발

He forced the boys to go barefoot by taking away their shoes.
그는 소년들에게 신발을 벗고 맨발로 가도록 강요했다.

barbarian
[baːrbɛ́əriən]

🅝 야만인

어근힌트 bare 벗은, 문명을 받지 못한 + -ian 사람 (접미사)
파생어 barbaric 🅐 야만인의 barbarism 🅝 야만, 미개

Democracy is not suited for barbarians.
민주주의는 야만인에게 적합하지 않다.

barter
[báːrtər]

🅥 물물 교환하다

어근힌트 bar 막대기로 교환하다

What are some examples of barter transactions?
물물 교환 거래의 예는 무엇입니까?

embarrass
[imbǽrəs]

🅥 당황하게 하다

어근힌트 em- 만들다(동사형 접미사) + bar 막대기 → 막대기로 막음.
파생어 embarrassing 🅐 당황케 하는 embarrassment 🅝 당황

He embarrassed her with his questions about her private life.
그는 사적인 삶에 관한 질문으로 그녀를 당혹스럽게 만들었다.

STORY 13 페니실린의 발견

💬 STORY

생물학 biology을 연구하던 플레밍의 전기(傳記) biography에 실린 페니실린 발견 과정이다. 플레밍이 실험실에서 세균을 배양하고 있었다. 해와 달이 교대하며 alternate 여러 날이 지나도록 밤낮없이 연구를 하는 중이었다. 우연히 세균 배양기에 외계인 alien 같은 곰팡이 포자가 떨어졌다. 그 결과 배양기에 변화가 생긴다 alter. 생명체 biotic 인 세균이 곰팡이에 포함되어 있는 항생물질 antibiotic인 페니실린 때문에 더 이상 번식하지 못하여 세균과 곰팡이 사이에 간격이 생겼다. 플레밍이 이것을 보고 페니실린을 발견하게 되었다고 한다.

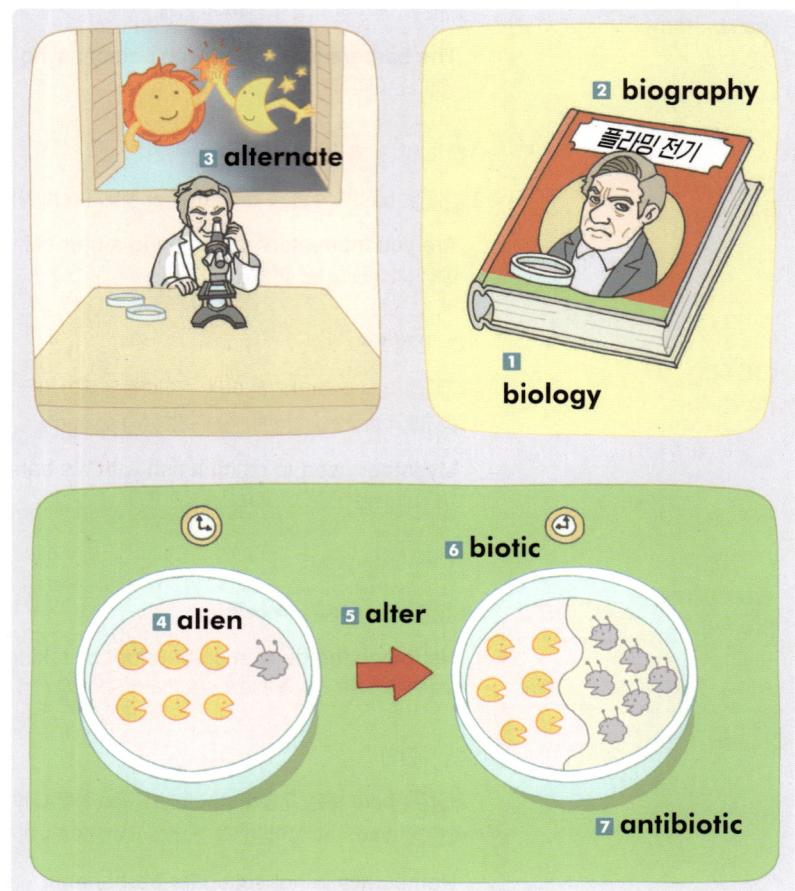

💡 연상 HINT

① **biology**
생물학 biology을 연구하는 플레밍은 페니실린 발견이라는 큰 업적을 남겼다. 2차 세계대전에 대량으로 생산되어 많은 인류를 구했다. bio 생명(=life)을 연구하는 학문 -logy

② **biography**
플레밍의 전기 biography를 기록한 책이 보인다. bio 생명(=life)을 기록해 놓은 것 -graphy으로 전기(傳記)라는 뜻이다.

③ **alternate**
플레밍이 밤낮으로 연구에 몰두하고 있다고 생각해 보자. 태양과 달이 끊임없이 서로 교대하고 alternate 있다. 문자그대로 다른 것으로 alter (other)으로 바뀌다, 교대하다는 단어이다.

④ **alien**
이 단어를 보면 영화 '에일리언(외계인)'이 떠오를 것이다. 다른 외부에서 온 존재라는 뜻이다. 그림에서 우연히 외계인 alien 같은 곰팡이 포자가 세포배양기에 떨어진다.

⑤ **alter**
이 곰팡이 포자는 배양기 내부를 변화시킨다 alter. alter는 다른 other 것으로 바꾸다, 변화시키다는 뜻이다.

⑥ **biotic**
'생명의'라는 뜻의 어근 bio-에 형용사형 접미사 -ic 붙어서 된 단어이다.

⑦ **antibiotic**
생명의 biotic에 대항하여 라는 뜻의 접두사 anti-가 붙어서 '항생의'라는 뜻이 된다. 세포배양기 내부는 생명의 포자와 항생의 포자의 수가 같아진다.

bio — 생명, 일생 life

biology [baiálədʒi]
n 생물학
어근힌트 bio 생명 (=life) + -logy 학문 (명사형 접미사)
파생어 biologic ⓐ 생물학(상)의 biological ⓐ 생물학적 biologist ⓝ 생물학자

She has a master degree in biology.
그녀는 생물학 석사 학위를 가지고 있다.

biography [baiágrəfi]
n 전기
어근힌트 bio 생명 (=life) + -graph 쓰다, 그리다 + -y (명사형 접미사)
파생어 biographer ⓝ 전기 작가

The relationship of biography and history is clear.
전기와 역사의 관계는 분명하다.

biotic [baiátik]
a 생명의[에 관한]
어근힌트 bio 생명 (=life) + -ic (형용사형 접미사)

This lesson helps students understand abiotic and biotic factors.
이 수업은 학생들이 비생물적 및 생물적 요인을 이해하는 데 도움을 준다.

antibiotic [æntibaiátik, -tai-]
a 항생 (작용)의, 항생 물질의
어근힌트 anti 대항하여 (=against)

The length of antibiotic treatment was decided by physicians.
항생제 치료 기간은 의사가 결정했다.

alter — 다른 other

alternate [ɔ́:ltərnèit]
v 교대하다; **a** 번갈아 하는
어근힌트 alter 다른 (=other) + -ate (동사형 접미사)
파생어 alternation ⓝ 교대 alternative ⓝ 양자택일, 대안; ⓐ 대신의

Is there an alternate way to meet their needs?
그들의 요구를 충족시키는 또 다른 방법이 있습니까?

alien [éiljən, -liən]
a 외국의; **n** 외계인
어근힌트 ali- 다른 + ien 행위자 (명사형 접미사)

It's the form for all aliens to fill in.
그것은 모든 외국인이 기입할 폼(형식)입니다.

alter [ɔ́:ltər]
v 변경하다
어근힌트 alter 다른

It is the right of the people to alter or to abolish it.
그것을 바꾸거나 폐지하는 것은 사람들의 권리이다.

STORY 14 ROOT.C 지금 국회에선

💬 STORY

국회의사당 capitol 에서는 '1인당 국민소득 ○만 달러 달성하자 achieve'는 목소리가 높다. 또한 국회안에는 '서울시 부채를 갚을 능력 capacity을 키우자'는 의견이 분분하다. 의사당 건물 위의 수도꼭지를 트니 자본(돈)이 쏟아진다. 이 건물은 큰 문(대문)으로 만들어져 있다. (여기서 capital 수도, 자본, 대문자라는 여러 가지 뜻을 동시에 기억하자.) 쏟아지는 돈을 능력있는 capable 사람이 그물로 건져 배에 싣는다. 선장 captain은 이렇게 돈을 훔치는 일당을 포로 captive로 묶어 놓는다

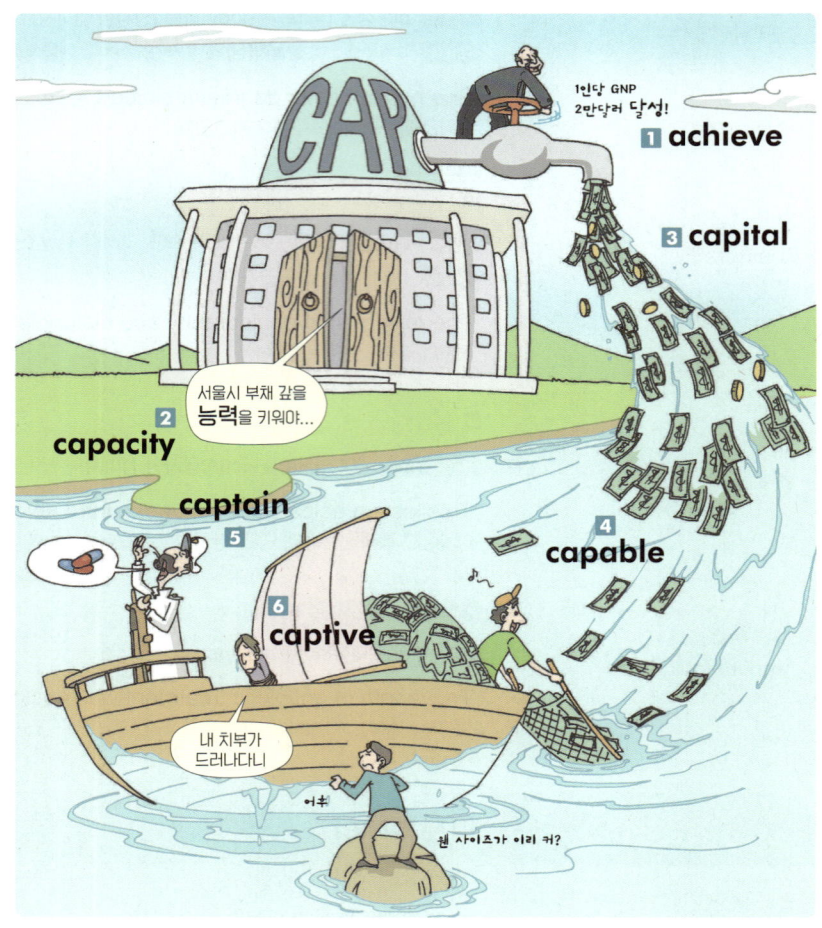

💡 연상 HINT

① **achieve**
국회의사당에서는 '1인당 국민소득 ○만 달러 달성하자 achieve'는 목소리를 내는 의원이 있다. 목표를 달성 하려면 아침 achi- 부터 저녁 eve까지 일해야 한다. '아침+이브' 붙여서 아치브라고 소리힌트를 잡으면 좋다.

② **capacity**
국회 내부에서는 서울시 부채를 갚아 나갈 용량 capacity을 키우자는 의견이 분분하다. 시 city 부채를 갚아 capa. 합쳐서 갚아시티 capacity라고 소리힌트를 잡을 것.

③ **capital**
○○ 캐피탈해서 대출관련 광고를 많이 들어봤을 것이다. 이 캐피탈은 수도(首都), 자본, 대문자 등 여러 가지 뜻이 있다. 모두 머리, 중요한 이란 뜻이 있다. 그림을 통해서 여러개 뜻을 동시에 잡도록 하자. 국회의사당 건물 뚜껑 cap에 수도가 달려 있다. capital은 '으뜸가는 도시'라는 뜻의 '수도(首都)'이다. 수돗물이 나오는 '수도'는 아니지만 소리힌트를 위한 것이다. 이 수도꼭지를 트니 엄청난 돈, 자본 capital이 쏟아진다. 그리고 국회의사당의 문은 큰 대문이다. 대문자를 떠올릴 것. 건물 뚜껑에 대문자capital로 CAP가 적혀 있는 것이 이 대문자 때문이다.

④ **capable**
배에서 돈을 건지는 사람은 능력있는 capable 사람이다. 돈을 벌어서 퍼부을 pable 능력이 있어.

⑤ **captain**
캡틴 captian은 선장이다. 캡틴! 그동안 '캡이다. 캡핀' 등 많이 들어보았을 단어일 것이다.

⑥ **captive**
나중에 이들은 포로 captive로 잡히게 된다. 포로가 되면 치부가 드러나지요.

cap — 머리, 우두머리 head

achieve [ətʃíːv]

v 성취하다

어근힌트 ad- ~로 (접두사) + chiev 머리 → 머리가 되도록 하다

파생어 achievement **n** 성취

Happiness is not achieved by the conscious pursuit of happiness.
행복은 의식적으로 행복을 추구한다고 해서 달성되지 않는다.

capacity [kəpǽsəti]

n (최대) 수용력[량]

어근힌트 cap- 머리 + -ity (명사형 접미사) → 머리를 잡는 능력

This study aims to increase the capacity of the community to meet its needs.
이 연구는 공동체의 필요를 충족시키는 역량을 증대시키는 것을 목표로 한다.

capital [kǽpətl]

n 자본, 수도, (문자가) 대문자 **a** 훌륭한, 대문자의

어근힌트 cap- 머리가 되는 것

파생어 capitalism **n** 자본주의 (체제) capitalist **n** 자본가 capitol **n** 국회의사당

My health is the main capital I have and I want to administer it intelligently.
내 건강은 내가 가지고 있는 주요한 자본이며 지능적으로 관리하려고 한다.

capable [kéipəbl]

a 유능한 (=) able

어근힌트 cap- 머리 + -able 할 수 있는 (형용사)

파생어 capability **n** 능력 incapable **a** 할 수 없는

God is capable of helping people, and God does help people today.
하나님은 사람들을 도울 수 있으며 하나님은 오늘날 사람들을 돕습니다.

captain [kǽptən]

n 장(長) (=) chief, 선장

어근힌트 cap- 머리가 되는 사람

I am the captain of my soul.
나는 내 영혼의 주인이다.

captive [kǽptiv]

a 포로의

어근힌트 cap- 잡다. 사람을 포로로 잡을 때 '머리'를 잡음.

파생어 captivity **n** 포로(의 신세)[기간] capture **v** 포획하다

She is the captive of her own fears.
그녀는 자신의 두려움에 포로가 되어 있다.

STORY 15 장난꾸러기 대장

STORY

범죄 두목 chief이 성당에서 고해성사를 한다. 이때 갑자기 못된 해악 mischief을 저지르는 장난꾸러기가 나타난다. 문을 홱 열고 막대기로 이 두목의 코를 간질인다. 그러자, 그가 몸을 피한다 escape. 앞에는 성서의 한 장(章) chapter이 펼쳐있다.

연상 HINT

① **chief**
이전 그림에서 돈을 긁어 모은 사람은 악한 무리의 우두머리(두목) chief 이다. 이 두목이 성당에서 고해성사를 하는 중이다.

② **mischief**
이때 갑자기 장난꾸러기가 문을 열고 막대기로 두목의 코를 간질인다. 이런 해코지, 해악 mischief을 저지르면, 나중에 가만히 안있을 텐데.

③ **escape**
그러자, 두목은 밖으로 es=ex 머리 cap를 홱하고 돌려서 피한다 escape.

④ **chapter**
왼쪽 책상에는 성서가 펼쳐져 있다. 성서 몇장 몇절 할 때 이 장이 바로 chapter 이다. 챕터, 책펴 이렇게 소리 힌트를 기억하면 좋겠다. 그림에 찰리 채플린도 챞과 챕터는 소리힌트를 위해서 넣은 것이다.

cap — 머리 head, 잡다 seize

chief [tʃi:f]
n 장(長), 우두머리 **a** 주요한

어근힌트 chief 머리, → 주요한

파생어 chiefly ad 주로 (=) mainly

A chief executive officer (CEO) is the highest-ranking executive in a company.
CEO는 회사에서 최고 경영자이다.

mischief [místʃif]
n 장난, 해악 (=) harm

어근힌트 mis- 잘못된, 나쁜 (접두사) + chief 머리

파생어 mischievous a 장난이 심한, 못된

Do not bring all mischief you are able to upon an enemy, for he may one day become your friend.
당신이 적에게 줄 수 있는 모든 해악을 가져 오지 마라. 언젠가는 당신의 친구가 될 수도 있다.

escape [iskéip, es-]
v 피하다

어근힌트 es-는 ex- 변형 '밖으로' (접두사) + cap 머리

If you are patient in one moment of anger, you will escape a hundred days of sorrow.
한 순간의 분노에 참을성이 있다면 100일간의 슬픔을 피할 수 있다.

chapter [tʃǽptər]
n (책·논문의) 장(章)

어근힌트 chap는 cap의 변형

Honesty is the first chapter of the book of wisdom.
정직은 지혜서의 첫 장이다.

STORY 16 ROOT C 날씨 던지기

💬 STORY

배위의 방송국에서 방송을 하는 중이다 broadcast. 지금은 방송에서 날씨를 예보하고 forecast 있다. 배 위에는 한 배우가 주형틀 cast로 만들어진 투표함에 투표를 던진다 cast.

💡 연상 HINT

① broadcast
배위의 방송국에서 방송이 전파된다 broadcast. broad는 '넓다', cast는 '던지다' → 전파를 '넓게 던지다'는 뜻에서 '방송하다'는 뜻이 나왔다. KBS, MBC, SBS, JTBC.. 모든 방송사의 B라는 단어가 broadcasting이다.

② forecast
방송국에서는 우선적으로 날씨를 예보한다 forecast. fore는 '미리, 먼저'라는 뜻이고, cast는 '던지다' → '미리 던지다'해서 '예보하다'라는 뜻이 된다.

③ cast
cast는 여러 가지 뜻이 있다. 그림상황을 떠올리면서 기억해 보자. 감독이 배역을 정한 cast 배우가 무엇인가를 던진다 cast. 그런데 이 배우가 팔을 다쳤는지 기브스한 cast 채로 주조한 cast 틀에 던진다. 이렇게 하면 던지다, 배역을 정하다, 기브스, 주형틀 이런 단어들이 다 함께 페어져서 기억할 수 있다.

cast 던지다 throw

broadcast
[brɔ́:dkæst]

v 방송[방영]하다

어근힌트 broad 넓은 + cast 던지다 → 넓게 던지는 방송

The game will be broadcast live on Friday.
게임은 금요일에 생중계됩니다.

forecast
[fɔ́:kæst]

v 예보하다, 예상[예측]하다

어근힌트 fore 미리 (접두사) + cast 던지다 → 미리 던져서 예보하다

Weather forecast for tonight: dark. Continued dark overnight, with widely scattered light by morning.
오늘 밤 날씨 예보 : 어두움. 밤새 어둡다가, 아침에 널리 빛이 비추일 것임

cast
[kæst]

v 던지다, 주조하다, (역을)배정하다. **n** 던지기, 주형(鑄型), 깁스

어근힌트 던지다
파생어 miscast **v** (배우에게) 부적당한 역을 맡기다

Cast all your anxiety on him because he cares for you.
그에게 모든 불안을 던져 버려라. 그가 당신을 돌봐주기 때문이다.

STORY 17 ROOT C 사막의 캐리어

STORY

손수레 cart 위에 판지를 나르고 있는 사람 둘이 대화를 하고 있다. 캐리어 carrier로 물건을 나르는 carry 와중에 옆 사람에게 언제부터 운반하는 경력 career을 갖기 시작했는지 묻는다. 아랍인 전사는 전차 chariot에 탄약통을 싣고 가는 중이다. 뒤편에는 땅 주인이 자기 땅을 차지한 채 차에 짐을 가득 채우고 있는 사람에게 돈을 청구한다 charge. 트럭에는 화물 cargo이 실려 있다. 운송회사 사장은 짐을 내리는 discharge 직원이 짐을 잘못 가져왔다고 호통치면서 직원을 해고한다 discharge.

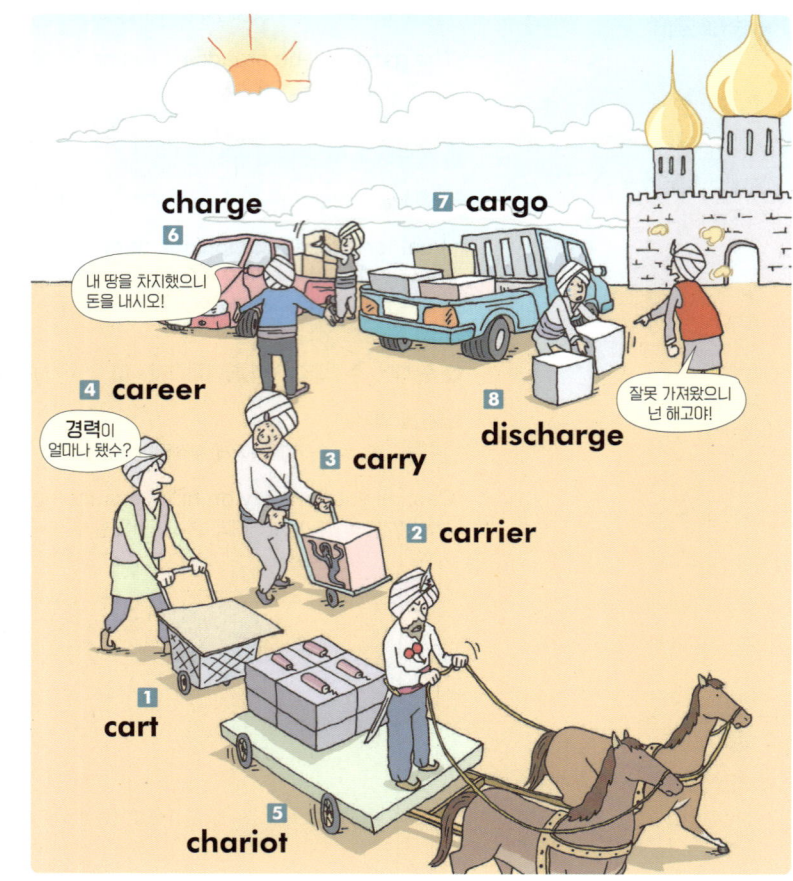

연상 HINT

① **cart**
쇼핑용 손수레 cart위에 판지를 싣고 물건을 나르는 사람들이 있다. 우리는 할인마트에 가서 카트에 구매한 물건을 싣고 이동한다.

② **carrier**
이 단어는 물건을 나르는 carry 사람 –er 이란 뜻이다. 그런데 기본뜻은 나르는 것으로 병균을 가지고 나르는 사람이라 해서 보균자 (병균을 보유한 자)의 뜻도 있다. 그래서 카트에 병균 이동되는 것도 그려 놓았다.

③ **carry**
이 사람들은 물건을 나른다 carry.

④ **career**
카트를 밀고 가는 사람은 운송업이 직업career인 옆 사람에게 '경력 career이 얼마나 됐수?'라고 물어본다. 직업여성, 경력 여성을 커리어 우먼 career woman이라고 한다. 여기서 '-이어'는 year라고 보아서 수년 동안 그 일을 해온 사람이라고 보면 좋겠다.

⑤ **chariot**
앞에는 가슴에 체리가 그려진 '체리옷'을 입은 아랍인 전사가 전차 chariot에 탄약통을 싣고 간다. [채리엇], '체리옷' 발음을 비슷하게 해보라. 그러면 잊지 않고 바로 기억난다.

⑥ **charge**
뒤편에는 땅주인이 자기 땅을 차지한 채 차에 짐을 가득 채우고 있는 사람에게 돈을 청구하고 charge 있다. "내 땅을 차지했으니 돈을 내시오" 땅을 차지해서 돈을 차지하는 것이다.

⑦ **cargo**
화물을 카고 cargo라고 한다. 차 car로 간다go고 하면 바로 카고 cargo가 된다. 화물은 사람이 아니라 차로 가야한다. 카 고~

⑧ **discharge**
운송업체 사장은 가져온 짐을 내리고 discharge 있는 직원에게 "당신, 짐을 잘못 가져왔어"라고 다그치며 해고한다 discharge. 여기서 dis-는 분리라는 접두사로서 차에서 짐을 분리, 회사에서 분리, 병원에서 분리하는 것으로 생각하여 각각 짐을 내리다, 해고하다, 퇴원하다 라는 여러 가지 뜻을 동시에 기억하기 바란다.

car · char   바퀴 wheel, 구르다 roll

cart [kɑːrt]
- n 2륜 짐마차, 소형 운반차
- 어근힌트 car 나르는 + -t 것
- Your cart is empty; Continue shopping.
- 장바구니가 비어 있습니다. 쇼핑을 계속하십시오.

carrier [kǽriər]
- n 운송인, 운반 장치, 보균자
- 어근힌트 carry 나르다 + -er 행위자 (명)
- The carrier does not always get paid.
- 짐을 날라주는 사람이 항상 돈을 받는 것은 아니다.

carry [kǽri]
- v ~을 운반하다, ~을 실행하다
- 어근힌트 car 나르다
- We do not have enough time to carry out the plan.
- 그 계획을 수행하기에 충분한 시간이 없다

career [kəríər]
- n 직업, 경력
- 어근힌트 car 나르는 + -er 것 → 자신의 삶을 나르게 한 것. 경력
- He started his business career at the age of 19.
- 그는 19세의 나이에 사업 경력을 시작했다.

chariot [tʃǽriət]
- n (1인승 2륜의) 전차(戰車), 4륜 경마차
- 어근힌트 char는 car의 변형
- He was a famous chariot racer.
- 그는 유명한 전차 경주자였다.

charge [tʃɑːrdʒ]
- v 청구하다, (세금 등을) 부과하다 n 청구, 부과
- 어근힌트 charg 짐, 부담 (=load, burden) → 짐은 지우는 것
- A service charge is an additional fee for a service rendered.
- 서비스 요금은 제공되는 서비스에 대한 추가 요금입니다.

cargo [kɑ́ːrgou]
- n 짐, 화물
- 어근힌트 charg에서 h가 빠짐. 짐, 부담 → 화물
- Let's discuss cargo space of the car.
- 차의 화물 공간에 대해 이야기합시다.

discharge [distʃɑ́ːrdʒ]
- v 짐을 내리다, 퇴원시키다, 해고하다
- 어근힌트 dis- 분리, 이탈(접두사) + charge (=load) 짐 → 짐을 떨어뜨리다
- She was discharged from the hospital after a week of treatment.
- 그녀는 치료 1주일 후 병원에서 퇴원했다.

STORY 18 사막의 카라반

💬 STORY

사막의 대상(隊商) caravan이 낙타를 타고 자동차와 밴을 끈으로 묶어 끌고 간다. 그 앞에는 쥐 한 마리가 마차 carriage를 끌고 간다. 하늘에는 목수 carpenter가 카페트 carpet를 타고 날아 다닌다. 그 아래에서는 어떤 사람이 자동차에 V 글자를 새긴다 carve.

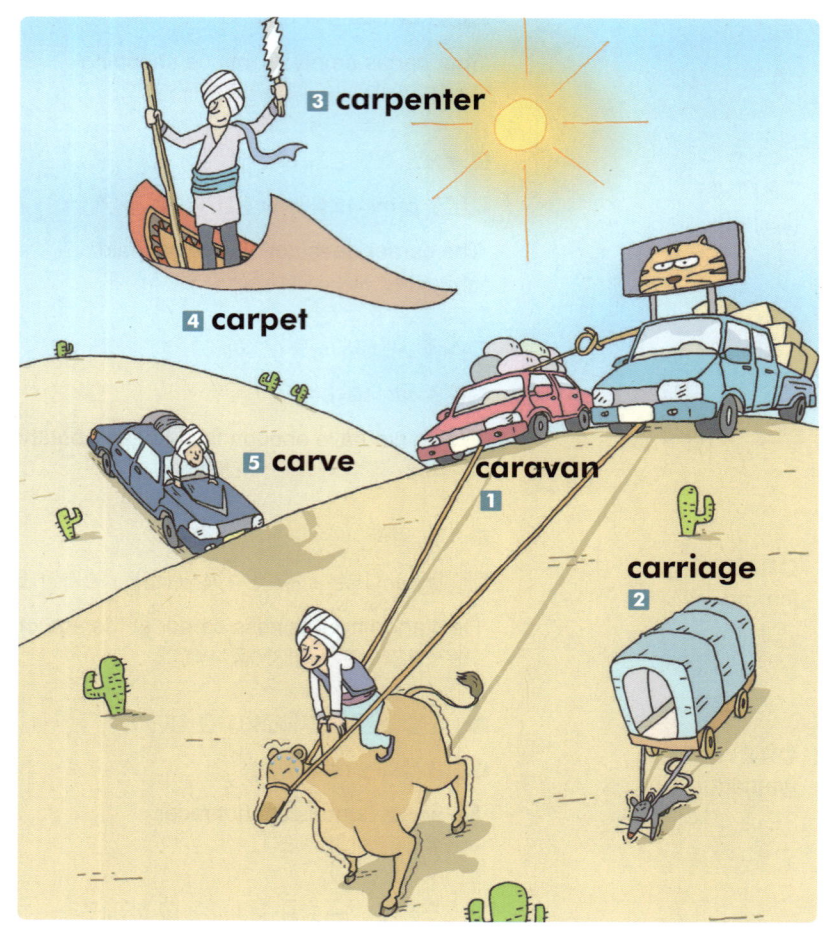

💡 연상 HINT

① **caravan**
사막의 대상(隊商) caravan이 지나간다. 짐이 많아서 그런지 차 car와 밴 van을 'a'자 모양의 끈으로 연결해서 같이 이동한다. car a van. 대상(隊떼 대, 商상인 상) caravan이란 사막 같이 교통이 발달하지 않은 곳에서, 낙타나 말에 짐을 싣고 떼를 지어 먼 곳으로 다니면서 특산물을 교역한 상인들의 무리를 말한다. 이들이 덮개가 있는 마차를 끌고 다니기도 했는데, 여기서 van(덮개가 있는 화물차, 유개운반차)이라는 단어가 나왔다.

② **carriage**
마차 carriage를 어떤 동물이 끌고 있죠? 바로 쥐이다. 발음이 캐리쥐니까.

③ **carpenter**
하늘에는 목수 carpenter가 양탄자를 타고 날아간다. 옛날에는 마차를 나무로 만들었는데 이것을 만든 '마차 목수'에서 목수 carpenter라는 단어가 나오게 되었다.

④ **carpet**
이 목수가 양탄자 carpet를 타고 난다. 카페트와 같은 익숙한 단어는 발음만 '까핏' 이렇게 원어민처럼 발음하면 좋겠다.

⑤ **carve**
사막에서 가운데서 한 사람이 자동차 car에 'V'자를 새기고 carve 있다. 이것은 시각힌트로 본네트에 V자를 그리는 것을 떠올려 보라.

car · char 바퀴 wheel, 구르다 roll

caravan
[kǽrəvæn]

n 대상(隊商)
어근힌트 carav는 낙타 camel (짐나르는 동물)에서 ㄴ-옴
They rode slowly across the desert in the caravan.
그들은 상단(商團)을 꾸려서 사막을 서서히 가로 질러 갔다.

carriage
[kǽridʒ]

n 마차
어근힌트 carry 나르는 + -age (명사)
Gossip needs no carriage
험담은 마차가 필요 없다.

carpenter
[káːrpəntər]

n 목수
어근힌트 car 나르는 + ter 목재 (timber)
The carpenter finished making the chairs
목수는 의자 제작을 마쳤다.

carpet
[káːrpit]

n 카펫; **v** 카펫을 깔다
어근힌트 car 나르는 + pet 천 (tape도 같은 어원)
How much does new carpet cost?
새 카펫은 얼마입니까?

carve
[kaːrv]

v 새기다
어근힌트 무덤 grave, 새기다 engrave, 조각 sculpture도 같은 어원 (car, cul, gra)
Be careful using a knife to carve the wood.
나무에 새기기 위해 칼을 사용할 때 조심하십시오.

STORY 19 보카 축구단

STORY

골키퍼가 골문을 점유한다 occupy. 한 축구 선수가 상대를 속여서 deceive, 공을 빼앗는다. 이 공을 동료에게 넘겼는데, 그는 배구공을 리시브하듯이 손으로 받는다 receive. 이 때문에 심판이 경고하자 이 경고를 순순히 받아들인다 accept. 그런데 아직도 정신 못차린 것 같다. 상대편에게 태클을 걸어서 부상당하게 한다. 부상 선수는 경기장 밖으로 실려 나간다. 상대편은 한 선수를 제외하고 except, 경기를 해야한다. 그 사이에 상대편 골대를 향하여 슛을 날린다. 이에 골키퍼는 그의 슛의 방향을 미리 예상하고 anticipate 몸을 골대 우측으로 날려서 공을 잡는다.

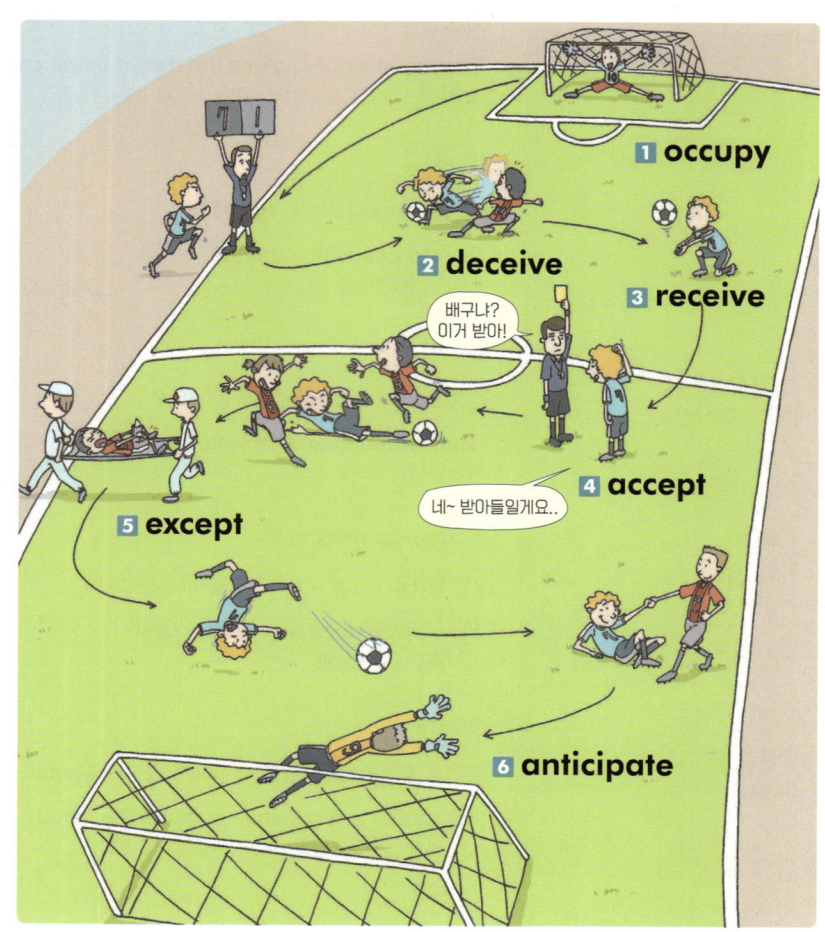

연상 HINT

① occupy
골키퍼가 양손, 양발을 다 벌려서 골문을 차지하고 occupy 있다. '오 키퍼'가 다 막고 있어.

② deceive
먼저 우리의 선수 드리블하며 상대를 속인다 deceive. 앞으로 하면 속지 않으니까 뒤 de-로 속여서 공을 빼낸다.

③ receive
그런데, 공을 애써서 동료에게 넘겼는데 축구공을 배구공으로 착각하여 배구 리시브하듯 손으로 받는다 receive.

④ accept
그러자 심판이 '이게 배구냐?' 하면서 경고한다. 그러자, '악, 나의 잘못이네.'하며 순순히 경고를 받아들인다 accept.

⑤ except
그런데 아직도 정신을 못차린 것 같다. 상대방 선수에게 태클을 걸어, 부상을 입힌다. 보조요원들이 부상당한 선수를 경기장 밖으로 ex- 제외시켜서 except, 이제 선수숫자가 적은 가운데 경기해야 한다.

⑥ anticipate
이러한 기회를 잡아서 상대 골을 향해서 공을 찬다. 골키퍼는 슛의 방향을 미리 예상하고 anticipate 공을 잡는다. anti-는 미리, 반대의 두가지 뜻을 가진 접두사이다. 미리 반대로 올 것을 예상하고 있었다고 보면 좋겠다.

cept · cip · ceive · cupy   잡다 take

occupy
[ákjupài]

v 차지하다

어근힌트 oc-는 ob- 변형 (위에)
파생어 occupation ⓝ 직업, 점유

This region has been occupied by people for more than hundred years.
이 지역은 백년 이상 동안 사람들이 차지하고 있었다.

deceive
[disíːv]

v 속이다

어근힌트 de- 로부터 (접두사) + -ceive 잡다
파생어 deceit ⓝ 속임수 deceitful ⓐ 속이는 deception ⓝ 속임

He deceived me into lending him my credit card.
그는 나를 속여서 그에게 신용카드를 빌려주게 했다.

receive
[risíːv]

v 받다

어근힌트 re- 다시 (접두사) + -ceive 잡다
파생어 receipt ⓝ 영수(증) reception ⓝ 환영(회)

If you like what we do, subscribe to receive our newsletters.
우리가 하는 일이 마음에 들면 뉴스 레터를 구독하십시오.

accept
[æksépt]

v ~를 받아들이다 (↔) reject

어근힌트 ac-는 ad- 변형 (~로)
파생어 acceptable ⓐ 받아들일 수 있는 acceptance ⓝ 동의
unacceptable ⓐ 받아들이기 어려운

If they do not accept our values, we become annoyed and angry.
그들이 우리의 가치를 받아들이지 않으면, 우리는 짜증나고 화가 난다.

except
[iksépt]

prep ~을 제외하고는; **v** ~을 빼다

어근힌트 ex- 밖으로 (접두사) + -cept 잡다
파생어 exception ⓝ 예외 exceptional ⓐ 예외적인

My grades were not good, except for history.
내 성적은 역사 과목을 제외하고는 좋지 않았다.

anticipate
[æntísəpèit]

v 예상하다

어근힌트 anti- 미리 (접두사) + -ip 잡다 + -ate (동사)
파생어 anticipation ⓝ 예상

We anticipate that all upgrades will be completed within 5 hours.
우리는 모든 업그레이드가 5시간 이내에 완료 될 것으로 예상합니다.

STORY 20 B인지 13인지

STORY

훈장님은 건씨 가문의 자부심 conceit을 가지고 수련하도록 훈계한다. 그 제자 disciple는 환자에게 벽에 붙은 글자가 B인지 13인지 맞추어 보라고 한다. 환자는 지시에 따라 그 글자를 감지하고 perceive 알아 맞춘다. 훈장은 훈련에 대한 개념 concept을 제대로 익히고 있는 제자를 칭찬한다. 대장금 아씨는 '조리 recipe할 때 뭐가 들어간 거 아니야? 모래 씹히잖아?'라고 말하며 짜증을 낸다.

연상 HINT

① **conceit**
훈장님이 제자들을 모아놓고 의료 수련 중이다. 먼저 "우리 건씨 가문의 자부심conceit을 살려야 하느니라" 하면서 훈계를 한다. 건씨 컨씨트 이렇게 발음힌트를 활용하라.

② **disciple**
새로 들어온 제자 disciple은 개념이 없는지 어리숙하다. dis- 는 떨어져, 분리되어 라는 뜻의 접두사인데, 배운 것을 잡고 –cip 분리되어 나아가서 세상에 전달하는 사람이 제자이다. 도사에게 배운 것을 가지고 하산하는(떨어져 나가는) 제자

③ **perceive**
이제 제자가 환자를 정성으로 가르친다. '벽에 붙은 글자가 B인지 13인지 알아 맞추어 보세요.'라고 물으니 환자는 그 글자를 감지한다 perceive. per- 관통하여 –ceive 잡으니 → '완전히 파악하다, 지각(知覺)하다, 이해하다'라는 뜻이 된다.

④ **concept**
이제 훈장은 제자에게 '이제 개념 concept이 잡히느냐?' 하면서 칭찬한다. 보통 흔히들 컨셉 컨셉하는데 이게 바로 concept 개념이다. 사람들이 머리로 함께 con- 잡고 있는 cept 것이란 뜻이다.

⑤ **recipe**
대장금에 나오는 아씨는 '조리할 때 recipe 뭐가 들어간 거야. 모래 씹히네.'하며 불평한다. 여기서 '모'만 빼고 '레씨피'라고 발음해 보라.

ceiv · cept · ceit · cip · cipit 취하다 take

conceit
[kənsíːt]

n 자부심

어근힌트 con- 함께 (접두사) + -ceit 잡다
파생어 conceited ⓐ 자부심이 강한

The smaller the mind the greater the conceit.
마음이 작을수록 자만심이 커집니다.

disciple
[disáipl]

n 제자

어근힌트 dis- 떨어져 (접두사) + -cip 잡다 → 배운 것을 잡아서 떨어져 나가는 자

Learn what it means to be a disciple of Jesus Christ.
예수 그리스도의 제자가 된다는 것이 무엇을 의미하는지 배우십시오.

perceive
[pərsíːv]

v 지각(知覺)하다

어근힌트 per- 관통 (접두사) + -ceive 잡다
파생어 perception ⓝ 지각(知覺)(력)[작용]

Children are very nice observers, and will often perceive your slightest defects.
아이들은 아주 좋은 관찰자이어서, 종종 당신의 사소한 결함도 감지한다.

concept
[kánsept]

n 개념

어근힌트 con- 함께 (접두사) + -cept 잡다
파생어 conceive ⓥ 생각하다 conception ⓝ 개념 misconception ⓝ 오해

The concept was not a new one.
이 개념은 새로운 것이 아니다.

recipe
[résəpi]

n 조리법, 처방

어근힌트 re- 다시 (접두사) + -cip 잡다

There is no recipe for living that suits all cases.
모든 경우에 다 들어맞는 처방(조리법)은 없다.

STORY 21 보장이 확실한 종신보험

STORY

보험 판매사가 고객에게 보험에 대해 설명하고 있다. 통계 자료를 보며 '우리나라 가장의 사망률이 30%에 이릅니다'라고 말하며 증명해 certify 보인다. 가슴에 달고 있는 배지는 자격 증명서 certificate 를 나타낸다. 이 판매원은 보험을 가입한 어떠한 certain 가족들이 안정되게 지내고 있다고 말해준다. 그러면서 보험이 가족의 안정을 지켜준다고 ensure 설득한다. 이렇게 말하며 '어서 가입하십시오'라고 확신시킨다 assure. 보험 드는 insure 것을 권유하는 말을 듣고, 고객은 '확실한 sure 것이에요' 하고 되묻고 있다.

연상 HINT

① **certify**
보험회사 세일즈맨이 통계 파이그래프 자료를 가지고 고객에게 보험에 대해 설명한다. '우리나라 가장의 사망률이 30(thirty)%에 이르고 있어요' 하면서 보험의 중요성을 증명하고 certify 있다. 30(써티)과 파이를 붙여서 써티파이라고 발음하면 된다.

② **certificate**
보험직원 가슴에 달고 있는 배지는 FA(재정고문 financial advisor 의 약자) 자격 증명서 certificate를 보여주는 것 같다. 배지가 고양이-cat 모양이다. 뒤의 접미사 –cate를 떠오르게 하기 위해서이다.

③ **certain**
이 FA는 '이 금융상품을 썼던 어떤 certain 가족들은 안정되게 살고 있어요'라고 확신하며 certain 설득하고 있는 중이다.

④ **ensure**
'이 보험이 가족의 안전을 확실하게 하는 ensure 길입니다.'라고 말한다.

⑤ **assure**
또한 '제가 보증합니다 assure. 어서 가입하십시오.'라고 확신시킨다 assure.

⑥ **insure**
'이제 보험계약서 안in에 서명만 하시면 됩니다!'라고 말하며 보험 insure 들 것을 권유한다. ※ ensure, insure, assure는 서로 비슷한 것 같아서 구분이 필요하다. 자동차와 관련해서 생각해 보면 좋다. 자동차 판매원이 '이 자동차 좋아요. 어서 구매하세요.'하며 확신시키는 것이 assure 이다. 모든 자동차는 보험을 들어야 insure 한다. 그리고, 자동차를 멀리 가지고 갈 경우에는 기름이 떨어지지 않게 가득 채워서 안전하게 하는 것이 좋다. 안전하게 하다가 ensure이다.

⑦ **sure**
그러자 고객은 '확실한 sure 거에요?'하면서 되묻는다.

cert — 확실한 sure

certify
[sə́:rtəfài]

v 증명하다

어근힌트: cert- 확실한 + -ify ~화하다 (동)

I certify that this is a true and correct copy of the original.
본인은 원본이 진실하고 정확한 사본임을 보증합니다.

certificate
[sərtífikeɪt]

n 증명서

어근힌트: cert- 확실한 + -ific 만들다 + -ate (동사형, 명사형 접미사)

파생어: certification **n** 증명

To prove the shortage, we are enclosing a certificate of a lloyd surveyor.
부족을 증명하기 위해, 우리는 로이드 측량 기사의 증명서를 동봉합니다.

certain
[sə́:rtn]

a 확실한, 어떤

어근힌트: cert- 확실한

파생어: certainty **n** 확실성 uncertain **a** 불확실한 uncertainty **n** 불확실성

We have to be certain that the benefits outweigh any risks.
우리는 그 이익이 어떤 위험보다도 중요하다는 것을 확신해야 한다.

sure — 안전한 safe

ensure
[inʃúər]

v 안전하게 하다

어근힌트: en- 만들다 (접미사) + sure 확실한

I use an alarm clock to ensure that I get up on time.
나는 제 시간에 확실히 일어나도록 하기위해 자명종을 사용한다.

assure
[əʃúər]

v 확신시키다, 보장하다

어근힌트: as-는 ad 변형 (~로)

파생어: assurance **n** 확신, 확약, 보장

Their passion assures that these fans remain loyal.
그들의 열정은 이 팬들이 여전히 충직하게 남아있도록 보증해 준다.

insure
[inʃúər]

v 보증하다, 보험을 계약하다

어근힌트: in-는 en- 변형 (만들다)

파생어: insurance **n** 보험

I would like to insure my car.
나는 내 차의 보험을 들고 싶다.

sure
[ʃuər]

a 확신하는

어근힌트: sure 확실한

파생어: unsure **a** 자신[확신]이 없는

Constantly rushing around is a sure way to feel stressed most of the time.
끊임없이 돌아다니는 것은 대부분의 경우 스트레스를 받는 확실한 방법이다.

STORY 22 아이스크림의 변신

💬 STORY

아이스크림 가게에서 아르바이트생이 교대한다 interchange. 한 아이가 변한 change 거스름 돈 change을 바꾸어 달라고 한다. 이 가게는 7가지 다양한 various 아이스크림을 판다. 가게 밖에서 동전을 교환하는 exchange 기계가 있다.

💡 연상 HINT

① **interchange**
아이스크림 가게에서 아르바이트생이 교대한다 interchange. 차들이 서로 교대하며 지나가는 곳을 IC 인터체인지라고 하는 말을 들어보았을 것이다.

② **change**
한 꼬마가 '아이스크림 바꾸어 change 주세요. 거스름돈 change는 가지세요'라고 말한다. 거스름돈은 가지세요 라는 말은 keep the change라고 한다.

③ **various**
이 가게는 다양한 various 아이스크림을 판다. 이것의 명사는 variety로서 다양한 내용의 쇼를 버라이어티 쇼라고 한다.

④ **exchange**
동전을 교환하는 exchange 교환대는 밖에 ex- 설치되어 있다.

change 바꾸다, 교역하다 barter

interchange [ɪntərtʃéɪndʒ]

v 교환(교대)하다
어근힌트 inter 서로 (접미사) + change 바꾸다
파생어 interchangeable a 교환[교대]할 수 있는

It's time to interchange your letters with each other.
서로 편지를 교환 할 때입니다.

change [tʃeɪndʒ]

n 변화, 거스름 돈; v ~를 바꾸다, 변하다
어근힌트 change '구부리다, 다른'의 뜻
파생어 changeable a 변하기 쉬운 unchanged a 변하지 않는
unchanging a 변하지 않는

Photographs can be changed by computer; photographs are sometimes false.
컴퓨터로 사진을 변경할 수 있다. 때때로 사진이 거짓이다.

exchange [ɪkstʃéɪndʒ]

v 교환하다, 환전하다; n 교환, 환전
어근힌트 ex- 밖의 (접두사) + change 바꾸다

Money is merely a convenient medium of exchange, nothing more and nothing less.
돈은 단지 편리한 교환 매체일 뿐이며, 그 이상도, 그 이하도 아니다.

vari 다양한 diverse

various [véəriəs]

a 다양한
어근힌트 var '구부리다, 다른' + -ous (형)
파생어 variety n 다양성 vary v 바꾸다; v 바뀌다

This site is powered by various open source software.
이 사이트는 다양한 오픈 소스 소프트웨어에 의해 구동된다.

STORY 23 악! 쿵!

💬 STORY

시골 한적한 도로에서 평상시 casual 복장을 입은 아이가 동전맞추기를 하는데 우연한 casual 기회를 잡는다. 두 동전이 서로 일치한다 coincide. 그런데 함께 놀던 아이가 자동차에 치이는 사고 accident 가 발생한다. 이런 경우 case 에 사건 case 관련 소송 case 서류를 준비해야 한다. 서류가 많아서 상자 case 안에 빼곡히 들어있다. 사고 현장을 목격한 주민이 가끔 그런 경우 occasion 있다고 말한다. 지는 해는 서양으로 occidental 가는데, 산에는 작은 폭포 cascade 에서 물이 아래로 쏟아진다.

💡 연상 HINT

① **casual**
시골 도로에서 평상복의 casual 옷차림을 한 아이가 동전놀이를 하고 있다. 평상복은 캐주얼 웨어 casual wear이다. 그런데 우연한 casual 기회에 동전이 서로 딱 맞아 들어간다.

② **coincide**
동전 맞추기 놀이에서 두 동전이 서로 일치한다 coincide. 동전 coin의 측면side이 일치하고 있다. 철자는 달라도 발음은 싸이드 똑같으니까 코인사이드 이렇게 기억하면 좋다.

③ **accident**
함께 놀던 아이가 자동차에 치이는 사고 accident가 발생했다. 차에 치여 사고날 때 외치는 '악!' 소리가 난다.

④ **case**
case는 경우, 사건, 소송, 상자 등 여러 가지 뜻이 있다. 이러한 교통사고의 경우case, 사건 case에 대해, 소송 case이 일어나기 십상이다. 복잡해지면 서류가 많아서 상자(케이스) case 안에 넣어두어야 한다. 이렇게 스토리로 기억해 보라.

⑤ **occasion**
사고현장을 목격한 주민이 '아유 오케이 Are you OK? 전에도 그런 경우 occasion가 있었어' 라고 걱정스럽게 묻는다.

⑥ **occidental**
태양은 서쪽으로 지고 있다. 해가 뜨는 곳은 동양, 지는 곳은 서양 occidental이다. 즉, 서양은 '해가 떨어지는 –cid 곳'이라는 뜻이다. 발음힌트는 "옥처럼 생긴 해가 '씨~'하며 이 dent를 드러내고 웃는다" 라고 하면 된다.

⑦ **cascade**
산에는 작은 폭포 cascade에서 카스 맥주 캔이 물과 함께 떨어진다. 카스 맥주인 이유는 카스 케이드니까.

cad · cid · cas · cay   떨어지다 fall

casual
[kǽʒuəl]

a 우연의, 무관심한, 평상복의

어근힌트 case 떨어진 것, 사건 + -al (형)
파생어 casually ad 우연히 casualty n [pl.] (사고로 인한) 사상자

We feel comfortable when we wear casual clothes.
우리는 캐주얼한 옷을 입을 때 편안함을 느낀다.

coincide
[kòuinsáid]

v 동시에 일어나다, 일치하다

어근힌트 co- 함께 + in 안드로 + cide 떨어지다 → 일치하다
파생어 coincidence n 일치, 동시어 일어남 coincident a (~와) 일치[부합]하는

Our expression and our words never coincide, which is why the animals don't understand us.
우리의 표현과 우리의 말은 결코 일치하지 않는다. 이것이 동물들은 우리를 이해하지 못하는 이유이다.

accident
[ǽksidənt]

n 사고, 우연

어근힌트 ac-는 ad- 변형 ~로 (접두사) + cide 떨어지 다
파생어 accidental a 우연한 accidentally ad 우연히

The driver argued that the careless pedestrian was to blame for the accident.
운전자는 부주의한 보행자가 그 사고에 책임이 있다고 주장했다.

case
[keis]

n 경우, 사건, 소송, 상자

어근힌트 case 떨어진 것, 사건
파생어 casket n 작은 상자

In that case, you must figure out what the sale price is.
이 경우 판매 가격이 무엇인지 파악해야 한다.

occasion
[əkéiʒən]

n 경우, 기회(때), (특별한) 행사

어근힌트 oc는 ob-의 변형 ~아래로 (접두사) + cas 떨어지다 + -sion (명)
파생어 occasional a 이따금씩의 occasionally ad 때때로

Last year, I had occasion to visit my grandmother in Hawaii.
작년에 저는 하와이에 계신 할머니를 방문할 기회가 있었습니다.

occidental
[ὰksədéntl]

a 서양(인)의

어근힌트 oc는 ob-의 변형 ~아래로 (접두사) + cide 떨어지다 + -tal (형)

Japan accepted both Oriental and occidental civilization in her history.
일본은 동양과 서양 문명을 모두 받아 들였다.

cascade
[kæskéid]

n 작은 폭포, 폭포같이 쏟아지는 물

어근힌트 cas 떨어지다 + -de 작은 것

a cascade of rainwater
억수같은 비

STORY 24 알렉산더와 고디안 매듭

STORY

알렉산더 대왕이 어느 지방에 갔을 때 '고디안 매듭'을 푸는 사람이 아시아를 통치하게 될 것이라는 소리를 듣는다. 사람들은 알렉산더 대왕이 과연 이 매듭을 풀 것인지 여부를 간결한 concise OX문제로 양쪽에 내기한다. 정원사는 가위 scissors로 나무를 알렉산더 모양으로 전지한다. 알렉산더는 결국 칼로 그 매듭을 자르기로 결심한다 decide. 내기에 진 사람은 '정확한 precise 표현으로 하자면 푼 것은 아닌데' 하면서 자살 suicide을 행한다.

연상 HINT

① **concise**
고대에 고디안 매듭을 푸는 사람은 아시아를 통치하게 될 것이라는 신화가 있었다. 사람들은 알렉산더 대왕이 과연 이 매듭을 풀 것인지 내기를 건다. '간결한concise 오엑스(OX)문제로 합시다'라고 하여 양쪽이 합의한다. 큰 con 사이즈로 잘라서 간결하게 함.

② **scissors**
한편 정원사는 가위 scissors로 나무를 알렉산더 모양으로 전지한다. 문자그대로 자르는cis 물건 '-or'이 가위이다.

③ **decide**
알렉산더는 도저히 풀 수 없다는 것을 알고 결국 칼로 그 매듭을 자르기로 결심한다 decide. 칼로 자르기로 결정하고 뒤-de 돌아 연습한다.

④ **precise**
결국 '못푼다 X'로 내기하여 진 사람은 자살한다. 자살한 사람은 죽어가면서 '정확한 precise 관점에서 보면, 푼 것은 아니고 자른 건데'라고 하였다. 사실 내기에 앞서서 pre '자르는 것은 안 된다'고 정확한 규정을 만들었어야 한다.

⑤ **suicide**
여기서 자살하다 suicide는 스스로 sui 목숨을 끊다 –cide.라는 말이다.

cide — 죽이다 kill, 자르다 cut

concise [kənsáis]

ⓐ 간결한

어근힌트 con- 함께 (접두사) + cis 자르다

Make your answers clear and concise.
대답을 명확하고 간결하게 하십시오.

scissors [sízərz]

ⓝ 가위

어근힌트 scis 자르다 + -or 물건(명)

I used a pair of scissors to cut decorations for the party.
나는 파티용 장식을 자르기 위해 가위를 사용했다.

decide [disáid]

ⓥ 결심[결의]하다 (=) resolve, determine

어근힌트 de- 아래로 (접두사) + -cide 자르다

파생어 decision ⓝ 결정 (= determination) decisive ⓐ 결정적인
decisively ⓐⓓ 결정적으로 indecisive ⓐ 결정적이 아닌

Decide what you want, decide what you are willing to exchange for it.
원하는 것을 결정하고 교환할 의사가 있는 것을 결정하십시오.

precise [prisáis]

ⓐ 정확한 (=) exact

어근힌트 pre- 미리 (접두사) + -cis 자르다

파생어 precisely ⓐⓓ 정확히 precision ⓝ 정확

Be sure to take precise measurements before you cut the wood.
나무를 자르기 전에 정확한 측정을 해야한다.

suicide [sjú:əsàid]

ⓝ 자살

어근힌트 sui- 스스로 + -cide 자르다

Civilizations die from suicide, not by murder.
문명은 살인이 아니라 자살로 인해 망한다.

STORY 25
환경보호운동단체

STORY

나무를 실은 트럭이 나무를 유통하고 circulate 있다. 그 옆에서는 환경 circumstance 단체 회원들이 벌목을 중단하라고 시위하자, 전경들이 그 주위를 둥글게 둘러싸고 encircle 있다. 한편 전경들을 지휘하는 대장의 무전기 내부의 회로 circuit가 보인다. 원 circle 모양의 화단의 테두리 원주 circumference는 파란색 벽돌이다.

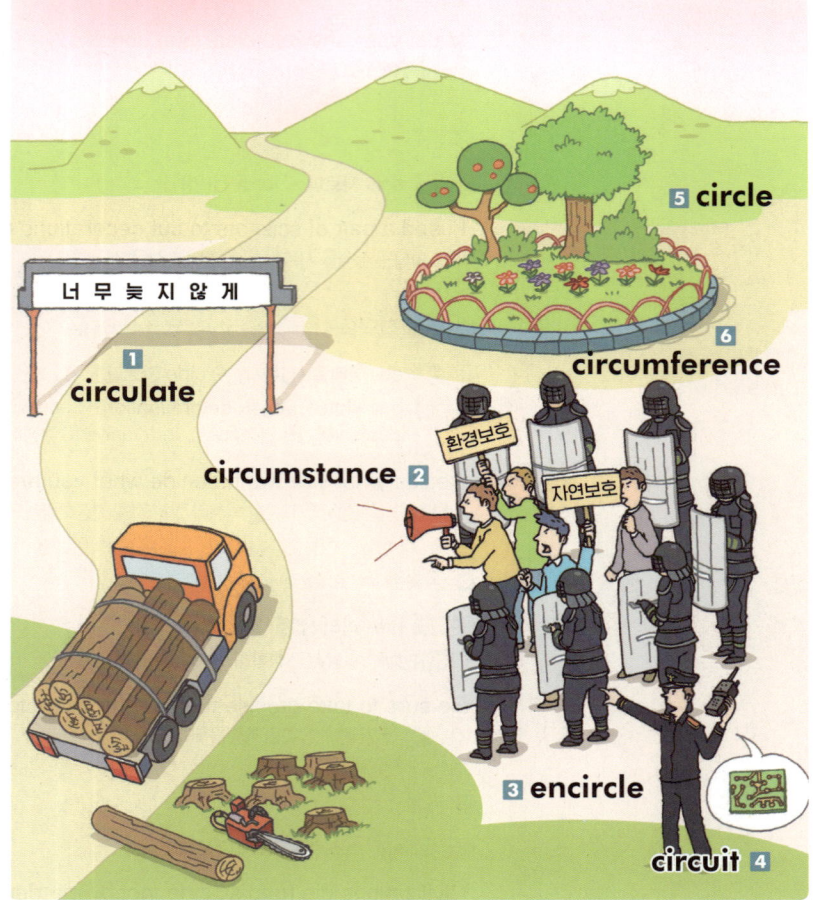

연상 HINT

① **circulate**
벌목한 나무를 가득 실은 트럭에 나무를 유통하고 circulate 있다. 유통할 때는 늦는 -late 일이 있어서는 안 된다. 그러니까 덤프 트럭들이 쌩쌩 달리는 것 아닐까?

② **circumstance**
환경을 훼손하자 환경 circumstance 단체 회원들이 '벌목 중단하라'고 외친다. 환경은 동그랗게 서있다는 뜻임.

③ **encircle**
이들을 저지하고자 경찰들이 둥글게 둘러싼다 encircle.

④ **circuit**
경찰 총지휘자는 무전기로 신호를 보낸다. 무전기는 전자장치이다. 이들 전자장치를 분해해 보면 내부에 회로 circuit가 있다.

⑤ **circle**
화단은 원 circle 모양이다.

⑥ **circumference**
화단 주위 circumference는 퍼런 벽돌로 둘러싸여 있다. 써컴퍼런스. 원 주위를 달리는 것이 원주이다.

circul
원 circle, 둘레에 around

circulate [sə́:rkjulèit]
- v (피·공기 등이) 순환하다, 유통하다
- 어근힌트 circul- 원 + -ate (동)
- 파생어 circulation n 순환, 유통

The disease prevents the blood from circulating freely.
이 병은 혈액이 자유롭게 순환하는 것을 방해한다.

circumstance [sə́:rkəmstæns]
- n 상황, 환경
- 어근힌트 circum- 원 + stance 서다

Imagine what your life would be like if you stopped blaming your circumstances.
자신의 환경을 비난하기를 멈추지 않으면 당신의 삶이 어떻게 될지 상상해 보십시오.

encircle [insə́:rkl]
- v 에워[둘러]싸다
- 어근힌트 en- 만들다 (접두사) + circle 원

Seoul is encircled with walls.
서울은 벽으로 둘러 쌓여있다.

circuit [sə́:rkit]
- n 회로
- 어근힌트 circu- 원 + -it 작은 것

Remove the circuit board screws. Five screws hold the circuit board.
회로 보드 나사를 제거하십시오. 5개의 나사가 회로 기판을 고정시킵니다.

circle [sə́:rkl]
- n 원
- 어근힌트 circle 원
- 파생어 circular a 원의

My arrow hit the very center of the arrow of the yellow circle.
내 화살이 노란 원의 화살표 정중앙을 맞추었다.

circumference [sərkʌ́mfərəns]
- n 원주
- 어근힌트 circum- 원 + fer 달리다 + -ence (명)

Write down the formula for finding the circumference of a circle.
원의 둘레를 구하는 수식을 적어라.

STORY 26 문명화 도시

💬 STORY

도시의 civic 은행에서 한 시민 civilian이 돈을 빌린다. 노트북을 든 다른 시민 citizen이 그 앞을 걸어간다. 도시의 urban 중심에는 고층건물들이 들어서 있고, 교외 suburb에는 단독주택들이 들어서 있다. 한편 한 문명인이 원시인을 교화한다 civilize.

💡 연상 HINT

① **civic**
도시의 civic 은행 간판이 civic bank이다. 'V'자가 크다 big(빅).

② **civilian**
이 은행에서 한 시민 civilian이 돈을 빌리고 있다. 빌리는 시민

③ **citizen**
거리에는 노트북을 시민 citizen이 은행 앞을 지나가고 있다. 여기서 –zen은 사람이란 뜻의 접미사로 우리는 네티즌 이 단어에 익숙하다.

④ **urban**
도시의 urban 중심에는 고층건물들이 들어서 있다. 시골은 rural이라고 한다. 발전의 우열을 따져보면 도시는 우반, 시골은 열반 rural, 이렇게 '우, 열'로 생각해 보자.

⑤ **suburb**
교외 suburb에는 단독주택들이 들어서 있다. 도시 아래 sub-에 위치한 교외지역이다.

⑥ **civilize**
한편 한 문명인이 원시인을 교화한다 civilize. 교양있게 civil, 만들다 –ize라는 뜻이다.

civ — 시 city, 시민 citizen

civic [sívik]
ⓐ 시민[공민]의
어근힌트 civ- 도시의 + -ic (형)
Try to teach students to think about civic responsibility.
학생들에게 시민의 책임에 대해 생각하도록 가르치십시오

civilian [sivíljən]
ⓝ 일반 시민
어근힌트 civ- 도시의 + -ian 사람 (명사형 접미사)
파생어 civil ⓐ 일반 시민의, 공손한
The number of civilian casualties have been increasing in comparison to military casualties.
민간인 사상자의 수는 군인 사상자와 비교하여 볼 때 증가하고 있다.

citizen [sítəzən]
ⓝ 시민
어근힌트 citi- 도시의 + -zen 사람 (명사형 접미사)
파생어 citizenship ⓝ 시민권
Bill visited senior citizens for two hours.
빌은 2시간 동안 노인들을 방문했다.

civilize [sìvəlàiz]
ⓥ 문명화하다
어근힌트 civ- 도시의 + -ize -화하다 (동)
파생어 civilization ⓝ 문명 civilized ⓐ 문명화한
The British ruled India and did a lot to civilize the country.
영국인들은 인도를 통치했으며 이 나라를 문명화하기 위해 많은 일을 했다.

urb — 도시 city

urban [ə́:rbən]
ⓐ 도시의 (↔) rural
어근힌트 urb- 도시의 + -an (형)
The proportion of people living in urban areas has been increased gradually.
도시 지역에 살고 있는 사람들의 비율이 점차 증가했다.

suburb [sʌ́bə:rb]
ⓝ 교외
어근힌트 sub- 아래 (접두사) + urb 도시의
파생어 suburban ⓐ 교외의[에 사는]
I live in the suburbs of Seoul, so there are many parks to go to.
나는 서울 교외에 살고 있는데, 거기에는 공원이 많다.

STORY 27   내 마음은 산으로 기울었어

STORY

산에 오르는 climb 것을 정말 좋아하는 사람, 마음이 항상 산으로 기울어 있는 incline 사람들이 있다. 그런데 진짜 베테랑은 슬리퍼를 신고 궂은 기후 climate에도 아랑곳하지 않고 산보하듯이 정상을 쉽게 오르내리는 사람이다. 만일의 경우 다친 사람을 대비하여 산 중턱에 진료소 clinic가 있다. 이곳을 단골손님 client처럼 찾는 이도 있다. '총각 커피 마시고 가' 하면서 노파가 말하는데, 지나가던 사람이 이를 거절한다 decline.

연상 HINT

① **climb**
산에 올라 climb 가는 것을 정말 좋아하는 사람이 있다. 사지 limb로 기어 올라간다.

② **incline**
등산을 좋아하는 사람은 마음이 항상 산 안 in으로 기울어 -cline 있는 사람들이다. 좋아하다, 마음이 기울다 가 바로 incline이다.

③ **climate**
그런데 진짜 등산 베테랑은 네팔 분지의 노인들이다. 이들은 궂은 기후 climate에도 아랑곳하지 않고, 산보하듯이 정상을 쉽게 오르내리는 즉, 기후를 벗mate 삼아 사는 이다.

④ **clinic**
산 중턱에는 우유 먹고 배탈난 사람, 골절상 입은 사람 등 만일의 경우를 대비하여 진료소clinic가 있다.

⑤ **client**
이 진료소를 단골손님 client처럼 찾는 이도 있다. 단골손님이란 언제나 오는 고객이다.

⑥ **decline**
산 아래에서 '총각, 커피 마시고 가' 하는 노파를 거절하고 decline 지나가는 사람이 있다. 돈이 없나보다. 노파의 제안을 뒤 de로 물리친다고 보면 된다.

clin 굽다 bend, 경사지다 slope

climb [klaim]
ⓥ 오르다
어근힌트 climb 손 발을 올리다는 뜻
Is it possible to climb the Eiffel Tower?
에펠 탑을 오를 수 있습니까?

incline [inkláin]
ⓥ 기울다, (마음을) 내키게 하다; ⓝ 경사
어근힌트 in- 안 (접두사) + clin 기울다
파생어 inclined ⓐ (~하고) 싶어 하는 inclination ⓝ 기울어짐, 경향
He was inclined to try the new weight-loss program.
그는 새로운 체중 감량 프로그램을 시도했다.

climate [kláimit]
ⓝ 기후, 분위기
어근힌트 clim- 기울다, 기대다 → 지형에 따라 기후가 기운다는 뜻에서 나옴
Global warming is causing climate patterns to change.
지구 온난화로 인해 기후 패턴이 바뀌고 있다.

clinic [klínik]
ⓝ 진료소
어근힌트 cli- 기울다 + -ic 장소 → 몸이 아플 때 기대는 장소
When a baby chimp became sick, she wrapped him in a blanket, took him to the clinic.
아기 침팬지가 아프게 되자, 그녀는 그것을 담요에 싸서 병원으로 데려갔다.

client [kláiənt]
ⓝ 고객
어근힌트 cli- 기울다 + -ent 사람 (명사형 접미사)
He had dinner with a client before coming home.
그는 집에 오기 전에 고객과 함께 저녁을 먹었다.

decline [dikláin]
ⓥ 거절하다, 쇠퇴하다; ⓝ 쇠퇴, 감퇴
어근힌트 de- 아래로 + clin 기울다
In the rural areas, the population declined.
농촌 지역에서는 인구가 감소했다.

STORY 28 핸드폰 떠가네

STORY

깊은 산 계곡에서 현재 current 유행하는 current 핸드폰이 떠내려간다. 그 강물에 화폐 currency도 같이 떠내려간다. 이 산에서 아버지와 아들이 소풍 excursion을 즐긴다. 교육 과정 curriculum에 따라 훈련 받는 말을 보고 아들은 경마장에 가자는 생각이 떠오른다 occur. 그래서 아들은 경마장에 가자고 아빠를 조르고 아빠는 아들의 제안에 동의한다 concur.

연상 HINT

① **current**
current는 여러 가지 뜻이 있다. '깊은 계곡에 현재 current 유행하는 current 휴대폰이 물의 흐름 current을 따라 떠내려가고 있다.' 이 스토리를 떠올리며 모든 뜻을 기억해 보자.

② **currency**
계곡물에 화폐 currency도 떠내려간다. 지금 시중에 흐르는 유통되는 화폐를 currency라고 한다.

③ **excursion**
산 마루에는 아버지와 아들이 소풍 excursion을 즐긴다. 밖으로 ex- 똥개 cur를 데리고 나왔다. cur는 달린다는 뜻의 어근이지만 똥개라는 뜻도 있다.

④ **curriculum**
산 중턱에는 말이 교육과정 curriculum에 따라 훈련받고 있다. 교육을 받기 위해 달려가는 것이 커리큘럼임.

⑤ **occur**
훈련받는 말을 보자 아들은 경마장에 가고 싶은 생각이 떠오른다 occur. "아까 보았던 경마장에 가고 싶어요."

⑥ **concur**
아들은 경마장에 가자고 아빠를 조르고, 아빠는 아들의 제안에 동의한다 concur.

cur — 달리다 run, 흐르다 flow

current
[kə́:rənt]

a 현재의, 최신 유행의; **n** 흐름 (= flow)

어근힌트 cur- 달리다 run → 물이 달리는 것 → 흐름
파생어 currently [ad] 일반적으로, 현재는

The current price of a stock is $21.
주식의 현재 가격은 $21이다.

currency
[kə́:rənsi]

n 통화, 화폐

어근힌트 cur- 달리다 + -cy (명사형 접미사)

When we think of money, we usually think of currency, or coins and bills.
우리가 돈을 생각할 때, 우리는 일반적으로 통화, 또는 동전과 지폐를 생각한다.

excursion
[ikskə́:rʒən]

n 소풍

어근힌트 ex- 밖 (접두사) + cur 달리다 + -sion (명)

I want to go on an excursion.
나는 소풍가고 싶다.

curriculum
[kəríkjuləm]

n 교육 과정

어근힌트 cur 달리다 + -cule 작은 것 (명사형 접미사)
파생어 extracurricular [a] 정식 학과 이외의

How do you feel about the Curriculum for children?
아기들을 위한 커리큘럼에 대해 어떻게 생각하세요?

occur
[əkə́:r]

v (사건 등이) 일어나다, (머리에) 떠오르다

어근힌트 oc-는 ob- 변형 (향하여)
파생어 occurrence [n] 발생, 사건

Hearing damage may occur when a person is exposed to excessive sound levels.
사람이 과도한 소음에 노출되면 청력 손상이 발생할 수 있다.

concur
[kənkə́:r]

v 동의하다, 동시에 일어나다

어근힌트 con- 함께 (접두사) + cur 달리다
파생어 concurrent [a] 동시 발생의, 동의하는

He concurred that further meetings would be necessary to resolve the issue.
그는 이 문제를 해결하기 위해 더 많은 회의가 필요할 것이라고 동의했다.

STORY 29 ROOT C 이러다 압사 당하겠네

STORY

경기가 끝나고 한꺼번에 출구 쪽으로 몰려 압사 사고가 재발되는 recur 불행이 일어날 수도 있다. "야 저리 꺼져"하고 저주하는 curse 사람이 있는가 하면, 이런 와중에도 서로 대화하느라 discourse 여념이 없는 아이들도 있다.

연상 HINT

① **recur**
경마장에 갔더니 사람들이 한꺼번에 출구 쪽으로 몰려서 압사 사고가 재발하는 recur 사태가 일어나기 쉽상이다. 한국이든 해외든 사람이 모인 곳에는 압사하는 일이 종종 재발하곤 한다.

② **curse**
무리 중에는 '야! 저리 꺼져'하고 저주하는 curse 사람도 있다. 발음을 꺼져, 꺼스 이렇게 해 보라.

③ **discourse**
이런 와중에도 서로 대화 discourse 하느라 여념이 없는 아이들도 있다. 강화, 담론이란 뜻인데, 서로 토론할 때에는 의견들이 서로 떨어져서 dis 자신의 생각대로 달리는 cur 상황이다. 이 아이들도 '이 this 코스course로 가면 되는 거야'라고 말한다.

cur — 달리다 run, 흐르다 flow

recur
[rikə́:r]

ⓥ (사람·이야기 등이) 되돌아가다, 재발하다

어근힌트 re- 다시 (접두사) + cur 달리다
파생어 recurrence ⓝ 재현, 재발 recurrent ⓐ 재발[재현]하는

She had recurred nightmares about failing the test.
그녀는 시험 실패에 대한 악몽이 자꾸 일어났다.

curse
[kə:rs]

ⓥ 저주하다

어근힌트 cur 달리다 → 입에서 달리는 것

Better to light a candle than to curse the darkness.
어둠을 저주하는 것보다 촛불을 켜는 것이 더 낫다.

discourse
[dískɔ:rs --´]

ⓝ 강화(講話), 담론

어근힌트 dis- 떨어져 (접두사) + cur 달리다 → 생각들이 떨어져서 달리다

There cannot be greater rudeness than to interrupt another in the current of his discourse
한참 대화가 진행 중인 사람을 방해하는 것보다 더 큰 무례한 것은 없다.

STORY 30 : 재개발 보상한다더니 ... 1

STORY

시의원이 100평씩 드리겠다고 공약을 외친다 exclaim. 잘못된 욕심이 있다는 것을 알아차린 주민들은 요구사항 claim 플래카드를 들고 항의한다. 주민대표는 "권리를 되찾자"고 자신의 입장을 선언한다 proclaim.

연상 HINT

① **exclaim**
시의원이 공약을 외친다 exclaim '저를 뽑아주시면 100평씩 드리겠습니다.'라고 밖으로 ex 소리를 외치고 있는 것이다.

② **claim**
시의원의 의도를 알아챈 주민들은 자신들의 요구사항 claim를 적은 플래카드를 들고, 이루어 주도록 요구한다 claim.

③ **proclaim**
주민대표는 사람들 앞에서 pro- '권리를 되찾읍시다'라고 자신의 입장을 선언한다 proclaim.

claim — 부르다 call, 외치다 cry out

exclaim [ikskléim]

v 외치다

어근힌트 ex- 밖으로 (접두사) + claim 부르다
파생어 exclamation n 외침

I am not a terrorist! he exclaimed before being escorted out of the courtroom.
나는 테러리스트가 아니다! 그는 법정에서 호송되기 전에 외쳤다.

claim [kleim]

v 요구[청구]하다

어근힌트 claim 요구를 부르다

Give to every other human being every right that you claim for yourself.
당신이 스스로 주장하는 모든 권리를 다른 모든 인간에게 주십시오.

proclaim [proukléim]

v 선언하다 (=) declare

어근힌트 pro- 앞으로 (접두사) + claim 부르다
파생어 proclamation n 선언

After the jury heard the testimonies, the defendant was proclaimed innocent.
배심원단이 증언을 들은 후에, 피고인은 무죄 선고를 받았다.

STORY 31 재개발 보상한다더니 … 2

STORY

시의원은 시의회 council 에서 했던 공약이 기억나지 않으신단다. 그 옆의 비서는 노트에 미리 기록해 놓은 대로 '기억이 나지 않으신답니다'라고 여러 번 암송한다 recite. 동네 이장님은 웹사이트의 말을 인용하여 cite '화장실 들어갈 때 다르고 나올 때 다르다더니 바로 당신을 두고 한 말이군.' 하며 자신들의 심경을 표출한다. 보상에 달라고 자극하며 촉구하는 incite 주민들을 보고 '잘한다 잘해' 하며 부채질하는 사람도 있다. 심상치 않은 사태를 보고 한 직원이 양자의 입장을 다 고려하여 화해하도록 reconcile 노력한다. 이제 건물을 세우고 나서 공연하느라 가수를 불렀나 보다. 가수 리사이틀 recital 이 한창이다. 이 신나는 공연이 많은 여자팬들을 흥분시킨다 excite.

연상 HINT

공약을 해놓고 실제로 실행하지 않는 의원님 스토리이다.

① **council**
시의회 council의 의원은 상담실에서 했던 얘기가 기억나지 않는다고 우긴다. '실제로 말하지 않았어.'

② **recite**
의원 비서는 노트에 미리 기록해 놓은 대로 '기억이 나지 않으신답니다'라고 말하며 여러 번 반복하여 암송한다 recite.

③ **cite**
동네 이장님이 인터넷 웹사이트의 말을 인용하여 cite 심경을 표출한다. 장소 site와 인용하다 cite는 발음이 같다.

④ **incite**
보상을 촉구하는 주민들을 보고 안으로 in 바람을 넣고 부추기는 incite 사람도 있다.

⑤ **reconcile**
한 직원이 양자의 입장을 다 고려하여 화해하도록 reconcile 노력한다. 화해하기가 쉽지 않으니 다시 re 함께 con 모여서 부르는 cile 것이 필요하다.

⑥ **recital**
창 밖에서는 가수 리사이틀 recital이 열리고 있다. 리사이틀은 다시 부른다는 뜻인데 실제 공연에 나오기 전에 가수들은 수백 번도 더 다시 부른다고 한다.

⑦ **excite**
이 공연이 여성 팬들을 흥분시킨다 excite. 밖으로 부른 것이 흥분시키는 것이다.

cit — 부르다 call

council [káunsəl]
n 의회
어근힌트 coun- 함께 (접두사) + -cil 소리치다
He was elected to serve on city council.
그는 시의회에서 봉사하도록 선출되었다

recite [risáit]
v 암송하다, 낭독[낭송]하다
어근힌트 re- 다시 (접두사) + cite 부르다
Even though he was 80 years old, he could still remember how to recite the Boy Scout oath.
그는 80세였지만 보이스카웃 선서를 암송하는 법을 아직도 기억할 수 있다.

cite [sait]
v 인용[인증(引證)]하다
어근힌트 cite 부르다 call
파생어 citation **n** 인용
The devil can cite Scripture for his purpose.
악마는 자신의 목적을 위해 성경을 인용 할 수 있다.

incite [insáit]
v 자극하다
어근힌트 in- 안으로 (접두사) + cite 부르다
파생어 incitement **n** 자극
By shooting an innocent man, the police seem to have incited a riot.
경찰이 무고한 사람을 쏴서 폭동을 일으킨 것으로 보인다.

reconcile [rékənsàil]
v 화해시키다
어근힌트 re- 다시 (접두사) + con- 함께 (접두사) + -cile 부르다
파생어 reconciliation **n** 화해
I do my best to reconcile with my friend.
내 친구와 화해하기 위해 최선을 다한다.

recital [risáitl]
n 리사이틀, 연주회
어근힌트 re- 다시 (접두사) + cit- 부르다 + -al (명사형 접미사)
My grandfather slept through the piano recital.
우리 할아버지는 피아노 독주회 내내 잠을 잤습니다.

excite [iksáit]
v 흥분시키다
어근힌트 ex- 밖으로 (접두사) + cite 부르다
파생어 excitement **n** 흥분(상태) exciting **a** 흥분시키는
I will be excited when I am available to help someone.
내가 누군가를 도울 수 있을 때 나는 흥분이 될 것이다.

STORY 32 — ROOT C 프로크루스테스의 침대

STORY

그리스 신화의 한 장면이다. 성문을 지키고 있는 프로크루스테스는 자신이 만든 침대에 지나가는 행인을 맞추어 본다. 행인의 키가 침대 길이에 딱 맞으면 성의 거민에 포함시키고 include, 키가 작거나 크면 잡아 늘이거나 잘라서 배제시킨다 exclude. 어느 날 이 괴물과 그리스의 영웅 테세우스가 맞닥뜨린다. 다툼이 일어나자 결투를 통해 결론짓자 conclude고 테세우스가 제안한다. 창을 통해 문이 닫힌 close 붙박이 옷장 closet이 성탑 안에 설치되어 있다. 그 가까이에 close 울타리로 둘러싼 enclose 결투장에서 결투가 진행된다. 테세우스가 어떻게 생겼는지 알아보려고 프로크루스테스가 투구를 벗기어 그 얼굴을 드러낸다 disclose. 화가 난 테세우스는 필살기를 써서 이 괴물을 쓰러뜨리고 동굴 감옥에 가두어 격리시킨다 seclude.

연상 HINT

① **include**
성문을 지키고 있는 프로크루스테스는 행인을 자신의 침대에 눕혀 키가 침대 길이에 딱 맞으면 성 안으로 in 포함시킨다 include. 안으로 넣고 닫는다는 뜻임.

② **exclude**
키가 작거나 크면 잡아 늘이거나 잘라서 성 밖으로 ex 배제시킨다 exclude.

③ **conclude**
어느 날 이 괴물과 그리스의 영웅 테세우스가 만나 다툼이 일어나자, '함께 con 결투를 통해 결론을 짓자 conclude' 테세우스가 제안한다. 결론은 혼자가 아니라 같이 내리는 것임.

④ **close**
결투장과 가까운 close 곳에 있는 성탑에 문이 닫혀 close 있는 옷장이 보인다.

⑤ **closet**
옷장 closet은 잘 세팅되어 set 있는 상태이다.

⑥ **enclose**
결투장은 울타리로 둘러싸여 enclose 있다. 안에 en 있는 것을 둘러싸서 입구를 닫다 close.

⑦ **disclose**
결투장에서 프로크루스테스가 테세우스의 투구를 벗기어 그 얼굴을 드러내게 disclose 만들었다. 모자가 떨어져 dis 나가니까 드러나게 되는 것임.

⑧ **seclude**
화가 난 테세우스는 필살기를 써서 그 괴물을 쓰러뜨리고 동굴 감옥에 가두어 격리시킨다 seclude. se-는 분리의 뜻이다. separate, segregate도 모두 같은 접두사이다.

close · clud 닫다 shut

include
[inklú:d]

v 포함하다

어근힌트 in- 안으로 (접두사) + clude 같다
파생어 inclusion **n** 포함

I always included a note explaining my Christmas experience as a child.
나는 항상 어린시절 크리스마스 때의 경험을 설명해주는 메모를 포함 시켰다.

exclude
[iksklú:d]

v 제외하다

어근힌트 ex- 밖으로 (접두사) + clude 같다
파생어 exclusion **n** 제외 exclusive **a** 배타적인 exclusively **ad** 배타적으로

When you photograph people, remember to get closer to them to exclude unwanted objects.
사람들 사진을 찍을 때 원치 않는 물건을 제외시키기 위해 가까이 다가가야 한다는 것을 기억하십시오.

conclude
[kənklú:d]

v 결론짓다

어근힌트 con- 함께 (접두사) + clude 닫다
파생어 conclusion **n** 결론 conclusive **a** 결정적인

The judge concluded that the witness had told the truth.
판사는 증인이 진실을 말한 것으로 결론을 내렸다.

close
[klouz]

v 닫다 **a** 가까운

어근힌트 close 닫다

To build a close relationship takes some effort.
친밀한 관계를 구축하려면 어느정도의 노력이 필요하다.

closet
[klázit]

n 벽장, 붙박이 옷장

어근힌트 closet 닫아 놓은 곳

Everyone has a skeleton in his closet.
누구나 자기 옷장에 해골이 있다.

enclose
[inklóuz]

v 에워싸다, 동봉하다

어근힌트 en- 안에 = in (접두사) + close 닫다

I enclosed a cassette tape (of songs) that I made.
내가 만든 (노래의) 카세트 테이프를 동봉했다.

disclose
[disklóuz]

v 드러내다

어근힌트 dis- 떨어져 (접두사) + close 닫다
파생어 disclosure **n** 폭로

New information disclosed the real thief.
새로운 정보로 실제 도둑이 드러났다.

seclude
[siklú:d]

v ~에서 떼어놓다 (=) separate

어근힌트 se- 떨어져 (접두사) + clude 닫다

After the tragedy, he secluded himself in his home.
그 비극 후에, 그는 그의 집에 격리되어 지냈다.

STORY 33 Core Ngrato 무정한 마음

💬 STORY

노래방에서 여러 사람이 악쓰며 노래 부르고 있다. 서로 화음이 일치한다 accord. 그런데 한 노인은 음이 불일치하여 discord '저리가요' 하며 옆으로 밀친다. 노래방 기계에는 사과의 핵심 core이 보이는 사과 반쪽 모양의 회사 마크가 그려져 있다. 이 기계는 벽에 붙은 전원에 코드 cord를 연결하여 작동이 된다. 벽에는 무정한 마음(Core N'grato)을 부르는 성악가 파바로티의 사진이 걸려 있다. 의자에 있던 한 남자는 노래하기를 꺼려하는 친구를 보자 '꺼리지 말고 용기 courage를 내 봐'하며 독려한다. 쓰레기통에는 누군가 하트 모양의 카드를 찢은채로 버려 discard 놓았다. 아마 여친이 그랬나 보다. 그러자 그녀의 남친은 진심으로 우러나는 cordial 사랑의 고백을 한다.

💡 연상 HINT

① **accord**
노래방에서 여러 사람이 악쓰며 노래 부르는데 서로 화음이 일치한다 accord.

② **discord**
한 노인분은 음이 불일치하여 discord 옆으로 떠밀린다. 코드(마음)가 떨어져 dis- 있으면 불일치 하는 것

③ **core**
노래방 기계에는 사과의 핵심 core이 보이는 사과 반쪽 모양의 회사 마크가 그려져 있다. 애플은 저작권에 걸리니 그 반을 쪼개서 코어사라고 함

④ **cord**
노래방기기 뒤에는 전기 코드 cord가 있어서 콘센트에 꽂아서 전기를 공급해야 작동한다. 보통 우리가 전기코드할 때 이 단어를 쓴다. 음악의 코드는 chord이다. 음악은 harmony가 중요하니 여기서 h를 썼다고 하면 두 단어 cord와 chord를 구분하기 쉽다.

⑤ **courage**
의자에 앉아 있는 사람이 옆 사람에게 한 곡 불러보도록 용기 courage를 주고 있다. '꺼리지 말고 용기를 내!'

⑥ **discard**
쓰레기통에는 하트가 반쪽으로 갈라져 떨어진 dis- 카드 card가 버려져 discard 있다.

⑦ **cordial**
여자의 남친은 마음을 돌이키기 위해 여자에게 다알리아 꽃을 주며 진심에서 우러나오는 cordial 사랑 고백을 한다. -dial은 다이알 → 다알 이렇게 하여 다알리아 꽃으로 연상함

cord · card · cour　　마음 heart

accord
[əkɔ́ːrd]

ⓥ 일치[조화]하다 **ⓝ** 일치

어근힌트 ac- ~로부터 (접두사) + cord 마음
파생어 accordance ⓝ 일치　according to [전치사적으로] ~에 따라, ~에 의하여
accordingly ⓐⓓ 따라서

The two sides made continuous effort to reach an accord.
양측은 합의에 이르도록 하기 위해 지속적인 노력을 기울였다.

discord
[dískɔːrd]

ⓝ 불일치, 불화

어근힌트 dis- 떨어져 (접두사) + cord 마음

Small communities grow great through harmony, great ones fall to pieces through discord.
소규모 공동체는 조화를 통해 커지고 커다란 공동체는 불화를 통해 산산조각이 난다.

core
[kɔːr]

ⓝ 핵심, 속마음

어근힌트 core 마음 중심

At the innermost core of all loneliness is a deep yearning for union with one's lost self.
모든 외로움의 가장 안쪽 핵심에는 잃어버린 자아와의 연합에 대한 깊은 열망이 있다.

cord
[kɔːrd]

ⓝ 끈, 가는 밧줄, 기호체계

어근힌트 cord 마음

Plug the power cord into the AC adapter.
전원 코드를 AC 어댑터에 연결하십시오.

courage
[kə́ːridʒ]

ⓝ 용기

어근힌트 cour- 마음 + age (명사형 접미사)
파생어 courageous ⓐ 용기 있는　encourage ⓥ ~의 용기[기운]를 북돋우다
encouragement ⓝ 격려　discourage ⓥ ~의 용기를 잃게 하다

Thomas Jefferson once said that what matters is the courage of one's convictions.
토마스 제퍼슨(Thomas Jefferson)은 한 때에 중요한 것은 자신의 신념에 대한 용기라고 말했다.

discard
[diskɑ́ːrd]

ⓥ (폐습·신앙 등을) 버리다

어근힌트 dis- 떨어져 (접두사) + card 마음

Be sure to discard any drug if it is past its expiration date.
만기일이 지난 경우에는 어떤 약도 폐기하십시오.

cordial
[kɔ́ːrdʒəl]

ⓐ 마음에서 우러난 (=) hearty

어근힌트 cord- 마음 + al (형용사형 접미사)
파생어 cordially ⓐⓓ 진심으로

Our hosts greeted us at the airport with a cordial welcome and a hearty hug.
우리 주인은 따뜻한 환영과 마음으로 껴안은 주면서 공항에서 우리를 맞이했다.

STORY 34 — ROOT C 아인슈타인, 나도 몸짱

STORY

군단 corps의 위용을 자랑하는 탱크를 이끌고 한 병사가 신체를 드러낸 채 지나간다. 탱크 앞에는 2명의 시체 corpse가 널려있다. 한편 군단장은 오랜 친구인 법인 회사 corporate의 사장을 만나 악수하며 정감을 나눈다. 그 앞에는 내과 의사 physician가 한 사람에게 약을 처방해 준다. 알고 보니 왕년에는 체격도 좋고 건강의 대명사(구현) embodiment이였던 이 사람은 바로 물리학자 physicist 아인슈타인이다.

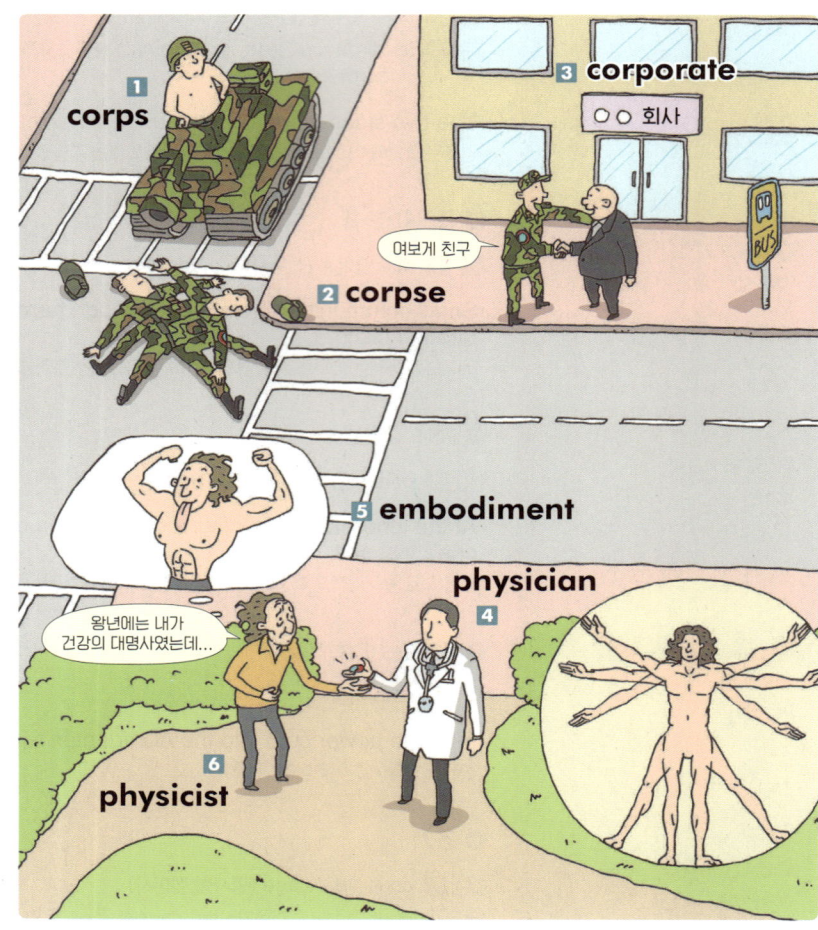

연상 HINT

① **corps**
군단 corps이 탱크를 선두로 이동 중이다. 이 단어는 단수 복수 똑같이 corps 인데 발음만 단수는 '코어' 복수는 '코어즈'라고 읽으면 된다.

② **corpse**
탱크 앞에는 군단소속 2명의 시체 corpse가 널려 있다. 엎어져 있는 시체

③ **corporate**
한편 군단장은 오랜 친구인 한 회사의 corporate 사장을 오랜만에 만나 악수한다. 회사직원이 서로 한 몸 corp이라고 하여 이 단어가 생김

④ **physician**
내과의사 physician 선생님이 아인슈타인에게 약을 처방해 준다. 의사를 환자들이 '~션'생님이라고 한다. '피지션'

⑤ **embodiment**
아인슈타인이 왕년에는 체격이 좋은 건강의 화신(化身) embodiment이었다. 아인슈타인 옷 안em의 몸body이 몸짱이다.

⑥ **physicist**
아인슈타인은 물리학자 physicist이다. 과학자들은 –ist로 끝나는 단어가 많다. scientist 과학자, chemist 화학자, botanist 식물학자

corp 신체 body

corps [kɔːr]
n 군단

어근힌트 corps 몸
파생어 corporation n 법인, 주식회사 incorporate v ~을 법인 조직으로 만들다

He joined the volunteer corps in order to get experience living abroad.
그는 해외에서의 경험을 얻기 위해 자원 봉사단에 합류했다.

corpse [kɔːrps]
n 시체

어근힌트 corpse 몸

Don't touch the corpse before you send for the police.
경찰을 보내기 전에 시체를 만지지 마십시오.

corporate [kɔ́ːrpərət]
a 법인의, 회사의, 공동의

어근힌트 corpor- 마음 + ate (형용사형 접미사)

Do you have a corporate credit card?
법인 카드 가지고 있나요?

physician [fizíʃən]
n 내과의사

어근힌트 physic- 치료, 물리 + ian (명사형(행위자) 접미사)
파생어 physical a 신체의, 물질의, 자연의

If you want to diet, you should consult a physician.
다이어트를 원한다면 의사와 상담해야한다.

embodiment [imbádimənt]
n 구현, 구체화

어근힌트 em- 만들다 (접두사) + bodi- 몸 + -ment (명사형 접미사)
파생어 embody v 구체화하다, 구현하다

You are an embodiment of perfect health.
당신은 완벽한 건강의 화신입니다.

physicist [fízisist]
n 물리학자

어근힌트 physic- 치료, 물리 + ist (명사형(행위자) 접미사)

A physicist is a scientist who studies or completes research into physics.
물리학자는 물리학에 대한 연구를 수행하거나 연구를 마무리하는 과학자이다.

STORY 35 쉰들러리스트 1

STORY

2차 세계대전 당시 독일은 소련과 비밀의 secret 평화협정을 맺었다. 그러나, 독일 나치는 신병을 모집하여 recruit 폴란드를 침범하였고, 폴란드는 위기 crisis 에 처했다. 이에 교황 비오 12세는 위기의 critical 사태에 직면하여 미국으로 외교서한을 보낸다. 이 문서에서 그는 히틀러에 대한 비평의 critical 글을 써서 미국이 중대한 critical 결정을 잘 내려야한다고 권고했다. 이 당시에 폴란드에 사는 유태인들은 폴란드인 거주지역과 분리된 discrete 지역인 게토에 모여 살고 있었다.

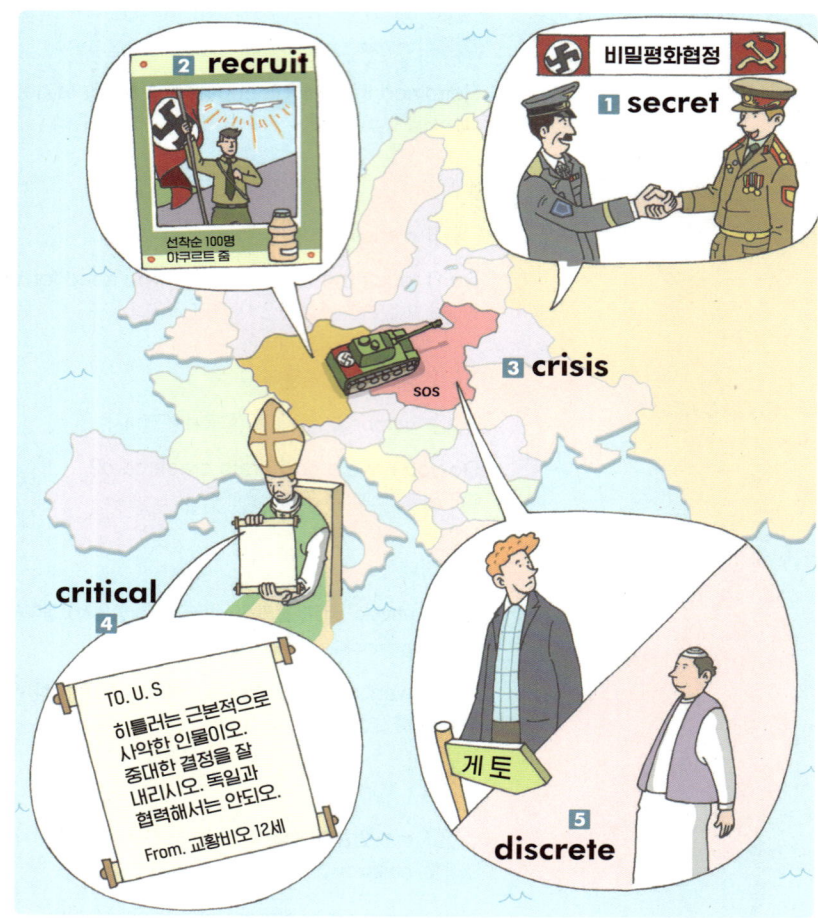

연상 HINT

① **secret**
2차 세계대전 당시 소련과 비밀secret 평화협정을 맺은 독일 나치. 씨그럿! 쉬! 비밀이야.

② **recruit**
독일나치가 신병을 모집하여 recruit 폴란드를 침범하였다. 선착순으로 야쿠르트를 줌

③ **crisis**
갑작스런 공격에 폴란드는 위기crisis에 처했다. 위기에 처한 폴란드가 외치면서cry 구원 요청 sos을 한다.

④ **critical**
이에 교황 비오 12세는 미국으로 보내는 외교문서에 히틀러에 대한 비평의critical 글을 써서 독일과 협력해서는 안되고, 중대한 critical 결정을 잘 내리도록 권고했다. 비평의 글이 틱틱거리고 칼처럼 날카로움. critical은 위기의, 비평의, 중대한 등 여러 가지 뜻이 있다. 위기의 폴란드, 비평의 글, 중대한 결정 이렇게 하여 기억하면 좋겠다.

⑤ **discrete**
한편 폴란드에 사는 유태인들은 폴란드인 거주지역과 분리된 discrete 게토라는 곳에서 모여 살고 있다. discrete의 ete에서 2개의 e가 t로 분리된다고 기억하라.

cri · cre 가려내다, 분리하다 separate

secret
[síːkrit]

a 비밀의; **n** 비밀

어근힌트 se- 떨어져 (접두사) + cret 가리다
파생어 secretary **n** 비서

They wanted to have no secrets between them.
그들은 그들 사이에 비밀이 없길 원했다.

recruit
[rikrúːt]

n 신병, 신회원; **v** 모집하다

어근힌트 re- 다시 (접두사) + cruit 가리다
파생어 recruitment **n** 신병 모집, 채용

We tend to recruit new team members from our friends and acquaintances.
우리는 친구 및 지인들로부터 새로운 팀원을 모집하는 경향이 있다.

crisis
[kráisis]

n 위기

어근힌트 cri- 분리하다 + -sis (명사형 접기사)

Many people think of crisis as being connected only with unhappy events.
많은 사람들은 위기가 불행한 사건들과 관련이 있다고 생각한다.

critical
[krítikəl]

a 비평의, 위기의, 결정적인

어근힌트 crit- 판단하다, 분리하다 + ical (형용사형 접미사)
파생어 critic **n** 비평가 criticism **n** 비평 criticize **v** 비평하다

Water is critical to life on earth.
물은 지구상의 생명체에게 중요하다(결정적이다).

discrete
[diskríːt]

a 분리된

어근힌트 dis- 떨어져 (접두사) + crete 기리다

A number of discrete skills chained together.
함께 얽혀있는 여러 가지 기술.

STORY 36 쉰들러리스트 2

STORY

독일은 폴란드에 있는 유태인들을 잡아들이라는 포고령 decree 을 내린다. 이에 따라 독일 병사는 폴란드인과 유태인을 식별하기 discern 위하여 탈을 씌워본다. 유태인으로 드러나면 이들의 오른쪽 팔에 다윗의 별이 표시된 완장을 차게 함으로써 유태인들을 구별하 discriminate 낸다. 한 유태인은 겁을 먹고 걸릴까봐 걱정하는데 concern, 옆에 있는 폴란드인 친구가 관심 concern 을 보인다. 유태인들을 잡아들인 독일군은 이들을 아우슈비츠 수용소에 가두어 독가스로 학살하는 범죄 crime 를 저질렀다. 수많은 유태인들을 구해주었던 쉰들러는 사려깊은 discreet 행동을 취하여 어린아이를 구해주었다

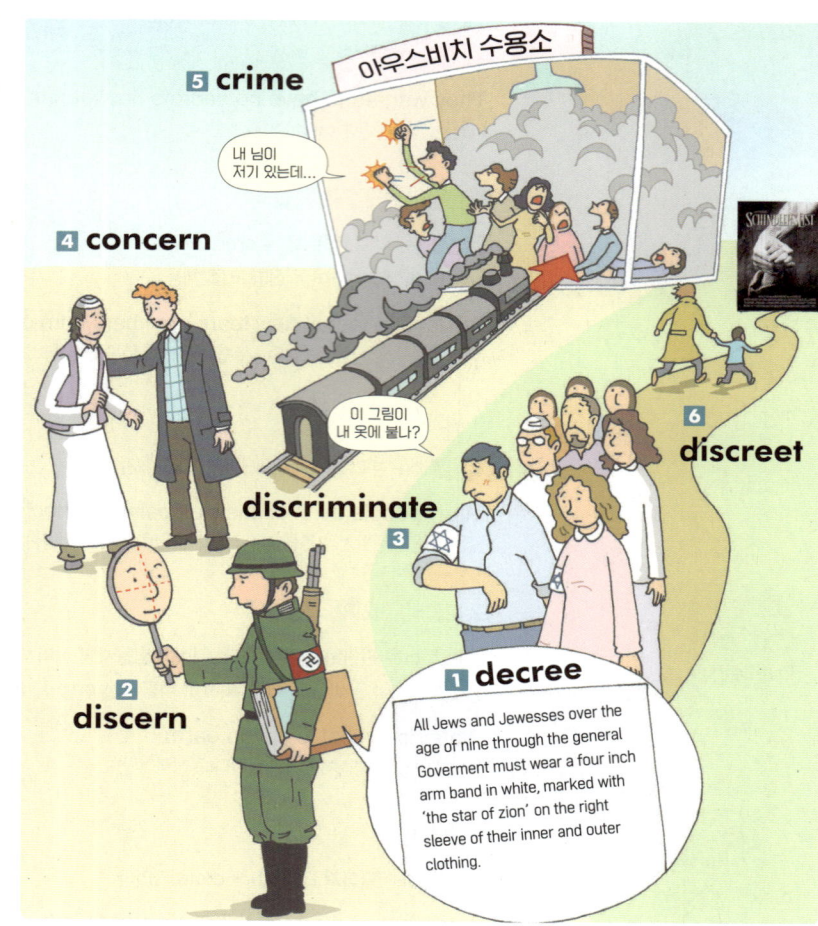

연상 HINT

① **decree**
독일병사는 폴란드에 있는 유태인들을 잡아들이라는 명령 decree를 하달받는다. 명령서 뒷글이 빼곡히 쓰여 있다.

② **discern**
이 병사는 폴란드인과 유태인을 식별한다 discern. 유태인을 식별하기 위해 안면측정 기구를 들이대며 '이거this 써'라고 함

③ **discriminate**
유태인들의 오른쪽 팔에 다윗의 별이 표시된 완장을 차게 하여 유태인들을 차별한다 discriminate. 한 유태인은 '이this 그림이 내 옷에 붙나?'라고 혼자말로 지껄인다.

④ **concern**
한 유태인이 걸릴까봐 걱정하는데 concern, 그 옆의 폴란드인이 관심concern을 보인다. 함께 con 마음을 나누는 것이 걱정하고 관심주는 것이다.

⑤ **crime**
유태인을 잡아들인 독일군은 이들을 아우슈비츠 수용소에 가두어 독가스로 학살하는 범죄 cime를 저질렀다. 가스실에서 울며 cry 외치는 소리가 들리는 것 같다. '내 임이 저기 있는데... 흑 흑...'

⑥ **discreet**
한 꼬마아이는 쉰들러의 사려 깊은discreet 도움으로 위기에서 벗어났다. 영화 장면 중에 '이 꼬마가 아니면 작은 이this 그릇을 누가 만들겠는가?'라고 사려있게 말하는 부분이 나온다.

cern · crimin · cri   가려내다, 분리하다 separate

decree [dikríː]
n 법령, 포고

어근힌트 de- 떨어져 (접두사) + cree 분리하다

This decree will remain in effect for three years.
ㅇ 법령은 3년간 유효하다.

discern [disə́ːrn, -zə́ːrn]
v 식별하다

어근힌트 dis- 떨어져 (접두사) + cern 가려내다
파생어 discernment **n** 식별

It's not your job to discern whether a policy is just.
정책이 공정한 것인지를 분별하는 것은 당신의 일이 아닙니다.

discriminate [diskrímənèit]
v 구별하다, 차별하다

어근힌트 dis- 떨어져 (접두사) + crimin- 가리다 + -ate (동사형 접미사)
파생어 discrimination **n** 구별, 차별

It is hard to discriminate between my friends and my enemies.
내 친구와 내 원수를 구별하는 것은 어렵습니다.

concern [kənsə́ːrn]
n 관심, 걱정   **v** ~에 관계하다 (=) relate to, 걱정시키다

어근힌트 con- 함께 (접두사) + cern 부르다
파생어 concerned **a** 걱정스러운(be concerned about), 관계하다(be concerned with)
concerning **prep** ~에 관하여(about)

He has expressed concern about the cost of the project.
그는 프로젝트 비용에 대해 우려를 나타냈다.

crime [kraim]
n 범죄

어근힌트 crime 고소하다, 비난하다
파생어 criminal **n** 범인, 범죄자

Ransomware is emerging as the crime of the 21st Century.
랜섬웨어는 21세기의 범죄로 부상하고 있다.

discreet [diskríːt]
a 신중한

어근힌트 dis- 떨어져 (접두사) + creet 가리다
파생어 discretion **n** 신중

You should have been more discreet.
너는 더 신중해야 했어.

STORY 37 지금은 예배중

STORY

지금 교회에서 목사님과 성도들이 예배를 드리는 중이다. 먼저 사도들의 신조 creed인 사도신경을 암송한다. 전능하신 하나님이 천지를 창조하시고 create, 아담과 동물들이 에덴동산에서 휴양한다 recreate. 동정녀 마리아에게 나신 아기 예수는 요람 cradle에 누워있다. 교회의 신자는 영원히 사는 것이 믿을만한 credible 것이라고 고백한다. 그런데 예배에 늦은 신자가 들어온다. 그런데, 헌금을 가져오지 않아서 '신용 credit 카드로 헌금을 드려도 되나요?'하고 물어본다.

연상 HINT

① creed
교회에서 목사님과 성도들이 예배중에 사도 신경creed을 외운다. 갈대reed[뤼드]가 강대상 좌우에 있고, 사도 신경을 읽고read[뤼드] 있음. 발음을 크뤼드 뤼드 비슷하게 해 보라

② create
전능하신 하나님이 천지를 창조하신다 create. 창조 후 이브가 선악과를 따 먹었다 ate.

③ recreate
아담과 동물들이 에덴동산에서 휴양한다 recreate. 레크레이션은 다시 창조한다는 의미이다.

④ cradle
동정녀 마리아에게 나신 아기 예수님이 요람cradle에 누워있다. adle을 그대로 읽으면 '아들'이 된다. 아들 예수가 누워 있는 요람

⑤ credible
한 성도는 영원히 사는 것을 믿을 만한 credible 것이라고 고백한다.

⑥ credit
한편 예배당 밖에서는 어떤 사람이 신용credit 카드로 헌금을 내려고 한다. '신용 카드'를 '크레디트credit 카드'라고 한다.

crea — 만들다 make, 자라다 grow

create [kriéit]
v 창조하다

어근힌트 cre- 자라다 + ate (동사형 접미사)

파생어 creature ⓝ 창조물 creation ⓝ 창조
creative ⓐ 창조적인, 독창적인 (=) originative creator ⓝ 창조자

If you want to create something amazing, it won't be built in a day.
당신이 놀라운 것을 만들고 싶다면 그것은 하루 안에 만들어지지 않을 것이다.

recreate [rékrièit]
v 휴양하다, 기분 전환을 하다, 재창조하다

어근힌트 re- 다시 (접두사) + cre- 증가하다 + -ate (동사형 접미사)

파생어 recreation ⓝ 기분 전환, 오락

I often recreate myself with jogging.
나는 종종 조깅으로 자신을 마음을 새롭게 한다.

cradle [kréidl]
n 요람

어근힌트 cradle 작은 침대

The Earth is the Cradle of the Mind - but one cannot eternally live in a cradle.
지구는 마음의 요람이지만 - 영원히 요람에 살 수는 없다.

cred — 믿다 believe

creed [kri:d]
n 신경, 신조

어근힌트 creed 믿다

What is your political creed?
당신의 정치적인 신조는 무엇입니까?

credible [krédəbl]
a 신용[신뢰]할 수 있는

어근힌트 cred- 믿다 + ible 할 수 있는

파생어 incredible ⓐ 놀라운 (=unbelievable) incredibility ⓝ 믿어지지 않음
incredibly ⓐⓓ 대단히 discredit ⓥ 신용을 떨어뜨리다; ⓝ 불신
creditor ⓝ 채권자 (↔) debtor

No politicians seem credible these days.
요즘 정치인들은 믿을만하지 못하다.

credit [krédit]
n 신용

어근힌트 cred- 믿다 + it (명사형 접미사)

I applied for a credit card.
나는 신용 카드를 신청했다.

STORY 38 수산 시장 경매

STORY

여기는 생선을 경매하는 auction 수산시장이다. 안으로 들어갈수록 값을 올리는 increase 사람들이 모여있고, 값을 내리는 decrease 사람들은 뒤에서 경매하느라 열기가 뜨겁다. 한 아저씨는 콘크리트 concrete로 만든 구체에 앉아서 야쿠르트를 마시며 쉬고 있다.

연상 HINT

① **auction**
수산시장에서 생선 경매 auction가 한창 진행 중이다. 경매 사이트 중에서 유명한 사이트가 옥션이다.

② **increase**
경매장 안 in쪽에서는 경매자들이 값을 올린다 increase.

③ **decrease**
경매장 뒤de쪽에서는 경매자들이 값을 내린다 decrease. 그림의 안과 밖을 보면서 기억하면 된다.

④ **concrete**
한 아저씨는 콘크리트concrete로 만든 구체에 앉아, 구체적인 concrete 생각을 하면서 야쿠르트를 마시고 있다. '구체적인'이라는 것을 떠올리도록 '구체' 그림으로 그렸음

crea — 만들다 make, 자라다 grow

auction
[ɔ́:kʃən]

- ⓝ 경매; ⓥ 경매에서 팔다
- 어근힌트: auc- 증가하다 + tion (명사형 접미사)

He bought the picture at auction.
그는 경매로 그림을 샀다.

increase
[inkríːs]

- ⓥ 증가하다 ⓝ 증가
- 어근힌트: in- 안으로 (접두사) + crease 늘이다
- 파생어: increasingly ad 점점, 더욱 더

Stress can increase your risk for heart disease.
스트레스는 심장 질환의 위험을 증가시킬 수 있다.

decrease
[dikríːs]

- ⓥ 줄다, 감소하다 ⓝ 감소
- 어근힌트: de- 떨어져 (접두사) + crease 늘이다

There are other ways to decrease your risk of getting the disease.
질병에 걸릴 위험을 줄이는 다른 방법이 있다.

concrete
[kánkriːt, --']

- ⓐ 구체적인; ⓝ 콘크리트
- 어근힌트: con- 함께 (접두사) + crete 가리다

This workshop will help you to develop a concrete plan for your future.
이 워크샵은 귀하의 미래를 위한 구체적인 계획을 수립하는 데 도움이 될 것입니다.

STORY 39 식민지 경작

STORY

식민지 colony에서 노예들이 밭을 경작하며 cultivate, 농업 agriculture에 종사한다. 겸손한 humble 노예가 백인 주인의 발을 씻긴다. 겸손 humility은 사람이 살아가는데 필수적인 덕목이다. 밤이 되어 주인이 보니 목화 농사가 풍작을 이루어 창고에는 목화가 풍부하다 abound. 노예들은 모닥불 주위를 둘러싸고 surround 그들 전통 문화 culture에 따라 춤을 추며 고달픈 삶을 위로하고 있다.

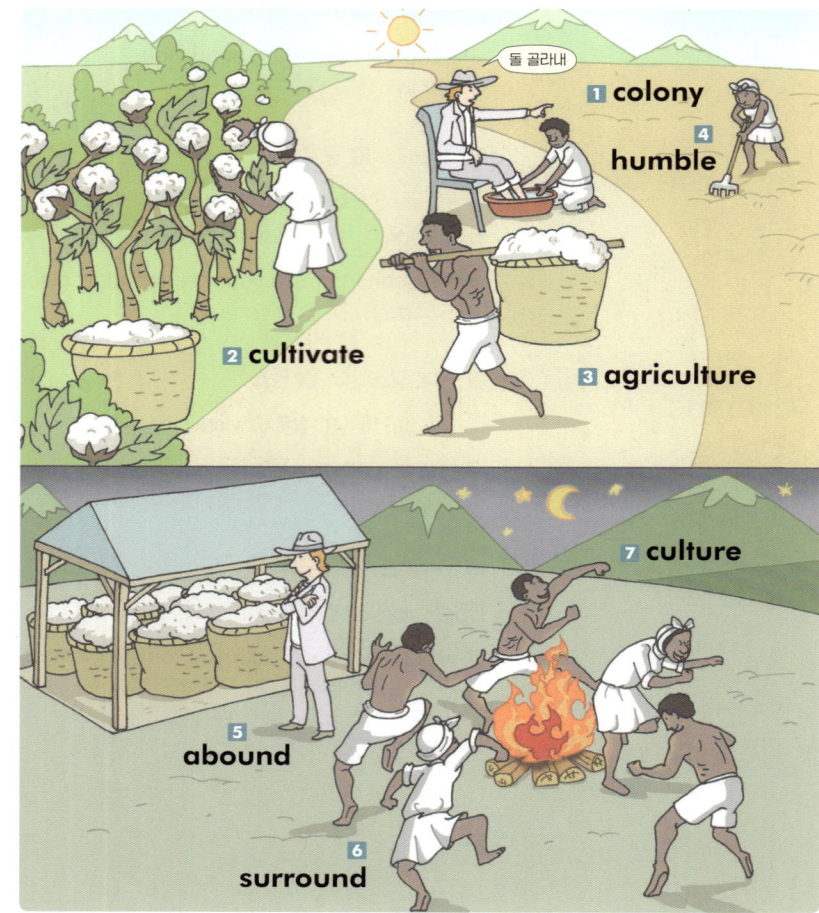

연상 HINT

① **colony**
식민지 colony에서 백인 주인이 노예들에게 '밭에서 돌 골라 내'라고 명령한다.

② **cultivate**
노예들은 밭vat을 경작한다 cultivate.

③ **agriculture**
노예들이 농사 agriculture를 짓는다. agri는 땅, 들판으로 들판을 경작하니 농업, 농사가 된다.

④ **humble**
한 노예가 주인의 발을 씻는 등 험한 일도 불만 없이 하는 겸손한 humble 태도를 보인다. human 이 단어도 hume(부식토) 땅에서 나왔다. 흙으로 돌아가는 인간은 본래 겸손해야 하는 존재이다.

⑤ **abound**
목화 농사가 풍작을 이루어 창고에는 목화가 가득하다 abound. ound (=wave)는 '파도가 쳐서 흘러넘치다.'는 뜻이다.

⑥ **surround**
노예들은 모닥불 주위를 둘러싼다 surround. 서서 둥글게 round 에워쌈.

⑦ **culture**
노예들이 전통 문화 culture 의상을 걸쳐 입고 춤을 춘다.

cult 경작하다 cultivate

colony [kάləni]
- n 식민지
- 어근힌트 colony 경작하고 살다
- 파생어 colonial a 식민(지)의 colonist n 해외 이주민

Hong Kong was a colony of the UK.
홍콩은 영국의 식민지였다.

cultivate [kʌ́ltəvèit]
- v 경작하다 (= till)
- 어근힌트 cultiv- 경작하다 + ate (동사형 접미사)
- 파생어 cultivated a 경작[재배, 양식]된, 교양 있는 cultivation n 경작 cultivator n 경작자

Knowledge is like a farm; if it is not cultivated, it cannot be harvested.
지식은 농장과 같다. 가꾸지 않으면 수확 할 수 없다.

agriculture [ǽgrəkʌ̀ltʃər]
- n 농업
- 어근힌트 agri- 들판 field + cult- 경작하다 + -ure (명사형 접미사)
- 파생어 agricultural a 농업의

Organic agriculture may produce lower yields when compared to conventional agriculture.
유기농 법은 전통적인 농업에 비해 수확량이 낮을 수 있다

culture [kʌ́ltʃər]
- n 문화
- 어근힌트 cult- 경작하다 + ure 믿다 (명사형 접미사)
- 파생어 cultural a 문화의

Learn about the corporate culture of the company.
회사의 기업 문화에 대해 알아보십시오.

und 물결(치다) wave

humble [hʌ́mbl]
- a 겸손한, 비천한
- 어근힌트 hum- 흙 + -ble (형용사형 접미사)
- 파생어 humbly ad 겸손하여, 초라하게

Think over the qualities of a humble man.
겸손한 사람의 자질에 대해 생각해보십시오.

abound [əbáund]
- v 많이 있다
- 어근힌트 ab- ~로부터 (접두사) + ound 넘치다
- 파생어 abundant a 풍부한 abundance n 풍부

Flowers abounds in this garden.
이 정원에는 꽃이 많이 핀다.

surround [səráund]
- v 둘러싸다
- 어근힌트 sur- 위로 (접두사) + round 넘치다
- 파생어 surrounding a 주위의

He is wise enough to surround himself with smart staffs.
그는 똑똑한 직원들이 주위에 함께 하도록 할 만큼 지혜롭다.

STORY 40 병원 1 : 119 구조

STORY

119구조대가 화재 현장에서 다친 사람들을 구조하여 rescue 병원으로 데려왔다. 의사는 환자를 보고 '여기는 안전한 secure 곳입니다.'라고 안심시킨다. 병실에서 의사는 환자를 치료하고 cure, 간호사는 주사기에 정확한 accurate 양의 약물을 넣고 있다. 이때 호기심 curiosity 많은 한 꼬마가 청진기를 보고 '선생님, 이게 뭐예요?'하고 묻는다.

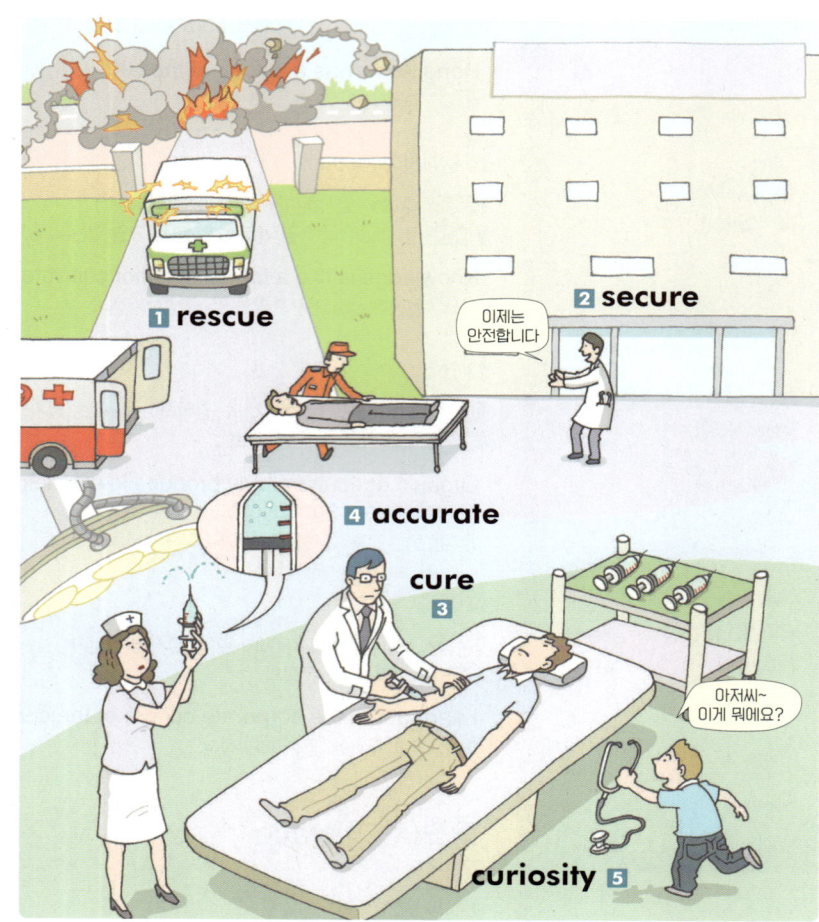

연상 HINT

① **rescue**
119구조대가 폭발 현장에서 다친 사람들을 애써 구조하여 rescue 병원으로 데려왔다.

② **secure**
의사는 환자에게 '이제는 안전합니다secure'라고 말하고, 씩 웃으며 환자를 안심시킨다. 이 단어의 명사는 시큐리티이다. 안전이 강조되는 사회이다 보니 이 단어에 익숙할 것 같다.

③ **cure**
병실에서 의사는 환자를 치료한다 cure 있다. 면역력을 키워 치료

④ **accurate**
간호사는 주사기에 정확한accurate 양의 약물을 넣는다. 주사기 눈금 'a'에서 'c'까지 비율rate이 정확하다.

⑤ **curiosity**
한편 호기심curiosity 많은 한 아이가 청진기를 보고 이게 뭐냐고 묻는다. '큐리오 아저씨, 이게 뭐예요?'

cure — 주의, 관심 care

rescue
[réskju:]

v 구출하다

어근힌트 re- 다시 (접두사) + scue 구하다

The World Wildlife Foundation has rescued several species of animals since 1961.
세계 야생 동물 재단 (World Wildlife Foundation)은 1961년 이래 여러 동물 종을 구조했다.

secure
[sikjúər]

a 안전한

어근힌트 se- 떨어져 (접두사) + cure

파생어 security **n** 안전 insecure **a** 불안정한

You should store your valuables in a secure place.
귀중품은 안전한 곳에 보관해야합니다.

cure
[kjuər]

v 치료하다 **n** 치유, 해결책

어근힌트 cure 치료

파생어 curable **a** 치료할 수 있는 incurable **a** 불치의

He hoped to find a cure for his deadly disease.
그는 치명적인 질병에 대한 치료법을 찾고자했다.

accurate
[ǽkjurət]

a 정확한

어근힌트 ac- ~로부터 (접두사) + cur- 걱정하다 + -ate (형용사형 접미사)

파생어 accuracy **n** 정확(성) inaccurate **a** 부정확한

We have made every effort to present accurate information.
우리는 정확한 정보를 제공하기 위해 모든 노력을 기울였다.

curiosity
[kjùəriásəti]

n 호기심

어근힌트 curios- 주의, 관심 + ity (명사형 접미사)

파생어 curious **a** 호기심이 강한

Cultivate your curiosity in science.
과학에 대한 호기심을 키우십시오.

STORY 41 병원 2 : 간호사

STORY

수간호사가 '우리 환자들을 소중히 하는 cherish 마음가짐이 중요해요' 하면서 간호 자선 charity 봉사단을 교육한다. 교육을 받고 실습에 들어간 간호사는 새벽 2시까지 깨어서 환자를 돌본다 care. 방사선실 문 앞에서는 주의 caution, 사전예방 precaution 을 가리키는 방사능 표시가 붙어있다.

1 cherish
2 charity

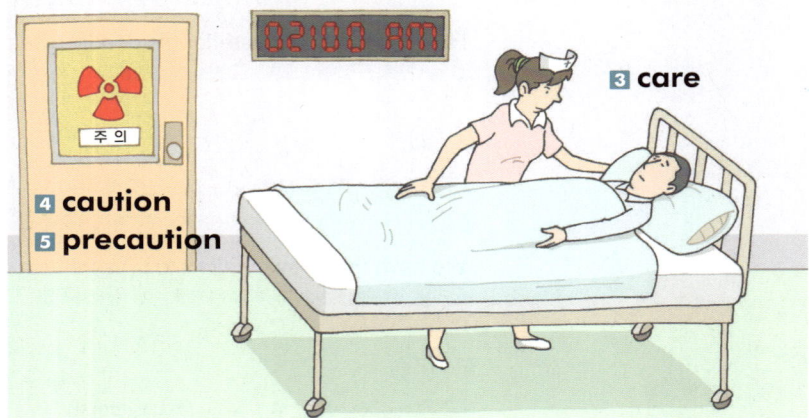

3 care
4 caution
5 precaution

연상 HINT

① **cherish**
수간호사가 환자들을 소중히 해야 cherish 한다는 내용으로 교육하고 있다. 체리 모양의 배지를 달고 있는 여자 she[쉬] 간호사

② **charity**
수간호사가 간호 자선 charity 봉사단을 교육하고 있다. 차려 자세로 임하는 봉사단들이 자원봉사 T[티]셔츠를 입고 있음.

③ **care**
한편 교육을 받고, 실습에 들어간 한 간호사가 새벽 2시까지 깨어 환자를 돌본다 care.

④ **caution**
방사선실 문 앞에서는 주의 caution 표시가 붙어있다. 꼬셔도 들어가면 안 되는 곳이다.

⑤ **precaution**
caution이란 단어 앞에 pre가 붙으면 미리 예방한다는 뜻과 강조의 의미가 된다.

cau · care · char · cher   주의, 관심 care

cherish [tʃériʃ]
v 소중히 하다

어근힌트 cher- 사랑 love + ish 만들다 (동사형 접미사)

That's why my family members cherish me.
그것이 우리 가족이 나를 소중히 여기고 있는 이유입니다.

charity [tʃǽrəti]
n 자비, 자선

어근힌트 char- 사랑 love + ity (명사형 접미사)

She contributed 100,000 won to a charity collection.
그녀는 자선 컬렉션(수집품)에 10만 원을 기부했다.

care [kɛər]
n 돌봄; **v** 걱정하다

어근힌트 care 돌봄, 관심
파생어 careful @ 조심성 있는

we are devoted to improving the health care system.
우리는 의료 시스템 개선하는데 전념한다.

caution [kɔ́:ʃən]
n 조심, 신중, 경고; **v** 경고하다

어근힌트 cau 돌봄, 지킴 + -tion (명사형 접미사)
파생어 cautious @ 조심성 있는

Parents first teach us essential ways of living by cautioning, "It's not nice to do that."
부모님은 먼저 우리에게 필수적인 삶의 방식을 가르쳐 준다. "그렇게 하는 것은 좋지 않아."

precaution [prikɔ́:ʃən]
n 조심, 예방 조치

어근힌트 pre- 앞으로, 미리 (접두사) + cau- 지키다 + -tion (명사형 접미사)
파생어 precautionary @ 예방의 precautious @ 조심하는

He took every precaution to ensure that his journey would be safe.
그는 자신의 여정이 안전 할 수 있도록 모든 예방 조치를 취했다.

STORY 42 흥부가 기가막혀

STORY

흥부가 100만 냥의 빚 debt을 갚아야 하나보다. 지불시기가 된 due 차용증서를 보고 흥부는 남편과 아버지로서의 의무감 duty에 힘들어한다. 그래서 흥부는 돈을 벌기 위해 대신 매를 맞기로 한다. 관아에서는 사또가 사기꾼에게 30대의 태형을 선고하자 condemn 포졸이 흥부의 엉덩이를 곤장으로 때려 손상시킨다 damage.

연상 HINT

① debt
흥부가 100만 냥의 빚 debt을 갚아야 할 처지이다. 빚 때문에 답답함

② due
빚을 갚아야 할 지불 기일이 된 due 상태다. 돈을 주어야 할 시간이다.

③ duty
흥부는 아버지로서의 의무 duty가 있다. 처와 자식이라는 두띠가 흥부를 잡아당긴다.

④ condemn
할 수 없이 흥부는 돈을 벌기 위해 대신 매를 맞기로 한다. 관아에서 사또가 흥부에게 30대의 태형을 선고한다 condemn. 그 죄목은 큰 댐의 물을 팔아먹은 사기죄이다.

⑤ damage
포졸이 흥부의 엉덩이를 곤장으로 때려 손상시킨다 damage. 흥부가 대신 매를 다 맞아 엉덩이가 손상damage된다.

deb — 신세지다 owe

debt [det]
- n 빚
- 어근힌트 de- 떨어져 (접두사) + bt 가지다 (=have)
- 파생어 indebted a 빚진 debtor n 채무자

Creditors have better memories than debtors.
채권자는 채무자보다 나은 기억을 가지고 있다.

due [dju:]
- a 지불 기일이 된
- 어근힌트 due 주다

This electric bill is due by the end of the month.
이 전기 요금은 월말까지 납부해야합니다.

duty [djú:ti]
- n 의무
- 어근힌트 duty 주다
- 파생어 duty-free a ad 관세가 없는[없이]

It is our duty to fight for our freedom.
우리의 자유를 위해 싸우는 것이 우리의 의무이다.

dam — 손실 loss, 비난 blame

condemn [kəndém]
- v 비난하다, 유죄판결을 내리다
- 어근힌트 con- 함께 (접두사) + demn 손상시키다

We condemn the latest violent attack in Africa.
우리는 아프리카에서의 최근 폭력 사태를 비난합니다.

damage [dǽmidʒ]
- n 손해, 손상; v 손해[패해]를 입히다 (=) injure
- 어근힌트 dam- 손해 + age (명사형 접미사)

Learn the causes of brain damage and the associated symptoms.
뇌 손상의 원인과 관련 증상을 알아보십시오.

STORY 43 무명작가 성공일화 1

STORY

술에 취해 몸 상태 condition가 안 좋은 가난한 무명작가가 집주인에게 재정 상태가 좋아지면 이자 붙여 갚겠다는 조건 condition 을 제시한다. 집주인은 '총각 집세 rent 빨리내' 하면서 독촉한다. 이제 정신을 차린 작가는 자신의 글을 편집하는데 edit 열중한다. 지금 쓰고 있는 책이 자신을 유명하게 만들게 되리라고 render 기대한다. 이때 방 구석에 있던 라면을 훔치다 걸린 쥐를 보고 발로 밟자, 쥐는 발아래 눌려 항복한다 surrender.

연상 HINT

① **condition**
술에 취해 몸 상태condition가 안 좋은 가난한 무명작가가 재정 상태가 좋아지면 이자 붙여 갚겠다는 조건condition을 집주인에게 제시한다. 술 마시고 난 뒤 '컨디션'이란 드링크를 마심

② **rent**
집주인은 화가 나서 집세 rent를 독촉한다.

③ **edit**
술이 깬 그 작가는 자신의 글을 편집하며edit 책을 쓴다. 이 단어 어원을 보면 e (=out) + dit (=give) (저자의 생각을) 밖으로 꺼내어 주다 → '편집하다'가 된다.

④ **render**
작가는 지금 쓰고 있는 책이 자신을 유명하게 만들render 거라고 기대하고 있다. 오랜 노력 끝end에 더 der 유명하게 될 거야!

⑤ **surrender**
쥐가 라면을 훔치다 걸렸다. 작가가 발을 위로 sur 들어 아래로 쥐를 누르자 쥐가 항복한다 surrender.

der · dit 주다 give

condition
[kəndíʃən]

n 상태, 조건

어근힌트 con- 함께 (접두사) + di- 주다 + -tion (명사형 접미사)

The welfare condition of the disabled is a disgrace to this city.
장애인 복지 상태는 이 도시에 불명예스런 일이다.

rent
[rent]

n 집세

어근힌트 re 다시 (접두사) + nt 주다

He decided to rent the room to her.
그는 그 방을 그녀에게 세 놓기로 결정했다.

edit
[édit]

v 편집하다

어근힌트 e- 밖으로 (접두사) + dit 주다

파생어 edition **n** 편집 editor **n** 편집자 editorial **n** (신문·잡지의) 사설; **a** 편집자의

Below is a general step by step on how to edit files.
다음은 파일을 편집하는 일반적인 단계입니다.

render
[réndər]

v ~이 되게 하다

어근힌트 re- 다시 (접두사) + nder 주다

Is "failure to render assistance to a person in danger" a crime in Korea?
한국에서는 "위험에 처한 사람에게 도움을 주지 못하는 것"이 범죄입니까?

surrender
[səréndər]

v 넘겨주다, 항복하다

어근힌트 sur- 위로 (접두사) + re- 다시 + -nder 주다

Love conquers all things; let us too surrender to Love.
사랑은 모든 것을 이깁니다; 우리도 사랑에 굴복합시다.

STORY 44
ROOT D 무명작가 성공일화 2

💬 STORY

드디어 무명작가가 대박을 터트렸다. 신문 기자가 9월 7일 날짜 date에 한 카페에서 성공한 작가를 만나 인터뷰를 한다. '어떻게 후배 작가들을 위해 10억을 기부하게 donate 되었나요?'하며 그 이유를 묻는다. 그러자 작가는 커피에 설탕을 첨가하며 add 어렵던 시절을 떠올린다. '제가 자살하려고 수면제를 1회 복용량 dose 의 10배를 먹었다가 죽을뻔 했지요. 가까스로 해독제 antidote 주사를 맞고 살아났어요. 그때 주사 자국이 지금도 있지요.'하며 지난날의 일화 anecdote를 이야기 한다.

💡 연상 HINT

① date
신문기자가 9월 7일 날짜 date에 성공한 작가와 인터뷰를 하고 있다.

② donate
성공한 작가는 후배 무명작가들에게 10억을 기부한다 donate. 기부란 돈 don을 내는 것.

③ add
그 작가는 기자와 인터뷰를 하면서 커피에 설탕을 첨가하며 add 이야기한다.

④ dose
작가는 어려운 시절에 자살하려고 수면제를 1회 복용량 dose 의 10배를 먹었다. 수면제를 먹는데 도수가 높은 소주와 같이 먹었다.

⑤ antidote
수면제를 먹었다가 해독제 antidote 주사를 맞고 살아났다. 독에 안티이면 해독제이다.

⑥ anecdote
목에 해독제 주사 맞고 살아난 일화 anecdote를 기자에게 이야기한다. 목 neck에 점 dot이 있음.

der · don · dot · dos 주다 give

date
[deit]

n 날짜, 데이트
어근힌트 date 주다
파생어 postdate **v** 실제보다 날짜를 늦추어 적다[찍다]

I had a happy date with her.
나는 그녀와 행복한 데이트를 했다.

donate
[dóuneit]

v 기부[기증]하다
어근힌트 don- 주다 + ate (동사형 접미사)
파생어 donation **n** 기부, 기증 donor **n** 기증자

Find ways to donate to children in need today.
오늘 도움이 필요한 어린이들에게 기부 할 수 있는 방법을 찾으십시오.

add
[æd]

v 더하다
어근힌트 ad- ~로 (접두사) + d 주다
파생어 addition **n** 추가 additional **a** 부가적인

Learn more about how to add music to your music library.
음악 라이브러리에 음악을 추가하는 방법에 대해 자세히 알아보십시오.

dose
[dous]

n (약의) 1회분(량), 복용량
어근힌트 dose 주다

The definition of a dose is an exact amount of a treatment.
복용량의 정의는 치료하는데 사용되는 정확한 양을 말한다.

antidote
[æntidòut]

n 해독제
어근힌트 anti- 반대 (접두사) + dote 주다

Action is the antidote to despair.
행동은 절망에 대한 해독제이다.

anecdote
[ænikdòut]

n 일화
어근힌트 an- 부정 (접두사) + ec- 밖으로 + -dote 주다

Put your audience at ease with a relevant anecdote or joke.
관련 일화 또는 농담으로 청중을 편하게 하십시오.

STORY 45 베니스의 상인 1

STORY

영국의 유명한 극작가인 셰익스피어의 작품 중 하나인 '베니스의 상인'을 통해서 어근 dic-(말하다)와 관련된 단어를 공부해 보자. 술에 중독된 addict 샤일록은 '내 돈을 내시오'라고 말하며 안토니오를 다그친다. 하지만, 안토니오는 샤일록이 하는 모든 말에 반박한다 contradict. 법정 서기는 이런 경우 어떻게 해야하는지 확인하기 위해 색인 index을 찾아보는 중이다. 나레이터는 손으로 법정 안을 가리키며 indicate, '앞으로 안토니오의 운명은 어떻게 될가요?'하면서 독자들에 그 운명을 미리 예언해 predict 보라고 말한다.

연상 HINT

① addict
알코올 중독자 addict인 샤일록은 안토니오를 고소한다. 술 + (더하기 add) 술은 중독

② contradict
안토니오는 샤일록이 하는 모든 말을 반박한다 contradict. 안토니오가 샤일록에게 반대하여 contra 말한다 dict.

③ index
법정 서기는 사전의 색인 index을 찾아보려 하고 있다. 안 in을 들여다 보는 것.

④ indicate
나레이터가 손으로 법정 안in을 가리킨다 indicate.

⑤ predict
나레이터가 독자들로 하여금 안토니오의 운명이 어떻게 될지 미리 pre 예언해 predict 보도록 권유한다.

dict — 말하다 speak

addict
[ǽdikt]

n 중독자; **v** 중독시키다

어근힌트 ad- ~로부터 (접두사) + dict 말하다
파생어 addiction **n** 중독 ex drug addiction 마약중독

My mother is addicted to chocolate; she eats two chocolate bars a day.
우리 엄마는 초콜릿에 중독되어 있다. 그녀는 하루에 두 개의 초콜릿 바를 먹는다.

contradict
[kàntrədíkt]

v 부인하다, 모순되다

어근힌트 contra- 반대 (접두사) + dict 말하다
파생어 contradiction **n** 부인, 모순 contradictory **a** 모순된

To contradict is to say the opposite of what someone else is saying.
반박하는 것은 다른 사람이 말하는 것에 반대되는 것을 말하는 것이다.

index
[índeks]

n 색인, 찾아보기, 지수

어근힌트 in- 안으로 (접두사) + dex 말하다

Check the stock index to find out how your investments are doing.
주식 지수를 확인하여 투자가 어떻게 이루어지는 지 알아보십시오.

indicate
[índikèit]

v ~을 나타내다, 가리키다

어근힌트 in- 안으로 (접두사) + dic- 말하다 + -ate (동사형 접미사)
파생어 indication **n** 지시, 징조

The results indicate the need for more work.
결과는 더 많은 연구가 필요함을 나타낸다.

predict
[pridíkt]

v 예언하다

어근힌트 pre- 앞으로, 미리 (접두사) + dict 말하다
파생어 prediction **n** 예언 predictor **n** 예언자 (=) prophet

New AI can predict many diseases better than humans.
새로운 인공 지능은 많은 질병을 인간보다 더 잘 예측할 수 있다.

STORY 46 베니스의 상인 2

STORY

판사는 '살을 베어 낼 수는 있으되 한 방울의 피도 흘려서는 안되오' 라고 명령하고 dictate, 서기에게 받아쓰라고 dictate라고 말한다. 한편 극중 인물인 포샤와 바사니오 커플은 서로에게 헌신하기로 dedicate 약속한다. 폭군 dictator 같은 샤일록은 어찌해야 할지 몰라 곤경에 처한다.

연상 HINT

① **dictate**
판사가 서기에게 '살을 가져가되 한 방울의 피도 흘려서는 안된다'는 칙령을 받아쓰라고 dictate 명령한다 dictate.

② **dedicate**
한 쌍의 커플이 서로에게 헌신하기로 dedicate 약속한다. 헌신할 때 죽을dead[데드] 때까지 같이하겠다고 말한다.

③ **dictator**
폭군 dictator 샤일록은 돈을 못받게 될 것이 분명해지자 곤경에 처한다.

dict 말하다 speak

dictate
[díkteit, -´ | -´-]

☑ (~을) 받아쓰게 하다, 명령하다

어근힌트 dict- 말하다 + ate (동사형 접미사)
파생어 dictation ⓝ 받아쓰기

The U.S. should not try to dictate the policy of another sovereign country.
미국은 다른 주권 국가의 정책을 지시해서는 안된다.

dedicate
[dédikèit]

☑ ~을 바치다

어근힌트 de- 떨어져 (접두사) + dic- 주다 + -ate (동사형 접미사)
파생어 dedication ⓝ 바치기, 헌신 dedicated ⓐ 헌신적인

Here's a collection of the best songs to dedicate to your girlfriend.
여기 당신의 여자 친구에게 바칠 최고의 노래 모음집이 있다.

dictator
[díkteitər]

ⓝ 독재자, 구술자

어근힌트 dict- 말하다 + at- (동사형 접미사) + -or (명사형(행위자) 접미사)
파생어 dictatorship ⓝ 독재

Have you ever heard a dictator who would describe himself as a dictator?
자신을 독재자로 묘사하는 독재자를 들어 본 적이 있습니까?

STORY 47
의심, 두마음을 품는 것

💬 STORY

연극공연 중이다. 의심 doubt은 두 마음을 품는 것이다. 대장군은 신하가 바치는 음료에 독이 들은 것은 아닌지 의심한다 doubt. 한쪽 편에서는 두 명의 dual 전사가 훈련하느라 여념이 없다. 두 편 모두를 보고 있는 감독은 '잘하는 쪽에 내가 두배로 double 쏘겠소'라고 약속한다.

💡 연상 HINT

① doubt
doub는 2를 의미한다. 두 마음을 품을 때 이것이 의심이다. 장군은 신하가 바치는 음료에 독이 들은 것은 아닌지 의심한다 doubt. 사실, 동서양 막론하고 왕이 독살된 예가 많다.

② dual
두 명의 dual 전사는 훈련에 여념이 없다. 이 단어는 발음이 '두 얼 → 둘' 이렇게 해서 단어뜻과 발음이 비슷하다.

③ double
두편 모두를 지켜보는 감독은 '잘하는 쪽에게 두배로 double 쏘겠소'라고 약속한다.

doub · dub 둘의, 2의

doubt
[daut]

v 의심하다

어근힌트 doubt 2
파생어 undoubtedly [ad] 의심할 여지 없이 doubtless [a] 의심 없는

Before the 16th century people did not doubt that the earth was fixed at the center of the universe.
16세기 이전에 사람들은 지구가 우주 중심에 고정되어 있다는 것을 의심하지 않았다.

dual
[djúːəl]

a 둘의

어근힌트 du- 2 + al (형용사형 접미사)

I have a dual operating system set up on my computer.
내 컴퓨터에 이중 운영 체제가 설치되어 있다.

double
[dʌbl]

a 두 배의 **n** 두 배 **v** 두 배로 하다

어근힌트 double 2

Please double check your application form.
신청서를 다시 확인하십시오.

STORY 48 ROOT D 듀스네 집

💬 STORY

남편의 귀가를 기다리고 있는 아내는 언제 집에 돌아올지 시간을 추측한다. '어제도 그제도 8시에왔으니까 오늘도 8시에 올거야'하고 생각하는데 남편이 들어오자 '어서 들어오세요'하면서 안으로 들어오라고 권유한다 induce. 남편은 친구를 데리고 집에 와서 아내에게 누구인지 소개한다 introduce. 마루에 있는 딸은 사춘기인가 보다. 옷을 짧게 입는데 관심이 있어서 옷을 줄이는 reduce 중이다. 집 앞의 사과 나무는 사과를 생산한다 produce. 그리고, 이 사과나무가 번식하여 reproduce 똑같은 나무가 자라고 있다.

💡 연상 HINT

① **induce**
집안in에 있는 아내는 남편의 귀가 시간을 추론한다(귀납한다) induce. 개별적인 특수한 사실이나 원리로부터 일반적이고 보편적인 명제 및 법칙을 유도해 내는 것을 귀납한다고 한다. 아내는 그동안 계속하여 8시에 왔으니까 오늘도 8시에 오리라고 귀납한다고 생각해 보자. 아내는 남편 친구를 안으로 들어오시라고 권유한다 induce.

② **introduce**
남편이 친구를 안으로 intro 데리고 와서 아내에게 소개한다 introduce.

③ **reduce**
딸은 방에서 옷을 줄인다 reduce. 사춘기는 이렇게 멋을 내느라 옷을 다시 re- 줄이고 줄이고 한다.

④ **produce**
집 앞에 pro 있는 사과 나무가 과일을 두 개 생산한다 produce.

⑤ **reproduce**
그 사과나무가 번식하여 reproduce 똑같은 나무가 다시 re 재생산되는 것이다.

duc — 이끌다 lead

induce
[indjúːs]

v 권유하다, 유도(誘導)하다, 귀납하다

어근힌트 in- 안으로 (접두사) + duce 이끌다
파생어 induction ⓝ 귀납

The advertisement is meant to induce people to buy more products.
광고는 사람들이 더 많은 제품을 구매하도록 유도하기 위한 것이다.

introduce
[intrədjúːs]

v 소개하다, 도입하다

어근힌트 intro- 안으로 (접두사) + duce 이끌다
파생어 introduction ⓝ 도입, 소개 introductory ⓐ 소개하는, 서론의

Let me introduce you to my friend Sangsu.
내 친구 상수에게 소개시켜 드리겠습니다.

reduce
[ridjúːs]

v 줄이다

어근힌트 re- 다시 (접두사) + duce 이끌다
파생어 reduction ⓝ 감소

Here are several ways to reduce the generation of waste.
폐기물 발생을 줄이는 몇 가지 방법이 있다.

produce
[prədjúːs | -djúːs]

v 생산하다

어근힌트 pro- 앞으로, 미리 (접두사) + cuce 이끌다
파생어 producer ⓝ 생산자 product ⓝ 부산물 production ⓝ 생산
productive ⓐ 생산적인 productivity ⓝ 생산성

Hens produce more eggs when they have more sunlight.
암탉은 햇빛이 많을 때 더 많은 알을 낳는다.

reproduce
[riːprədúːs]

v 재생하다, 복사하다, 번식하다

어근힌트 re- 다시 (접두사) + pro- 미리(접두사) + -duce 이끌다
파생어 reproduction ⓝ 재생, 복제, 번식 reproductive ⓐ 생식의, 번식하는

He haven't been able to reproduce the results of the prior experiment.
그는 이전 실험의 결과를 재현 할 수 없었다.

STORY 49 [ROOT D] 오리 공작 납치 사건

💬 STORY

테러범이 기차의 차장 conductor을 위협해서 복종시키고 subdue 기차를 멈춘다. 다른 테러범은 공작 duke을 납치하여 abduct 큰 하수관으로 끌고 간다. 그러나 이러한 상황도 모른 채 승무원은 승객들을 교육하는 educate 중이다. 뒤편의 승객은 친구에게 소득을 공제하는 deduct 것에 대해 이야기한다.

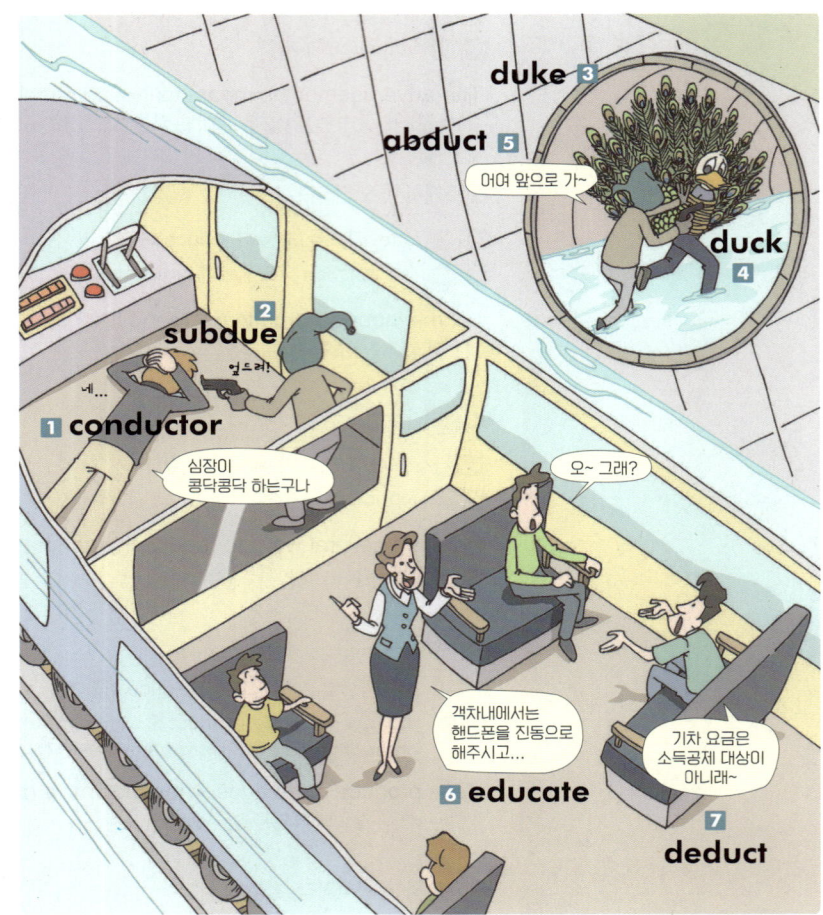

💡 연상 HINT

① **conductor**
테러범이 기차의 차장 conductor을 위협한다. 차장은 심장이 콩닥 콩닥 더 뛰는 것 같다.

② **subdue**
테러범이 차장을 아래로 sub- 꿇게 해서 복종시킨다 subdue.

③ **duke**
다른 테러범은 공작(公爵) duke을 납치한다. 이 공작은 귀족 신분으로서 오리들의 리더인 공작(公爵)이다. 그런데 이 공작은 외모가 공작(孔雀)새 깃털을 하고 있음.

④ **duck**
오리공작은 테러범에게 '오리 duck에게 덕을 베푸소서!'라고 애원한다.

⑤ **abduct**
이들은 공작에게 '앞ab으로 가'라고 윽박지르면서 납치하여 abduct 큰 하수관으로 끌고 간다.

⑥ **educate**
그런데, 승무원은 이러한 긴급 상황도 모른 채 승객에게 안전에 관해 교육한다 educate. 교육은 각자 가지고 있는 것을 밖 (e-)으로 이끌어 (duc) 내도록 돕는 것이다.

⑦ **deduct**
뒤 de에서 승객 한 명은 친구에게 기차요금은 소득에서 공제하여 deduct 주는지 물어본다.

duc · duk 0 끌다 lead

conductor
[kəndʌ́ktər, -tris]

n 차장, 지휘자, 안내자, 전도체

어근힌트 con- 함께 (접두사) + duct- 이끌다 + -or (명사형(행위자) 접미사)

파셍어 conduct **n** 품행; **v** 지휘하다, 안내하다 nonconductor **n** 부도체, 절연체 semiconductor **n** 반도체(半導體)

A conductor is a person who directs an orchestra or a group of singers.
지휘자는 오케스트라 또는 가수 그룹을 지휘하는 사람이다.

subdue
[səbdjúː]

v 정복하다, 누그러지게 하다

어근힌트 sub- 아래 (접두사) + due 주다

The police sprayed tear gas, subduing the crowd.
경찰은 최루 가스를 뿌리고 군중을 진압했다.

duke
[djuːk]

n 군주, 공작

어근힌트 duke 이끌다

파생어 duchess **n** 공작부인

In the United kingdom, a royal duke is a duke who is a member of British Royal Family.
영국에서는 왕실 공작이 영국 왕실의 일원이다.

duck
[dʌk]

n 오리

어근힌트 duck 잠수하다

Donald Duck is a animated character created by Walt Disney.
도날드 덕은 월트 디즈니가 만든 애니메이션 캐릭터이다.

abduct
[æbdʌ́kt]

v 납치하다

어근힌트 ab- ~로부터 (접두사) + duct 이끌다

A picture of fishermen who were abducted by pirates has been produced.
해적들에 의해 납치된 어부 사진이 제작되었다.

educate
[édʒukèit]

v 교육하다

어근힌트 e- 밖으로 (접두사) + duc- 이끌다 + -ate (동사형 접미사)

파생어 educated **a** 교육받은 education **n** 교육 educational **a** 교육의 educator **n** 교육자

Our vision is to educate people on the importance of good communication.
우리의 비전은 사람들에게 훌륭한 커뮤니케이션의 중요성을 알리는 것이다.

deduct
[didʌ́kt]

v 빼다, 공제하다

어근힌트 de- 떨어져 (접두사) + duct 이끌다

파생어 deduction **n** 빼기, 공제

Tax was automatically deducted from his salary.
세금은 월급에서 자동으로 공제되었다.

STORY 50 — 과학 기술 개요

STORY

전기, 전자, 기술 관련 용어는 그림을 통해 시각적으로 공부해 보도록 하자. 고압 전기의 electric 수송을 위해서는 송전탑이 필요하다. 전선이 합선되면 트릭트릭 소리를 내기도 한다. 전자 electron는 양전자 음전자의 이온 움직임을 나타낸다. 톱니바퀴 모양은 기계를 고치는 수리공 mechanic을 생각하게 한다. 국가의 발전을 위해서는 과학 기술 technology이 개발해 나가야 한다.

1. electric
2. electron
3. mechanic
4. technology

연상 HINT

① **electric**
고압 전기의 electric 수송을 위해서는 송전탑이 필요하다. 전선이 합선되면 트릭 트릭 소리를 내기도 한다.

② **electron**
전자 electron가 회전하고 있다. 전자 electron와 전기를 구분하기 위해서 전자는 이온 ion 화학문제라고 보면 된다. 전기는 트릭, 전자는 트론 이렇게 구분하자.

③ **mechanic**
톱니바퀴가 들어 있는 기계를 수리공, 정비사 mechanic가 잘못된 뭐를 캐내서 수리한다.

④ **technology**
반도체, 컴퓨터, 발전, 통신, 산업 전반에 걸쳐서 기술이 필요하다. 테크노는 기술, ―logy는 학문을 말한다. 여러 과학기술 분야를 발전시키는 것이 바로 나라를 구하는 길이다.

electr 전기의

electric
[iléktrik]

a 전기(성)의

어근힌트 electr- 호박 + ic (형용사형 접미사)

파생어 electrical ⓐ 전기에 관한 electrician ⓝ 전기기사 electricity ⓝ 전기
electronic ⓐ 전자의

Solar energy is not the leading source of electric power anywhere.
태양 에너지는 어디에서나 전력의 주요 공급원이 아니다.

electron
[iléktran]

n 전자

어근힌트 electr- 호박 + on (명사형 접미사)

They are devoted to the study of the physics of the electron.
그들은 전자 물리학 연구에 전념한다.

mechan 기계

mechanic
[məkǽnik]

n 수리공

어근힌트 mechan- 기계, 도구 + ic (형용사형 접미사)

파생어 mechanical ⓐ 기계(상)의 mechanism ⓝ 기계장치, 메커니즘
machinery ⓝ 기계류, 장치

A man too busy to take care of his health is like a mechanic too busy to take care of his tools.
너무 바빠서 자신의 건강을 돌보지 않는 남자는 너무 바빠서 자신의 연장을 돌보지 않는 정비공과 같다.

techn 기술

technology
[teknálədʒi]

n 과학 기술

어근힌트 techn- 기술 + ology 명사형(학문) 접미사

파생어 technological ⓐ 기술의 technique ⓝ 기법 technical ⓐ 기술[기법]의
technician ⓝ 기술자

The great possibilities of technology have created equally troubling ethical problems.
기술의 위대한 가능성은 똑같이 골치아픈 윤리적 문제를 야기했다.

STORY 51 E = MC⁴ ?

STORY

생명체가 살기에 가장 적당한 adequate 지구는 23.5도 기울어 있고 태양과도 적당한 adequate 거리로 떨어져 있다. 에콰도르는 적도 equator에 있는 나라이다. 선생님이 칠판에 E는 mc4과 같다는 equal 틀린 방정식 equation을 써놓았다. 화학 실험 장비 equipment가 갖추어진 책상에서 한 학생이 비커에 액체를 쏟으려고 한다. 그때 옆의 친구가 '마음의 평정 equability을 유지해. 쏟으면 큰일 나.'하며 조심하라고 한다. 또한 아파트 같은 집의 가치를 측정하는데, 집의 순가(純價) equity가 저울 왼쪽의 돈의 액수와 동등한 equivalent 것처럼 보인다.

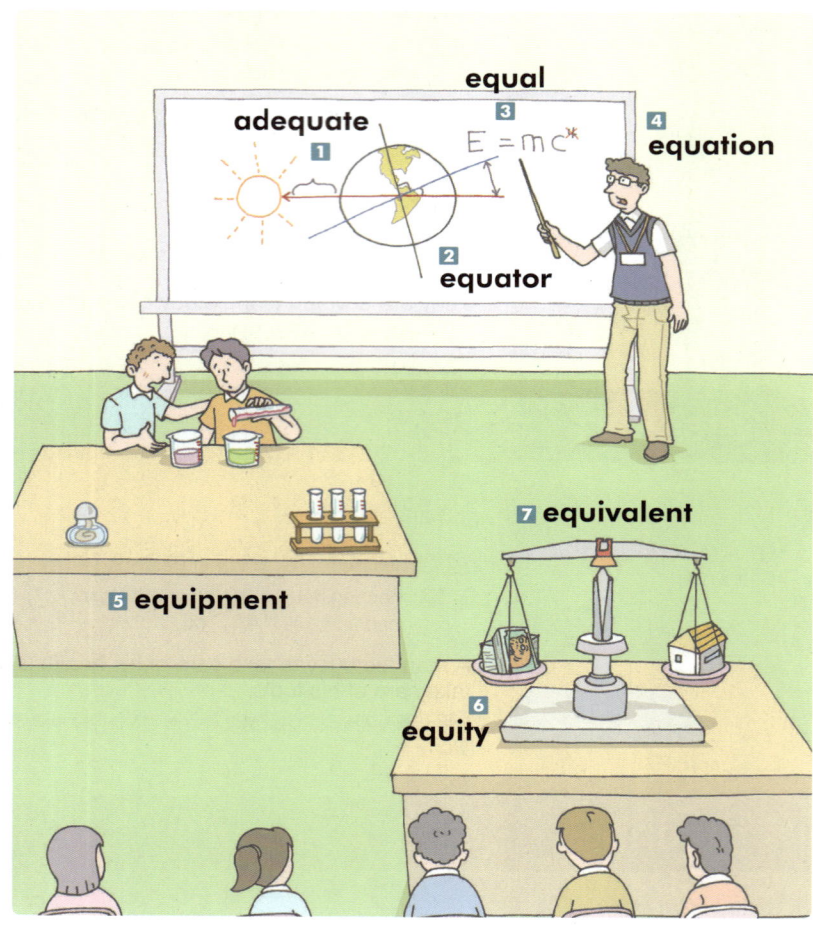

연상 HINT

① **adequate**
생명체가 살기에 적당한 adequate 정도로 지구는 태양과 떨어져 있다. 너무 가깝거나 멀면 사람들이 타죽거나 얼어 죽는다. 어디 ad에 있다고? 적당한 거리에 있다.

② **equator**
에콰도르는 적도 equator에 위치해 있는 나라이다. 단어를 철자 그대로 발음하면 '에콰도르'하고 비슷하다.

③ **equal**
선생님이 칠판에 E는 mc4과 같다equal고 써 놓으셨다. 사실은 E=mc2이다.

④ **equation**
칠판에 이렇게 방정식 equation을 써 놓은 것이다. 그런데 선생님 이름이? '방정식' 선생님이다. 성이 방, 이름이 정식이다.

⑤ **equipment**
화학실험 장비 equipment 가 갖추어진 책상에 2명의 학생이 앉아있다. 장비는 어렵지만 다루는 법을 익히면 실험이 쉬워진다.

⑥ **equity**
저울로 집의 가치를 측정한다. 집의 순가(純價) equity가 저울 왼쪽의 돈의 액수와 동등하다. -ity[이티]를 떠올리도록 하기 위해 돈에 ET [이티]가 그려져 있다.

⑦ **equivalent**
저울에서 화폐와 집은 무게가 동등한 equivalent 상태이다. 저울의 균형 밸런스가 서로 맞는다.

equ — 평평한 flat, 같은 same

adequate
[ǽdikwət]

a 적당한

어근힌트 ad- ~로부터 (접두사) + equ- 동일한 + -ate (형용사형 접미사)
파생어 adequacy n 적절 inadequate a 부적당한

All travellers should ensure they have adequate travel insurance before they depart.
모든 여행자는 출발하기 전에 적절한 여행자 보험에 가입해야합니다.

equator
[ikwéitər]

n 적도

어근힌트 equat- 똑같은 + or 명사형(행위자) 접미사

A hurricane is a large, spinning wind system that develops over warm seas near the equator.
허리케인은 적도 근처의 따뜻한 바다에서 발생하는 커다랗게 회전하는 바람 시스템이다.

equal
[í:kwəl]

a 같은, 평등한

어근힌트 equ- 똑같은 + al (형용사형 접미사)
파생어 equality n 같음, 평등 equally ad 똑같게 inequality n 불평등
unequal a 같지 않은 inequity n 불공평

He should start by telling himself that he is equal to the next man.
그는 자신이 다음 사람과 동등하다고 스스로 말함으로써 시작해야합니다.

equation
[ikwéiʒən, -ʃən]

n 동등하게 함, 방정식, 등식

어근힌트 equa- 똑같은 + tion (명사형 접미사)

Equation is often shown as a math expression with equal values on either side.
수식은 종종 양쪽에 같은 값을 가진 수학 표현으로 표시된다.

equipment
[ikwípmənt]

n 장비

어근힌트 equip- 같게하다 + ment (명사형 접미사)

The typical equipment of a mathematician is a blackboard and chalk.
수학자의 전형적인 장비는 칠판과 분필이다.

equity
[ékwəti]

n 공평, 재산 물건의 순가(純價)

어근힌트 equ- 똑같은 + ity (명사형 접미사)

The issue of equity is crucial.
형평성의 문제는 매우 중요하다.

equivalent
[ikwívələnt]

a 동등한 **n** 등가물

어근힌트 equi- 똑같은 + val- 가치 + -ent (형용사형, 명사형 접미사)

Do not seek evil gains; evil gains are the equivalent of disaster.
악한 이익을 추구하지 마십시오. 사악한 이득은 재앙과 같습니다.

STORY 52 스승의 날

💬 STORY

스승의 날 반을 대표하는 represent 대표(반장) representative이 선생님께 에센스 화장품을 선물 present로 드린다. 선생님은 '네가 선물의 진수(본질) essence를 아는구나' 하시며 반장을 칭찬한다. 옆자리 친구에게 빌려 준 돈을 돌려받은 학생은 '내 관심 interest은 이자 interest야. 고마워.'하며 떠든다. 그런데, 앞자리를 보니 스승의 날인데도 한 학생이 결석 absence 을 했나 보다.

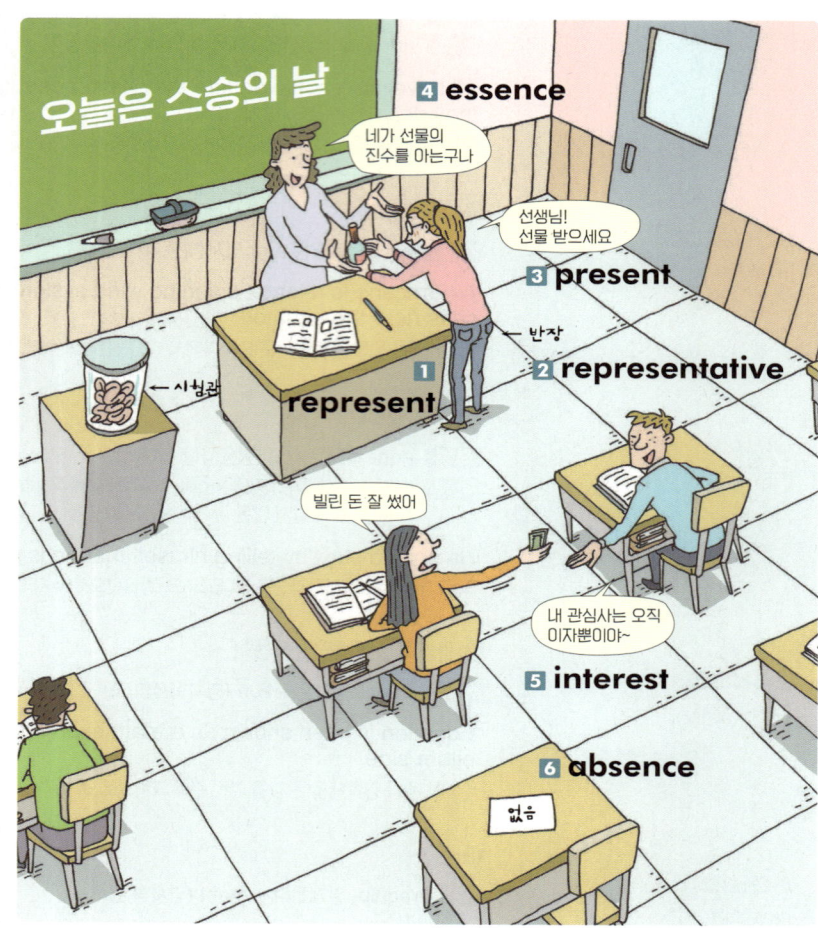

💡 연상 HINT

① **represent**
스승의 날이다. 반을 대표하는 represent 반장은 선생님에게 다른 학생보다 더 자주 만난다.

② **representative**
동사에 –tive가 붙으면 형용사나 명사가 된다. 그래서 이 representative는 대표하는, 대표하는 사람 이런 뜻이 된다.

③ **present**
반장은 선생님께 화장품을 선물 present로 드린다 present. 우리에게 가장 좋은 선물은 무엇일까? 그것은 바로 '현재'라는 시간이다. 이렇게 선물, 현재 라는 뜻을 같이 기억하자. 요즘은 선생님에게 선물 등을 주면 안되지만 이전에는 감사의 선물을 드리곤 했다.

④ **essence**
선물을 받은 선생님은 반장에게 '네가 선물의 진수 essence를 아는구나'하시며 반장을 칭찬한다. 화장품 중에 에센스라는 브랜드가 있는 것으로 아는데, 특정 상품을 홍보하려는 것은 아니고, 단지 영어 단어를 어떻게든 기억하게 하는 것이 필자의 목적이다.

⑤ **interest**
친구에게 빌려준 돈을 돌려받은 학생의 관심 interest은 이자 interest이다. 돈을 주고 받으면 그 사이에서 inter- 이자가 붙는다.

⑥ **absence**
이렇게 중요한 날인데도 한 학생이 결석 absence 하였다. 결석한 학생 책상 위의 종이에 '없음'이라고 쓰여 있다. 발음을 앱쓰쓰 없음쓰 비슷하게 해보라.

ess · est · sent 존재하다 be

represent
[rèprizént]

v 말로 표현하다, 대표하다

어근힌트 re- 다시 (접두사) + pre- 미리 -sent 존재하다

파생어 representation **n** 설명, 대표, 대리자

The National Assembly is elected to represent the people by the people under the constitution.
국회는 헌법에 따라 국민을 대표하도록 선출된다.

representative
[rèprizéntətiv]

a 대표적인; **n** 대표자

어근힌트 re- 다시 (접두사) + pre- 미리 sent 존재하다 + -tive (형용사형, 명사형 접미사)

Our company is urgently in need of experienced sales representative for our products.
우리 회사는 긴급하게 우리 제품에 대한 경험이 풍부한 영업 담당자를 필요로 한다.

present
[préznt]

a 있는, 현재의 **n** 현재, 선물; **v** 주다

어근힌트 pre- 앞으로, 미리 (접두사) + sent 존재하다

파생어 presence **n** 존재, 출석 presentation **n** 발표, 제출 presently **ad** 이윽고, 현재

No one has to let errors of the past destroy his present or cloud his future.
과거의 오류로 인해 현재를 망치게 하거나 미래를 불투명하게 해서는 안된다.

essence
[ésns]

n 본질, 진수

어근힌트 essen- 존재하다 (접두사) + ce (명사형 접미사)

파생어 essential **a** 본질적인, 필수의; **n** 본질적 요소 essentially **ad** 본질적으로, 꼭

Desire is the essence of a man.
욕망은 인간의 본질이다. (바루흐 스피노자)

interest
[íntərəst, -tərèst]

n 이자, 이율, 관심; **v** 흥미를 갖게하다

어근힌트 inter- 사이에 (접두사) + est 존재하다

파생어 interesting **a** 재미있는 interested **a** 흥미를 가진, 이해관계가 있는

He expressed an interest in learning more about the brain.
그는 뇌에 대해 더 많은 것을 배우는 것에 관심을 표명했다.

absence
[ǽbsəns]

n 결석 (↔) presence

어근힌트 ab- ~로부터 (접두사) + sen- 존재하다 + -ce (명사형 접미사)

파생어 absent **a** 결석한 (↔) present

Darkness is understood as an absence of visible light.
어둠은 가시 광선이 없는 것으로 이해된다.

STORY 53 · 태교동화

STORY

엄마가 '우리 아기(말하기 전의 아이) infant는 커서 무엇이 될까? 아마 멋진 운명 fate을 만들어 갈 거야' 라고 속삭이자, 아이는 '저는 커서요, 아주 유명한 famous 교수 professor가 될 거예요'라고 응답한다. 아빠는 늑대 흉내를 내면서 '옛날에 아주 무서운 늑대가 있었는데...' 하면서 우화 fable를 말해준다. 엄마는 '아이 앞에서 아빠 앞에서 짝짜꿍.. 같은 좋은 노래를 해야지, 무서운 이야기를 하면 되요?' 하면서 화를 내자 아빠는 '잘못했어요' 하고 자백한다 confess.

연상 HINT

① **infant**
아직 말을 fant 하지 못하는 in- 아이를 유아 infant 라고 한다. 그림에는 아직 아기가 태어나지 않은 아이와 엄마가 대화를 하고 있는데, 태어난지 한 두살 된 아이를 infant라고 하는 것을 기억하면 좋겠다.

② **fate**
이 아기의 운명 fate은 어떻게 될까? 옛날에는 사람의 운명은 신(神)이 말하는 대로 된다고 여겼다.

③ **famous**
아이는 '저는 아주 유명한 famous 사람이 될 거예요.'라고 말한다. 유명하다는 것은 사람들의 입에 오르내리며 말하는 fam- 것이다.

④ **professor**
'훌륭한 교수 professor가 되었으면 해요.'라고 덧붙여 말한다. 교수는 학생들 앞에서 pro 말하는 fess 사람 or 이다.

⑤ **fable**
아빠는 늑대 흉내를 내면서 '옛날에 아주 무서운 늑대가 있었는데..'라고 우화 fable를 말한다.

⑥ **confess**
그러자 엄마는 '아빠 앞에서 짝짜꿍 같은 좋은 말을 해야지, 무서운 이야기를 하면 되나요?'하면서 화를 낸다. 이에 아빠는 아기에게 '아빠가 잘못했어!'라고 자백한다confess. 함께 con 공감하여 말하다 fess → 자백하다.

fa · fess · fab · fam 말하다 say

infant
[ínfənt]

n 유아(乳兒), 갓난 아기

어근힌트 in- 부정 (접두사) + fant 말하다
파생어 infancy **n** 유년 infantile **a** 유아(기)의

Family poverty affects the growth of human infant brain.
가족 빈곤은 어린 유아의 두뇌 성장에 영향을 미친다.

fate
[feit]

n 운명

어근힌트 fate 말하다
파생어 fatal **a** 치명적인

How a person masters his fate is more important than what his fate is.
사람이 자신의 운명을 지배하는 것이 자신의 운명 그 자체보다 더 중요하다.

famous
[féiməs]

a 유명한

어근힌트 fam- 말하다 + ous (형용사형 접미사)
파생어 fame **n** 명성, 고명 infamous **a** 불명예스러운 infamy **n** 불명예

Korea is famous for its traditional food kimchi.
한국은 전통 음식 김치로 유명하다.

professor
[prəfésər]

n 교수

어근힌트 pro- 앞으로, 미리 (접두사) + fess- 말하다 + -or (명사형(행위자) 접미사)
파생어 profess **v** 공언하다 profess on **n** (전문)직업, 공언
 professional **a** 직업의 professionalism **n** 전문가 기질

He is a professor of economics at Kyunghee University.
그는 경희대학교의 경제학 교수이다.

fable
[féibl]

n 우화(寓話)

어근힌트 fab- 말하다 + ble (도구형 접미사)

The Fox and the Grapes is one of Aesop's most famous fables.
'여우와 포도'는 가장 유명한 이솝 우화 중 하나이다.

confess
[kənfés]

v 자백하다

어근힌트 con- 함께 (접두사) + fess 말하다
파생어 confession **n** 자백

I confess that I stole the idea from the book.
나는 그 책에서 아이디어를 도용한 것을 인정한다.

STORY 54 천사와 악마의 담판

STORY

여기는 의회 parliament의 회의실인데, 천사와 악마가 죄수를 놓고 서로 다툰다. 천사는 죄수를 가석방 시켜야 한다고 강조한다 emphasize. 반면, 악마는 죄수를 석방하면 재범하게 될 거라고 예언한다 prophesy. 탁자 위에는 '자유가 아니면 죽음을 달라'는 문구 phrase가 써 있다. 회의실 밖에서는 '잡상인은 응접실 parlor에 출입하지 못하게 해'라고 말하는 소리가 들린다.

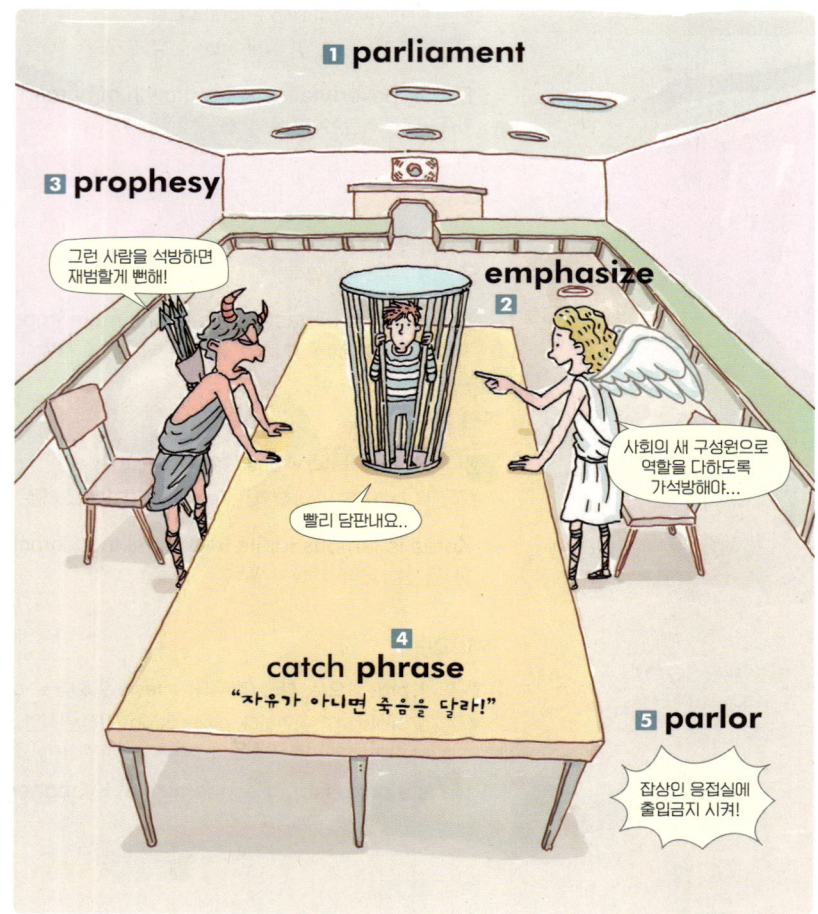

연상 HINT

① **parliament**
의회 parliament 회의실에서 천사와 악마가 죄수를 놓고 서로 다툰다. 의회 공식 지정 라면으로 '8(팔)라면'을 만들었다. 발음으로 단어를 기억하기 위해서.

② **emphasize**
천사는 죄수를 가석방시켜야 한다고 강조한다 emphasize. 천사가 감옥 안em을 손가락으로 가리키면서 강조하는 중이다.

③ **prophesy**
악마는 '죄수를 석방하면 재범하게 될 거야'라고 예언한다 prophesy. pro 미리 phesy 말하다 → 예언하다

④ **phrase**
탁자 위에는 '자유가 아니면 죽음을 달라'는 문구 phrase가 쓰여 있다. catch phrase[캐치 프레이즈]란 사람들의 눈길을 사로잡는 catch 문구를 말한다.

⑤ **parlor**
회의실 밖에서는 응접실 parlor에 물건 팔러 온 잡상인을 출입하지 못하게 하라는 소리가 들린다.

phas · phesy · phras · parl — 말 speech

parliament
[páːrləmənt]

n 의회

어근힌트 parlia- 말하다 + ment (명사형 접미사)

The issue was debated in Parliament.
이 문제는 의회에서 논의되었다.

emphasize
[émfəsàiz]

v 강조하다

어근힌트 em- 만들다 (접두사) + phas 말하다 + -ize (동사형 접미사)

파생어 emphasis **n** 강조

He emphasized the importance of family communication.
그는 가족 커뮤니케이션의 중요성을 강조했다.

prophesy
[práfəsài]

v 예언하다

어근힌트 pro- 앞으로, 미리 (접두사) + phesy 말하다

파생어 prophecy **n** 예언   prophet **n** 예언자

Medical signs of disease may prophesy forms of health.
질병의 의학적 증상은 건강 상태에 대해 예견해 줄 수 있다.

phrase
[freiz]

n 구, 관용구

어근힌트 phra 말하다 + se (명사형 접미사)

파생어 paraphrase **n** 바꾸어쓰기

There is a phrase that goes, "united we stand, divided we fall."
"뭉치면 살고, 헤어지면 무너진다"라는 문구가 있다.

parlor
[páːrlər]

n 응접실

어근힌트 parl- 말하다 -or (장소 접미사)

They entertained the guest in the parlor.
그들은 손님을 응접실에서 즐겁게 했다.

STORY 55 십자가에 달린 예수

STORY

'내가 곧 진리 truth이다'라고 말씀하신 예수가 십자가에 못박힌다. 십자가 앞에 있는 사람은 이전에 맹인이었으나 예수가 눈을 뜨게 해준 사람이다. 그는 이제 예수가 '구세주'라는 믿음 faith을 가지게 되었다. 유대인 종교지도자들은 서로 연합하여 federal 예수를 무시하고 도전한다 defy. 예수가 십자가에 달리기 전 베드로는 '주님을 신뢰합니다 trust'라고 고백을 했고, 예수는 이 베드로에게 교회를 위탁하는 entrust 말씀을 하셨다. 기독교 전도자들은 확신있는 confident 자세로 전하고 있다. 많은 군중이 모인 가운데 소리의 충실도가 fidelity 높은 고성능 스피커에서 소리가 흘러나온다.

연상 HINT

① **truth**
'나는 진리 truth요…'라고 말씀하신 예수가 십자가에 못 박히셨다.

② **faith**
그 앞에 앉아 있는 사람은 전에는 맹인이었으나 예수가 눈을 뜨게 해준 사람이다. 그는 이제 예수가 '구세주'라는 믿음 faith을 갖게 되었다. 믿는 얼굴 face[훼이스]로 바라본다. face, faith는 발음이 비슷하다.

③ **federal**
뒤에는 바리새인, 사두개인, 서기관 등 유대인 연합의 federal 무리가 있다. 예수를 왜 십자가에 못 박았는지는 이 유대인 패더러 (패거리에게) 물어보라.

④ **defy**
이들은 뒤de에서 예수에게 도전하고 defy, 무시한다 defy. 믿음을 뒤로한다는 뜻이다.

⑤ **entrust**
이에 예수는 베드로에게 교회를 위탁하는 entrust 말씀을 한다.

⑥ **confident**
기독교 전도자들은 확신있는 confident 태도로 예수를 전한다. 큰 손을 펴고 자신 있게 전도한다.

⑦ **fidelity**
많은 군중이 모인 가운데 소리의 충실도가 fidelity 높은 고성능 스피커에서 소리가 흘러나온다. 하이파이 스테레오 할 때 하이파이(hi-fi)는 high-fidelity의 약자이다.

faith · fid · fy — 믿다 trust

faith
[feiθ]

n 신뢰, 신념, 신앙

어근힌트 faith 믿다
파생어 faithful @ 충실한 faithfully @ 충실히

Faith is being sure of what we hope for.
믿음(신앙)은 우리가 바라는 것을 확신하는 것이다.

federal
[fédərəl]

a 연방의, 연방정부의

어근힌트 feder- 믿다 + al (형용사형 접미사)
파생어 federation n 연합

Federal laws are the bodies of law created by the federal government of a nation.
연방법은 연방 정부가 만든 법의 체계이다.

defy
[difái]

v 무시하다, 도전하다

어근힌트 de- 떨어져 (접두사) + fy 믿다
파생어 defiant @ 도전적인

He dares to defy me at my own gates.
그는 감히 내 문에서 나를 대적하려 들었다.

confident
[kánfədənt]

a 확신하고 있는

어근힌트 con- 함께 (접두사) + fid- 만들다 + -ent (형용사형 접미사)
파생어 confide v 신뢰하다 confidence v 신임, 확신
confidential @ 기밀의 (=) secret confidentially @ 비밀스럽게

He is confident that he will win in the election.
그는 자신이 선거에서 승리 할 것이라고 확신한다.

fidelity
[fidéləti]

n 충실, 충성, (재생음의) 충실도

어근힌트 fidel- 믿다 + ity (명사형 접미사)
파생어 infidelity n 신앙이 없음

A dog's fidelity to its owner is one of the reasons why that animal is a favorite household pet.
주인에 대한 개의 충성도가 바로 사람들이 그 동물을 가장 좋아하는 애완동물인 이유 중 하나이다.

tru — 정직한 honest, 믿음 faith

truth
[tru:θ]

n 진실

어근힌트 tru- 참된 -th (명사형 접미사)
파생어 truthful @ 정직한 true @ 진실의

Do you think thery are telling the truth?
그들이 진실을 말한다고 생각하세요?

entrust
[intrʌ́st]

v 맡기다, 위임하다

어근힌트 en- 만들다 (접두사) + trust 믿다

She was not willing to entrust her children to the care of someone else.
그녀는 자녀를 다른 누군가가 보살피도록 맡기려하지 않았습니다.

STORY 56 잘못했어

STORY

화투판을 전전하며 인생을 낭비하는 아저씨. 상대가 실패하도록 fail 하는 계략을 다 아는 고수에게 놀아난다. 벌써 10판째 잘못된 false 상태이다. 결국 이 아저씨는 나중에 아내 앞에서 눈물을 흘리며 자신의 잘못 fault을 회개한다.

연상 HINT

① **fail**
화투판을 전전하며 인생을 낭비하는 아저씨. 상대의 패를 잃게 (실패하게)fail 하는 계략을 다 아는 고수에게 놀아나고 있다.

② **false**
이 아저씨는 벌써 10판째 고수의 잘못된 false 계략에 놀아나고 있다.

③ **fault**
결국 이 아저씨는 나중에 아내 앞에서 볼태기에서 하염없이 눈물을 흘리며 자신의 잘못 fault을 회개한다.

---

fals   속이다 deceive, 잘못된 wrong

fail [feil]

🅥 실패하다
어근힌트 fail 부족하다
파생어 failure ⓝ 실패

I don't know the key to success, but the key to fail is trying to please everybody.
나는 성공의 열쇠를 모르지만, 실패의 열쇠는 모두를 기쁘게하려고 하는 것이다.

false [fɔ:ls]

🅐 그릇된
어근힌트 fal 거짓된
파생어 falsehood ⓝ 허위, 거짓말

False words are not only evil in themselves, but they infect the soul with evil.
거짓 단어는 그 자체로 악할 뿐만 아니라 악을 영혼에 감염시킨다.

fault [fɔ:lt]

ⓝ 결점, 흠
어근힌트 fault 부족하다, 흠
파생어 faultfinding ⓐ 흠잡기[탓하기](를 일삼는) faultless ⓐ 과실[결점]이 없는 faulty ⓐ 결점이 있는

To find a fault is easy; to do better may be difficult.
잘못을 찾아 내기는 쉽다; 더 잘하는 일은 어려울 수 있다.

STORY 57 이 몸이 죽고 죽어

STORY

이방원은 정몽주에게 '이런들 어떠하리 저런들 어떠하리' 시조를 읊으며 융통성있는 flexible 태도로 같이 살자고 하였다. 정몽주는 '됐거든'이라고 되받아치자 이방원의 말은 거울에 반사되어 reflect 튕겨나간다. 정몽주의 '이몸이 죽고 죽어'라는 단심가는 후대에 널리 알려진다. 입안 혀를 구부려서 말을 잘 조절하여 inflect 시조를 읊어보자.

연상 HINT

① **flexible**
이방원은 정몽주에게 융통성 있는 flexible 태도로 같이 살자고 하였다. 어원 그대로 구부릴 수 있는, 융통성 있는 이라는 의미이다.

② **reflect**
이 유혹하는 말에 대해 정몽주는 '됐거든'하는 말로 반사한다 reflect. 다시 굽게 하니까 반사하다, 혹은 반영하다 라는 뜻이 된다.

③ **inflect**
후대에 '이 몸이 죽고 죽어'라는 단심가(丹心歌)가 세간에 알려진다. 시조를 낭송할 때는 입안 in의 혀를 구부려서 음성을 조절하고 inflect 억양을 붙여서 inflect 낭송해 보라.

---

flect · flex   굽다 bend

flexible
[fléksəbl]

ⓐ 구부리기[휘기] 쉬운

어근힌트 flex- 굽다 + ible 할 수 있는
파생어 inflexible ⓐ 구부러지지 않는   flexibility ⓝ 부리기[휘기] 쉬움

You should take an open and flexible attitude to innovation.
당신은 혁신에 개방적이고 유연한 태도를 추해야한다.

reflect
[riflékt]

ⓥ 반:사하다, 반향하다

어근힌트 re- 다시 (접두사) + flect 구부리다
파생어 reflection ⓝ 반사

The moon reflects light from the sun.
달은 태양 빛을 반사한다.

inflect
[inflékt]

ⓥ (음성을) 조절하다, 억양을 붙이다

어근힌트 in- 안으로 (접두사) + flect 구부리다

Some inflected words have irregular spellings.
몇몇 굴절어에는 불규칙 철자가 있다.

STORY 58 환상의 무대

💬 STORY

환타지아 fantasia 환상곡을 연주하는 공연장이다. 관중을 매혹하게 하는 fascinate 연기자가 조명 아래에서 춤추고 있다. 관중들은 미모에 이끌려 환상 fancy 에 빠져있다. 이때 슬그머니 유령 phantom 이 나타나서 한 사람을 낚아채 간다. 한 아저씨가 이 여자를 보려고 숨을 헐떡이며 pant 달려온다. 너무 빨리 뛰어와서 그런지 눈이 뱅뱅도는 현상 phenomenon 이 나타난다.

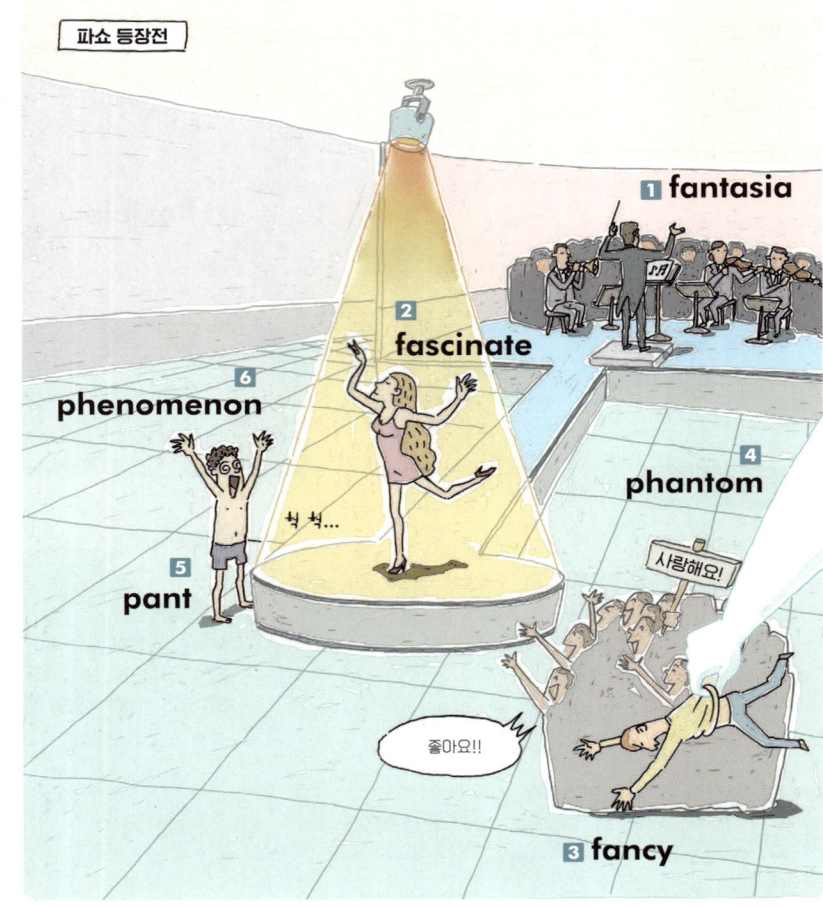

💡 연상 HINT

① **fantasia**
악단이 환상곡 fantasia을 연주하는 공연장이다. '환타'라는 음료도 있고 넬라판타지아 라는 노래도 있어서 환상곡이라는 뜻을 쉽게 알 수 있을 것이다.

② **fascinate**
곡에 맞추어 '화씨네'라는 여가수가 노래하여 관중을 매혹한다 fascinate.

③ **fancy**
관중들은 환상 fancy에 빠져 있다.

④ **phantom**
이때 슬그머니 유령 phantom이 나타나서 한 사람을 낚아채 간다. 유령이 잡아가면서 하는 말 '이 놈om'

⑤ **pant**
화씨네를 보려고 숨을 헐떡이며 pant 달려온 팬티바지 pant차림의 아저씨가 나타난다.

⑥ **phenomenon**
이 남자는 너무 빨리 뛰어와서 그런지 눈이 뱅뱅 도는 현상 phenomenon이 나타난다. 눈에서 피나는 미남이다.

phan · fan · fas · pan · phen — 보이다 show

fantasia
[fæntéiʒtə]

n 환상곡

어근힌트 fanta- 보다 + sia 대지, 땅

파생어 fantastic ⓐ 환상적인 fantasy ⓝ 상상, 공상

Nella Fantasia was originally released in 1998 by Sarah Brightman.
넬라판타지아 Nella Fantasia는 원래 사라 브라이트만이 1998년에 발표했다.

fascinate
[fǽsənèit]

v 매혹하다

어근힌트 fascin- 보다 + ate (동사형 접미사)

There are some ideas that fascinate us from the start.
처음부터 우리를 매료시킬 수 있는 아이디어들이 있다.

fancy
[fǽnsi]

n 공상, 몽상 v 원하다, 하고 싶다

어근힌트 fan- 보다 + cy (명사형 접미사)

Do you fancy a beer this evening?
오늘 저녁에 맥주 한잔 하시겠습니까?

phantom
[fǽntəm]

n 환영(幻影), 유령

어근힌트 phant- 보다 + om 이미지(상)

I went to see the musical Phantom of the opera.
나는 뮤지컬 '오페라의 유령'을 보러 갔다.

pant
[pænt]

v 헐떡거리다; n 바지

어근힌트 pant 보다, 호흡

The runners reached the finish line, panting heavily.
주자들은 결승점에 도착하고 나서, 심하게 헐떡였다.

phenomenon
[finámənàn]

n 현상

어근힌트 pheno- 보다 + minon 돌출하다

파생어 phenomena ⓝ [복수형] phenomenal ⓐ 자연 현상의[에 관한]

This drama is based on supernatural phenomenon.
이 드라마는 초자연적인 현상을 기반으로 한다.

STORY 59 지하철 1 : 가짜 결혼식

💬 STORY

지하철 안에서 가짜 결혼식이 진행 중이다. 신랑이 진짜 결혼식인 것처럼 꾸며대며 affect 승객들의 감정에 영향을 끼친다 affect. 감동받은 아주머니가 눈물을 흘리는 등 바로 효과 effect가 나타난다. 유모차 안의 아기는 재채기를 하며 감기 바이러스를 주위에 감염시킨다 infect. 신체적 결함 defect이 있는 신부는 애정 affection 표현을 하며 신랑을 쳐다본다. 그 뒤에는 시각 장애인처럼 가장 affectation한 사람이 축의금을 달라고 구걸한다. 결혼식 촬영기사는 '완벽한 perfect 장면이야'하면서 찰칵 사진을 찍는다.

💡 연상 HINT

① **affect**
지하철 안에서 가짜 결혼식이 진행중이다. 신랑이 진짜 결혼식인 것처럼 꾸며대며affect 승객들의 감정에 영향을 미친다 affect. 하나의a 사실fact처럼 꾸며서 영향을 미친다고 보면 된다.

② **effect**
감동받은 아주머니는 바로 효과 effect가 나타난다. 효과, 결과란 외부에(ex=ef) 영향을 미쳤기 때문에 나타나는 것이다.

③ **infect**
유모차 안in의 아기는 재채기를 하며 감기 바이러스를 주위에 전염시킨다infect.

④ **defect**
신체적 결함 defect이 있는 신부가 'd'자 모양의 깁스를 하고 있다. 뒤의 다리에 결함이 있음.

⑤ **affection**
신부는 남편을 보고 애정 affection을 느낀다. 신랑을 쳐다보며 '선생님...'이라고 말한다.

⑥ **affectation**
그 뒤에 시각 장애인처럼 가장 affectation한 사람이 '조금만 떼어 줍쇼.'라고 말하며 돈을 구걸한다. affection은 선, affectation은 떼이를 강조하면 구분하기 쉽다.

⑦ **perfect**
결혼식을 촬영하고 있는 촬영기사는 '완벽한 perfect 장면이야' 하며 사진을 촬영한다.

fec 만들다 make, 행하다 do

affect
[əfékt]

v ~에 영향을 미치다, ~인 체하다

어근힌트 af- ~로 (접두사) + fect 만들다

There has been a lot of research that proves our mind affects illness and healing.
우리의 정신이 질병과 치유에 영향을 준다는 것을 입증하는 많은 연구가 있어왔다.

effect
[ifékt]

n 결과, 효과

어근힌트 ef- 밖으로 (접두사) + fect 만들다

파생어 effective ⓐ 효과적인 effectively ⓐd 효과적으로 ineffective ⓐ 효과가 없는

The effect of global warming is that glaciers will melt and sea levels will rise.
지구 온난화의 결과(효과)는 빙하가 녹고 해수면이 상승한다는 것이다.

infect
[infékt]

v 감염시키다

어근힌트 in- 안으로 (접두사) + fect 만들다

파생어 infection ⓝ 감염 infectious ⓐ 전염성의

About one million Americans are now infected with the HIV virus.
약 백만 명의 미국인이 현재 HIV 바이러스에 감염되었다.

defect
[díːfekt, difékt]

n 결점

어근힌트 de- 떨어져 (접두사) + fect 만들다

파생어 defective ⓐ 결점이 있는

Guidance and help is given to those who have defect in hearing.
청력에 결함이 있는 사람들에게는 안내와 도움이 제공된다.

affection
[əfékʃən]

n 애정

어근힌트 af- ~로 (접두사) + fec- 만들다 + -tion (명사형 접미사)

파생어 affective ⓐ 감정의 affectionate ⓐ 애정이 깊은

Smile could mean that I like you. That would be a kind of affect on.
미소는 '나는 당신을 좋아합니다'라는 뜻일 수 있다. 그것은 일종의 애정일 것이다.

affectation
[æfektéiʃən]

n ~인 체함

어근힌트 af- ~로 (접두사) + fect- 만들다 + -tion (명사형 접미사)

She told him about her feelings without affectation.
그녀는 자신의 감정을 감추지 않고 이야기했다.

perfect
[pə́ːrfikt]

a 완전한 (=) complete

어근힌트 per- 완전히 (접두사) + fect 만들다

파생어 perfection ⓝ 완전 perfectly ⓐd 완전히 imperfect ⓐ 불완전한

This book will be of much benefit to you.
이 책이 당신에게 많은 도움이 될 것이다.

STORY 60 지하철 2 : 잡상인

STORY

지하철 잡상인이 '여기 효율적인 efficient 라디오가 있어요'라고 떠벌리며 물건을 판다. 물건을 구매하여 이 잡상인을 만족시킨다 suffice. 자리에 앉아 있는 사람은 사고 싶지만 돈이 부족함 deficit을 알고 있다. 한 승객은 잡상인에게 개의치 않고 소설 fiction을 읽는다. 한편 차내 관리 권한을 부여받은 qualify 공익근무요원은 잡상인의 라디오를 몰수한다 forfeit. 공익근무요원이 라디오를 살펴보니 '외견상 superficial 좋아 보이지만, 가짜에요.'라고 하며 질책한다. 지하철 벽에는 공익 benefit 광고가 붙어있다.

연상 HINT

① **efficient**
지하철 잡상인이 '여기 효율적인 efficient 라디오 있어요'하며 물건을 판다. 잡상인은 라디오를 상자 밖으로 ex=ef 꺼낸다.

② **suffice**
아래에 suf=sub 앉아 있는 사람이 그 잡상인으로부터 라디오를 사서 이 잡상인을 만족시킨다.

③ **deficit**
뒤 de에 앉아 있는 사람은 사고 싶지만 돈이 부족함 deficit을 알고 있다.

④ **fiction**
한 승객은 개의치 않고 소설 fiction만 읽고 있다. 소설은 실화가 아니라 만든 fict 것이다.

⑤ **qualify**
한편 역장이 공익근무요원에게 차내 관리 완장을 주며, 차내 관리, 단속을 하도록 자격을 준다 qualify. '관리 잘하게'

⑥ **forfeit**
공익근무요원은 잡상인으로부터 라디오를 몰수한다 forfeit. 그러자 잡상인은 봐 달라고 네발 four feet로 빈다.

⑦ **superficial**
공익근무요원이 라디오를 살펴보니 표면상의 superficial 모양은 라디오이기는 한데 제대로 작동이 되지 않는 것 같다. 위 super(=over), 만들다 –ficial → 겉만 그럴듯하게 하고 속은 제대로 만들지 않았다는 뜻.

⑧ **benefit**
지하철 벽에는 공익 benefit 광고가 붙어있다. 이 광고는 배너 광고로 적합하다 fit.

fic · fit · feit · fy 만들다 make, 행하다 do

efficient
[ifíʃənt]

a 능률적인, 유능한

어근힌트 ef- 밖으로 (접두사) + fic- 만들다 + -ient (형용사형 접미사)
파생어 efficiency **n** 능력, 능률 inefficient **a** 무능한, 비능률적인

Farming will become even more efficient by using new types of technology.
농업은 새로운 유형의 기술을 사용함으로써 더욱 효율적으로 될 것이다.

suffice
[səfáis]

v 만족시키다; **v** 족하다

어근힌트 suf- 아래 (접두사) + fice 만들다
파생어 sufficient **a** 충분한 insufficient **a** 불충분한

No words will suffice to convey my grief.
내 슬픔을 전하는 데는 어떤 말도 충분하지 않아요.

deficit
[défəsit]

n 부족(액)

어근힌트 de- 떨어져 (접두사) + fic- 만들다 + -it (명사형 접미사)
파생어 deficiency **n** 부족 deficient **a** 부족한

The deficit has been diminishing little by little.
결점이 점점 줄어들고 있다.

fiction
[fíkʃən]

n 소설 (=) novels, 허구

어근힌트 fic- 만들다 + tion (명사형 접미사)
파생어 nonfiction **n** (논픽션, 소설, 이야기 외의) 산문 문학

She knew I would become a famous fiction-writer.
그녀는 내가 유명한 소설가가 될 줄 알았다.

qualify
[kwάləfài]

v 자격을 주다

어근힌트 qual- 특성, 속성 + ify 만들다 (동사형 접미사)
파생어 qualification **n** 자격

Does his business experience qualify him to be president of the company?
그는 사업 경험으로 회사의 사장 자격을 얻었습니까?

forfeit
[fɔ́:rfit]

n 벌금, 상실; **v** 몰수당하다

어근힌트 for- 떨어져 + feit 만들다

We forfeit three-fourths of ourselves in order to be like other people.
우리는 다른 사람들처럼 되기 위해 자신의 4분의 3을 잃어버린다.

superficial
[sù:pərfíʃəl]

a 표면(상)의

어근힌트 super- 위로 (접두사) + fic- 만들다 + -ial (형용사형 접미사)

The documentary of the issue was very superficial.
이 장점을 다룬 다큐멘터리는 아주 피상적이었다.

benefit
[bénɪfɪt]

n 이익

어근힌트 bene- 좋은 (접두사) + fit 만들다
파생어 beneficial **a** 유익한

The benefit of computer use to preschoolers is chiefly psychological.
미취학 아동에게 컴퓨터 사용의 이점은 주로 심리적인 것이다.

STORY 61 지하철 3 : 꼴불견

💬 STORY

연애 사건 affair의 두 남녀가 에스컬레이터를 타고 내려오고 있다. 여자는 낯이 뜨거운지, 이 역에서 승강기 고장 사고가 발생했다는 소문이 사실 fact인지 남자에게 묻고 있다. 에스컬레이터 앞에는 안전 수칙 요소 factor가 게시되어 있다. 역무실 안에는 팩스 facsimile가 보이고, 그 앞에는 편의 시설 facility인 자동 발매기가 있다. 자가용만 타고 다니던 대학 교수단 faculty 이 이 시설을 사용할 줄 모르는 것 같다. 한편 용모 feature가 노숙자인 사람이 울타리 위로 넘어 가려고 하자, 공익근무요원이 저지하고 패배시킨다 defeat.

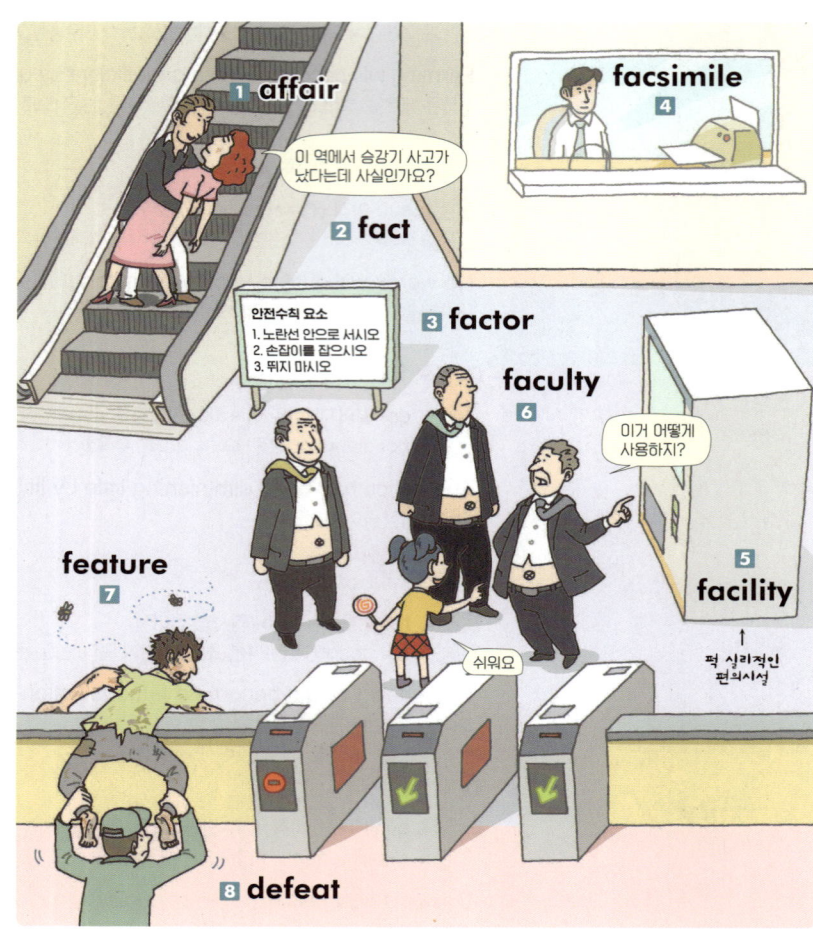

💡 연상 HINT

① **affair**
연애 사건 affair의 두 남녀가 에스컬레이터를 타고 내려오는 중이다. 이 두 남녀는 사람 아랑곳하지 않는 애정행각을 벌이니 꼴불견이다.

② **fact**
그래도 여자는 좀 안스러운지 '이 역에서 승강기 고장 사고가 발생했다는 소문이 있었는데 그게 사실 fact인가요?'하며 남자에게 묻고 있다.

③ **factor**
에스컬레이터 앞에는 안전 수칙 요소 factor가 게시되어 있어서 모두 조심하라고 경각심을 일깨워준다.

④ **facsimile**
이 역무실 안에는 팩스 facsimile가 있다. 단어가 길어서 보통은 팩스 fax라고 한다.

⑤ **facility**
대부분의 역에는 편의 시설 facility인 자동 발매기가 있어서 승객이 직접 표를 이 발매기에서 구매한다.

⑥ **faculty**
자가용만 타고 다니시던 대학의 교수단 faculty은 자동 발매기를 사용할 줄 모르나 보다. 그런데 교수단이 배꼽티를 입고 다닌다.

⑦ **feature**
한편 용모 feature가 노숙자인 사람이 돈이 없어서 그런지 울타리 위로 넘어가려고 한다. 이 노숙자는 신발이 없어서 발feet이 추워

⑧ **defeat**
이렇게 무임승차하려는 노숙자를 공익근무요원이 저지하고 패배시킨다 defeat. 뒤de에서 발feet을 잡아서 패배시킨다.

fac · fea · fai 만들다 make, 행하다 do

affair
[əfɛ́ər]

n 사건, 연애 사건

어근힌트 af- ~로부터(접두사) + fair 만들다

America is a nation involved in many of the world's affairs.
미국은 세계의 여러 문제에 관련된 나라이다.

fact
[fækt]

n 사실

어근힌트 fact- 만들다
파생어 factual ⓐ 사실의

She did it, and that's a fact.
그녀는 그것을 했고, 그것은 사실이다.

factor
[fæktər]

n 요소

어근힌트 fact- 만들다 + or (명사형 접미사)

There were several factors contributing to his success.
그의 성공에 기여한 몇 가지 요인이 있었다.

facsimile
[fæksíməli]

n 팩시밀리

어근힌트 fac- 만들다 + simile 같은

Could you send this copy by facsimile?
이 서류를 팩시밀리로 보내 줄 수 있습니까?

facility
[fəsíləti]

n 시설, 쉬움

어근힌트 facil- 만들다 + ity (명사형 접미사)
파생어 facile ⓐ 손쉬운, 쉽게 이해되는 facilitate ⓥ 용이하게 하다

The amusement park has a wide range of facilities for visitors.
유원지에는 방문객을 위한 다양한 시설이 있다.

faculty
[fǽkəlti]

n 능력, 대학·고교의 전교직원

어근힌트 facul- 만들다 + ty (명사형 접미사)

He is a member of the Yale faculty.
그는 예일 대학 교수이다.

feature
[fíːtʃər]

n 특징; **v** 특색[주요 프로]으로 삼다

어근힌트 feat- 만들다 + ure (명사형 접미사)

This car has several features that make it easy to use.
이 차는 사용하기 쉬운 몇 가지 기능을 가지고 있다.

defeat
[difíːt]

v 패배시키다

어근힌트 de- 떨어져(접두사) + feat 가다

Korea defeated Japan in the final by 3-1 in Shanghai, China.
한국은 중국 상하이에서 3-1로 결승에서 일본을 격파했다.

STORY 62 — MT 가자

📱 STORY

산으로 가자는 홀쭉이의 의견과 바다로 가자는 뚱뚱이의 의견이 다르다 differ. 차안의 여자 선생님은 그들의 목적지가 어디일지 추측한다 infer. 짐을 나르는 여학생 둘이 회의 conference를 제안하는데, 한 남학생이 끼어들어 방해한다 interfere. 차 앞에 한 사람이 "앞으로의 계획을 제안할게 offer"라고 말한다. 차 뒤편의 친구는 엉덩이로 짐을 밀며 "회의는 뒤로 미루고 defer 일단 떠납시다"라고 말한다.

💡 연상 HINT

① **differ**
여름이면 산으로 바다로 휴가를 떠나는데 보통 어디갈지에 대해 서로 의견이 분분하다. 산으로 가자는 홀쭉이의 의견과 바다로 가자는 뚱뚱이의 의견이 다르다 differ. dif는 dis의 변형인데 분리된, 떨어진 뜻의 접두사이다. 의견이 서로 분리되어 다르다.

② **infer**
차 안의 in 여자 선생님은 '쟤들은 어디로 가자고 하는 걸까?'하고 혼자 생각하며 목적지가 어디일지 추측한다 infer.

③ **conference**
이렇게 서로 의견이 분분하자, 짐을 나르는 친구 둘이 '우리 회의 conference하는게 좋겠어요'하며 회의를 제안한다. 회의는 함께 con 의견을 나른다 fer는 뜻이다.

④ **interfere**
그 뒤를 따라오는 한 남학생은 두 여학생들 사이에 inter 끼어서 방해한다 interfere.

⑤ **offer**
차 앞 of-에 있는 한 학생은 "앞으로의 계획을 제안할게 offer"라고 말한다.

⑥ **defer**
차 뒤de에 있는 학생은 엉덩이로 짐을 뒤로 밀며 '회의는 뒤de로 미루고 defer 일단 떠납시다.'라고 말한다. defer는 뒤로 미루다, 연기하다라는 뜻과 존경하다라는 뜻이 있어서 혼동이 된다. 명사형은 연기, 지연은 deferment.이고, 존경은 deference이다. revere 존경하다, reverence 존경 이런 단어가 있는데 앞의 de, re빼고 뒤의 철자는 비슷하므로 같이 기억하면 혼동하지 않고 단어를 기억하는데 도움이 될 것이다.

fer 나르다 carry

differ [dífər]

v 다르다

어근힌트 dif- 분리된(접두사) + fer 나르다
파생어 difference ⓝ 다름 different ⓐ 다른 differently ⓐⓓ 다르게

The two brothers differ in the way to communicate with others.
두 형제는 다른 사람들과 의사소통하는 방식이 다르다.

infer [infə́:r]

v 감지하다, 추론하다

어근힌트 in- 안(접두사) + fer 나르다
파생어 inference ⓝ 추론, 암시

She inferred from his expression that he disliked the food.
그녀는 그의 표현에서 그가 그 음식을 싫어한다는 것을 추론했다.

conference [kánfərəns]

n 회의, 협의

어근힌트 con- 함께(접두사) + fer 나르다 + -ence (명사형 접미사)
파생어 confer ⓥ 수여하다 (=) give, 협의하다

The organization held its annual conference in Seoul last year.
그 조직은 작년에 서울에서 연례 회의를 열었다.

interfere [intərfíər]

v 방해하다, 간섭하다

어근힌트 inter- 사이에(접두사) + fere 나르다
파생어 interference ⓝ 방해

Please do not interfere with my decision.
제 결정을 방해하지 말아 주세요.

offer [ó:fər]

v 제공하다, 제의하다; **n** 제언, 제공

어근힌트 of- ~로(접두사) + fer 나르다

The gentleman stopped and offered to help us finish the task.
신사는 멈추어서 우리가 그 일을 마치도록 도와주겠다고 제안했다.

defer [difə́:r]

v 연기하다 (=) delay, 경의를 표하다

어근힌트 de- 떨어져(접두사) + fer 나르다

He deferred doing the work until the last minute.
그는 마지막까지 그 일을 행하는 것을 미루었다.

STORY 63 MT, 야 신난다

STORY

그들은 버스에서 나룻배 ferry로 갈아타고 transfer 출발했다. 길가에는 버드나무가 늘어져 있다. 물가의 논은 비옥한 fertile 토양임을 자랑한다. 한 사람이 "나는 산보다 바다가 더 좋아 prefer"라고 말하자, 다른 사람이 "나는 산이든 바다든 난 관심없어" 하며 무관심한 indifferent 태도로 대답한다. 그 뒤의 학생이 무엇이 궁금한지 여기저기 물어보자, 여자 친구가 '여기 있는 사전을 다시 re 참고해봐 refer'라고 하며 사전을 넘겨준다. 배 아래의 물고기들은 사람들이 가고 나면 겪게 되는 오염으로 인해 고통받는다 suffer.

연상 HINT

① **ferry**
그들은 버스에서 훼리호 ferry로 갈아탄다. 카페리호, 페리호 이 단어는 많이 친숙할텐데 어원은 fer 나르다 이다.

② **transfer**
버스에서 배로 갈아탄다 transfer. trans 가로질러 fer 나르다 → 옮기다, 갈아타다.

③ **fertile**
물가에 있는 논은 땅이 비옥한 fertile 땅이라 식물이 잘 자란다. 여기서는 버들가지 버드나무가 잘 자란다.

④ **prefer**
배 앞에 pre 있는 학생은 산이 아니라 바다로 가게 되어 신이 난다. '나는 산보다 바다를 더 좋아해 prefer'라고 말한다.

⑤ **indifferent**
바로 그 뒤에 있는 학생은 '산이든 바다든 나는 상관없어'하며 무관심한 indifferent 태도로 대답한다. 앞의 in은 반대라는 뜻의 접두사이어서 '다르지 않은' 이런 뜻으로 생각하기 쉽지만 '무관심한'이란 뜻이므로 주의해야 한다.

⑥ **refer**
그 뒤의 학생은 무엇이 궁금한지 여기저기 물어보자, 여자 친구가 '여기 있는 사전을 다시 re 참고해봐 refer'라고 하며 사전을 넘겨준다.

⑦ **suffer**
사람들이 산으로 바다로 놀러다니면 주위 환경이 더러워지기 때문에 주의하는게 좋겠다. 배 아래 suf(=sub)의 고통받는 suffer 물고기들은 '저 인간들 또왔네'하며 불평한다.

fer — 나르다 carry

ferry [féri]
ⓝ 나룻배; ⓥ 나룻배로 건너다

어근힌트 ferry- 나르다
파생어 ferryboat ⓝ 나룻배, 연락선

They met a man who agreed to ferry them across the river.
그들은 훼리호로 강을 건너게 해 준다고 동의한 남자를 만났다.

transfer [trænsféːr, -´- | trænsféː]
ⓥ 옮기다, 갈아타다

어근힌트 trans- 가로질러(접두사) + fer- 나르다

This device help you transfer your VHS tape content to DVD via your PC.
이 장치는 당신이 PC를 통해 VHS 테이프 내용을 DVD로 변환하는 데 도움이 됩니다.

fertile [féːrtl]
ⓐ 비옥한

어근힌트 fert- 나르다 + ile (형용사형 접미사)
파생어 fertilize ⓥ 비옥하게 하다   fertilizer ⓝ 비료

This field is a fertile area for research.
이 분야는 연구하기에 풍부한 영역이다.

prefer [priféːr]
ⓥ B보다 오히려 A를 더 좋아하다

어근힌트 pre- 미리, 앞(접두사) + fer 나르다
파생어 preferable ⓐ 차라리 나은   preferably ⓐⓓ 오히려   preference ⓝ 더 좋아함

Nowadays, many young people seem to prefer surfing the Internet to reading books.
요즘 많은 젊은이는 책을 읽는 것보다 인터넷을 검색하는 것을 더 좋아하는 것처럼 보인다.

indifferent [indífərənt]
ⓐ 무관심한

어근힌트 in- 반대(접두사) + dif 떨어져 + -fer 나르다 + -ent (형용사형 접미사)
파생어 indifference ⓝ 무관심

She was indifferent about the presentation he gave.
그녀는 그가 발표한 내용에 무관심했다.

refer [riféːr]
ⓥ 언급하다, 참고하다

어근힌트 re- 다시(접두사) + fer 나르다
파생어 reference ⓝ 참고, 언급

The teacher referred frequently to his notes while speaking.
교사는 말하는 도중에 자신의 메모를 자주 참조했다.

suffer [sʌ́fər]
ⓥ 괴로워하다

어근힌트 suf- 아래(접두사) + fer 나르다

Fifteen minutes in warm water before going to bed helps those who suffer from sleeplessness.
자기 전에 따뜻한 물에서 15분 정도 있는 것은 불면증으로 고생하는 사람들에게 도움이 된다.

STORY 64 난장판 미식축구

💬 STORY

미식축구 열기가 한창이다. 뒤를 방어하는 defense 한편, 심판이 오판했다고 성나게 offense 하고 있다. 담장 fence 너머에서는 양쪽 응원단 간에 깡통을 던지고 콘을 던지는 등 갈등 conflict을 빚고 있다. 응원석 복도에서는 안쪽에서 가해하는 inflict 주먹에 어퍼컷을 맞아 피해를 당하는 afflict 심각한 상황이 발생했다.

💡 연상 HINT

① defend
미식축구 열기가 한창이다. 한 수비수는 상대편의 뒤de를 방어한다 defend.

② offend
간혹 선수들이 심판을 화나게 offend 하는 경우가 있다. '이봐, 심판 당신 오판이야, 오판'하며 열받게 만드는 것 같다.

③ fence
담장 fence 너머에는 응원단들이 서로 다툰다.

④ conflict
양쪽 응원단 간에 함께con 깡통을 던지고, 콘을 던지는 등 갈등 conflict을 빚고 있다.

⑤ inflict
응원석 복도 안쪽에서는 in 폭력을 써서 상대방에게 고통을 준다 inflict.

⑥ afflict
이 피해자에게 주먹으로 어퍼컷을 날려 괴롭힌다 afflict. 피해자는 '아퍼'라고 소리친다.

fenc · fend · flict 때리다, 치다 strike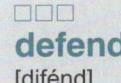

defend [difénd]
- ⓥ 방어하다 (=) protect
- 어근힌트 de- 떨어져(접두사) + fend 막다
- 파생어 defense ⓝ 방어 defensive ⓐ 방어적인 defendant ⓝ 피고(인)

He spent most of his money on defending human rights.
그는 대부분의 돈을 인권 보호에 사용했다.

offend [əfénd]
- ⓥ 성나게 하다, 죄[과오]를 범하다 (=) sin
- 어근힌트 of- 반대(접두사) + fend 막다

I'm sorry, I didn't mean to offend you.
미안해, 너를 불쾌하게 하려고 한 것이 아니야.

fence [fens]
- ⓝ 울타리
- 어근힌트 fence- 막다, 치다
- 파생어 offense, -ce ⓝ 위반, 공격 offensive ⓐ 불쾌한, 공격적인

Do not protect yourself by a fence, but rather by your friends.
울타리로 당신을 보호하지 말고, 친구들로 자신을 보호하라. 체코 속담

conflict [kənflíkt]
- ⓝ 투쟁 (=) struggle, 갈등
- 어근힌트 con- 함께(접두사) + flict 치다

The president tried to find peaceful ways to resolve the conflict between the two parties.
대통령은 양당 간의 갈등을 해결하기 위한 평화적 방법을 찾으려했다.

inflict [inflíkt]
- ⓥ (벌, 고통 등을) 주다
- 어근힌트 in- 안(접두사) + flict 치다

These insects are capable of inflicting a painful sting.
이 곤충들은 아픈 고통을 가할 수 있다.

afflict [əflíkt]
- ⓥ 괴롭히다 (=) distress
- 어근힌트 af- ~로부터(접두사) + flict 치다
- 파생어 affliction ⓝ 고통 (=) pain

They were afflicted by a severe flood.
그들은 심한 홍수로 고통받았다.

STORY 65 종전(終戰)의 주역, 아세톤

💬 STORY

1차 세계 대전 당시 대량의 순도 높은 아세톤이 필요했던 영국은 한정된 finite 나무로는 충분한 아세톤을 생산할 수 없었다. 그래서 처칠 수상은 새로운 아세톤 생산 방법을 발견한 바이츠만 박사를 찾아와 재정 finance의 지원을 약속하며 대량의 순도 높은 아세톤을 만들어 달라고 부탁했다. 바이츠만 박사는 아세톤을 만드는 제품에 대하여 정의를 내린다 define. 바이츠만 박사는 기체를 유리병에 가두어 제한하고 confine 정제하는 refine 실험을 한다. 드디어 마지막 final 공정을 마치고 순도높은 대량의 아세톤을 만들어 내기에 이른다.

💡 연상 HINT

① **finite**
1차 세계 대전 당시에는 아세톤이 주요 전쟁용도로 사용되었다. 당시에 아세톤은 나무를 정제하여 만들었는데, 한정된 finite 나무로는 충분한 아세톤을 생산할 수 없었다. 이 단어 발음은 '파이나이트'인데 나무의 나이테를 보고 발음을 비슷하게 해 보라.

② **finance**
당시 처칠 수상은 새로운 아세톤 생산 방법을 발견한 화학자 바이츠만 박사를 만났다. '재정 finance 지원은 아끼지 않겠소. 대량의 순도 높은 아세톤을 만들어 주시오. 성공한다면 나라의 독립을 허락하겠소'달라고 약속했다.

③ **define**
바이츠만 박사는 '클로스테리듐 아세트부틸아민'은 '설탕을 아세톤으로 변화시키는 박테리아'라고 정의한다 define. 화학용어는 굳이 알 필요없다. 바이츠만 박사는 뒤de가 파인 옷을 입고 있다고 생각하자. 뒤 파인 옷을 입은 바이츠만 박사.

④ **confine**
바이츠만 박사는 기체를 유리병에 가두고 confine, 압력, 온도 등을 한정한다 confine. 기체를 가둔 유리병 안에 옥수수 corn이 들어 있다. 콘. 콘파인

⑤ **refine**
이렇게 정제과정을 거쳐서 순도 높은 아세톤이 만들어진다. 다시 re 여러 번 정제해야 더 순도가 높아진다.

⑥ **final**
드디어 순도 높은 대량의 아세톤을 만들어 내는데 성공한다. '마지막 final 공정을 마쳤어요.' 그러자 많은 사람들이 축하해 준다.

fin 끝나다, 끝, 경계 end

finite
[fáinait]

a 한정된 (↔) infinite
어근힌트 fin- 끝 + ite (형용사형 접미사)
파생어 infinite @ 무한한 infinity ⓝ 무한

Natural resources can be finite.
천연 자원은 유한 할 수 있다.

finance
[fináens, fáinæns]

n 재정, 재무; **v** ~에 자금을 조달하다
어근힌트 fin- 끝 + ance (명사형 접미사)
파생어 financial @ 재정의 (=) fiscal

The company closed its doors because of a lack of finance.
회사는 자금 부족으로 문을 닫았다.

define
[difáin]

v 정의하다
어근힌트 de- 떨어져(접두사) + fine 끝
파생어 definite @ 분명한 definitely @ 분명히 definition ⓝ 정의
indefinite @ 정해져 있지 않은

Company regulations aim to define acceptable employee behavior.
회사 규정은 수용 가능한 직원 행동을 정의하는 것을 목표로 한다.

confine
[kənfáin]

v 한정하다, 가두다
어근힌트 con- 함께(접두사) + fine 끝

The accused was confined to the jail until the trial could take place.
피고인은 재판이 열리기 전까지 감옥에 수감되었다.

refine
[rifáin]

v 정련[정제]하다
어근힌트 re- 다시(접두사) + fine 끝
파생어 refined @ 정제[정련]된 refinement ⓝ 정제, 정련 refinery ⓝ 정제소, 정련소

He came here to help you refine your research.
그는 당신의 연구를 다듬을 수 있도록 여기에 왔습니다.

final
[fáinl]

a 마지막의 (=) last
어근힌트 fin- 끝 + al (형용사형 접미사)
파생어 finally @ 최종적으로 semifinal @ 준결승의

What was the final score of the game?
게임의 최종 점수는 얼마입니까?

STORY 66 나일강의 범람

STORY

나일강의 액체 fluid가 흐른다. 이 강물이 댐 아래로 흐른다 flow. 나일강에 아스완 댐을 건설하자 해충이 생겨서 주민들이 독감 flu에 걸렸다. 독감에 걸린 사람들은 설사, 출혈, 얼굴의 홍조 등의 고통을 겪는다. 한 텔레비전 기자가 아스완 댐이 주민들에게 미친 영향 influence에 대해 유창한 fluent 말솜씨로 말하고 있다.

연상 HINT

① **fluid**
나일강에 유체 fluid가 흐른다. 유체란 액체, 기체 등 흐르는 성질을 갖는 물질이다. solid 고체, liquid 액체 이렇게 -id가 붙으면 물질을 나타낸다.

② **flow**
강물은 댐 아래의 낮은low 곳으로 흐른다 flow.

③ **flu**
나일강에 아스완 댐을 건설하자 해충이 생겨서 주민들이 독감 flu에 걸린다. 독감에 걸린 사람들은 설사, 출혈, 얼굴의 홍조 등의 고통을 겪는다. 이 단어는 인플루엔자 influenza의 약자이다.

④ **influence**
아스완 댐의 건설이 미친 영향 influence으로 해충이 발생하여 내륙in 주민들에게 독감을 유발한 것이다.

⑤ **fluent**
한 기자가 유창한fluent 언변으로 보도하는 중인가 보다. '아스완댐에 나일 바이러스가 발생하여....' 말을 물 흐르듯 하는 것이 바로 유창한이란 뜻이다.

flu 흐르다 flow

fluid [flú:id]
n 액체; a 유동성의
어근힌트 flu- 흐르다 + id (명사형 접미사)
You had better check the brake fluid before you leave.
당신이 떠나기 전에 브레이크 액을 잘 점검하는 것이 좋겠다.

flow [flou]
v 흐르다
어근힌트 flow- 흐르다
파생어 overflow v 넘쳐흐르다
Rivers flow into the sea.
강은 바다로 흐른다.

flu [flu:]
n 독감
어근힌트 flu- 흐르다
파생어 influenza n 독감
In the fall, it is advisable to get a flu shot.
가을에는 독감 예방 접종을 받는 것이 좋다.

influence [ínfluəns]
n 영향(력); v 영향을 미치다
어근힌트 in- 안(접두사) + flu 흐르다 + -ence (명사형 접미사)
파생어 influential a 영향을 미치는
Her parents still have a great deal of influence over her.
그녀의 부모는 여전히 그녀에 대해 많은 영향력을 가지고 있다.

fluent [flú:ənt]
a 유창한, 달변의
어근힌트 flu- 흐르다 + ent (형용사형 접미사)
파생어 fluency n 유창
We are searching for those who are fluent in English.
우리는 영어를 유창하게 구사하는 사람들을 찾고 있습니다.

STORY 67 이집트 노예 생활

STORY

짚을 주지 않고 하루에 100개씩 벽돌을 만들게 하라는 왕의 명령을 실행하기 enforce 위해 이집트 관리가 강제 노동을 시킨다 force. 근육질의 한 남자가 힘 force을 내어 벽돌을 만들고 있다. 그 옆에는 구멍 난 성벽을 보강한다 reinforce. 성채(요새)를 완공하기 위해 짐을 메고 밖에서 모래를 퍼나르는 노력 effort을 다하는 노예도 있고, 나무를 덧대어 성문을 강화하는 fortify 노예들이 있다. 행운 fortune을 갖고 왕으로 태어난 파라오는 안락한 comfortable 의자에 앉아 노예들을 감독한다.

연상 HINT

① **enforce**
한 이집트 관리가 짚을 주지 않고 벽돌을 만들게 하라는 왕의 명령을 시행한다 enforce. '인제부터 100개씩 만들어'라고 말하며 힘을 쓰게 만든다. force 힘을 쓰게 만들다 en이므로 → 강제로 하게 하다, 시행하다가 된다.

② **force**
근육질의 한 남자가 힘 force을 내어 벽돌을 만든다. 야구의 포수같이 어깨가 넓다.

③ **reinforce**
그 옆에서는 구멍난 성벽을 보강한다 reinforce. '다시 re 보강해'라고 이집트 관리가 명령하여, 노예가 또 다시 힘을 쓰게 한다.

④ **effort**
사다리를 오르는 노예는 벽돌 재료를 나르느라 성 밖에서 (ef=ex) 노력 effort을 다하고 있다.

⑤ **fortify**
나무를 덧대어 성문을 강화하는 fortify 노예도 있다. 강하게 fort 만든다 -ify

⑥ **fortune**
이와 대조적으로 운 fortune 좋게 왕으로 태어나 많은 부 fortune를 소유한 파라오가 의자에 앉아 있다. 이 파라오는 운 une이 좋아 파라오가 된 것이다.

⑦ **comfortable**
파라오는 편안한 comfortable 의자에 앉아 감독한다.

for · fort　　강한 strong

enforce
[infɔ́:rs]

v 시행하다
어근힌트 en- 만들다(접두사) + force 힘
파생어 enforcement **n** 시행

The teacher enforced stern discipline on her students.
선생님은 학생들에게 엄격한 규율을 시행했다.

force
[fɔ:rs]

n 힘; **v** 강제로 ~시키다
어근힌트 for- 힘 + ce (명사형 접미사)
파생어 forceful **a** 힘 있는　forcefully **ad** 힘 있게

They were impressed by the force of her personality.
그들은 그녀의 인격의 힘에 감탄했다.

reinforce
[rì:infɔ́:rs]

v 보강하다
어근힌트 re- 다시(접두사) + in 안으로 + -force 힘
파생어 reinforcement **n** 보강

This will reinforce the security system around the building.
이것은 건물 주변의 보안 시스템을 강화한다.

effort
[éfərt]

n 노력
어근힌트 ef- 밖으로(접두사) + fort 힘

His efforts came to be recognized nationwide.
그의 노력은 전국적으로 알려지게 되었다.

fortify
[fɔ́:rtəfài]

v 요새화하다, 강화하다
어근힌트 fort- 힘 + ify (동사형 접미사)
파생어 fortification **n** 축성술, 강화

They fortified their city against attack.
그들은 공격에 맞서 도시를 강화했다.

fortune
[fɔ́:rtʃən]

n 운, 재산
어근힌트 fort- 힘 + une (명사형 접미사)
파생어 fortunate **a** 운이 좋은　unfortunate **a** 불운한

He had the good fortune to work with his best friend.
그는 가장 친한 친구와 일할 행운을 갖게 되었다.

comfortable
[kʌ́mfərtəbl]

a 편안한
어근힌트 com- 함께(접두사) + fort 힘 + -able 할 수 있는 (형용사형 접미사)
파생어 uncomfortable **a** 마음이 편치 못한　comfortably **ad** 편안하게

Make yourselves comfortable, please.
스스로 편안하게 해주세요.(편히 쉬십시오)

STORY 68 개작 흥부놀부전

📱 STORY

원본이 아니라 개편한 reform 흥부놀부전이다. 놀부는 왕자제비의 발을 불구로 만들었다 deform. 놀부가 제비들에게 박씨를 가져오라고 명령한다. 그러나, 제비들 모두 왕자제비의 대답에 순응해서 conform 똑같이 거부한다. 그 옆에서는 흥부가 전기톱으로 박을 타며 보물 나오는 공식 formula을 알려달라고 inform 말한다. 무대 뒤편에서는 국악 연주자들이 피리와 장구로 공연한다 perform. 안내 information를 맡은 안내양이 사람들을 안내한다. 애벌레를 나비 인간으로 변형시킨 transform 그림이 앞에 놓여있다.

💡 연상 HINT

① **reform**
개작 reform 흥부놀부전이다. 다시 형태를 바꾸었으니 개작 흥부 놀부전으로 보면 좋겠다.

② **deform**
놀부가 이미 왕자제비를 불구로 만들어 deform 놓은 상태이다. 불구가 된 왕자제비가 'd'자 모양 form의 목발을 사용하고 있다.

③ **conform**
놀부가 제비들에게 박 씨를 가져오라고 명령한다. 그러나 놀부의 명령에 대해 왕자 제비의 대답에 순응해서 conform 다른 제비들도 똑같은 자세로 거부한다. 함께 con 같은 자세 form를 잡는 것이다.

④ **formula**
그 옆에서는 흥부가 전기톱으로 박을 타고 있는데, 보물 나오는 공식 formula을 알려달라고 한다.

⑤ **inform**
그래서 흥부가 '보물 나오는 공식을 알려줘 inform'라고 요청한다. 내용을 안으로 in 알려주는 것이 inform이다.

⑥ **perform**
무대 뒤편에서는 국악 연주자들이 피리와 장구를 연주한다 perform. 피리 소리가 피리를 통해서 per 나온다. 공연을 퍼포먼스 performance 라고 하는데 바로 이 단어의 명사형이다.

⑦ **information**
안내 information석에는 안내양이 서 있다. 건물안에 가면 '인포 데스크'가 있는데 그 인포 info 가 바로 information이다.

⑧ **transform**
애벌레는 나비 인간으로 변한다 transform. 문자그대로 형태를 바꾼다는 것이다. 영화 트랜스포머 transformer가 유명한데 이것은 '형태를 바꾸는 것'이라는 뜻이다.

form 형태 form

reform [rifɔ́:rm]
v 개혁하다
어근힌트 re- 다시(접두사) + form 형태
파생어 reformation ⓝ 개혁 reformer ⓝ 개혁가

Let's reform our organization immediately
우리 조직을 즉시 개혁합시다.

deform [difɔ́:rm]
v 불구로 만들다, 모양을 훼손시키다
어근힌트 de- 떨어져(접두사) + form 형태
파생어 deformation ⓝ 변형

The child was deformed in the fire.
그 아이는 화재 때문에 불구가 되었다.

conform [kənfɔ́:rm]
v 따르다, 순응하다
어근힌트 con- 함께(접두사) + form 형태
파생어 conformity ⓝ 일치, 순응 conformist ⓝ 순응하는 사람

She won't conform to the custom of the company.
그녀는 회사의 관습을 따르지 않을 것이다.

formula [fɔ́:rmjulə]
n 형식적인 문구, 공식
어근힌트 form- 형태 + ula (명사형 접미사)
파생어 formulate ⓥ ~을 체계적으로 말하다, 공식화하다

There is no magic formula for success.
성공을 위한 마술 공식은 없다.

inform [infɔ́:rm]
v 알리다
어근힌트 in- 안(접두사) + form 형태

Please inform me of any changes of address.
주소가 변경된 경우 알려주십시오.

perform [pərfɔ́:rm]
v 이행하다, 공연하다, 연주하다
어근힌트 per- 뚫어(접두사) + form 형태
파생어 performance ⓝ 실행, 상연, 연주 performer ⓝ 실행자, 연주자

She's a beautiful singer who performs well before a live audience.
그녀는 라이브 청중 앞에서 잘하는 아름다운 가수이다.

information [infərméiʃən]
n 정보
어근힌트 in- 안(접두사) + forma 형태 + -tion (명사형 접미사)
파생어 informative ⓐ 정보를 주는

The book provides a lot of information on recent changes to our privacy policy.
이 책은 최근의 개인 정보 보호 정책 변경 사항에 대한 많은 정보를 제공한다.

transform [trænsfɔ́:rm]
v 변형시키다
어근힌트 trans- 가로질러(접두사) + form 형태
파생어 transformation ⓝ 변형

The old village has been transformed into an amusement park.
오래된 마을은 놀이 공원으로 변했다.

STORY

69 한 우물을 파라

새로운 사업 아이템을 가지고 공장의 기초를 놓는다 found. 산에서 나오는 깨끗한 샘 fountain 에서 물을 끌어서 공장 부지의 깊은 profound 웅덩이에 물을 채우고 있다. 그런데, 사업을 막 시작하는데 벌써 사업 자금 fund 이 없어서 사장이 고민 중이다. 그 때 친구가 다가와서 사업의 근본적인 fundamental 원칙에 대해 조언한다. 또한 사업 아이디어를 실제 사업화하는 것이 힘들다고 주위에서 말한다. 그러나 실험에 한창인 연구실장은 '할 수 있어'하면서 부정적인 의견들에 대해 논박한다 refute. 지나가던 방랑객 김삿갓이 이 일이 신통치 않게 되어가는 것을 보고 '다 부질없는 헛된 futile 일 이야'라고 말하며 떠난다.

연상 HINT

① **found**
새로운 아이템을 가지고 공장의 기초를 놓는다, found. 좋은 장소를 찾아서 find 기초를 세우다 found. 발견하다 find-found-found 설립하다, 기초를 놓는다 found-founded-founded 이렇게 동사가 변형이 된다.

② **fountain**
샘fountain에서 물을 퍼올려 시멘트, 모래, 자갈과 섞어서 콘크리트를 만든다. 이 샘은 산 mountain을 깊게 파서 만든 샘 fountain이다. m과 f만 바꾸면 발음이 같다.

③ **profound**
물을 끌어와서 땅을 파서 만든 깊은 profound 웅덩이에 붓고 있다. 앞에 pro 깊게 판 곳이다.

④ **fund**
그런데, 사업을 벌여 놓고 보니, 사장은 사업 자금 fund이 없어서 고민하고 있다. '푼돈 펀드 fund가 없어!!'

⑤ **fundamental**
이렇게 고민하는데 친구가 찾아와서 한마디 말을 한다. '이 친구야, 머리를 쓰게. 사업에서 이게 기본적인 fundamental 것 일세'라고 말한다. 기본은 머리를 쓰는 것. 정신적인mental 기능을 쓰는 것이다. 펀드 - 멘탈.

⑥ **refute**
연구실을 방문한 사람이 성공가능성에 대해 연구실장에게 묻자 연구원은 '할 수 있다'고 논박한다 refute. 어원을 보면 '다시 녹여서 때리다 → 되받다. 반박하다'는 뜻이 된다.

⑦ **futile**
김삿갓이 지나가다가 사업이 진행되어 가는 꼴을 보니 답답한가 보다. '다 부질없는 헛된 futile 짓이야'라고 한마디 한다.
퓨들 → 부들 → 부질

fund · found 바닥 bottom, 기초를 두다

found [faund]
v 설립하다
- 어근힌트 found- 바닥, 기초
- 파생어 foundation **n** 창립, 기초

The company was founded in 1990.
이 회사는 1990년에 설립되었다.

fountain [fáuntən]
n 분수, 샘 (=) spring
- 어근힌트 fount- 바닥, 기초 + ain (명사형 접미사)

The teaching of the wise is a fountain of life, turning a man from the snares of death.(NIV)
지혜자의 가르침은 생명샘 같아서, 사람을 사망의 올무에서 건져 준다.

profound [prəfáund]
a 깊은 (=) deep, 심오한
- 어근힌트 pro- 미리, 앞(접두사) + found 바닥

The professor introduced profound theories to explain this phenomenon.
교수는 이 현상을 설명 할 수 있는 심오한 이론을 소개했다.

fund [fʌnd]
n 기금; **v** 자금을 제공하다
- 어근힌트 fund- 바닥, 기초
- 파생어 refund **v** 갚다; **n** 환불

She collected money for a children's charity fund.
그녀는 어린이 자선기금을 위해 돈을 모금했다.

fundamental [fʌndəméntl]
a 기본적인, 중요한 (=) essential
- 어근힌트 funda- 바닥, 기초 + ment (명사형 접미사) + -al (형용사형 접미사)
- 파생어 fundamentally **ad** 근본[기본]적으로 (=) basically

The teacher helped students understand the fundamental basis on which education is grounded.
그 교사는 학생들이 교육의 근간이 되는 근본적인 기초를 이해하도록 도와주었다.

fut · fund 붓다 pour, 녹이다 melt

refute [rifjú:t]
v 논박하다
- 어근힌트 re- 다시(접두사) + fute 녹다, 때리다
- 파생어 refutation **n** 논박

Silence is one of the hardest arguments to refute.
침묵은 논박하기 가장 어려운 논쟁 중 하나다. Josh Billings

futile [fjú:tl]
a 헛된
- 어근힌트 fut- 붓다 + ile (형용사형 접미사)

If Christ has not been raised, your faith is futile; you are still in your sins.
그리스도가 살아나지 않으셨다면 믿음은 공허한 것이 될 뿐더러 여러분은 여전히 죄 가운데 있을 것이다.

STORY 70 나무 인간 앤트

STORY

벌목 현장을 보고 무척 화가 난 거대한 tremendous 나무 인간 앤트가 고함을 지르자 토끼가 무서워 떤다 tremble. 또한 땅이 흔들려 둥지 안의 깨지기 쉬운 fragile 알이 바닥에 떨어져서 깨진다. 그 파편 조각 fragment, fraction들이 널려 있다. 저 멀리에서는 사치스러운 extravagant 오크가 나무를 베면서 동료 오크에게 꿈이 뭐냐고 묻자 그냥 막연한 vague 가운데 있다고 대답한다.

연상 HINT

① **tremendous**
벌목현장을 보고 무척 화가 난 거대한 tremendous 나무 인간 앤트가 고함을 지른다. tremendous 거대한 나무tree 인간 men 둘

② **tremble**
그 고함소리에 놀라 토끼가 무서워 벌벌 떨고tremble 있다.

③ **fragile**
또한 땅이 흔들려 둥지 안의 깨지기 쉬운 fragile 알이 바닥에 떨어지려 하자 어미 새가 애절하게 울부짖는다. 프래절

④ **fraction**
결국 알이 떨어져 깨졌다. 깨진 알의 파편 fraction이 널려 있다. fraction은 수학용어로 분수이다. 예를들어 5분의 2같은 것이다. 1에서 파편으로 나뉜 것이니까.

⑤ **fragment**
또한 풀에 알 egg 파편이 있는데 계란 후라이가 되었네. (프)에 그머니트

⑥ **extravagant**
저 멀리에서는 사치스러운 extravagant 오크가 나무를 베고 있다. 엑스트라 배우 오크가 나무를 과도하게 베어간다. 엑스트라 베어간

⑦ **vague**
이 오크가 나무를 동료 오크에게 꿈이 뭐냐고 묻자 그냥 '막연한 vague 상태'라고 대답한다.

trem — 떨다 shake

tremendous [triméndəs]
a 거대한, 무서운

어근힌트: tremend- 떨다 + ous (형용사형 접미사)

Our generation has a tremendous amount of experience in common.
그래서 우리 세대는 엄청난 양의 경험을 공유하고 있다.

tremble [trémbl]
v 떨리다

어근힌트: trem- 떨다 + ble (동사형 접미사)

I tremble with fear at the thought of an injection.
주사는 생각만 해도 무서워서 몸이 떨린다.

fract · frag — 부수다 break

fragile [frǽdʒəl]
a 깨지기 쉬운

어근힌트: frag- 부수다 + ile (형용사형 접미사)

Glassware is fragile.
유리는 깨지기 쉽다.

fraction [frǽkʃən]
n 파편, 분수

어근힌트: frac- 부수다 + tion (명사형 접미사)

There's not a fraction of truth in his speech.
그의 연설에는 추호의 진실도 없다.

fragment [frǽgmənt]
n 파편

어근힌트: frag- 부수다 + ment (명사형 접미사)

Gather up the fragments that remain, that nothing be lost.
남은 조각을 거두고 버리는 것이 없게 하라.

vag — 떠돌아다니다 wander

extravagant [ikstrǽvəgənt]
a 사치스러운

어근힌트: extra- 밖으로(접두사) + vag 가다 + -ant (형용사형 접미사)

파생어: extravagance **n** 사치(품)

He's too extravagant with his clothes.
그는 옷에 있어서 너무 사치스럽다.

vague [veig]
a 막연한

어근힌트: vag- 돌아다니다 + ue (형용사형 접미사)

The candidate made a vague answer to his question.
후보자는 그의 질문에 막연한 대답을 했다.

STORY 71 공룡의 발생 1

💬 STORY

공룡의 기원 발생 genesis 다룬 SF 장르 genre 소설. 아라비안 나이트의 램프 요정 지니가 연구원이다. 벽에는 유전자 gene 정보를 나타내는 그림이 붙어있다. 연구를 주관하는 박사의 이름은 지니어스인데 말 그대로 천재 genius이다. 지니어스 박사가 모기피를 채취해서 X염색체 유전자 계보 genealogy를 알아냈다고 발표한다. 발표장에 있는 손녀딸은 쌍둥이 지니 연구원들의 재능이 뛰어난 ingenious 것 같다고 말한다.

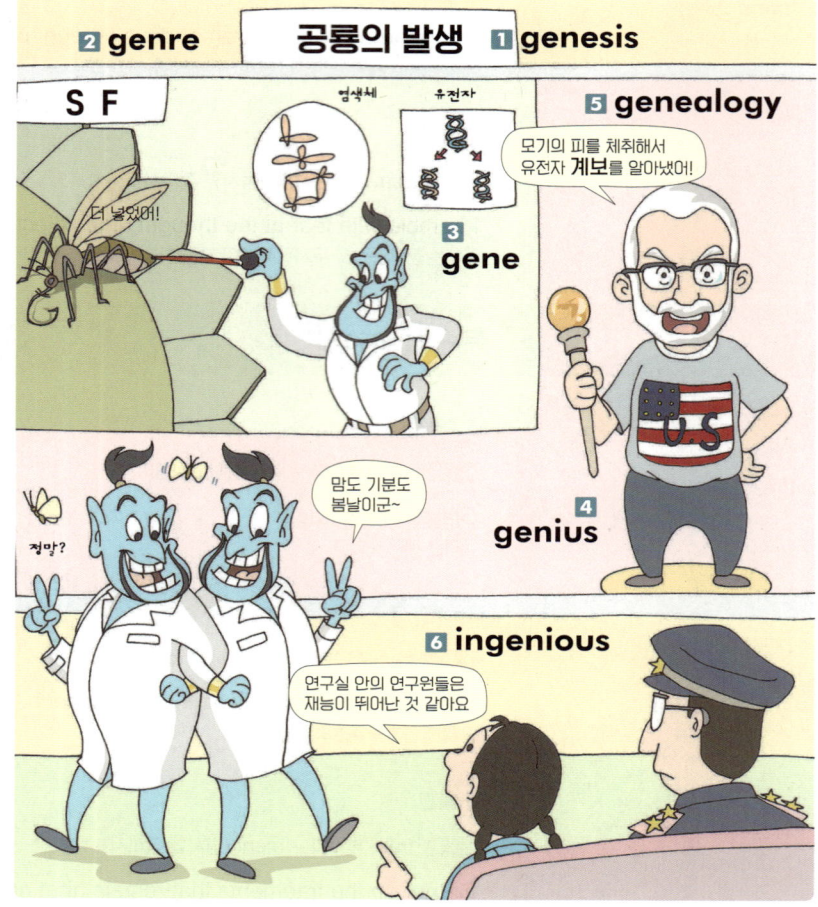

💡 연상 HINT

① **genesis**
공룡의 발생 genesis을 다룬 이야기이다. 제네시스하면 차가 생각나기도 하는데 성경 맨처음에 나오는 탄생 발생을 다루고 있는 창세기도 바로 genesis이다.

② **genre**
이 공룡 이야기는 SF장르 genre 소설이다. SF는 science fiction의 약자이다.

③ **gene**
연구원이 누구인가 봤더니 아라비안 나이트의 램프 요정 지니이다. 벽에는 유전자gene 정보를 나타내는 그림이 붙어있다. 유전자 gene의 발음이 지니와 비슷하다.

④ **genius**
연구를 주관하는 박사의 이름은 '지니어스 genius'인데 말 그대로 천재이다. U.S.출신이다.

⑤ **genealogy**
지니어스 박사는 모기피를 채취해서 X염색체 유전자 계보 genealogy를 알아냈다고 발표한다. "계보를 알아냈지!"

⑥ **ingenious**
발표장에 있는 소녀는 경찰복장을 한 삼촌에게 '쌍둥이 지니 연구원들의 재능이 뛰어난ingenious 것 같아요'라고 말한다. 재간 있는 ingenious 연구실 안의in 연구원들

gener · gen · gn — 출생 birth, 종족 race, 생성하다 produce

genesis
[dʒénəsis]

n 기원 (=) origin, 발생, (성서) 창세기

어근힌트 gene- 탄생 + sis (명사형 접미사)

Genesis is the first book of the Old Testament.
창세기는 구약의 첫 번째 책이다.

genre
[ʒɑ́:nrə; F. ʒɑ:r]

n 유형, 장르

어근힌트 gen- 탄생 + re (명사형 접미사)

Music is healing for me, no matter what genre.
장르에 관계없이 음악은 나에게 치유가 된다.

gene
[dʒi:n]

n 유전자

어근힌트 gene- 탄생

파생어 genetic ⓐ 유전학적인 genetics ⓝ 유전학

I think the accused need to take a gene test.
피고인이 유전자 검사를 받아야한다고 생각한다.

genius
[dʒí:njəs]

n 천재

어근힌트 gen- 탄생 + ius (명사형 접미사)

There is no great genius without some touch of madness.
어느 정도의 광기 없이는 위대한 천재도 없다. Seneca

genealogy
[dʒì:niǽlədʒi]

n 계보

어근힌트 genea- 탄생 + logy 말

The study of the genealogy of the presidents gives us a valuable insight into our lives.
대통령의 족보에 대한 연구는 우리 삶에 대한 귀중한 통찰력을 제공한다.

ingenious
[indʒí:njəs]

a 재치있는, 독창적인

어근힌트 in- 안(접두사) + geni 탄생 + -ous (형용사형 접미사)

파생어 ingenuity ⓝ 발명의 재주, 독창력

The ingenious man won a prize for the first time.
그 독창적인 사람은 처음으로 상을 수상했다.

STORY 72 공룡의 발생 2

STORY

지니어스 박사가 유전자 정보를 바탕으로 공룡 1세대 generation가 탄생되는 과정을 설명한다. 임신한 pregnant 공룡이 알을 낳는다. 이 엄마 공룡은 관대한 generous 성품을 지녔다. 낳은 새끼 공룡들은 성별(性別) gender이 암컷이고 성격은 온화한 gentle 공룡들이다. 반면 타락한 degenerate 공룡도 등장한다. 설명을 듣고 있는 손녀딸은 저기 누워있는 알도 진짜 genuine 공룡 알인지 물어본다. 또한 소녀는 여러 가지 일반적인 general 것들에 대해서도 많이 물어본다.

연상 HINT

① **generation**
이제 지니어스 박사가 유전자 정보를 바탕으로 공룡 1세대 generation가 탄생되는 과정을 설명한다.

② **pregnant**
임신한 pregnant 공룡이 알을 낳는다. 임신이란 탄생gn하기 전에pre 모친 뱃속에 있는 것이다. 임신하고 있다가 풀에 알 egg을 낳은 모습이다.

③ **generous**
이 엄마 공룡은 관대한 generous 성품을 지녔다. 어서 많이들 먹으라고 관대하게 말하는 어미 공룡이다. 제너어서

④ **gender**
낳은 새끼 공룡들은 성 gender이 암컷이다. 뉴스에서 종종 들을 수 있는 성전환자가 바로 transgender 트랜스젠더이다.

⑤ **gentle**
새끼 공룡들은 성격이 온화하다 gentle. 성격이 온화한 신사를 젠틀맨 gentleman이라고 한다.

⑥ **degenerate**
한편 티라노사우루스 같은 타락한 공룡도 있다. 공룡이 타락해서 degenerate 뒤de 다리를 물어뜯고 있다.

⑦ **genuine**
소녀는 이번에도 삼촌에게 묻는다. '저기 누워있는 알도 진짜 genuine 공룡알이에요? 탁구공 같은데.' 재 누인 알

⑧ **general**
소녀는 여러가지 일반적인 general 질문을 하는데 삼촌은 적절하게 대답을 해준다.

gener · gen · gn — 출생 birth, 종족 race, 생성하다 produce

generation
[dʒènəréiʃən]

n 동세대의 사람들, 세대, 발생

어근힌트 gener- 탄생 + tion (명사형 접미사)
파생어 generate v 일으키다 generator n 발전기

No one dreamed that such a big change would be possible a generation ago.
한 세대 전에는 그러한 큰 변화가 가능할 것이라고 꿈꾸는 사람은 거의 없었다.

pregnant
[prégnənt]

a 임신한

어근힌트 pre- 미리, 앞(접두사) + gn 탄생 + -ant (형용사형 접미사)

She is five month pregnant.
그 여자는 임신 5개월이다.

generous
[dʒénərəs]

a 아끼지 않는, 관대한

어근힌트 gener- 탄생 + ous (형용사형 접미사)
파생어 generously ad 아낌없이, 관대하게 generosity n 관대, 마음이 후함

My parents have been very generous toward the poor.
부모님은 가난한 사람들에게 매우 관대했다.

gender
[dʒéndər]

n 성(性)

어근힌트 gen- 탄생 + der (명사형 접미사)

We do not discriminate on the basis of race or gender.
우리는 인종이나 성별에 기초해서 사람을 차별하지 않는다.

gentle
[dʒéntl]

a 상냥한, 온화한

어근힌트 gent- 탄생 + le (형용사형 접미사)

He was very gentle in manner
그의 태도는 매우 신사적이었다.

degenerate
[didʒénərèit]

v 퇴보하다, 타락하다

어근힌트 de- 떨어져(접두사) + gener 탄생 + -ate (동사형 접미사)
파생어 degeneration n 타락, 퇴보

Liberty is apt to degenerate into lawlessness.
자유는 무법(無法)으로 타락되기 쉽다.

genuine
[dʒénjuin]

a 진짜의

어근힌트 genu- 탄생 + ine (형용사형 접미사)
파생어 genuinely ad 진정으로

Virtue and genuine graces in themselves speak what no words can utter.
고결함과 미덕은 그 자체로 말로 표현하지 못하는 것을 말해 준다. William Shakespeare

general
[dʒénərəl]

a 일반의 (↔) special; **n** 대장

어근힌트 gener- 탄생 + al (형용사형 접미사)
파생어 generally ad 일반적으로 generalize v 일반화하다

We began our talk with some general observations about the place.
우리는 그 장소에 대한 몇 가지 일반적인 관찰사항으로 이야기를 시작했다.

STORY 73 음식물 소화 과정

STORY

이 그림은 몸에서 일어나는 소화 digest 과정을 요약하고 digest 있다. 음식을 먹으면 음식물이 식도를 거쳐 위에 다다른다. 일꾼들이 장으로 날라 온 영양분을 등록한다 register. 등록처 직원이 3대 영양소를 다시 날라 오라고 몸짓하고 gesture 있다. 소화의 결과물인 가스를 내뿜고 있는 일군이 배출되는 가스가 무엇을 암시하는지 suggest 알아맞히라고 제안한다 suggest. 항문에서는 일군이 코끼리 배설물을 언급하며 몸의 배설물의 양을 크게 과장한다 exaggerate.

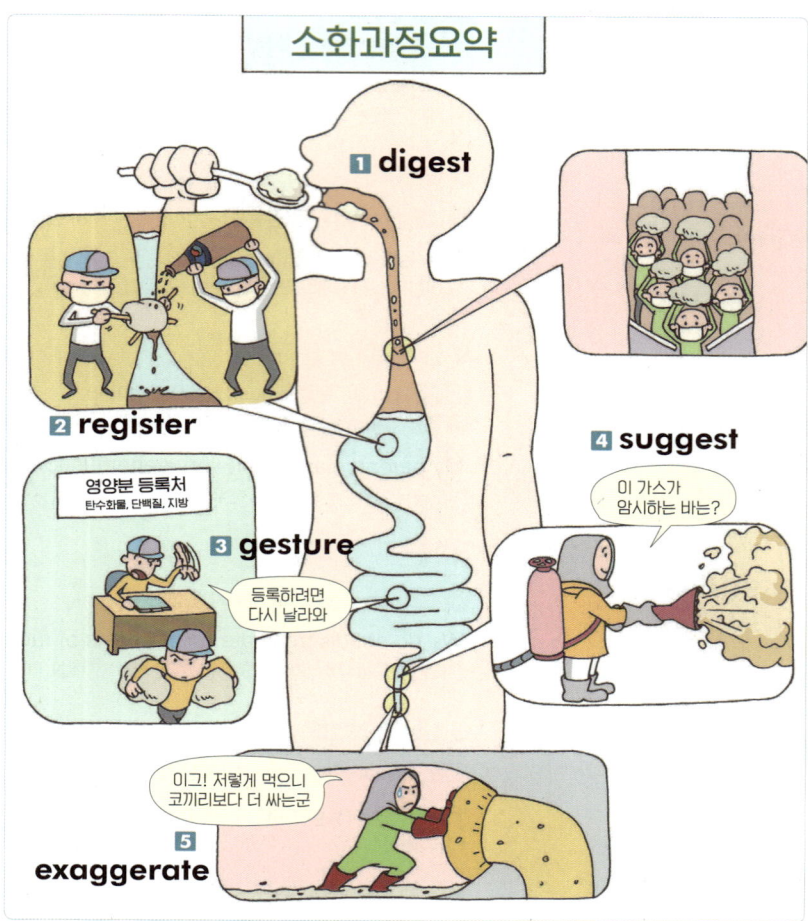

연상 HINT

① **digest**
이 그림은 몸에서 일어나는 소화digest 과정을 요약하고 digest 있다. 음식을 분리하여 나르는 것은 소화하는 것이고, 책 내용을 작게 분리하는 것은 요약하는 것이다.

② **register**
음식을 먹으면 음식물이 식도를 거쳐 위에 다다른다. 소인 일군들이 장으로 날라 온 영양분(탄수화물, 지방, 단백질 세가지)을 등록한다 register. 등록하려면 다시re 날러오라고 gist 지시함.

③ **gesture**
등록처 직원이 다시 날라 오라고 손짓하고 gesture 있다. 다시 갔다 오라는 제스처이다.

④ **suggest**
음식물이 장을 거쳐 항문에 다다를 때가 되면 BG라는 가스가 생성된다. 이 배출되는 가스가 무엇을 암시하는지 suggest 알아맞히어 볼래요? 밑에서(sug=sub) 나르는gest 가스가 암시하는 것이 무엇인지 알아맞히라고 제안하는 것이다. BG : 방.귀.

⑤ **exaggerate**
항문에서는 일군이 코끼리 배설물을 언급하며 몸의 배설물의 양을 과장한다exaggerate. '이그 재 저래 먹으니까ate 코끼리보다 더 싸는 군' 하며 과장한다. 아무리 먹어도 코끼리 만큼이나? 이것은 과장이다.

gest · ger · gist 나르다 carry

digest
[didʒést, dai-]

v 소화하다, 요약하다; **v** 소화되다; **n** 요약

어근힌트 di- 분리된(접두사) + gest 나르다
파생어 digestion ⓝ 소화, 이해 digestive ⓐ 소화의; ⓝ 소화제 indigestion ⓝ 소화 불량

Read the poem several times and digest it.
시를 여러 번 읽고 소화하라.

register
[rédʒistər]

n 기록부; **v** 기록[기입]하다, 등록하다

어근힌트 re- 다시(접두사) + gister 나르다
파생어 registrant ⓝ 등록자 registration ⓝ 등록, 기재

You can register for free by clicking here
여기를 클릭하여 무료로 등록 할 수 있습니다.

gesture
[dʒéstʃər]

n 몸짓; **v** 몸짓을 하다

어근힌트 gest- 나르다 + ure (명사형, 동사형 접미사)

He made a gesture of anger.
그는 분노의 몸짓을 했다.

suggest
[səgdʒést]

v 암시하다, 제안하다

어근힌트 sug- 아래(접두사) + gest 나르다
파생어 suggestion ⓝ 제안, 암시 suggestive ⓐ 암시하는 듯한, 연상시키는

Could you suggest an alternative products?
대치 제품을 제안해 주시겠습니까?

exaggerate
[igzǽdʒərèit]

v 과장하다

어근힌트 ex- 밖으로(접두사) + ag 강하게 ger 나르다 + -ate (동사형 접미사)
파생어 exaggeration ⓝ 과장 exaggerative ⓐ 과장적인

He seems to have a tendency to exaggerate.
그는 과장하는 경향이 있는 것 같다.

STORY 74 결혼식장

STORY

기분 좋은 agreeable 주례 선생님 앞에 은총 grace 받은 신부가 서있고, 그 옆에 신랑이 부모님께 감사 gratitude의 마음을 전한다. 우측에는 신부 친구들이 박수치며 결혼을 축하한다 congratulate. 뒤 쪽에 앉아 있던 신랑 친구들 중 한 명이 결혼식에 오면 밥부터 먹어야 한다고 주장하자 한 친구는 동의하고 agree 다른 친구는 의견을 달리한다 disagree.

연상 HINT

① **agreeable**
기분 좋은 agreeable 주례 선생님이 두 팔을 들고 있다. 다른 사람이 나에게 동의할 수 있으면 기분이 좋은 상태가 된다.

② **grace**
은총 grace 받은 신부가 드레스를 입고 서 있다. 드레스에 우아한 레이스가 달려 있다. 'amazing grace 놀라운 은총'이라는 노래는 익히 들어서 알 것이다.

③ **gratitude**
신부 옆에 신랑이 부모님께 감사 gratitude의 마음을 전하고 있다. 애띤 얼굴의 신랑이 부모님께 감사한다.

④ **congratulate**
우측에는 신부 친구들이 박수치며 결혼을 축하한다 congratulate.

⑤ **agree**
결혼식에 오면 밥부터 먹는 것인지 사진을 먼저 찍어야 하는지 고민이 된다. 신랑 친구들 중 한 명이 결혼식에 오면 밥부터 먹어야 한다고 주장하자 그의 한 친구는 동의한다 agree. "어 그려, 먹고 보자."

⑥ **disagree**
다른 친구는 의견을 달리한다 disagree. 동의하지 않는 것이다.

grac · grat · gree 기쁘게 하는 pleasing

agreeable
[əgríːəbl]

ⓐ 기분 좋은, 기꺼이 동의하는

어근힌트 a- ~로부터(접두사) + gree 기쁘게하는 + -able 할 수 있는 (형용사형 접미사)

파생어 disagreeable ⓐ 불쾌한

She said in an interview with an agreeable manner.
그녀는 인터뷰에서 쾌적한 태도로 말했다.

grace
[greis]

ⓝ 우아, 은혜

어근힌트 grace- 기쁘게 하는

파생어 gracious ⓐ 상냥한 graciously ⓐd 우아하게, 상냥하게 graceful ⓐ 우아한 gracefully ⓐd 우아하게 disgrace ⓝ 불명예 disgraceful ⓐ 수치스러운

All the grace and beauty had gone out of the majestic river.
모든 우아함과 아름다움이 장엄한 강에서 사라져 버렸다.

gratitude
[grǽtətjùːd]

ⓝ 감사(하는 마음)

어근힌트 grati- 기쁘게 하는 + tude (명사형 접미사)

파생어 ingratitude ⓝ 배은망덕

The purpose of your letter is very simple: to express love and gratitude.
편지의 목적은 아주 단순하다: 사랑과 감사를 표현하는 것

congratulate
[kəngrǽtʃulèit]

ⓥ 축하하다

어근힌트 con- 함께(접두사) + gratu 기쁘게하는 + -late (동사형 접미사)

파생어 congratulation ⓝ 축하

We congratulate you on your remarkable achievements in college.
우리는 대학에서의 너의 놀라운 업적을 진정으로 축하한다.

agree
[əgríː]

ⓥ 동의하다

어근힌트 a- ~로부터(접두사) + gree 기쁘게하는

파생어 agreement ⓝ 일치, 협정

All parents agree that children must learn the difference between right and wrong.
모든 부모들은 애들이 옳고 그름의 차이를 배워야 한다는 데 동의한다.

disagree
[dìsəgríː]

ⓥ 일치하지 않다

어근힌트 dis- 분리된(접두사) + a ~로부터 + -gree 기쁘게하는

파생어 disagreement ⓝ 불일치

On the contrary, other star players disagree.
반대로, 몇몇의 스타급 선수들은 동의하지 않는다.

STORY 75
6·25 전쟁

STORY

'가다'라는 어근은 남북한 관계로 생각해 보자. 먼저 6·25전쟁이다. 북한 병사들은 군사학교를 1, 2, 3등 등급으로 졸업한다 graduate. 그동안 북한의 군사력은 계속하여 진보시켜 progress 나갔다. 급기야 38°선(도) degree를 넘어 남한을 침범하고 invade 국군은 피해야만 했다. 동의도 없이 갑자기 침략 aggression을 감행한 것이다. 한편 미국 의회 congress에서 의원들의 논쟁이 뜨겁다. 이중의 한 의원은 '평화유지의 중요 요소 ingredient는 내부의 국방력 증강입니다.'라고 강력히 주장한다.

연상 HINT

① **graduate**
북한 병사들은 군사학교를 1, 2, 3등 등급으로 졸업한다 graduate. 공부를 별로 안했는데 그래두 1등 먹었어 ate.

② **progress**
북한의 군사력은 진보한다 progress. 앞으로pro 점점 증가함.

③ **degree**
북한군은 급기야 38°, degree선을 넘어 남침했다. '정도, ~도'는 degree 이다.

④ **invade**
드디어 북한이 남한을 침범한다 invade. 남한 안으로 in 내려온 것이다.

⑤ **aggression**
군장성은 미국의회에서 사태의 긴박성을 알리며 프리젠테이션 한다. '북한은 동의도 없이 갑자기 침략 aggression의 만행을 저질렀어요' 동의agree없이 침략.

⑥ **Congress**
한편 미국 의회 Congress에서 국회의원들의 논쟁이 뜨겁다. 국회의원을 깡그리 모아놓은 의회

⑦ **ingredient**
'평화유지의 중요 요소 ingredient는 내부의 국방력 증강입니다.' 내부in 요소

grad · gred · gress · vade 걷다, 단계 step

graduate
[grǽdʒuət]

v 졸업하다; **n** 졸업생

어근힌트 gradu- 가다 + ate (명사형, 동사형 접미사)
파생어 graduation **n** 졸업, 졸업식 postgraduate **a** 대학 졸업 후의, 대학원(학생)의 undergraduate **n** (학부 재학중인) 대학생

I am going to graduate in the end of February.
저는 2월 말에 졸업 할 예정입니다.

progress
[prágres | próu-]

n 진행, 진보; **v** 전진하다, 진보하다

어근힌트 pro- 미리, 앞(접두사) + gress 가다
파생어 progressive **a** 전진하는, 진보하는

Is there any progress in the development of new program?
새로운 프로그램 개발에 진전이 있습니까?

degree
[digríː]

n 정도, 도, 학위

어근힌트 de- 떨어져(접두사) + gree 기쁘게하는

He earned a medical doctor's degree.
그는 의사 학위를 받았다.

invade
[invéid]

v 침입하다

어근힌트 in- 안(접두사) + vade 가다
파생어 invader **n** 침입자 invasion **n** 침입

They signed a treaty in which nations agree not to invade each other.
그들은 각국이 침략하지 않기로 동의하는 조약에 서명했다.

aggression
[əgréʃən]

n 침략

어근힌트 ag- ~로부터(접두사) + gres 가다 + -sion (명사형 접미사)
파생어 aggress **v** 침입하다 aggressive **a** 침략적인

We have to strengthen our ability to defend our country from the foreign aggression.
우리는 외국 침략으로부터 우리나라를 지키기 위한 우리의 능력을 강화해야 한다.

Congress
[káŋgris | kóŋgres]

n 국회, 의회

어근힌트 Con- 함께(접두사) + gress 가다
파생어 congressman **n** (美) 국회의원, 하원 의원

He was elected to the United States congress in 2004.
그는 2004년에 미국 의회에 선출되었다.

ingredient
[ingríːdiənt]

n 성분

어근힌트 in- 안(접두사) + gredi 가다 + -ent (형용사형 접미사)

There are three ingredients to the good life; learning, earning, and yearning.
훌륭한 인생에 세 가지 요소가 있는데, 그것은 배우는 것, 돈 버는 것, 갈망하는 것이다.

STORY 76 앞으로 앞으로

💬 STORY

맥아더 장군은 전례 없는 unprecedented 인천상륙작전을 성공한다 succeed. 동부전선은 엄청난 희생의 댓가로 철원이북까지 경계선을 넘을 수 있었다. 국제연합군은 북한군을 능가하게 exceed 되었고 전세는 완전히 역전되었다. 서울은 꼭 필요한 necessary 수도이기 때문에 서울을 양보할 수 없었다. "나를 따르라"고 하는 선임자 predecessor의 외침과 함께 국군은 앞으로 앞으로 전진해 proceed 나갔다. 북한군은 북으로 퇴각한다 recede.

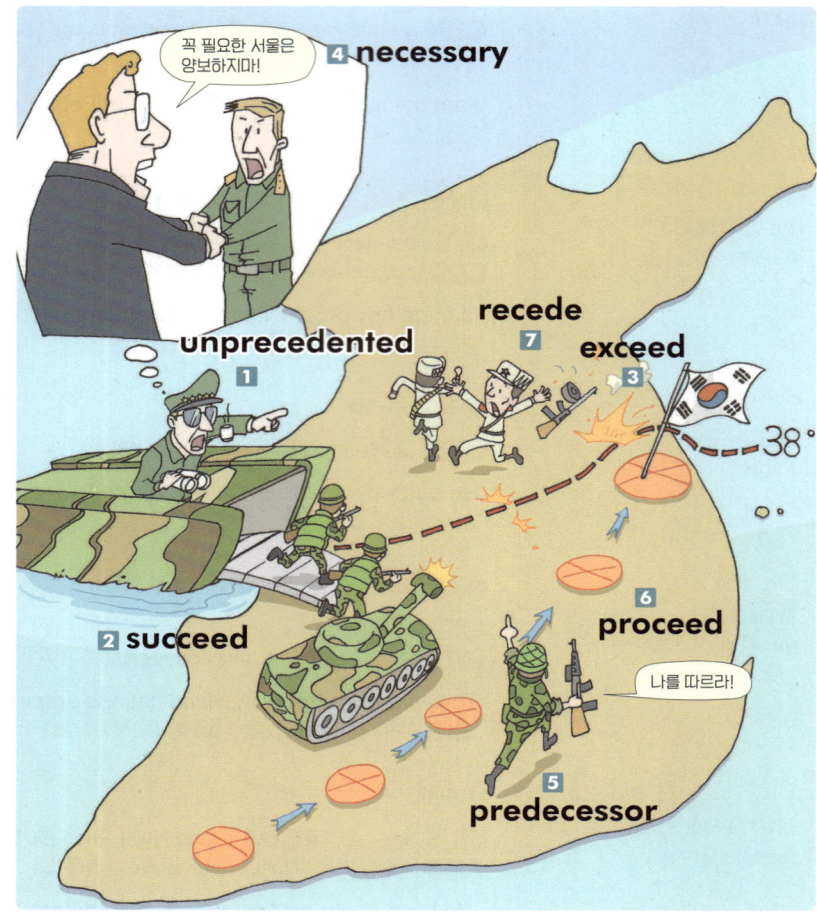

💡 연상 HINT

① **unprecedented**
Mac Arthur장군이 인천상륙작전을 감행한다. 이 작전은 전례가 없는 unprecedented 성공을 이룬 세기적 사건이다. 문자그대로 '이전에 pre 가보지 cede 않은 un-' 사건이다.

② **succeed**
맥아더 장군은 인천상륙작전에 크게 성공한다 succeed. 성공은 저절로 되는 것이 아니다. 아래 suc=sub부터 걸어오는 ceed 과정이다.

③ **exceed**
동부전선에서 국제연합군은 북한군을 능가하게 exceed 되어 북한군을 38도선 밖으로ex 몰아낸다. 동부전선은 엄청난 희생의 댓가로 철원이북까지 경계선을 넘을 수 있었다.

④ **necessary**
수도 서울은 꼭 필요한 necessary 곳이었기 때문에, 대통령은 사령관에게 양보하지 말라고 지시한다.

⑤ **predecessor**
선임자 predecessor가 '나를 따르라'고 외친다. 앞서pre 가는 선임자. 보통 선임자는 다른 누구보다 힘이 쎄다. 누구보다 더 쎘어.

⑥ **proceed**
국군은 앞으로 앞으로 전진해 나간다. 국군이 앞으로pro 나아감ceed.

⑦ **recede**
북한군은 북으로 퇴각한다 recede. 북한군이 뒤로re 물러감cede.

cede · ceed · cess 가다 go

unprecedented
[ʌnprésɪdentɪd]

ⓐ 전례(선례)가 없는

어근힌트 un- 반대(접두사) + pre 미리 + -ced 가다 + -ent (형용사형 접미사)
파생어 precede ⓥ 앞장서다, 우선하다 preceding ⓐ 선행하는 precedent ⓝ 선례

This case is unprecedented in the court of law.
이 사건은 법정에서 전례가 없는 것이다.

succeed
[səksíːd]

ⓥ 성공하다(in), 뒤를 잇다(to)

어근힌트 suc 아래(접두사) + ceed 가다
파생어 success ⓝ 성공 successful ⓐ 성공한 succession ⓝ 연속 successive ⓐ 연속적인 successor ⓝ 뒤를 잇는 사람(것)(to)

He's sure to succeed.
그는 성공할 것이다.

exceed
[iksíːd]

ⓥ 넘어서다 (≒) excel, 뛰어나다

어근힌트 ex- 밖으로(접두사) + ceed 가다
파생어 excess ⓝ 초과 excessive ⓐ 과도한

Do not exceed the speed limit.
제한 속도를 초과하지 마십시오.

necessary
[nésəsèri]

ⓐ 필요한

어근힌트 ne- 부정(접두사) + cess 가다 + -ary (형용사형 접미사)
파생어 necessity ⓝ 필수품

The amount of work involved does not necessarily determine the level of stress.
관계된 일의 양이 반드시 스트레스 수준을 결정하지는 않는다.

predecessor
[prédəsèsər]

ⓝ 전임자

어근힌트 pre- 미리, 앞(접두사) + de 아래로 + -cess 가다 + -or 행위자 (명사형 접미사)

He thought about his predecessors, and their pioneering spirit.
그는 그의 전임자와 그들의 개척자 정신에 대해 생각했다.

proceed
[prəsíːd]

ⓥ 나아가다

어근힌트 pro- 미리, 앞(접두사) + ceed 가다
파생어 proceeding ⓝ 진행 process ⓝ 진행, 과정 procession ⓝ 행렬, 행진

Please proceed to the next step.
다음 단계로 진행하십시오.

recede
[risíːd]

ⓥ 물러가다

어근힌트 re- 다시(접두사) + cede 가다
파생어 recess ⓝ 쉼, 휴식 recession ⓝ 불경기

As the typhoon recedes, new threats are emerging.
그 태풍이 물러가자 새로운 위협들이 다가오고 있다.

STORY 77 휴전 협정 체결

STORY

남한을 제외한 채 UN, 중공, 북한 간에 휴전협정 절차 procedure 가 진행되었다. 이 휴전 협정은 전쟁을 종결시키기는 했지만 한반도에 항구적인 평화를 가져오는 데는 실패했다. 한국 전쟁의 비극을 여실히 보여주는 남북을 갈라놓은 휴전선 부근에는 접근 access 금지 팻말이 붙어있다. 사망 decease 시체가 널려있다. 끝 없는 incessant 눈물을 흘리며 "전쟁을 중단하라 cease"고 절규하는 군인의 모습을 보라. 그림에 삽입된 문장에서 'armistice'는 문법적으로 선행사 antecedent 이다.

The United States, North Korea and China sign an armistice, which ends the war but fails to bring about a permenent peace.

연상 HINT

① **procedure**
남한을 제외한 채 UN, 중공, 북한 간에 휴전협정 절차 **procedure**가 진행되었다. 이 휴전 협정은 전쟁을 종결시키기는 했지만, 한반도에 항구적인 평화를 가져오는 데는 실패했다. 진행 proceed, 절차

② **access**
한국 전쟁의 비극을 여실히 보여주는 남북을 갈라놓은 휴전선 부근에는 접근 access 금지 팻말이 붙어 있다. 휴전선은 접근 금지 구역이 됨.

③ **decease**
사망 decease 시체들이 놓여 있다. 분리되어 de 가버린 cease → 죽다.

④ **incessant**
휴전선 앞에서 한 병사는 끝없는 incessant 눈물을 흘리고 있다. 멈추지 cess 않는 in 눈물을.

⑤ **cease**
'전쟁을 중단하라 cease' 절규하는 군인을 보라. 전쟁의 참혹함을 경험한 사람들은 모두 이렇게 부르짖으리라.

⑥ **antecedent**
그림에 삽입된 문장에서 'armistice 휴전'는 문법적으로 선행사 antecedent이다. '먼저 ante 가다 ced'를 한자로 보면 선행(先行)이 된다.

cede · cess · ceas 가다 go

procedure
[prəsíːdʒər]

n 순서, 절차

어근힌트 pro- 미리, 앞(접두사) + ced 가다 + -ure (명사형 접미사)

This is a dangerous procedure.
이것은 위험한 절차이다.

access
[ǽkses]

n 접근

어근힌트 ac- ~로부터(접두사) + cess 가다

파생어 accessible @ 접근 가능한

Do you have access to him?
당신은 그에게 접근 할 수 있습니까?

decease
[disíːs]

v 죽다; **n** 사망

어근힌트 de- 떨어져(접두사) + cease 가다, 멈추다

His uncle was now deceased.
그의 삼촌은 현재 사망했다.

incessant
[insésnt]

a 끊임없는

어근힌트 in- 반대 + cess 가다 + -ant (형용사형 접미사)

His incessant practising has crowned him with victory.
그의 끊임없는 연습은 그를 승리로 장식했다.

cease
[siːs]

v 중지하다 (=) stop, 그만두다

어근힌트 cease- 가버리다, 멈추다

파생어 ceaseless @ 끊임없는

The advance of information technology will never cease.
정보 기술의 발전은 결코 멈추지 않을 것이다.

antecedent
[æntəsíːdnt]

a 선행하는; **n** 전례, 선행사

어근힌트 ante- 미리, 앞(접두사) + ced 가다 + -ent (형용사형 접미사)

Be sure that a pronoun matches its antecedent when writing in English.
영어로 작문할 때는 대명사는 그 선행사와 반드시 일치하도록 해야 한다.

STORY 78 우리의 소원은 통일

STORY

오랜 분단의 시간 후에 하나가 되려는 노력이 마침내 처음의 initial 결실을 맺었다. 그러나 곧 사랑하는 이들에게 이별 farewell 의 인사를 남기며 출구 exit 로 나가야 했다. 최근 발간한 issue 북한 소식을 담은 소식지를 손에 들고 통일을 기다리고 있는 할아버지 사연이 딱하다. 통일은 우리 대한민국의 주요 쟁점 issue 이다. 할아버지는 죽기(멸망하기) perish 전에 고향에 가고 싶어 했던 친구의 부고 소식을 읽게 되었다. 한편 남북한 왕래를 촉진하고자 북한으로 복지 welfare 의약품을 운송하는데 38선을 통과 transit 해야 한다.

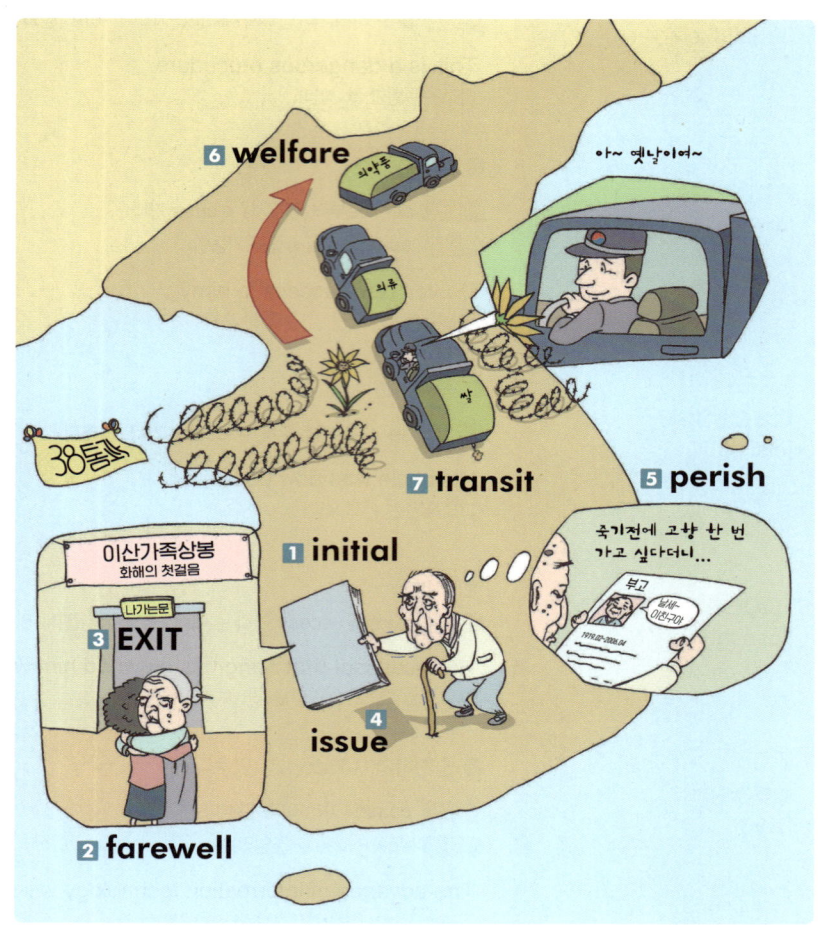

연상 HINT

① **initial**
오랜 분단의 시간 후에 하나가 되려는 노력이 마침내 첫 initial 결실을 맺었다. 화해의 첫걸음. 이산가족 상봉. 자신의 영문 이름 initial letter라고 들어보았을 텐데 첫 글자를 말한다. 필자는 Lee Hong Jae 약자로 해서 LHJ 이다.

② **farewell**
그러나 만나자 마자 이별인가? 이산가족 상봉 시간이 다 지나서 곧 사랑하는 이들에게 이별의 인사farewell를 남긴다. 잘 가!

③ **exit**
이산가족 상봉 후 출구 exit로 나가야 한다. ex 밖으로 it 가다 → 출구

④ **issue**
issue는 쟁점, 발행하다, 발행일 등의 뜻이 있는 다의어이다. 이를 그림 속에서 이해하도록 하자. 최근 쟁점 issue 이고 있는 통일을 담고 있는 발행물 issue '북한 소식' 잡지를 손에 들고, 통일을 기다리는 할아버지 사연이 딱하다.

⑤ **perish**
할아버지는 죽기 perish 전에 고향에 가고 싶어 했던 친구의 부고 소식을 읽게 되었다. '완전히 per 가버리다 is' → 멸망하다, 죽다

⑥ **welfare**
한편 남북한 왕래를 촉진하고자 북한으로 복지 welfare 의약품을 수송하고 있다. 잘 wel 진행되어 가는 fare 복지.

⑦ **transit**
삼팔선을 통과하여 transit 의약품을 수송하는 중 운전사는 길가에 핀 꽃을 보면서 덧없는 세월을 느낀다. 38선 건너trans 간다 it → 통과

it · is · ish · fare   가다 go

initial
[iníʃəl]

ⓐ 처음의, 머리글자의; ⓝ 머리글자

어근힌트 in- 안(접두사) + it 가다 + -ial (형용사형 접미사)
파생어 initially ⓐⓓ 처음에 initiate ⓥ 시작하다 initiative ⓝ 개시, 주도권

Try never to lose your initial enthusiasm.
초기 열정을 잃지 마십시오.

farewell
[fɛərwél]

ⓝ 작별; ⓐ 작별의

어근힌트 fare- 가다 + well 잘

The dance group disbanded after a farewell performance.
그 댄스 그룹은 고별 공연 후에 해산했다.

exit
[éɡzit, éksit]

ⓝ 출구

어근힌트 ex- 밖으로(접두사) + it 가다

Where's the emergency exit?
비상 탈출구는 어디에 있습니까?

issue
[íʃuː]

ⓝ 발행, 출판물, 쟁점; ⓥ ~를 발행하다

어근힌트 issue- 가다

This isn't the most current issue of the magazine.
이것은 그 잡지의 가장 최근의 이슈가 아니다.

perish
[périʃ]

ⓥ 멸망하다

어근힌트 per- 뚫어(접두사) + ish 가다
파생어 perishable ⓐ 사멸하기 쉬운

The sailors perished, lacking food and sustenance on the island.
선원들은 섬에서 음식과 생계수단이 부족하여 죽었다.

welfare
[wélfɛər]

ⓝ 복지(사업)

어근힌트 wel- 잘(접두사) + fare 가다

The department is responsible for the welfare of the public.
해당 부서는 대중의 복지를 책임집니다.

transit
[trǽnsit, -zit]

ⓝ 통과, 운송

어근힌트 trans- 가로질러(접두사) + it 가다
파생어 transition ⓝ 변천, 이행

A portion of the commodity was damaged in transit.
상품의 일부가 운송 중 파손되었다.

STORY 79 그래픽

STORY

8방미인. 여러 가지 다방면에서 우수한 여자를 보자. 그녀는 컴퓨터 그래픽 graphic 전문가이다. 이전에는 타자로 전보 telegraph, telegram 보내는 일을 했었다. 또한 할머니에게 문법 grammar을 가르치곤 한다. 또한 만년필로 한 단락 paragraph의 글을 쓰기를 좋아한다. 이 만년필 반쪽은 투명해서 어떤 모양으로 내부가 이루어져 있는지 도식 diagram을 볼 수 있다.

연상 HINT

① **graphic**
여기에 8방 미인이 있다. 그야말로 여러 가지 다방면에 유능한 여자이다. 먼저 그녀는 컴퓨터 그래픽 graphic 전문가이다.

② **telegram**, ③ **telegraph**
이전에 그녀는 타자를 치고 전보를 보내는 일을 했었다. 인터넷과 컴퓨터 통신의 급격한 변화로 telegram, telegraph 같은 용어는 잘 사용하지 않게 되었다. 단어를 서로 혼용해 쓰기는 하지만, 굳이 구분하자면, telegraph는 전신기(축음기를 phonograph라고 하니까 -graph가 붙으면 기계를 나타냄)를, telegram은 전신, 전보를 말한다. tele- 먼, -graph, gram 쓰다, 그리다. 글을 써서 멀리보낸다는 뜻.

④ **grammar**
또한 할머니에게 문법 grammar을 가르치곤 한다. 할머니 grandma, 그램마(그래임마)와 발음이 유사함.

⑤ **paragraph**
또한 만년필로 한 패러그래프 글을 쓰기를 좋아한다. 파란 para색으로 한 문단 글을 씀.

⑥ **diagram**
이 만년필 반쪽은 투명해서 어떤 모양으로 내부가 이루어져 있는지 도식 diagram을 볼 수 있다. 관통하여 dia 보이는 만년필 도식.

graph · gram 쓰다, 그리다 write

graphic
[grǽfik | -ikəl]

a 그림의; **n** 시각 예술 작품

어근힌트 graph- 쓰다, 그리다 + ic (형용사형 접미사)
파생어 graphics **n** 제도법, 그래픽스

He is a freelance graphic designer.
그는 프리랜서 그래픽 디자이너이다.

telegram
[téligræm]

n 전신, 전보 (=) telegraph

어근힌트 tele- 먼(접두사) + gram 쓰다

He sent me a message by telegraph.
그는 전보로 메시지를 보냈다.

grammar
[grǽmər]

n 문법

어근힌트 gramm- 쓰다, 그리다 + ar (명사형 접미사)
파생어 grammatical **a** 문법(상)의

Korean grammar is really confusing.
한국어 문법은 정말 혼란스럽습니다.

paragraph
[pǽrəgræf]

n (문장의) 절(節), 단락

어근힌트 para- 옆에(접두사) + graph 쓰다

What is the main theme of the preceding paragraph?
앞 단락의 주요 주제는 무엇입니까?

diagram
[dáiəgræm]

n 도형, 도표

어근힌트 dia- 통과하여(접두사) + gram 쓰다

Let me explain it with a diagram.
제가 다이어그램으로 설명해 드리겠습니다.

STORY 08 아저씨의 장례식

STORY

중력 gravitation 때문에 아래로 떨어지는 사과에 맞아 아저씨가 돌아가셨다. 아저씨 무덤 grave 앞에서 영정사진을 들고 있는 아들이 엄숙한 grave 모습을 하고 서있다. 석공은 아저씨 묘비 gravestone 에 '명심'이라는 글자를 새긴다 engrave. 가족들은 큰 슬픔 grief 으로 울고 있다.

연상 HINT

① **gravitation**
중력gravitation 때문에 아래로 떨어지는 사과에 맞아 아저씨가 돌아가셨다. 사과에 비타vita민 C가 많음.

② **grave**
아저씨 무덤grave 앞에서 아들이 엄숙한grave 표정을 지으며 아저씨 영정사진을 들고 서 있다.

③ **gravestone**
아저씨 묘지 앞에 묘비gravestone가 있다. 묘grave 석stone.

④ **engrave**
한 석공이 묘비에 글자를 새긴다engrave. 묘비grave 안에 (in=en) '명심'을 새김.

⑤ **grief**
가족들이 큰 슬픔grief에 빠져 있다. '사과 잎ief에 맞았으면 덜 아팠을 텐데…'

grav · griev 무거운 heavy

gravitation
[ɡrævətéiʃən]

n 중력

어근힌트 gravita 무거운 + -tion (명사형 접미사)
파생어 gravitate v 인력에 끌리다 gravity n 중력

Einstein's theory of gravitation revolutionized 20th-century physics.
아인슈타인의 중력 이론은 20세기 물리학에 혁명을 일으켰다.

grave
[ɡreiv]

n 무덤; **a** 엄숙한

어근힌트 grave- 무거운
파생어 gravely ad 진지하게

All are equal in the grave.
모든 사람은 무덤에서 평등하다.

gravestone
[ɡréivstòun]

n 묘석

어근힌트 grave- 무거운 + stone 돌
파생어 graveyard n 묘지

He erected a gravestone to his father's memory.
그는 아버지를 기억하고자 묘비를 세웠다.

engrave
[inɡréiv]

v 새기다

어근힌트 en- 만들다(접두사) + grave 무거운

This is one of the tools used to engrave wood.
이것은 목재를 조각하는 데 사용되는 도구 중 하나이다.

grief
[ɡri:f]

n 큰 슬픔

어근힌트 grief- 무거운
파생어 grieve v 몹시 슬프게 하다; v 몹시 슬퍼하다 grievous a 슬픈

The only cure for grief is action.
슬픔에 대한 유일한 치료법은 행동이다. George Henry Lewes

STORY 81 사랑의 해비타트 운동

STORY

민간 기독교 운동 단체인 해비타트 Habitat에서 무주택 서민들의 거주지 habitat 문제를 해결하기 위해 사랑의 집짓기를 하고 있다. 한 때 폐인처럼 습관 habit을 따라서 술만 마셨던 사람이 사회에 복귀하여 rehabilitate 새 집에 거주하고 inhabit 있다. 집 앞에 있는 건설현장사무소는 관계자 외에는 출입을 금지한다 inhibit. 건물 앞의 진열대에는 건축자재들을 전시해 exhibit 놓았다. 앞쪽의 그린벨트 넘어서는 개발을 금지한다 prohibit. 물고기 서식지 habitat에는 물고기가 자유롭게 움직이고 있다.

다시는 헤빌리하게 살지 말자

연상 HINT

① **habitat**
민간기독교 운동 단체인 해비타트 Habitat에서 무주택 서민들의 거주지 habitat 문제를 해결하기 위해 사랑의 집짓기를 하고 있다. 물고기 서식지 habitat에는 시냇물이 흐른다. 사랑의 집짓기 운동 해비타트, 일꾼 얼굴이 햇빛에 탔음.

② **habit**
한 때 폐인처럼 습관 habit적으로 술만 마셨던 사람이 있다. 햇빛이 비치는 대낮부터 술을 마심.

③ **rehabilitation**
이 사람이 사회에 복귀 rehabilitation 하였다. 다시 re 헤빌리하게 살지 말자.

④ **inhabit**
사회에 복귀하여 새집에 살고 있다 inhabit. 안에 in 살다 habit → 안에 살다, 거주하다.

⑤ **inhibit**
집 앞에 있는 건설현장사무소는 관계자 외에는 출입을 금지한다 inhibit. 관계자외 안으로 in 들어오는 것을 금지함. 내부의 감정이나 생각을 억제하는 것이 inhibit이다.

⑥ **exhibit**
건축에 필요한 자재들을 진열한다 exhibit. 코엑스, 킨텍스 등에 나오는 엑스가 바로 이 ex 이다. Coex, Kintex

⑦ **prohibit**
그린벨트 지역을 상징적으로 보여주는 녹색벨트 안쪽으로는 개발을 금지한다 prohibit. 앞에 pro 개발을 금지하는 녹색 띠가 그려져 있음. inhibit과 달리 prohibit는 법적으로 외적으로 금지하는 것을 말한다.

hab · hib 갖다 hold, 살다 dwell

habitat
[hǽbitæt]

n 서식지, (집짓기 운동) 민간 기독교 단체
어근힌트 habit- 갖다, 살다 + -at 장소 (명사형 접미사)
파생어 habitation n 거주(권), 거주지

He researched the habitat of many wild birds.
그는 많은 야생 조류의 서식지를 연구했다.

habit
[hǽbit]

n 습관
어근힌트 habit- 갖다, 살다
파생어 habitual a 습관적인

Habit is a second nature.
습관은 제 2의 천성이다.

rehabilitation
[rì:həbìlətéiʃən]

v 사회 복귀시키다
어근힌트 re- 다시(접두사) + habilita 갖다 + -tion (명사형 접미사)
파생어 rehabilitation n 사회 복귀

We must rehabilitate those whom we send to prison.
우리는 교도소로 보내는 사람들을 재교육시켜야 한다.

inhabit
[inhǽbit]

v ~에 살다
어근힌트 in- 안(접두사) + habit 갖다
파생어 inhabitant n 거주자 (=) habitant

A large number of animals inhabit this forest.
많은 수의 동물들이 이 숲에 서식한다.

inhibit
[inhíbit]

v 억제하다, 금하다
어근힌트 in- 안(접두사) + hibit 갖다

A lack of oxygen may inhibit brain development in the unborn child.
산소 결핍은 태아의 뇌 발달을 저해 할 수 있다.

exhibit
[igzíbit]

v 전시하다; n 전시
어근힌트 ex- 밖으로(접두사) + hibit 갖다
파생어 exhibition n 전시회

He has the desire to exhibit his ability to carry out the work.
그는 그 일을 수행할 능력이 있다는 것을 보여주고 싶은 갈망이 있다.

prohibit
[prouhíbit]

v 금하다
어근힌트 pro- 미리, 앞(접두사) + hibit 갖다
파생어 prohibition n 금지

If you are afraid of the enemy and you close your door, the friend will also be prohibited.
적이 두려워서 문을 닫는다면, 친구 또한 금(禁)하게 될 것이다.

STORY 82 유산 싸움

STORY

아들과 딸이 부모님의 재산을 두고 싸우고 있다. 아들은 유산 heritage 이 자기 것이라고 주장한다. 딸은 자신이 상속인이기 heir 때문에 자기가 상속해야 inherit 한다고 주장한다. 아버지는 허리에 혹이 나는 유전병이 자식들에게 유전 heredity 될까봐 걱정하고 있다. 불효막심한 자식들이라도 부모님의 사랑은 끝이 없는 것 같다.

연상 HINT

① **heritage**
아들과 딸이 부모님의 재산을 서로 차지하려고 싸우고 있다. 아들은 허리띠를 풀고 위협하면서 유산 heritage이 자기 것이라고 주장한다. '따지tage고 보면 내 나이age가 많으니 유산은 내꺼야.'

② **heir**
딸은 자신이 상속인heir이라고 말한다. 철자가 heir가 hair와 비슷하다. 그런데 heir 발음은 air와 같다. 머릿속에 허풍이 가득차서 공기가 가득 차 있는 모습으로 그림을 그렸다. 사실 남자 상속인이 heir이고 여자 상속인은 접미사 –ess가 붙어 heiress가 된다.

③ **inherit**
딸은 자신이 상속인이기 때문에 자기가 상속해야inherit 한다고 주장한다. '내(內=in)거야.'라고 말하며 그것it이 그녀의her 소유라고 주장함.

④ **heredity**
그럼에도 불구하고 아버지는 허리에 혹이 나는 유전병이 자식들에게 유전heredity될까봐 걱정하고 있다. 허리에 더러운 dirty 혹이 나는 유전병이 라고 생각하자.

her · heir — 상속인 heir

heritage
[hératidʒ]

n 유산

어근힌트 herit- 상속 + age (명사형 접미사)

Father's virtue is the best heritage for his child.
아버지의 덕행은 그 자녀에게 최선의 유산이다.

heir
[ɛər]

n 상속인

어근힌트 heir- 상속

Everyone recognized him to be the lawful heir.
모두가 그를 합법적인 상속인으로 인정했다.

inherit
[inhérit]

v 상속하다, 물려받다

어근힌트 in- 안(접두사) + herit 상속
파생어 inheritance **n** 상속, 유산

He stated that his son should inherit half of his estate.
그는 아들이 그의 재산의 절반을 상속해야한다고 말했다.

heredity
[hərédəti]

n 유전

어근힌트 hered- 상속 + ity (명사형 접미사)
파생어 hereditary **a** 유전성의

Are thoughts and behavior determined by heredity or by environment?
사고과 행동이 유전에 의해서 결정되는가 아니면 환경에 의해 결정되는가?

STORY 83 보카 병원

STORY

배탈 난 사람이 병원 hospital으로 들어온다. 안내 데스크의 안내양이 환대하며 hospitable 손님에게 인사하자, 손님은 "손님이 주인 host이지요" 하며 우쭐해 한다. 진료실 앞에서는 의료 사고로 아들을 잃은 아버지가 적개심이 가득하여 hostile 주먹으로 벽 타일을 치고 있다. 한편 폐암 말기로 절망 despair에 빠진 남자가 담배를 피운다. 그 옆에서는 다리를 다친 사람이 절망적인 desperate 상태로 있다가 이제 필사적인 desperate 자세로 재활 훈련을 한다. 병원은 늘어나는 환자 덕에 번영하고 prosper 있다.

연상 HINT

① **hospital**
배탈 난 사람이 병원hospital으로 들어오고 있다.
하스피탈 → 하스배탈

② **hospitable**
안내 데스크의 안내원은 손님 접대를 잘하는 hospitable 직원이다. 안내 테이블table의 안내양이 친절하게 인사함. 요즈음은 친절하지 않으면 여러 클레임이 많이 생긴다.

③ **host**
손님은 '손님이 주인host이지'라고 말한다. 여자주인은 hostess이다. -ess가 붙으면 여성명사가 됨.

④ **hostile**
진료실 앞에서 의료 사고로 아들을 잃은 아버지가 적개심이 가득한hostile 상태에서 주먹으로 벽을 치고 있다. 타일tile을 주먹으로 침.

⑤ **despair**
한편 폐암 말기로 절망despair에 빠진 남자가 담배 디스를 짝pair으로 2개 피우고 있다.

⑥ **desperate**
그 옆에서는 다리를 다친 사람이 필사적인 desperate 재활훈련을 하고 있다. 죽을death 힘을 다해, 얼굴이 퍼렇게 질리도록. desperate는 절망적인, 필사적인 두가지 상반되는 의미를 가진 단어이다. 죽을 정도로 절망에 이르게 되면 필사적으로 살기 위해 애를 쓰는 것을 생각하면 두 단어의 의미를 생각해 낼 수 있다.

⑦ **prosper**
병원은 늘어나는 환자 덕에 번영하고 prosper 있다. pro (앞으로) + sper(=hope) 희망을 향하여 나아가다.

hospit · host — 손님 guest, 낯선 사람 stranger

hospital [háspitl]
n 병원
어근힌트 hospit- 손님 + al (명사형 접미사)

I was then taken to the hospital and treated.
그래서 난 병원에 옮겨져 치료를 받았다.

hospitable [háspitəbl]
a 손님 접대를 잘하는
어근힌트 hospit- 손님 + able 할 수 있는 (형용사형 접기사)
파생어 hospitality n 친절히 접대함

Henry was very hospitable to us when we visited him.
Henry를 방문했을 때 그는 우리를 환대했다.

host [houst]
n 주인
어근힌트 host- 주인
파생어 hostess n 여주인 (노릇)

He played the host at the ceremony.
그는 의식에서 주인 역할을 잘 했다.

hostile [hástl]
a 적(敵)의, 적의 있는
어근힌트 host- 주인 + ile (형용사형 접미사)
파생어 hostility n 적의, 적대 행위

The universe is not hostile, nor yet is it friendly. It is simply indifferent.
우주는 적대적이지도 우호적이지도 않다. 그것은 무관심할 따름이다.

spair · sper — 희망 hope

despair [dispέər]
n 절망
어근힌트 de- 떨어져(접두사) + spair 희망

He abandoned himself to despair.
그는 절망에 빠졌다.

desperate [déspərət]
a 절망적인, 필사적인
어근힌트 de- 떨어져(접두사) + sper 희망 + -ate (동사형 접미사)
파생어 desperately ad 절망적으로, 필사적으로

He is desperate to get a job.
그는 직업을 구하는데 필사적이다.

prosper [práspər]
v 번영하다
어근힌트 pro- 미리, 앞(접두사) + sper 희망
파생어 prosperous a 번영하는 prosperity n 번영

May your company prosper.
회사가 번성하기를 바랍니다.

STORY 84 나홀로 섬에

STORY

한국은 육지와 바다가 연결된 반도 peninsula이다. 동해에는 작은 섬 isle과 큰 섬이 나란히 있다. 섬의 감옥 안의 온도 temperature는 낮아서 모두들 벌벌 떨고 있다. 한 죄수는 우울한 기질 temperament이라서 그런지 어머니를 생각하며 슬픔에 젖어있다. 죄수를 감독하는 간수는 밥을 많이 먹는 것을 절제하려 temperate 애쓰고 있다. 동료 간수는 혼자 먹는다고 화를 내며 기분 temper이 좋지 않다. 이 섬에 옆의 작은 섬에서는 불시착한 비행기 사고로 혼자 살아남은 아이가 고립되어 isolate 있다. 그런데, 이 아이는 당뇨병이 걸렸는지 인슐린 insulin 주사기를 들고 있다.

연상 HINT

① **peninsula**
한반도 peninsula를 펜으로 그린다. 펜pen 안에in 술과 콜라를 섞은 음료가 들어 있음. 음료 이름은 '술라'

② **isle**
동해에 작은 섬 isle이 있다. 보통 섬은 island라고 한다.

③ **temperature**
섬 안에는 감옥이 있는데 온도temperature가 낮아 벌벌 떨고 있는 죄수가 있다. 템퍼 어, 추워

④ **temperament**
한 죄수는 어머니를 생각하며 슬픔에 빠진 우울한 기질 temperament의 죄수이다. 우울한 기질의 죄수가 어머니를 생각함. 템퍼어머니

⑤ **temperate**
한 간수가 밥을 많이 먹는 것을 절제하는 temperate 상황이다. 먹는ate 것을 절제함.

⑥ **temper**
동료 간수는 혼자 먹는다고 화난 기분 temper을 드러낸다. temperament는 성격적인 기질을 말하고, temper는 일시적인 기분을 말한다. 분노, 화 anger의 er과 temper의 er을 같이 생각하면 구분하기 쉽다.

⑦ **isolate**
그 섬에서 조금 더 떨어진 무인도에 사고로 비행기가 불시착한다. 이 사고는 혼자 살아남은 아이를 고립시킨다 isolate. 아이가 먹을게 없어 솔을 먹고ate 있음.

insul · isol — 섬 island

peninsula [pənínsjulə]
- n 반도
- 어근힌트: pen- 튀어나온 + insula 섬
- We Koreans want to live in peace in Korean peninsula.
  우리 한국인들은 한반도에서 평화롭게 살기를 원한다.

isle [ail]
- n 〈시어〉 작은 섬
- 어근힌트: isle- 섬
- She is on a yacht somewhere in the Greek Isles.
  그녀는 그리스 제도 어딘가에 있는 요트에 있다.

isolate [áisəlèit]
- v 고립시키다
- 어근힌트: isol- 섬 + ate (동사형 접미사)
- 파생어: isolation n 고립
- You can isolate genes and study how they work.
  유전자를 분리해서 그것들이 어떻게 작용하는지를 연구할 수 있다.

temper — 섞다 mix, 조절하다 regulate

temperature [témpərətʃər]
- n 온도
- 어근힌트: tempera- 조절하다 + ture (명사형 접미사)
- The temperature of this hall is low.
  이 홀의 온도가 낮다.

temperament [témpərəmənt]
- n 기질
- 어근힌트: tempera- 조절하다 + ment (명사형 접미사)
- 파생어: temperance n 절제
- She is of a nervous temperament.
  그녀는 과민한(신경질적인) 기질이 있다.

temperate [témpərət]
- a 절제하는, 삼가는
- 어근힌트: temper- 조절하다 + ate (동사형 접미사)
- She is trying to be temperate in eating and drinking.
  그녀는 먹고 마시는 데 절제하려고 노력하고 있다.

temper [témpər]
- n 기질, 기분
- 어근힌트: temper- 조절하다
- 파생어: badtempered a 심술궂은 hottempered a 화 잘 내는
- In situations like this, I used to lose my temper when I was much younger.
  이와 같은 상황에서, 더 어렸을 때라면 화를 내곤 했었다.

STORY 85 일방통행 길의 깡패

💬 STORY

비열한 abject 깡패가 주유소에서 차에 휘발유를 주입한 inject 후에 좁은 일방 통행 길로 들어섰다. 운전자들을 위협하고 길을 양보하라고 우긴다. 바로 앞의 운전자는 깡패에 반대하여 object 작은 물건 object을 깡패에게 집어 던진다. 뒤에 따라오던 차량의 사람들도 '저 깡패는 주제 subject도 모르고 제멋대로야'하면서 화를 낸다. 운전자의 아내는 곧 남편과 자신이 깡패에게 맞을 거라고 추측하고 차 밖으로 나가고자 한다. 그러나 문이 열리기를 거부한다 reject. 깡패 자동차의 뒤편 배기통에서 시커먼 매연이 나온다. 이 매연으로 뒤에 있는 풀이 죽은 dejected 상태이다. 깡패 옆에는 빔 프로젝트 project가 놓여있다. 빔 프로젝트는 세미나나 학회 행사등에 많이 활용된다.

💡 연상 HINT

① **abject**
비열한abject 깡패가 일방통행 길로 들어섰다. 앞ab을 막은 깡패가 비열하다. 깡패가 앞의 운전자를 위협하고 길을 양보하라고 우긴다.

② **inject**
깡패는 방금 전에 휘발유를 가득 주입해서 inject 채웠다. 휘발유는 연료 주입구를 열고 자동차 안으로in 주입하는 것이다.

③ **object**
깡패 앞의 운전자는 깡패의 행패에 반대한다 object. 물건 object을 깡패에게 집어 던진다. "시비거는 목적 object이 뭐야." 이렇게 하여 object의 여러 뜻을 기억하면 좋다.

④ **subject**
뒤에 따라오는 차량은 급히 발표하러 가는데 길이 막히니까 잔뜩 화가났다. '저 깡패는 주제 subject도 모르고 제멋대로야'라고 지껄이는 것 같다. subject는 주제, 학과, 신하등 여러 가지 뜻이 있다. 대학의 학과에 들어갔는데 교수님이 한가지 주제를 내 놓고 레포트를 제출하라고 한다. 학생들을 신하처럼 오해하고 있는 것 같다. 이렇게 스토리를 만들어 보자.

⑤ **reject**
그 운전자의 아내는 곧 남편과 자신이 깡패에게 맞을 거라고 추측하고 차 밖으로 나가고자 한다. 그러나 문이 열리기를 거부한다 reject. 누가 자물쇠로 문을 잠가 놓았다.

⑥ **dejected**
깡패 자동차의 뒤편 배기통에서 나오는 매연으로 풀이 죽은 dejected 상태이다. 보통 낙담된dejected 상태를 풀이 죽은 dejected 상태라고 말한다.

⑦ **project**
앞으로 빛을 투영하여 project 비추는 장치를 프로젝터라고 한다. 뒤에 따라오는 차량은 프로젝트로 화면을 띄워서 사람들 앞에 발표하러 가는 중이다.

ject — 던지다 throw

abject
[ǽbdʒekt]

a 비참한, 비열한 (= mean)

어근힌트 ab- ~로부터(접두사) + ject 던지다

After failing the interview, he looked perfectly abject.
인터뷰에서 실패한 후 그는 매우 비참해 보였다.

inject
[indʒékt]

v 주입하다

어근힌트 in- 안(접두사) + ject 던지다
파생어 injection ⓝ 주입

The new leader made efforts to inject western cultures to the natives.
새로운 지도자는 원주민에게 서양 문화를 주입시키려고 노력하였다.

object
[ábdʒikt | ɔ́b-]

n 물체, 목적 **v** 반대하다

어근힌트 ob- 반대(접두사) + ject 던지다
파생어 objection ⓝ 반대 objective ⓝ 목적; ⓐ 객관적인

Many local people object to the building of the tower.
많은 지역 사람들이 타워를 세우는데 반대한다.

subject
[sʌ́bdʒikt]

n 주제, 학과, 신하, 피실험자

어근힌트 sub- 아래(접두사) + ject 던지다
파생어 subjective ⓐ 주관적인 (↔) objective

Special-interest magazines deal mainly with one particular subject.
특별한 관심사에 관한 잡지들은 한가지 특정한 주제를 주로 다룬다.

reject
[ridʒékt]

n 거절하다

어근힌트 re- 다시(접두사) + ject 던지다
파생어 rejection ⓝ 거절

I'm afraid I am obliged to reject your proposal.
나는 당신의 제안을 거부해야 할 것 같아요..

dejected
[didʒéktid]

a 낙담된, 풀이 죽은

어근힌트 de- 떨어져(접두사) + ject 던지다 + -ed (형용사형 접미사)
파생어 deject ⓥ 낙담시키다 (= discourage)

Don't look so dejected. You will have other chances to go on business trips in the future.
그렇게 낙심하지 마. 미래에 비즈니스 여행을 갈 기회를 가지게 될 거야.

project
[prádʒekt | prɔ́dʒ-]

n 계획; **v** 계획하다, 발사하다, 투영하다

어근힌트 pro- 미리, 앞(접두사) + ject 던지다

We must finish our project on time.
우리는 우리의 프로젝트를 제시간에 끝내야 한다.

STORY 86 판사 日, 제지하시오

STORY

법정에 선 폭력배는 자신의 죄를 회개하기는커녕 뻔뻔하게 자신의 행동을 정당화하고 justify 있다. 이에 화가 난 원고가 그 폭력배에게 구두를 던져 머리를 다치게 한다 injure. 배심원들 jury도 화가 나서 주리를 틀어야한다고 소리친다. 법정 안이 시끄러워지자 판사 judge는 '저지하시오'하면서 조용히 하려고 애쓴다. 폭력배의 변호인은 공정한 just 판결이 이루어지고 곧 just 풀려날 거라고 말하며 그를 안심시킨다. 한편 방청석의 사람들은 폭력배의 우락부락한 외모만 보고 피고 폭력배가 유죄일거라는 부정적인 편견 prejudice을 갖는다. 옆에있던 청원경찰은 조용히 하라고 주의를 주며 법정에 적응하라 adjust고 요청한다.

연상 HINT

① **justify**
법정에 선 폭력배는 자신의 죄를 회개하기는커녕 뻔뻔하게 자신의 행동을 정당화하고 justify 있다.

② **injure**
이에 화가 난 원고가 그 폭력배에게 구두를 던져 머리를 다치게 한다 injure. 안에 in 있는 피고에게 신발을 던져 다치게 함.

③ **jury**
배심원들 jury도 화가 나서 한결 같이 외친다. '주리를 틀어라'

④ **judge**
법정안이 소란스러워지자 판사 judge가 '저지하시오'라고 외친다.

⑤ **just**
피고의 변호인은 공정한just 판결이 이루어지고, 곧just 풀려날 거라고 말하며 그를 안심시킨다.

⑥ **prejudice**
한편 방청석의 한 사람은 피고의 우락부락한 외모만 보고 부정적인 편견prejudice 갖는다. '틀림없이 유죄일 거야'라고 말한다.

⑦ **adjust**
뒤에 서있던 경비원은 '어디 ad 떠들고 있어요. 적응하시오 adjust.'라고 제지한다.

jus · ju · jur — 법 law, 올바른 right

justify
[dʒʌstəfài]

v 정당화하다
- 어근힌트 just- 옳은 + fy (동사형 접미사)
- 파생어 justification **n** 정당화

The ends must justify the means.
목적이 수단을 정당화해야 한다. Matthew Prior

injure
[índʒər]

v 다치게 하다
- 어근힌트 in- 안(접두사) + jure 옳은
- 파생어 injurious **a** 해로운 injury **n** 부상

Hundreds of thousands injured each day in car accidents.
수천 명이 죽고, 수십만 명이 매일 차 사고로 부상당한다.

jury
[dʒúəri]

n 배심(원단)
- 어근힌트 jury- 옳은

Help me make this clear to the jury.
이걸 배심원에게 명백히 밝힐 수 있게 도와주세요.

judge
[dʒʌdʒ]

n 판사
- 어근힌트 judge- 옳은
- 파생어 judgement **n** 판단, 재판

Never judge by appearances.
외모로 판단하지 마라.

just
[dʒʌst]

ad 바로, 오직, 방금; **a** 정당한, 올바른
- 어근힌트 just- 옳은
- 파생어 unjust **a** 불공평한 justly **ad** 바르게 justice **n** 정의, 정당(성)
  injustice **n** 불법, 부정

When doing anything, just focus on what you are doing.
무엇을 하고 있든지 간에 당신이 바로 하고 있는 그것에만 집중하도록 하라.

prejudice
[prédʒudis]

n 편견, 선입관
- 어근힌트 pre- 미리, 앞(접두사) + jud 옳은 + -ice (명사형 접미사)
- 파생어 prejudiced **a** 선입관[편견]을 가진

They are often treated like outcasts by a kind of culturally prejudiced attitude.
그들은 때때로 일종의 문화적 편견을 지닌 태도에 의해 폐물처럼 다루어진다.

adjust
[ədʒʌst]

v 조절하다, 순응하다
- 어근힌트 ad- ~로부터(접두사) + just 옳은
- 파생어 adjustment **n** 조정

We cannot direct the wind, but we can adjust the sails.
우리는 바람의 방향을 지시할 수는 없지만, 돛을 조정할 수는 있다. Bertha Calloway

STORY 87 니들이 인생을 알아?

STORY

'알다'와 관련된 어근 단어들을 시각 차트로 기억하도록 하자. 철학자가 '당신들은 인생이 무엇인지 아는가 know?'라고 질문한다. 이에 한 소년은 '난 알아요'하며 자신의 지식 knowledge을 자랑한다. 그 지식은 인생에 세부류 사람들이 있다는 것이다. 첫째는, 아는 사람 acquaintance을 만나서 인사하고 그 사람을 알고 인정해 주는 acknowledge 사람들이다. 둘째, 노벨상을 받을 정도로 고상한 noble 사람을 인정하는 recognize 부류이다. 마지막으로는 사치스러운 여자는 꽃을 바치는 남자를 별 볼일 없는 사람이라고 보고 그 남자를 무시하는 ignore 편견에 사로잡힌 사람들이다.

연상 HINT

① **know**
당신들이 인생을 아느냐 know는 철학자의 질문이 있다.

② **knowledge**
철학자의 질문에 한 소년은 '그런 지식 knowledge은 내가 날리지!'라고 말한다.

③ **acquaintance**
어떤 사람이 아는 사람 acquaintance을 만나서 인사한다.

④ **acknowledge**
인사하고 그 사람을 인정해 준다 acknowledge.

⑤ **noble**
노벨상을 받은 고상한 noble 남자가 있다.

⑥ **recognize**
이 고상한 남자를 사람들은 인정한다 recognize.

⑦ **ignore**
사치스러운 여자가 꽃을 바치는 남자를 별 볼 일 없는 사람이라고 보고 무시한다 ignore. 부자 아가씨가 '이그'하며 그 남자를 무시하는 것이다.

gno · kno · no · cogn · cqua   알다 know

know
[nou]

v 알다

어근힌트 know- 알다
파생어 unknown ⓐ 알려지지 않은

I don't know whether it's true or no.
그것이 진실인지 아닌지 나는 모른다.

knowledge
[nálidʒ]

n 지식

어근힌트 know- 알다 + -ledge (명사형 접미사)

I want lots of knowledge of the history of the United States.
나는 미국 역사에 대한 많은 지식을 원한다.

acquaintance
[əkwéintəns]

n 아는 사람

어근힌트 ac- ~로부터(접두사) + quain- 알다 + -ance (명사형 접미사)
파생어 acquaint ⓥ 잘 알게 하다 acquainted ⓐ 아는 사이인, 정통한

I am pleased to make your acquaintance.
당신을 알게 되어 기쁩니다.

acknowledge
[æknálidʒ, əknálidʒ]

v 인정하다

어근힌트 ac- ~로부터(접두사) + know 알다 + -ledge (명사형 접미사)

He didn't acknowledge defeat.
그는 패배를 인정하지 않았다.

noble
[nóubl]

a 귀족의, 고상한

어근힌트 no- 알다 + ble 할 수 있는 (형용사형 접미사)
파생어 nobility ⓝ 귀족, 고결함 ignoble ⓐ 품위가 없는

Schubert spent his whole life in poverty. But he had one noble purpose in life.
슈베르트는 가난 속에서 평생을 보냈다. 그렇지만, 그는 인생에 단 하나의 고상한 목적이 있었다.

recognize
[rékəgnàiz]

v 인정하다

어근힌트 re- 다시(접두사) + cogn 알다 + -ize (동사형 접미사)
파생어 recognition ⓝ 인정

I'm sorry I didn't recognize you at first.
처음에 널 알아보지 못해 미안해.

ignore
[ignɔ́:r]

v 무시하다 (=) neglect

어근힌트 i- 반대 + gnore 알다
파생어 ignorance ⓝ 무지 ignorant ⓐ 무지한

He ignored his mother by not listening to her.
그는 어머니의 말을 듣지 않아 어머니를 무시했다.

STORY 88 떴다, 노털 선생님

💬 STORY

칠판에는 저명한 noted 윤동주 시인의 '서시'와 그 주석 note이 적혀 있다. 교실의 한 학생은 노트북 컴퓨터를 공책처럼 사용하고 있다. 'home'과 'house'는 비슷하기는 하지만, home은 집 뿐만 아니라 안락함, 편안함 같은 의미도 암시한다 connote. 그런데, house는 거주하는 집을 나타낸다 denote. 이때 선생님 한분이 교실 쪽으로 다가온다. 이 선생님은 학교에서도 악명 높은 notorious 분이다. 이를 알아챈 notice 학급 반장이 다른 학우들에게 '노털 떴어'라고 통지한다 notify. 이런 긴박한 상황에서도 한 학생이 옆에서 시험 공부하는 친구를 보고 '시험없어, 개념 notion이 없네'라고 놀리며 딴 짓한다.

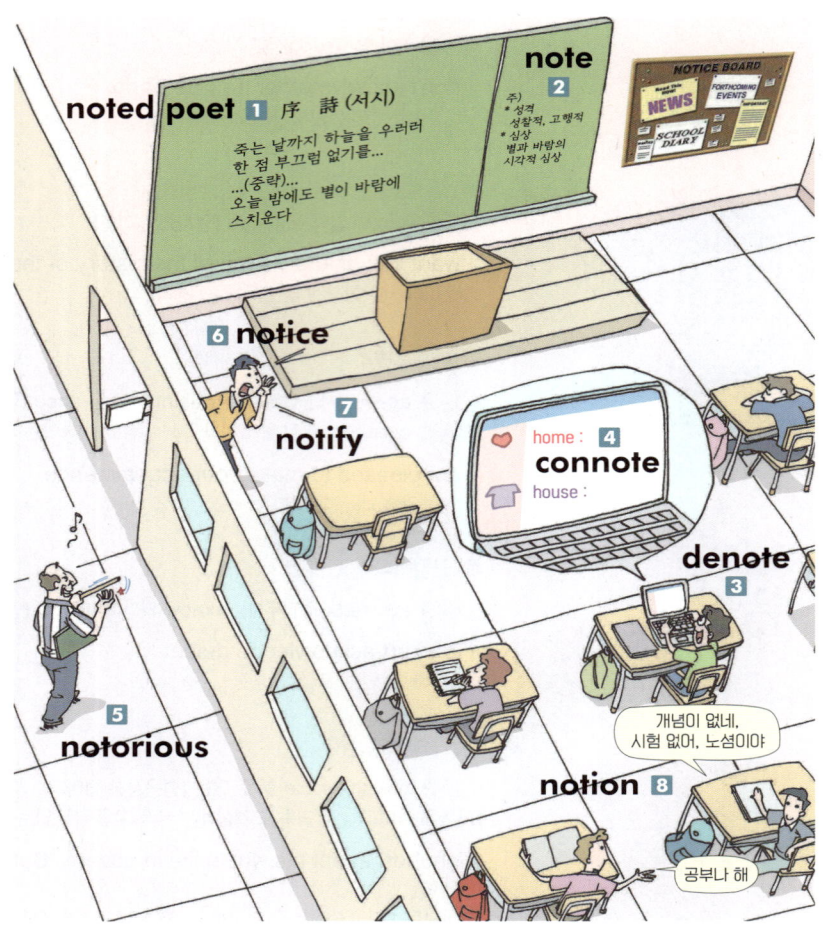

💡 연상 HINT

① **noted**
칠판에는 저명한 noted 윤동주 시인의 '서시'가 적혀 있다.

② **note**
칠판 우측에 시에 대한 주석 note이 적혀 있다.

③ **denote**
한 학생이 노트북 컴퓨터를 공책처럼 사용하고 있다. 'House'는 거주하는 장소를 표시한다denote. 집house은 구체적인 건물을 표시한다. 뒤de집은 크다.

④ **connote**
'home'은 집이라는 뜻 외에 '안락(편안함)'을 암시 한다 connote. con은 '함께'라는 뜻의 접두사이므로 뜻이 함께 여러 개 있는 것이 connote라고 보면 된다.

⑤ **notorious**
한 악명 높은notorious 선생님이 교실로 오고 계신다. 그런데 이 선생님의 머리가 대머리이다. '노no털이었어.'

⑥ **notice**
이 악명 높은 선생님이 오시는 것을 한 학생이 알아챈다 notice.

⑦ **notify**
이 학생이 알아채고 '얘들아, 노털떴어.'라고 말하며 다른 학우들에게 알린다 notify.

⑧ **notion**
한 학생이 옆에서 시험 공부하는 친구를 보고 "야 너 개념 notion 없네. 시험 없어, 노셤이야 노셤('No시험'을 빨리 발음하면 '노셤')"이라고 말한다.

note — 표시하다 mark, 알다 know

noted
[nóutid]

a 유명한

어근힌트 not- 알다 + ed (형용사형 접미사)

He is noted as a scholar.
그는 학자로 유명하다.

note
[nout]

n 메모, 주석; **v** 적어두다

어근힌트 note- 알다
파생어 notable **a** 주목할 만한

Drop me a note.
메모를 남겨주세요.

denote
[dinóut]

v 표시하다

어근힌트 de- 떨어져(접두사) + note 알다
파생어 denotation **n** 표시

He frowned, denoting his displeasure.
그는 그가 불쾌하다는 것을 드러내며 눈살을 찌푸렸다.

connote
[kənóut]

v 암시하다 (↔) denote

어근힌트 con- 함께(접두사) + note 알다
파생어 connotation **n** 암시

This simile also connotes that she is bright and cheerful.
이 비유는 그녀가 밝고 쾌활하다는 것을 암시한다.

notorious
[noutɔ́:riəs]

a 악명 높은

어근힌트 notor 알다 + -ious (형용사형 접미사)

He was notorious for his long-winded speeches.
그는 장황한 연설을 하는 것으로 악명 높았다.

notice
[nóutis]

n 주의, 통지; **v** 알아채다, 주의하다

어근힌트 not- 알다 + ice (명사형 접미사)
파생어 noticeable **a** 눈에 띄는 (=) remarkable, outstanding, striking, conspicuous

You've been busy all morning, and suddenly you notice it is 11:45.
아침 내내 분주한 당신이 갑자기 11시 45분임을 알아챈다.

notify
[nóutəfài]

v 통지하다

어근힌트 not- 알다 + ify (동사형 접미사)

Notify me of when you plan to go on holidays.
휴가 동안 밖에 나갈 계획이 있을 때 나에게 알려주기 바란다.

notion
[nóuʃən]

n 개념

어근힌트 no- 알다 + tion (명사형 접미사)

She got a notion to take up Latin dancing.
그녀는 라틴댄스를 시작하고 싶은 생각을 하게 되었다.

STORY 89 삼송-조요타 합작

STORY

삼송 자동차 공장에서 최신 자동차 생산을 위해 노동자들이 열심히 일한다. 스피커에서 오페라 opera 음악이 흘러나온다. 요즘은 작업 환경도 이렇게 좋아야 능률이 오른다. 한 기사가 벽에 있는 장치의 기계를 작동한다 operate. 차를 조립하는 두 노동자는 협력하여 cooperate 범퍼를 끼운다. 다른 노동자는 드라이버를 가지고 일하는 labor 중이다. 조요타 연구실 laboratory에서는 한 연구원이 엔진의 성능 향상을 위한 연구에 열중한다. 드디어 삼송과 조요타가 합작하여 collaborate, 최신식 자동차를 공들여 elaborate 만들어 출시한다.

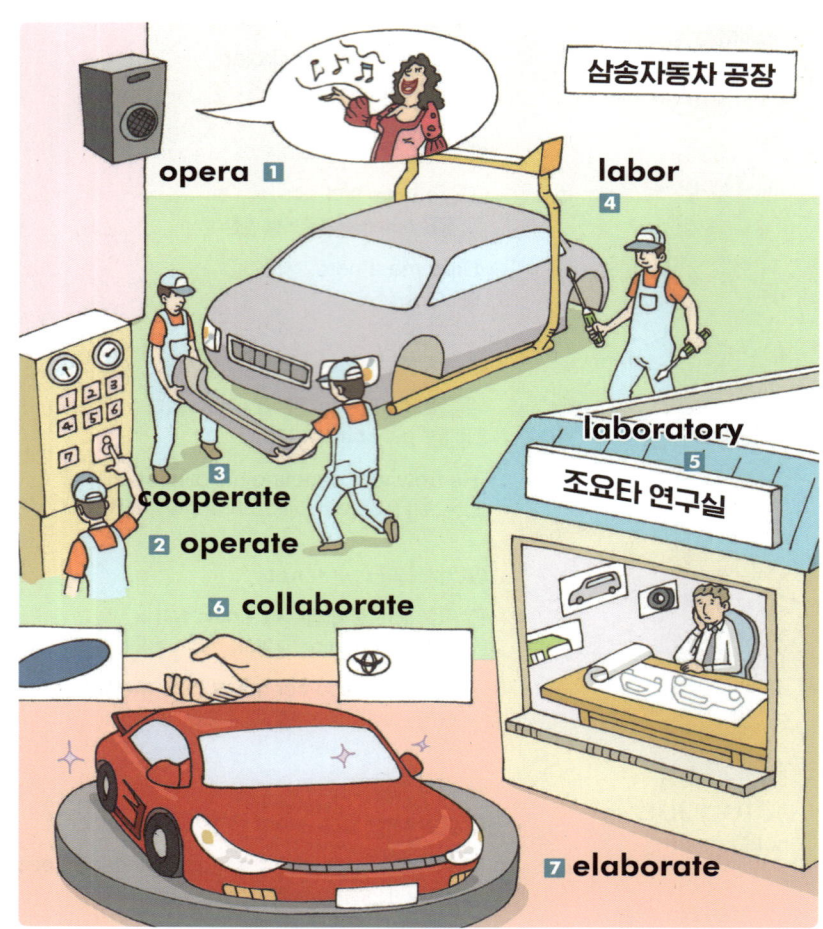

연상 HINT

① opera
삼송 자동차 공장에서 최신 자동차 생산을 위해 노동자들이 열심히 일하고 있다. 스피커에서는 오페라opera가 흘러나오고 있다. 요즈음은 근무환경도 음악을 틀어주는 등 좋게 해주어야 한다.

② operate
한 노동자가 기계를 작동한다 operate. 8번eight (operate의 -ate와 발음이 같음) 버튼을 눌러 작동한다.

③ cooperate
두 노동자가 협력하여 cooperate 범퍼를 끼우고 있다. 함께 co 일하니 operate 협력하는 것이 된다.

④ labor
다른 노동자가 드라이버를 가지고 일한다 labor.

⑤ laboratory
한편 조요타 연구실 laboratory에서는 한 연구원이 엔진의 성능 향상을 위한 연구를 하고 있다. 연구실에서 혼자 연구하는 외톨이

⑥ collaborate
그 결과 삼송과 조요타가 합작하게 collaborate 된다. 이 단어도 함께 일한다는 뜻이다. cooperate보다 좀더 큰 규모로 합작하다는 뜻이다.

⑦ elaborate
합작하여 최신식 자동차를 공들여 만든다 elaborate. 외부에 내놓으려면 공들여 만들어야 한다. 그냥 내보낼 수 없으니까. 접두사 e는 밖, 외부라는 뜻이다. 외부에 선보이기 위해 공들여 만들다.

oper 일 work

opera [ápərə]
n 오페라, 가극

어근힌트 opera- 일하다

Although you have heard an opera once, you can still hear it five or twenty times more.
비록 당신이 한번 오페라를 들었더라도, 당신은 여전히 그것들을 다섯 번 또는 스무 번 더 들을 수 있을 것이다.

operate [ápərèit]
v 움직이다, 작용하다, 수술하다, 조작하다

어근힌트 oper- 일하다 + ate (동사형 접미사)
파생어 operation **n** 작용, 움직임 operator **n** (기계·장치 등의) 조작자, 기사

Do you know how to opeate unmanned air vehicles?
무인 항공기를 조작하는 방법을 알고 있습니까?

cooperate [kouápərèit]
v 협력하다

어근힌트 co- 함께(접두사) + oper 일하다 + -ate (동사형 접미사)
파생어 cooperation **n** 협력 cooperative **a** 협력적인 uncooperative **a** 비협조적인

I want you to cooperate with the team.
나는 당신이 그 팀에 협조하기를 원한다.

labor 일하다 work

labor [léibər]
n 노동; **v** 열심히 일하다

어근힌트 labor- 일하다
파생어 laborer **n** 노동자

The department of labor promised to take care of the need of the laborers.
노동부는 노동자의 필요를 돌보겠다고 약속했다.

laboratory [lǽbərətɔ̀:ri]
n 실험실

어근힌트 labora- 일하다 + -tory (명사형 접미사)

The laboratory analyzed the rock samples.
그 실험실에서 바위 표본들을 분석했다.

collaborate [kəlǽbərèit]
v 합작하다

어근힌트 col- 함께(접두사) + labor 일하다 + -ate (동사형 접미사)

Two writers collaborated in preparing this book.
두 작가들이 이 책을 만들기 위해 공동 작업을 했다.

elaborate [ilǽbərət]
a 공들인; **v** 애써 만들다

어근힌트 e- 밖으로(접두사) + labor 일하다 + -ate (동사형 접미사)

The more elaborate our means of communication, the less we communicate.
우리의 의사소통 수단이 더 정교해질수록, 우리의 의사소통은 줄어든다. Joseph Priestley

STORY 06
뽀빠이 힘 자랑

💬 STORY

뽀빠이 딸은 아빠와의 관계 relation에 대해 알 수 없는 말로 떠든다. 뽀빠이는 올리브에게 딸이 뭐라고 말하는 것인지 번역해 translate 달라고 한다. 뽀빠이는 부르터스를 한방에 지구위의 한 지점으로 날려 보낸다. 모든 지점은 위도와 경도로 나타낼 수 있다. 위도 latitude는 동서로 연결된 평평한 선이고, 북극과 남극을 잇는 긴 선을 경도 longitude 라고 한다.

💡 연상 HINT

① **relation**
뽀빠이 딸은 아빠와의 관계relation에 대해 알 수 없는 말로 떠든다. 관계란 여러 번 다시re 나르는 것이다.

② **translate**
뽀바이가 올리브에게 '얘가 뭐라고 하는 거야? 번역해 translate 줘.'라고 말한다. 번역은 언어를 건너뛰어trans 나르는 것

③ **latitude**
뽀빠이는 시금치를 먹고 부르터스(올리브를 좋아하는 인물)를 한 방에 지구상의 한 지점으로 날려보낸다. 지점은 위도, 경도 이렇게 좌표를 정할 수 있다 위도 latitude 단어의 앞부분 lat의 앞에 f를 붙이면 flat가 된다. 동서로 좌우로 평평하게 있으면 이것은 위도가 된다.

④ **longitude**
지도에서 경도longitude는 동경0도~180도, 서경0도~180도로 나타내는 긴 자오선을 말한다. long은 긴 이니까 긴 자오선이 경도이다.

lat 나르다 carry

relation
[riléiʃən]

n 관계

어근힌트 re- 다시(접두사) + la 나르다 + -tion (명사형 접미사)

파생어 relate ⓥ 이야기하다, 관련시키다- relationship ⓝ 관계 relative ⓝ 친척
relatively ⓐⓓ 상대적으로

He does not have any relation to the matter.
그는 그 문제와 아무런 관련이 없다.

translate
[trænsléit, trænz-]

v 번역하다

어근힌트 trans- 가로질러(접두사) + late 나르다

파생어 translation ⓝ 번역 translator ⓝ 번역자

He translated that contract into English.
그는 그 계약을 영어로 번역했다.

latitude
[lǽtətjùːd]

n 위도

어근힌트 lati- 나르다 + tude (명사형 접미사)

When you are at a high latitude close to the north pole, you are more likely to see aurora.
북극 근처 고위도에 있을 때 오로라를 볼 가능성이 더 크다.

longitude
[lándʒətjùːd]

n 경도

어근힌트 longi- 긴 + tude (명사형 접미사)

Greenwich is a town which Greenwich meridian (0. longitude) crosses.
그리니치 (Greenwich)는 그리니치 자오선 (경도 0.)이 교차하는 도시입니다.

STORY 91 농구 1 : 연습

💬 STORY

체육관에서 농구 연습이 한창이다. 농구부에서는 법 law과 같은 존재인 감독이 선수들을 훈련시킨다. 충성된 loyal 두 꼬마 동료 colleague 선수들은 열심히 훈련에 임한다. 고3인 서태웅은 근면함 diligence의 자세로 열심히 연습한다. 부단한 연습으로 팀의 에이스로 적격인 eligible 선수가 된다.

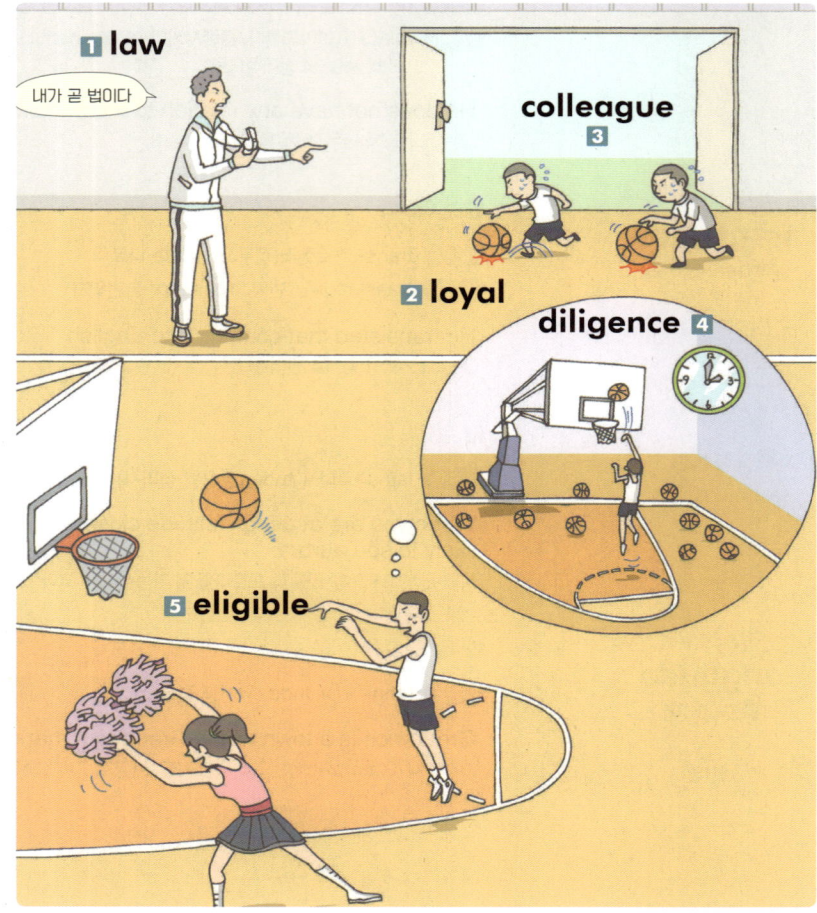

💡 연상 HINT

① **law**
체육관에서 농구 연습이 한창이다. 농구부에서는 법law과 같은 존재인 감독이 선수들을 훈련시킨다. 코치가 '모든 것은 나로 통한다. 내가 법이다'라고 말한다.

② **loyal**
충성된 두 선수들은 열심히 훈련에 임하고 있다. 글자 l은 서있는 모습이다. 그러니까 차려하고 똑바로 충성스럽게 서있는 것을 생각하자.

③ **colleague**
이 두 선수는 동료colleague이다. 그런데 아직 어려서 코흘리개이다.

④ **diligence**
고3인 서태웅은 근면diligence하게 연습하였다. 지금 밤3시이다. 질리도록 부지런히 연습한 것이다. 딜리전스 → 질리전스

⑤ **eligible**
부지런히 연습한 서태웅 선수는 팀의 에이스로 적격인 eligible 선수가 되었다. 그 옆에서는 여자 치어걸이 '엘리제도 기뻐해'라는 노래를 부르며 응원하고 있다.

leg 법률 law, 위임하다 choose as deputy

law [lɔ:]
- n 법
- 어근힌트 law- 법
- 파생어 outlaw n 무법자 lawyer n 변호사
- Fasten your seat belt, please. It's the law. It's also for your protection.
  안전벨트 매세요. 법으로 규정되어 있거든요. 또한 안전을 위해서지요.

loyal [lɔ́iəl]
- a 충성스러운
- 어근힌트 loy- 위임하다 + al (형용사형 접미사)
- 파생어 loyalty n 충성 disloyal a 불충한
- His loyal dog always sits beside him.
  그의 충견은 항상 그의 옆에 앉아 있다.

leag · lig 모으다 gather, 선택하다 choose

colleague [káli:g]
- n 동료
- 어근힌트 col- 함께(접두사) + league 모으다
- His colleague was transferred to an overseas branch.
  그의 동료는 해외 지점으로 전근되었다.

diligence [dílidʒəns]
- n 근면
- 어근힌트 di- 분리된(접두사) + lig 모으다 + -ence (명사형 접미사)
- 파생어 diligent a 근면한
- Without diligence and thrift nothing will happen, and with them everything.
  근면과 절약이 없다면 아무것도 일어나지 않고, 그것들이 있다면 모든 것이 가능하다.

eligible [élidʒəbl]
- a 적격의
- 어근힌트 e- 밖으로(접두사) + lig 모으다 + -ible 할 수 있는 (형용사형 접미사)
- She is now eligible to vote.
  그녀는 이제 투표할 수 있는 자격이 있다.

STORY 92 농구 2 : 내 다리 내놔

STORY

공항의 대형 TV에서 '전설 legend 의 고향(故鄕)' 프로가 방송되고 있다. 드라마 속에서 마당쇠는 밤에 공동묘지에서 가져온 다리를 묻었을 때 아침에 산삼으로 변한 것을 아씨에게 건네준다. '아가씨, 이게 집안의 유산 legacy이에요.' 이제 공항 출구로 인도 농구 선수 대표단 delegate이 걸어 나온다. 이들 중 한 선수는 우아한 elegant 엘레강스 구두를 신고 있다. 법률상의 legal 이유로 경찰(얼굴이 ET)이 대표단을 동행하며 감시한다. 나중에 ET 경찰은 인도 선수의 합법적인 legitimate 친구가 된다.

연상 HINT

① legend
공항의 대형TV에서 '전설 legend의 고향' 드라마가 방송되고 있다. 이 드라마에는 종종 공동묘지 같은 섬뜩한 내용이 등장하곤 한다. '내 다리leg 끝 end 내놔'라고 하며 시체가 쫓아오는 것 같다.

② legacy
다음날 아침 묻어놓았던 다리가 산삼으로 변한다. 마당쇠는 '아가씨, 이게 우리의 유산 legacy에요'라고 부르면서 이것을 아씨에게 건네준다. 아가씨, 레거씨

③ delegate
한편 농구 선수 대표단delegate이 문으로 걸어 들어오고 있다. 모자를 보니 인도 델리에서 온 것 같다. 델리게이트라는 발음을 생각하기 위해 델리에서 온 것으로 함.

④ elegant
한 선수가 우아한 elegant 엘레강스 구두를 신고 들어온다. 농구화를 신고 와야 하는데!!

⑤ legal
법률상의 legal 이유로 동남아 여러 나라에서 외국인이 들어올 때는 경찰이 이들을 동행하며 감시한다. ET가 경찰인데 먼 길을 동행하느라 다리 leg에 알통이 생김

⑥ legitimate
ET가 한참 같이 다니다 보니 이제는 이들과 합법적인 legitimate 친구mate가 되었다.

leg — 법률 law, 위임하다 choose as deputy

legend [lédʒənd]
- n 전설
- 어근힌트 leg- 위임하다 + end (명사형 접미사)
- There's a legend about a beautiful creature that lives in the deep ocean.
- 깊은 바다에 사는 아름다운 존재에 관한 전설이 있다.

legacy [légəsi]
- n 유산
- 어근힌트 lega- 위임하다 + cy (명사형 접미사)
- No legacy is so rich as honesty.
- 정직만큼 값진 유산은 없다.

delegate [déligət, -gèit]
- n 대표, 사절; v 특파하다, 위임하다
- 어근힌트 de- 떨어져(접두사) + leg 위임하다 + -ate (동사형 접미사)
- The minister sent a delegate to arrest the terror suspect.
- 장관은 테러 용의자를 체포하기 위해 대리인을 파견했다.

legal [líːgəl]
- a 법률(상)의
- 어근힌트 leg- 법 + al (형용사형 접미사)
- 파생어 illegal a 불법의 legality n 적법 legalize v 적법화하다
- I do not want to take any legal procedure.
- 나는 어떤 법적 절차도 취하고 싶지 않습니다.

legitimate [lidʒítəmət]
- a 합법적인
- 어근힌트 legitim- 법 + ate (동사형 접미사)
- I'm not sure that his business is strictly legitimate.
- 나는 그가 하는 일이 확실히 합법적인지 모르겠다.

leg — 선택하다 choose

elegant [éligənt]
- a 우아한
- 어근힌트 e- 밖으로(접두사) + leg 위임하다 + -ant (형용사형 접미사)
- 파생어 elegance n 우아 inelegant a 우아하지 못한
- She is an elegant and graceful girl.
- 그녀는 우아하고 기품있는 소녀이다.

STORY 93 ROOT 1 농구 3 : 코치 선거

💬 STORY

농구 코치를 뽑기 위해 선거하는 elect 중이다. 한 후보가 학교에서 강의 lecture하던 일을 회상하며 recollect 자신의 지성 intellect 을 장점으로 내세운다. 한쪽에서는 투표용지를 모으고 collect 있는데 선거에 불만인 사람이 무시하는 neglect 태도로 투표용지를 찢고 있다. 선거 결과 농구 코치로 선출된 사람이 고향집에 전화해서 아버지에게 이 사실을 사투리 dialect 로 통화한다. 아버지는 씨앗을 고르고 select 있는 중이었다.

💡 연상 HINT

① **elect**
농구 코치 선거를 하고 elect 있다. 제가 당선되면 '일 내겠습니다.'라고 후보가 연설하고 있다.

② **lecture**
그 후보가 학교에서 강의 lecture하던 일을 이야기하고 있다. 강의 듣는 학생들이 추워 떨고 있음. 강의가 너무 썰~렁한가 보다.

③ **intellect**
그 후보가 자신의 지성 intellect을 장점으로 내세우고 있다. '저는 머리도 좋거든요. 인텔(Intel)칩이 머리에 꼽고 있어서 머리가 잘 돌아요.'

④ **collect**
이제 투표용지를 함께 모으고 collect 있다.

⑤ **neglect**
그런데 선거에 불만인 사람이 '니그들이나 투표해라'라고 하면서 선거를 무시하여 neglect 투표용지를 찢는다.

⑥ **dialect**
선거 결과 농구코치로 선출된 사람이 고향집에 다이얼 전화기로 전화해서 아버지에게 이 사실을 사투리dialect로 얘기한다. '아부지, 이제 지가 거시기 되부렀소'

⑦ **select**
아버지는 씨앗을 고르고 select 있는 중이었다. 기뻐서 말한다. '그려야, 사람 지대로 뽑았구먼.'

lect — 모으다 gather, 선택하다 choose, 읽다 read

elect [ilékt]
☐☐☐

v 선거하다

어근힌트 e- 밖으로(접두사) + lect 모으다
파생어 election n 선거

It's evident that she will be elected.
그녀가 선출될 것이 분명하다.

lecture [léktʃər]
☐☐☐

n 강의, 강연

어근힌트 lect- 모으다 + ure (명사형 접미사)
파생어 lecturer n 강연자

The professor's lectures were very boring.
그 교수님의 강의가 매우 지루했다.

intellect [íntəlèkt]
☐☐☐

n 지력, 지성

어근힌트 intel 지력, 분별 + -lect 모으다
파생어 intellective a 지력의, 지적인 intellectual a 지적인 intelligence n 지능, 지성
intelligent a 이해력이 있는, 지적인

His intellect led the way from earlier work to later achievements of modern science.
그의 지성이 현대 과학의 초기 연구에서 후기의 업적까지 이끌었다.

collect [kálekt]
☐☐☐

v 모으다

어근힌트 col- 함께(접두사) + lect 모으다
파생어 collection n 수집 collective a 집합적인

He tried to use every means to collect money.
그는 돈을 모으기 위해 모든 수단을 사용하려 했다.

neglect [niglékt]
☐☐☐

v 무시하다, 게을리하다

어근힌트 neg- 부정(접두사) + lect 모으다

James II thought that people neglected their work to play this attractive game.
제임스 2세는 사람들이 이 매력적인 경기 때문에 일하는 것을 소홀히 한다고 생각했다.

dialect [dáiəlèkt]
☐☐☐

n 방언

어근힌트 dia- 통과하여(접두사) + lect 모으다
파생어 dialectal a 방언의

The linguist is fluent in several Chinese dialects.
그 언어학자는 여러 가지 중국어 사투리를 유창하게 구사한다.

select [silékt]
☐☐☐

v 고르다

어근힌트 se- 분리된(접두사) + lect 모으다
파생어 selection n 선발

Please select several books you want to read.
읽을 책을 여러 권 선택하십시오.

STORY 94 — 호떡맨 살려주세요 1

STORY

유괴범이 여자아이를 들어올려 lift 납치했다. 이 범인이 승강기 elevator를 타고 올라간다. 이 장면을 목격한 가족은 종교를 믿는 believe 가족인 것 같다. 손으로 빌며 살려달라고 간청한다. 유괴범이 옥상 난간에 올라가자 아이가 '자유 liberty를 주세요.'하며 애원한다. 이때 호떡맨 등장하여 안심 relief 시킨다. 호떡맨은 효모 leaven 한 병을 먹으면 부풀어 오른다.

연상 HINT

① **lift**
유괴범이 여자아이를 들어올려 lift 납치했다. 눈썰매장이나 놀이공원에서 들어올려 타고 가는 것을 리프트라고 하는데 바로 이 lift이다.

② **elevator**
이 범인은 엘리베이터 elevator를 타고 올라간다.

③ **believe**
이 장면을 보고 놀란 가족이 살려달라고 빌고 있다. 아이의 부모는 신앙을 믿고 believe 있는 사람같다. 손을 모으고 '비be나이다. 우리 딸을 돌보아 주소서'라고 기도한다.

④ **liberty**
유괴범이 옥상 난간에 올라가자 아이가 '저에게 자유liberty를 주세요'라고 애원하며 버티고 있다.

⑤ **relief**
이 때 호떡맨이 등장하여 '제가 구조 relief해 드리겠습니다.'하며 모두를 안심시킨다. 다시re 마음의 짐을 덜어주는 것이다. relief는 구조, 안심을 뜻하고, 또한 조각에서 부조를 의미하기도 한다. 호떡맨 앞의 기호가 새겨진 부조라고 생각해도 좋겠다.

⑥ **leaven**
호떡맨은 효모 leaven 한 병을 먹으면 부풀어 오른다. 발음이 레븐이니까 11 eleven에서 e를 빼면 발음 leaven이 된다. 그래서 상표를 11-e로 하였다.

lev · liev — 올리다 raise

lift [lift]
- **v** 들어올리다, 올라가다; **n** 올림, 승강기
- 어근힌트: lift- 올리다
- A gas that is lighter than air lifts the balloon from the ground.
  공기보다 가벼운 가스는 지상으로부터 풍선을 띄울 수 있게 한다.

elevator [éləvèitər]
- **n** 엘리베이터, 승강기
- 어근힌트: e- 밖으로(접두사) + levat 올리다 + -or (명사형 접미사)
- 파생어: elevate **v** 올리다, 승진시키다
- I use the stairs instead of the elevator whenever I can.
  나는 할 수 있을 때마다 엘리베이터 대신 계단을 이용한다.

believe [bilí:v, bə-]
- **v** 믿다
- 어근힌트: be- ~로(접두사) + lieve 올리다, 사랑하다
- 파생어: belief **n** 믿음 believable **a** 믿을 수 있는 unbelievable **a** 믿을 수 없는
- Do you believe in miracles?
  당신은 기적을 믿습니까?

relief [rilí:f]
- **n** 구제, 안심, (고통, 걱정 등의) 제거
- 어근힌트: re- 다시(접두사) + lief 자유롭게하다
- 파생어: relieve **v** (고통, 중압 등을) 경감하다, 구제하다
- They breathed a sigh of relief.
  그들은 안도의 한숨을 내 쉬었다.

leaven [lévən]
- **n** 효모
- 어근힌트: leav- 올리다 + en (명사형 접미사)
- Baker's yeast is used as a leaven in baking.
  베이커 효모는 빵을 만들때 누룩으로 사용된다.

liber · liver — 자유롭게 하다 free

liberty [líbərti]
- **n** 자유, 해방
- 어근힌트: liber- 올리다 + ty (명사형 접미사)
- 파생어: liberal **a** 자유주의의 liberate **v** 자유롭게 만들다 liberation **n** 해방, 석방
- As for me, give me liberty or give me death!
  나로서는, 나에게 자유를 주거나, 나에게 죽음을 준다!

STORY 95 호떡맨 살려주세요 2

💬 STORY

드디어 호떡맨이 변신하여 등장한다. 호떡맨이 유괴범을 들어올려서 지렛대 lever 쪽으로 던진다. 이후 자신은 홀연히 날아가 버린다. 범인은 체포된 후 법정에 넘겨진다. '범인을 감옥으로 배달하라 deliver', '적절한 relevant 벌을 내리라'는 등 법정에 있는 사람들의 원성이 높다. 판사는 죄가 얼마나 무거운지 형량을 사려깊은 deliberate 마음으로 고민하고 있다.

💡 연상 HINT

① **lever**
드디어 호떡맨이 변신하여 등장한다. 유괴범을 들어 올려서 지렛대 lever 쪽으로 던진다. 이후 자신은 홀연히 날아가 버린다.

② **deliver**
범인은 체포된 후 법정에 넘겨진다. 법정에 있는 사람들은 '범인을 감옥으로 배달하라 deliver' '뒤de쪽 강river 옆의 감옥으로 배달하라.', '간 liver을 빼내라.'고 소리지르는 등 여러 원망의 소리가 높다.

③ **relevant**
또한 '돈을 날로번 놈이에요. 적절한 relevant 벌을 내리세요'라고 요청하는 소리도 들린다.

④ **deliberate**
판사는 형량을 어떻게 내릴지에 대해 진지한 deliberate 생각을 하고 있다. 저울로 죄의 무게를 달아서 공평하게 판결을 내려야 하는 것이 판사의 임무이다.

lev · liev 올리다 raise

lever
[lévər]

n 지레; **v** 지레를 쓰다

어근힌트 lever- 올리다

Mind is the great lever of all things.
정신은 모든 것들 중 가장 큰 지렛대이다. Daniel Webster

relevant
[réləvənt]

a 관련된, 적절한

어근힌트 re- 다시(접두사) + lev 올리다 + -ant (형용사형 접미사)
파생어 relevance **n** 관련(성), 적절   irrelevant **a** 부적절한

I can easily find relevant information on the Internet.
나는 인터넷에서 관련 정보를 쉽게 찾을 수 있다.

liber · liver 자유롭게 하다 free

deliver
[dilívər]

v 배달하다, 구해내다

어근힌트 de- 떨어져(접두사) + liver 올리다
파생어 delivery **n** 배달, 구조

We will deliver flowers for your wedding.
우리는 당신의 결혼식을 위해 꽃을 배달할 것입니다.

deliberate
[dilíbərət]

a 생각이 깊은, 고의의; **v** 숙고하다

어근힌트 de- 떨어져(접두사) + liber 자유롭게하다 + -ate (동사형 접미사)
파생어 deliberation **n** 숙고   deliberately **ad** 신중히, 고의로

Was the fire accidental or deliberate?
화재는 우발적 이었니, 아니면 고의적이었니?

STORY 96 황산벌 전투

STORY

당나라를 의존할 rely 수밖에 없었던 신라는 당과 동맹을 맺었다 ally. 한때 자칫하면 술집에 가기 쉬웠던 liable 김유신이 정신을 차리고 5만 군사를 거느리고 황산벌 전투에 임했다. 용감한 관창은 사기 진작을 위해 자원해서 적진에 뛰어들었다. 덕분에 그의 말도 어쩔 수 없이 oblige 적진으로 뛰어들게 되었다. 이 전투에서 관창은 용감히 목숨을 잃게 된다. 그 결과 관창의 희생으로 분노에 가득찬 신라 화랑 연맹 league이 각지에서 모여들기 시작했다. 백제의 계백장군은 5천 결사대를 소집하여 rally 나당연합군에 필사적으로 대항하였다. 백성들은 기도하며 종교 religion에 의지하여 무사하기를 빌고 있다.

연상 HINT

① **rely**
삼국통일을 위해서 신라는 당나라를 의존할rely 수밖에 없었다. 또 다시 re 당나라를 의존한 것임.

② **ally**
신라는 당과 군사동맹을 맺는다 ally. '라이라이 모두all 동맹 맺자해~'

③ **liable**
한때 자칫하면 술집에 가기 쉬웠던 liable 김유신 장군은 주점에 다시는 가지 않겠다고 했는데 그게 마음대로 되지 않는다. 그러나 잘못되면 책임을 져야할 처지에 이르게 되니 조심해야 한다. 이제 정신을 차리고 5만 군사를 거느리고 황산벌 전투에 임한다.

④ **oblige**
용감한 관창은 사기 진작을 위해 자원해서 적진에 뛰어든다. 5개의 성냥불을 발굴에 놓는 거짓말쟁이lie 쥐가 관창의 말이 적진에 뛰어들도록 강요한다 oblige. 관창은 여기서 희생된다.

⑤ **league**
관창의 희생으로 마음을 새롭게 가다듬은 신라 화랑 연맹 league이 각지에서 모여들기 시작했다. 화랑 리그league

⑥ **rally**
백제의 계백 장군은 5천명의 결사대를 소집하여 rally 나당 연합군에 필사적으로 대항하였다. '날래 날래 모이랑께'라며 군사들을 재집결시키고 있다.

⑦ **religion**
이 당시 백성들은 기도하면서 종교 religion에 의지하여 무사하기를 간절히 빌었다. 발음이 릴리전이니까 백합 lily 모양의 전을 올려놓고 기도하는 것을 생각하면 좋겠다.

lig · li · ly 묶다 bind

rely [rilái]

v (-lied) 의지하다, 신뢰하다
어근힌트 re- 다시(접두사) + ly 묶다
파생어 reliable ⓐ 믿을 수 있는, 의지가 되는 reliance ⓝ 신뢰

Nowadays we rely increasingly on computers.
요즘 우리는 점점 더 컴퓨터에 의지하고 있다.

ally [əlái]

v 동맹 시키다
어근힌트 al- ~로부터(접두사) + ly 묶다
파생어 alliance ⓝ 동맹

The small country allied itself with [to] the stronger country.
그 작은 나라는 더 강한 국가와 동맹을 맺었다.

liable [láiəbl]

a 책임져야 할, 자칫하면 ~하는
어근힌트 li- 묶다 + able 할 수 있는 (형용사형 접미사)
파생어 liability ⓝ 책임, (~한) 경향이 있음

I am liable to catch a cold.
나는 감기에 잘 걸린다.

oblige [əbláidʒ]

v 강요하다
어근힌트 ob- ~로(접두사) + lige 묶다
파생어 obligation ⓝ 의무 obligatory ⓐ 의무적인

He will be obliged to sell necessary things, who buys needless things.
불필요한 물건을 사는 사람은 필요한 물건을 팔아야 할 것이다.

league [li:g]

n 연맹, 리그
어근힌트 leag- 묶다 + ue (명사형 접미사)

That spring, I was taken to my first big-league game.
그 해 봄, 나는 처음으로 빅 리그 경기에 데려가졌다.

rally [rǽli]

v 다시 불러 모으다; **n** 재집결
어근힌트 r(e)- 다시(접두사) + ally 합치다

The opposition party will rally in the next election.
야당은 다음 선거에서 집결할 것이다.

religion [rilídʒən]

n 종교
어근힌트 re- 다시(접두사) + lig 모으다 + -ion (명사형 접미사)
파생어 religious ⓐ 종교(상)의

They are having a lot of trouble due to differences in religion.
그들은 종교의 차이로 인해 많은 어려움을 겪고 있다.

STORY 97 택배 집하장

💬 STORY

택배 집하지에서 관리 책임자가 지방의 local 도시로 배달할 물건들을 할당하면서 allocate 위치를 지정해 준다 locate. 새로 입사한 기사가 선배기사에게 '트럭 문을 열어도 될까요?'하고 묻자 선배 기사는 허락한다 allow. 한편 택배 기사가 개개인 individual에게 물건을 나누어 주는 divide 과정에서 한 사람이 미망인 widow에게 전해줄 물건을 너무 늦게 배달했다고 불만을 터트리고 있다.

💡 연상 HINT

① **local**
택배 집하지에 지방의 local 도시로 배달할 물건들이 있다. 지도를 보면 각 지방을 구분하는 경계선이 칼로 그어 놓은 것처럼 선명하다.

② **allocate**
관리책임자가 배달한 물건들을 택배기사에게 모든 all 상자를 할당해 준다 allocate.

③ **locate**
할당해 주면서 지도상에서 목적지의 위치를 정해준다 locate. 한 택배기사에게는 '로케트 발사장이 있는 고흥으로 보내세요'라고 말한다.

④ **allow**
이들 기사 중 새로 입사한 기사는 선배기사에게 '트럭 문을 열어도 될까요?'하고 묻는다. 그러자 선배 기사는 '열라우'하면서 허락한다 allow.

⑤ **individual**
택배 문건은 각 개인 individual에게 개별적으로 배송된다. '개인'이란 어원적으로 '더 이상 나눌 수 없는 존재'라는 뜻이다.

⑥ **divide**
개별적으로 배송하기 위하여 물건을 일일이 구분하여 나눈다 divide. 그림에서는 di, vi, de 이렇게 세 개로 구분했다. 물건을 늦게 받은 아저씨는 화가 나서 '이렇게 늦게 갔다주오잉. 디비지는 줄 알았당게.'하며 불만을 터트린다.

⑦ **widow**
물건을 창문 곁에 있는 한 미망인 widow에게 배송한다. 창문 window에서 n을 빼면 widow가 된다. 그리고 wid는 vid에서 나온 말로 남편과 분리된 사람이 미망인이다.

loc — 장소 place

local [lóukəl]
- ⓐ 공간의, 지방의
- 어근힌트 loc- 장소 + al (형용사형 접미사)
- 파생어 locally ad 장소 상으로

I want to enjoy the local food of each place.
나는 각 지역의 음식을 즐기고 싶다.

allocate [æləkèit]
- ⓥ 할당하다
- 어근힌트 al- ~로부터(접두사) + loc 장소 + -ate (동사형 접미사)

A portion of the funds will be allocated to research and development.
자금의 일부는 연구 개발 부문에 할당될 것이다.

locate [lóukeit]
- ⓥ (어떤 장소에) 정하다
- 어근힌트 loc- 장소 + ate (동사형 접미사-)
- 파생어 location ⓝ 위치 선정

The company chose to locate its headquarters near the airport.
회사는 공항 근처에 본사를 배치하기로 결정했다.

allow [əláu]
- ⓥ 허락하다
- 어근힌트 al- ~로부터(접두사) + low 할당하다
- 파생어 allowance ⓝ 수당, 용돈, 허가

The youngster should be allowed to experience disappointment.
젊은이는 실망을 경험하도록 허락되어져야 한다.

vid — 분리하다 separate

individual [ìndəvídʒuəl]
- ⓝ 개인
- 어근힌트 in- 반대(접두사) + di 떨어져 + vid 분리하다 – -ual (형용사형 접미사)
- 파생어 individually ad 개인적으로 individualism ⓝ 개인주의

We should respect the rights of every individual.
우리는 모든 개인의 권리를 존중해야한다.

divide [diváid]
- ⓥ 나누다
- 어근힌트 di- 분리된(접두사) + vide 분리하다
- 파생어 dividend ⓝ 피제수(被除數), 나눗수 division ⓝ 분할

Elements of culture can be divided into two categories.
문화의 요소들은 두 범주로 나뉠 수 있다.

widow [wídou]
- ⓝ 미망인
- 어근힌트 wid- 분리된 + ow (명사형 접미사)

She has been a widow only six months.
그 여자는 남편과 사별한지 반년 밖에 안 된다.

STORY 98 열강하는 선생님

STORY

칠판에 논리 logic 문제를 적어놓고 학생들에게 유추 analogy에 대해 아는지 웅변 eloquence 어조로 힘차게 강의한다. 가운데 학생은 잘 모르는 것을 용서 apology 해 달라고 사과를 먹으며 빈다. 뒤의 두 학생들의 대화 dialogue를 들으면서 앞의 학생은 구어체의 colloquial 말로 비꼬며 말한다. 이 시간에 잡상인이 문 열고 물품 카달로그 catalog를 보이며 구매를 충동한다.

연상 HINT

① **logic**
선생님이 칠판에 강아지와 고양이의 관계를 묻는 논리 logic 문제를 적어 놓았다.

② **analogy**
선생님이 학생들에게 '유추문제 아나ana?'하면서 유추 analogy에 대해 물어본다.

③ **eloquence**
이 선생님은 웅변 eloquence 어조로 힘있게 강의하고 있다. 웅변이란 밖으로 e- 말을 힘차게 하는 것이다.

④ **apology**
앞자리에 앉은 학생은 '선생님, 잘 모르겠어요. 용서해 주세요.' 하면서 사과 apology를 하며 용서를 빈다. apology와 apple 은 발음이 유사하다. '사과할게요.'라고 말하며 사과를 먹는다.

⑤ **dialogue**
이렇게 선생님이 열강하는데 두 학생들은 서로 대화 dialogue를 하며 주위를 소란케 한다. 둘 di-이 말하는 logue 것이 대화이다.

⑥ **colloquial**
앞의 학생은 이 두 학생의 대화를 들으며 구어체의 colloquial 말투로 '꼴col값하네'하고 비꼬며 말한다.

⑦ **catalog, -gue**
이 시간에 또 왠 잡상인이 문을 열고 '이봐, 학생 여기 좋은 MP3 있어, 하나 사.'하면서 물품 카타로그 catalogue를 보이며 구매를 충동한다.

log · loqu 말 speech

logic
[ládʒik]

n 논리학, 논리

어근힌트 log- 말 + ic (형용사형 접미사)
파생어 logical ⓐ 논리학(상)의 illogical ⓐ 비논리적인

There is no logic in your argument.
당신의 주장에는 논리가 없습니다.

analogy
[ənǽlədʒi]

n 유사, 유추법

어근힌트 ana- 따라서(접두사) + logy 말
파생어 analogize ⓥ 유추하다, 유사하다 analogous ⓐ 유사한

There is an analogy between the human heart and a pump.
인간의 심장을 펌프에 비유하는 유추가 있다.

eloquence
[éləkwəns]

n 웅변

어근힌트 e- 밖으로(접두사) + loqu 말 + -ence (명사형 접미사)
파생어 eloquent ⓐ 웅변의

Action is eloquence.
행동이 웅변이다. William Shakespeare

apology
[əpálədʒi]

n 사과

어근힌트 apo- 떨어져(접두사) + logy 말
파생어 apologetic ⓐ 사과의 apologize ⓥ 사과하다

Please accept my apology for the delay in refunding your money.
당신의 돈을 환불하는데 지연한 것에 대해 사과드립니다.

dialogue
[dáiəlò:g, dáiəlàg]

n 대화, 회화

어근힌트 dia- 통과하여(접두사) + logue 말

History is a dialogue between the present and the past.
역사는 현재와 과거 사이의 대화다. E. H Carr, What is History?

colloquial
[kəlóukwiəl]

a 구어(체)의, 일상 회화의

어근힌트 col- 함께(접두사) + loqu 말 + -ial (형용사형 접미사)
파생어 colloquialism ⓝ 구어체

She is trying to write a book using colloquial language.
그녀는 구어체 언어를 사용하여 책을 쓰려고 한다.

catalog, -gue
[kǽtəlò:g]

n 목록

어근힌트 cata- 아래로, 완전히(접두사) + logue 말

Please send me your latest catalogue.
최신 카탈로그를 보내주십시오.

STORY 99 브로드웨이 공연

💬 STORY

여기는 뉴욕 브로드웨이의 넓은 broad 극장이다. 길고 long 높은 high, 상당히 큰 대형 화면이 비치는 가운데 여배우 크리스티나가 깊은 deep 수면 위에서 배를 타는 장면을 연출한다. 이 배우를 보려고 아쉬운 듯 남아있는 linger 남친을 보자, 여친이 화가나서 끌고 간다. 공연장 앞쪽에는 다리를 늘인 삐에로가 사람들에게 '공연 연장이요 prolong'하면서 사람들을 유인하고 있다.

💡 연상 HINT

① **broad**
여기는 브로드웨이(Broadway) 극장이다. '브로드웨이'란 넓은 broad 길way란 뜻이다.

② **long**
무대의 스크린은 좌우로 긴 long 대형화면이다. 사람들은 이런 멋진 공연을 보려고 애타게 기다린다 long. long은 형용사로 긴, 동사로 애타게 기다리다라는 두가지 뜻이 있다. 고개를 길게 빼고 기다리는 모습을 상상하면 형용사 동사 같은 내용이라는 것을 알 수 있다.

③ **high**
화면의 높이도 꽤 높은 high 것 같다.

④ **deep**
여배우 크리스티나는 깊은 deep 수조 위에서 배를 타는 장면을 연출한다. '딥 deep, 깊' 발음 어감이 비슷하다.

⑤ **linger**
크리스티나를 보려고 한 남자가 집에는 가지 않고 아쉬운 듯이 남아 있다 linger. 그러자 화가 난 여친이 강제로 끌고 간다. 이 남친 하는 '날 냉겨 둬'하면서 아쉬워 한다. '냉겨', linger[링거] 발음을 비슷하게 해 보자.

⑥ **prolong**
공연장 앞에서는 다리를 늘인 피에로가 사람들에게 '공연을 연장하니 prolong 얼렁얼렁 오세요'하면서 사람들을 유인한다. 앞 pro 다리를 늘이고, 얼렁얼렁 이라는 말에서 힌트를 잡으면 좋겠다.

long — 긴, 갈망하다 long

broad [brɔːd]
- ⓐ 넓은
- [어근힌트] broad- 넓은
- There was broad agreement on the terms of use and privacy.
- 사용 및 개인 정보 보호에 대한 광범위한 흡의가 있었다.

long [lɔːŋ]
- ⓐ 긴; ⓥ 애타게 바라다
- [어근힌트] long- 긴
- [파생어] longing ⓝ 갈망; ⓐ 갈망하는
- Life is a long lesson in humility.
- 인생은 겸손을 배우는 긴 교훈의 시간이다.

high [hai]
- ⓐ 높은; ⓐⓓ 높이
- [어근힌트] high- 높은
- I climbed high on the ladder.
- 나는 사다리 위로 높이 올라 갔다.

deep [diːp]
- ⓐ 깊은
- [어근힌트] deep 깊은
- I think my teacher has a deep affection for students.
- 나는 그 선생님이 학생들에게 깊은 애정을 갖고 있다고 생각한다.

linger [líŋgər]
- ⓥ (아쉬운 듯이) 남아 있다
- [어근힌트] linger- 긴
- The boys lingered at the amusement park.
- 소년들은 유원지에 머물렀다.

prolong [prəlɔ́ːŋ, prəlán]
- ⓥ 늘리다 (=) extend, 연장하다
- [어근힌트] pro- 미리, 앞(접두사) + long 긴
- I don't want to prolong the length of the project time.
- 나는 프로젝트 시간의 길이를 연장하고 싶지 않다.

STORY 100 ROOT M 노사협력

STORY

노동자와 경영진의 노사협력은 국가경제의 근간을 이룬다. 노동자를 관리하는 manage 경영진은 매니큐어 manicure를 손톱에 발랐나 보다. 이 경영진은 임금은 낮추고, 일은 많이 시키는 등 노동자를 조종하는 manipulate 줄을 늘였다 줄였다 한다. 노동자는 작업 매뉴얼 manual을 보고 손으로 manual 생산 여직원에게 지시한다. 모두들 제조 manufacture 공장에서 열심히 일한다. 노사 간에 서로 분명한 manifest 근무 조건에 합의하여 손을 잡고 협력을 약속한다.

연상 HINT

① **manage**
국가 경제를 하나의 커다란 집으로 생각해 볼 수 있다. 노동자와 경영진의 노사협력은 국가경제의 근간을 이룬다. 경영진이 회사를 경영한다 manage. 관리를 잘해야 남자(man)이지.

② **manicure**
한 기업의 사장은 매니큐어 manicure를 손에 발랐다. 매니큐어는 손을 관리한다는 뜻이다. 발톱을 관리하는 것은 페디큐어 pedicure이다.

③ **manipulate**
그런데 이 사장은 노동자를 조종하는 manipulate 악독한 사장이다. 임금은 내리고 노동시간은 올리고 하면서, 그야말로 저임금과 과로의 끈을 많이 풀었다 당겼다 한다.

④ **manual**
한 공장에서 노동자는 작업 매뉴얼 manual을 보고, 생산직 여직원에게 손으로 manual 지시를 한다.

⑤ **manufacture**
모두들 제조 manufacture 공장에서 열심히 일한다. 손을 많이 manu 팍팍 fact 써서 일하느라 수고가 많다.

⑥ **manifest**
노사 간에 서로 분명한 manifest 성명서를 내면서 손을 잡고 협력을 약속한다. 분명한 성명서를 발표하여 빨리 fast 협상을 마쳤다. 성명서는 manifesto이다. 어원으로는 '손으로 잡은 것'이란 뜻이다. 성명서는 토시하나 틀리면 안된다.

man — 손 hand

manage
[mǽnidʒ]

v 이럭저럭 해내다, 경영[관리]하다, 다루다

어근힌트 man- 손 + age (명사형 접미사)
파생어 management ⓝ 경영, 관리

My job is to manage the affairs of the association.
내 직업은 협회의 일을 관리하는 것입니다.

manicure
[mǽnəkjùər]

ⓝ 매니큐어, 미조술(美爪術)

어근힌트 mani- 손 + cure 돌보다

I'd like to have a manicure and a pedicure.
나는 매니큐어와 페디큐어를 바르고 싶다.

manipulate
[mənípjulèit]

v 교묘하게 다루다, 조종하다

어근힌트 mani- 손 + pul 몰다 + -ate (동사형 접미사)
파생어 manipulation ⓝ 교묘한 처리, 조종

We cannot know what future problems we are causing when we try to manipulate our environment.
우리가 환경을 조종하려고 할 때 우리는 우리가 일으킬 미래의 문제가 무엇일지 알 수 없다.

manual
[mǽnjuəl]

ⓐ 손의, 손으로 하는 **ⓝ** 매뉴얼

어근힌트 manu- 손 + al (명사형 접미사)

The user manual is now available in pdf.
사용자 설명서는 pdf로 제공됩니다.

manufacture
[mænjufǽktʃər]

ⓝ 제조; **v** 제조하다

어근힌트 manu- 손 + fact 만들다 + -ure (명사형 접미사)
파생어 manufacturer ⓝ 제조업자[회사]

The date of manufacture is shown on the lid.
제조 일자는 뚜껑에 표시됩니다.

manifest
[mǽnəfèst]

ⓐ 명백한; **v** 분명하게 하다

어근힌트 mani- 손 + fest 잡을 수 있는
파생어 manifest ⓝ 성명서, 선언서

I admit what I did was a manifest mistake.
내가 한 일이 명백한 실수라고 인정합니다.

STORY 101 정이품송

STORY

영구적인 permanent 존재감을 자랑하는 정이품송은 법주사의 자산 property이다. 수목 관리인이 병충해 방지를 위해 이 나무에 적절한 proper 주사를 놓고 있다. 법주사 안에는 원각사지 8층 석탑이 옛날 모습 그대로 남아 있다 remain. 아버지가 아들에게 술을 마실 때는 예의 propriety를 지켜 적당량 propriety을 마셔야 한다는 주도(酒道)를 가르친다. 어떤 사람이 적당한 appropriate 상태로 익은 사과를 훔치고(횡령하고) appropriate 있다. 뒤쪽으로는 저택 mansion이 보인다.

연상 HINT

① **permanent**
'정이품송(正二品松)'은 임금이 지나갈 때 가지를 들어올려 임금으로부터 칭찬을 받고 정이품 벼슬을 받은 소나무라고 하여 붙여진 이름이다. 이 나무는 세월이 지나도 영구적인 permanent 상태로 그 자리에 남아있다. 시간을 뚫어서 per 남아있는 man 나무.

② **property**
이 나무는 속리산 법주사의 자산 property이다. 나무 앞에 T(티)모양의 팻말에 '법주사 자산'이라고 쓰여 있다.

③ **proper**
이제는 너무 오래되어서 관리를 잘해야 한다. 수목 관리인이 병충해 방지를 위해 이 나무에 적절한 proper 주사를 놓고 있다. 그러자 정이품송이 '팔아퍼, 적당히 찔러'라고 호소한다.

④ **remain**
법주사 안에는 원각사지 8층 석탑이 옛날 모습 그대로 남아 있다 remain. 오래도록 다시 re 머물러 있는 main 석탑이다.

⑤ **propriety**
우편 그늘에서는 한 아버지가 아들에게 술자리 예절을 가르친다. '술을 마실 때는 예의 propriety를 지켜서, 적당함 propriety, 중용을 지켜야 하느니라.' 식탁 앞 pro에 푸라이 pri와 차(티)가 있는데 이를 통해 단어의 철자를 기억하면 좋다.

⑥ **appropriate**
바로 뒤편 사과 나무에 사과가 탐스럽게 달려있다. 한 사람이 몰래 적당한 appropriate 상태로 잘 익은 사과를 훔치고(횡령하고) appropriate 있다. 이 사람이 '앞으로 공짜로free 먹어야겠다ate.'고 혼잣말한다.

⑦ **mansion**
뒤쪽으로 맨션mansion이 보인다. 이 맨션은 맨손으로 지은 저택이다.

man · main — 남아있다, 머무르다 remain

mansion [mǽnʃən]
n 저택
어근힌트 man- 머무르다 + sion (명사형 접미사)

All love that has not friendship for its base, is like a mansion built upon sand.
그 기초에 우정이 없는 모든 사랑은 모래 위에 지은 저택과 같다. Ella Wheeler Wilcox

permanent [pə́:rmənənt]
a 영구적인
어근힌트 per- 뚫어(접두사) + man 머무르다 + -ent (형용사형 접미사)
파생어 permanently [ad] 영구히

Those who are looking for a permanet job are increasing rapidly.
영구적인 직업을 찾는 사람들은 급속도로 증가하고 있다.

remain [riméin]
v 여전히 ~이다, 남다; **n** 나머지
어근힌트 re- 다시(접두사) + main 머무르다
파생어 remainder [n] 나머지

I will remain at home when you go to the museum.
당신이 박물관에 가면 나는 집에 남아있을래요.

proper — 자기 자신의 one's own

proper [prápər]
a 적당한
어근힌트 proper- 자기자신의
파생어 improper [a] 부적당한

Proper preparation prevents poor performance.
적절한 준비는 수행능력이 저하되는 것을 방지한다.

property [prápərti]
n 재산
어근힌트 proper- 자기자신의 + -ty (명사형 접미사)

Designated trademarks are the property of their respective owners.
지정된 상표는 해당 소유자의 재산이다.

propriety [prəpráiəti]
n 예의 바름, 적당
어근힌트 propri 앞(접두사) + -ety (명사형 접미사)

The criterion of propriety varies with culture.
'적당함'의 기준은 문화에 따라 다르다.

appropriate [əpróupriət]
v 횡령하다; **a** 적당한
어근힌트 ap- ~로(접두사) + propri 자기자신의 + -ate (형용사형 접미사)
파생어 inappropriate [a] 부적당한

We need to constantly distinguish right from wrong, and to model appropriate behavior.
우리는 항상 옳고 그른 것을 분별하고, 적합한 행동에 대한 모델을 만들 필요가 있다.

STORY 102 다윗과 골리앗

STORY

블레셋의 사령관 commander 골리앗이 대표 한 명을 뽑아 일대일 대결을 하자고 이스라엘에게 요구한다 demand. 이때 이스라엘의 군대장관이 소년 다윗을 왕에게 추천한다 recommend. 다윗은 자신이 골리앗을 쓰러뜨릴 수 있다고 왕을 확신시킨다 convince. 이에 왕은 다윗의 용기를 칭찬한다 commend. 드디어 골리앗과 다윗이 일대일로 맞대결한다. 골리앗이 하나님을 모욕하자 다윗은 골리앗에게 신성모독이라고 하며 죄를 선고한다 convict. 결국 다윗은 물돌매로 골리앗의 이마를 명중하여 쓰러뜨린다. 다윗은 승리자 victor가 되고 골리앗은 피해자 victim로 전락한다.

연상 HINT

① **commander**
이스라엘 군대와 팔레스타인(성경에는 블레셋이라고 나옴) 군대와 대결을 펼친다. 상대편 군대의 사령관 commander은 골리앗이다. 스타크래프트에서 보는 테란의 커맨드 센터가 뒤에 보인다. 커맨더라는 시각 힌트를 주기 위해 넣은 그림이다.

② **demand**
이 골리앗이 '너희 중 대표 한 명을 뽑아 일대일 대결하자'고 이스라엘에게 요구한다 demand. '사울왕 뒤 de에 있는 놈 man 나랑 일대일로 붙자'

③ **recommend**
이때 이스라엘의 군대장관이 소년 다윗을 왕에게 추천한다 recommend. 보통 추천할만한 사람은 여러번 다시 re 반복하여 칭찬하여 commend 주위에서 인물됨이 드러난 사람이다.

④ **convince**
다윗은 '소리만 큰 빈 수레같은 골리앗을 물리치겠습니다'라고 말하여 왕을 확신시킨다 convince.

⑤ **convict**
드디어 골리앗과 다윗이 일대일로 대결한다. 골리앗이 '너희 신은 아무것도 아니야'하며 하나님을 모욕하자, 다윗은 '머리만 큰 빅두(big 頭)야. 네가 감히 하나님을 모독하다니?'하며 골리앗을 신성모독죄라고 죄를 선고한다 convict.

⑥ **victor**
결국 다윗은 물 돌매로 골리앗을 쓰러뜨려 승리자 victor가 된다.

⑦ **victim**
골리앗은 희생자 victim가 된다. 골리앗이 침을 흘리며 추한 모습을 보인다.

mand · mend — 명령하다 order, 맡기다 entrust

commander [kəmǽndər]
n 지휘자, 명령자

어근힌트 com- 함께(접두사) + mand 명령하다 + er 행위자 (명사형 접미사)
파생어 command **v** 명령하다

"Come on, men, we can beat them," shouts someone in command.
"이보게, 친구들, 우리 그들을 쳐부술 수 있어."라고 지휘자 입장인 누군가가 소리친다.

demand [dimǽnd]
v 요구하다; **n** 요구 (=) claim

어근힌트 de- 떨어져(접두사) + mand 명령하다

Television viewing does not demand complex mental activities.
TV를 보는 것은 복잡한 정신 활동을 요하지 않는다.

recommend [rèkəménd]
v 추천하다

어근힌트 re- 다시(접두사) + com- 함께 + -mend 명령하다
파생어 recommendation **n** 추천

Can you recommend any good Italian restaurants for lunch nearby?
점심식사하려고 하는데 근처에 좋은 이탈리아 레스토랑을 추천 해 줄 수 있습니까?

vict — 이기다 win

convince [kənvíns]
v 확신시키다

어근힌트 con- 함께(접두사) + vince 이기다

He tried to convince the directors that he was the right person for the job.
그는 이사들에게 그가 자신의 그 직장에 적합한 사람임을 납득시키려고 노력했다.

convict [kənvíkt]
v ~에게 유죄를 입증[선고]하다

어근힌트 con- 함께(접두사) + vict 이기다
파생어 conviction **n** 유죄의 판결, 확신

It is not right to convict people for being rich.
부유하다고 해서 그 사람들을 정죄하는 것은 옳지 않다.

victor [víktər]
n 승리자

어근힌트 vict- 이기다 + or 행위자 (명사형 접미사)
파생어 victory **n** 승리 victorious **a** 승리를 거둔

If you think you can win, you can win. Faith is necessary to victory.
당신이 승리할 수 있다고 생각하면 승리할 것이다. 믿음은 승리에 필수적이다. William Hazlitt

victim [víktim]
n 희생자

어근힌트 victim 희생제물
파생어 victimize **v** 희생시키다

Jim raised over one hundred million dollars to provide relief for the drought victims in Africa.
Jim은 아프리카의 가뭄 피해자들에게 구호를 제공하기 위해 100만 달러 이상을 모금했다.

STORY 103 고려왕실

📢 STORY

한국역사에서 고려는 중세의 medieval 시대라고 볼 수 있겠다. 고려 왕실에서 왕이 책을 읽으며 이발을 하고 있다. 왕은 책 중간의 mean '민(民)'이 의미하는 mean 바가 무엇인지 묵상한다 meditate. 예전에 평민 차림으로 시장에 가서 겪었던 일을 회상한다. 그때 왕이 선비차림을 하고 과일을 고르고 있는 동안 meantime 어떤 비열한 mean 녀석이 돈을 소매치기하였다. 그 당시 달구지는 운송 수단 means 으로, 쌀은 상거래의 매개체 medium로 사용되었다.

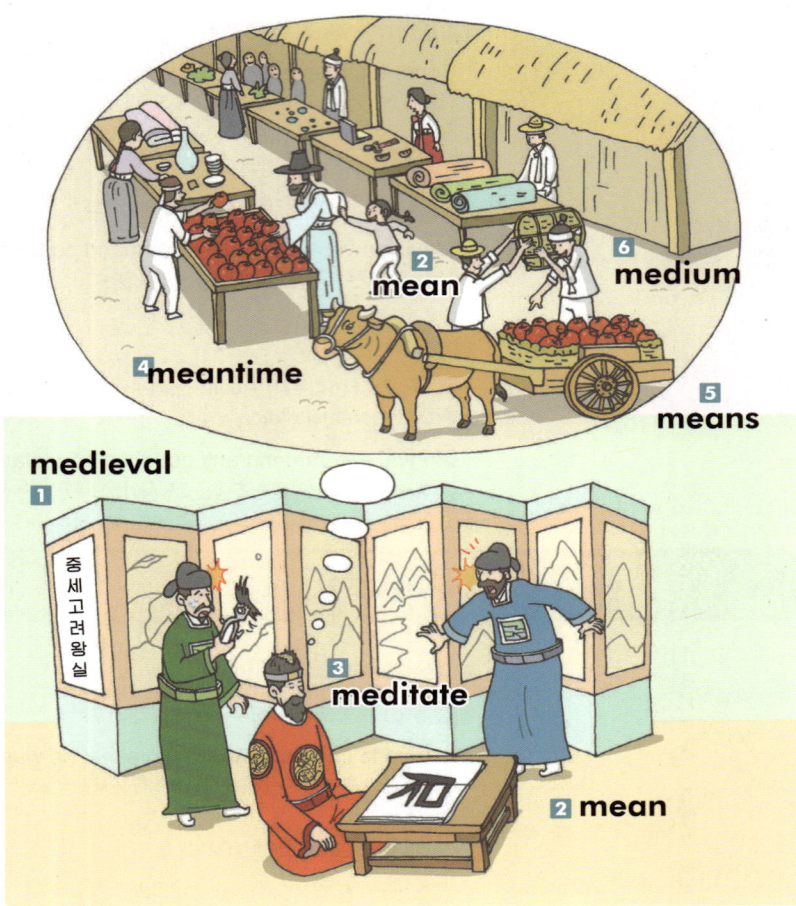

💡 연상 HINT

① **medieval**
우리나라의 역사중에서 중세의 medieval 시기는 고려쯤이 될 것 같다. 고려 왕실에서 왕이 책을 읽으며 이발한다. 머리 중간 medi을 이발하여 다 깎게 되자 이발사가 당황한다.

② **mean**
왕은 백성을 돌보는 것에 모든 관심이 쏠려있다. 민(民)은 '백성 민'자이다. 책 중간의 mean '민(民)'이 의미하고 mean 있는 바가 무엇인지 묵상하고는 중이다.

③ **meditate**
왕이 책을 묵상하다가 meditate 예전에 평민 차림으로 시장에 가서 겪었던 일을 회상한다. 왕이 T(tea:차)를 곱씹으며 ate 묵상한다.

④ **meantime**
왕이 과일을 고르고 있는 동안 meantime 비열한 mean 녀석이 소매치기를 한다.

⑤ **means**
이 당시에 달구지는 '소나 말이 끄는 짐수레'인데 운송 수단 means으로 사용되었다. 앞에서 끌고 뒤에서 미는 수레.

⑥ **medium**
쌀은 상거래에 있어서 중간의 medium 매개물 medium로 사용되었다. 대중을 연결해주는 매체를 매스 미디어 mass media라고 한다. 매체가 많기 때문에 복수형을 쓴다.

medi · me — 중간 middle

medieval
[mìːdíːvəl, mè-]

a 중세의; **n** 중세사람

어근힌트 medi- 중간 + ev 시간 + -al (형용사형 접미사)

He began studying medieval history.
그는 중세 역사를 공부하기 시작했다.

mean
[miːn]

v 의미하다; **a** 중간의, 평균의, 비열한

어근힌트 mean- 중간

파생어 meaning **n** 의미 (=) sense, 뜻 meaningful **a** 의미심장한

I see what you mean.
무슨 말인지 알겠다.

meantime
[míːntàim]

ad 그동안[사이]에

어근힌트 mean- 중간 + time 시간

파생어 meanwhile **ad** 그동안

In the meantime, if you have any requests, please contact me.
그 동안 요청사항이 있으면 저에게 연락하십시오.

means
[miːnz]

n 수단, 재산

어근힌트 mean- 중간 + s (복수형 어미)

Smartphone is an effective means of communication.
스마트 폰은 효과적인 커뮤니케이션 수단이다.

medium
[míːdiəm]

n 수단, 매개물; **a** 중간의

어근힌트 medi- 중간 + um (명사형 접미사)

파생어 media **n** medium의 복수

Action indeed is the sole medium of expression for ethics.
실제의 행동은 윤리에 대한 유일한 표현 수단이다.

medi — 치료하다 heal

meditate
[médətèit]

v 계획하다, 명상[묵상]하다

어근힌트 medit- 중간 + ate (동사형 접미사)

파생어 meditation **n** 명상, 심사숙고

He meditated for two days before giving his answer.
그는 답변을 하기 전에 이틀간을 깊이 생각했다.

STORY 104 의약분업

STORY

의약분업으로 내복약 medicine을 든 약사와 의학의 medical 기술을 익힌 의사 간에 다툼이 일어났다. 시민 단체가 중재자 intermediate 가 되어 중재한다 intermediate, mediate. 치료를 받지 못하는 환자의 보호자들은 약사에게 즉각적인 immediate 싸움 중단을 요구한다. 옆에서 간호사는 그 환자를 치료하고 remedy 있다.

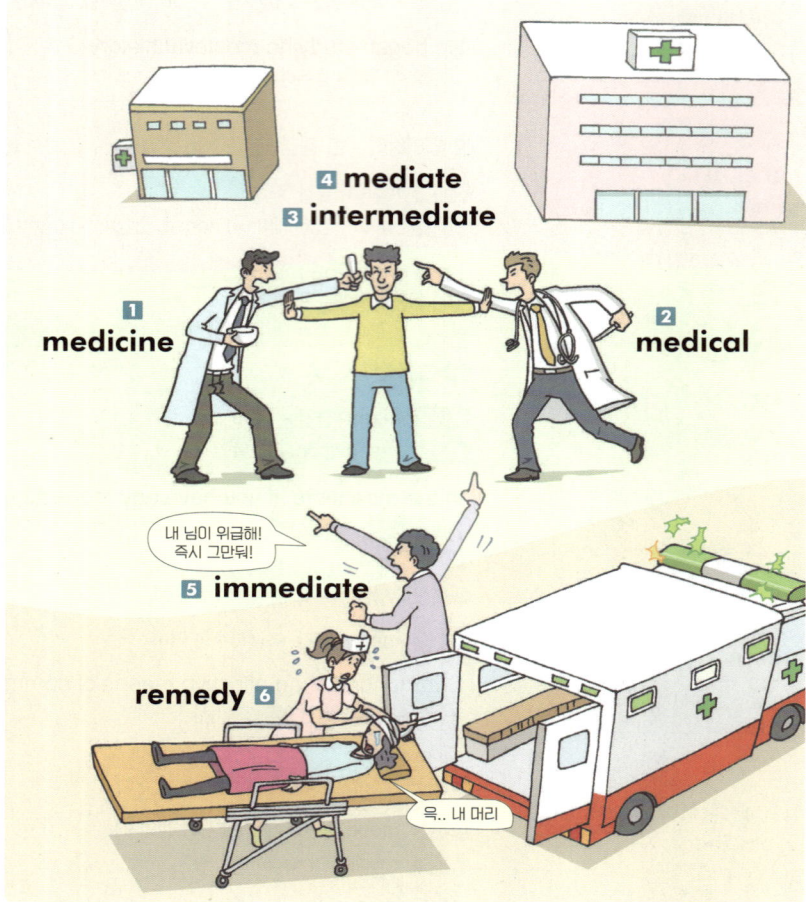

연상 HINT

① **medicine**
의약분업으로 약사와 의사가 분쟁이 있던 시기가 있었다. 그림에서 약사는 약 medicne이 들어 있는 쓴 약사발을 들고 있다. 약은 달지 않고 쓰니까 메디쓴.

② **medical**
메디컬 센터의 의학 medical 수련을 받은 의사는 수술용 칼을 들고 있다.

③ **intermediate**
시민 단체가 양측 사이에서 inter 중재자 intermediate가 되어 중재한다 intermediate. 이 단어는 명사, 형용사, 동사 모두 될 수 있다. 동사의 경우 끝부분을 '에잇-eit'라고 발음해야 한다.

④ **mediate**
중재자는 중재할 mediate 때 중간에서 돈을 먹을 ate 유혹이 크다.

⑤ **immediate**
이렇게 양측이 서로 힘겨루기를 하는 동안 치료를 받지 못해 위급한 환자의 보호자가 싸움의 즉각적인 immediate 중단을 외치고 있다. 보호자가 '내 임이 위급해, 즉시 그만 둬!'라고 소리친다 중간 medi-를 거치지 않고 im 바로 오는 것이 즉각적인 것임.

⑥ **remedy**
간호사가 홀로 치료하고 remedy 있다. 환자가, '내 머리 아파' 하며 통증을 호소한다.

medi · me 중간 middle

intermediate
[ìntərmíːdiət]

- v 중재하다; n 중간물; a 중간의
- 어근힌트 inter- 사이에(접두사) + medi- 중간 + -ate (형용사형, 동사형 접미사)

The Intermediate examination began on Monday.
중간고사는 월요일에 시작했다.

mediate
[míːdièit]

- v 중재하다
- 어근힌트 medi- 중간 + ate (동사형 접미사)

Let us mediate our differences rather than engage in a costly strike.
희생이 심한 파업을 하기보다 서로간의 차이를 조정해 보자.

immediate
[imíːdiət]

- a 즉각의
- 어근힌트 im- 안으로(접두사) + medi-중간 + -ate (형용사형 접미사)
- 파생어 immediately ad 즉각

The danger calls for immediate action.
그 위험은 즉각적인 행동을 요구한다.

medi 치료하다 heal

medicine
[médəsin]

- n 약물, 내복약
- 어근힌트 medi- 치료하다 + cine (명사형 어미)

New medical treatments have offered hope and even life itself to severely ill people.
새로운 의료기술이 중병에 걸린 사람에게 희망과 심지어 생명마저 제공해 준다.

medical
[médikəl]

- a 의학의
- 어근힌트 medi- 치료하다 + cal (형용사형 접미사)

You may need medical treatment.
당신은 의학적 치료가 필요할 수도 있다.

remedy
[rémədi]

- n 치료; v 치료하다
- 어근힌트 re- 다시(접두사) + medy 치료하다

Some remedies are worse than the disease.
어떤 치료법은 병보다 더 나쁘다. - 쇠뿔 바로 잡다가 소를 죽인다.

STORY 105 전우의 기념비

💬 STORY

전쟁에서 공을 세운 군인들을 기념하는 commemorate 기념비 monument 에 한 남자가 찾아온다. 아마도 사면 amnesty 을 받은 것 같다. 이 사람은 옛날의 전투의 기억 memory 을 떠올린다. 한강의 강물을 따라 물망초 꽃이 떠내려 간다. 물망초는 나를 잊지 forget 말아주세요 라는 뜻의 꽃이다.

💡 연상 HINT

① **commemorate**
전쟁 기념비를 보면서 방문객들이 전사자들을 기념한다 commemorate. 기념하는 것은 함께 com 기억하는 memor 것이다.

② **monument**
기념비에 MONUMENT라고 큰 글씨로 새겨져 있다. 시각힌트를 위해서 이다.

③ **amnesty**
한 죄수가 사면 amnesty 을 받아서 전우의 기념비를 찾아왔다. 그는 사면 amnesty 받은 것을 기억하며 전우M(엠)과 함께 '네스티' 음료를 마시고 싶어 한다.

④ **memory**
이 남자가 사면 받은 기억 memory 을 떠올린다.

⑤ **forget**
강물 위에는 물망초가 떠내려 간다. 물망초의 꽃말은 '나를 잊지 forget 마세요'라는 뜻으로 forget-me-not이라고 한다, 봉선화는 '나를 건드리지 마세요'라는 꽃말로 touch-me-not이다.

memor · mem · monu · mne 기억하는 mindful

commemorate
[kəmémərèit]

v 기념하다 (=) celebrate

어근힌트 com- 함께(접두사) + memo- 기억하는 + -ate (형용사형 접미사)

파생어 commemoration **n** 기념 commemorative **a** 기념의

They commemorated their 50th wedding anniversary with a trip to Hawaii yesterday.
그들은 어제 하와이 여행으로 50주년 결혼기념일을 축하하였다.

monument
[mánjumənt]

n 기념비

어근힌트 monu- 기억하는 + ment (명사형 접미사)

파생어 monumental **a** 기념비(물)의

There are several monuments of important historical figures in front of the parliament buildings.
국회 건물 앞에는 중요한 역사적 인물들의 여러 기념비가 있다.

amnesty
[ǽmnəsti]

n 사면; **v** 사면하다

어근힌트 a- 반대(접두사) + mne 기억하는 + -sty (명사형 어미)

The refugees sought amnesty in a foreign country.
망명자들은 외국에서 사면권을 얻으려 했다.

memory
[méməri]

n 기억

어근힌트 memo- 기억하는 + ry (명사형 접미사)

파생어 memorize **v** 기억하다 memorable **a** 기억할 만한
memorial **a** 기념의; **n** 기념물(비) immemorial **a** 태고의
ex from time immemorial

We begin to lose our memory as we grow older.
우리는 나이가 들어감에 따라 우리의 기억을 잃기 시작한다.

forget
[fərgét]

v 잊다

어근힌트 for- ~로부터 + get 잡다

파생어 forget-me-not **n** 물망초(勿忘草)

Don't forget to praise others when they need support.
다른 사람들이 지지를 필요로 할 때 그들을 칭찬하는 것을 잊지 마라.

STORY 106 전쟁 기념관 견학

💬 STORY

한 그룹의 학생들이 전쟁 기념관에 견학 왔다. 한 선생님이 멘토 mentor가 되어 학생들에게 한국전쟁에 대해 언급하며 mention 설명한다. 학생들은 헬멧에 '정신의 mental'이라는 글자가 새겨진 군인 동상 앞에서 메모한다 memo. 한편 치매에 걸린 할아버지는 옛 전우였던 동상의 얼굴을 보며 자신을 기억하는지 remember 물어 보며 옛 기억을 상기한다 remind. 하지만 동상은 아무런 코멘트 comment도 없다.

💡 연상 HINT

① **mentor**
한 그룹의 학생들이 멘토 mentor 선생님과 함께 전쟁기념관에 견학 왔다.

② **mention**
이 멘토가 맨손으로 동상을 가리키며 한국전쟁에 대해 언급한다 mention.

③ **mental**
학생들은 헬멧에 'mental'이라고 쓰인 군인 동상 앞에 있다. 동상의 머리에 탈을 쓰고 있음.

④ **memo**
학생들이 동상 앞에서 멘토의 가르침을 따라 메모 memo 한다.

⑤ **remember**
한편 치매에 걸린 할아버지가 옛날을 떠올리며 전우 동상에게 '우리 같은 멤버였지, 그렇지?' 하며 자신을 기억하냐고 remember 묻는다.

⑥ **remind**
이 전우의 동상은 할아버지로 하여금 옛날 전투 장면을 다시re 마음mind속에 상기시킨다 remind.

⑦ **comment**
하지만 동상은 말이 없다. 노 No 코멘트comment이다.

memo · member — 기억하는 mindful

memo
[mémou]
- ⓝ 비망록 (=) memorandum
- 어근힌트 memo- 기억하는

Have you read the memo from headquarters?
본사에서 온 메모 읽어보셨습니까?

remember
[rimémbər]
- ⓥ 기억하다
- 어근힌트 re- 다시(접두사) + member 기억하는
- 파생어 remembrance ⓝ 기억

I can't remember where I put my purse.
나는 지갑을 어디에 두었는지 기억할 수 없다.

ment — 정신 mind

mentor
[méntɔ:r]
- ⓝ 현명한 조언자, 훌륭한 지도자
- 어근힌트 ment- 정신 + or 행위자 (명사형 접미사)

That professor became my mentor.
저 교수가 나의 멘토가 되었다.

mention
[ménʃən]
- ⓥ 말하다, 언급하다; ⓝ 언급
- 어근힌트 ment- 정신 + ion (명사형 접미사)

Thank you very much. "Don't mention it."
정말 감사합니다. "별말씀을요."

mental
[méntl]
- ⓐ 정신의, 정신병의(에 관한)
- 어근힌트 ment- 정신 + -al (형용사형 접미사)
- 파생어 mentality ⓝ 정신 상태, 지력(知力) mentally ⓐⓓ 정신적으로

It's a mental maturity to let your best come out.
최상의 것이 나오도록 하는 것이 정신적 성숙함이다. Lindsey Vonn

remind
[rimáind]
- ⓥ 생각나게 하다
- 어근힌트 re- 다시(접두사) + mind 기억하는
- 파생어 reminder ⓝ 생각나게 하는 사람(것)

Please remind him to call me.
그에게 잊지 말고 저에게 전화해 달라고 일러 주세요.

comment
[káment]
- ⓝ 논평; ⓥ 논평하다
- 어근힌트 com- 함께(접두사) + ment 기억하는

Have you any comment to make about the cause of the failure?
실패의 원인에 대해 제시할 조언이 있습니까?

STORY 107 벼룩의 간 빼먹기

STORY

강을 기준으로 상권에 있어서 비교가 안 될 정도로 차이가 난다. 강남지역은 상업 commerce이 흥행하는 건물들이 밀집해 있다. 대형시장 market으로 주목 remark을 끄는 현저한 remarkable 문구가 눈에 띈다. 안타깝게도 겨우 마진 margin을 남기고 장사하고 있는 상인 merchant을 갈취하는 조폭들이 있으니. 차라리 벼룩의 간을 빼먹지. 우리의 불쌍한 구멍가게 아저씨는 조폭들에게 자비 mercy를 베풀어 달라고 간청한다.

연상 HINT

① **commerce**
한강을 기준으로 상권에 있어서 강남과 강북은 비교가 안 될 정도로 차이가 난다. 강남은 상업 commerce 건물들이 밀집해 있다. 여러 상가는 함께 com 장사하는 merce 곳이다.

② **market**
대형 시장 market으로 사람들이 몰린다. 시장은 장사 mark 하는 장소 -et 이다.

③ **remark**
대형마트 앞에서 사과를 파는 직원이 큰 소리로 말하자 remark, 사람들이 주목한다 remark. 다시 re 표시 mark하니까 사람들이 주목하는 것이다.

④ **remarkable**
대형 쇼핑센터 위에 '빅! 빅 세일'이라는 눈에 띄는 remarkable 문구가 붙어있다. 어원대로 remark 주목하다 + able 할 수 있는 → 주목할 만한

⑤ **margin**
강 건너편에는 자리 여백 margin도 거의 없는 곳에서 마진 margin을 겨우 받고 장사하는 영세상인들이 있다.

⑥ **merchant**
쥐꼬리 만한 장사 밑천을 가지고 장사하는 상인 merchant들을 갈취하는 자들이 있으니, 분통이 터질 지경이다. 차라리 벼룩의 간을 빼먹지.

⑦ **mercy**
우리의 불쌍한 구멍가게 아저씨가 이들에게 자비 mercy를 베풀어 달라고 한다. '멋있게 생긴 양반, 자비를 베풀게!'

merc · marg
장사하다 trade, 보상하다 reward

commerce [kámə:rs]
- n 상업
- 어근힌트 com- 함께(접두사) + merce 장사하다
- 파생어 commercial ⓐ 상업상의; ⓝ 광고방송

E-commerce, using information technology, is a quickly growing way to do business.
정보 기술을 사용하는, 전자 상거래는 사업을 하는 데 빨리 성장하는 방법이다.

market [má:rkit]
- n 시장
- 어근힌트 mark- 장사하다 + et 장소 (명사형 어미)

This is one the most popular products on the market these days.
이것은 요즘 시장에서 가장 인기있는 제품 중 하나입니다.

remark [rimá:rk]
- n 주목; v 주목하다, 말하다
- 어근힌트 re- 다시(접두사) + mark 표시를 정하다

She was offended by your remark.
그녀는 당신의 발언에 불쾌감을 느꼈습니다.

remarkable [rimá:rkəbl]
- ⓐ 주목할 만한
- 어근힌트 re- 다시(접두사) + mark 표시를 정하다 + -able 할 수 있는 (형용사형 접미사)

He has made remarkable progress in the course.
그는 그 과정에서 눈부신 발전을 이루었다.

margin [má:rdʒin]
- n 여백, 가장자리, 매매 차익금
- 어근힌트 margin- 경계선

The group had a net profit margin of 30% last year.
그 그룹은 작년 순 이익 마진을 30%를 기록했다.

merchant [mə́:rtʃənt]
- n 상인; ⓐ 상업(용)의
- 어근힌트 merch- 장사하다 + -ant 행위자 (명사형 접미사)
- 파생어 merchandise ⓝ 상품

For the merchant, even honesty is a financial speculation.
상인에게는 심지어 정직조차도 재정적 투기이다. Charles Baudelaire

mercy [mə́:rsi]
- n 자비(심)
- 어근힌트 mer- 장사하다 + cy (명사형 접미사)
- 파생어 merciless ⓐ 무자비한 merciful ⓐ 자비로운

I have always found that mercy bears richer fruits than strict justice.
나는 언제나 자비가 엄격한 정의보다 더 풍성한 열매를 맺는 것을 보아 왔다. Abraham Lincoln

STORY 108 차원 측량하기

💬 STORY

해변에서 직경 diameter이 큰 다이아몬드를 발견한 아인슈타인이 기절했다. 이렇게 정신이 없는 상태에도 머릿속에는 1차원 dimension의 개념부터 시작해서 4차원까지, 그리고 거대한 immense 블랙홀이 있는 우주 관련 내용이 주마등처럼 스쳐 지나가고 있다. 그 옆에서 119 구조대원이 온도계 thermometer로 그의 체온을 쟀다. 키가 170 센티미터 centemeter인 어떤 사람이 자신의 키를 측정한다 measure. 이 사람으로부터 산 밑까지의 거리는 2킬로미터 kilometer이다. 바다 한가운데의 섬에서 군인이 하급 병사에게 얼차려를 준다. 기압계 barometer를 모른다고 해서 그런가 보다.

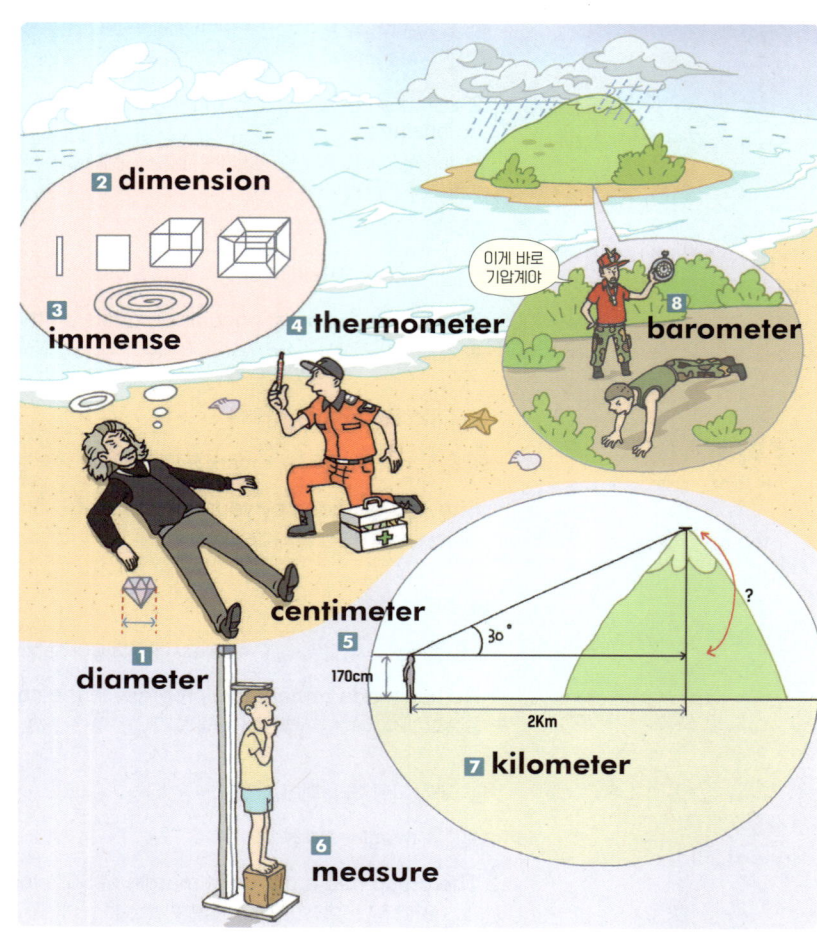

💡 연상 HINT

① **diameter**
해변에서 직경 diameter이 큰 다이아몬드를 발견한 아인슈타인이 기절했다. 다이아몬드의 직경

② **dimension**
물리학자라서 그런지 기절한 순간에도 머릿속에서 여러 차원의 꿈을 꾼다. 1차원 dimension 선, 2차원 평면, 3차원 입체, 4차원 등 물리학 내용이다. 맨손 뒤에 있는 종이에 다차원의 그림이 그려져 있음.

③ **immense**
거대한 immense 우주 개념도 아인슈타인의 머리를 스쳐지나간다. 이 단어는 im(=not) + mense (=measure) → 측량할 수 없을 만큼 거대한, 엄청난 이란 뜻이다.

④ **thermometer**
그 옆에서 119 구조대원이 와서 온도계 thermometer로 아인슈타인의 체온을 쟀다. 체온이 여름summer 날씨처럼 뜨겁다. summer와 thermo는 발음이 비슷함

⑤ **centimeter**
키가 170cm (centimeter)인 사람이 있다. 100cm=1m이다. centi-는 100 또는 1/100이라는 뜻이다.

⑥ **measure**
이 사람이 자신의 키를 측정한다 measure. 그런데 키가 작아서 그런지 메주를 밟고 서서 키를 잰다. [메저], '메주' 발음이 비슷하다.

⑦ **kilometer**
2km 떨어진 산의 높이를 계산해 보자. 삼각함수 원리를 이용하면 된다. 1km=1,000m 인데 kilo-란 1,000이라는 뜻이다.

⑧ **barometer**
한편 그 산에서는 특공대 대장이 기압계 barometer를 알지 못하는 부하에게 기합을 주고 있다. '이게 바로 기압계라고 하는 거야!'

meter — 재다 measure

diameter
[daiǽmətər]

n 지름

어근힌트: dia- 뚫어(접두사) + meter 재다

The tree measures almost 2 feet in diameter.
그 나무는 지름이 거의 2피트이다.

dimension
[diménʃən]

n 차원, 치수

어근힌트: di- 떨어져(접두사) + mens 재다 +-ion (명사형 접미사)
파생어: dimensional **a** ~차원의

A cube has three dimensions.
입체는 세 가지 차원을 가지고 있다.

immense
[iméns]

a 거대한

어근힌트: im- 안으로(접두사) + mense 재다

The professor was revered for his immense learning.
그 교수는 방대한 학식을 지니고 있어서 존경을 받았다.

thermometer
[θərmámətər]

n 온도계

어근힌트: thermo- 온도 + meter 재다

My mom was surprised when she read the scale of a thermometer.
엄마가 체온계의 눈금을 보면서 놀라셨다.

centimeter
[séntəmìːtər]

n 센티미터

어근힌트: centi- 100 + meter 재다

The clearance between the bridge and the top of the bus was only ten centimeters.
그 다리와 버스 꼭대기 사이의 공간은 10센티밖에 되지 않았다.

measure
[méʒər]

v 측정하다; **n** 조치

어근힌트: meas- 재다 + ure (명사형 접미사)
파생어: measurement **n** 측정

First of all, when I stood on a scale, the nurse measured my weight and height.
우선 저울에 올라서자 간호사가 체중과 키를 재었다.

kilometer
[kilámətər]

n 킬로미터

어근힌트: kilo- 1000 + meter 재다

Everyday, I drive approximately 50 kilometers to commute.
나는 매일 출퇴근으로 50킬로미터를 운전한다.

barometer
[bərámitər]

n 기압계

어근힌트: baro- 기압 + meter 재다

A barometer is an instrument used to measure atmospheric pressure.
기압계는 대기의 압력을 측정하기 위해 사용되는 도구이다.

STORY 109 라이온 킹

STORY

저명한 prominent 무파사와 빼어난 eminent 암사자 사라비가 언덕 위에 있다. 절벽에 매달려 있는 심바는 매우 절박한 imminent 상황이다. 심바의 삼촌인 스카와 눈이 돌출한 protrude 그의 부하 하이에나가 넘어서는 안되는 경계를 침입하여 intrude 들어왔다. 이 둘이 심바를 협박하고 threat, menace 있는 것이다. 이때 열받은 멧돼지 품바가 나무를 밀어서 thrust 쓰러뜨리고 있다.

연상 HINT

① **prominent**
라이온 킹에서 주인공 심바의 아빠 무파사는 저명한 prominent 존재이다. 고개를 앞으로 pro 내밀고 있다.

② **imminent**
절벽에 매달려 있는 심바는 매우 절박한 imminent 상태이다. 하이에나와 스카가 심바에게 '이미 넌 틀렸어'라고 말한다.

③ **protrude**
공격하려는 하이에나의 눈이 앞으로 pro 튀어나와 protrude 있다.

④ **intrude**
스카와 하이에나가 단란한 가정이 있는 무파사 가족의 경계를 침입해 intrude 들어왔다. 경계선 안으로 in 뚫어 들어온다.

⑤ **threat**
그리고 이들이 '쓸개를 빼 먹겠어 eat'하며 심바를 협박 threat 한다.

⑥ **menace**
심바를 위협 menace 하고 있는 이들 두 남자 men에게 니스가 칠해져 있다.

⑦ **thrust**
이들의 행동에 화가 난 멧돼지 품바가 나무를 밀어 thrust 쓰러뜨리고 있다.

min · men   돌출하다 project

prominent
[prάmənənt]

ⓐ 현저한, 유명한

어근힌트 pro- 앞(접두사) + min 돌출하다 + -ent (형용사형 접미사)

Our house is in a prominent position.
우리 집은 눈에 잘 띄는 위치에 있다.

imminent
[ímənənt]

ⓐ 절박한

어근힌트 im- 안으로(접두사) + min 돌출하다 + -ent (형용사형 접미사)

When the outbreak of the war seemed imminent, the tourists rushed home.
전쟁 발발이 임박해 보였을 때 여행자들은 재빨리 본국으로 돌아갔다.

menace
[ménis]

ⓝ 위협; ⓥ 위협하다

어근힌트 men- 돌출하다 + -ace (명사형, 동사형 어미)

The destruction of the nature is a serious menace to human life.
자연의 파괴는 인간의 삶에 심각한 위협이 된다.

trud · thrust · threat   밀다 push

protrude
[proutrú:d]

ⓥ 내밀다, 튀어나오다

어근힌트 pro- 앞(접두사) + trude 밀다

His fingers protruded from the holes in his gloves.
그의 손가락들이 장갑의 구멍으로 튀어나왔다.

intrude
[intrú:d]

ⓥ 억지로 (남의 곳에) 들이닥치다

어근힌트 in- 안으로(접두사) + trude 밀다

파생어 intrusion ⓝ 강요, 침입

It is difficult for sorrow to intrude on a busy life.
슬픔이 바쁜 삶 속에 침범하기는 어렵다.

threat
[θret]

ⓝ 협박

어근힌트 threat- 밀다

파생어 threaten ⓥ 위협하다   threatening ⓐ 위협적인

Almost all railroads face serious problems that threaten to drive them out of business.
거의 모든 철도가 사업을 중단해야 할 심각한 위협에 직면하고 있다.

thrust
[θrʌst]

ⓥ 밀다

어근힌트 thrust- 밀다

A bunch of people thrust their way toward the rear exit.
한 무리의 사람들이 사람들을 막 밀치며 뒤편 출구로 나아갔다.

STORY 110 걸리버 여행기 소인국 1

STORY

소인국 해변에 걸리버가 쓰러져 있고 그 옆에는 모형 miniature의 작은 배가 걸려있다. 걸리버를 사로잡기 위해 다수의 major 보병들과 소수의 minor 기마병들이 해변으로 몰려간다. 한편 궁에서 위엄 majesty을 자랑하는 왕은 군을 관리하는 administer 국방부 장관 minister에게 거인 생포를 위해 필요한 군사가 얼마이면 되는지 물어본다. 장관은 "최대한 maximum 50명, 최소한 minimum 30명은 되어야 합니다"라고 대답한다. 하지만 옆의 보좌관은 더 줄여야 diminish 한다고 귓속말로 속삭인다.

연상 HINT

① **major**
걸리버를 사로잡기 위해 다수의 major 보병들이 모였다.

② **minor**
소수의 minor 기마병들은 해변으로 가고 있다.

③ **majesty**
한편 궁에는 위엄 majesty 있는 왕이 있다. (누구보다) 더 크고 위대한 사람인 왕으로 보통 호칭을 '폐하'라고 하는데 영어로는 'Your Majesty'라고 한다.

④ **administer**
군을 관리하는 administer 장관이 왕의 질문에 답변한다. 관리자는 아ad니꼽고 더d러운 일도 잘 해야 한다.

⑤ **minister**
왕은 이 장관minister에게 '거인 생포를 위해 필요한 군사가 얼마인가?'하며 질문한다. 작은mini 별ster이 달린 모자를 쓰고 있는 장관. minister는 장관, 성직자라는 뜻인데 어원으로 보면 '작은 mini- 사람이 -ster되어 섬기는 사람'이란 뜻이다

⑥ **maximum**
이 장관이 '최대 maximum 50명'이라고 대답한다.

⑦ **minimum**
'또한 최소 minimum 30명' 이라고 대답한다.

⑧ **diminish**
하지만 옆의 보좌관은 '더 줄여야 diminish 합니다'라고 뒤에서 귓속말로 알려 준다. 뒤di에서 군사의 수를 작게mini 줄여야 한다고 말하는 여자she 군인.

min — 작은 small

minor
[máinər]

a 작은 편의, 중요치 않은, **n** 미성년자

어근힌트 minor- 작은
파생어 minority **n** 소수

My brother made a minor mistake.
제 형은 사소한 실수를 했다.

administer
[ədmínistər]

v 관리하다

어근힌트 ad- ~로(접두사) + mini 작은 + -ster 행위자 (명사형 접미사)
파생어 administration **n** 관리

A regent was appointed to administer state affairs for the young king.
왕이 어렸기 때문에 섭정을 두어 정사를 다스렸다.

minister
[mínəstər]

n 성직자, 장관

어근힌트 mini- 작은 + ster 행위자 (명사형 접미사)
파생어 ministry **n** 목사의 직[임기], 장관의 직무[임기]

He was elected to the Minister of Education.
그는 교육부 장관으로 선출되었다.

minimum
[mínəməm]

n 최소[최저] 한도; **a** 최소의

어근힌트 mini- 작은 + mum (명사형 어미)

She bought her clothes at at a minimum of expense.
그녀는 최소한의 비용으로 옷을 샀다.

diminish
[dimíniʃ]

v 줄이다, 줄다

어근힌트 di- 떨어져(접두사) + min 작은 + -ish (형용사·형 접미사)

An honor is not diminished for being shared.
영예는 나눈다고 해서 감소하는 것은 아니다. Lois McMaster Bujold

maj · max — 거대한 great

major
[méidʒər]

a 큰 쪽의, 주요한; **v** 전공하다

어근힌트 major- 큰, 거대한
파생어 majority **n** 대다수

His major field was economics
그의 주요 분야는 경제학이었다.

majesty
[mǽdʒəsti]

n 위엄 (=) dignity

어근힌트 majes- 큰, 거대한 + ty (명사형 접미사)
파생어 majestic **a** 위엄 있는 majestically **ad** 위엄 있게

Her majesty the queen will visit the ancient temple.
여왕 폐하는 고대의 성전을 방문 할 것이다.

maximum
[mǽksəməm]

a 최대의

어근힌트 maxi- 큰, 거대한 + mum (명사형 어미)

My car travels 150 kilometers an hour to the maximum.
내 차는 최고 시속 150킬로미터까지 달린다.

STORY 111 걸리버 여행기 소인국 2

STORY

웅대한(거대한) magnificent 걸리버가 깨어나자 소인국 백성들이 무서워 도망가고, 성에서는 활을 쏘며 대응한다. 그러나 도량이 넓은 magnanimous 걸리버는 떨어지는 병사를 손으로 잡아준다. 병사가 너무 작아서 돋보기로 확대하여 magnify 크기 magnitude를 가늠하여 본다. 시장 mayor은 방에서 그림의 대가 master로 하여금 초상화를 그리도록 한다. 이때 한 병사가 "걸리버가 성으로 오고 있어요"하며 보고하자 시장은 옆의 마술사 magician에게 거인을 작게 만들 수 있는 마법이 있는지 물어본다. 당시 성의 문은 자석 magnet 으로 되어 있었다.

연상 HINT

① **magnificent**
웅대한 magnificent 걸리버가 깨어나자 소인국 백성들이 무서워 도망가고 성에서 활을 쏜다. '엄청 크군, 높이가 몇 센티야?'

② **magnanimous**
도량이 넓은 magnanimous 걸리버는 떨어지는 병사를 손으로 잡아준다. 이 단어는 '큰 magn(=great) 마음 anim을 가진' 이란 뜻이다.

③ **magnify**
병사가 성에서 떨어지자, 걸리버가 손으로 잡아 구해준다. 그리고 손바닥에 떨어진 병사를 돋보기로 확대하여 magnify 본다.

④ **magnitude**
걸리버가 이 병사의 크기 magnitude를 가늠한다. '크기가 손가락 두two개만하네. 두두…'

⑤ **mayor**
한편 이 도시의 시장 mayor은 초상화 작업을 하고 있었다. 갑자기 보초 병사가 뛰어와서 '걸리버가 성으로 들어오고 있습니다.'라고 보고한다. 그러자 시장이 '뭐야'라고 말하며 놀란다.

⑥ **master**
시장 얼굴을 보고 그림의 대가 master가 초상화를 그리고 있는 중이었다. '대가 master'란 특정 분야를 마스터한 사람이다.

⑦ **magician**
시장은 옆의 마법사 magician에게 '거인을 작게 만들 수 있는 마법은 없소?'라고 묻는다. 마법사는 magic마술을 –ian하는 사람이란 뜻이다.

⑧ **magnet**
이 소인국 성의 문은 자석 magnet으로 되어 있다. magnet이란 단어는 옛날에 자철석의 산지였던 소아시아 서부의 마그네시아(Magnesia)에서 유래한다고 한다. 성문에 그물 net이 쳐져 있고 막아놓았다.

magni · mag · master 거대한 great

magnificent
[mægnífəsnt]

ⓐ 장려한
어근힌트 magni- 큰, 거대한 + fic- 만들다 + -ent (형용사형 접미사)
They were deeply impressed by the magnificent view of the city.
그들은 그 도시의 웅장한 전망에 깊은 감명을 받았다.

magnanimous
[mægnǽnəməs]

ⓐ 도량이 큰
어근힌트 magn- 큰, 거대한 + anim- 마음 + -ous (형용사형 접미사)
The king was magnanimous toward his servants.
왕은 그의 종들을 향하여 관대하였다.

magnify
[mǽgnəfài]

ⓥ 확대하다
어근힌트 magn- 큰, 거대한 + ify 만들다
I want to magnify this picture.
이 사진을 확대하고 싶습니다.

magnitude
[mǽgnətjùːd]

ⓝ 크기
어근힌트 magni- 큰, 거대한 + tude (명사형 접미사)
The engineer measured the magnitude of the earthquake.
엔지니어는 지진의 강도를 측정했다.

mayor
[méiər]

ⓝ 시장(市長)
어근힌트 may- 큰, 거대한 + or 행위자(명사형 접미사)
The finance committee shall be appointed by the mayor of the city.
재정위원회는 그 도시의 시장에 의해 임명될 것이다.

master
[mǽstər]

ⓝ 주인, 대가
어근힌트 mast- 큰, 거대한 + -er (명사형, 동사형 어미)
파생어 masterpiece ⓝ 걸작
Here are several ways to be a master of English.
여기에 영어의 대가가 되는 몇 가지 방법이 있다.

magician
[mədʒíʃən]

ⓝ 마술사
어근힌트 magi- 큰, 거대한 + cian 행위자 (명사형 접미사)
We invited a magician to entertain the children at the party.
우리는 아이들을 즐겁게 하기 위해 파티에 마술사를 초대했다.

magnet
[mǽgnit]

ⓝ 자석
어근힌트 magn- 큰, 거대한 + et (명사형 어미)
파생어 magnetic ⓐ 자석의, 자기(磁氣)의 magnetism ⓝ 자기, 자성(磁性)
All magnets have a north pole and a south pole.
모든 자석에는 N극과 S극이 있다.

STORY 112 오~ 기적이야

STORY

섬에서 순교 martyr 위기에 처한 사람을 구출하기 위한 작전이 펼쳐진다. 토인들을 놀라게 하기 위해 거울에 미이라를 비추도록 한다. 거대한 미이라가 신기루 mirage 처럼 나타나게 하자 토인들이 놀라며 감탄한다 admire. 이와 동시에 사람을 묶고 있던 끈이 풀어지는 기적 miracle이 일어난 것처럼 꾸민다. 아래에서 한 토인은 말벌이 맴돌고 있는 옆의 커다란 대리석을 보고 놀란다 marvel.

연상 HINT

① **martyr**
섬에서 순교위기에 처한 사람을 구출하기 위한 작전이 펼쳐진다. 해군 제독이 부하에게 '순교자martyr는 네가 맡아!'라고 명령한다.

② **mirage**
토인들을 놀라게 하는 전략을 짜고 실행한다. 우선 거울에 미이라를 비추어 거대한 미이라가 신기루 mirage처럼 나타나게 한다. 거울 통해 비친 미이라가 신기루처럼 보인다. 쥐는 자신에게 절하는 줄 착각한다. '이게 뭐야?' '미이라쥐 뭐야.'

③ **admire**
신기루를 보자 토인들은 감탄한다admire. '어서ad 절하자' 엎드려 절함

④ **miracle**
동시에 사람을 묶고 있던 끈이 풀어지는 기적 miracle이 일어난 것처럼 꾸민다. 밀어서 끌어당기니 기적이 일어났다.

⑤ **marvel**
한편 토인 한명이 대단한 대리석을 보고 놀란다 marvel. 말벌도 놀란다.

mir · mar 놀라다 wonder

martyr
[má:rtər]

- n 순교자, 순국자 ; v 박해하다
- 어근힌트 mar- 놀라다 + tyr (명사형 어미)

The patriot died a martyr to the liberty of his country.
그 애국자는 자신의 국가의 자유를 위해 순교했다.

mirage
[mirá:ʒ]

- n 신기루
- 어근힌트 mir- 놀라다 + age (명사형 접미사)

Mirages appeared and disappeared in the vast desert.
신기루는 광대한 사막에서 나타났다가 사라졌다.

admire
[ædmáiər]

- v 감탄하다
- 어근힌트 ad- ~로(접두사) + mire 놀라다
- 파생어 admirable a 감탄할 만한 admiration n 감탄

Many young girls admire the teacher who showed them how to make the most of their talents.
많은 어린 소녀들은 선생님이 자신들의 재능을 최대한 활용할 수 있는 방법을 보여준 것에 감탄했다.

miracle
[mírəkl]

- n 기적
- 어근힌트 miracle- 놀라다
- 파생어 miraculous a 기적적인

It's a miracle that he escaped and returned to his home.
그가 도망쳐 그의 집으로 돌아온 것은 기적이다.

marvel
[má:rvəl]

- n 놀라운 일 ; v 이상하게 여기다 (=) wonder
- 어근힌트 mar- 놀라다 + vel (동사형 어미)
- 파생어 marvelous a 놀라운

The skyscraper is a marvel of construction in this age.
그 마천루는 이 시대의 경이로운 건축의 하나이다.

STORY 113 선교사 선발

STORY

선교사 선발을 위해 위원회 committee를 구성하여 면접시험이 한창 진행 중이다. 한 면접관이 폭행죄를 범한 commit 적은 없는지 묻고 있다. 다른 면접관은 세상과 타협하며 compromise 방탕한 삶을 산 적은 없는지 묻고 있다. 지원자는 자신의 생각을 열정적으로 토로하는데 emit, 얼굴에서 열이 방출되고 emit 있다. 면접 후 위원회는 합격한 지원자에게 사명 위임 commission을 약속하는 위임장을 준다. 한편 선교사로 일했던 한 분이 좋지 않은 일로 인해서 해고되어 dismiss 문을 나선다.

연상 HINT

① **committee**
선교사 선발을 위해 위원회 committee를 구성하여 면접시험을 진행 중이다. 위원회 위원들이 함께 com 차 tea를 마시고 있다.

② **commit**
한 면접관이 지원자에게 먼저 질문한다. '폭행죄를 범한 commit 적은 없나요? 누구 코 밑을 때렸다든가 이렇게 말이지요.'하며 묻는다.

③ **compromise**
다른 면접관은 '세상과 타협하며 compromise 방탕한 삶을 산 적은 없나요? 담배 한 개비만 피고 안 피겠다고 약속하고 promise 어겼다든지 뭐 이런 거요.'하고 묻는다.

④ **emit**
지원자는 자신의 생각을 열정적으로 토로하니 emit, 얼굴에서 열이 밖으로 방사된다 emit.

⑤ **commission**
드디어 이 지원자가 합격했다. 위원회는 합격한 지원자에게 위임 commission을 나타내는 위임장을 수여하고, 지원자는 수수료 commission를 낸다. 수수료 커미션을 내는 것은 단어의 뜻을 기억하도록 하기 위한 것이지 실제로 이렇게 한다는 것은 아님.

⑥ **dismiss**
한편 타지에서 선교했던 한 선교사에게 무슨 안좋은 일이 있었는지, 그 사건으로 인해 위원회는 그 선교사를 해고한다 dismiss. 어원 뜻대로 '분리하여 보내다 → 해산시키다. 해고하다.'의 뜻이다.

mit · miss · mis — 보내다 send

committee [kəmíti]
n 위원회, 위원

어근힌트 com- 함께(접두사) + mitt 보내다 + -ee (명사형 접미사)

The chairman of the committee tends to dominate.
그 위원회의 위원장은 지배하려는 경향을 가졌다.

commit [kəmít]
v 의탁하다, (죄 등을) 범하다

어근힌트 com- 함께(접두사) + mit 보내다

파생어 commitment **n** 위탁

I wonder such a nice man as he should commit the cruel crime.
그렇게 좋은 사람이 그런 잔혹한 범죄를 저지르다니 의아하게 생각합니다.

compromise [kámprəmàiz]
n 타협; **v** 타협으로 해결 짓다, 타협하다

어근힌트 com- 함께(접두사) + pro 미리 + -mise 보내다

I know our management will make a little compromise on the price issue.
가격 문제에 있어서, 우리의 경영진이 어느 정도 타협을 하리라고 생각합니다.

emit [imít]
v 방사하다, 토로하다

어근힌트 e- 밖으로(접두사) + mit 보내다

파생어 emission **n** 방사

Cars emit harmful gases.
자동차는 유해 가스를 방출합니다.

commission [kəmíʃən]
n 위임, 수수료; **v** 위임하다

어근힌트 com- 함께(접두사) + mis 보내다 + -sion (명사형 접미사)

She has received many commissions to design public buildings.
그녀는 공공건물을 디자인해 달라는 위탁을 많이 받아 왔다.

dismiss [dismís]
v 해산시키다, 해고하다, 지우다

어근힌트 dis- 분리(접두사) + miss 보내다

파생어 dismissal **n** 해산, 해고

Though we cannot dismiss Mr. Smith's opinion completely, his argument is not persuasive.
Smith씨의 의견을 전적으로 수용하지 않는 바는 아니지만, 그의 논지는 그리 설득력 있지 않다.

STORY 114 선교사 파송

STORY

새로 파송된 선교사가 선교지 입국을 허락받아 admit 배에서 내린다. 예상은 했지만 문화 충격이 너무 심해 적응하기가 쉽지 않다. 길가의 난잡함 mess ! 널려있는 쓰레기 더미를 보고 토한다 vomit. 또한 옆 나라에서 날아오는 미사일 missile의 위험을 직접 경험하면서 한국이 그리워진다 miss. 그리움을 달래려고 부모님 사진을 보려고 했지만 가방 챙길 때 빠뜨리고 omit 가져오지 않았나 보다.

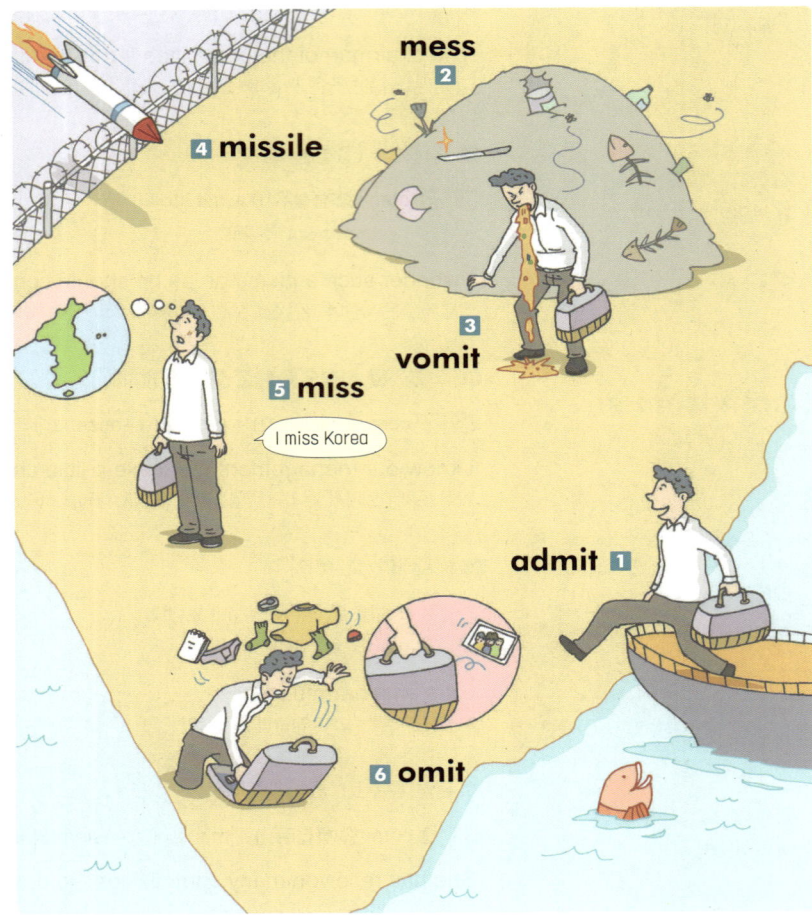

연상 HINT

① **admit**
새로 파송된 선교사가 선교지에 입국을 허락받고 admit 배에서 내린다. 물고기 머리(魚頭)가 배 밑에 보인다.

② **mess**
예상은 했지만, 문화 충격이 너무 심해서 새로운 적응하기가 쉽지 않다. 길에는 난잡 mess하게 쓰레기 더미가 가득하고, 수술용 칼인 메스mes가 버려져 있다.

③ **vomit**
이 쓰레기 더미를 보고 토한다 vomit. 속에 있는 것들이 밖으로 나와 보인다.

④ **missile**
적대적인 이웃 나라에서 미사일 missile이 날아오는 위협도 경험하게 된다. 미사일은 '멀리보내는 것' 이란 뜻이다.

⑤ **miss**
이러한 어려운 환경을 경험하자 이 선교사는 한국을 그리워 한다 miss. 나는 한국이 그립다 I miss Korea.

⑥ **omit**
그리움을 달래려고 부모님 사진을 찾는다. 그런데, 가방 챙길 때 빠뜨리고 omit 가져오지 않은 것 같다. 오! 밑에 빠뜨리고 왔네!

mit · miss · mess — 보내다 send

admit
[ædmít]

v 들이다, 허용하다

어근힌트 ad- ~로(접두사) + mit 보내다
파생어 admittance ⓝ 입장, 입장 허가 admitted ⓐ 공인된
admission ⓝ 들어감을 허락함[받음], 입장

They admit it is extremely difficult to determine what should and should not be retouched.
그들은 무엇을 손질해야 하고 손질하지 말아야 하는지를 결정하는 것이 아주 어렵다는 것을 인정한다.

mess
[mes]

ⓝ 난잡; **v** 난잡하게 하다

어근힌트 mess- 보내다

You mess everything up!
넌 모든 걸 엉망으로 만들어!

vomit
[vάmit]

v 토하다

어근힌트 vo- 밖으로 + mit 보내다

I almost vomited after drinking that liquor.
나는 술 마신 후 거의 토할 뻔 했다.

missile
[mísəl]

ⓝ 미사일, 유도탄

어근힌트 miss- 보내다 + ile (명사형 어기)

Israeli helicopters fired a missile at a car in the West Bank.
이스라엘의 헬리콥터들이 서안지구의 한 차량에 미사일을 발사하였다.

miss
[mis]

v 놓치다, 그리워하다

어근힌트 miss- 보내다

We miss you so much.
우린 네가 몹시 그립다.

omit
[oumít]

v 생략하다, 빠뜨리다

어근힌트 o- 강조 + mit 보내다
파생어 omission ⓝ 생략, 누락

I tried not to omit important things.
중요한 걸 빠뜨리지 않도록 노력했다.

STORY 115 선교사 열정

📱 STORY

처음 방문한 마을에서 선교임무 mission가 허락되지 않자 선교사 missionary는 선교의 문이 열리도록 간절히 기도한다. 그 결과 기적적으로 선교가 허용된다 permit. 용기를 얻은 선교사는 메시아 Messiah에 대해서 메시지 message를 현지 사람들에게 열심히 전한다. 그러자 한 현지인이 자신의 죄를 회개하며 굴복한다 submit. 기쁨에 찬 선교사는 선교 보고서를 작성하여 본국으로 전송한다 transmit.

💡 연상 HINT

① **mission**
처음 방문한 마을에서는 선교 mission가 허락되지 않는다. 미션은 선교, 임무란 뜻이다. '임무'를 위해 보냄을 받은 것이다.

② **missionary**
선교사 missionary는 선교의 문이 열리도록 간절히 기도한다. -ary는 '사람'을 나타내는 접미사이다. 그 한가지 단어가 secretary 비서이다.

③ **permit**
그 결과 기적적으로 선교를 허락하신다 permit. 선교의 문을 통해per 나갈 수 있도록 허가하신다.

④ **Messiah**
그래서 선교사는 '예수는 메시아 Messiah 구원자'라고 전한다. 메시아는 보냄을 받은자란 뜻이다.

⑤ **message**
'예수를 믿어야만 구원을 얻는다' 메시지 message를 사람들에게 열심히 전한다. 메시지는 '보내진 말'이다.

⑥ **submit**
그러자 한 인도인이 자신의 죄를 회개하며 지금까지 지은 죄를 기록한 문서를 제출하고 submit, 진심으로 하나님께 복종한다 submit. 아래sub 엎드려 복종한다.

⑦ **transmit**
기쁨에 찬 선교사는 선교보고서를 작성하여 한국으로 보낸다 transmit. 바다 건너 trans 한국으로 보냄.

mit · miss · mess — 보내다 send

mission
[míʃən]

n (특별한) 사절(단), 사명, 전도

어근힌트 miss- 보내다 + ion (명사형 접미사)

My mission in life is to help poor people.
내 평생의 사명은 가난한 이들을 돕는 것이다.

missionary
[míʃənèri]

n 선교사; **a** 선교(사)의

어근힌트 miss- 보내다 + ion (명사형 접미사) + -ary (형용사형 접미사)

She wanted to be a missionary.
그녀는 전도사가 되기를 원했다.

permit
[pərmít]

v 허가하다; **n** 허가증

어근힌트 per- 뚫어(접두사) + mit 보내다
파생어 permission **n** 허가

Cash machines permit you to withdraw money at any time.
현금 기계를 사용하면 언제든지 돈을 인출 할 수 있다.

Messiah
[misáiə]

n 메시아, 구세주

어근힌트 Messiah 보냄받은, 기름부은

Andrew told his brother Simon "We have found the Messiah."
안드레가 자기의 형제 시몬에게 말하였다. "우리가 메시야를 만났다."

message
[mésidʒ]

n 통신, 메시지

어근힌트 mess- 보내다 + age (명사형 접미사)
파생어 messenger **n** 사자(使者), 전령(傳令)

The medium is the message.
매체가 메시지이다. Marshall McLuhan

submit
[səbmít]

v 복종시키다, 제출하다

어근힌트 sub- 아래(접두사) + mit 보내다
파생어 submissive **a** 복종하는 submission **n** 복종

I want to submit my new application tomorrow.
저는 내일 새로운 신청서를 제출하고 싶습니다.

transmit
[trænsmít]

v 전하다

어근힌트 trans- 가로질러(접두사) + mit 보내다
파생어 transmissible **a** 보낼 수 있는, 전염하는 transmission **n** 전달

I asked him to transmit the information shortly.
나는 그에게 정보를 곧 전달하라고 요청했다.

STORY 116 모터쇼

📣 STORY

모터쇼 입장시 안내양이 몸을 90도 구부려 겸손한 modest 자세로 손님을 맞이한다. 엄마는 차에 관심이 많다. 이 현대식 modern 자동차를 보고, 연비나 외관 등이 적당한 moderate 것 같다고 말한다. "아가와 고모도 다 수용할 accomodate 수 있겠네." "자동차는 필수품 commodity이야"하며 서로 대화를 한다. 한 나이든 모델이 주형 틀 mold 앞에 서 있다. 나중에 엄마는 차를 개조하다가 modify 불이 나는 사고를 당한다.

💡 연상 HINT

① **modest**
모터쇼 입장시 안내양이 몸을 90도 구부려 겸손한 modest 태도로 맞이한다. 최상급으로(-est) 겸손한 태도로 맞이함.

② **modern**
사람들이 현대식 modern 자동차를 살펴 본다. '현대식은 뭐든 좋아'

③ **moderate**
엄마는 '연비나 외관 등 모든 것이 적당한 moderate 모델이네'라고 말한다. 엄마(moder → mother)는 연료 비율 rate에 대해 말함.

④ **accommodate**
그리고 '이 자동차는 겉보기와 달리 아가, 고모 다 태울 수 있는 크기에요. 많은 인원을 수용할 accommodate 수 있어요.'라고 덧붙여 말한다.

⑤ **commodity**
듣고 있는 사람도 '이제 자동차는 필수품 commodity이지요'라고 말한다. 이 사람 등에 콤마 표시가 있고, 옷에 더러운 dirty 것이 묻어 있는 것 같다.

⑥ **mold**
나이든 old 모델이 주형 틀 mold 앞에 서있다. 인테리어로 구석에 붙여 놓는 나무 같은 것을 몰딩 molding이라고 한다.

⑦ **modify**
엄마는 대단하다. 자동차도 개조하려나 보다. 그런데 자동차를 개조하다가 modify 불 fire이 난다. 망했다

mod · mold 척도 measure

modest
[mádist]

a 겸손한

어근힌트 mod- 척도 + est (형용사형 어미)
파생어 modesty ⓝ 겸손 modestly ⓐⓓ 겸손하게

He who speaks without modesty will find it difficult to make his words good.
겸손함 없이 말하는 사람은 자신의 말을 훌륭하게 하지는 못할 것이다. 孔子

modern
[mádərn]

a 근대의, 현대식의

어근힌트 modern- 척도, 적절한
파생어 modernize ⓥ 현대화하다 modernization ⓝ 현대화, 근대화

A lot of people in modern society can't do without television.
현대의 많은 사람들은 텔레비전 없이는 지낼 수 없을 것이다.

moderate
[mádərət]

a 절제[절도] 있는, 알맞은; **ⓥ** 절제하다

어근힌트 moder- 척도, 적절한 + ate (형용사형, 동사형 접미사)

He stopped smoking cigars twenty years ago and drinks alcohol only in moderation.
그는 20년 전에 시가 피우는 것을 끊었으며 술은 적당히만 마시고 있다.

accommodate
[əkámədèit]

ⓥ 숙박시키다, 수용하다, 편의를 도모하다

어근힌트 ac- ~로(접두사) + com 함께 + mod 척도 + -ate (동사형 접미사)
파생어 accommodation ⓝ 숙박 설비, 편의

I can only accommodate two or three guests.
나는 두, 세 명의 손님만을 수용할 수 있다.

commodity
[kəmádəti]

ⓝ 상품, 필수품

어근힌트 com- 함께(접두사) + mod 척도 + -ity (명사형 접미사)

Energy is a indispensable commodity.
에너지는 필수 불가결한 필수품이다.

mold
[mould]

ⓝ 틀, 주형, 곰팡이

어근힌트 mold- 모양

They poured the clay into the mold.
그들은 진흙을 그 틀에 부었다.

modify
[mádəfài]

ⓥ (일부) 변경하다 (=) change

어근힌트 mod- 척도 + ify (동사형 접미사)
파생어 modifier ⓝ 변경하는 사람(것) modification ⓝ (부분적) 변경

We need to modify the report to take into account the new data.
우리는 새로운 데이터를 고려하여 보고서를 수정할 필요가 있다.

STORY 117 FTA 반대 시위

STORY

'식량주권을 지켜내자'는 모토 motto 아래 FTA를 반대하는 군중들이 폭도 mob가 되어 시위하고 있다. 이들 앞에서 감정 emotion이 폭발하여 식량을 불에 태우고 있다. 이를 저지하기 위해서 전경들이 집결한다. 원격의 remote 무선으로 통제하는 리모콘을 든 전경 대장이 바쁘게 움직인다. 교통차량 locomotive이 급하게 움직인다. 방송기자가 FTA의 동기 motive에 대해 질문하자, 농산물의 국내 수입을 촉진하려는 promote 것이라고 한다.

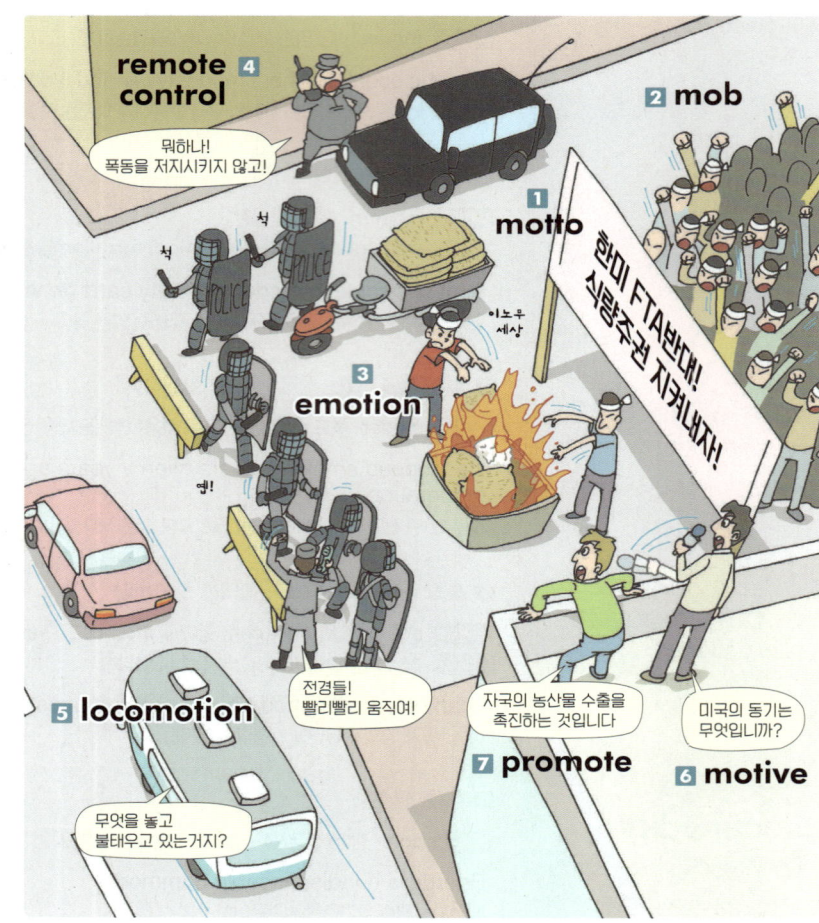

연상 HINT

① **motto**
'식량주권을 지켜내자'는 모토motto 아래 FTA 반대시위를 한다.

② **mob**
시위대가 폭도mob로 변해서 과격한 시위를 하고 있다. 이런 몹쓸 것들!

③ **emotion**
이들 앞에서는 FTA에 반대하는 농민이 감정 emotion이 폭발하여 식량을 불에 태운다. 감정은 밖e으로 움직이는 것이다.

④ **remote**
이를 저지하기 위해서 경찰대장이 리모콘으로 원격의 remote 통제를 한다. 우리가 매일 사용하는 리모콘은 remote control을 붙이고 줄인 말이다.

⑤ **locomotion**
버스 등 교통기관 locomotion 차량이 급하게 돌아간다. 차 안에 타고 있는 사람이 '무엇을 놓고 loco 불태우고 있는 거지?'하고 묻는다. 어원으로는 장소를 이동하도록 하는 것 → 교통기관이다.

⑥ **motive**
방송기자가 미국의 동기 motive에 대해서 질문한다. motive 모티브

⑦ **promote**
그러자 '미국농산물의 대외 수출을 촉진하는promote 것이겠지요.'라고 한다. 앞으로pro 이동시키는 mote 것 → 촉진

mov · mot · mob · mo — 움직이다 move

motto [mátou]
n 좌우명
어근힌트: motto 말
My motto is, "Do to others as you would be done by."
제 모토는 "다른 사람이 당신에게 해주기를 원하는대로 다른사람에게 행하십시오."입니다.

mob [mab]
n 폭도
어근힌트: mob- 움직이다
The bus was wrecked by the angry mob.
버스는 성난 군중에 의해 난파됐다.

emotion [imóuʃən]
n 감동, 감정
어근힌트: e- 밖으로(접두사) + mot- 움즈이다 + -ion (명사형 접미사)
파생어: emotional ⓐ 감정적인, 감동적인
They appealed to emotion rather than to reason.
그들은 이성보다는 감정에 호소했다.

remote [rimóut]
a 먼 (=) distant, 원격의
어근힌트: re- 다시(접두사) + mote 움직이다
Space isn't remote at all. It's only an hour's drive away if your car could go straight upwards.
우주는 전혀 먼 곳이 아니다. 당신의 차가 곧바로 직선으로 위로 올라갈 수 있다면 한 시간 운전 거리에 불과하다. Fred Hoyle

locomotion [lòukəmóuʃən]
n 이동, 교통 기관
어근힌트: loco- 장소 + mot- 움직이다 + -ion (명사형 접미사)
파생어: locomotive ⓝ 기관차
Forms of locomotion are walking, running crawling, climbing, swimming and flying.
운동의 형태는 걷기, 달리기, 오르기, 수영하기 그리고 날기이다.

motive [móutiv]
n 동기
어근힌트: mot- 움직이다 + ive (명사형, 형용사형 접미사)
파생어: motivate ⓥ 동기를 주다 (=) impel   motivation ⓝ 자극, 동기부여
Every man without passions has within him no principle of action, nor motive to act.
열정이 없는 사람은 누구나 그 안에 행동의 원칙도, 행하고자 하는 동기도 없다. Claude A. Helvetius

promote [prəmóut]
v 촉진하다, 승진시키다
어근힌트: pro- 앞(접두사) + mote 움직이다
파생어: promotion ⓝ 촉진, 승진 (↔) demotion
We need to promote development that does not destroy our environment.
우리는 환경을 파괴하지 않는 개발을 하도록 장려해야한다. Wangari Maathai

STORY 118 철새는 날아가고

STORY

공항내부 모니터에 '아름다운 비행' 다큐멘터리가 방영중이다. 아버지가 모바일 mobile 핸드폰을 들고 아들과 이동하며 move 출국한다. 해외로 이주하러 emigrate 나가는 중이다. 30년 후 할아버지가 된 아버지와 어른이 된 아들이 입국한다. 다시 국내로 이주하여 immigrate 온 것이다. 할아버지는 '인생은 순간 moment이야' 라고 말한다. 청소부 아주머니가 바닥의 더러운 것을 청소차로 여러 번 제거한다 remove.

연상 HINT

① **mobile**
공항내부 모니터에 '아름다운 비행' 다큐멘터리가 방영 중이다. 아버지가 이동형 mobile 휴대폰을 들고 통화하고 있다. mobile 모바일 관련 방송이나 제품들이 많아서 익숙한 단어인데, 기본 뜻은 'mob-(이동) 할 수 있는'이란 뜻이다.

② **move**
아버지와 아들이 이동하며 move 출국하고 있다. move는 이동하다, 이사하다, 마음을 움직이다 등 여러 가지 뜻이 있는데 기본적으로는 움직이는 것과 관련이 있다.

③ **emigrate**
출국한다는 것은 나라 밖으로e 이주하여migrate 가는 것이다. 지금 해외로 이주하여 가는 내용을 통화하는 중이다.

④ **immigrate**
30년 후 할아버지가 된 아버지와 어른이 된 아들이 타국에서부터 국내로 이주하여 immigrate 들어오고 있다. 안으로 im 이주하여migrate 들어오다.

⑤ **moment**
세월이 참 빠른 것을 보고, 할아버지가 "인생은 순간moment 이야"라고 말한다. moment는 순간이라는 뜻 외에 '중요성'도 있는데 바로 이 순간이 내게 가장 중요하다고 생각하면 된다.

⑥ **remove**
청소부 아주머니가 바닥의 더러운 것을 청소차로 여러 번 제거한다 remove. 한번에 안되니까 여러 번 다시re 치우게 된다.

migr — 이동하다 move

emigrate
[émigrèit]

v (타국으로) 이주하다 (=) migrate

어근힌트 e- 밖으로(접두사) + migr 이동하다 + -ate (동사형 접미사)
파생어 emigration ⓝ (타국으로의) 이주 emigrant ⓝ (다른 나라로 가는) 이민; ⓐ 이주하는

His family emigrated from Korea to the United States for educational purposes.
그의 가족은 교육 목적으로 한국에서 미국으로 이주했다.

immigrate
[íməgrèit]

v (타국에서) 이주하다 (to, into) (=) migrate

어근힌트 im- 안으로(접두사) + migr 이동하다 + -ate (동사형 접미사)
파생어 immigration ⓝ 이주, 이민(자)수 immigrant ⓝ 이민, 이주자

Skilled engineers from Asia were allowed to immigrate to our country.
아시아에서 온 숙련된 엔지니어들은 우리나라에 이민오도록 허락받았다.

mov · mob · mo — 움직이다 move

mobile
[móubəl]

a 이동할 수 있는

어근힌트 mob- 움직이다 + -ile (형용사형 어미)

Mobile phones have become an important necessity in our lives.
핸드폰은 우리 삶에 중요한 필수품이 되었다.

move
[mu:v]

v 움직이다, 감동시키다, 이사하다

어근힌트 move- 움직이다
파생어 movable ⓐ 움직일 수 있는 movement ⓝ 운동 (=) motion, 동작
moving ⓐ 움직이는, 감동시키는; ⓝ 움직임, 이사

He could not move his fingers.
그는 자신의 손가락을 움직일 수 없었다.

moment
[móumənt]

n 순간, 때, 중요(성) (=) importance

어근힌트 mom- 움직이다 + -ent (명사형 어미)
파생어 momentary ⓐ 순식간의 (=) temporary, transient

This very moment is the only one you know you have for sure.
바로 이 순간이야말로 당신이 아는 한 당신이 확실하게 가진 유일한 것임을 상기시켜라. Oprah Winfrey

remove
[rimú:v]

v 제거하다

어근힌트 re- 다시(접두사) + move 움직이다
파생어 removal ⓝ 이동, 제거

Every time one laughs a nail is removed from one's coffin.
사람은 웃을 때마다, 관에서 못이 제거된다(수명은 조금씩 더 길어진다는 뜻). 온두라스 속담

STORY 119 키부츠 공동체

STORY

이스라엘의 키부츠 공동체 community에서는 평범한 commonplace 사람들이 공동의 common 농사를 짓고 공동으로 분배를 한다. 그래서 경제 체제는 공산주의 communism라고 할 수 있다. 밤이면 서로 모여서 상호 간에 의사소통한다 communicate.

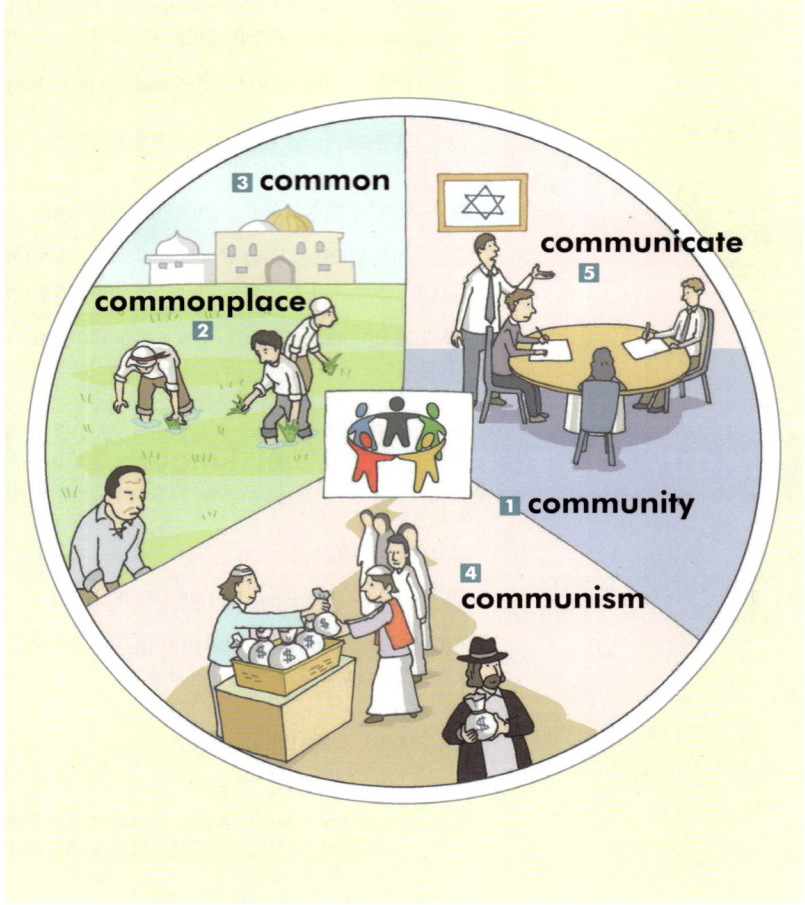

연상 HINT

① **community**
커뮤니티는 요즘 인터넷과 정보 네트워크 시대에 많이 등장하는 용어이다. 공동체community란 함께 com(=together) 의무를 muni(=duty) 감당하는 곳이다.

② **commonplace**
이스라엘의 키부츠 공동체에 대해 들어보았는가? 공동의 common 장소 place에서 일하는 평범한 commonplace 사람들이다. 여기서는 '검은 풀 나있어?'라고 물으면서 일하는 장면이다.

③ **common**
공동체에서는 공동의 common 농사를 짓고, 공동의 common 분배를 한다.

④ **communism**
그래서 경제 체제는 공산주의 communism인데, 문자그대로 함께 의무를 다하고 소유를 공유하는 사상, 주의라고 할 수 있다.

⑤ **communicate**
그러나 의사를 결정할 때는 민주적으로 의사소통 한다 communicate.

mun · mon   의무 duty

community
[kəmjúːnəti]

n 공동 사회, 공동체

어근힌트 com- 함께(접두사) + mun 의무 + -ity (명사형 접미사)

It would be nice to volunteer for the community service.
지역 사회 봉사 활동에 자원하는 것이 좋을 것이다.

commonplace
[káːmənpleɪs]

n 덤덤한 일[것]

어근힌트 com- 함께(접두사) + mon 의무 + -place 장소

Traffic jam is commonplace in many cities.
교통 체증은 많은 도시에서 흔한 일이다.

common
[kámən]

a 공통의, 보통의, 사회 일반의

어근힌트 com- 함께(접두사) + mon 의무

파생어 commonly **ad** 통속적으로 uncommon **a** 드문

To work for the common good is the greatest creed.
공동의 선을 위해 일하는 것이 가장 위대한 신조이다. Woodrow Wilson

communism
[kámjunìzm]

n 공산주의

어근힌트 com- 함께(접두사) + mun 의무 + -ism (명사형 접미사)

파생어 communist **n** 공산주의자; **a** 공산주의(자)의, 공산당의

Communism is like prohibition, it's a good idea but it won't work.
공산주의는 금기(禁忌)와 같다. 생각은 좋으나 이룰 수는 없다. Will Rogers

communicate
[kəmjúːnəkèit]

v (정보·뉴스 등을) 전달하다, 의사소통하다

어근힌트 com- 함께(접두사) + munic 의무 + -ate (동사형 접미사)

파생어 communication **n** 전달, 보도(함), 통신

She had no trouble communicating.
그녀는 의사소통에는 전혀 문제가 없었다.

STORY 120 헌혈, 사랑의 실천

STORY

헌혈을 막 시작하려는 시점에서 간호사가 환자의 혈액형을 혼동한다 confuse. 꼬마가 헌혈을 하려고 왔는데 거절한다 refuse. 건물 벽에는 두꺼비집의 퓨즈 fuse가 보인다.

연상 HINT

① **confuse**
헌혈을 막 시작하려는 시점에서 누워있는 사람의 혈액형이 A인지, B인지 간호사가 혼동한다 confuse. 혼동하다는 함께 con 녹아있다 fuse 는 뜻이다

② **refuse**
꼬마가 헌혈을 하려고 왔는데, 바로 거절한다 refuse. '이 꼬마 또다시(re) 왔네, 꼬마는 안 돼.'

③ **fuse**
벽에는 두꺼비집 퓨즈 fuse가 보인다. 퓨즈는 전기가 과도하게 많이 흐르면 녹는다 fuse.

---

fus — 붓다 pour, 녹이다 melt

confuse [kənfjúːz]
- v 혼동하다 (=) perplex
- 어근힌트 con- 함께(접두사) + fuse 녹이다
- 파생어 confusing ⓐ 혼란시키는 confused ⓐ 혼란스러운 confusion ⓝ 혼동(with), 혼란

If you cannot convince them, confuse them.
설득할 수 없다면, 혼란스럽게 하라. Harry S Truman

refuse [rifjúːz]
- v 거절하다 (↔) accept ⓝ 쓰레기
- 어근힌트 re- 다시(접두사) + fuse 녹이다
- 파생어 refusal ⓝ 거절 (↔) acceptance

It is more tolerable to be refused than deceived.
속임을 당하는 것 보다 거절당하는 편이 더 견딜만하다. Publilius Syrus

fuse [fjuːz]
- ⓝ (폭약 등의) 신관, 퓨즈; v 녹이다, 녹다
- 어근힌트 fuse- 녹다
- 파생어 fusion ⓝ 용해, 융합

A rocket won't fly unless somebody lights the fuse.
퓨즈에 불을 붙이지 않는다면 로켓은 날아가지 않을 것이다. Homer Hickam

STORY 121 통근길, 껌 물었어?

STORY

출근길에 서로의 mutual 얼굴을 보며 대화한다. 남친이 "통근하는 commute 중에 껌 물었어?"하고 묻는다. 한쪽에서는 '내 마음은 호수요'하면서 은유법 metaphor으로 시상(詩想)을 떠올리고 있다.

연상 HINT

① mutual
출근길에 서로의 mutual 얼굴을 보며 대화한다. 서로의 mutual 얼굴을 봄.

② commute
남친이 '통근하다가 commute 껌 물었어?'라고 묻는다.

③ metaphor
먼저 출근한 직원들은 서로 대화를 나누는 중이다. 부장님은 '내 마음은 호수요'하면서 은유 metaphor로 시상(詩想)을 떠올리고 있다. 옆 사람은 '내 마음은 아퍼...' metaphor에서 apher 아퍼

mut · met 바꾸다 change

mutual [mjú:tʃuəl]
a 서로의, 공통의 (=) common
어근힌트 mut- 바꾸다 + -ual (형용사형 접미사)
파생어 mutually ad 서로
The success of this project is based on mutual trust and respect.
이 프로젝트의 성공은 상호 신뢰와 존경에 바탕을 두고 있다.

commute [kəmjú:t]
v 통근[통학]하다
어근힌트 com- 함께(접두사) + mute 바꾸다
파생어 commuter n 통근자
He spent two hours a day commuting to and from work.
그는 직장으로 출퇴근하는데 하루 두 시간을 보냈다.

metaphor [métəfɔ̀:r]
n 은유 (cf 직유 simile)
어근힌트 meta- 바꾸다 + phor 나르다
Since no one had seen it before, she had to use metaphors to describe it.
그것을 전에 본 사람이 아무도 없었기에, 그녀는 그것을 묘사하기 위해 비유를 써야만 했다.

STORY 122 인생의 산을 넘어라

STORY

범인이 산을 넘어 도주하려고 한다. 산 mountain의 높이에 따라 현상금 액수 amount가 올라간다. 공을 던져서 범인을 맞추어야 한다. 이러한 노력에도 불구하고 범인은 높은 산을 넘어서 어려움을 극복한다 surmount.

연상 HINT

① **mountain**
범인이 산을 넘어 도주하려고 한다. 산 mountain이 높다.

② **amount**
산의 높이에 따라 현상금 액수 amount가 상승한다. 공을 던져서 범인을 맞추어야 한다. 현상금 총액이 어마어마한 액수 amount이다.

③ **surmount**
이러한 노력에도 불구하고 범인은 고난도의 산을 극복하여 surmount 넘는다. 극복한다는 것은 초월하여 sur = beyond 넘는 것이다.

mount — 오르다 go up

mountain [máuntən]

n 산, 산맥

어근힌트 mount- 오르다 + ain (명사형 어미)

The man who removes a mountain begins by carrying away small stones.
산을 옮기는 사람은 작은 돌부터 치우는 것으로 시작된다.

amount [əmáunt]

n 총액, 量　v 총계 ~에 이르다(to)

어근힌트 a- ~로(접두사) + mount 오르다

What is the amount of money for the purchase of a new home?
새로운 주택 구입에 필요한 금액은 얼마입니까?

surmount [sərmáunt]

v 극복하다 (=) overcome, 타고 넘다

어근힌트 sur- 위에(접두사) + mount 오르다

He has not learned the lesson of life who does not every day surmount a fear.
매일 공포를 극복하지 못하는 사람은 인생의 교훈을 배우지 못한 것이다. Ralph Waldo Emerson

STORY 123 돈다, 돌아

STORY
바다에 해일이 일어 수영하던 사람이 곤경 trouble에 처한다. 해변에서 신문을 보는 것도 방해 받는다 disturb.

연상 HINT

① **trouble**
바다에 해일이 일어나서 수영하던 사람이 곤경 trouble에 처해 있다. '돌아버리겠네.'

② **disturb**
강한 바람이 해변에서 신문을 보는 것도 방해한다 disturb. 떨어져서 dis 도는 것 turb이 방해이다. 호텔에는 아침마다 청소를 해주도록 되어 있다. 그런데 청소 등으로 방해받지 않도록 하기 위해서 '방해하지 마세요 (Do not disturb!)'라는 표시를 문앞에 걸어 놓는 경우도 있다.

turb 어지럽게 하다 disorder

trouble [trʌbl]
ⓝ 불편, 분쟁, 고생; ⓥ 괴롭히다
어근힌트 troub- 어지럽게하다 + ble (명사형, 동사형 어미)
파생어 troublesome ⓐ 성가신

Do not anticipate trouble, or worry about what may never happen.
문제들을 예상하거나 결코 일어나지 않을 것에 대해 염려하지 말라. 늘 희망 속에 거하라.
Benjamin Franklin

disturb [distə́ːrb]
ⓥ 방해하다, 어지럽히다
어근힌트 dis- 분리(접두사) + turb 어지럽게하다
파생어 disturbance ⓝ 소란, 방해

I'm sorry to disturb you at night.
이렇게 밤에 전화를 드려서 죄송합니다.

STORY 124 우량아 유니버스 선발대회

💬 STORY

여기는 자연 nature 속에서 펼쳐지는 헐리웃 우량아 유니버스 선발대회장이다. 각 나라 nation 에서 모인 아이들이 벗은 naked 몸매를 과시하고 있다. 중국 아이는 타고난 innate 성향이 먹는 것에 관심이 많은가 보다. 무대에는 원어민 native 아나운서가 사회를 보고 있다.

💡 연상 HINT

① **nature**
인간은 자연 nature 앞에서 자세를 낮추어 살아야 함. 이 자연 속에서 우량아 선발대회를 개최하고 있다.

② **nation**
여러 나라 nation 에서 아이들이 출전하였다. 속옷만 입고 있는데 아이들의 내의선이 다 보인다.

③ **naked**
아이들이 벗은 naked 몸매를 과시하고 있다. 아이들은 옷을 벗는데 내키지는 않지만 규정상 옷을 벗어야 한다.

④ **innate**
중국 아이는 무대 위에서도 입 안 in에 뭔가를 먹고 ate 있다. 먹는 것에 있어서는 선천적인 innate 강점을 갖고 태어난 것 같다.

⑤ **native**
무대에서 원어민 native 아나운서가 사회를 보는 중이다. 네이티브 스피커라서 영어를 잘 구사한다.

nat — 태어난 born

nature [néitʃər]
n 자연, 성질

어근힌트 nat- 탄생 + ure (명사형 접미사)

파생어 natural ⓐ 자연(천연)의 (↔) artificial, 당연한 naturally ⓐⓓ 자연히, 본래 supernatural ⓐ 초자연의, 이상한

Preserving nature is more important than exploring the universe.
자연보호는 우주탐험보다 더 중요하다.

nation [néiʃən]
n 국민 (=) people, 국가 (=) country

어근힌트 nat- 탄생 + ion (명사형 접미사)

파생어 national ⓐ 국가의, 국민의 nationality ⓝ 국적, 국민성 nationalism ⓝ 민족주의

Our nation is suffering from a continuously declining birth rate.
우리나라는 계속해서 감소하는 출생률로 고통받고 있다.

naked [néikid]
ⓐ 벌거벗은

어근힌트 nak- 탄생 + ed (형용사형 어미)

Eros will have naked bodies; Friendship naked personalities.
에로스를 통해서는 벌거벗은 신체를, 우정을 통해서는 적나라한 인격을 갖게 될 것이다. C.S.Lewis

innate [inéit]
ⓐ 타고난, 선천적인 (↔) acquired

어근힌트 in- 안으로(접두사) + nate 태어난

She has an innate talent for music.
그녀는 타고난 음악 재능을 가지고 있다.

native [néitiv]
ⓐ 출생지의, 타고난; **ⓝ** 원주민

어근힌트 nat- 탄생 + ive (형용사형 접미사)

Do you know how many people speak Chinese as their native language?
얼마나 많은 사람들이 중국어를 모국어로 사용하는지 알고 있습니까?

renaissance [rènəsáːns]
ⓝ 문예 부흥, 르네상스

어근힌트 re- 다시(접두사) + naiss 탄생 + -ance (명사형 접미사)

Many African-American poets and authors were active during the Harlem Renaissance.
할렘 르네상스 동안 많은 아프리카계 미국인 시인들과 작가들이 매우 활동적이었다.

STORY 125 ROOT N
이게 머지? 해저 2만리

💬 STORY

순항하던 배가 갑자기 흔들리자 아로낙스 박사는 메스꺼움 nausea 에 시달린다. 해군 navy 병사는 급하게 조종간을 돌린다. 항해(내비게이션) navigation 을 통해 보니 강과 바다 합류지점에서 이상 물체가 감지된다. 드디어 드러난 emerge 바다괴물이 군함에 충돌하자 군함이 파선한다.

💡 연상 HINT

① **nausea**
아로낙스 박사는 배가 흔들려 속이 메스꺼워 배멀미 nausea 를 한다. '바다 지긋지긋해. No, sea! 빨리 돌려'라고 말한다.

② **navy**
박사의 말을 듣고 해군 navy 이 조종간을 돌린다. 등에 나비(navy를 철자대로 발음하면 나비가 됨)가 붙어 있다.

③ **navigation**
곧바로 선박에 부착된 네비게이션 navigation으로 이상 물체가 감지된다. 요즈음은 차량에 네비게이션이 다 부착되어 있거나, 휴대폰 네비게이션으로 목적지까지 가는 경우가 많다.

④ **emerge**
네비게이션에 바다 괴물이 출현하는 emerge 것이 보인다. 이 괴물을 보고 모두들 "이게 뭐지?"라고 놀라서 말한다.

nav · nau — 배 ship, 선원 sailor

nausea
[nɔ́:ziə]

n 메스꺼움

어근힌트 nau- 배, 선원 + (s)ea (명사형, 동사형 어미)

Nausea is an uneasy feeling in the stomach together with an urge to vomit.
메스꺼움은 토하고 싶은 욕구가 동반되는 위(胃)의 불편한 느낌을 말한다.

navy
[néivi]

n 해군

어근힌트 nav- 배, 선원 + y (명사형 접미사)

It's better to be a pirate than to join the Navy.
해군에 들어가느니 해적이 되는 것이 낫다. Steve Jobs

navigation
[nævəgéiʃən]

n 운해, 항공, 항해[항공]학

어근힌트 navi- 배, 선원 + ga 가다 + -tion (명사형 접미사)
파생어 navigate **v** 항행(항해)하다, 조종(운전)하다

My car has an onboard navigation system.
내 차에는 탑재된 내비게이션 시스템이 있다.

emerge
[imə́:rdʒ]

v 나타나다

어근힌트 e- 밖으로(접두사) + merge 담그다
파생어 emergence **n** 출현, 발생 emergency **n** 응급, 비상사태

Problems emerge and some people try to sweep them under the rug.
문제가 발생하는데 일부 사람들은 이 문제들을 양탄자 아래에 쓸어 넣으려고 한다. Bill Condon

STORY 126 팔레스타인 가짜 지구

STORY

팔레스타인 자치 autonomy 지역이 뉴스에 등장한다. 팔레스타인 민병대 중의 한 명이 거대한 enormous 이를 드러내며 이스라엘 접경지에서 전투를 하고 있다. 앞뒤 모양이 비정상적인 abnormal 동물이 짐을 나른다. 가자 지역의 경제 economy 사정이 어려워 모두들 이스라엘 지역으로 건너가려고 하는데, 통과 기준 norm이 까다롭다.

연상 HINT

① **autonomy**
이 곳은 팔레스타인 자치 autonomy 지구이다. 스스로 auto 다스리는 nomy 장소를 말한다.

② **enormous**
이스라엘 군과 팔레스타인 민병대가 접경지에서 서로 싸운다. 민병대중 한 사람은 거대한 enormous 이를 드러내면서 "이놈의 자슥!"이라고 소리지르며 총격을 가한다.

③ **abnormal**
이 자치지구에 비정상적인 abnormal 동물이 짐을 나르고 있다. 뒤는 말인데 앞 ab부분은 no말(말이 아님)이다.

④ **economy**
이 지역의 경제 economy 사정이 어려워서 백성들이 이스라엘 지역으로 건너가려고 한다. 경제는 '집 eco을 다스리는 것 nomy'이란 의미이다. 세계를 하나의 커다란 집으로 보면 그것이 경제이다.

⑤ **norm**
검문소를 통과하는 기준 norm이 까다롭다. 그래서 사람들은 "이 기준을 통과할 놈이 몇이나 될까?" 말하면서 불평한다.

norm — 기준, 자 rule

autonomy
[ɔːtánəmi]

n 자치권

어근힌트 auto- 자동 + nom 기준 + -y (경사형 접미사)
파생어 autonomous ⓐ 자치의

Their local territory was granted autonomy.
그들의 지역 영토는 자치권을 부여 받았다.

enormous
[inɔ́ːrməs]

a 거대한 (=) huge

어근힌트 e- 밖으로(접두사) + norm 기준 + -ous (형용사형 접미사)
파생어 enormously ⓐⅾ 엄청나게

An enormous part of our mature experience cannot not be expressed in words.
우리의 성숙한 경험의 상당 부분은 말로 표현할 수 없다. Alfred North Whitehead

abnormal
[æbnɔ́ːrməl]

a 비정상의 (↔) normal

어근힌트 ab- 반대(접두사) + norm 기준 + -al (형용사형 접미사)
파생어 abnormality ⓝ 비정상 normal ⓐ 표준의 (↔) abnormal, (사람이) 정상인 normally ⓐⅾ 정상적으로

Misuse of some drug can lead to abnormal behavior.
일부 약물의 오용은 비정상적인 행동을 유발할 수 있다.

economy
[ikánəmi]

n 절약 (=) frugality, 경제

어근힌트 eco- 집, 생태 + nom 기준 + -y (명사형 접미사)
파생어 economic ⓐ 경제학의 economical ⓐ 경제적인 economics ⓝ 경제학

The investment for the manufacturing industry will help the city's economy.
제조업에 대한 투자는 도시 경제에 도움이 될 것이다.

norm
[nɔːrm]

n 표준, 규범

어근힌트 norm- 규준

My son scored well above the norm in English.
나의 아들은 영어에서 기준이상의 점수를 받았다.

STORY 127 방송사고

STORY

아나운서 announcer가 정부의 철거 정책에 대해 군중들이 비난하는 denounce 뉴스를 보도하고 있었다. 이때 한 정신병자가 '내 귀에 소음 noise이 들려' 하면서 아나운서를 괴롭힌다 annoy. 나레이터는 이 아나운서의 발음 pronunciation이 좋다고 칭찬한다.

연상 HINT

① **announcer**
아나운서 announcer가 주요 뉴스를 방송하고 있는 상황이다.

② **denounce**
아나운서 뒤de에는 방송화면에 군중들이 정부의 철거정책을 비난하는 denounce 장면이 나온다.

③ **noise**
이렇게 생방송을 진행하고 있는데, 한 정신이상자가 스튜디오에 들어온다. 갑자기 '내 귀에 소음 noise이 들려. 노이로제 걸릴 거 같아.'라고 소리를 지르고 큰 소란이 일어난다.

④ **annoy**
이렇게 정신병자가 성가시게 annoy 하자, 아나운서가 "어! 이거 노이"라고 말한다.

⑤ **pronunciation**
모든 소란이 사라지고 잠잠해 진다. 나레이터가 앞pro에서 아나운서 발음 pronunciation이 좋다고 칭찬한다.

nounce 말하다 speak

announcer
[ənáunsər]

n 아나운서
어근힌트 an- ~로(접두사) + nounc 말하다 + -er 행위자 (명사형 접미사)
파생어 announce ⓥ 알리다   announcement ⓝ 알림, 공고

I'm an announcer for CBS radio station.
나는 CBS 라디오 방송국의 아나운서이다.

denounce
[dináuns]

v 비난하다 (=) criticize
어근힌트 de- 떨어져(접두사) + nounce 말하다

The preacher denounced the teaching of evolution in schools.
설교자는 학교에서 진화론을 가르치는 것에 대해 비난했다.

noise
[nɔiz]

n 소음
어근힌트 noise- 시끄러움
파생어 noisy ⓐ 시끄러운   nuisance ⓝ 성가심

One man's music is another man's noise.
어떤 이에게 음악처럼 들리는 것이 다른 이에게는 소음이다.

annoy
[ənɔ́i]

v 괴롭히다
어근힌트 an- ~로(접두사) + noy 말하다
파생어 annoyance ⓝ 귀찮은 것

I don't mean to annoy you.
널 짜증나게 하려는 의도는 아니었어.

pronunciation
[prənʌ̀nsiéiʃən]

v 발음하다, 선언하다
어근힌트 pro- 앞(접두사) + nounce 말하다
파생어 pronouncement ⓝ 공고, 선언   pronunciation ⓝ 발음, 발음법
mispronounce ⓥ 잘못 발음하다

Some words are difficult to pronounce, while some are easy.
어떤 단어는 발음하기 어렵지만, 쉬운 단어도 있다.

STORY 128 안팎의 혁신 바람

💬 STORY

빌딩을 새롭게 하려고 renovate 페인트를 새로 칠하고 있다. 빌딩 안 회의실에서 회의가 진행 중이다. 한 중역이 회사 내부 시스템을 혁신하기 innovate 위해 노력해야 한다고 주장한다. 회의실 밖에서는 새로들어온 신입사원 newcomer, novice 이 서류를 복사하는 심부름을 한다. 수위실에서 경비 아저씨는 재미있게 소설 novel을 읽고 있고, 계약직 청소부 아줌마는 계약을 갱신한다 renew.

💡 연상 HINT

① **renovate**
회사 안팎으로 새로운 변화의 바람이 일어난다. 우선 건물 밖을 페인트로 칠하면서 건물을 다시 새롭게 한다 renovate.

② **innovate**
회사 회의실에서는 '내부 in 시스템을 혁신해야 innovate 합니다'하면서 호소한다.

③ **novice, newcomer**
새로 들어온 신입 newcomer 사원에게 회의실 밖에서 계속 복사 일만 맡긴다. 그러자, 이 신입이 '난 비서가 아니야(no 비서)'라고 불평을 늘어놓는다.

④ **novel**
경비 아저씨는 그나마 사정이 좋은 것 같다. 소설 novel을 읽는데 '아 신기한 novel 책이네.'라고 말하면서 입으로 나불나불 거리는 것 같다.

⑤ **renew**
건물 청소부 아주머니는 계약직인가 보다. 매년 계약을 새롭게 해야 renew 일을 할 수 있다.

nov · new — 새로운 new

renovate
[rénəvèit]

ⓥ ~을 새롭게 하다
어근힌트 re- 다시(접두사) + nov 새로운 + -ate (동사형 접미사)
파생어 renovation ⓝ 쇄신, 혁신, 개장

They claim that they can renovate worn shoes so that they look like new ones.
그들은 낡은 구두를 수리하여 새것처럼 보이게 할 수 있다고 말한다.

innovate
[ínəvèit]

ⓥ 혁신하다
어근힌트 in- 안으로(접두사) + nov 새로운 + -ate (동사형 접미사)
파생어 innovation ⓝ 혁신

Innovation distinguishes between a leader and a follower.
혁신은 리더와 추종자 간에 잘 구분해 준다. Steve Jobs

newcomer
[nu:kʌmə(r)]

ⓝ 신출내기, 풋내기
어근힌트 new- 새로운 + come 오다 + -er 행위자 (명사형 접미사)

Newcomers aren't welcomed here.
여기는 텃세가 심해요.

novice
[návis]

ⓝ 풋내기
어근힌트 nov- 새로운 + ice (명사형 어미)

I'm still a novice student.
나는 여전히 초보 학생이다. Ang Lee

novel
[návəl]

ⓐ 새로운 (=) new; ⓝ 소설 (=) fiction
어근힌트 novel- 새로운
파생어 novelist ⓝ (장편) 소설가 novelty ⓝ 신기로움

In order to write a novel, we should use our imagination.
소설을 쓰려면 상상력을 사용해야한다.

renew
[rinjú:]

ⓥ 새롭게 하다, 갱신하다
어근힌트 re- 다시(접두사) + new 새로운
파생어 renewal ⓝ 새롭게 하기[되기], 갱신

They renewed the lease on their apartment.
그들은 아파트에 대한 임대 계약을 갱신했다.

STORY 129 앤 썰리반

STORY

간호사 nurse 로라가 앤을 양육 nurture하고 돌보아 주었다. 처음에는 음식을 거부하고 영양실조에 걸린 앤에게 자양분을 주려고 nourish 계속해서 음식을 갖다 주었다. 방안 화분에는 영양 nutrition 주사가 꽂혀있다. 로라의 정성으로 앤은 정상인이 되었다. 어느날 사람을 구하는 광고를 본 앤은 여행 채비 outfit를 하고, 헬렌켈러 집에 들어가 헬렌켈러를 가르쳤다. 가장 적합한 apt 개인교사인 앤은 헬렌켈러를 점자책에 적응시키고 adapt있다. 헬렌켈러는 배우려는 태도 attitude로 임하였다.

연상 HINT

① **nurse**
로라, 앤, 설리반 헬렌켈러로 이어지는 이 스토리는 실화이다. 간호사 nurse인 로라는 추워서 쪼그리고 앉아있는 앤에게 '이 옷 너써'라며 옷을 준다.

② **nurture**
대답없는 앤에게 로라가 다시 옷을 주며 '너 추워? 기르기 힘드네'라고 말하면서 앤을 양육한다 nurture.

③ **nourish**
이 앤에게 자양분을 주려고 nourish 로라가 물고기 fish 요리를 갖다 준다.

④ **nutrition**
환경을 좋게 하고자 방안에 새로 new 들여온 나무 tree에 영양 nutrition 주사를 놓는다.

⑤ **outfit**
이제 정상인으로 잘 자란 앤은 사람을 돕는 구인광고를 보고 여행 채비 outfit를 해서 나선다. 밖에out 나갈 때 적합한fit 의상으로 갈아입게 된다.

⑥ **apt**
앤은 앞도 apt 못 보는 헬렌에게 가장 적합한 apt 개인교사가 된다.

⑦ **adapt**
앤은 헬렌이 점자책을 읽는 것에 적응하도록 adapt 돕는다.

⑧ **attitude**
헬렌은 애띤 얼굴로 배우고자 하는 태도attitude를 보인다.

nutri · nour — 영양분을 주다 nourish, 기르다 feed

nurse [nəːrs]
n 간호사
- 어근힌트: nurse- 영양을 주다
- 파생어: nursery **n** 육아실, 탁아소

When I woke up, a nurse said, "You're really lucky." showing me my helmet.
내가 깨어났을 때 간호원이, 헬맷을 보여주며 말했다. "정말 운이 좋군요."

nurture [nə́ːrtʃər]
v 양육하다, 기르다
- 어근힌트: nur- 영양을 주다 + ture (명사형 접미사)

Nurture your mind with great thoughts; to believe in the heroic makes heroes.
당신의 마음을 위대한 사고(事故)로 길들이라 영웅적인 것을 믿음으로써 영웅이 만들어진다. Benjamin Disraeli

nourish [nə́ːriʃ]
v 기르다, 자양분을 주다
- 어근힌트: nour- 영양을 주다 + ish (동사형 접미사)
- 파생어: nourishment **n** 자양물, 음식 undernourishment **n** 영양 실조

To eat a good and healthy food will nourish our body.
건강하고 좋은 음식을 먹는 것은 우리 몸에 영양을 준다.

nutrition [njuːtríʃən]
n 영양물 섭취, 영양물, 음식물
- 어근힌트: nutri- 영양을 주다 + tion (명사형 접미사)
- 파생어: nutritionist **n** 영양사

The body requires proper nutrition in order to maintain it.
신체를 유지하기 위해서는 적절한 영양소를 필요로 한다.

adapt [ədǽpt]
v 적응시키다(to)
- 어근힌트: ad- ~로(접두사) + apt 적합한
- 파생어: adaptation **n** 적응

My mentor advised me to be flexible enough to adapt to a new environment.
스승님은 나에게 새로운 환경에 적응할 수 있을 만큼 융통성을 발휘하라고 조언하셨다.

apt — 적합한 fit

apt [æpt]
a 적절한, ~하기 쉬운
- 어근힌트: apt- 적합한
- 파생어: aptitude **n** 경향, 적성

Young people are apt to forget the seriousness of war.
젊은 사람들은 전쟁의 심각성을 잊기 쉽다.

attitude [ǽtitjùːd]
n 태도, 자세
- 어근힌트: atti- 적합한 + tude (명사형 접미사)

Manufacturers encourage the "new is better" attitude.
제조업자는 "새로운 것이 더 좋다"라는 태도를 조장한다.

outfit [áutfìt]
n 채비, 의상
- 어근힌트: out- 밖 + fit 적합한

We laughed at his outlandish outfit.
우리는 그의 이상한 의상을 보고 웃었다.

STORY 130 에델바이스

희비가 교차되는 사운드 오브 뮤직 영화의 후반부 탈출 전 공연 장면. 양 삼형제 코메디 comedy 장면 후, 트랩 대령 일가족이 에델바이스 멜로디 melody 노래를 하자 관객들은 슬픔 tragedy에 잠긴다.

연상 HINT

① **comedy**
사운드 오브 뮤직의 마지막 공연 장면이다. 분위기를 띄우려고 코미디언들이 양 옷을 입고 재밌는 코메디comedy 쇼를 하고 있다.

② **melody**
전체 강당에 에델바이스 음악 멜로디melody가 흐른다.

③ **tragedy**
노래가 끝나고 비극으로 마치자 관객들은 슬픔에 잠겨, '비극 tragedy 노래를 틀어줘, DJ'라고 요청한다.

---

od — 노래 부르다 sing

comedy [kámədi]
n 희극
어근힌트 com- 함께(접두사) + edy 노래부르다
파생어 comedian n 희극 배우, 코미디언 comic a 희극의[에 관한]

Life is a tragedy when seen in close-up, but a comedy in long-shot.
인생은 접사(接寫-클로즈업)해서 보면 비극이지만, 원사(遠寫-원거리촬영)로 보면 희극이다.
Charlie Chaplin

melody [mélədi]
n 멜로디, 선율 (=) tune
어근힌트 mel- 감미로운 + ody 노래부르다

He composed a song that includes some beautiful melodies.
그는 몇몇 아름다운 멜로디가 담긴 곡을 작곡했다.

tragedy [trǽdʒədi]
n 비극
어근힌트 trag- 염소(비극) + edy 노래부르다
파생어 tragic a 비극적인

After the tragedy, he secluded himself in his home.
그 비극이 있은 후 그는 집에서 은거했다.

STORY 131 안경 고르기

STORY

안경점에 할머니와 입양한 adopt 양아들이 찾아왔다. 안경을 고르는 데 여러 개 선택사항 option 중에서 하나를 선택하는 것이 좋겠다고 주인이 자신의 의견 opinion을 말한다.

연상 HINT

① adopt
안경점에 할머니와 입양한 adopt 아기가 들어와 안경 여러 개 중에서 고르는 adopt 중이다. 어르신을 돕기 위해 안경이 필요하다.

② option
주인은 여러 개 선택사항 option을 제시해 준다. 안경마다 옵션이 다양하다.

③ opinion
주인은 '제 의견으로는 이것이 좋겠어요.'라고 말하며 좋은 것을 추천하기도 하면서 자신의 의견 opinion을 제시한다.

---

opt 선택하다 choose

adopt [ədápt]

ⓥ 채용하다, 양자[양녀]로 삼다

어근힌트 ad- ~로(접두사) + opt 선택하다
파생어 adopter ⓝ 채용자, 양부모 adoption ⓝ 채용, 양자 결연

They adopted our point of view.
그들은 우리의 견해를 채택했다.

option [ápʃən]

ⓝ (최대) 수용력[량](취사) 선택, 선택권

어근힌트 opt- 보다 + ion (명사형 접미사)
파생어 optional ⓐ 마음대로 선택 가능한

To our sadness, retirement seemed to be the only option for us.
슬프게도, 은퇴가 우리에게 유일한 선택인 것처럼 보였다.

opinion [əpínjən]

ⓝ 의견, 견해

어근힌트 opin- 보다 + ion (명사형 접미사)

Don't hesitate to express your opinion.
주저하지 말고 자신의 의견을 표하십시오.

STORY 132 짜장면 시키신 분

STORY

성당에서 사제 부제 서품식이 경건하게 진행되고 있다. 먼저 3명의 동등한 coordinate 사제(司祭)들이 서품을 받고 있고, 사제 아래의 subordinate 부제(副祭)들이 무릎 꿇고 기다리고 있다. 이때, 괴짜인 extraordinary 중국집 배달원이 문을 쾅 열고 들어오면서 말하기를 "짜장면 주문하신 order 분"하며 소리를 지른다. 질서order가 혼란해지자, 신부님이 "나가시오"하며 명령한다 order.

연상 HINT

① **coordinate**
성당에서 경건한 의식이 진행중이다. 동등한 coordinate 품격의 사제들이 함께 서 있다. 세상의 여자친구와 관계를 조정하고 coordinate, 사제의 길을 가기 위해 서품을 받는 중이다.

② **subordinate**
사제 아래의subordinate 부제들이 무릎 꿇고 순서를 기다린다.

③ **extraordinary**
이렇게 경건한 분위기에서 의식이 진행되는데 갑자기 괴짜 extraordinary 중국집 배달원이 분위기 파악 못하고 갑자기 문을 쾅 열고 들어온다. 어원적으로 '정상적인 ordinary 것의 밖에 있는 extra' 이란 뜻이다.

④ **order**
이 배달원은 '짜장면 시키신 order 분'이라고 외친다. 경건한 분위기 질서 order가 깨지자, 신부님이 나가라고 명령한다 order. order는 주문(주문하다), 순서, 질서, 명령(명령하다) 등 여러 가지 뜻이 있다. 이것을 그림 상황을 떠올리면 쉽게 기억할 수 있다; 짜장면 주문하신분, 짜장면 탕수육 짬뽕등 순서대로 적어가지고 온다. 경건한 분위기의 질서가 깨진다. 그러자, 신부님이 '나가'라고 명령하신다.

ordin · ord 순서 order

coordinate
[kouɔ́:rdənət]

ⓐ 동등한, [수학] 좌표의; ⓥ 조정하다

어근힌트 co- 함께(접두사) + ordin 순서 + -ate (형용사형, 동사형 접미사)
파생어 coordinator ⓝ 동격으로 하는 것[사람], 조정자

He is an officer coordinate in rank with me.
그는 나와 계급이 같은 장교이다.

subordinate
[səbɔ́:rdənət]

ⓐ 하급의, 하위의; ⓝ 부하; ⓥ 하위에 두다

어근힌트 sub- 아래(접두사) + ordin 순서 + -ate (형용사형, 동사형 접미사)

You never really hear the truth from your subordinates until after 10 in the evening.
당신은 저녁 10시 이후가 되어서야 부하들로부터 진실을 들을 수 있다. Jurgen Schrempp

extraordinary
[ikstrɔ́:rdənèri]

ⓐ 비상한, 비범한

어근힌트 extra- 밖으로(접두사) + ordin 순서 + -ary (형용사형 접미사)
파생어 ordinary ⓐ 평상의, 보통의 ordinarily ⓐⓓ 보통, 대개

The little boy has an extraordinary talent.
그 어린 소년은 놀라운 재능을 가지고 있다.

order
[ɔ́:rdər]

ⓝ 순서, 주문, 질서, 명령; ⓥ 명령하다, 주문하다, 정돈하다

어근힌트 ord- 순서 + er (명사형, 동사형 어미)
파생어 disorder ⓝ 무질서, 혼란

Order now and receive a free gift!
지금 주문하시고 무료 선물을 받으세요!

STORY 133 어! 애버리진 말어

STORY

만유의 기원 origin은 어디인가? 해는 동양 orient에서 떠오른다. 삶의 원천 source이 흘러들어온다. 이곳에는 천연 자원 resource이 많다. 원주민을 보고 캥거루가 튀어오르자 새끼가 떨어져 낙태 abortion 상태가 된다. 이른 본 원주민 aborigine이 말한다. '어, 애버리진 말어.' 밀려오는 surge 파도를 즐기며 서핑 surfing을 즐기는 사람도 있다.

연상 HINT

① **origin**
밤하늘을 보면 '우주 만물의 기원 origin은 무엇일까?'하고 생각해 보게 된다. 그림에서 오리가 날갯짓 하며 오르려고 한다. ori-는 생겨나다, 오르다라고 하는 뜻이니 오리가 오르다 이렇게 기억하자.

② **orient**
해가 동쪽에서 떠오른다. 해가 떠오르는 곳을 동양이라고 하여 orient라 하고, 해가 지는 곳은 서양 occident라고 한다.

③ **source**
삶의 원천 source인 강의 물이 근원지에서 흘러나온다. 솟아 오르는 물(水). 보통 우리가 소스를 구한다고 할 때 바로 이 source를 말한다.

④ **resource**
강의 하류에는 천연 자원 resource이 많다. 이곳에서 자원을 다시 re- 찾고 발굴하는 중이다. 천연 자원은 natural resources, 사람 인력 자원은 human resources라고 한다.

⑤ **abortion**
자원개발로 자연이 훼손되자, 흥분한 캥거루가 튀어오르면서 원주민을 보고 "이보셔"라고 소리지른다. 그 순간 새끼가 떨어져 낙태 abortion된다. 생기는 orb 아기가 떨어지는 ab 것이 낙태이다.

⑥ **aborigine**
이를 지켜보던 호주 원주민 aborigine이 "애버리지는 말어!"라고 외친다.

⑦ **surge**
해안에서는 파도가 밀려온다 surge. 물이 서있는 것 같다. 물이 서지

ori — 떠오르다 rise

origin
[ɔ́ːrədʒin, árədʒin]

n 기원 (=) source, 발생

어근힌트: ori- 일어나다 + gin (명사형 어미)

파생어: original ⓐ 최초의 (=) earliest, 원시의 originality ⓝ 독창성, 독창력 originate ⓥ 시작하다, 일으키다

The origin of the species is unknown to the biologist.
그 종(種)의 기원은 생물학자에게는 알려지지 않았다.

orient
[ɔ́ːriənt]

n 동양, 동방; **v** ~을 적응시키다

어근힌트: ori- 일어나다 + ent (명사형, 형용사형 어미)

파생어: oriental ⓐ 동양 (여러 나라)의, 동양에서 온 orientation ⓝ 적응, 오리엔테이션

We just arrived in a strange country, so we need some time to orient ourselves to our surroundings.
우리는 이제 낯선 나라에 도착했다. 그래서 우리는 주변 환경에 순응할 얼마간의 시간이 필요하다.

surg · sour — 솟아나다 spring up

source
[sɔːrs]

n 원천, 수원(지)

어근힌트: source- 솟아나다

Plants are the main source of medicine.
식물은 의학에서 중요한 기초재료이다.

resource
[ríːsɔːrs]

n 자원

어근힌트: re- 다시(접두사) + source 솟아나다

Water is a natural resource vital for human existence.
물은 인간 존재에 필수적인 천연 자원이다.

abortion
[əbɔ́ːrʃən]

n 유산, 낙태

어근힌트: ab- 반대(접두사) + or 떠오르다 + -tion (명사형 접미사)

파생어: abort ⓥ 유산[낙태]하다 abortive ⓐ 유산의

We are totally opposed to abortion under any circumstances.
우리는 어떤 상황에서든지 낙태에 완전히 반대합니다. Jucie Brown, President, American Life Lobby

aborigine
[æbərídʒəniː]

n (호주) 원주민

어근힌트: ab- ~로부터(접두사) + ori 떠오르다 + gine (명사형 어미)

His father is an australian aborigine.
그의 아버지는 호주 원주민이다.

surge
[səːrdʒ]

v (군중 · 감정 등이) 파도처럼 밀려오다

어근힌트: surge- 솟아나다

She felt a surge of jealousy.
그녀는 치밀어 오르는 질투심을 느꼈다.

STORY 134 아빠 손잡고

STORY

같은 회사 company 친구들이 아이를 동반하고 accompany 나들이 간다. 목이 마른 동료 companion에게 이온 음료를 권하고 있다. 갈림길에서 동물학 zoology을 공부하러 동물원에 갈지 생태학 ecology을 공부하러 생태학습장에 갈지 고민이다. 심리학 psychology을 공부하고 있는 학생이 옆의 산에서 '야호'하며 소리치는 사람에게 '심리적으로 불안하곤.. 싸이고 같으니..' 하고 말한다.

연상 HINT

① **company**
같은 회사 company 동료company끼리 나들이 나온다. 원래 회사는 함께 com- 빵 pan을 먹는 곳이었다. 일하고 같이 식사하는 곳이 회사이다

② **accompany**
한 친구가 아이를 동반한다 accompany. 이 아이는 짖궂은 악동인 것 같다.

③ **companion**
목 마른 동료 companion에게 이온-ion음료를 권한다.

④ **zoology**
길을 가다보니 두갈래 길이 나온다. 선택을 해야 한다. 동물학 zoology 공부하러 동물원 zoo으로 갈까? 동물중 기린이 고개를 주욱 내민다.

⑤ **ecology**
혹은 생태학 ecology 공부하러 생태학습장에 갈까? 뒷산에서는 한 사람이 '야호'하고 외치자 메아리 echo가 들린다.

⑥ **psychology**
이렇게 야호 소리가 들리자 건너편 산 꼭대기에서 심리학 psychology을 공부하던 학자가 '싸이코 같으니...심리가 불안하군' 이렇게 혼잣말한다.

pan — 빵 bread

company
[kʌ́mpəni]
- n [집합적] 동료, 친구들, 회사
- 어근힌트 com- 함께(접두사) + pany 빵 + -y (명사형 접미사)
- He runs his own publishing company.
- 그는 자신의 출판사를 운영한다.

accompany
[əkʌ́mpəni]
- v 동행하다
- 어근힌트 ac- ~로(접두사) + com 함께 + pan 빵 + -y (명사형 접미사)
- The ability to do anything must be accompanied by the belief that we can do it.
- 어떤 것을 할 수 있는 능력은 우리가 그것을 할 수 있다는 믿음이 함께 해야 한다.

companion
[kəmpǽnjən]
- n 동료, 친구
- 어근힌트 com- 함께(접두사) + pan 빵 + -ion (명사형 접미사)
- She is a good companion for talking with.
- 그녀는 대화를 나눌 좋은 동반자이다.

log — 말 speech

zoology
[zouɑ́lədʒi]
- n 동물학
- 어근힌트 zoo- 동물 + logy 학문
- Zoology is a branch of biology that involves in the study of animals.
- 동물학은 동물연구와 관련있는 생물학 분야이다.

ecology
[ikɑ́lədʒi]
- n 생태학
- 어근힌트 eco- 집, 생태 + logy 학문
- 파생어 ecological @ 생태학적 ecologist n 생태학자
- Ecology is the scientific study of how organisms interact with their physical environment.
- 생태학은 유기체들이 자신들의 환경과 어떻게 상호작용하는지를 다루는 과학 연구 분야이다.

psychology
[saikɑ́lədʒi]
- n 심리학, 심리
- 어근힌트 psycho- 심리 + logy 학문
- 파생어 psychological @ 심리학의 psychologist n 심리학자
- The goal of psychology is to describe, understand, predict, and modify behavior.
- 심리 학의 목표는 행동을 기술하고, 이해하며, 예측하고 수정하는 것이다.

STORY 135 골프, 준비 됐나요?

💬 STORY

한 남자가 골프채를 걸레로 닦으면서 골프를 치려고 준비한다 prepare. 그 옆에는 한 짝 pair의 신발이 손상된 impair 골프화 놓여 있다. 캐디가 실수로 골프 기구 apparatus 가방을 사장님의 발등에 내려 놓아 사장님이 아파한다. 뒤에서는 정비사가 골프 전기차를 수리한다 repair. 골프 황제 emperor는 골프치는 시범을 보인다.

💡 연상 HINT

① **prepare**
무슨일이든 준비를 잘 해야한다. 여기서는 골프를 치기 위해 도구들을 미리 pre 정돈하며 준비하는 prepare 중이다.

② **pair / impair**
옆에 운동화 한 켤레(쌍 : 똑같은 것이 좌우 2개) pair 중에서 한 짝이 손상되어 impair 있다. 손상되어 이전과 같지 않아 보인다.

③ **apparatus**
사장님이 골프를 치러 왔는데 캐디가 골프 기구 apparatus 가방을 사장님 발등에 내려놓았나 보다. 사장님이 '아유 아파라'라고 소리친다.

④ **repair**
뒤 re 에서는 정비사가 골프차를 수리한다 repair. 수리는 다시 re- 이전과 같게 pair 만들어 놓는 것이다.

⑤ **emperor**
골프하면 골프황제가 떠오른다. 퍼런 망토를 두르고 있는 퍼런 황제 emperor가 시범을 보여준다 'I am peror(내 이름은 퍼러야). 아이 엠 퍼러'

par · pair — 같은 equal, 정돈하다 arrange

prepare
[pripέər]

v 준비하다

어근힌트 pre- 앞(접두사) + pare 같은

파생어 preparation **n** 준비 unprepared **a** 준비가 없는

This course is designed to prepare students to face real life.
이 과정은 학생들이 실제 생활에 직면하도록 준비시켜주기 위해 고안되었다.

pair
[pɛər]

n 한 쌍, 한 벌

어근힌트 pair- 같은

He wore a pair of red socks.
그는 한 켤레의 빨간 양말을 신었다.

impair
[impέər]

v 손상시키다

어근힌트 im- 반대(접두사) + pair 같은

Don't impair your health with much drinking and smoking.
많은 음주와 흡연으로 건강에 해를 끼치지 마십시오.

apparatus
[æpərǽtəs, æpəréitəs]

n 기구, 장치

어근힌트 ap- ~로(접두사) + para 같은 + -tus (명사형 어미)

The hotel that we were staying in used a kind of heating apparatus that was unfamiliar to us.
우리가 머물고 있는 호텔에서는 우리에게 익숙하지 않은 그런 종류의 난방 기구를 사용하였다.

repair
[ripέər]

v 수리·수선하다 (=) mend

어근힌트 re- 다시(접두사) + pair 같은

This machine is in need of repair.
이 기계는 수리할 필요가 있다.

emper · imper — 명령하다 command

emperor
[émpərər]

n 황제

어근힌트 em- 안으로(접두사) + per 같은 + -or 행위자 (명사형 접미사)

파생어 empire **n** 제국 empress **n** 황후 imperial **a** 제국의
imperialism **n** 제국주의

An emperor is a man who rules an empire.
황제는 제국을 통치하는 사람이다.

STORY 136 동갑내기 골프하기

💬 STORY

동년배 peer인 두 남자가 홀을 응시하고 peer 있다. 그 중 한 사람이 공을 홀에 넣으면 동율타(파) par 가 된다. 파란 선으로 선수와 갤러리 사이를 분리하여 separate 놓았다. 앵무새 parrot가 나무아래 있는 남자에게 욕을 한다. 관중들 중 한 사람이 누가 더 골프를 잘 치는지 두 사람을 비교한다 compare. 또 한 옆에 있는 관중은 심판 umpire 이 누구인지 서로 묻고 답한다.

💡 연상 HINT

① peer
동년배 peer 친구인 두 선수가 꽃이 피어있는 자리에서 홀을 응시한다 peer.

② par
공이 이번에 홀에 들어가면 '파par'가 된다.

③ separate
새파란 선으로 선수와 갤러리 사이를 분리해 separate 놓았다.

④ parrot
나무위에 앉아있는 앵무새 parrot가 밑의 남자에게 '이 썩을 rot 놈아' 욕한다. 이 남자가 친구를 비난해서 그러는 것 같다. 앵무새는 똑같이 par 말하는 새이다.

⑤ compare
선수 두 명 중에서 누가 더 잘 하는지 함께 com- 비교한다 compare.

⑥ umpire
또한 갤러리 중 한 사람이 심판이 누구냐고 묻자, 옆에 있는 친구가 '골프에서는 관객이 엄중한 심판umpire이야'라고 답한다.

par · peer · pir 같은 equal, 정돈하다 arrange

peer [piər]
n 동년배, 동료, 친구; **v** 응시하다

어근힌트 peer- 같은

Teenagers tend to spend more time with their peer groups than their family.
청소년들은 가족보다 동료 그룹과 더 많은 시간을 보내는 경향이 있다.

par [pa:r]
n 동등, 기준타수

어근힌트 par- 같은
파생어 parity **n** 동등, 동격

2006 first quarter sales were on a par with the previous quarter.
2006년 1분기 판매는 이전 분기와 같았다.

separate [sépərèit]
v 가르다, 갈라지다; **a** 갈라진

어근힌트 se- 분리(접두사) + par 같은 + -ate (형용사·형, 동사형 접미사)
파생어 separation **n** 분리, 이별, 별거

The couple were obliged to separate by outer pressure.
그 부부는 외부 압력에 의해 분리되어야 했다.

parrot [pǽrət]
n 앵무새

어근힌트 par- 같은 + (r)ot (명사형 어미)

When the eagles are silent, the parrots begin to jabber.
독수리들이 조용할 때 앵무새들이 재잘거리기 시작한다.

compare [kəmpéər]
v ~을 비교하다, 비유하다

어근힌트 com- 함께(접두사) + pare 같은
파생어 comparison **n** 비교, 비유 comparable **a** 필적하는
incomparable **a** 비교가 안 되는 comparative **a** 비교적인
comparatively **ad** 비교적

Computer sales in 1993 were up 50% compared with those in 1992.
1993년의 컴퓨터 판매량은 1992년의 판매량보다 50%가 증가하였다.

umpire [ʌ́mpaiər]
n 심판; **v** 심판을 보다

어근힌트 um- 반대 + pire 같은

The umpire ruled that the batter was safe on second base.
심판은 타자가 2루에서 세이프라고 판정했다.

STORY 137 타이어 씹는 느낌이에요

💬 STORY

라이브 레스토랑 무대에서 가수가 업힌 채로 나타난다 appear. 이 가수가 립싱크로 노래하자 무대 바로 앞에서 보고 있던 꼬마가 명백한 apparent 립싱크라며 놀리듯 웃고 있다. 그 꼬마의 엄마는 아빠에게 투명한 transparent 잔을 건네준다. 그 옆 테이블에서는 웨이터가 손님을 만족시키기 satisfy 위해 노력한다. "파이 맛이 어떠세요?" 음식을 먹는 한 꼬마아이는 비꼬는 풍자말투 satire 로 "새 타이어 씹는 느낌이에요."하고 말한다. 아빠는 "애 셋이 자산 asset 이지."하며 흐뭇한 표정을 짓는다.

💡 연상 HINT

① appear
라이브 레스토랑 무대에 가수가 업히어 나타난다 appear.

② apparent
부모님 parent 앞 ap에서 꼬마가 가수의 입술을 보고 '저건 명백한apparent 립싱크에요'라고 놀린다.

③ transparent
엄마가 아빠에게 투명한 transparent 잔을 건넨다. 테이블을 가로질러trans 건네는 잔은 투명한 유리잔이다.

④ satisfy
옆 테이블에는 아빠와 세 아들이 식사를 하고 있는데, 웨이터가 이들을 만족시키려 satisfy 하고 있다. '파이맛이 만족스러우신 가요?' 충분하게 만들다 → 만족시키다

⑤ satire
한 녀석이 '너무 부드러워서 새 타이어 씹는 느낌이에요'라고 비꼬며 풍자satire로 말한다.

⑥ asset
아빠는 식사하는 세 아이를 보고 '애 셋이 자산 asset이지'라고 말하며 흐뭇해 한다. 애가 셋이상이면 동사무소에서 돈도 준다.

par · pear 보이다 be visible

appear [əpíər]

v 나타나다

어근힌트: ap- ~로(접두사) + pear 보이다
파생어: appearance ⓝ 출현 disappear ⓥ 사라지다 disappearance ⓝ 사라짐

It is my dream to appear on the screen.
방송화면에 나오는 것이 제 꿈입니다.

apparent [əpǽrənt, əpéər-]

a 명백한

어근힌트: ap- ~로(접두사) + par 같은 + -ent (형용사형 접미사)
파생어: apparently ⓐⓓ 보기에, 명백히(분명히)

It was apparent that he had no idea of what I had said.
그는 내가 무엇을 말했는지 전혀 모른다는 것이 분명했다.

transparent [trænspéərənt]

a 투명한

어근힌트: trans- 가로질러(접두사) + par 보이다 + -ent (형용사형 접미사)

The window glass is transparent.
그 창문 유리는 투명하다.

sat · set 충분한 enough

satisfy [sǽtisfài]

v 만족시키다

어근힌트: satis- 충분한 + fy (동사형 접미사)
파생어: satisfied ⓐ 만족한 satisfaction ⓝ 만족 satisfactory ⓐ 만족스러운
satisfactorily ⓐⓓ 만족하게 dissatisfy ⓥ 불만을 느끼게 하다
dissatisfied ⓐ 불만스러운 dissatisfaction ⓝ 불만, 불평
unsatisfactory ⓐ 불만족스런

I believe that this job can satisfy your sense of curiosity.
이 직업이 당신의 호기심을 만족시킬 수 있다고 믿습니다.

satire [sǽtaiər]

n 풍자, 비꼼

어근힌트: sat- 충분한 + ire (명사형 어미)

Satire exists because there is need for it.
풍자는 그것에 대한 필요가 있기 때문에 존재하는 것이다.

asset [ǽset]

n 자산

어근힌트: as- ~로(접두사) + set 충분한

A wise person is a valuable asset to a nation.
현명한 사람은 국가에 귀중한 자산이다.

STORY 138 인종차별 백화점

📢 STORY

국제결혼을 한 부인이 자기의 파트너 partner인 흑인 남편과 백화점 매장 department에 들어가려고 하는데 경비 직원이 남편을 못 들어가게 막는다. 인종차별 apartheid 백화점 흡연 구역에서는 칸막이 compartment를 내 놓아서 담배를 피도록 해 놓았다. 두 사람이 담배를 피우며 대화한다. 이중의 한 사람이 옆 사람에게 "어느 부서, 파트 part에 근무하세요?"하고 묻는다. 백화점 쇼핑을 마친 사람들은 차를 타고 집으로 출발한다 depart. 저 멀리 산 너머 그들의 집인 아파트 apartment로 갈 것 같다.

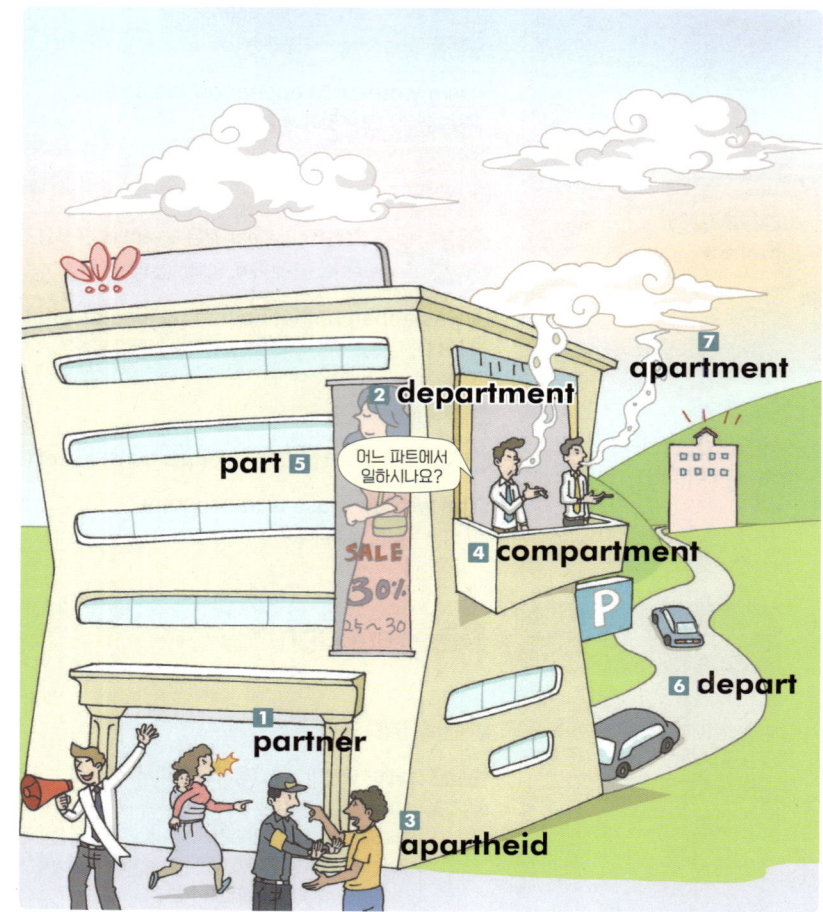

💡 연상 HINT

① **partner**
국제 결혼을 한 부인이 자기 평생 파트너partner인 남편과 쇼핑하려고 밖에 함께 나왔다.

② **department**
흑인 남편과 백화점 매장 department에 들어가려고 한다. 매장 부서를 department라고 하는데 A, B, C, D파트로 나뉘어 있다고 기억하면 좋겠다. D part.

③ **apartheid**
백화점 경비 직원이 남편이 흑인이라고 못 들어가게 인종차별 apartheid 한다. 경비가 엄마에게서 아빠를 떼어두는 것이다. '어파타이트'라고 발음하는 것에 주의할 것.

④ **compartment**
건물내 흡연 구역 compartment에서 두 사람이 함께 com 담배를 피운다.

⑤ **part**
이중 한 사람이 옆 사람에게 '어느 파트 part 부서에서 일하나요?'하고 묻는다.

⑥ **depart**
쇼핑 마친 사람들은 백화점 뒤 de에 있는 주차장에서 집으로 출발한다 depart.

⑦ **apartment**
저 멀리 산 밑에 아파트apartment가 보인다.

part / 부분 part

partner
[páːrtnər]
n 동료, 상대

어근힌트 part- 부분 + ner (명사형 어미)

I talked to my partner in the class.
나는 수업 시간에 내 짝과 이야기를 했다.

department
[dipáːrtmənt]
n 매장, 부서

어근힌트 de- 떨어져(접두사) + part 부분 + -ment (명사형 접미사)

She is over the department now.
그녀는 현재 그 부서를 관할하고 있다.

apartheid
[əpáːrtheit]
n 인종 차별 정책

어근힌트 a- ~로(접두사) + part 부분 + heid (명사형 어미)

Her convictions had been handed down by a white apartheid court.
그녀에 대한 유죄 판결은 백인 우월 인종 차별 법정에서 내려졌다.

compartment
[kəmpáːrtmənt]
n 구획, 칸막이

어근힌트 com- 함께(접두사) + part 부분 -ment (명사형 접미사)

Could you please put this bag in the overhead compartment?
이 짐을 짐칸에 넣어주시겠어요?

part
[paːrt]
v 부분, 일부

어근힌트 part- 부분
파생어 partly **ad** 부분적으로, 일부분은

They spent part of the time in the restaurant.
그들은 레스토랑에서 시간의 일부를 보냈다.

depart
[dipáːrt]
v 출발하다

어근힌트 de- 떨어져(접두사) + part 부분
파생어 departure **n** 출발

What time will you depart?
몇 시에 출발할 예정입니까?

apartment
[əpáːrtmənt]
n 아파트

어근힌트 a- ~로(접두사) + part 부분 + -ment (명사형 접미사)
파생어 apart **ad** 산산이, 뿔뿔이

In Japan I am invited to the apartment of a young couple.
일본에서 나는 어떤 젊은 부부의 아파트에 초대받았다.

STORY 139 아파트 파티

💬 STORY

아파트에서 파티가 열렸다. 두 명의 여자가 파티에 참석하려고 participate 안으로 들어온다. 문 앞에 있던 문지기가 얼굴이 못 생긴 여자를 못 들어오게 하면서 불공평한 partial 대우를 한다. 칸막이 뒤의 테이블 위에는 특별한 particular 음료와 음식들이 준비되어 있다. 인절미에는 작은 입자 particle 콩가루가 뿌려져 있고, 케이크는 적당한 비율 proportion로 나뉘어져 있다. 요리사는 더 작은 조각 portion으로 자르려고 한다.

💡 연상 HINT

① **participate**
아파트에서는 파티를 열었나 보다. 두 명의 여자가 파티에 왔는데 웨이터가 얼굴에 수박씨 같은 점이 많이 난 못생긴 여자에게 기분나쁘게 말한다 '파티에 참석하려면 participate 얼굴의 씨 빼고 오세요.'

② **partial**
웨이터가 얼al굴만 보고 불공평한 partial 대우를 하는 것이다.

③ **particular**
칸막이 뒤에는 파티를 위한 특별한 particular 콜라가 준비되어 있다.

④ **particle**
인절미 위에는 티끌같은 콩가루 미립자 particle가 뿌려져 있다.

⑤ **proportion**
요리사는 프로라서 케이크를 정확한 비율 proportion로 4등분한다.

⑥ **portion**
그는 4 four 부분을 더 작은 조각 portion으로 자르려고 한다.

part 부분 part

participate
[pɑːrtísəpèit]

v 참여하다

어근힌트 parti- 부분 + cip 잡다 + -ate (동사형 접미사)
파생어 participant ⓐ 참여하는; ⓝ 참가자 participation ⓝ 참여

In the summer of 2001, he visited Asan, Korea, to participate in a house-building project.
2001년 여름, 그는 집짓기 프로젝트에 참가하기 위해 한국의 아산에 방문했다.

partial
[pɑ́ːrʃəl]

a 불공평한

어근힌트 part- 부분 + ial (형용사형 접미사)
파생어 partially ⓐⓓ 부분적으로 impartial ⓐ 편견이 없는

That referee is partial.
저 심판은 불공평해요.

particular
[pərtíkjulər]

a 특별한

어근힌트 parti- 부분 + cul 작은 (명사형 어미) + -ar (형용사형 접미사)
파생어 particularly ⓐⓓ 특히

Is there a particular type of job you are considering?
고려하고 있는 특정 유형의 직장이 있습니까?

particle
[pɑ́ːrtikl]

n 극소량(極小量), 작은 조각

어근힌트 parti- 부분 + cle 작은 (명사형 어미)

There was not a particle of evidence to accuse my brother.
내 동생을 고소할 티끌만큼의 증거도 없었다.

proportion
[prəpɔ́ːrʃən]

n 비율

어근힌트 pro- 앞(접두사) + port 부분 + -ion (명사형 접미사)
파생어 proportional ⓐ 비례하는

The tax increases in proportion to the amount you earn.
세금은 버는 돈의 양에 비례하여 증가한다.

portion
[pɔ́ːrʃən]

n 일부, 부분

어근힌트 port- 부분 + ion (명사형 접미사)

A large portion of the land was flooded.
대지의 상당 부분이 범람했다.

STORY 140 음주단속, 무사통과?

💬 STORY

경찰관이 음주 단속을 하는 중이다. 음주 측정을 받은 차량은 통과 pass 시킨다. 술에 취한 운전자는 경찰관의 잘 생긴 외모를 칭찬하며 아양을 떤다. 버스 안 승객들 passenger은 기분 전환 pastime 으로 춤을 추고 있다. 참을성 많은 tolerable 운전기사는 승객들이 떠드는 것을 참는다. 요금정산소에서 여직원은 통행료 toll를 수금한다. 반대편에는 측량사가 콤파스 compass를 가지고 땅을 측량한다.

💡 연상 HINT

① **pass**
음주 단속 경찰관이 음주여부를 측정한 후 이상이 없자 차량을 통과 pass시킨다.

② **passenger**
지나가는 관광 버스에 많은 승객들이 타고 있다. -enger는 '사람'이란 뜻의 접미사이다. 메시지를 전하는 전달자를 메신저 messenger라고 한다.

③ **pastime**
버스 안 승객들은 기분전환 pastime으로 춤을 추며 시간 time을 보낸다 pass.

④ **tolerable**
아줌마들보다 더 키가 큰 taller 운전기사는 승객들이 떠드는 것을 참을 수 있는 tolerable 서비스 정신이 있어야 하는데, 이 아저씨는 짜증이 나나보다.

⑤ **toll**
톨게이트에서는 통행료 toll를 받는다.

⑥ **compass**
도로 옆 부지에서는 측량사가 나침반 compass과 컴퍼스 compass를 함께com 사용하여 건축 설계를 한다.

pass — 단계, 걷다 step

pass [pæs]
v 지나가다, 합격하다

어근힌트: pass- 통과하다

To pass the civil service examinations in ancient China was no easy matter.
고대 중국에서 공무원시험에 합격하는 것은 쉽지 않았다.

passenger [pǽsəndʒər]
n 승객

어근힌트: pass- 통과하다 + enger 행위자 (명사형 접미사)

파생어: passport **n** 여권 passerby **n** 통행인

Do you have a passenger ticket for the train?
기차 승차권 있어?

pastime [pǽstàim]
n 기분 전환, 오락

어근힌트: pas- 통과하다 + time 시간

Baseball is America's pastime.
야구는 미국의 오락이다.

compass [kʌ́mpəs]
n 나침반, (제도용) 컴퍼스

어근힌트: com- 함께(접두사) + pass 단계,걷다

He checked the compass to find out which direction they were going.
그는 그들이 어디로 가고 있는지 알아보기 위해 나침반을 확인했다.

tol — 올리다 lift

tolerable [tάlərəbl]
a 참을 수 있는

어근힌트: toler- 올리다 + able 할 수 있는 (형용사형 접미사)

파생어: tolerant **a** 관대한 tolerance **n** 관용 tolerate **v** 관대히 다루다

It is more tolerable to be refused than deceived.
거절당하는 것이 속임을 당하는 것보다 더 참을만하다.

toll [toul]
n 통행세

어근힌트: toll- 올리다

A toll is charged for the use of the express highway.
고속도로 이용에 통행료가 부과됩니다.

STORY 141 딱 걸렸네!

💬 STORY

경찰들이 인도를 침해하여 trespass 나무를 들이 박은 차량을 포위한다 encompass. 이 사고로 차량의 통행 passage이 멈추었다. 육교 위에서는 두 사람이 보조 pace를 맞추어 뛰고 있고, 이들보다 뛰어난 surpass 어떤 사람이 그 두 사람 위로 날아서 달려가고 있다.

💡 연상 HINT

① trespass
도주차량이 인도를 침해하여 trespass 나무 tree를 들이 받는다.

② encompass
사고가 나자, 경찰들이 차를 안에en 두고 함께com 둘러싼다 encompass.

③ passage
이 사고로 도로에 차량의 통행 passage이 금지된다.

④ pace
육교 위에서는 두 사람이 보조 pace를 맞추어 뛰어간다. 서로를 위해 페이스를 조절하는 것 같다.

⑤ surpass
이들보다 뒤에가던 사람이 위로 날아가 그들을 능가한다 surpass. 위로 sur 통과하는 pass 사람.

pass · pace 단계, 걷다 step

trespass
[tréspəs]

v 침해하다; **n** 침해

어근힌트 tres- 가로질러(접두사) + pass 단계, 걷다

Trespassing on private property is prohibited.
사적 재산권을 침해하는 것은 금지되어 있다.

encompass
[inkʌ́mpəs]

v 둘러싸다, 포함하다

어근힌트 en- 안으로(접두사) + com 함께 + -pass 겪다

The book encompasses a wide range of subjects.
이 책은 다양한 주제를 다룬다.

passage
[pǽsidʒ]

n 통행, 통과, 구절

어근힌트 pass- 통과하다 + age (명사형 접미사)

Large buildings may hinder the passage of light.
큰 건물은 빛의 통과를 방해 할 수 있다.

pace
[péisi]

n (한) 걸음, 페이스

어근힌트 pace- 단계

I can't keep pace with you.
나는 너와 보조를 맞출 수 없다.

surpass
[sərpǽs]

v ~을 능가하다, 뛰어나다

어근힌트 sur- 위에(접두사) + pass 단계, 걷다

Our earnings this year have surpassed our original estimates.
금년도 우리의 소득은 우리가 처음에 추정했던 것을 훨씬 능가했다.

STORY 142 마지막 잎새

STORY

환자 patient는 외계인이 전해오는 텔레파시 telepathy를 통해 창밖으로 보이는 나뭇잎이 떨어지지 않으면 자신이 죽지 않으리라 믿는다. 그러나 실제로는 이 나뭇잎이 수동적인 passive 상태로 붙어있는 것이다. 이 환자를 살리기 위한 열정 passion으로 친구들이 그림을 그려서 벽에 붙여 놓은 것이다. 과부인 청소부 아주머니는 이 환자의 마음과 하나된 (양립된) compatible 상태이다. 서로들 공감대 sympathy와 동정심 compassion으로 아껴준다.

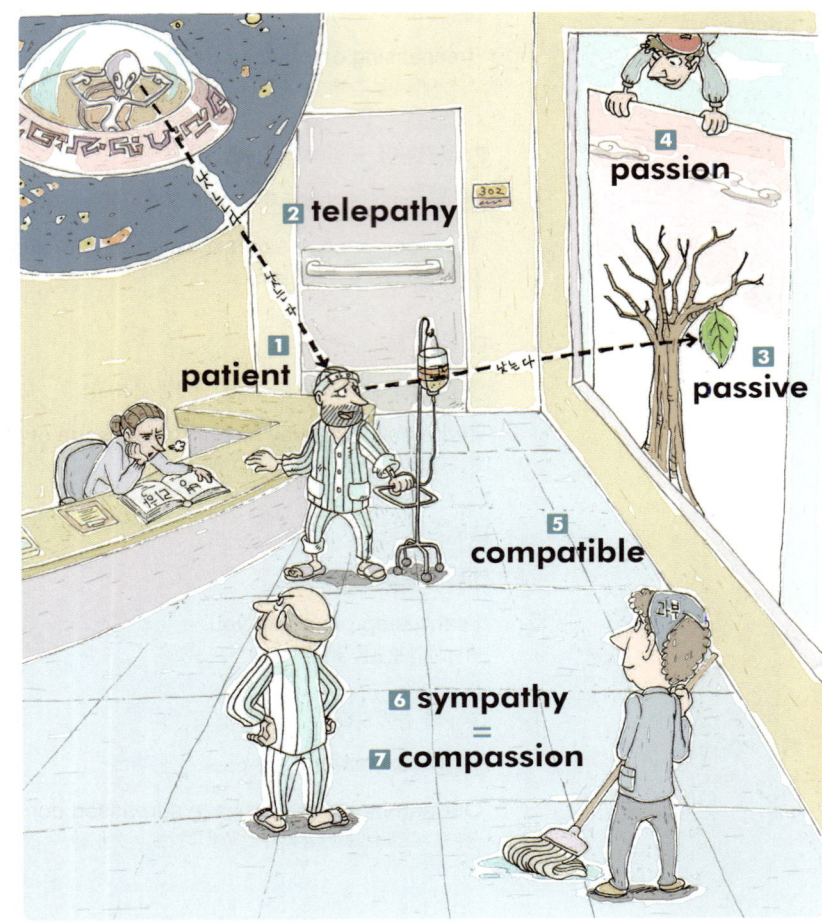

연상 HINT

① **patient**
죽을 병에 걸린 환자 patient 는 참을성있는 patient 자세로 치료를 받아 오고 있다.

② **telepathy**
이 환자는 외계인이 전해오는 정신감응 telepathy을 통해 자신이 죽지 않으리라 믿게 된다. 외계인과 멀리서 tele 마음 path이 통하는 것 같다.

③ **passive**
이 환자는 창밖에 있는 나무의 마지막 잎새가 떨어지지 않으면 죽지 않는다고 믿는다. 이 환자를 살리기 위해 친구들은 잎새가 떨어지지 않는다는 것을 보여주기 위해 그림을 붙여서 놓는다. 나무의 잎새는 수동적인 passive 상태로 붙어 있는 것이다.

④ **passion**
환자를 살리기 위한 친구들의 열정 passion으로 친구들이 이 그림을 붙여놓은 것이다.

⑤ **compatible**
병원의 청소부 아줌마는 이 환자와 마음과 통하는 데가 있나 보다. 환자와 청소부 아줌마의 마음이 서로 일치하는(양립하는) compatible 상황이다.

⑥ **sympathy**
다시 말해서 이 아줌마는 그 환자와 같은 sym 마음 path을 품고 공감 sympathy해 주는 분이다.

⑦ **compassion**
이 둘은 서로 함께 com 마음 pass을 나눔으로써 동정 compassion의 마음을 갖고 측은히 여긴다.

path · pati · pass   겪다 suffer, 마음 heart

patient
[péiʃənt]

ⓐ 참을성 있는; ⓝ 환자

어근힌트 pat- 아버지 + ient 행위자 (명사형 접미사)
파생어 patience ⓝ 인내, 참을성   impatience ⓝ 성급함, 조급   impatient ⓐ 성급한, 조급한

Every patient carries her or his own doctor inside.
모든 환자는 자기 의사를 내부에 갖고 있다. Albert Schweitzer

telepathy
[təlépəθi]

ⓝ 정신 감응(感應), 텔레파시

어근힌트 tele- 멀리 + path 겪다 + -y (명사형 접미사)

As if by telepathy, they knew what each other was thinking.
마치 텔레파시에 의한 것처럼, 그들은 서로가 생각했던 것을 알았다.

passive
[pǽsiv]

ⓐ 수동적인 (=) inactive

어근힌트 pass- 통과하다 + ive (형용사형 접미사)

Verbs are said to be either active or passive in voice.
동사는 태에서 능동이나 수동이 될 수 있다.

passion
[pǽʃən]

ⓝ 열정, 격정

어근힌트 pass- 통과하다 + ion (명사형 접미사)
파생어 passionate ⓐ 정열적인

Only passions, great passions, can elevate the soul to great things.
열정만이, 위대한 열정만이 영혼을 위대한 일로 끌어 올릴 수 있다. Denis Diderot

compatible
[kəmpǽtəbl]

ⓐ 양립하는, 모순이 없는

어근힌트 com- 함께(접두사) + pat 겪다 + -ible 할 수 있는 (형용사형 접미사)
파생어 incompatible ⓐ 성미가 맞지 않는, 서로 용납하지 않는

The actions she took are not compatible with her character.
그녀가 취한 행동은 그녀의 성격과 맞지 않는다.

sympathy
[símpəθi]

ⓝ 공감, 동감

어근힌트 sym- 같은(접두사) + path 겪다 + -y (명사형 접미사)
파생어 sympathetic ⓐ 공감하는

I was surprised that he felt no sympathy for the poor.
나는 그가 가난한 사람들에게 동정심을 느끼지 못한다는 것에 대해 놀랐다.

compassion
[kəmpǽʃən]

ⓝ 측은히 여김, 동정

어근힌트 com- 함께(접두사) + pas 겪다 + -sion (명사형 접미사)
파생어 compassionate ⓐ 인정 많은, 동정심 있는

If you want others to be happy, practice compassion.
다른 사람들이 행복하기 원한다면 긍휼을 실천하라.

STORY 143 애국자 안중근

STORY

국경 지대에서 일본 순경들이 독립군을 잡으려고 순찰 patrol 중이다. 국내에서는 독립 운동에 필요한 기금마련을 위해 후원자 patron 를 모집하고 있다. 애국자 patriot 안중근 의사는 뤼순 감옥에서 옛일을 생각하며 아버지의 paternal 사랑을 느끼고 있다. 일본 소장의 부탁으로 쓴 붓글씨는 서체의 모범 pattern 이 되었다.

연상 HINT

① **patrol**
일본이 순찰 patrol을 강화한다. 순찰차 뒤에 타이어 대신 밧줄을 롤 roll로 말아 놓았다.

② **patron**
국내에서는 독립운동에 필요한 자금마련을 위해 후원자를 모집한다. 후원자 patron가 지불 pay해서 들어온 돈으로 독립군을 돕고 있음.

③ **patriot**
애국자 patriot 안중근은 나무 tree가 그려진 옷을 입고서 감옥에 갇히게 된다.

④ **paternal**
감옥에서 옛날을 회상하며 아버지의 paternal 사랑을 느끼고 있다. 날 사랑하신 아버지.

⑤ **pattern**
안중근은 일본 소장의 부탁으로 붓글씨를 썼다고 한다. 그 글씨체를 모범, 견본 pattern으로 삼는다.

patr 아버지 | father

☐☐☐
patrol
[pətróul]

n 순찰; **v** 순찰하다

어근힌트 patr- 아버지 + ol (명사형 어미)

The police station is nearby and the police are always going around on patrol.
경찰서가 가까이 있고 늘 경찰들이 순찰을 돈다.

☐☐☐
patron
[péitrən]

n 보호자, 후원자

어근힌트 patr- 아버지 + on (명사형 어미)

파생어 patronize **v** 보호[수호]하다, 후원하다

He's been a patron of the church for ten years.
그는 10년 동안 교회의 후원자였다.

☐☐☐
patriot
[péitriət]

n 애국자

어근힌트 patr- 아버지 + iot (명사형 어미)

파생어 patriotism **n** 애국심 patriotic **a** 애국심이 강한

He was a great patriot who died for our country.
그는 우리나라를 위해 죽은 위대한 애국자였다.

☐☐☐
paternal
[pətə́:rnl]

a 아버지의

어근힌트 patern- 아버지 + al (형용사형 접미사)

I feel sorry for the crushing of paternal authority.
나는 아버지의 권위가 무너지는 것에 대해 유감으로 생각한다.

☐☐☐
pattern
[pǽtərn]

n 모범, 견본

어근힌트 pattern- 아버지

Some people change their eating patterns to meet the needs of different situations.
어떤 사람들은 다양한 상황의 필요를 충족시키기 위해 그들의 식사 패턴을 바꾼다.

STORY 144 존슨씨의 탐험일지

STORY

탐험가 존슨씨의 탐험 expedition 경험에 대한 강연을 홍보하는 신문 기사가 났다. '탐험일지' 신문은 속보로 여기저기에 급파한다 dispatch. 강연을 시작하려고 하는데 강연장에 잡상인이 문어 octopus를 파는 등 강연행사를 방해한다 impede. 드디어 강연이 시작된다. 처음에 자신이 탐험을 다닐 때는 보행자 pedestrian로 걸어 다녔고, 그 다음에 형편이 좀 나아져서 페달 pedal을 밟으면서 자전거로 이 길을 다녔다고 한다. 그런데 간혹 통행로 길가에는 행상인 peddler이 뻥튀기 등을 파는 경우가 많았다는 이야기를 하고 있다.

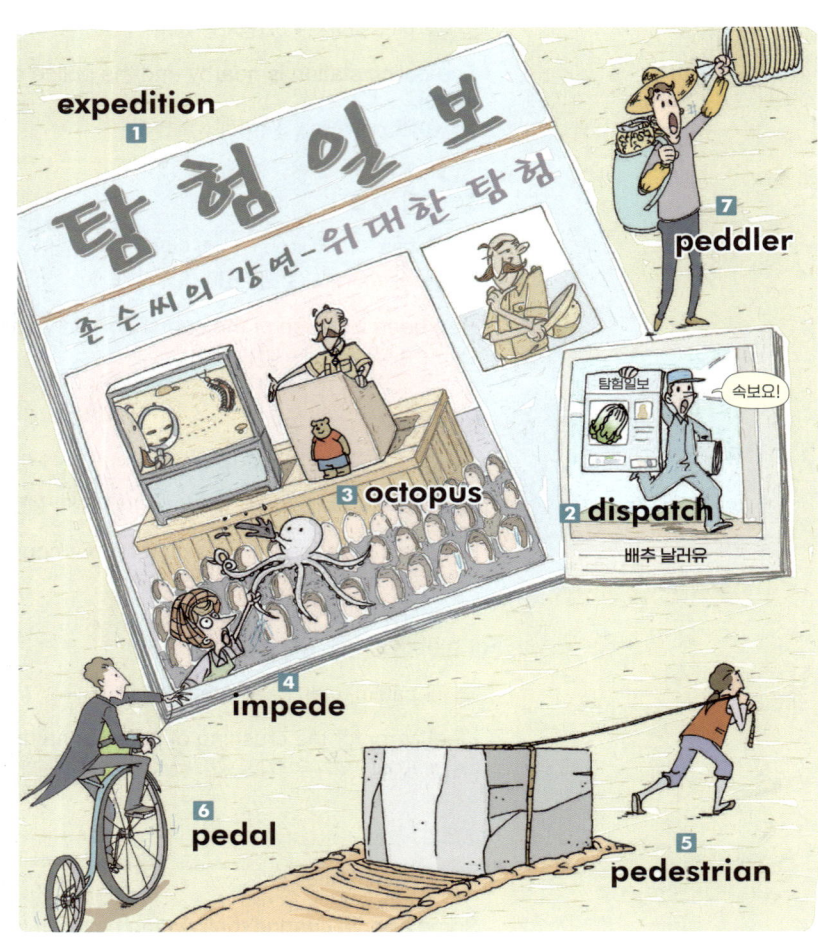

연상 HINT

① **expedition**
존슨 씨의 탐험 expedition 관련 강연이 열린다는 기사가 신문에 실린다. 탐험은 밖으로ex 발을ped 내놓는 것이다.

② **dispatch**
신문배달원이 이 신문을 속보 dispatch로 발송한다. 신문배달원이 멀리 나누어 dis 전달하는데 신문에 배추patch가 그려져 있다.

③ **octopus**
탐험 내용 강연장에서 한 아줌마가 문어 octopus를 판다. 문어는 다리 pus가 8개 octo이다. 음악에서 옥타브는 도~도까지 8개의 음을 말한다.

④ **impede**
강연장 안에서 im 문어 다리 ped 팔면서 강연을 방해한다 impede.

⑤ **pedestrian**
강연 내용은, 자신이 도보로 탐험의 주춧돌을 세웠다는 것이다. 도보자, 보행자 pedestrian는 발 ped로 거리를 street 걷는 사람-ian 이다.

⑥ **pedal**
보행자 다음 세대는 자전거 페달 pedal을 굴리며 이 길을 따른다.

⑦ **peddler**
이 통행로 길가에서 행상인이 뻥튀기를 둘러메고 판다. 행상인 peddler은 발 ped로 품을 파는 사람 —er 이다.

ped · patch · pus 발 foot

expedition
[èkspədíʃən]

n 원정(遠征), (탐험 등의) 여행

어근힌트 ex- 밖으로(접두사) + pedi 발 + -tion (명사형 접미사)

He led an expedition into the Arctic.
그는 북극으로 향하는 탐험대를 이끌었다.

dispatch
[dispǽtʃ]

v (군대·특사 등을) 급파하다, (급보를) 발송하다

어근힌트 dis- 분리(접두사) + patch 발

If you dispatch someone to a place, you send them there for a particular reason.
누군가를 그 장소로 급파하면 당신은 특별한 이유로 그들을 거기 보내는 것이다.

octopus
[áktəpəs]

n 문어, 낙지 (cf 오징어 squid)

어근힌트 octo- 8 + pus 발

There was a live octopus in the aquarium.
그 수족관에는 살아있는 문어가 있었다.

impede
[impíːd]

v 방해하다, 지연시키다

어근힌트 im- 반대(접두사) + pede 발

파생어 impediment n 방해, 장애

The enemy's advance was impeded by the soldiers' attack.
적군의 진격은 군인들의 공격으로 방해 받았다.

pedestrian
[pədéstriən]

n 보행자

어근힌트 pedestr- 발 + ian 행위자 (명사형 접미사)

You almost hit that pedestrian.
당신은 저 보행자를 거의 칠 뻔 했어요.

pedal
[pédl]

n 페달

어근힌트 ped- 발 + al (명사형 어미)

She put her foot on the gas pedal, and accelerated past the car in front.
그녀는 가스 페달에 발을 놓고 앞에 있는 차를 지나쳐서 속도를 내었다.

peddler
[pédlər]

n 행상인

어근힌트 peddl- 발 + er 행위자 (명사형 접미사)

파생어 peddle v ~을 행상하다

The peddler carried many items on his back.
그 행상인은 등에 많은 물건을 나르고 있었다.

STORY 145 킹콩을 격퇴하라

ROOT P

STORY

킹콩 등장. 국회에서 밖으로 추방하기 expel 위한 법령을 발동한다. 곧, 프로펠러로 추진하는 propel 헬리콥터에서 킹콩을 격퇴하기 repel 위해 미사일을 발사한다. 그러자, 킹콩의 맥박 pulse이 고동친다. 소녀는 '하필이면 킹콩을 죽이려 하다니요. 살려주세요'하며 호소한다 appeal. 장난꾸러기는 이 와중에도 킹콩의 발을 간질이며 충동질 impulse한다. 아파트에 있는 딸이 엄마랑 둘이 대화한다. "엄마, 킹콩을 억지로 몰아가다가 compel 잘못되는 거 아네요?" "그런 염려는 쫓아버려 dispel."라고 안심시킨다.

연상 HINT

① **expel**
국회에서는 킹콩을 추방하기 expel 위해 법령을 발표한다. 밖으로 ex 몰아내는 pel이 추방하는 것이다.

② **propel**
그러자, 프로펠러로 추진하는 propel 헬리콥터가 킹콩을 공격한다.

③ **pulse**
공격을 받자 킹콩은 ' 벌써 맥박 pulse이 고동치네'하며 흥분한다.

④ **appeal**
인질로 잡힌 소녀는 킹콩을 죽이지 말고 살려달라고 호소함 appeal. '하필이면 킹콩 이에요. 킹콩 살려주세요'

⑤ **impulse**
장난꾸러기가 킹콩의 발 안쪽 im을 간질이며 충동질 impulse한다.

⑥ **compel**
아파트에서 모녀가 함께com 대화한다. 먼저 딸이 '엄마, 킹콩을 억지로 몰아가다가 compel 잘못되는 거 아네요?'라고 말하며 걱정한다.

⑦ **dispel**
엄마는 '쓸데없는 걱정 멀리dis 쫓아버려'라고 한다. dispel은 '정신적인 염려나 걱정을 떨쳐버린다'는 의미이다.

pel · peal · pul 몰다 drive

expel
[ikspél]

v 추방하다, (권리, 자격을) 박탈하다

어근힌트 ex- 밖으로(접두사) + pel 몰다

파생어 expulsion **n** 배제

Expel darkness and vanity from our minds.
우리의 마음으로부터 어둠과 허영을 없애 주소서. (영국 교회 기도문)

propel
[prəpél]

v 추진하다, 나아가게 하다

어근힌트 pro- 앞(접두사) + pel 몰다

파생어 propeller **n** 프로펠러

Propelled by his interest in robotics, he entered the top engineering program in the country.
로봇 공학에 대한 그의 관심에 이끌려 그는 그 나라의 가장 최고의 공학 프로그램에 들어갔다.

pulse
[pʌls]

n 맥박, 고동

어근힌트 pulse- 몰다

파생어 pulsation **n** 맥박, 박동

A passer-by stopped and checked to see if the man had a pulse or if he had died in the cold.
지나가는 사람이 멈추어서 그 남자가 맥박이 있는지, 아니면 그가 추위 속에 죽었는지 알아보았다.

appeal
[əpíːl]

v 간청하다

어근힌트 ap- ~로(접두사) + peal 몰다

When you appeal to force, there's one thing you must never do - lose.
당신이 힘에 호소할 때, 당신이 결코 해서는 안 되는 한 가지가 있다. 그것은 지는 것이다.
Dwight D. Eisenhower

impulse
[ímpʌls]

n 충동, 추진(력)

어근힌트 im- 안으로(접두사) + pulse 몰다

파생어 impulsive **a** 충동적인 impel **v** 몰아대다, 추진시키다

One can never consent to creep when one feels an impulse to soar.
솟구쳐 오르고 싶은 충동을 느끼고 있을 때에, 사람은 기어 다니는 것에 결코 동의할 수 없다.
Helen Keller

compel
[kəmpél]

v 억지로 ~시키다

어근힌트 com- 함께(접두사) + pel 몰다

파생어 compulsion **n** 강제 compulsory **a** 강제적인

We cannot compel you to (do it), but we think you should.
우리가 당신에게 (그것을 하도록) 강요할 수는 없지만 우리는 당신이 해야 된다고 생각한다.

dispel
[dispél]

v 쫓아버리다, 없애다

어근힌트 dis- 분리(접두사) + pel 몰다

I would like to dispel the rumors that are circulating about my misuse of public funds.
나는 내가 공공 자금을 오용했다는 돌아다니는 소문을 없애길 원한다.

STORY 146 절박한 독립

STORY

독립군의 후손인 한 할아버지가 무거운 ponderous 짐을 실은 지게를 벗어놓고, 연금 pension으로 생활하기 힘든 현실을 비관하면서 연못을 들여다보고 어린시절 자신을 숙고한다 ponder. 어린시절 그가 살던 초가집에는 벽시계에 추가 매달려있고 pend, 그 옆에 북어를 매달아 append 놓았다. '조국의 독립 independence' 이라는 대의를 위해 몸바치는 독립군 아버지. 일본군이 이 아빠를 잡기 위해 들이닥치는 절박한 impending 상황이다. 어머니는 불안 suspense에 떨고 있다.

연상 HINT

① **ponderous**
독립군의 후손인 한 할아버지가 무거운 짐을 실은 지게를 연못 곁에 벗어둔다. 무거운 ponderous 판이 들어있는 지게이다. 말을 무겁게 장황하게 할때도 이 ponderous라는 단어를 사용한다.

② **pension**
이 할아버지는 '연금 pension으로 생활하기 힘든 세상'이라고 한탄한다. 또한 유원지의 펜션도 이 단어를 사용한다. 연금이든 집이든 모두 달려있다 'pend'는 어원에서 나온 말이다. 은퇴인생이 달려 있는 것, 유원지에 달려있는 집 이렇게 생각하면 된다.

③ **ponder**
연못 pond을 들여다 보면서 어린시절 자신의 모습을 떠올리며 생각에 잠긴다 ponder.

④ **append**
시계 옆에는 북어를 매달아 붙여 append 놓았다.

⑤ **independence**
아버지는 조국의 독립independence을 위해 몸을 바치신 애국자이셨다. 가족들에게 더 이상 자신을 의존하지 depend 말라 in(not)고 말씀하셨다.

⑥ **impending**
독립군 아버지를 잡기 위해 일본군이 집 안으로im 막 들이닥치려 하고 있다. 끝에 매달린(pend) 듯 절박한impending 상황이다.

⑦ **suspense**
아래sus에 있는 어머니는 불안 suspense해 하셨다. 영화를 볼 때 긴장되고 전율에 싸일 때 서스펜스, 스릴 이라고 하는데 바로 이 suspense이다.

pend · pens — 매달다 hang

pension [pénʃən]
n 연금, 하숙집
어근힌트 pen- 매달다 + sion (명사형 접미사)

Those who live on a pension are forced to lead a hard life.
연금 생활자들이 힘든 생활을 꾸릴 수밖에 없다.

append [əpénd]
v 덧붙이다, 매달다
어근힌트 ap- ~로(접두사) + pend 매달다
파생어 appendix **n** 부가물, 부록 appendicitis **n** [병리] 맹장염

To append notes to a book is a good habit to remember the content of the book.
책에 메모를 추가하는 것은 책의 내용을 기억하게 해주는 좋은 습관이다.

independence [ìndipéndəns]
n 독립 (↔) dependence
어근힌트 in- 반대(접두사) + de 아래로 + pend 매달다 + -ence (명사형 접미사)
파생어 independent **a** 독립한 independently **ad** 독립하여
depend **v** 의존하다(on, upon) dependent **a** 의존하는; **n** 남에게 의지하는 사람
dependence, -cy **n** 의뢰, 의존

India gained its independence from Britain in 1947.
인도는 1947년 영국으로부터 독립을 얻었다.

impending [impéndiŋ]
a 임박한 (=) imminent
어근힌트 im- 안으로(접두사) + pend 매달다 + -ing (형용사형 어미)

True individual freedom cannot exist without economic security and independence.
진정한 개인의 자유란 경제적 안전성과 독립성 없이 존재할 수는 없다. Franklin D. Roosevelt

suspense [səspéns]
n 불안, (영화, 소설 등의) 서스펜스
어근힌트 sus- 아래(접두사) + pense 머달다
파생어 suspend **v** (활동, 지불, 영업 등을) 중지하다 suspension **n** 매달(리)기, 미결(정)

This movie is full of suspense.
이 영화는 서스펜스로 가득 차 있다.

ponder — 생각하다 consider

ponderous [pándərəs]
a 무거운, 장황한
어근힌트 ponder- 생각하다 + ous (형용사형 접미사)

The speaker talked in a ponderous way.
그 역사는 장황하게 말했다.

ponder [pándər]
v 숙고하다 (on, over, upon)
어근힌트 ponder- 생각하다

Everyone has the obligation to ponder well his own specific traits of character.
모든 사람은 자기 자신의 성격적 특성에 대해 잘 생각해 보아야 할 의무가 있다. Cicero

STORY 147 국채보상운동

STORY

국가의 부채를 상환하여 compensate 국권을 회복하자는 국채보상운동이 전국으로 확산되었다. '국권회복을 위한 경제자립은 필수 불가결한 indispensable 것입니다' 이에 여성 부인회들이 값비싼 expensive 패물 등을 기탁하였다.

연상 HINT

① **compensate**
우리나라가 외세의 압력에 눌려 있는 것은 빚이 많아서 그렇다고 생각하여 국민 모두가 함께 com 국가 부채를 상환하고 compensate 국권을 회복하자는 운동이 일어났다. 이것이 바로 국채보상운동이다.

② **indispensable**
'국권 회복을 위해 경제 자립은 필수적입니다'라고 외친다.

indispensable은 '무게를 달아 pens- 나눠줄 수 dis- 없는 in- → 없어서는 안 될 → 꼭 필요한' 이렇게 단어를 분석해 보면 알 수 있다.

③ **expensive**
부인들은 값비싼 expensive 패물 등을 밖으로 ex 가져와 기탁한다.

---

pens　　무게를 달다 weigh

compensate
[kάmpənsèit]

v 보상하다 (for)

어근힌트 com- 함께(접두사) + pens 무게를달다 + -ate (동사형 접미사)
파생어 compensation **n** 배상, 보상

He plans to follow a study program at home to compensate for his lack of college education.
대학교육을 받지 못한데 대한 보충으로 그는 집에서 계획을 짜서 공부할 작정이다.

expensive
[ikspénsiv]

a 값비싼 (↔) cheap

어근힌트 ex- 밖으로(접두사) + pens 무게를달다 + -sive (형용사형 접미사)
파생어 expenditure **n** 지출, 비용　expense **n** 지출, 경비

It turned out to be more expensive than I expected.
내가 생각했던 것보다 비싼 것으로 드러났다

indispensable
[ìndispénsəbl]

a 없어서는 안 되는, 필요 불가결한 (=) necessary

어근힌트 in- 반대(접두사) + dis 떨어진 + pens 무게를달다 + -able (형용사형 접미사)
파생어 dispense **v** 분배하다 (=) distribute　dispenser **n** 약제사, 분배자

To be without some of the things you want is an indispensable part of happiness.
원하는 것들 중 어떤 것들 없이 지내는 것은 행복의 필수 불가결한 요소다. Bertrand Russell

STORY 148 인라인 스케이트 경연대회

STORY

젊은이의 레저 스포츠 인라인 스케이트 경연대회에 등록한다 enroll. 인라인 스케이터의 멋지게 회전하는 rotate 연기. 경찰관은 안전을 위해서 차량을 통제한다 control.

연상 HINT

① enroll
레저 스포츠 인라인 스케이트 경연대회가 진행중이다. 등록 명부 roll 안에 en 선수들이 등록한다 enroll. roll은 동그랗게 말다는 뜻이다. 빵집에 롤케익은 이렇게 말려진 케익이라는 뜻이다.

② rotate
참가 선수가 신나게 회전하는 rotate 연기를 보여준다.

③ control
경찰은 도로와 붙어있는 이 경기장의 안전을 위해 차량을 통제 control한다.

rot · roll   바퀴 wheel 두루마리 roll

enroll [inróul]

v 등록하다 (=) register
어근힌트 en- 안으로(접두사) + roll 바퀴, 돌다
파생어 enrollment n 등록, 등록자수

I was enrolled in the university.
나는 그 대학에 등록했다.

rotate [róuteit]

v 회전[순환]하다
어근힌트 rot- 바퀴 + -ate (동사형 접미사)
파생어 rotation n 회전

A wheel rotates on its axis.
바퀴가 축을 중심으로 회전한다.

control [kəntróul]

n 지배, 억제; **v** 지배하다, 억제하다
어근힌트 con- 함께(접두사) + (t)rol 바퀴, 돌다

Only you can control your future.
오직 당신만이 당신의 미래를 통제할 수 있다.

STORY 149 국방 실험실

STORY

외부와의 접촉이 차단되고 군인들이 지키고 있는 국방 실험실. 경험 experience이 많은 전문가 expert가 라면이 들어있는 용기에서 파리를 꺼내는 실험 experiment을 한다. 산소 oxygen, 질소 nitrogen, 수소 hydrogen가 담긴 병이 놓여있다. 오른쪽에는 위험물 peril이 있어서 주의하여 취급해야 한다.

연상 HINT

① **experience**
여기는 국방 실험실이다. 경험 experience 많은 페리언 박사가 연구 중이다.

② **expert**
이 박사는 T자가 새겨진 연구복을 입고 있는 전문가 expert이다.

③ **experiment**
지금 밖으로 ex 파리를 라면에서 꺼내는 실험 experiment을 하는 중이다.

④ **oxygen**
산소 화학기호 O. -gen은 탄생이란 뜻으로 물질의 탄생과 관련있는 가스들이 바로 산소, 질소, 수소 등이다.

⑤ **nitrogen**
질소 화학기호 N

⑥ **hydrogen**
수소 화학기호 H

⑦ **peril**
실험실에 위험물질이 있는데, 독극물로서 마시면 속이 패일 위험 peril이 있다.

per · pir — 시험삼아 해 보다 try

experience
[ikspíəriəns]

n 경험; **v** 경험하다

어근힌트: ex- 밖으로(접두사) + peri- 시험삼아 해보다 + -ence (명사형 접미사)

파생어: experienced ⓐ 경험있는, 노련한, 숙련된   inexperienced ⓐ 경험이 없는, 서투른

I have some 10 years' experience in selling automobiles both at home and abroad.
저는 국내외에서 자동차 판매 10년의 경력을 가지고 있습니다.

expert
[ékspəːrt]

n 전문가 (↔) amateur

어근힌트: ex- 밖으로(접두사) + pert 시험삼아 해보다

Mr. Lee is an expert on computer technology.
미스터 김은 컴퓨터 전문가입니다.

experiment
[ikspérəmənt]

n 실험 **v** 실험하다

어근힌트: ex- 밖으로(접두사) + peri- 시험삼아 해보다 + -ment (명사형 접미사)

파생어: experimental ⓐ 실험의

Laboratory experiments performed decades ago, are now considered unethical.
수십 년 전 수행된 실험실 연구가 지금은 비윤리적인 것으로 간주되고 있다.

oxygen
[ɑ́ksidʒen]

n 산소

어근힌트: oxy- 산소 + gen 탄생

Everybody knows that water is made up of hydrogen and oxygen.
모든 사람은 물이 수소와 산소로 구성되어 있다는 것을 안다.

nitrogen
[náitrədʒən]

n 질소

어근힌트: nitro- 질소 + gen 탄생

The tank used liquid nitrogen to keep the milk cool before the milk truck arrived to pick it up.
그 탱크는 우유트럭이 찾으러가기 전에 우유를 신선하게 유지하기 위해서 액화 니트로겐을 사용했다.

hydrogen
[háidrədʒən]

n 수소

어근힌트: hydro- 물 + gen 탄생

Scientists are developing hydrogen fuel cells as an alternative energy source.
과학자들은 대체 에너지원으로 수소연료 전지를 개발하고 있다.

peril
[pérəl]

n 위험

어근힌트: peril- 시험삼아 해보다

파생어: perilous ⓐ 위험한, 모험적인

When there is no peril in the fight there is no glory in the triumph.
위험이 없는 싸움에는, 승리의 영광도 없다. Pierre Corneille

STORY 150 선착순

STORY

영구적인 perpetual 뜨거운 빛을 비추는 태양 아래서 병사들이 훈련을 받고 있다. 교관이 먼저 도착한 사람에게 전채요리(애피타이저) appetizer를 주겠다고 하면서 선착순을 시킨다. 병사들이 서로 먼저 가려고 경쟁하는 compete 가운데, 한 병사는 조교에게 진단서를 내밀며 열외시켜 달라고 간청 petition의 말을 한다. 이에 병사의 군기가 빠졌다고 판단한 조교는 그 병사에게 오히려 팔굽혀 펴기를 100회 반복하라는 repeat 명령을 내린다.

연상 HINT

① **perpetual**
오후 내내 per (through) 뜨겁게 비추는 영원한 perpetual 태양. 그 빛이 뜨겁다.

② **appetizer**
교관이 '너희들 중 먼저 도착한 사람에게 식욕을 돋우는 전채요리appetizer를 주겠다'고 선착순 명령을 내린다. 전채요리는 앞에 먹는 음식이다.

③ **compete**
이제 병사들이 서로 먼저 가려고 함께 com 피티거며 경쟁한다 compete.

④ **petition**
한 병사는 조교에게 진단서를 내밀며 '부디 열외시켜 주세요'라고 간청petition을 한다. 그러자 조교는 '이게 빠져 가지고..' 하며 페트 pet병으로 때린다.

⑤ **repeat**
조교는 군기가 빠진 이 병사에게 '야, 팔굽혀펴기 100번 반복해 repeat'하고 명령한다.

pet · peat 추구하다 seek

perpetual
[pərpétʃuəl]

ⓐ 영속하는, 영구의

어근힌트 per- 뚫어(접두사) + pet 추구하다 + -ual (형용사형 접미사)

A perpetual holiday is a good working definition of hell.
영원한 휴일은 지옥에 대해 잘 맞아 돌아가는 정의를 내릴 것이다. George Bernard Shaw

appetizer
[ǽpitàizər]

ⓝ 식욕을 돋우는 것

어근힌트 ap- ~로(접두사) + petiz 추구하다 + -er 행위자 (명사형 접미사)

파생어 appetite ⓝ 식욕 appetizing ⓐ 식욕을 돋우는

The appetizer will come before the main meal.
전채요리는 주된 식사 전에 나온다.

compete
[kəmpíːt]

ⓥ 경쟁하다

어근힌트 com- 함께(접두사) + pete 추구하다

파생어 competition ⓝ 경쟁 competitive ⓐ 경쟁의 competitor ⓝ 경쟁자
competence ⓝ 능력, 적성 incompetence ⓝ 무능력, 부적격
competent ⓐ 유능한 incompetent ⓐ 무능한

If you drive, you are competent, responsible, and powerful - your own man.
운전을 한다면 당신은 유능하고 책임감 있고 능력 있는, 즉 독립된 인간이다.

petition
[pətíʃən]

ⓝ 청원, 탄원

어근힌트 peti- 틀 + tion (명사형 접미사)

We plan to file a petition with the U.N. Human Rights Commission.
우리는 앞으로 유엔 인권 위원회에 탄원서를 제출할 계획이다.

repeat
[ripíːt]

ⓥ 반복하다

어근힌트 re- 다시(접두사) + peat 추구하다

파생어 repeatedly ⓐⓓ 되풀이하여 repetition ⓝ 반복 repetitive ⓐ 반복성의

I don't want to repeat my mistakes.
나는 실수를 반복하고 싶지 않다.

STORY 151 까악! 팔뚝 오빠!

STORY

칸타타, 샹송, 헤비메탈 등 세 그룹이 서로 시끄러운 loud 소리들을 내는 소란스런 복합 공연장이다. 한편에서는 박수치는 applaud 소리가 들린다. 다른 한편에서는 폭죽을 터트리는 explode 바람에 샹송가수가 몸이 풀어진다. 심사위원 중 한사람은 이 샹송가수가 그래도 여러 팀 가운데 가장 그럴듯한 plausible 가수라고 말한다. 신세대 아가씨는 헤비메탈 그룹의 팔뚝이 큰 기타리스트의 매력 charm 에 빠져 매혹된다.

연상 HINT

① **loud**
여러 공연을 동시에 하느라 서로 시끄러운 loud.소리를 낸다. 나이도 잊은채 많은 사람들이 모였다.

② **applaud**
청중들은 공연이 시작되자 박수치기 applaud 시작하고, 앞으로도 계속 잘 해 주세요 하며 성원을 보낸다.

③ **explode**
한 청중이 쏜 폭죽이 청중석 밖에서ex 폭발하여 explode 정신이 없다.

④ **plausible**
무대 가운데의 샹송가수는 폭죽에 놀라 몸이 풀어져 버렸지만, 그럴듯한 plausible 목소리로 잘 부른다.

⑤ **charm**
신세대 아가씨는 우측 무대의 헤비메탈 그룹 가수에게 푹 빠져 있다. '팔arm이 참 매력 charm이에요.'하고 소리지른다.

plaud · plod 박수치다 clap, hands

loud [laud]
ⓐ 시끄러운 (=) noisy; ⓐⓓ 큰 소리로
어근힌트 loud 시끄러운
파생어 loudly ⓐⓓ 큰 소리로

He shouted as loud as he could.
그는 가능한 한 크게 소리쳤다.

applaud [əplɔ́ːd]
ⓥ 박수치다, ~에게 박수치다
어근힌트 ap- ~로(접두사) + plaud 박수치다
파생어 applause ⓝ 박수(갈채), 칭찬

When the concert was over, she applauded his passionate performance.
연주회가 끝나자, 그녀는 열정적인 그의 연주에 갈채를 보냈다.

explode [iksplóud]
ⓥ 폭발하다, 격발하다, 폭발시키다
어근힌트 ex- 밖으로(접두사) + plode 박수치다
파생어 explosion ⓝ 폭발, 격발 explosive ⓐ 폭발(성)의; ⓝ 폭발물

When a 100-pound bomb exploded many people were injured.
오늘 100파운드의 폭탄이 폭파되었을 때, 많은 사람이 다쳤다.

plausible [plɔ́ːzəbl]
ⓐ 그럴듯한
어근힌트 plaus 박수치다 + ible 할 수 있는
파생어 implausible ⓐ 받아들이기 어려운

Even though your argument is plausible, I still would like to have more proof.
당신의 주장이 그럴듯할지라도 나는 아직도 더 많은 증거를 원한다.

charm [tʃaːrm]
ⓝ 매력
어근힌트 charm 매력
파생어 charming ⓐ 매력적인

No furniture is so charming as books, even if you never open them.
책만큼 아름다운 가구는 없다. 비록 한번도 열어보지 않더라도.

STORY 152 치과

STORY

전문의 과정을 성취한 accomplish 치과 의사의 자격증이 병원에 붙어있다. 이 의사는 한 손에는 시술 도구 implement인 드릴을 들고, 환자의 썩은 이를 보완하기 complement위해 크라운을 씌우고 있다. 의사는 환자에게 '입안이 아이처럼 깨끗하네요'라고 말하며 환자를 칭찬한다 compliment. 이 환자는 입을 크게 벌리라는 의사의 말에 순응하여 comply '아'하고 벌린다. 간호사는 완성된 complete 틀니를 들고 서 있다. 의자 아래 부분에는 치아 건강을 보충해주는 보조 식품이 진열되어 있고, 컵에 물을 공급하는 supply 수도꼭지도 있다. 대기실에는 많은 plenty 환자들이 자기의 순서를 기다린다.

연상 HINT

① **accomplish**
치과 의사는 억척스럽게 공부해서 전문의 과정을 성취한다 accomplish.

② **implement**
진료를 시작하자 의사는 왼손에 시술 도구 implement를 들고 입 안 im을 치료한다.

③ **complement**
오른손에는 빠진 어금니를 보완하기 complement 위해 'e'자 모양이 새겨진 금니를 들고 있다.

④ **compliment**
의사는 환자의 입안이 아이'i'처럼 깨끗하다고 칭찬 compliment한다. complement와 compliment는 발음이 똑같아서 구분하기 위해 'e'자와 'i'자를 구분하는게 필요하다. 보완하는 금니에 e가 새겨있고, 나(i)를 아이같이 순진하고 착하다고 칭찬하는 것을 생각하면 좋겠다.

⑤ **comply**
환자는 의자에 누워 lie '아'하고 입을 벌리면서 의사 말에 순응한다 comply.

⑥ **complete**
간호사는 완성한 complete 틀니(거꾸로 하면 니틀)를 들고 서 있다. 이 틀니는 껌과 풀로 이틀만에 만든 거예요.

⑦ **supply**
또한 컵에 물을 공급해주는 supply 수도꼭지 아래에 sup 배치되어 있다.

⑧ **plenty**
대기석에는 plenty 환자들이 자기의 차례를 기다린다. 대기자 수가 많아서 아주머니 얼굴에 뿔낸 티가 난다. 사실, 사람이 많으면 짜증이 나기 마련이다.

ple · pl · ply 채우다 fill

accomplish
[əkámpliʃ, əkʌ́mpliʃ]

v 성취하다

어근힌트 ac- ~로(접두사) + com 함께 + pl 채우다 + ish (동사형 접미사)
파생어 accomplishment **n** 성취, 완성

You cannot accomplish anything without much effort.
많은 노력 없이는 아무것도 성취 할 수 없다.

implement
[ímpləmənt]

n 도구 **v** 이행하다

어근힌트 im- 안으로(접두사) + ple 채우다 + ment (명사형 접미사)
파생어 implemental **a** 도구의 implementation **n** 이행, 실행

There has not been much effort to implement the plan.
계획을 실행하기 위한 많은 노력이 없었다.

complement
[kámpləmənt | kɔ́m-]

n 보완하는 것, [문법] 보어

어근힌트 com- 함께(접두사) + ple 채우다 + ment (명사형 접미사)

The furniture complements the room very well.
그 가구가 방을 아주 잘 보완해 주고 있다.

compliment
[kámpləmənt | kɔ́m-]

n 찬사; **v** 칭찬하다

어근힌트 com- 함께(접두사) + pli 접다 + ment (명사형 접미사)

One likes to hear compliments on one's appearance.
사람은 자기 외모를 칭찬하는 말을 듣기 좋아한다.

comply
[kəmplái]

v 응하다, 좇다

어근힌트 com- 함께(접두사) + ply 접다

She was told to pay the fine, but refused to comply.
그녀는 벌금을 내라는 말을 들었지만 응하지 않았다.

complete
[kəmplíːt]

v 완성하다; **a** 완벽한

어근힌트 com- 함께(접두사) + ple 채우다 + te (동사형 어미)
파생어 incomplete **a** 불완전한 completely **ad** 완전히 completion **n** 완성

I want you to complete the project till next month.
다음 달까지 프로젝트를 완료하길 바래.

supply
[səplái]

v 공급하다, 주다 **n** 공급

어근힌트 sup- 아래(접두사) + ply 접다

The supply of fish seemed endless.
물고기의 공급량이 무한한 것 같았다.

plenty
[plénti]

n 많음, 대량

어근힌트 plen 채우다 + ty (명사형 접미사)
파생어 plentiful **a** 풍부한

The vineyard needs plenty of exposure to the sun in cool climate areas.
추운 기후 지역에서 포도원은 태양에 많이 노출되는 것이 필요하다.

STORY 153 블랑카 취업 성공기 1

STORY

외국인 노동자인 블랑카가 4개의 회사에 지원하는 apply 서류를 제출한다. 블랑카를 자기 회사에 적합하다고 apply 판단한 2개의 회사에서 합격 통보를 보낸다. 면접 시험을 보러갔는데 면접관이 엉뚱한 질문을 낸다. 먼저 물 곱하기 multiply 차는 얼마인지 묻자 블랑카는 모른다고 대답한다 reply. 그 다음에는 더 복잡한 complex 수학 문제를 내어 블랑카를 당황하게 만든다 perplex. 제대로 답을 하지 못하자 면접관은 손으로 출구를 가리키며 나가라는 암시를 준다 imply.

연상 HINT

① **apply**
외국인 노동자인 블랑카가 취직하려고 4군데 회사에 지원한다 apply (for). 이중에서 2군데 회사에서 적합하다 apply (to)고 연락이 왔다. 전치사 for와 two를 구분하기 위해 4군데(four-for). 2군데(two-to)로 떠올리면 바로 구분이 될 것이다.

② **multiply**
드디어 면접을 보는데 면접관이 물 곱하기 multiply 차(티)는 얼마인지 묻는다.

③ **reply**
블랑카는 난해한 질문인지라 모른다고 대답한다 reply. re는 다시라는 뜻의 접두사로 다시 되받아서 말하는 것이 대답하는 것이다.

④ **complex**
이제는 더 복잡한 complex 문제를 낸다. 껌과 풀에 관한 문제이다.

⑤ **perplex**
블랑카는 두 문제를 모두 풀지 못하자 당황해서 perplex 얼굴이 퍼래진다.

⑥ **imply**
그러자 면접관은 손으로 안쪽의 im- 출구를 가리키며 나가라는 암시를 준다 imply.

plex · ply   접어 겹치다 fold, 짜다 weave

apply
[əplái]

- v 적용하다, 지원하다(for), 적합하다(to)
- 어근힌트 ap- ~로(접두사) + ply 접다
- 파생어 applicable ⓐ 적용할 수 있는, 들어맞는 application ⓝ 적용, 응용, 이용 applicant ⓝ 응모자

What the textbooks do not teach you is when to apply the knowledge.
교과서가 가르쳐 주지 않는 것은 그 지식을 언제 적용하느냐이다.

multiply
[mʌ́ltəplài]

- v 증가시키다, 곱하다, 늘다
- 어근힌트 multi- 많은 + ply 접다
- 파생어 multiple ⓐ 복합적인, 복식의

What do you get if you multiply five by seven?
5에 7을 곱하면 얼마입니까?

reply
[riplái]

- v 대답하다; ⓝ 대답
- 어근힌트 re- 다시(접두사) + ply 접다

I look forward to receiving your reply.
귀하의 회신을 기대합니다.

complex
[kəmpléks, kámpleks / kómpleks]

- ⓐ 복잡한
- 어근힌트 com- 함께(접두사) + plex 접다
- 파생어 complexity ⓝ 복잡성 complicate ⓥ 복잡하게 하다 complicated ⓐ 복잡한

The world has changed, too. It has become more complex and increasingly specialized.
세상도 역시 변했다. 세계는 더 복잡해지고 점차 전문화되었다.

perplex
[pərpléks]

- v 당황케 하다
- 어근힌트 per- 뚫어(접두사) + plex 접다
- 파생어 perplexed ⓐ 난처한

I was perplexed by the news.
나는 그 소식에 당황했다.

imply
[implái]

- v 암시하다
- 어근힌트 im- 안으로(접두사) + ply 접다

I didn't mean to imply that you were wrong.
나는 네가 틀렸다는 것을 암시하려고 한 것은 아니었다.

STORY 154 블랑카 취업 성공기 2

💬 STORY

블랑카가 드디어 취직을 했다. 그가 하는 일은 광산을 개발하는 exploit 단순한 노동이다. 고용주 employer는 외국인 고용인 employee들을 착취한다. 이에 불만을 품은 한 노동자가 사장의 딸을 창고로 납치한다. 이곳에는 그래도 가전제품 appliance이 다 갖추어져 있다. 드디어, 이 사람이 블랑카에게 복사한 duplicate 열쇠를 건네주며, '이 아이 잘 지켜'라고 명령하며 범죄에 연루시킨다 implicate. 이 회사에 분위기가 심상치 않게 돌아가자, 외교관 diplomat이 외국인 노동자들의 작업환경 실태를 조사하러 나온다.

💡 연상 HINT

① **exploit**
블랑카가 광산을 개발하는 exploit 곳에 취직한다. exploit는 '개발하다, 착취하다, 공훈'등의 뜻이 있는 다의어이다. 사장님이 개발하기 위해서 블랑카를 뽑았는데 그를 착취하여 실적을 올리고 그 공적에 대해서는 자기 몫으로 하다. 이렇게 연상하여 기억하도록 하자.

② **employer**
광산에 고용주 employer가 방문하여 블랑카를 보고 '어이, 이봐'하고 부른다.

③ **employee**
그러자 피고용인 employee인 블랑카가 '예이'하고 대답한다.

④ **appliance**
사장의 대우에 불만을 품은 외국인 노동자들은 사장의 딸을 납치하여 가전제품 appliance이 다 갖춰진 창고로 데려온다. 사과 apple가 놓여 있는 lie 프라이팬을 가스불로 데우고 있다.

⑤ **duplicate**
그는 블랑카에게 복사한 duplicate 열쇠를 건너 준다. dupli-는 double 과 같이 두 개란 뜻인데, 원본 열쇠와 복사 열쇠 두 개가 똑같다.

⑥ **implicate**
이렇게 하여 블랑카는 범죄에 연루된다 implicate. 창고 안에 in(=im) 케이트를 숨기는 범죄에 연루된 것이다.

⑦ **diplomat**
이 회사에 분위기가 심상치 않게 돌아가자, 외교관 diplomat이 자국민들의 작업환경 실태를 조사하러 나온다. 이 외교관이 두 di 개의 풀로 붙여진 매트 위에 서 있다.

plic · ple · plo   접어 겹치다 fold, 짜다 weave

exploit
[iksplɔ́it]

- n 공훈; v 개발하다, 착취하다
- 어근힌트 ex- 밖으로(접두사) + ploit 접다

The Korean are more inclined to bring nature into their lives than to exploit it.
한국인은 자연을 이용하려고 하기보다는 자신의 생활 속에 자연을 끌어들이려고 한다.

employer
[implɔ́iər]

- n 고용주
- 어근힌트 em- 안으로(접두사) + ploy 접다 + er 행위자 (명사형 접미사)
- 파생어 employ v 고용하다 employment n (노동자의) 고용 unemployment n 실직 unemployed a 실직한

I have been working for my previous employer for ten years.
저는 전 직장에서 10년간 일해 왔습니다.

employee
[implɔ́ii:, èmplɔí:]

- n 피고용인, 직원
- 어근힌트 em- 안으로(접두사) + ploy 접다 + ee 피동 행위자

Employees often steal from their employers, and students cheat in their exams.
종업원들은 종종 그들의 고용주로부터 도둑질을 하고, 학생은 시험 시간에 부정행위를 한다.

appliance
[əpláiəns]

- n 기구, 설비, (home ~ 가정 기구)
- 어근힌트 ap- ~로(접두사) + pli 접다 + ance (명사형 접미사)

We are selling more home fashions, electronics and major appliances.
우리는 더 많은 홈패션 용품, 전자제품 그리고 주요 생활용품을 팔고 있다.

duplicate
[djú:plikət | djú:-]

- a 중복의; v ~을 복제하다
- 어근힌트 du- 둘의 + plic 접다 + ate (동사형 접미사)
- 파생어 duplication n 이중, 복사

I'd like to have a duplicate key made.
열쇠를 두개 만들었으면 좋겠습니다.

implicate
[ímplikèit]

- v 관련시키다
- 어근힌트 im- 안으로(접두사) + plic 접다 + ate (동사형 접미사)
- 파생어 implication n (뜻의) 함축, 내포

Somebody's trying to implicate me.
누군가 나를 모함하려고 한다.

diplomat
[dípləmæt]

- n 외교관, 외교가
- 어근힌트 diplo 둘의 + mat (명사형 어미)
- 파생어 diplomatic a 외교의 diplomacy n 외교(술)

The man talking with an American over there is Mr. Lee, a diplomat.
저기서 미국인과 얘기하고 있는 사람은 외교관인 이 씨입니다.

STORY 155 메트로폴리스

STORY

대도시 metropolis인 서울은 명실상부한 국제도시 cosmopolis가 되었다. 걸어오고 있는 정책 policy 입안자에게 경찰이 공손한 polite 태도로 인사한다. 정책 입안자 뒤에서 정치가 politician은 국회의원이 잔소리하며 따라오고 있다.

연상 HINT

① **metropolis**
한국의 수도이자 주요 대도시 metropolis인 서울이다. 전국에서 사람들이 서울역 지하철 메트로로 들어온다. metro의 어원은 엄마 mother이다. 그러고 보니 엄마같은 도시가 서울이다.

② **cosmopolis**
서울은 인구 천만명이 넘고 전세계 사람들이 찾는 국제 도시 cosmopolis이다. 서울역 앞 코스모스 피어있는 도로에 만국기가 펄럭인다. cosmos는 질서, 우주란 뜻으로 전 세계의, 우주의 도시가 cosmopolis 이다.

③ **policy**
그 길을 따라 정책 policy 입안자인 폴리씨가 서류를 들고 걸어온다.

④ **polite**
그를 보고 경찰 police이 밝은 light 표정을 지으며 공손한 polite 자세로 인사한다.

⑤ **politician**
그 뒤에서 정치인 politician이 틱틱거리며 잔소리를 하며 따라온다.

polit · polic · polis   도시 city, 시민 citizen

metropolis
[mitrápəlis]

n (국가·주의) 주요 도시, 대도시

어근힌트: metro 어머니 mother + polis 도시

파생어: metropolitan ⓐ 주요 도시의

A recent survey reveals that population density in the metropolis is decreasing.
최근의 조사는 대도시 인구 밀도의 감소를 보여주고 있다.

cosmopolis
[kazmápəlis]

n 국제 도시

어근힌트: cosmo 우주 + polis 도시

파생어: cosmopolitan ⓐ 세계주의의

Shanghai should develop into a modern, international cosmopolis.
상하이는 현대적인 국제도시로 발전해야 한다.

policy
[páləsi]

n 정책, 방침

어근힌트: poli 도시 + cy (명사형 접미사)

I didn't know that you changed the policy.
나는 당신이 그 정책을 바꾸었다는 것을 알지 못했습니다.

polite
[pəláit]

a 공손한

어근힌트: poli 도시 + te (형용사형 어미)

파생어: political ⓐ 정치의   politic ⓐ 분별[지각] 있는   politics ⓝ 정치학

Do be polite to the person who serves you.
당신에게 시중을 드는 사람에게 예의바르게 행동하세요.

politician
[pàlitíʃən]

n 정치가

어근힌트: politic 도시 + ian 행위자 (명사형 접두사)

As a politician he is full of ambition to become a president.
정치가로서 그는 대통령이 되고자 하는 야심으로 가득차 있다.

STORY 156 팝 불러 유세장

STORY

대통령 선거 유세장이다. 국회의원들은 공적인 public 정치인이다. 이 정치인이 최근에 출판한 publish 자신의 책을 소개한다. 중요 행사를 진행할 때는 단상에 국기를 세워 놓는 것이 관례이다. 우리 대한민국은 민주 공화국 republic이다. 사람들 앞에는 선거 운동을 도와주러 온 인기있는 popular 팝송가수 마이클 잭슨이 노래를 부른다. 그러자, 이 정치인을 지지하는 많은 민중들 populace이 손을 흔들며 환호한다.

연상 HINT

① **public**
정치인은 공적인 public 임무를 수행하는 사람이다.

② **publish**
국회의원이 되기 위해서 선거가 다가오면 자신의 책을 출판하여 publish 대단한 존재임을 부각시키려 한다.

③ **republic**
단상 뒤(re=back)에는 민주 공화국 republic 국기인 태극기가 있다. ROK는 Republic of Korea의 약자이다.

④ **popular**
선거운동을 돕기 위해 인기있는 popular 팝가수 마이클 잭슨이 왔다. 그에게 하는 말, '팝 불러'하고 한곡 뽑으라고 요청한다.

⑤ **populace**
이 사람을 지지하는 대중 populace들이 팔에 레이스를 달고 손을 흔든다.

popul · publ 사람들 people

public
[pʌ́blik]

ⓐ 공공의

어근힌트 publ 사람들 + ic (형용사형 접미사)
파생어 publicity ⓝ 널리 알려짐, 공표 publication ⓝ 발표, 공표

American public schools neglected their role as moral educators.
미국의 공립학교는 도덕적인 교육자로서의 그들의 역할을 등한시했다.

publish
[pʌ́bliʃ]

ⓥ 발표하다, 출판하다

어근힌트 publ 사람들 + ish (동사형 접미사)

Most news magazines are published weekly.
대개의 잡지들은 매주 발간된다.

republic
[ripʌ́blik]

ⓝ 공화국

어근힌트 re- 다시(접두사) + publ 사람들 + ic (형용사형 접미사)
파생어 republican ⓐ 공화국의

The Republic of Korea was established in 1948.
대한민국은 1948년에 설립되었다.

popular
[pápjulər]

ⓐ 인기 있는

어근힌트 popul 사람들 + ar (형용사형 접미사)
파생어 unpopular ⓐ 인기 없는 popularity ⓝ 인기, 평판 populate ⓥ 거주시키다 population ⓝ 인구

He is one of the most popular sportsmen in Korea.
그는 한국에서 가장 인기 있는 스포츠 맨 중의 한 명이다.

populace
[pápjuləs]

ⓝ 대중, 민중

어근힌트 popul 사람들 + ace (명사형 어미)

The populace is like the sea motionless in itself, but stirred by every wind.
대중은 본래 움직임이 없는 것 같지만, 모든 바람이 휘젓는 바다와 같은 것이다.

STORY 157 부산한 항구

STORY

여기는 많은 선박이 오가는 항구 port이다. 대형 선박이 도착하여 중요한 물품을 수입한다 import. 저 멀리 수출하는 export 물품을 싣고 가는 배가 보인다. 이렇게 수입 수출 물품을 수송하는 transport 선박이 많아야 나라의 경제가 활성화된다. 이 항구에 유명 운동선수도 도착하여 기자들이 취재하는 와중에 수많은 후원자 supporter들이 환호한다. 그 앞에서 ET는 엎어지면서 떨어지는 돈을 움켜쥐는 기회 opportunity를 잡는다. 한 젊은이는 휴대용 portable 카세트를 들고 음악을 들으며 지나간다.

연상 HINT

① **port**
여기는 선박이 오가는 항구 port이다.

② **import**
이렇게 물건을 항구port 안im으로 수입한다 import.

③ **export**
또한 항구 port 바깥 ex으로 제품을 수출한다 export.

④ **transport**
항구 안과 밖으로 가로질러 trans 수입 수출하는 등 물건을 수송하는 transport 항구는 밤낮으로 바쁜 상황이다.

⑤ **supporter**
이 항구에 유명한 운동선수도 도착하여 후원자 supporter들이 아우성이다. 밑에서 sup 그를 받쳐주는 사람들이다.

⑥ **opportunity**
그 앞에서는 엎어진 ET가 앞 사람이 흘린 돈을 잡는 기회 opportunity를 놓치지 않는다.

⑦ **portable**
이 와중에 한 젊은이가 휴대용 portable 카세트를 들고 음악을 들으며 지나간다.

port — 운반하다 carry, 항구 harbor

port [pɔːrt]
n 항구 (=) harbor
어근힌트 port 운반하다
The two main ports in Korea are Pusan and Inchon.
한국의 2대 주요 항구는 부산항과 인천항이다.

import [impɔ́ːrt]
v 수입하다 ; **n** 수입
어근힌트 im- 안으로(접두사) + port 운반하다
파생어 importation **n** 수입, 수입품 (↔) exportation
We have imported wine as well as domestic wine.
우리는 국내산 와인뿐만 아니라 수입 와인도 가지고 있습니다.

export [ikspɔ́ːrt]
v 수출하다 ; **n** 수출
어근힌트 ex- 밖으로(접두사) + port 운반하다
Do your company export your products to China?
귀사의 제품이 중국으로 수출되나요?

transport [trænspɔ́ːrt]
v 수송하다; **n** 수송
어근힌트 trans- 가로질러(접두사) + port 운반하다
파생어 transportation **n** 수송, 운송
Such heavy items are expensive to transport by plane.
그렇게 무거운 물건들은 비행기로 운반하는 데 돈이 많이 든다.

supporter [səpɔ́ːrtər]
n 지지자, 후원자
어근힌트 sup- 아래(접두사) + port 운반하다 + er 행위자 (명사형 접미사)
He is a supporter of the free trade agreement.
그는 자유 무역 협정의 지지자이다.

opportunity [ὰpərtjúːnəti]
n 기회 (=) chance
어근힌트 op- 앞에(접두사) + portun 운반하다 + ity (명사형 접미사)
Traveling provides the opportunities to experience other cultures.
여행은 다른 문화를 경험할 수 있는 많은 기회를 준다.

portable [pɔ́ːrtəbl]
a 휴대용의
어근힌트 port 운반하다 + able 할 수 있는
파생어 support **v** 받치다, 지지하다 ; **n** 받침, 부양
The laptop computer is a kind of portable personal computer which can be used anywhere.
랩탑 컴퓨터는 어디서나 사용할 수 있는 일종의 이동식 퍼스널 컴퓨터이다.

STORY 158 괴물 1

STORY

○○ 감독이 영화 '괴물'의 시나리오를 가정(상상)하며 suppose 영화 제작사 사장에게 영화로 만들자고 제안한다 propose. 그 내용은 다음과 같다. 주한미군 실험실에서 두 명의 미군이 화학 약품을 합성한다 compose. 다른 미군은 폐기해야 하는 빈 병을 처리한다 dispose. 미군 장교가 한국 카투사 병사에게 '화학물을 하수구에 버려'하고 임무를 부여하자 impose, 그 병사는 '안됩니다. 한강이 오염됩니다'며 반대한다 oppose.

연상 HINT

① **suppose**
○○ 감독이 영화 시나리오를 가정한다(상상한다) suppose. 그림 아래 sup 부분에서 위를 보며 가정하는 상황을 떠올리면 된다.

② **propose**
이제 제작사 사장에게 제안서를 앞에 pro- 놓으면서 영화로 만들자고 제안한다 propose.

③ **compose**
미군 2명이 함께 com 화학약품을 합성하고 compose 있다.

④ **dispose**
한 병사가 폐기 빈 병을 던져 떨어뜨려 dis 처리한다 dispose.

⑤ **impose**
미군 장교가 한국 카투사 병사에게 화학물을 하수구에 버리라는 임무를 부과한다 impose.

⑥ **oppose**
그는 '엎어지면 한강이 오염됩니다. 안됩니다'라고 반대한다 oppose.

pose 놓다 put

□□□ suppose [səpóuz]

v 가정하다, 상상하다

어근힌트 sup- 아래(접두사) + pose 놓다, 두다
파생어 supposition ⓝ 상상, 추정

I don't suppose you have the ability to do the job.
네가 그 일을 할 능력이 있다고 생각하지 않는다.

□□□ propose [prəpóuz]

v 제의[제안]하다

어근힌트 pro- 앞(접두사) + pose 놓다, 두다
파생어 proposal ⓝ 제안, 제의

I want to propose solution to solve this problem.
나는 이 문제를 해결하기 위한 해결책을 제시하고자 합니다.

□□□ compose [kəmpóuz]

v 조립하다, 구성하다, 작곡하다

어근힌트 com- 함께(접두사) + pose 놓다, 두다
파생어 component ⓐ 구성하는, 성분의 composure ⓝ 침착, 평정
compound ⓐ 합성의, 혼성의 composition ⓝ 구성, 조립
composer ⓝ 작곡가, 작가

One group is composed of artists.
한 그룹은 예술가들로 구성되어 있다.

□□□ dispose [dispóuz]

v 배치하다, ~할 마음이 내키게 하다, 처리하다

어근힌트 dis- 떨어져(접두사) + pose 놓다, 두다
파생어 disposal ⓝ 처분, 처리 disposable ⓐ 처분할 수 있는, 마음대로 쓸 수 있는
disposed ⓐ 마음이 내키는 disposition ⓝ 배열, 배치

Dispose of the used needle in the bins provided.
사용한 바늘은 제공된 용기에 폐기하십시오.

□□□ impose [impóuz]

v (의무·세금 등을) 지우다, 부과하다

어근힌트 im- 안으로(접두사) + pose 놓다, 두다
파생어 imposition ⓝ (의무·세금 등을) 부과

Schools should not impose religion children.
학교는 어린이들에게 종교를 강제해서는 안 된다.

□□□ oppose [əpóuz]

v 반대하다

어근힌트 op- 반대(접두사) + pose 놓다, 두다
파생어 opponent ⓝ 적수, 반대자 opposite ⓐ 반대편의 opposition ⓝ 반대, 저항

I would oppose any opinion expressed by other members.
나는 다른 회원들이 표명한 의견에 반대할 것입니다.

STORY 159 괴물 2

STORY

영화 '괴물'의 제작 발표회가 열렸다. 기자 한 명이 감독에게 제작 의도 purpose가 무엇인지 묻는다. 감독은 미군의 만행을 폭로하는 expose 것이라고 대답한다. 다른 기자는 영화 제작에 돈을 맡긴 deposit 투자자들의 예상 수익률이 얼마인지 묻는다. 이들 앞에서 사진 기자가 사진 찍기에 좋은 위치 position에서 주연 배우를 찍으려 하자, 이 배우는 자세 pose를 취한다. 여배우는 기둥 뒤에서 핸드폰으로 매니저에게 다음 스케줄을 연기하라고 postpone 요청한다. 영화의 주인공 괴물이 한강 다리 위에서 균형을 잡고 있다 poise.

연상 HINT

① **purpose**
기자 한 명이 감독에게 '이 영화는 무엇을 위한 (for) 것인가요?'라고 질문하면서 제작 의도 purpose를 알아보고자 한다.

② **expose**
감독은 '미군의 만행을 밖으로ex 폭로하는expose 것입니다'라고 대답한다.

③ **deposit**
신문사 대표로 자리에 앉아 sit 있던 기자는 '영화제작에 돈을 맡긴 deposit 투자자들의 예상 수익률은 얼마나 될까요?'하며 질문한다.

④ **position**
사진 기자가 사진 찍기에 좋은 위치 position에서 주연 배우를 찍으려 한다.

⑤ **pose**
그러자 이 배우가 자세(포즈) pose를 멋지게 취한다.

⑥ **postpone**
여배우는 기둥 post 뒤에서 매니저에게 스케줄 연기하라고 postpone 전화phone한다. post는 기둥, 뒤(전치사)의 뜻이 있다.

⑦ **poise**
영화의 주인공 괴물이 한강 다리 위에서 균형을 잡고 있다 poise. 독약 poison을 먹어서 괴물이 된 것 같다.

post · posi   놓다 put

☐☐☐
purpose
[pə́:rpəs]

n 목적, 의도

어근힌트 pur 앞으로(접두사) + pose 놓다, 두다

The purpose of the court system is to protect the rights of the people.
법 제도의 목적은 국민의 권리를 보호하는 것이다.

☐☐☐
expose
[èkspouzéi]

v 드러내다, 폭로하다

어근힌트 ex- 밖으로(접두사) + pose 놓다, 두다

파생어 exposure **n** 드러내 놓음, 폭로   exposition **n** 박람회, 전람회

Don't expose your weakness to those who try to take advantage of you.
당신을 이용하려고 하는 사람들에게 당신의 약점을 노출시키지 마십시오.

☐☐☐
deposit
[dipázit]

v 두다 (=) place, (돈을) 맡기다; **n** 예금

어근힌트 de- 떨어져(접두사) + pos 놓다, 두다 + it (명사형 어미)

Where can I deposit valuables?
귀중품은 어디에 맡기나요?

☐☐☐
position
[pəzíʃən]

n 위치, 처지

어근힌트 posi 놓다 + tion (명사형 접미사)

I am not in a position to answer your questions.
나는 당신의 질문에 답할 수 있는 입장이 아닙니다.

☐☐☐
pose
[pouz]

n 자세, 포즈

어근힌트 pose 놓다
파생어 posture **n** (몸의) 자세, 마음가짐

Let's pose for a picture, please.
사진 찍을 포즈를 취합시다.

☐☐☐
postpone
[poustpóun]

v 연기하다

어근힌트 post 뒤에 + pone 놓다, 두다

Don't postpone till tomorrow what you can do today.
오늘 할 수 있는 일을 내일까지 미루지 마라.

☐☐☐
poise
[pɔiz]

v 균형 잡히게 하다

어근힌트 poise 달다 hang

She poised a basket on her head.
그녀는 바구니를 머리에 균형있게 얹어놓았다.

STORY 160 폭군 네로황제

💬 STORY

고대 로마에 대형 화재가 있었다는 사실에 대해 들어본 적이 있을 것이다. 강력한 potent 바람이 불어 로마시에 대형 화재가 발생했다. 사람들은 '네로라면 가능한 possible 일이야.'라고 속삭이며 네로 황제가 고의로 화재를 낸 것이라고 말한다. 네로황제는 화재로 인해 반란이 일어날 잠재가능성이 있다고 potential 생각한다. 그리하여 부하에게 '화재의 원인을 그리스도인들에게 돌려라'라고 말하면서 이들을 체포할 수 있는 권한을 부여한다. 권한을 부여 받은 부하는 권력 power을 사용해서 그리스도인들을 핍박한다.

💡 연상 HINT

① **potent**
로마에 강력한 potent 바람이 불어 4 four개의 텐트 tent가 날아간다.

② **possible**
네로가 고의로 화재를 저질렀을 가능성이 있다고 생각한다. '네로라면 가능하지possible.'하며 속삭인다.

③ **potential**
네로황제는 화재로 인해 반란이 일어날 잠재가능성이 있다고 potential 생각한다. '반란의 ~설이 있습니다.'라고 부하가 네로에게 알린다.

④ **power**
네로는 부하에게 '화재의 원인을 그리스도인들에게 돌려라'라고 말하면서 이들을 체포할 수 있는 권한 power을 부여한다.

pot · pos 할 수 있는 be able, 힘 power

potent
[póutnt]

ⓐ 강력한, 힘센 (=) powerful

어근힌트 pot 할 수 있는 + ent (형용사형 접미사)

The building was a potent reminder of the Japanese occupation of the country.
그 건물은 일제 강점기를 강하게 상기시키는 것이었다.

possible
[pásəbl]

ⓐ 가능한

어근힌트 poss 할 수 있는 + ible 할 수 있는

파생어 possibility ⓝ 가능성 possibly ⓐⓓ 어쩌면, 혹은 impossible ⓐ 불가능한

It is not possible to solve the problem till this weekend.
이번 주말까지 문제를 해결하는 것은 불가능합니다.

potential
[pəténʃəl]

ⓐ 잠재하는; ⓝ 잠재력

어근힌트 potent 할 수 있는 + ial (형용사형 어미)

파생어 potentiality ⓝ 가능성 (=) possibility, 잠재력

It is the creative potential itself in human beings that is the image of God.
하나님의 형상이란 인간 안에 있는 창조적인 잠재력 그 자체이다.

power
[páuər]

ⓝ 힘, 권력, 능력

어근힌트 pow 할 수 있는 + er (명사형 어미)

파생어 powerful ⓐ 강력한

Reading develops the power of imagination and inner visualization.
독서는 상상력과 내적 시각화 능력을 개발시킨다.

STORY 161 노예상인

STORY

노예 상인은 원주민을 체포한다 apprehend. 그 원주민이 가족을 걱정하자 apprehend 동료 원주민이 '네 심정 이해해 apprehend' 하며 위로한다. 이렇게 체포되어 감옥 prison에 잡힌 노예들은 여러 사람들로 구성되어 있다 comprise. 이들 중 한 노예는 자기가 왜 끌려가는지 이해하기 comprehend 어렵다고 호소한다. 기업 enterprise을 만들어 노예를 매매하는 노예상인을 보고 수풀에 숨어 있던 다른 원주민들이 깜짝 놀란다 surprise. 이 악덕기업가는 "니들은 내 밥 prey 이다."하며 원주민들에게 겁을 준다.

연상 HINT

① **apprehend**
노예상인이 원주민을 체포한다 apprehend. 이 원주민이 가족을 걱정하자 apprehend 동료 원주민이 그 심정을 이해한다 apprehend. 앞으로 손 hand이 묶여 있다.

② **prison**
감옥 prison 에 갇힌 노예들은 희망을 잃고 몸이 풀어진 사람들이다.

③ **comprise**
이들 노예들은 여러 사람들(이사람, 저사람, 그사람)로 함께 com 구성되어 comprise 있다.

④ **comprehend**
노예 중 한 명이 왜 자기가 왜 함께 com 끌려가는지 이해하기 comprehend 어렵다고 호소한다.

⑤ **enterprise**
오지로 들어와 enter 노예를 잡아 prise 매매하여 돈을 버는 기업 enterprise의 사람들은 가장 악한 존재들이다.

⑥ **surprise**
수풀에 숨어 있다가 노예상인이 잡아 prise 가는 걸 보고 원주민이 깜짝 놀란다 surprise.

⑦ **prey**
악덕 기업가는 '니들은 내 계란 후라이 밥(먹이)이야'라며 원주민을 먹이 prey 잡아먹듯이 착취한다.

prehend · prise 잡다 take

apprehend
[æprihénd]

v 이해하다, 염려하다, 체포하다

어근힌트 ap- ~로(접두사) + prehend 잡다
파생어 apprehension **n** 이해, 염려

The suspect was apprehended yesterday.
용의자는 어제 체포되었다.

prison
[prízn]

n 교도소, 감옥

어근힌트 pris- 잡다 + on (명사형 어미)
파생어 prisoner **n** 죄수, 포로 imprison **v** ~을 투옥하다 imprisonment **n** 투옥, 감금

The judge condemned the criminal 10 years to life in prison.
판사는 범인에게 10년 징역형을 선고했다.

comprise
[kəmpráiz]

v ~로 이루어지다

어근힌트 com- 함께(접두사) + prise 잡다

The building comprises three rooms.
그 빌딩은 3개의 방으로 이루어져 있다.

comprehend
[kàmprihénd]

v 이해하다, 포함하다

어근힌트 com- 함께(접두사) + prehend 잡다
파생어 comprehension **n** 이해, 포함 comprehensive **a** 포괄적인, 이해하는

It's not easy to comprehend the meaning of this sentence.
이 문장의 의미를 이해하는 것은 쉽지 않다.

enterprise
[éntərpràiz]

n 기업, 회사, 기획

어근힌트 enter 사이에 + prise 잡다
파생어 enterprising **a** 기업심이 왕성한

He is interested in the healthcare enterprise.
그는 헬스케어 사업에 관계하고 있다.

surprise
[sərpráiz]

v 놀라게 하다; **n** 놀람

어근힌트 sur- 위에(접두사) + prise 잡다
파생어 surprising **a** 놀랄 만한 surprisingly **ad** 놀랄 정도로

To our surprise, he proved to be the thief we are searching for.
놀랍게도, 그는 우리가 찾고 있는 도둑으로 판명되었다.

prey
[prei]

n 먹이; **v** 잡아먹다, 착취하다

어근힌트 prey 잡다

Take hope from the heart of man, and you make him a beast of prey.
사람의 마음에서 희망을 제거하라, 그러면 당신은 그를 육식동물로 만드는 것이다. Quida

STORY 162 반지 원정대

STORY

영화 '반지의 제왕'의 주인공 프로도가 귀중한 precious 절대 반지를 목에 걸고 잠을 잔다. 프로도는 왕이 호빗들을 칭찬하며 praise 상 prize을 주는 꿈을 꾸고 있다. 그 옆에서 샘은 절대 반지를 감상하며 appreciate 그 가격 price을 추정해 본다. 바위 뒤에 숨어 있는 이상한 (별난) eccentric 골룸은 절대 반지에 집중하며 concentrate 지내던 시절을 회상한다.

연상 HINT

① **precious**
프로도가 귀중한 precious 절대반지를 목에 걸고 잠을 잔다. 어원상으로 '값이 나가는' 이란 뜻이다.

② **praise**
프로도는 왕이 호빗들을 칭찬하는 praise 꿈을 꾼다. 왕이 상을 들어올린다 raise.

③ **prize**
이들에게 상 prize을 수여한다.

④ **appreciate**
프로도 앞pre에서 친구 샘이 호박씨를 먹으며ate 절대 반지를 감상한다 appreciate 샘은 그 반지의 진가를 인정하고 appreciate, 자신을 믿어주는 프로도에게 감사한다 appreciate. appreciate는 감상하다, 진가를 인정하다, 감사하다는 뜻이 있다.

⑤ **price**
그리고 절대반지의 가격 price이 얼마나 될지 추정해 본다.

⑥ **eccentric**
바위 뒤에는 괴짜인 eccentric 골룸이 숨어있다. 이 단어는 어원대로 '중심에서 벗어난, 별난' 이란 뜻이 있다.

⑦ **concentrate**
골룸은 한 때 절대 반지에 빠져 그것에만 집중하며 concentrate 시간을 보냈다. 함께 중앙에 초점을 맞추다 → 집중하다

preci · prais · pric   값 price

precious
[préʃəs]

ⓐ 귀중한, 값비싼

어근힌트 prec 값, 가치 + ious (형용사형 접미사)

A job, however unpleasant or poorly paid, was a man's most precious possession.
아무리 불쾌하고 보수가 적다 해도 일자리는 남자의 가장 귀중한 소유물이다.

praise
[preiz]

ⓝ 칭찬, 찬양 ⓥ 칭찬하다, 찬양하다

어근힌트 praise 값, 가치

Praise can make even whale dance.
칭찬은 고래도 춤추게 한다.

prize
[praiz]

ⓝ 상

어근힌트 prize 값, 가치

Marie Curie received the Nobel Prize in Chemistry 1911.
퀴리부인(Marie Curie)은 1911년에 노벨 화학상을 수상했다.

appreciate
[əpríːʃièit]

ⓥ 진가를 인정하다, 고맙게 생각하다, 감상하다

어근힌트 ap- ~로(접두사) + preci 값, 가치 + ate (동사형 접미사)
파생어 appreciation ⓝ 진가, 감상, 감사

That is why we appreciate poetry in everyday life.
그게 바로 일상생활 속에서 우리가 시를 감상하는 이유이다.

price
[prais]

ⓝ 값, 가격

어근힌트 price 값, 가치
파생어 priceless ⓐ 아주 귀중한

Other countries have begun to export more coffee, so the price has fallen.
다른 나라가 더 많은 커피를 수출하기 시작해서, 가격이 떨어졌다.

centr   중심 center

eccentric
[ikséntrik]

ⓐ 별난

어근힌트 ec- 밖으로(접두사) + centr 중심 + ic (형용사형 접미사)

Do not fear to be eccentric in opinion, for every opinion now accepted was once eccentric.
의견을 낼 때 괴짜가 되는 것을 두려워 말라. 현재 받아들여지는 모든 의견도 한때는 별난 것이었으니까. Bertrand Russell

concentrate
[kánsəntrèit]

ⓥ 집중하다 (=) focus

어근힌트 con- 함께(접두사) + centr 중심 + ate (동사형 접미사)
파생어 concentration ⓝ 집중

We cannot concentrate on our work when children are noisy.
아이들이 시끄럽게 할 때 우리가 일에 집중할 수 없어요.

STORY 163 ROOT P 자동차 노조 진압 1

💬 STORY

자동차 노조원들을 도로를 점거하자, 전경들이 이들을 진압하느라 suppress 폭력을 행사한다. 이들 중 한 전경이 신문(언론) press 을 들고 있는 노조원 한 명을 방패로 누른다 press. 도로변에 있는 카센터 안에는 멋진 인상을 주는 impress 차가 있고, 밖에서 그 차를 보고 있던 차 주인이 그 차에 대한 자신의 느낌을 표현한다 express. 카센터 직원들이 공기압축기 compressor로 열심히 차를 청소하고 있는데도 그 앞에서 사장이 더 빨리 하라고 압박한다 oppress. 카센터에서도 경기가 좋지 않아 직원을 해고하여 낙담시키고 depress 있다.

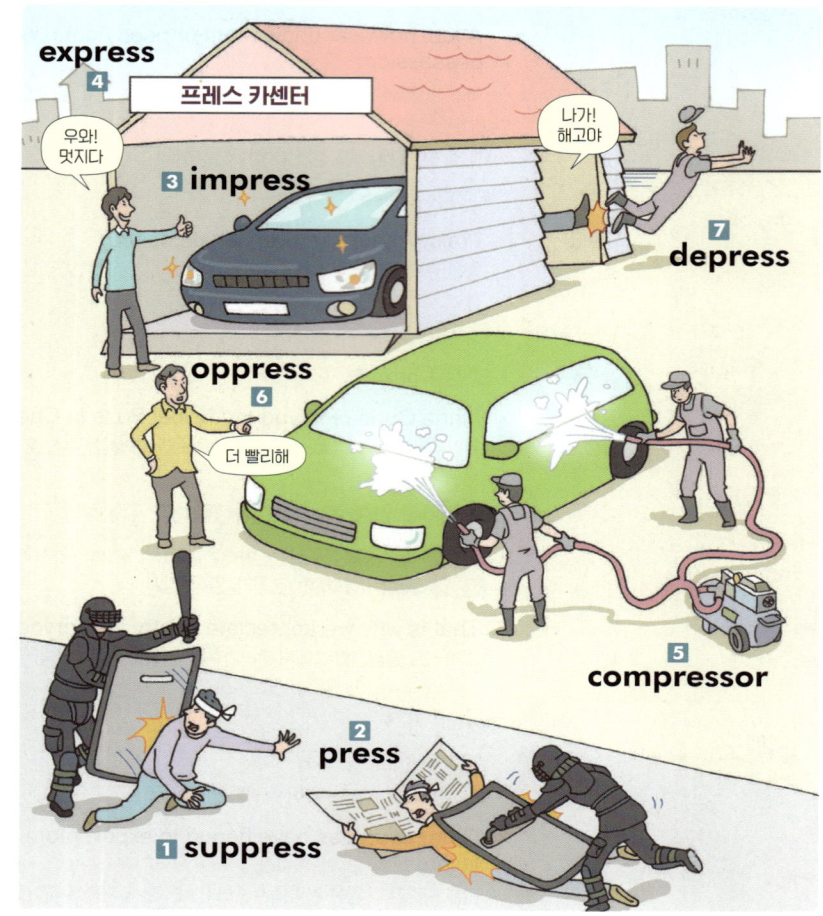

💡 연상 HINT

① **suppress**
전경이 자동차 노조원을 방패 밑에 sup 깔고 진압한다 suppress.

② **press**
언론신문 press을 보고 있는 노조원을 전경이 방패로 누른다 press.

③ **impress**
카센터 안im에는 멋진 인상을 주는 impress 차가 있다.

④ **express**
밖ex에서 보고 있던 사람들이 차에 대한 자신의 느낌을 표현한다 express.

⑤ **compressor**
카센타 직원 둘이 함께 com 압축기 compressor로 차를 청소한다.

⑥ **oppress**
이렇게 열심히 하는데도 차 앞op에서 차 주인은 더 빨리 하라고 압박한다 oppress.

⑦ **depress**
뒤de 쪽에서는 불경기로 직원을 해고하여 우울하게 만든다 depress. 앞에 de-, 뒤에 -ed가 붙어서 '우울한 낙담된' 등의 단어가 만들어지는 경우가 많다. depressed, dejected, discouraged.

press 누르다 press

suppress
[səprés]

v 진압하다, 가라앉히다
- 어근힌트: sup- 아래(접두사) + press 누르다
- 파생어: suppression **n** 진압, 탄압

He who can suppress a moment's anger may prevent a day of sorrow.
한순간의 분노를 누를 수 있는 사람은 하루의 슬픔을 예방할 수 있다. Tryon Edwards

press
[pres]

v 내리누르다, 밀다; **n** 누름, 신문
- 어근힌트: press 누르다
- 파생어: pressure **n** 누르기, 내리밀기

If you want to talk with our counselor, please press button 5.
상담원과의 통화를 원하시면, 5번 버튼을 눌러주세요.

impress
[imprés]

v ~에게 인상을 주다
- 어근힌트: im- 안으로(접두사) + press 누르다
- 파생어: impression **n** 인상, 감명 impressive **a** 강한 인상을 주는

She always tries to impress other people by behaving in a very friendly manner.
그녀는 항상 매우 친절하게 행동함으로써 다른 사람들에게 깊은 인상을 심어준다.

express
[iksprés]

v 표현하다
- 어근힌트: ex- 밖으로(접두사) + press 누르다
- 파생어: expression **n** 표현 expressway **n** 고속도로

I would like to express my appreciation to all of you.
여러분께 심심한 사의를 표하는 바입니다.

compressor
[kəmprésər]

n 압축기
- 어근힌트: com- 함께(접두사) + press 누르다 + or 행위자 (명사형 접미사)
- 파생어: compress **v** 압축하다 compression **n** 압축

Check that the compressor operates properly.
압축기가 제대로 작동하는지 확인하십시오.

oppress
[əprés]

v 억압하다, 학대하다
- 어근힌트: op- 반대(접두사) + press 누르다
- 파생어: oppression **n** 압제, 억압

You mustn't oppress them with forced labor.
강제 노동으로 그들을 억압해서는 안됩니다.

depress
[diprés]

v 낙담시키다, 우울하게 하다
- 어근힌트: de- 떨어져(접두사) + press 누르다
- 파생어: depression **n** 의기소침, 불경기 depressive **n** 우울증 환자

Frankly, I've been a little depressed lately.
솔직히, 최근에 난 좀 풀이 죽어있어.

STORY 164 자동차 노조 진압 2

STORY

노동자 한 명이 분신자살을 하는 극단의 선택을 한다. '각인(刻印)'이라는 인장 자국을 몸에 새긴 모습이 주위에 큰 인상을 준다 imprint. 큰 고통 anguish을 겪는 모습이 처절하다. 지켜보던 동료 노조원들은 화 anger를 내며 안타깝게 쳐다본다. 이들은 주위에 인쇄물 print을 전달하며 관심을 호소한다. 지나가던 이상한 strange 외국인이 그것이 뭐냐고 묻자 옆에 있던 통역관이 그 말을 통역한다 interpret. 이런 데모 현장에서 나라의 장래를 걱정하는 anxious 시민도 있고, 살기 좋은 세상을 열망하는 anxious 사람도 있다.

연상 HINT

① **imprint**
분신자살을 시도하는 노조원이 몸 안im에 '각인 imprint'이라고 몸에 새겨서 옆의 사람들에게 강한 인상을 준다 imprint.

② **anguish**
귀신 같은 불길에 휩싸여 큰 고통 anguish중에 아픔을 호소한다.

③ **anger**
이것을 지켜보는 동료 노조원들은 화 anger가 치밀어 오르고 안타깝게 쳐다본다.

④ **print**
이들은 주위에 인쇄물 print을 전달하며 관심을 호소한다.

⑤ **strange**
지나가던 이상한 strange 외국인이 인쇄물이 무엇이냐고 묻는다. 이 외국인은 이가 상한(이상한) 사람이다.

⑥ **interpret**
옆에 있던 통역관이 두 사람 사이에서 inter 통역한다 interpret.

⑦ **anxious**
이런 데모 현장에서 나라의 장래를 걱정하는 anxious 시민도 있고, 살기 좋은 세상을 열망하는 anxious 사람도 있다. 두 부류의 사람들 모두 밤새 안쉬어서 얼굴이 창백하다.

press 누르다 press

imprint
[ímprint]

n 자국, 인장 자국

어근힌트 im- 안으로(접두사) + print 누르다

The wounds of war are deeply imprinted on the minds of the victims.
전쟁의 상처는 희생자들의 마음에 깊이 새겨져 있다.

print
[print]

v 인쇄하다; **n** 인쇄

어근힌트 print 누르다

He had his book printed at his own expense.
그는 자비를 들여 책을 인쇄했다.

interpret
[intə́:rprit]

v 해석하다, 설명하다

어근힌트 inter- 사이에(접두사) + pret 누르다
파생어 interpretation **n** 해석, 설명 interpreter **n** 해석자, 설명[해석]자

I don't know how to interpret the sentence.
나는 그 문장을 해석하는 법을 모른다.

ang 질식시키다 choke

anguish
[ǽŋgwiʃ]

n 격통, 고뇌; **v** 괴로워하다

어근힌트 angu 질식시키다 + ish (동사·형 접미사)

I didn't do anything in anguish.
고민하느라 아무 일도 못했다.

anger
[ǽŋgər]

n 노여움, 화; **v** 화나게 하다

어근힌트 ang 질식시키다 + er (명사형 어미)

Some of his readers may not like him or may even be angered by his stories.
그의 독자 중 일부는 그의 글 때문에 그를 싫어할 수도, 화 날 수도 있다.

strange
[streindʒ]

a 이상한, 낯선

어근힌트 stra- 밖의 extra + nge (명사형 어미)
파생어 stranger **n** 낯선 사람

The city is strange to me.
그 도시는 나에게 낯설다.

anxious
[ǽŋkʃəs]

a 걱정하는, 열망하여

어근힌트 anx 제1의, 최초의 + ious (형용사형 접미사)
파생어 anxiety **n** 걱정, 열망

She seemed anxious about the outcome.
그녀는 그 결과에 대해 염려하는 것처럼 보였다.

STORY 165 제일 초등학교 학예회

STORY

제일 primary 초등 primary 학교에서 학예회 발표가 진행 중이다. 먼저 주연인 타잔이 사과먹는 원리 principle를 프리마돈나에게 가르쳐주려 한다. 고인돌 가운데에는 수경재배로 뿌리밑이 보이는 원시적인 primitive 풀이 자란다. 그 앞에서 치타는 최고급 prime 장판 위에 앉아 묘기를 부린다. 이를 지켜보는 교장 principal 선생님이 팔을 들어올리며 흥겨워한다. 이 학예회는 이전의 prior 어느 학예회 보다 더 재미있다고 평가한다.

연상 HINT

① primary
제일 primary 초등 primary학교 학예회 발표가 진행 중이다. primary는 제일의 초등의 주요한 이런 뜻이 있다.

② principle
주연 타잔이 사과 apple 먹는 원리 principle를 프리마돈나에게 가르쳐 준다.

③ primitive
고인돌 가운데에는 뿌리밑이 원시적 primitive으로 다 보는 식물이 자란다.

④ prime
그 앞에서 치타는 최고급 prime 장판 위에 앉아 묘기를 부린다. prime은 '최고의' 뜻으로 최고의 시간대는 prime time, 총리는 prime minister라고 한다.

⑤ principal
학교의 주요한 principal 우두머리인 교장 principal 선생님이 팔을 올리며 즐거워한다.

⑥ prior
이 학예회는 이전의 prior 어느 학예회보다도 더 재미있다고 평가하는 것 같다.

prim · prin · pri — 제1의, 최초의 first

primary
[práimeri]

ⓐ 첫째의, 주요한, 초등의

어근힌트 prim 제2의, 최초의 + ary (형용사형 접미사)
파생어 primarily ⓐd 첫째로, 주로

Language has two primary purposes, expression and communication.
언어는 표현과 의사소통이라는 두 가지 기본적인 목적을 가지고 있다.

principle
[prínsəpl]

ⓝ 원리, 주의(主義)

어근힌트 prin 제3의, 최초의 + ciple 잡다

We Koreans must observe the principle of love of peace.
우리 한국인은 평화애호의 원칙을 지켜나가지 않으면 안 된다.

primitive
[prímətiv]

ⓐ 원시의, 미개의

어근힌트 primi 제4의, 최초의 + tive (형용사형 접미사)

The primitive man was frightened at the sight of a big object.
그 원시인은 큰 물건을 보고 겁에 질렸다.

prime
[praim]

ⓐ 제1의, 주요한; ⓝ 전성기, 초기

어근힌트 prime 제5의, 최초의

He is in the prime of manhood.
그는 남성다움의 전성기를 누리고 있다.

principal
[prínsəpəl]

ⓐ 주요한; ⓝ 우두머리 (=) chief, 장, 교장

어근힌트 prin 제6의, 최초의 + cip 잡다 + al (형용사형 접미사)

The principal scolded the students when they became unruly.
학생들이 다루기 힘들어지자 교장 선생님이 그들을 야단쳤다.

prior
[práiər]

ⓐ 0 전의(to) (↔) posterior

어근힌트 pri- 앞에 (접두사) or (명사형 어기)
파생어 priority ⓝ 우선권

You should arrive at least one hour prior to boarding.
최소한 탑승하시기 한 시간 전에는 도착하셔야 합니다.

STORY 166 과외, 2% 부족해요

STORY

학생 엄마가 과외 선생님과 상담하는 중이다. 엄마는 아이의 실력이 향상하기를 improve 기대한다. 과외 선생님은 자신의 강의 계획을 찬성하면 approve 학생의 성적이 오를 거라고 말한다. 예쁜 여자 선생님을 원했던 학생은 남자 선생님을 2%가 부족하다고 비난한다 reprove. 방음의 soundproof 시설이 되어 있는 방안에서 드디어 과외를 시작한다. 선생님은 학생에게 확률 probability 문제를 증명하라고 prove 지시한다. 엄마는 탐침 probe으로 구멍이 난 문을 통해 수업이 잘 진행되고 있는지 엿본다.

연상 HINT

① **improve**
학생 엄마가 과외선생님에게 '선생님 애 실력이 향상하는 improve 길을 알려주세요'라고 물으면서 과외 선생님과 상담하고 있다.

② **approve**
과외 선생님은 '앞으로 저에게 맡기시고, 저의 강의 계획을 찬성하면 approve 학생의 성적이 오를 것입니다.'라고 말한다.

③ **reprove**
여자 선생님을 원했던 학생은 2%가 부족하다고 남자 선생님을 비난한다 reprove.

④ **soundproof**
드디어 방음 soundproof 시설이 되어 있는 방에서 과외를 한다.

⑤ **probability**
방안에서 과외 선생님은 학생에게 확률 probability 문제를 풀어보라고 한다. 학생 앞 pro에서 선생님이 들고 있는 그릇에 밥이 babi 들어 있는데, 확률을 푸는 것도 ability 능력이다.

⑥ **prove**
선생은 아이에게 '증명하는 prove 문제를 풀어봐!'하며 다그친다.

⑦ **probe**
엄마는 탐침 probe으로 벽을 뚫어 수업이 잘 진행되고 있는지 보고 있다.

prob · prov · proof — 시험하다 test

improve [imprúːv]
v 개선하다, 증진하다
- 어근힌트: im- 안으로(접두사) + prove 시험하다
- 파생어: improvement **n** 개량, 개선

Reading stories and poetry can help us to improve our own situations.
글이나 시를 읽는 것은 우리가 자신의 상황을 향상시킬 수 있게 한다.

approve [əprúːv]
v 찬성하다, 승인하다
- 어근힌트: ap- ~로(접두사) + prove 시험하다
- 파생어: approval **n** 찬성, 승인 disapprove **v** 옳지 않다고 하다, 불만을 나타내다
  disapproval **n** 불승인, 불찬성

A child wants to do something that his mother doesn't approve of.
아이는 어머니가 인정하지 않는 일을 하기를 원한다.

reprove [riprúːv]
v 꾸짖다, 비난하다
- 어근힌트: re- 다시(접두사) + prove 시험하다
- 파생어: reproof **n** 책망, 견책, 비난

The employee was reproved for being late for the meeting.
그 직원은 회의에 늦어서 비난 받았다.

soundproof [sáundprùːf]
a 방음의
- 어근힌트: sound 소리 + proof 시험하다

This studio is so soundproof that we rarely hear the voice of the actors.
이 스튜디오는 너무 방음장치가 잘 되어 있어서 연기자들의 소리를 거의 듣지 못한다.

probability [prὰbəbíləti]
n 있을 법함, 있음 직함, 확률
- 어근힌트: prob 시험하다 + abil 할 수 있는 + ity (명사형 접미사)
- 파생어: probably **ad** 아마(도), 십중팔구 improbable **a** 일어날 듯하지 않은
  probable **a** 있음 직한, 충분히 가능한 proof **n** 증명, 증거, 입증

What is the probable reasons for the increase in the price?
가격 인상에 대한 (있을 법한) 이유는 무엇입니까?

prove [pruːv]
v 입증[증명]하다
- 어근힌트: prove 시험하다, pro 미리(접두사) + ve(존재하다 be)
- 파생어: disprove **v** ~의 반증을 들다 disproof **n** 반증(反證), 논박

It is the responsibility of the court to prove that a person is guilty.
사람이 유죄임을 입증하는 것은 법정의 책임이다.

probe [proub]
n [의학] 탐침(探針), 탐사 **v** 탐사하다
- 어근힌트: prove 시험하다, pro 미리(접두사) + ve(존재하다 be)

The scientists probed into the causes of the earthquake.
과학자들은 지진의 원인을 탐사하였다.

STORY 167 실연의 아픔

STORY

남친이 여친과의 약속시간에 3시간이나 늦었다. 여친은 시간을 지키는 punctual 남친을 기대하며 1시에 만나는 약속 appointment을 했었다. 이렇게 남친은 여친을 매우 실망시킨다 disappoint. 후에 남친이 미안하다고 말하며 궁색하게 사정한다. 그러나 여친은 펀치를 날리며 둘의 관계에 K.O.로 마침표를 찍는다 punctuate.

연상 HINT

① **punctual**
남친이 여친과의 약속시간에 3시간이나 늦었다. 여친은 시계를 가리키며 '차로 추월해서라도 제 시간에 맞추어야지!'하며 시간을 잘 지키는 punctual 사람이 되자고 약속한 것을 상기시킨다.

② **appointment**
남친은 1시에 만날 약속 appointment을 해 놓고 못 지킨 것이다. 약속을 잘 지키는 사람이 포인트 point를 따서 좋은 자리에 임명 appointment되는 법이다.

③ **disappoint**
남친이 늦은 사실은 여친을 매우 실망시킨다 disappoint.

④ **punctuate**
남친은 궁색하게 사정하지만, 여친은 펀치를 날리며 둘의 관계에 K.O.로 마침표를 찍는다 punctuate. 펀치 먹여ate 마침표를 찍은 것이다.

punct — 점 point

punctual
[pʌ́ŋktʃuəl]

ⓐ 시간을 잘 지키는

어근힌트: punct 점 + ual (형용사형 접미사)
파생어: punctuality ⓝ 시간엄수

Be punctual for appointments, otherwise you'll lose face.
약속 시간을 꼭 지키십시오. 그렇지 않으면 체면을 잃게 됩니다.

appointment
[əpɔ́intmənt]

ⓝ (만날) 약속 (=) promise, 임명

어근힌트: ap- ~로(접두사) + point 점 – ment (명사형 접미사)
파생어: appoint ⓥ 임명하다, 시간을 정하다

I'm sorry, but I have to put off our appointment.
미안하지만, 약속 시간을 연기해야할 것 같다.

disappoint
[dìsəpɔ́int]

ⓥ 실망시키다

어근힌트: dis- 분리(접두사) + ap ~로 + point 점
파생어: disappointment ⓝ 실망

I will do my best in order not to disappoint my parent.
부모님을 실망시켜드리지 않기 위해 최선을 다하겠다.

punctuate
[pʌ́ŋktʃuèit]

ⓥ ~에 구두점을 찍다, 강조하다

어근힌트: punctu 점 + ate (형용사형 접미사)
파생어: punctuation ⓝ 구두법, 구두점 (=) punctuation mark

Incorrect punctuation will frequently confuse your reader.
부정확한 구두점은 종종 독자를 혼란스럽게 한다.

STORY 168 정경유착

💬 STORY

정치와 경제가 유착되어 있는 비리는 뿌리가 깊게 스며들어 있다. 비리 국회의원이 건설사 사장에게 건설업계 내부 소식에 관해 묻는다 inquire. 그는 '영감님의 도움으로 수백억 철도 건설권을 획득하고 acquire 건설업계를 정복했지요 conquer'라고 대답한다. 한번 더 국회의원은 무슨 질문 question 이든 물어보라고 한다. 그러자 옆에 앉아있던 다른 사장도 '영감님 도움이 필요합니다 require. 이 사건에 대한 수사를 막아주십시오.'라고 요청하면서, 정교한 exquisite 목걸이를 전달한다.

💡 연상 HINT

① **inquire**
비리 국회의원이 건설사 사장에게 건설업계 내부 in 소식에 관해 묻는다 inquire.

② **acquire**
그는 '영감님의 도움으로 수천억 철도건설권을 획득하여 acquire 엄청난 이익을 보았습니다.'라고 말한다.

③ **conquer**
또한 '건설업계도 정복하여 conquer 평정하였습니다.'라고 자신있게 말한다. 재벌은 간이 커서 대담하게도 엄청나게 큰 규모의 건설업계를 주무르곤 한다.

④ **question**
국회의원은 무엇이든 물어보라고 question 한다. 캐서 물어볼 것은 무엇이든 물어보시오.

⑤ **require**
우편에 있는 사장도 국회의원의 도움이 필요해서 왔다. '영감님의 도움이 필요합니다 require.'

⑥ **exquisite**
'이 사건에 대한 수사를 막아주십시오'하고 요청하면서 정교한 exquisite 목걸이를 뇌물로 바친다. 그림에 보면 정교한 'X'모양의 목걸이 앞에 키위 즙이 있다.

quire · quer · quest · quisite 묻다, 요구하다 ask

inquire
[inkwáiər]

v ~을 묻다 (=) ask, 질문을 하다

어근힌트 in- 안으로(접두사) + quire 묻다

파생어 inquisition ⓝ 조사, 심문 inquiry ⓝ 질문, 조사

He made some inquiries as to the status of his order.
그는 주문 상태에 대해 몇 가지 문의를 했다.

acquire
[əkwáiər]

v 획득하다, 얻다 (=) get

어근힌트 ac- ~로(접두사) + quire 묻다

파생어 acquisition ⓝ 취득, 습득

The best way to get hired is to acquire some experience from volunteer work.
고용되기 위한 최선의 방법은, 자원 봉사 활동으로 다소의 경험을 얻는 것이다.

conquer
[káŋkər]

v ~을 정복하다 (=) defeat, 이기다

어근힌트 con- 함께(접두사) + quer 묻다

파생어 conqueror ⓝ 정복자, 승리자 conquest ⓝ 정복, 극복

Napoleon's armies conquered several German states.
나폴레옹의 군대는 몇몇 독일 영토를 정복했다.

question
[kwéstʃən]

ⓝ 질문; **v** ~에게 묻다

어근힌트 ques 묻다 + tion (명사형 접미사)

파생어 quest ⓝ 탐색, 탐구 request **v** (신)청하다; ⓝ 부탁

He asked me a question = He asked a question of me
그는 나에게 질문했다.

require
[rikwáiər]

v 요구하다

어근힌트 re- 다시(접두사) + quire 묻다

파생어 required ⓐ (美대학) 필수(必須)의 requirement ⓝ 요구, 소망
requisite ⓐ 필수의; ⓝ (보통 ~s) 필수품 requisition ⓝ 요청, 청구
prerequisite ⓐ 필수적인; ⓝ 필수 조건

In general, every achievement requires trial and error.
일반적으로, 모든 성취는 시행착오가 있어야 한다.

exquisite
[ikskwízit, ékskwizit]

ⓐ 정교한, 매우 아름다운

어근힌트 ex- 밖으로(접두사) + quis 묻다 + ite (형용사형 어미)

I was fascinated with the exquisite wooden toys.
나는 정교한 나무 장난감에 매료되었다.

STORY 169 — 아리랑 목장의 습격

STORY

여기는 저 멀리 산맥 (mountain) range이 보이는 평화로운 아리랑 목장이다. 목동은 색깔에 따라 양 무리의 등급 rank을 나누어 정렬시킨다 arrange. 이후에 양들을 풀어주자, 새로운 것을 찾아 나서기를 좋아하는 한 마리 양은 파란 배낭을 메고 숲을 탐험한다 explore. 이러한 와중에 늑대 한마리가 평화로운 목장을 습격하여 새끼양을 탈취하자, 어미 양은 비탄해하며 deplore 울부짖는다.

연상 HINT

① **range**
저 멀리 산이 줄 range지어 서있는 산맥(mountain range)이 보인다. 이 산맥 범위 range안에는 온통 산들이다. 그 앞에 평화로운 아리랑 목장이 펼쳐 있는 것이다.

② **rank**
목동은 색깔에 따라 양 무리의 등급 rank을 나누었다. 랭킹 ranking은 스포츠나 모든 경기에서 자주 접하는 말이다.

③ **arrange**
등급을 따라 양들을 정렬시킨다 arrange.

④ **explore**
이후에 양들을 풀어주자, 새로운 것을 찾아 나서기를 좋아하는 한 마리의 양은 파란 배낭을 메고 밖으로 ex 나가 숲을 탐험한다 explore.

⑤ **deplore**
이러한 와중에 늑대가 평화로운 목장을 습격하여 새끼 양을 뒤에서 탈취하자, 어미양은 비탄해 하며 deplore 울부짖는다.

rang 줄 line

range
[reindʒ]

n 열, 범위, 산맥, 레인지 (=) cooking stove

어근힌트 range 줄

What price range do you have in mind?
얼마 정도의 가격 범위를 생각하고 계세요?

rank
[ræŋk]

n 계급; **v** 등급을 매기다

어근힌트 rank 줄

파생어 ranking **n** 순위, 서열; **a** 상급의

He spent most of his time and energy in pursuit of rank and power.
그는 지위와 권력을 추구하느라 그의 시간과 에너지 대부분을 썼다.

arrange
[əréindʒ]

v 배열하다, 준비하다

어근힌트 ar- ~로(접두사) + range 줄

파생어 arrangement **n** 정돈, 배열

I will call you back later to arrange a new appointment.
새로 약속을 하기 위해서 나중에 다시 전화를 드리겠습니다.

plor 외치다, 울다 cry

explore
[iksplɔ́ːr]

v 탐험하다, 탐구하다

어근힌트 ex- 밖으로(접두사) + plore 외치다

파생어 explorer **n** 탐험가 exploration **n** (실지) 답사 탐구

We explored all the possibilities before coming to a decision.
우리는 결정에 이르기 전에 모든 가능성을 다 살폈다.

deplore
[diplɔ́ːr]

v 비탄하다, 한탄하다

어근힌트 de- 떨어져(접두사) + plore 외치다

They deplored the death of their close friend.
그들은 친한 친구의 죽음에 대해 한탄했다.

STORY 170 카레의 황금비

STORY

엄마가 맛있는 카레를 완성했다. 가정의 정상 summit인 아빠가 엄마가 만들어준 음식의 맛을 인정한다. 엄마는 음식을 나누어 주는 데 있어서는 합리적인 rational 생각을 가지고 있다. 적절한 비율 rate, ratio로 가족 모두에게 나누어 준다. 음식의 양이 적다고 화가 난 막내 딸은 자기 것이 언니 것과 비교해서 양이 적은 이유 reason 를 따지듯이 엄마에게 묻는다.

연상 HINT

① **summit**
엄마가 맛있는 카레를 완성했다. 가정의 정상 summit인 아빠가 그 맛을 인정한다. 정상에서 만납시다.(mit → meet)

② **rational**
엄마는 가족들에게 카레를 합리적인 rational 비율로 배급해 준다. 언니가 동생에게 말한다. '날nal 봐 내가 더 커서 엄마가 더 많이 준 거야.'

③ **rate**
이 단어는 명사로는 비례, 동사는 평가하다는 뜻이 있다. 그래서 평가라는 뜻으로 rating이라는 명사가 사용된다.

④ **ratio**
수학적인 비례의 경우 ratio를 사용한다. rate와 혼동될 수 있는데, 이 단어의 끝 o가 동그라미라고 생각하여 동그라미 속에 든 비율, 예를 들어 남자 여자의 비율 같은 것은 이 ratio를 사용한다고 생각하면 좋겠다.

⑤ **reason**
막내딸은 자기 것이 언니 것과 비교해서 양이 적은 이유 reason에 대해 불평하며 엄마에게 묻는다.

rat · reas — 합리적으로 하다 reason

rational [ræʃənl]
ⓐ 합리적인, 이성적인
어근힌트 ration 합리적 + al (형용사형 접미사)
파생어 irrational ⓐ 비합리적인 raticnalism ⓝ [철학] 이성론, 합리론(주의)
rationalize ⓥ ~을 합리적으로 설명하다

I never came upon any of my discoveries through the process of rational thinking.
나는 어떠한 나의 발견도 합리적인 사고 과정을 통하여 생각해 내지는 않았다. Albert Einstein

rate [reit]
ⓝ 율, 비율; ⓥ 평가하다
어근힌트 rate 합리적
파생어 rating ⓝ 시험의 평점, 평가

There was a 50 percent return rate on the total number of questionnaires.
설문지의 총 회수율은 50%였다.

ratio [réiʃou]
ⓝ [수학] 비(比), 비례(to)
어근힌트 ratio 합리적

We calculated the ratio of profit to the total invested capital.
우리는 총 투자 자본 대비 이익 비율을 계산했다.

reason [ríːzn]
ⓝ 이유; ⓥ 추론하다
어근힌트 reas 합리적 + on (명사형 어미)
파생어 reasonable ⓐ 이치에 맞는 unreasonable ⓐ 비(非)이성적인

One reason why I like the beach is its atmosphere.
내가 해변을 좋아하는 이유는 해변의 분위기 때문이다.

summ — 최상 highest

summit [sʌ́mit]
ⓝ 정상
어근힌트 sum- 위에(접두사) + mit (명사형 어미)
파생어 summit conference ⓝ 정상회담

The mountain is steepest at the summit, but that's no reason to turn back.
산은 정상에서 가장 가파르지만 그것이 되돌아갈 이유는 아니다.

STORY 171 족구 대회

STORY

직사각형 rectangle 모양의 경기장 안에서 족구 대회가 진행 중이다. 한 선수가 직접 direct 공을 차는데 상대 진영 구석의 정확한 correct 지점에 꽂힌다. 똑바로 서 있는 erect 주심이 최종적으로 곧 바른 upright 판정을 내린다. 지고 있는 팀의 감독 director이 선수들에게 정신차리라고 지시한다. 엄격한 rigid 코치는 늦게 도착한 선수를 호되게 꾸짖는다. 긴장한 선수는 똑바로 straight 서서 "코치님 말씀이 옳아요 right."라고 벌벌 떨며 대답한다.

연상 HINT

① **rectangle**
직사각형 rectangle의 경기장 안에서 족구 대회가 진행 중이다. 직사각형은 각도 angle가 90도이다.

② **direct**
한 선수가 직접적인 direct 킥을 날리는데, 상대 진영 구석에 꽂힌다. 다이렉트로 공을 때린 것이다.

③ **correct**
공이 상대진영의 정확한 correct 구석에 꽂히자 부심은 '세이프!'라고 옳은 correct 판정을 내린다.

④ **erect**
'E'모양의 받침대 위에 있는 주심은 몸을 직립한 erect 상태에서 호루라기를 분다.

⑤ **upright**
이 주심은 몸을 똑바로 세운 upright 상태에서 심판을 보는 중이다.

⑥ **rigid**
엄격한 rigid 코치는 '늦어도 10초 전에 와야지!'라고 말하며 늦게 도착한 선수를 호되게 꾸짖는다.

⑦ **straight**
긴장한 선수는 곧은, 일직선의 straight 자세로 서서 훈계를 듣고 있다.

⑧ **right**
훈계를 들으며 '코치님의 말씀이 옳아요 right'하면서 용서를 빈다. 선수는 코치의 오른쪽의 right 위치에 서 있다. 훈계를 달게 듣고, 자신의 권리 right를 내세우며 대들지는 않는다. right는 오른쪽, 옳은, 권리 등의 뜻이 있다.

rect · rig · raig — 바르게 이끌다 lead straight, 통치하다 rule

rectangle [réktæŋgl]
- ⓝ 직사각형
- 어근힌트 rect 곧바른 + angle 각도
- Draw a rectangle around the area you want to enlarge.
  확대하려는 영역 주위에 직사각형을 그리세요.

direct [dirékt, dai-]
- ⓥ 지도하다; ⓐ 직접의 (↔) indirect
- 어근힌트 di- 떨어져(접두사) + rect 곧바른
- 파생어 irection ⓝ 방향, 방위 directly ad 곧장, 똑바로 indirectly ad 간접적으로
- Could you direct me to the to the empire state building?
  엠파이어 스테이트 빌딩이 어디인지 가리켜 주시겠어요?

correct [kərékt]
- ⓐ 옳은; ⓥ 정정하다
- 어근힌트 cor- 함께(접두사) + rect 곧바른
- 파생어 incorrect ⓐ 부정확한, 틀린 correction ⓝ 정정, 수정
- Please listen and choose the correct answer.
  올바른 답을 듣고 선택하십시오.

erect [irékt]
- ⓐ 똑바로 선, 직립한
- 어근힌트 e- 밖으로(접두사) + rect 곧바른
- 파생어 erection ⓝ 직립, 기립
- An immense monument was erected in honor of the eminent philosopher.
  그 저명한 철학자에게 경의를 표하는 거대한 기념비가 세워졌다.

upright [ʌpràit, -´-´]
- ⓐ 똑바로 선
- 어근힌트 up- 위로(접두사) + right 곧바른
- 파생어 outright ⓐ 솔직한, 명백한
- Put your chair in an upright position.
  의자를 똑바로 세우세요.

rigid [rídʒid]
- ⓐ 단단한, 엄격한
- 어근힌트 rig- 강함 + id (형용사형 어미)
- Argument is often considered disrespectful in rigid families.
  논쟁은 때때로 엄격한 집안에서는 무례한 행동으로 간주된다.

straight [streit]
- ⓐ 곧은, 일직선의
- 어근힌트 strai 곧바른 + -ght (형용사형 어미)
- I'll come straight down as soon as I've got your honey.
  꿀을 갖고 바로 내려가겠소.

right [rait]
- ⓐ 옳은, 오른쪽의; ⓝ 권리
- 어근힌트 right 곧바른
- The schools should go back to teaching the differences between right and wrong.
  학교는 옳은 것과 그른 것의 차이점을 가르치는 것으로 되돌아가야 한다.

STORY 172 활쏘기 대회

💬 STORY

영국의 리처드 1세 통치 reign 시기에 영국 노팅엄 지역 region에서 일어난 일이다. 당시에 정기적인 regular 활쏘기 대회가 열리곤 했다. 리처드 1세의 사촌동생 존이 왕위를 찬탈하려고 하는데 로빈 훗이 이를 저지하려고 하자, 존은 활을 잘 쏘는 로빈 훗을 잡기 위해서 이 대회를 개최하였던 것이다. 이 대회는 활을 쏴서 레가 써진 귤을 맞추는 사람이 우승하는 것으로 규정한다 regulate. 왕족인 royal 존은 반대자들을 제거하기 위해 갖가지 모략을 꾸민다. 이때에 통치 주권 sovereign을 가진 리처드 왕은 예루살렘을 정벌하고자 전쟁에 나가는 중이었다..

💡 연상 HINT

① reign
영국의 왕 리처드 1세의 통치 reign 시기에 있었던 일이다. 영국은 비 rain가 많이 내리는 지역이다. reign과 rain은 발음이 똑같다.

② region
영국 노팅엄 지역 region에서 활쏘기 대회가 열렸다. 지역을 이전하면서 대회가 열리곤 했다.

③ regular
이 활쏘기 대회는 정기적인 regular 행사였다. 피자집에 가면 보통의 정규 사이즈를 레귤라 사이즈라고 하는데 바로 이 단어이다.

④ regulate
이 대회는 활을 쏴서 귤4개(도귤, 레귤, 미귤, 파귤) 중에서 '레'가 쓰여진 귤을 맞추어 먹는ate 사람이 우승하는 것으로 규정한다 regulate.

⑤ royal
왕족인 royal 존은 리처드 1세의 사촌동생이다. royal은 '왕족의', loyal은 '충성스런'이란 뜻으로 혼동스런 단어이다. 이를 구분하기 위해서 왕족이 쓰는 왕관 crown의 ro가 royal과 같고, loyal에서 l자가 똑바로 서있는 충성된 사람 모양이라고 생각하면 된다.

⑥ sovereign
한편 주권자 sovereign인 리처드 왕은 십자가 전쟁을 하기 위해 예루살렘에 원정 나가고 있다. 정복당한 사람들이 주권자를 향해 '사부로 모시겠습니다.'라고 경의를 표한다.

reg · reig · roy

바르게 이끌다 lead straight, 통치하다 rule

reign [rein]

n 군림, 통치; **v** 군림하다

어근힌트 reig- 바르게하다 + n (명사형 어미)

He who reigns within himself is more than a king.
자기 내면을 통제하는 사람은 왕보다 더 낫다.

region [ríːdʒən]

n 지방, 지역

어근힌트 region 바르게하다 + ion (명사형 접미사)
파생어 regional **a** 지역의, 지대의

The region lies south by east of this point.
그 지방은 이곳에서 동남쪽에 위치하고 있다.

regular [régjulər]

a 정기적인, 규칙적인

어근힌트 regul 바르게하다 + ar (형용사형 접미사)
파생어 irregular **a** 불규칙한 regularly **ad** 규칙적으로

Many workers learn new skills while keeping their regular jobs.
많은 근로자들이 그들의 정규적인 직업을 유지하면서 새로운 기술을 배운다.

regulate [régjulèit]

v 규정하다, 조절하다

어근힌트 regul 바르게하다 + ate (형용사형 접미사)
파생어 regulation **n** 규칙, 규정

Accidents will occur in the best regulated families.
아주 규율이 잘 잡혀있는 가정에서도 사고는 일어나게 마련이다. Charles Dickens

royal [rɔ́iəl]

a 왕실의

어근힌트 roy 바르게하다 + al (형용사형 접미사)
파생어 royalty **n** 왕위, 왕권

Mr. Lee is from the royal family.
미스터리는 왕족 출신이다.

sovereign [sávərin]

n 주권자, 원수(元首)

어근힌트 sove 위에 + reign 바르게 이끌다

In Great Britain the sovereign reigns but does not rule.
영국의 군주는 군림하지만 통치하지 않는다.

STORY 173 대지진

STORY

갑작스런 abrupt 흔들림으로 조용하던 건물이 요동친다. 화산이 분출하고 erupt 지진이 발생하여 땅과 건물이 흔들리기 시작했기 때문이다. 사무실에서 일상적인 routine 업무를 보고 있던 사람들이 놀란다. 또한 국회 의사당의 썩은 corrupt 나무 기둥이 지진에 흔들려 무너지려 한다. 지진으로 한강 다리가 붕괴되자 disrupt 경찰들이 통행을 가로막고 interrupt 통제한다. 그 결과 길 route을 따라 달려가던 차들이 일제히 멈춰 선다. 한편 파산 bankruput 지경에 이른 은행의 노사양측이 협상하려고 서로 모였다. 노조위원장이 탈장 rupture 때문에 배가 아파서 협상을 결렬 rupture 시킨다.

연상 HINT

① **abrupt**
국회의사당과 금융기관이 많이 있는 여의도를 생각하면서 어근 –rupt에 대한 모든 어휘를 공부해 보자. 그림 앞ab 건물에서 갑작스런 abrupt 흔들림이 감지된다.

② **erupt**
용암이 밖으로 e=ex 뿜어져 나와 rupt 분출하고 erupt, 지진이 일어났기 때문이다.

③ **routine**
직장인들이 사무실 안에서 in 일상적인 일 routine을 하던 중이었다.

④ **corrupt**
국회의사당 기둥 두 개가 함께 cor=con 부패해서 corrupt 무너지려 한다. 여당, 야당을 떠받치는 두 개의 기둥이 무너지는 것 같다.

⑤ **disrupt**
지진으로 한강다리가 붕괴되다 disrupt. 다리 양쪽이 떨어져 dis- 나간 것이다.

⑥ **interrupt**
그러자, 경찰이 다리와 차량 사이에서 inter- 차량 통행을 저지한다 interrupt.

⑦ **bankrupt**
또한 여러 은행 bank 이 깨어져 -rupt 파산 bankrupt 지경에 이른다.

⑧ **rupture**
은행 노사가 양측이 협상을 하지만 결렬된다 rupture. 그러자, 노조위원장이 탈장 rupture 때문에 배가 아파 움켜잡고 있다. 장이 탈나면 몸이 추워진다.

rupt · rout 깨다 break

abrupt
[əbrʌpt]

a 갑작스러운

어근힌트 ab- ~로부터(접두사) + rupt 깨다
파생어 abruptly ad 갑자기 (=) suddenly

I would like to apologize for any inconvenience this abrupt departure causes you.
갑작스런 출발로 인해 폐를 끼치게 된 것에 대해 사과말씀을 드리고 싶습니다.

erupt
[irʌpt]

v 분출하다

어근힌트 e- 밖으로(접두사) + rupt 깨다
파생어 eruption n 폭발, 분화

An active volcano may erupt at any time.
활화산은 언제든지 분출할 수 있다.

routine
[ru:tí:n]

n 일상의 일

어근힌트 rout 길 + ine (명사형 어미)

I'm fed up with my daily routine.
이런 일상 생활에 넌더리가 나.

corrupt
[kərʌpt]

a 타락한

어근힌트 cor- 함께(접두사) + rupt 깨다
파생어 corruption n 타락, 퇴폐

When men are corrupt, laws are broken.
사람이 타락할 때, 법은 무너진다.

disrupt
[disrʌpt]

v 붕괴시키다, 중단시키다

어근힌트 dis- 분리(접두사) + rupt 깨다
파생어 disruption n 붕괴, 분열, 중단

I do not want to disrupt your daily life.
나는 당신의 일상 생활을 방해하고 싶지 않아요.

interrupt
[intərʌpt]

v 가로막다, 저지하다

어근힌트 inter- 사이에(접두사) + rupt 깨다
파생어 interruption n 중단, 방해

It is impolite to interrupt when someone else is speaking.
다른 누군가가 말하고 있는데 말을 가로막는 것은 무례한 것이다.

bankrupt
[bǽŋkrʌpt, -rəpt]

n 파산자, 지불 불능자

어근힌트 bank 은행 + rupt 깨다
파생어 bankruptcy n 파산, 도산

His business is bankrupt and he is in financial trouble.
사업이 파산해서 그는 재정적 어려움에 빠졌다.

rupture
[rʌptʃər]

n 파열, 탈장, 결렬

어근힌트 rupt 깨다 + ure (명사형 접미사)

The negotiations have ended in rupture.
협상은 결렬로 끝났다.

STORY 174 뚱 아줌마의 도약

💬 STORY

계단을 오르고 ascend 내리기 descend 위해 에스컬레이터 escalator를 탈 때 일어날 수 있는 장면을 생각해 보자. 한 아저씨가 지나가는 꼴불견 커플을 곱지 않은 시선으로 훑어 본다 scan. 그런데 이 에스컬레이터에는 '몸무게 100Kg 이상은 타지 말것'이라는 경고표시가 붙어있다. 누구나 타기 전에 저울 scale에 몸무게를 재야 한다. 화가 난 아주머니는 계단을 여러 칸 뛰어 오른다.

💡 연상 HINT

① **ascend**
'a' 글자가 씌어진 티를 입고 에스컬레이터를 오르는 ascend 사람이 있다.

② **descend**
또한 'de' 글자가 씌어진 사람은 아래 de로 내려온다 descend.

③ **escalator**
이렇게 에스컬레이터 escalator를 오르고 내리는 사람이 많다.

④ **scan**
그런데 간혹 꼴불견 장면이 있어서 인상을 찌푸리게 된다. 에스컬레이터에서 꼭 욘사마 흉내내는 사람이 있다. 지나가던 아저씨가 이 꼴불견 커플을 훑어본다 scan. 이 단어는 또한 철저히 조사하다는 뜻도 있다. 여기에서 스캐너 scanner란 단어가 나왔다.

⑤ **scale**
스케일은 눈금, 저울, 규모, 비늘 등 여러 뜻이 있다. '규모'가 큰 아줌마가 '눈금'있는 '저울'에 오르려다가 체중이 너무 많이 나가서 못 오르게 되자, 계단으로 건너뛰어서 올라간다. 100Kg 이상은 에스컬레이터 타는 게 금지되어 있나 보다. 치과에서 스케일링 scaling 하는데 이것은 비늘벗기기라는 뜻이다.

scend · scal · scan 오르다 climb

ascend
[əsénd]

v 올라가다 (↔) descend

어근힌트 a- ~로(접두사) + scend 오르다
파생어 ascent ⓝ 상승 (↔) descent, 승진

Holding the torch, he slowly ascended the spiral stairway.
횃불을 들고 그는 나선형 계단을 천천히 올라갔다.

descend
[disénd]

v 내려가다 (↔) ascend, 습격하다

어근힌트 de- 떨어져(접두사) + scend 오르다
파생어 descendant ⓝ 자손 (↔) ancestor, ascendant
descent ⓝ 하강 (↔) ascent, 혈통

I hope the blessings from God would descend upon the poor.
신의 축복이 가난한 자들에게 내리기를 희망한다.

escalator
[éskəlèitər]

n 에스컬레이터

어근힌트 es- 밖으로(접두사) + calat 오르다 + or 행위자 (명사형 접미사)
파생어 escalate ⓥ ~을 단계적으로 확대하다 (↔) deescalate

She rode the escalator to the second floor.
그녀는 2층에 가려고 에스컬레이터를 탔다.

scan
[skæn]

v 정밀 검사하다, 훑어보다

어근힌트 scan 오르다
파생어 scanner ⓝ 정밀히 조사하는 사람, 스캐너

I scan the village, and there is no sign of movement.
마을을 훑어보는데, 움직임의 낌새도 없다.

scale
[skeil]

n 눈금, 규모, 저울

어근힌트 scale 오르다

It was not possible to measure the full scale of the flood.
그 참사의 전반적인 범위를 파악하는 것은 불가능했다.

STORY 175 나의 병영일기

💬 STORY

말년 고참이 신참 서기 scribe 에게 자신의 병영일기 대본 script, manuscript을 다음과 같이 쓰게 한다. '사실, 나 말이야. 군대에 가지 않으려고 몸 안에 문신을 새기고 inscribe 그랬지. 그러나 어쩔 수 없이 끌려왔어. 군에 들어와서는 공수부대에서 낙하 훈련하다가 다쳐서 병원에서 약을 처방받아 prescribe 쉬어야 했지.' 그러나 실상 이 고참은 화장실 뒤에 고참 흉보는 것 묘사하기 describe, 휴가 다녀온 후임 병사에게 돈 기부하라고 subscribe 돈 뜯어내는 일에 전문이었다. 또한 무사히 제대하는 것은 다 자신의 덕(德) 때문이라고 자기에게 공을 돌리는 ascribe 고참이 얄밉다. 추신 postscript으로 군대에서 일어난 일은 믿거나 말거나 독자에게 달려있다.

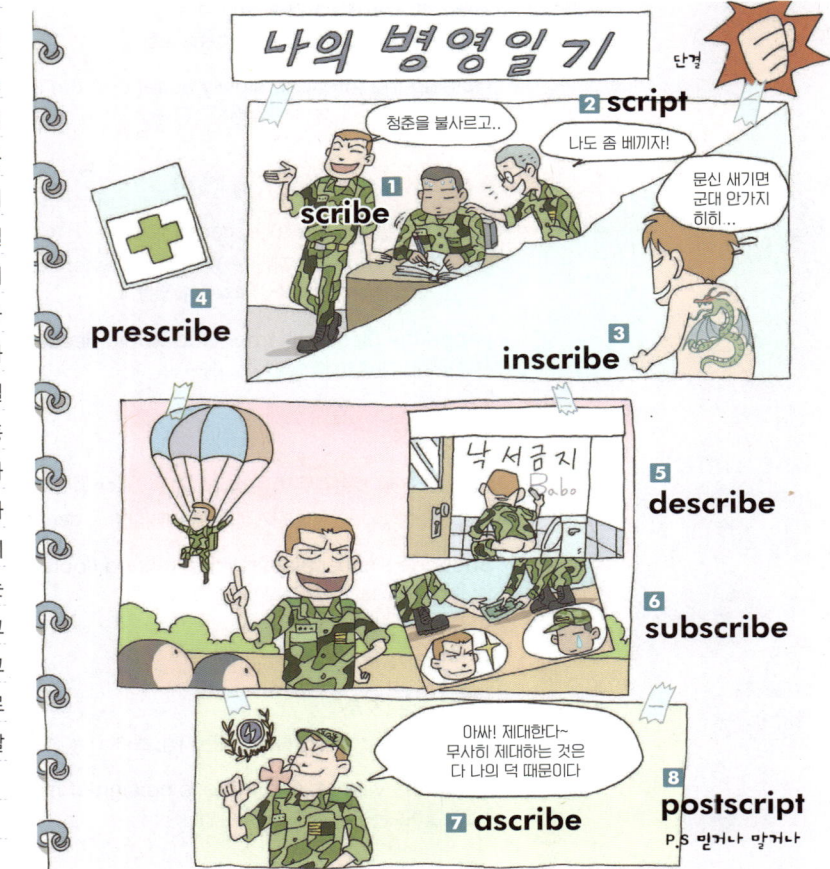

💡 연상 HINT

① **scribe**
군대에서 가방끈이 길면 글을 쓰는 서기 scribe 역할을 하는 경우가 많다.

② **script**
글로 쓴 것을 '스크립트 script'라고 한다. 방송 대본등 글로 쓴 것은 다 스크립트이다.

③ **inscribe**
고참병이 후임병에게 기록하라고 하는 내용이 시작된다. '몸 안에 in 문신을 새기는 inscribe. 등 온갖 꼼수를 다 썼지. 몸에 문신이 있으면 군에 안가도 된다는 소문이 있었거든.'

④ **prescribe**
그렇지만, 결국 군대에 끌려갔는데, 들어간 곳이 공수부대야. 공수낙하 훈련하다가 다쳐서 의사가 처방하는 prescribe 약을 먹었지. (약국에서 처방하는 곳은 사람들 앞에 pre- 있다)

⑤ **describe**
그러나, 고참의 이야기는 다 뻥이다. 실제는 화장실 뒤de에서 군대 욕하는 내용을 화장실에 묘사하는 describe 낙서를 쓰곤 했다.

⑥ **subscribe**
또한 휴가갔다 온 쫄병에게 몰래 손 아래로 sub- 기부금을 뜯으며 '이것은 다 좋은 일에 기부하는 subscribe 거이야. 알겠지?'하면서 억지를 부리기 일쑤였다. subscribe는 '기부하다. 구독하다'라는 뜻이 있는데 보통 계약서 아래에 sub 서명을 기록한다 inscribe.

⑦ **ascribe**
또한 무사히 제대하는 것은 다 자신의 덕(德) 때문이라고 자기에게 공을 돌리며 ascribe '아싸, 나 제대한다'라고 말하는 고참이 얄밉다.

⑧ **postscript**
편지 마지막에 추신 P.S. 이렇게 쓰는데, 이것은 post-후(後)라는 뜻의 접두사에 script를 붙여 후에 쓰는 것이란 뜻이다. 군대에서 일어난 일은 믿거나 말거나 독자에게 달려있다.

scribe — 쓰다 write

scribe [skraib]
n 필기자, 서기
어근힌트 scribe 쓰다
I work as a scribe of this company.
나는 이 회사의 서기로 일하고 있다.

script [skript]
n 손으로 쓰기 (=) handwriting, 필적
어근힌트 script 쓰다
Your script has some excellent ideas, but it will need extensive revision.
당신의 대본은 몇가지 훌륭한 아이디어를 가지고 있지만 광범한 수정이 필요할 것이다.

inscribe [inskráib]
v (비석 등에) 새기다, 파다
어근힌트 in- 안으로(접두사) + scribe 쓰다
파생어 inscription n 명(銘), 비명(碑銘)
His name was inscribed on the war memorial.
그의 이름은 전쟁 기념관에 새겨져 있다.

prescribe [priskráib]
v 규정하다, 처방하다
어근힌트 pre- 앞(접두사) + scribe 쓰다
파생어 prescription n [의학] 처방, 처방문
The doctor prescribed some medicine.
의사가 약을 처방해 주셨다.

describe [diskráib]
v 묘사하다, 기술하다
어근힌트 de- 떨어져(접두사) + scribe 쓰다
파생어 description n 기술(記述), 서술 descriptive a 기술(記述)[서술]적인
War is described as a crime against humanity.
전쟁은 인류에 대한 범죄로 묘사된다.

subscribe [səbskráib]
v 기부하다, 예약 구독하다, 서명하다
어근힌트 sub- 아래(접두사) + scribe 쓰다
파생어 subscription n 기부 (신청), 예약 구독, 서명
How long did you subscribe to the magazine?
그 잡지 얼마나 오랫동안 구독하셨어요?

ascribe [əskráib]
v (원인을) ~에 돌리다
어근힌트 a- ~로(접두사) + scribe 쓰다
They who lack talent ascribe failure to a lack of inspiration or ability, or to misfortune, rather than to insufficient application.
재능이 부족한 이들은 실패의 원인을 불충분한 응용력이 아닌, 영감이나 능력의 부족 혹은 불운으로 돌리곤 한다.

postscript [póustskrìpt]
n (편지의) 추신
어근힌트 post 후(접두사) + script 쓰다
I put the afterthought in a postscript.
나는 뒤에 떠오른 생각을 추신으로 적었다.

STORY 176 개미의 전쟁

💬 STORY

이곳은 개미 곤충 실험실이다. 개구리를 해부하던 dissect 연구원은 이제 곤충 insect 의 하나인 개미의 생태를 연구하는 중이다. 불개미와 흰개미 분파 sect 간에 전쟁이 일어난다. 연구원이 부채꼴 sector 모양의 케익 한 조각 segment 을 놓자 서로들 먼저 먹으려고 사투를 벌인다. 흰개미 두목은 엄격한 severe 성격의 소유자이다. 그래서 부하 흰개미는 불개미가 던진 창에 다리가 관통되었는데도 참고 persevere 전진해 나간다. 전쟁이 급박해지자 아래 구역 section 에 있는 불개미들은 전쟁터에 서둘러 나가고 있다.

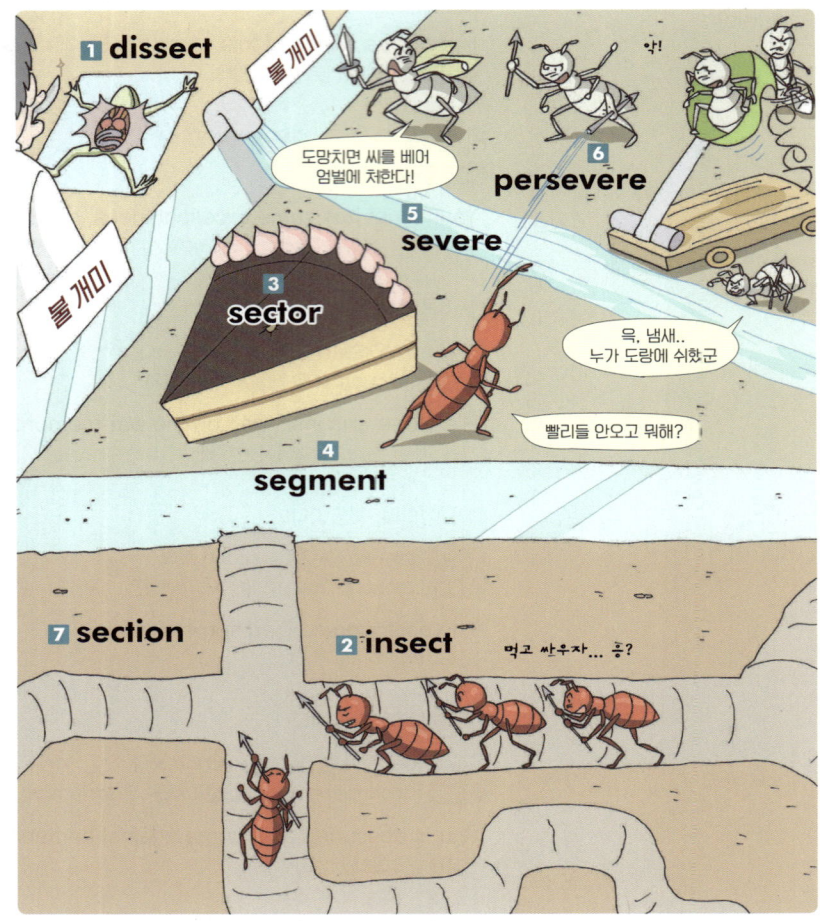

💡 연상 HINT

① **dissect**
이곳은 생물학 실험실이다. 보통 개구리 배를 양쪽으로 떨어지게 dis- 해부하는 dissect 실험을 한다.

② **insect**
이 실험실의 연구원은 곤충 insect 실험을 하고 싶었나 보다. 곤충은 내부가 in- 구분되어 sect 있는 것이란 듯이다.

③ **sector**
이 케익은 부채꼴 sector 모양이다.

④ **segment**
새카만 조각 segment 을 잘라놓은 것처럼 보인다.

⑤ **severe**
흰개미 대장은 아주 엄격한 severe 성격이다. 따라오는 부하들에게 '명령에 불복하면 씨베어 버릴 거야.' 하며 윽박지른다.

⑥ **persevere**
따라오던 흰개미 발에 불개미가 던진 창이 통과하여 per- 엄청 고통이 심하다. 그러나, 대장이 씨베어 버린다-고 하니 꾹 인내하고 persevere 따라간다.

⑦ **section**
모래판 단면 section 을 잘라보니 불개미들이 기어 나오고 있다.

sect · seg · sev   자르다 cut

dissect
[daisékt]

v 절개하다, 해부하다

어근힌트 dis- 분리(접두사) + sect 자르다

The dissection of frogs in the laboratory is particularly unpleasant to some students.
실험실에서 개구리를 해부하는 것은 몇몇 학생들에게는 아주 불쾌한 일이다.

insect
[ínsekt]

n 곤충, 벌레 (=) worm

어근힌트 in- 안으로(접두사) + sect 자르다

Almost all insects will flee if threatened.
거의 모든 벌레는 위협 받을 때에는 달아난다.

sector
[séktər]

n 부채꼴, 분야

어근힌트 sect 자르다 + or (명사형 접미사)

The marketing sector has great potential.
마케팅 부문이 큰 잠재력을 갖고 있다.

segment
[ségmənt]

n 구획, 조각; **v** 분할하다

어근힌트 seg 자르다 + ment (명사형 접미사)

Insects have segmented bodies, jointed legs, and a hard outer-covering.
곤충은 분절된 몸과 이음매가 있는 다리와, 딱딱한 외부 껍질을 가지고 있다.

severe
[sivíər]

a 엄격한 (=) strict

어근힌트 sev 자르다 + ere (명사형 어미)
파생어 severity **n** 격렬 (=) harshness, 엄격 (=) accuracy

Scientists report that eating carrots can help prevent a severe eye disease.
과학자들은 당근을 먹음으로써 심각한 눈의 질병을 방지하는 데 도움이 된다고 보고한다.

persevere
[pə̀:rsəvíər]

v 인내하다 (=) endure

어근힌트 per- 뚫어(접두사) + sev 자르다 + ere (동사형 어미)
파생어 perseverance **n** 인내, 인내력, 끈기 (=) patience

A hero finds strength to persevere and endure in spite of overwhelming obstacles.
영웅은 자신을 압도하는 장애물에도 불구하고 인내하고 견뎌내는 힘을 찾는다.

section
[sékʃən]

n 잘라낸 부분, (도시 등의) 구역

어근힌트 sec 자르다 + tion (명사형 접미사)

Which would you like, the smoking or the nonsmoking section?
흡연석과 금연석 중 어느 것을 원하세요?

STORY 177 세기의 재판 1

STORY

미군이 아랍 지도자인 후세인을 끝까지 추적하여 pursue 잡았다. 미국은 그를 미국 법정에 세우고 학살 죄로 기소한다 prosecute. 그리고 미국 법정은 그에게 사형을 집행한다 execute. 사형 당시 그는 세로 줄무늬 양복 suit 을 입고 이라크 법정에 소송할 suit 것이라고 말했다. 그의 사형 장면이 담긴 동영상이 방영되자 한 엄마가 "애들 보기에 적합한 suitable 것이 아니야!" 하며 아이의 눈을 가리고 있다.

연상 HINT

① **pursue**
세기의 재판으로 알려져 있는 후세인 스토리 실화이다. 미군이 후세인을 끝까지 추적하여 pursue 그가 숨어있던 땅굴에서 체포한다. 미군이 '땅굴은 언제 폈수?'하고 조롱하듯 묻는다.

② **prosecute**
미국은 그를 법정에 세우고 판사 앞에서 pro- 검사가 그를 기소한다 prosecute.

③ **execute**
미국 법정은 그를 사형에 처하는 것을 실행한다 execute. 밖(ex-)으로 자르는 cut 형을 집행하는 것이다.

④ **suit**
후세인은 사형 당시 세로 줄무늬 양복 suit을 입고, '소송 suit 하겠다'라고 말했다 한다.

⑤ **suitable**
그의 사형 장면이 담긴 영상이 미국 전역에 방영되었다. 그러나, 이것은 어린애들이 보기에 적합하지 suitable 않은 것이었다. 좋지 않은 영상을 보면 이것을 따라하는 일이 많이 생기기 때문이다.

secu · su · suit   따라가다, 뒤를 잇다 follow

pursue [pərsúː]

ⓥ 쫓다, 추적[추격]하다

어근힌트 pur 앞에(접두사) + sue 따르다
파생어 pursuit ⓝ 추적, 추격

I'll pursue him to the ends of the earth.
나는 땅끝까지 가서라도 그를 쫓아갈 것이다.

prosecute [prásikjùːt]

ⓥ 기소하다, 공소(公訴)하다

어근힌트 pro- 앞(접두사) + sec 따르다 + ute (동사형 어미)
파생어 prosecutor ⓝ 검찰관, 검사

They prosecuted him for violation of copyright laws.
그들은 그를 저작권법 위반으로 기소(起訴)하였다.

execute [éksikjùːt]

ⓥ 실행하다, 사형에 처하다

어근힌트 e- 밖으로(접두사) + xecu 따르다 + te (동사형 어미)
파생어 execution ⓝ 실행, 집행 executive ⓐ 집행력이 있는

It is difficult to execute the mission.
그 임무는 수행하기가 어렵다.

suit [suːt]

ⓝ 한 벌, 소송 ⓥ 맞다, 어울리다

어근힌트 suit 따르다

The people in dresses and suits blocked my view of the garden.
드레스와 정장 차림의 사람들의 모습이 정원을 바라보는 나의 시야를 가렸다.

suitable [súːtəbl]

ⓐ (~에) 적당한

어근힌트 suit- 따르다 + able 할 수 있는
파생어 suitcase ⓝ 여행 가방 suitor ⓝ 소송인, 기소자

They are searching for a suitable location for a new factory.
그들은 신축공장으로 적합한 장소를 물색하고 있다.

STORY 178 세기의 재판 2

STORY

후세인 사형 이후의 subsequent 사건들을 살펴보자. 먼저 안타깝게도 후세인 사형 장면을 본 아이들이 모방 자살을 하는 비극적인 결과 consequence가 벌어졌다. 한편 후세인 사형을 찬성한 이라크 시아파들은 후세인 때문에 5년 동안 연속적인 consecutive 경제 제제를 받아 경기가 악화되었다고 주장하며 그의 죽음에 찬성한다. 한편 사형을 반대한 수니파 저항 세력이 어떻게 대응하는지 고 주파수 frequency 라디오를 통해 소식을 들어보자. 첫 번째, 두 번째 second 폭탄 테러에 이어서 연달아 테러가 일어남 sequence을 방송하고 있다. 수니파는 이렇게 빈번한 frequent 테러를 저지르곤 하였다.

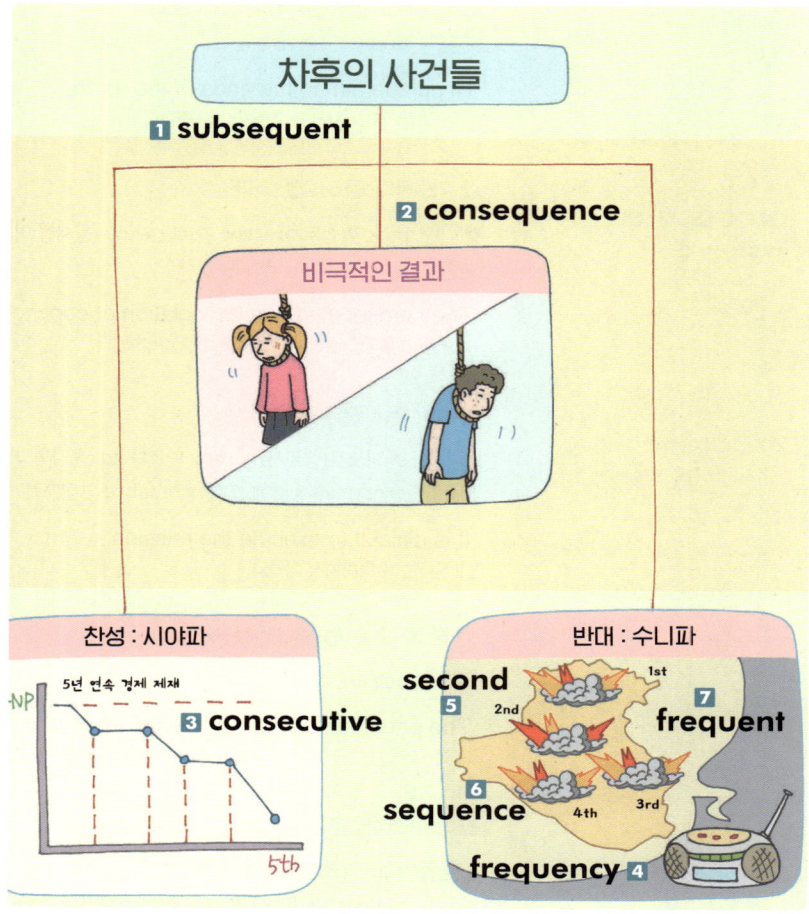

연상 HINT

① **subsequent**
사형 이후의 subsequent 사건들을 살펴보자. 문자그대로 다음(아래에) sub- 따라오는 sequent 이란 뜻이다.

② **consequence**
아이들은 후세인 처형 동영상을 보고 함께 con- 따라다가 죽는 비극적인 결과 consequence가 발생했다.

③ **consecutive**
이슬람에는 온건한 시아파와 과격파인 수니파가 있다. 후세인 처형에 대한 반응이 다르게 나타났다. 시아파는 후세인의 죽음을 찬성하는 입장이다. 연속적인 consecutive 경제 악화의 원인이 후세인이었다고 생각하기 때문이었다.

④ **frequency**
이제 수니파의 입장이 어떠한지 알아보기 위해 고 주파수 frequency 라디오를 들어보자.

⑤ **second**
수니파는 후세인이 죽고 나자 연속적인 폭탄테러를 자행한다. 첫 번재, 두 번째 second 테러가 이어진다.

⑥ **sequence**
그림을 보면 나와 있듯이 테러가 연달아 일어남 sequence을 볼 수 있다.

⑦ **frequent**
이렇게 빈번한 frequent 폭탄테러로 국제사회에 계속해서 위협이 가해진다.

sequ · secu · su 따라가다, 뒤를 잇다 follow

subsequent
[sʌ́bsikwənt]

ⓐ 다음의, 그 후의

어근힌트 sub- 아래(접두사) + sequ 따르다 + ent (형용사형 접미사)
파생어 subsequence ⓝ 이어서 일어남 subsequently ⓐⓓ 그 후에, 이어서

I must decline your invitation owing to a subsequent engagement.
후속적인 약속이 있어서[때문에] 당신의 초청을 거절해야겠군요.Oscar Wilde

consequence
[kánsəkwèns]

ⓝ 결과, 귀결

어근힌트 con- 함께(접두사) + sequ 따르다 + ence (명사형 접미사)
파생어 consequent ⓐ 결과로서 생기는 consequently ⓐⓓ 그 결과(로서)

Each choice has a consequence.
각각의 선택은 결과를 가진다.

consecutive
[kənsékjutiv]

ⓐ 연속적인, 계속되는

어근힌트 con- 함께(접두사) + secu 따르다 + tive (형용사형 접미사)

It rained for 5 consecutive days.
5일 동안 연속하여 비가 내렸다.

frequency
[frí:kwənsi]

ⓝ 자주 일어남, 빈번, 주파수

어근힌트 frequ 무리, 따르다 + ency (명사형 접미사)
파생어 frequently ⓐⓓ 빈번히

Display the frequency of the data with a bar graph.
막대 그래프를 사용하여 데이터 빈도를 표시하시오.

second
[sékənd]

ⓐ 제2의, 둘째 (번)의

어근힌트 sec 따르다 + ond (명사형 어미)
파생어 secondhand ⓝ 중개자, 매개물

S-Mart is second.
S-Mart는 두 번째이다.

sequence
[sí:kwəns]

ⓝ 연달아 일어남, 연속

어근힌트 sequ 따르다 + ence (명사형 접미사)
파생어 sequent ⓐ 다음에 오는 sequential ⓐ 연속하는

We as readers must rely on other clues to understand the true sequence of events.
독자로서 우리는 진정한 사건의 순서를 이해하기 위해 다른 단서들에 의존해야만 한다.

frequent
[frí:kwənt]

ⓐ 빈번한

어근힌트 frequ 무리, 따르다 + ent (형용사형 접미사)

His self-image was strongly based on the frequent scoldings his father gave him.
그의 자아상은 아버지가 자주 하시던 꾸중이 강하게 뿌리 박혀 있었다.

STORY 179 동물원 아르바이트

STORY

IMF로 직장을 잃은 철수가 동물원에서 동물 흉내 내는 아르바이트를 하고 있다. 함께 일하는 동료가 원숭이로 가장하여 simulate 물을 마신다. 옆의 친구는 '너 진짜 원숭이처럼 생겼네.'하며 직유법 simile으로 칭찬한다. 거울 앞에 서 있는 곰 역할 아르바이트생은 진짜 곰과 비슷한 similar 모습이다. 한 엄마와 그 엄마를 빼닮은 resemble 아이가 이 동물원을 찾았다. 이 아이는 조립한 assemble 장난감을 손에 들고 사람들을 불러 모은다 assemble. 복장이 찢어져서 맨발이 노출된 원숭이 역을 하는 알바생이 있는데, 그의 발을 보고, 구경꾼이 '원숭이 발이 사람 발처럼 보인다 seem.'라고 말하며 의아해한다.

연상 HINT

① **simulate**
경기가 어려워지다보니 동물원에 동물도 귀하게 되었다. 그래서 동물 역할을 하는 아르바이트가 유행이다. 한 알바생이 원숭이를 가장하여 simulate 물을 먹는다 ate.

② **simile**
이 모습을 본 친구가 '진짜 원숭이처럼 생겼네'하며 직유법 simile 으로 말한다. '~처럼,~같이'는 직유법이다. 'A=B이다'라고 하는 비유법은? 은유법 metaphor 이다.

③ **similar**
곰 알바생은 거울 속의 곰과 비슷한 similar 모습을 본다. 이렇게 곰도 씨가 말라서 알바를 할 수 밖에 없는 노릇이다.

④ **resemble**
동물원에 놀러온 엄마와 아들은 판박이처럼 닮은 resemble 얼굴이다. 엄마 모습이 다시 re- 나오면 닮게 된다.

⑤ **assemble**
아들은 조립한 assemble 로봇을 들고 '어서as 모이셈'하며 사람을 모은다. assemble은 조립하다, 모이다 는 두가지 뜻이 있다.

⑥ **seem**
맨발이 노출된 원숭이 알바생을 본 관람객이 '원숭이 발이 사람 발처럼 보이네 seem' 라며 의아해한다.

sem · sim — 비슷한 like, 같은 same

simulate
[símjulèit]

v 흉내 내다

- 어근힌트: simul 같은 + ate (형용사형 접미사)
- 파생어: simulation n 가장 (=) pretense, 흉내

He simulated insanity in order to avoid punishment for his crime.
그는 범죄에 대한 처벌을 받지 않기 위해 정신이상인 체하였다.

simile
[síməli]

n [수사학] 직유(直喻)

- 어근힌트: simile 같은

"He soared like an eagle" is an example of a simile.
"그는 독수리처럼 솟아올랐다."라는 표현은 직유법의 한 예이다.

similar
[símələr]

a 비슷한, 유사(類似)한

- 어근힌트: simil 같은 + ar (형용사형 접미사)
- 파생어: similarly ad 유사[비슷]하게 similarity n 유사, 상사

Animals with nervous systems similar to a worm's cannot play soccer, much less chess.
벌레와 유사한 신경계를 가진 동물들은 축구를 할 수 없고 하물며 체스는 더더욱 할 수 없다.

resemble
[rizémbl]

v ~을 닮다, ~와 공통점이 있다

- 어근힌트: re- 다시(접두사) + sem 같은 + ble (동사형 어미)

She resembles her mother in appearance but not in character.
그녀가 외모는 어머니를 닮았지만 성격은 닮지 않았다.

assemble
[əsémbl]

v 모으다, 조립하다

- 어근힌트: as- ~로(접두사) + sem 같은 + ble (동사형 어미)
- 파생어: assembly n 집회, 회합 disassemble v 해체하다, 분해하다

This machine is easy to assemble.
이 기계는 조립하기 쉽다.

seem
[si:m]

v ~처럼 보이다, 보기에 ~하다

- 어근힌트: seem 같은
- 파생어: seeming a 외관상[표면만]의 seemingly ad 표면[외관]상(은)

Many people seem to learn how to use a computer just by reading the manual.
많은 사람들은 단지 그 설명서만 읽고 컴퓨터 사용법을 배우는 것 같다.

STORY 180 사무실 진풍경

STORY

4명의 사원과 사장님이 함께 하는 사무실 진풍경을 구경해 보자. 민감한 sensitive 피부에 신경쓰는 여대리, 항상 센세이션(선풍적인 것) sensation을 일으킬 아이디어를 찾는 분별력있는 sensible 남대리, 관능미 넘치는 미스 센스에게 잘 보이려고 향내 scent나는 꽃을 바치는 주책 사원. 사실이지 이 사원은 창밖에 비가 내리면 감상에 빠지는 sentimental 감성남이다. 이 사원을 보고 있는 사장님은 화를 내며 resent 해고할 것에 대해 직원들의 동의를 구한다. 아이디어맨 남대리가 해고해야 겠다는 사장님 의견에 동의한다 consent. 이 사무실에는 보안 강화를 위해 센서 sensor가 부착되어 있다.

연상 HINT

① **sensitive**
잡티ti에 민감한 sensitive 여대리는 항상 피부 가꾸는데 관심이 많다.

② **sensation**
잘생긴 남대리는 선풍 sensation을 일으킬 아이디어를 찾는다.

③ **sensible**
이 남대리는 참으로 분별있는 sensible 직원이다.

④ **scent**
신입직원은 얼짱 여사원에게 환심을 사기 위해 향기 scent 가쎈 꽃을 선물한다.

⑤ **sentimental**
이 신입은 특히 창밖에 비가 내리면 이렇게 감상적인 sentimental 사람으로 정신이 mental 나간다.

⑥ **resent**
이 모습을 보는 사장님은 화를 낸다 resent. 여러번 다시 re-문제를 일으키는 이 직원을 해고할까 생각중이다.

⑦ **consent**
그래서 이 신입직원을 해고할지 말지 여러 직원들에게 묻는다. 이에 남대리가 동의한다 consent. 사장님과 남대리 함께 con-의견이 맞는 것이다.

sens · sent 느끼다 feel

sensitive
[sénsətiv]

a 민감한

어근힌트 sensi 느끼다 + tive (형용사·형 접미사)
파생어 insensitive **a** 둔감한

It was very sensible of her to follow his advice.
현명하게도 그녀는 그의 충고를 받아들였다.

sensation
[senséiʃən]

n 감각, 지각, 선풍적 인기

어근힌트 sensa 느끼다 + tion (명사형 접미사)
파생어 sensational **a** 선풍적 인기의 sensationism **n** [심리] 감각주의
sense **n** 감각, 오감(五感)의 하나 senseless **a** 무감각의
nonsense **n** 무의미한 말, 허튼소리

Jackie Kennedy's hats created a fashion sensation in the 1960s.
자키 케네디의 모자는 1960년대 패션에 파란을 일으켰다.

sensible
[sénsəbl]

a 분별 있는

어근힌트 sens 느끼다 + ible 할 수 있는

Our five senses are incomplete without the sixth - a sense of humor.
우리의 오감은 육감-유머 감각-이 없이는 불완전한 것이다.

scent
[sent]

n 냄새, 향내

어근힌트 scent 느끼다

The scent of lilacs filled in the air.
라일락 향기가 공중을 가득 메웠다.

sentimental
[sèntəméntl]

a 감상적인

어근힌트 senti 느끼다 + ment (명사형 접미사) + al (형용사형 접미사)
파생어 sentimentalism **n** 감상주의

I get sentimental in the spring.
나는 봄을 타요.

resent
[rizént]

v 분개하다, ~에 골내다

어근힌트 re- 다시(접두사) + sent 느끼다
파생어 resentment **n** 분개, 분노

They resented his dogmatic and authoritative manner.
그들은 그의 독단적이고 권위적인 태도를 몹시 싫어했다.

consent
[kənsént]

v (~에) 동의하다, 승낙하다

어근힌트 con- 함께(접두사) + sent 느끼다

You may not use the materials for any other purpose without his written consent.
당신은 서면동의 없이 다른 어떠한 목적으로 이 자료를 사용할 수 없습니다.

STORY 181 아들 찾아 사막으로

💬 STORY

비행기 추락 사고에서 유일하게 살아남은 꼬마 아이가 사막 desert 을 헤맨다. 너무 더워 후식 dessert 으로 아이스크림을 먹고 싶어 한다. 하늘에서는 아이를 찾아 헬리콥터 구조대가 연속적인 serial 대형으로 날아온다. 아무리해도 소식이 없자, 아이 부모가 직접 아이를 찾아 사막으로 떠난다. 가는 도중에 몰고가던 차의 시동이 꺼진다. 엄마는 아들이 살아 있는 것이 분명하다고 단언하며 assert 서둘러 가자고 재촉한다. 아빠는 자동차 시동이 걸리도록 차를 끌며 분투한다 exert. 원주민 운전사는 시동을 걸기 위해 열쇠를 구멍에 끼워 넣는다 insert.

💡 연상 HINT

① **desert**
비행기 추락사고로 남자 아이가 데져버릴 듯한 사막 desert에 버려져 있다. desert는 앞에 액센트가 있으면 사막, 뒤에 있으면 저버리다는 뜻이 된다.

② **dessert**
이 아이는 후식 dessert 으로 S자형의 아이스크림을 먹고 싶어한다.

③ **serial**
아이를 구출하고자 헬리콥터 구조대가 연속하여 serial 날아온다. 우리가 자주 듣는 시리얼 serial 넘버는 연속된 번호라는 뜻이다.

④ **assert**
아무리해도 소식이 없자, 아이를 찾아 아이 부모가 직접 사막으로 간다. 엄마는 '아들이 살아있어요'라고 단언하며 assert 어서 가자고 재촉한다.

⑤ **exert**
가는 도중 자동차 시동이 꺼지자, 아빠가 밖에서 ex- 차를 끌며 분투한다 exert.

⑥ **insert**
운전사는 열쇠를 구멍에 삽입하고 insert 시동을 걸려고 애쓴다.

sert · ser 두다, 결합하다 join

desert [dézərt]
- n 사막; v 버리다
- 어근힌트 de- 떨어져(접두사) + sert 두다, 결합하다

Let's say you are driving across the desert.
당신이 사막을 가로질러 차를 운전하고 있다고 가정해 보자.

dessert [dizə́:rt]
- n 후식, 디저트
- 어근힌트 de- 떨어져(접두사) + ssert 두다, 결합하다

Today I made a very good dinner and a special dessert.
오늘 나는 맛있는 저녁과 특별한 후식을 만들었다.

serial [síəriəl]
- n 연속물; a 연속적인
- 어근힌트 seri 두다 + al (형용사형 접미사)
- 파생어 series n 일련, (~의) 연속

Did you hear about the serial killer?
너는 연속살인범에 관한 얘기를 들었니?

assert [əsə́:rt]
- v 단언하다, 강력히 주장하다
- 어근힌트 as- ~로(접두사) + sert 두다, 결합하다

His mother continued to assert that he was innocent.
그의 어머니는 그가 무죄라고 계속하여 주장했다.

exert [igzə́:rt]
- v 쓰다, 행사하다
- 어근힌트 e- 밖으로(접두사) + xert 두다, 결합하다
- 파생어 exertion n 노력, 진력

Our company will exert all the endeavors to restore the system.
우리 회사는 시스템 복원을 위한 모든 노력을 다할 것입니다.

insert [insə́:rt]
- v 삽입하다
- 어근힌트 in- 안으로(접두사) + sert 두다, 결합하다
- 파생어 insertion n 삽입

She inserted the letter into an envelope.
그녀는 편지 봉투 안에 편지를 넣었다.

STORY 182 박물관 유물 지키기

STORY

여기는 유물을 보존하고 있는 박물관이다. 앞쪽에는 미이라를 썩지않게 박스에 보존하고 preserve, 바로 뒤에 금관 두 개도 원형 그대로 보존하기 conserve 위해 유리관에 넣어 두었다. 금관 관찰 observation에 열중하고 있는 젊은이의 머리를 보고 보수적인 conservative 경관이 이상하게 쳐다본다. 뒤편 벽에 걸려있는 조선시대의 노상알현도 그림을 통해 봉사를 받으려는 양반과 섬기는 노예 servant의 신분차별을 볼 수 있다. 한 관람객은 양반이 이런 대우를 받을 자격이 있는지 deserve 의문을 갖는다. 초창기 우리나라의 태극기를 보고 있는 사람은 경건한 마음으로 경례하며 예의를 준수 observance한다. 박물관 입구에서는 예비군 reserve이 들어가려고 하자 안내양이 예약하였는지 reserve 묻고 있다. 좌편의 모형 저수지 reservior에는 물이 졸졸 흐른다.

연상 HINT

① **preserve**
박물관 앞부분 pre-에 미이라가 썩지 않게 보존한다 preserve. 해충, 부패 등으로부터 손상받지 않고 신선하게 보존한다고 할때 이 preserve를 사용한다. To preserve jam은 to keep it fresh라는 의미이다.

② **conserve**
신라시대 금관 두 개도 함께 con- 보존되어 conserve 있다. 미래에 사용하기 위해 자원, 물건 등을 쓰지 않고 보존할 때 이 단어를 쓴다. To conserve jam은 to keep it for future use라는 의미이다.

③ **observation**
observe는 관찰하다. 준수하다는 두 가지 뜻이 있다. 각각 observation. observance가 명사형이다. 관광객이 돋보기로 관찰 observation 한 후에 "없어 뵈이셔"하고 말한다.

④ **conservative**
박물관 직원이 이 방문객 머리를 보고 "버티고 -vative 보기 힘드 네"라고 말한다. 몹시 보수적인 conservative 사람 같다.

⑤ **servant**
이 양반들을 섬기고 봉사하는 종, 노예 servant는 개미 ant 같은 인생이었다.

⑥ **deserve**
뒤 de에서 이 그림을 보는 방문객은 '양반이 저런 대접 받을만한가 deserve ?'라고 질문한다.

⑦ **observance**
이 태극기는 최초의 국기이다. 지켜보던 방문객은 반듯이 서서 국기에 대한 예의를 준수 observance 하고 있다.

⑧ **reserve**
예비군 reserve 아저씨가 박물관에 들어오자 접수받는 아가씨가 '예약했어요?'하고 묻는다. 식당 등의 예약석을 보면 'reserved'라고 붙여놓는 것을 흔히 볼 수 있다.

serv — 지키다 keep

preserve
[prizə́:rv]

v 보호하다, 보존하다

어근힌트 pre- 앞(접두사) + serve 지키다
파생어 preservation **n** 보존, 보호 preservative **a** 보존의, 보존력이 있는; **n** 방부제

The ancient Egyptians knew ways to preserve dead bodies from decay.
고대 이집트인들은 시체를 썩지 않도록 보존하는 방법들을 알고 있었다.

conserve
[kənsə́:rv]

v 보존하다, 유지하다

어근힌트 con- 함께(접두사) + serve 지키다
파생어 conservation **n** (자원 등의) 보존, 유지

It is our responsibility to conserve natural resources.
천연 자원을 보존하는 것은 우리의 책임이다.

observation
[àbzərvéiʃən]

n 관찰

어근힌트 ob- 앞에(접두사) + serva 지키다 + tion (명사형 접미사)
파생어 observatory **n** 관측소 observer **n** 관찰자

We can learn a skill by observation.
우리는 관찰에 의해서도 기술을 배울 수 있다.

conservative
[kənsə́:rvətiv]

a (정치적으로) 보수적인 (↔) progressive

어근힌트 con- 함께(접두사) + servat 지키다 + ive (형용사형 접미사)

Old people are usually more conservative than young people.
나이 많은 사람들은 대개 젊은 사람들보다 더 보수적이다.

servant
[sə́:rvənt]

n 하인 (↔) master, 부하

어근힌트 serv 지키다 + ant 행위자 (명사형 접미사)

We do not want to forget our faithful servant.
우리는 우리의 충실한 종을 잊고 싶지 않습니다.

deserve
[dizə́:rv]

v ~할 가치가 있다

어근힌트 de- 떨어져(접두사) + serve 지키다
파생어 observe **v** 관찰하다, 준수하다

None but the brave deserve the fair.
용감한 자만이 미인을 차지한다.

observance
[əbzə́:rvəns]

n 준수

어근힌트 ob- 앞에(접두사) + serv 지키다 + ance (명사형 접미사)

The observance of speed limits in a school zone is essential to the safety of our children.
학교 구역의 속도 제한 준수는 자녀의 안전에 필수적이다.

reserve
[rizə́:rv]

v 예약해 두다; **n** 비축, 예비

어근힌트 re- 다시(접두사) + serve 지키다
파생어 reservation **n** 보류, 예약

I'd like to reserve a flight to Chicago.
시카고행 비행기표를 예약하고 싶은데요.

STORY 183 대통령 집무실

💬 STORY

집무실 내부에 inside 앉아있는 대통령 president이 서류를 보고 있다. 회기에 상정할 안건을 사려깊은 considerate 마음으로 보고 있는 중이다. 곧 국회 회기 session가 진행될 예정이어서 그 서류를 검토하는 것 같다. 밖에서는 outside 세단 sedan이 대기하고 있다. 운전사도 나름 고민이 있어서, 콘을 먹을지 사이다를 먹을지 숙고하는 consider 중이다.

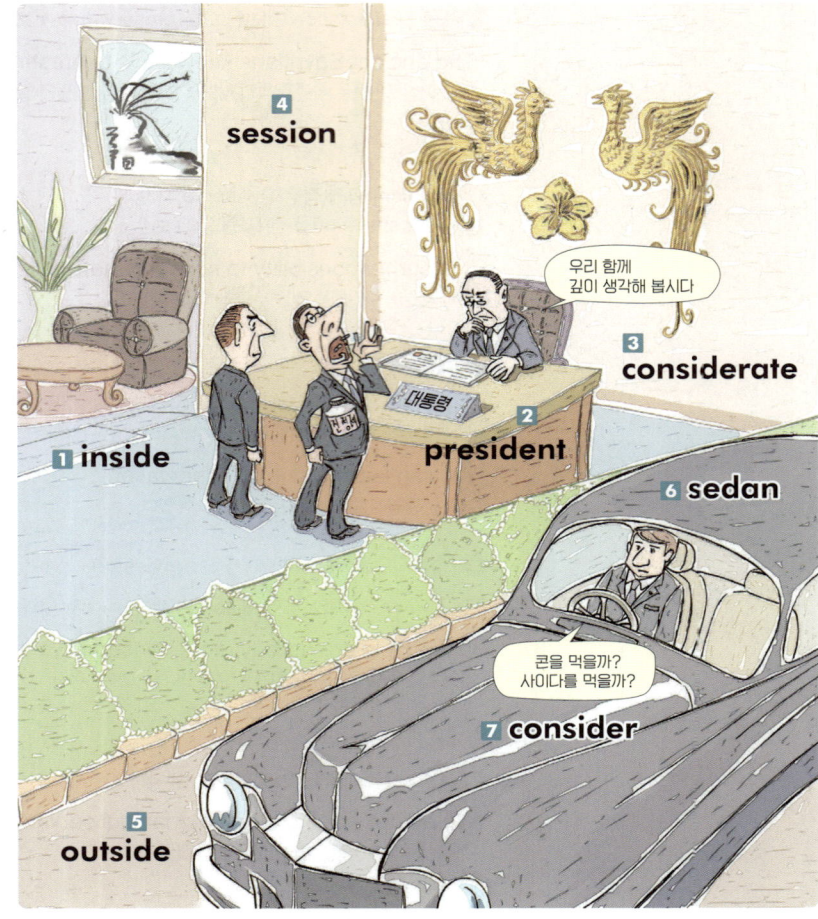

💡 연상 HINT

① **inside**
대통령 집무실 안쪽 in- 내부 inside에 소파가 있다.

② **president**
대통령 president 이나 어떤 단체의 장 president은 앞에 pre- 앉는다 sid.

③ **considerate**
지금 대통령은 사려깊은 considerate 자세로 무엇인가를 생각하고 있다. 함께 con- 앉아서 sid 사려깊게 생각한다는 뜻이다.

④ **session**
회기 session에 올릴 안건을 생각하는 것 같다. 국회의원들은 회기대다 '쇄신'하자고 말들은 많이 한다.

⑤ **outside**
집무실 밖 out-의 외부 outside를 보자.

⑥ **sedan**
세단 sedan 자동차에 운전사가 앉아있다. 이 차는 앉기 sed 편한 차이다.

⑦ **consider**
대통령 못지않게 운전사도 깊이 생각할 consider 게 많다. 콘 con 먹을지 사이다 sider 먹을지 고민하는 것 같다.

sid · sess · sed — 앉다 sit

inside
[insáid -´-丶]

n 안쪽, 내부

어근힌트 in- 안으로(접두사) + side 앉다

You're wearing your socks inside out.
양말을 뒤집어 신으셨군요.

president
[prézədənt]

n (공화국의) 대통령

어근힌트 pre- 앞(접두사) + sid 앉다 + ent (형용사형 접미사)
파생어 presider **n** 주재자, 사회자

When I was a boy I was told that anybody could become President.
어렸을 때 나는 누구나 대통령이 될 수 있다고 들었다.

considerate
[kənsídərət]

a 이해심[동정심]이 있는

어근힌트 con- 함께(접두사) + sider 앉다 + ate (동사형 접미사)
파생어 consideration **n** 고려, 숙고 considering **prep** ~을 고려하면, ~을 생각하면

It is really considerate of him to help the poor and needy.
가난하고 궁핍한 사람들을 돕는 것을 보니 그는 참으로 배려심이 많군요.

session
[séʃən]

n (회의가) 개회 중임

어근힌트 ses 앉다 + sion (명사형 접미사)

The period of regular session shall not exceed a hundred days.
정기회의 회기는 100일을 초과할 수 없다.

outside
[áutsáid -´-丶]

n 바깥쪽, 외면

어근힌트 out- 밖으로(접두사) + side 앉다

The outside of the building needs for repairing
그 건물의 외부는 보수해야할 필요가 있다.

sedan
[sidǽn]

n 세단형 자동차

어근힌트 sed 앉다 + an (명사형 어미)

He thought that the sedan would be a good choice of car for his young family.
그는 그 세단을 구입하는 것이 아이가 있는 어린 자기 가족을 위한 좋은 선택이라고 생각했다.

consider
[kənsídər]

v 숙고하다

어근힌트 con- 함께(접두사) + sider 앉다
파생어 considerable **a** 상당한, 적지 않은 considerably **ad** 꽤, 상당히

He only thinks about himself and never considers others.
그는 자신만 생각하고 남 생각은 전혀 하지 않아요.

STORY 184
정부 보조로 재건의 기회를!

💬 STORY

홍수가 나서 바닥에 깔려있던 것들이 다 뒤집혀서 upset 드러났다. 농촌병원에 있는 레지던트 resident는 닥친 현실에 막막해 한다. 그는 자기가 소유하고 possess 있던 모든 땅이 무너진 것을 보고 망상에 사로잡힌다 obsess. 정부 관료는 각 가정의 손해 정도를 평가하기 assess 돕기로 결정한다. 한 농부는 정부보조금 subsidy을 받고 새롭게 정착한다 settle. 재기 하려고 자전거 안장 saddle도 새것으로 갈고 열심을 낸다.

💡 연상 HINT

① upset
대통령이 고민하시는게 뭔가 했더니 홍수피해를 입은 농민들을 재건하는 문제였다. 홍수가 나서 오물이 위로 up 올라와서 전복된다 upset. 기분이 위로 올라오면 화난 upset이란 뜻이 된다.

② resident
농촌 병원에 거주하는 레지던트 resident는 당황하게 된다.

③ possess
이 사람이 소유한 possess 네마지기 (철자S가 4개인 것 기억) 논이 부서지자, '내 땅이 모두 퍼졌어!'라고 외친다.

④ obsess
남자도 망상에 사로잡혀 obsess 말한다. "귀신이 내 재산 다 없앴어!"

⑤ assess
각 가정의 손해액을 평가하는 assess 관료가 "돈이 어디서 샜어?"라고 말한다.

⑥ subsidy
각 농가를 보조하여 재활하도록 돕는다. 농부의 발 아래 sub에 CD 처럼 생긴 보조금 subsidy 이 놓여있다.

⑦ settle
이제 삶의 새 틀을 잡고 농부가 정착한다 settle.

sid · sess · sed 앉다 sit

upset
[ʌpset]

☐☐☐

v 뒤엎다, 전복시키다; **a** (감정이) 뒤집힌

어근힌트 up- 위로(접두사) + set 앉다

Many animals eat grasses and herbs to cure an upset stomach or to get well again.
동물들은 탈이 난 위를 치료하고 다시 회복되기 위해 풀을 먹는다.

resident
[rézədnt]

☐☐☐

a 거주하는; **n** 거주자

어근힌트 re- 다시(접두사) + sid 앉다 + ent (형용사형 접미사)
파생어 residential ⓐ 주거의

Fewer social problems arose as tension with the residents was reduced.
거주자들의 긴장이 감소됨에 따라 사회 문제도 더 줄어들었다.

possess
[pəzés]

☐☐☐

v 소유하다, 가지다

어근힌트 pos 힘 + sess 앉다
파생어 possession ⓝ 소유, 소유물 reside ⓥ (장기간) 거주하다 residence ⓝ 주거, 주소

She possesses a great capacity to overcome any obstacles.
그녀는 어떤 장애도 극복할 수 있는 뛰어난 능력을 가지고 있다.

obsess
[əbsés]

☐☐☐

v (망상이) 사로잡다

어근힌트 ob- 반대(접두사) + sess 앉다
파생어 obsession ⓝ [심리] 강박관념 obsessive ⓐ 강박 관념의

She was obsessed by [with] jealousy.
질투심에 사로잡혔다.

assess
[əsés]

☐☐☐

v (재산·수입 따위를) 평가하다

어근힌트 as- ~로(접두사) + sess 앉다

How do you assess the qualities of your employees?
직원의 자질을 어떻게 평가합니까?

subsidy
[sʌ́bsədi]

☐☐☐

n (국가의) 보조금, 장려금

어근힌트 sub- 아래(접두사) + sidy 앉다
파생어 subsidiary ⓐ 보조의, 보조적인

European farmers receive substantial amounts of money in government subsidies.
유럽의 농부들은 정부 보조금으로 상당한 양의 돈을 받는다.

settle
[sétl]

☐☐☐

v 놓다, 정착시키다, 내려앉다, 자리잡다

어근힌트 set 앉다 + tle (동사형 어미)
파생어 settlement ⓝ 정착 settler ⓝ (초기의) 식민자, 이민

I think I need your cooperation until I get well settled with my job.
제가 길에 잘 정착할 때까지 협조해 주시길 부탁합니다.

STORY 185 위기의 바다 표범

STORY

여기는 북극. 사냥금지 표지판에 '사람은 동물보호, 동물은 사람보호'라는 표어는 자연 보호의 중요성 significance을 일깨워 준다. 인장(도장) seal이 찍힌 순진한 바다 표범 seal은 고개를 내밀고 표지판을 보는데 디자인 design이 마음에 드는가 보다. 바다표범이 나타나자 사냥꾼은 신호 sign를 보낸다. 그 옆의 바다표범 친구가 이 신호가 뜻하는 signify 바를 알아채고 물속에 숨으라고 한다. 이들 불법 포획자들을 잡기 위해 사복 경찰이 등장한다. 경관은 부하들에게 임무를 할당한다 assign. 그 경관은 이들을 체포하지 못할 경우 사직하는 resign 상황을 떠올리며 어떻게든 체포해야겠다고 다짐한다.

연상 HINT

① **significance**
자연 동물보호의 중요성 significance을 일깨워주는 표지판이 눈에 띈다.

② **seal**
인장 seal이 찍힌 바다 표범 seal이 고개를 내밀어서 이 표지판을 쳐다본다.

③ **design**
그리고 '디자인 design 잘했네'하면서 말한다.

④ **sign**
바다표범이 나타나자 사냥꾼이 서로에게 "뻐꾹. 뻐꾹" 신호 sign를 보낸다.

⑤ **signify**
다른 바다표범은 이 신호가 의미하는 signify 바를 알아채고 물속에 숨는다.

⑥ **assign**
불법 포획자를 체포하기 위해, 사복경찰이 투입된다. 그리고 부하들에게 임무를 할당한다 assign. 망보는 것 같은 편한 일을 맡은 부하가 "아싸"하고 좋아한다.

⑦ **resign**
이 담당 경관은 포획자를 체포하는데 실패할 경우 사임하게 resign 될 상황을 떠올린다. 보통 회사에 들어갈 때 사인하고 다시 re- 퇴사할 때 사인한다.

sign 표시하다 mark

significance [signífikəns]
n 중요성
- 어근힌트: signi 표시하다 + fic 만들다 + ance (명사형 접미사)
- 파생어: significant ⓐ 중요한 insignificant ⓐ 중요하지 않은, 무의미한 insignificance ⓝ 무의미, 사소

Most of us are insensitive to the significance of nature protection.
우리 대부분은 자연 보호의 중요성에 둔감하다.

seal [si:l]
n 바다표범, 봉인; **v** (편지를) 봉하다
- 어근힌트: seal 표시하다

Several countries joined in the campaign to protect seals in their national parks.
여러 나라들이 그들의 국립공원 내의 바다표범을 보호하기 위한 캠페인에 참여했다.

design [dizáin]
v ~을 설계하다, 디자인하다; **n** 설계
- 어근힌트: de- 떨어져(접두사) + sign 표시하다
- 파생어: designer ⓝ 설계자, 디자이너

This book is designed to meet the needs of people with disabilities.
이 책은 장애인의 필요를 충족시키기 위해 고안되었다.

sign [sain]
n 기호, 신호; **v** 사인[서명]하다
- 어근힌트: sign 표시하다
- 파생어: signature ⓝ 서명

Nowhere was any sign of life except the barking of a distant dog.
멀리 개 짖는 소리를 제외하고는 어느 곳에도 생명의 표시는 없었다.

signify [sígnəfài]
v ~을 나타내다
- 어근힌트: sign 표시하다 + ify (동사형 접미사)

What does looking someone directly in the eye signify in your culture?
당신 문화에서는 누군가를 눈으로 직접적으로 똑바로 바라보는 것이 무엇을 의미합니까?

assign [əsáin]
v ~을 할당하다, ~을 임명하다
- 어근힌트: as- ~로(접두사) + sign 표시하다
- 파생어: assignment ⓝ 할당, 지정

The teacher assigned them homework to be done by Monday.
선생님은 그들에게 월요일까지 숙제를 마무리하도록 정했다.

resign [rizáin]
v 사임하다, 포기하다
- 어근힌트: re- 다시(접두사) + sign 표시하다
- 파생어: resignation ⓝ 사직, 사표

A few members were even spreading rumors that he would be forced to resign.
몇몇 구성원들조차도 그가 사임할 수밖에 없게 될 거라는 소문을 퍼뜨리고 있다.

STORY 186 사회학 협회, 어서 오셔

STORY

사회학 협회에서 세미나가 열렸다. 입구에서 한 학생이 오랜만에 만난 친구와 교제하기 associate 위해 악수를 청하는데 친구 얼굴을 보며 원숭이를 연상한다 associate. 테이블에는 사회학 sociology 교수와 학생들이 둘러앉아 있다. 그 중 사회주의자 socialist 인 한 학생이 인원 체크를 하고 있고, 사교적인 sociable 한 학생은 친구들과 어깨동무를 하고 흥겨워한다. 학구적인 옆의 학생은 테이블 위에서 책을 읽고 있는 친구에게 어떤 사회의 social 소설을 읽고 있는지 묻는다. 그러자 "죽은 시인의 사회 society"를 읽는다고 대답한다.

연상 HINT

① **associate**
사회학 협회에서 세미나가 열렸다. 입구에서 한 학생이 오랜만에 만난 친구와 교제하기 associate 위해 '어서 오셔'하며 악수를 청한다. 친구의 모습을 보고 원숭이를 연상한다 associate.

② **sociology**
사회학 sociology 교수님은 알러지-ology로 재채기를 한다.

③ **socialist**
사회당원 socialist 은 참석자 현황을 리스트-list에 기록한다.

④ **sociable**
사교성이 있는 sociable 친구들은 '우린 뭐든 할 수 있어-able'라며 어깨동무하면서 좋아하고 있다.

⑤ **social**
소설책 읽는 것을 좋아하는 친구가 물어본다. '너 무슨 사회 social 소설 읽고 있니?'

⑥ **society**
그러자 그의 친구가 책상에 올라서며 '나, 죽은 시인의 사회 society'라고 말한다. 그 소설에 보면 그림에서처럼 주인공이 책상에 올라가는 장면이 나온다.

soci — 친구 companion

associate
[əsóuʃièit, əsóusièit]

v ~와 관련시키다, ~와 교제하다 **a** 보조의 **n** 동료, 준회원

어근힌트 as- ~로(접두사) + soci 친구 + ate (동사형 접미사)
파생어 association **n** 협회 (=) society, 조합, 단체

I am glad that I am able to associate with you.
당신과 교제할 수 있어서 기쁩니다.

sociology
[sòusiálədʒi]

n 사회학

어근힌트 soci- 친구 + ology 학문

Sociology examines all group activities : economic, social, political, and religious.
사회학은 모든 단체 활동을 연구한다 : 경제적, 사회적, 정치적, 그리고 종교적인 (활동)

socialist
[sóuʃəlist]

n 사회주의자

어근힌트 soci- 친구 + al (형용사형 어미) + ist 행위자 (명사형 접미사)
파생어 socialize **v** 사교적으로 만들다 socialism **n** 사회주의

Here are the list of members of the socialist party.
여기 사회주의당의 당원 명부가 있습니다.

sociable
[sóuʃəbl]

a 사교적인

어근힌트 soci- 친구 + able 할 수 있는
파생어 sociability **n** 사교성, 교제하기 좋아함

His niece is sociable and mature for her age.
그의 질녀는 사교적이며 나이에 비해 어른스럽다.

social
[sóuʃəl]

a 사회적인, 사회의

어근힌트 soci- 친구 + al (형용사형 접미사)

Are you insisting on social equality?
당신은 사회적 평등을 주장하는 거요?

society
[səsáiəti]

n 협, 모임, 사회

어근힌트 soci- 친구 + ety (명사형 접미사)

Our society is a consumer-driven culture.
우리 사회는 소비자 주도의 문화이다.

STORY 187 솔로의 세레나데

STORY

황량한 desolate 벌판에 외로운 solitary 나무 한 그루가 서있다. 집 앞에서 한 남자가 하나뿐인 sole 고무신을 신고 왔는데 발바닥 sole 이 다 보인다. 이 남자는 독창 solo 을 하며 창가에 있는 여자에게 내년에 엄숙한 solemn 결혼식을 올리자고 간청한다 solicit. 하지만 콧대 높은 여자는 냉소적인 혼잣말만 남긴다. 이러한 사람들과 달리 암캐와 수캐는 서로 위로한다 console.

연상 HINT

① **desolate**
뒤 de에 너무 늦은 so late 시기임을 알려주는 황량한 desolate 나무가 서 있다.

② **solitary**
혼자서 soli- 남아 있는 외로운 solitary 나무 tree 이다.

③ **sole**
혼자 sole 살아서 그런지 양말도 안 신었는지 발바닥 sole이 다 보이는 총각이 있다.

④ **solo**
그는 혼자 솔로 solo로 창가의 썰리 양에게 목청껏 노래한다.

⑤ **solemn**
"이제 우리 엄숙한 solemn 결혼식 올려요. 혼자서는 우리 살람 못살겠어요."

⑥ **solicit**
"썰리씨, 제가 이렇게 간청하는 solicit 소리를 들어주세요" 그러나 썰리씨는 아랑곳하지 않는다.

⑦ **console**
반면 동물들은 서로 사이가 좋은 것 같다. 서로 함께 con- 위로하는 console 암캐와 수캐의 관계가 더 낫다.

sole · so · soli   혼자 alone

desolate
[désələt déz-]

a 황량한, 외로운; **v** ~을 황폐케 하다

어근힌트 de- 떨어져 (접두사) + sol 혼자, 개인 + ate (동사형 접미사)

She was beautiful, but she took all of his money and left him desolate.
그녀는 아름다웠지만 그의 돈을 다 빼앗고 그를 황폐하게 하였다.

solitary
[sálətèri]

a 고독한, 혼자의

어근힌트 solit 하나, 혼자 + ary (형용사형 접미사)
파생어 solitude **n** 고독, 외로움

I would like to spend some time in a solitary place.
나는 한 동안 조용한 곳에서 보내고 싶다.

sole
[soul]

a 유일한; **n** 발바닥

어근힌트 sole 하나, 혼자
파생어 solely **ad** 혼자서

The elderly woman declared that her niece would be the sole inheritor of her fortune.
그 노파는 그녀의 조카딸이 유일한 재산 상속자가 될 것이라고 발표했다.

solo
[sóulou]

n 독창(곡)

어근힌트 solo 하나, 혼자
파생어 alone **a** 외로운, 혼자의 lonely **a** 외로운, 쓸쓸한 lonesome **a** 외로운 (=) lonely

I sang a solo in worship today for the first time in about 3 years.
나는 오늘 약 3년만에 처음으로 예배시간에 독창을 했다.

solemn
[sáləm]

a 진지한, 엄숙한

어근힌트 sole 하나, 혼자 mn (명사형 어미)
파생어 solemnity **n** 엄숙, 위로

When a new pope is elected, the solemn occasion is marked by the ringing of bells and the release of smoke into the air.
신임 교황이 선출되자, 종이 울리고 연기가 공중으로 피어오르는 엄숙한 축제의식이 보였다.

solicit
[səlísit]

v 간청하다

어근힌트 soli 하나, 혼자 + cit (동사형 어미)
파생어 solicitous **a** 걱정하는, 열망하는, 간청하는

We solicit your increased contribution to our organization.
우리는 귀하께서 우리의 기관에 계속하여 기여하시길 간청합니다.

console
[kánsoul]

v 위로하다 (=) comfort

어근힌트 con- 함께(접두사) + sole 혼자, 개인
파생어 consolation **n** 위안, 위로

I tried to console her, but in vain.
나는 그녀를 위로하려고 하였지만, 허사였다.

STORY 188 꼴찌에서 수도사로

STORY

남자 수도사 monk가 여자 수도원 convent에서 온 수녀들에게 사적인 자유 privacy가 없었던 자신의 감옥 생활을 이야기해주고 있다. 감옥에서 간수는 담배를 독점 monopoly하여 물밑 거래하는 특권 privilege을 가지고 있었다. 이 간수는 죄수들 간에 은밀하게 거래하고 있던 담배를 빼앗는 deprive 등 죄수들을 괴롭게 한다. 불만스런 한 죄수가 혼자말 monologue로 간수를 욕한다.

연상 HINT

① **monk**
원숭이(monkey)처럼 생긴 남자 수도사 monk(혼자 mono 산다)가 자신의 삶을 나눈다.

② **convent**
여자 수도원 convent에서 수녀들이 이 수도사의 삶을 듣기 위해 함께 con- 왔다. vent-는 오다 come라는 뜻.

③ **privacy**
먼저 말문을 연다. '감옥에서는 사적인 자유 privacy도 없었습니다.'

④ **monopoly**
"간수들은 이것 저것 빼앗아서 '혼자mono 팔래-poly'하면서 독점권 monopoly을 행사했어요."

⑤ **privilege**
'또한 공짜로 free 빌리지' 하면서 자신의 특권 privilege이라고 남용했어요.

⑥ **deprive**
'죄수들이 몰래 담배갑을 뒤 de 거래하는 것을 보고 빼앗는 deprive 것 보세요.'

⑦ **monologue**
죄수들은 이 간수에게 직접 대놓고 말하지는 못하고 몰래 혼자 mono-말-logue로, 독백 monologue으로 '저 못된 놈'하면서 말하곤 했지요.

priv — 개인 individual

convent [kánvent]
- ⓝ (여자)수도원
- 어근힌트: con- 함께(접두사) + vent 오다

In the convent she was secluded from secular life.
수녀원에서 그녀는 속세로부터 격리되었다.

privacy [práivəsi]
- ⓝ 사적 자유
- 어근힌트: priv 혼자, 개인 + acy (명사형 어미)
- 파생어: private ⓐ 개인의, 사적인 (↔) public

I don't intend to intrude upon your privacy.
당신의 사생활을 침해하려고 한 것은 아니에요.

privilege [prívəlidʒ]
- ⓝ 특권; ⓥ 특권을 주다
- 어근힌트: pri- 혼자, 개인 + vil 법 + ege (명사형 어미)

She enjoyed the privilege of attending a private school.
그녀는 사립학교에 다니는 특권을 즐겼다.

deprive [dipráiv]
- ⓥ 빼앗다
- 어근힌트: de- 떨어져(접두사) + prive 혼자, 개인

It's not right to deprive yourself of the time to think of yourself.
자신 스스로 생각할 시간을 없애는 것은 옳지 않다.

mon · mono — 하나 one

monk [mʌŋk]
- ⓝ 수도사, 승려
- 어근힌트: monk 혼자

The monks chanted their morning prayers.
수도사들은 아침 기도를 단조로운 말투로 되풀이했다.

monopoly [mənápəli]
- ⓝ 전매권, 독점권
- 어근힌트: mono 혼자, 개인 + poly 팔다
- 파생어: monopolize ⓥ 독점하다, 전매하다

Anti-monopoly laws protect small and medium-sized businesses.
독점 금지법으로 중소기업이 보호를 받는다.

monologue [mánəlɔ̀ːg]
- ⓝ 독백, 혼잣말
- 어근힌트: mono 혼자, 개인 + logue 말하다

Monologue means a long speech by an actor or by a charater in a story.
모노로그란 배우나 이야기의 등장인물이 혼잣말로 길게 말하는 것을 의미한다.

STORY 189 춘향이의 수절

STORY

절대적인 absolute 힘을 가지고 있는 사또는 춘향이에게 수청을 들으라고 강요한다. 춘향이가 거절하자 포졸은 촛농을 녹이는 dissolve 등 여러 가지 고문을 자행한다. 포졸은 춘향이에게 '사또의 청을 들어서 문제를 잘 해결하는 solve 것이 너에게 좋을 거야. 말 들어.'라고 다그치지만 춘향이는 그래도 수청은 들지 않기로 결심한다 resolve. 드디어 암행어사 이몽룡이 출두한다. 춘향이는 어떻게 될 것인가.

연상 HINT

① **absolute**
연약한 춘향이 앞ab에 있는 변사또는 절대적인 absolute 강자이다. '춘향아, 내 수청을 들라.'하고 요청한다.

② **dissolve**
그러나 춘향이가 거절하자, 포졸이 촛농을 녹여 dissolve 고문한다. 보통 dissolve는 소금이 '물에 녹다, 용해되다'와 같이 화학적으로 용해되는 것을 말한다. '녹는다'라는 의미를 알면 된다. 이온이 떨어져 dis- 나가면서 용해된다.

③ **solve**
포졸은 '수청을 들어. 인생 어렵게 살지말고, 문제를 쉽게 풀어 solve'하면서 고문당하느라 고생하지 않고 편하게 사는 길을 선택하라고 한다.

④ **resolve**
그러나 춘향이는 '나는 결코 수청을 들을 수 없어요.'하면서 변사또의 수청을 거절하기로 다시 결심한다 resolve. 드디어 담 너머로 어사또가 등장한다.

solve · solute 풀다 loosen, release

absolute
[ǽbsəlùːt]

a 절대적인 (↔) relative

어근힌트 ab- ~로부터(접두사) + solute 풀다
파생어 absolutely ad 절대적으로

Power tends to corrupt, and absolute power corrupts absolutely. John Acton
권력은 부패하게 마련이고, 절대 권력은 절대적으로 부패한다. 존 액턴

dissolve
[dizάlv]

v ~을 녹이다, 분해하다, 녹다

어근힌트 dis- 분리(접두사) + solve 풀다
파생어 dissolution n 용해, 분해

The sugar will dissolve when the liquid comes to a boil.
액체가 끓어오를 때 설탕은 녹을 것이다.

solve
[salv]

v 풀다, 해결하다

어근힌트 solve 풀다
파생어 solvable a 해결(해답)할 수 있는 solvent a 지불 능력이 있는, 용해력이 있는
solution n 용액, 해결

It was smart of you to solve the spam problem.
스팸 문제를 해결하시다니 영리하시군요.

resolve
[rizάlv]

v 결심하다, 용해하다, 해결하다

어근힌트 re- 다시(접두사) + solve 풀다
파생어 resolute a 결심이 굳은, 단호한 resolution n 결심, 결의

I wonder they can resolve the issue by next Friday.
나는 그들이 다음 주 금요일까지 그 문제를 해결할 수 있을지 궁금해.

STORY 190 암행어사 출두야!

💬 STORY

어사또 이몽룡이 불의한 변사또를 심문한다. '네 죄를 네가 아나? 네 죄를 분석 analysis해 보겠다.'고 다그친다. 사또의 심복이었던 이방이 배신하여 죄를 어사또에게 고하자, 사또는 배신 때문에 충격을 받아 팔이 마비 paralysis되는 고통을 겪는다. 춘향이는 해방 release된 것에 기뻐한다. 밖에서는 변사또 포졸과 어사또 포졸들이 서로 근무 교대한다 relay. 변사또 포졸은 일을 뒤로 미루고 delay, 휴식을 취하며 쉬는 relax 중이다.

💡 연상 HINT

① **analysis**
그토록 바라던 이몽룡이 어사또가 되어 금의환향한다. 사또에게 '네가 네 죄를 아냐?'하며 사또의 죄에 대한 분석 analysis을 시행한다.

② **paralysis**
이방이 사또를 배신하여 어사 편에 붙자, 변사또가 열받아서 팔이 파랗게 마비 paralysis 된다.

③ **release**
춘향이 이제 해방된다 release. 춘향이가 '그래도 힘들었지만 스릴 있었어.'라고 말한다.

④ **relay**
이제 어사포졸과 변사또 포졸이 임무를 교대한다 relay. 학교 운동회때 하는 릴레이 경주도 바로 이 relay이다.

⑤ **delay**
'니들 근무 안해!'라며 어사도 포졸이 다그쳐도, 변사또 포졸들은 '뒤de로 미뤄요delay'라며 불만을 표시한다.

⑥ **relax**
이들이 허리띠, 모자, 창들을 다 풀어놓고 쉬고 있다 relax. 풀어 놓은 모양이 l, a, x이다.

lys · lax 풀다 loosen, release

analysis
[ənǽləsis]

n 분석, 분해 (↔) synthesis

어근힌트 ana- 위에, 다시 + lys 풀다 + is (명사형 어미)
파생어 analytic @ 분석적인 (↔) synthetic   analyze ⓥ ~을 분석하다 (↔) synthesize

The theme of his study is on structural analysis of asphalt pavement.
그의 연구 주제는 아스팔트 포장에 대한 구조분석에 관한 것이다.

paralysis
[pərǽləsis]

n [병리] 마비, 중풍(中風)

어근힌트 para- 곁에(접두사) + lys 풀다 + is (명사형 어미)
파생어 paralyze ⓥ 마비시키다   paralytic @ 마비성의, 무능력한

His leg was stricken with paralysis after the traffic accident.
그는 교통사고 후에 다리에 마비가 왔다.

release
[rilíːs]

n 해방, 석방; **v** 풀어놓다

어근힌트 re- 다시(접두사) + lease 풀다

I will show you a way to release stress.
스트레스를 푸는 한가지 방법을 보여 드리겠습니다.

relay
[ríːlei]

n 교대자, 계주; **v** 중계하다, 교대하다

어근힌트 re- 다시(접두사) + lay 풀다

It is carried by relays of strong porters.
그것은 힘센 운반인들이 교대로 운반한다.

delay
[diléi]

v 늦추다; **n** 지연

어근힌트 de- 떨어져(접두사) + lay 풀다

I try not to delay today's duty till tomorrow.
나는 오늘 할 일을 내일로 미루지 않으려고 한다.

relax
[rilǽks]

v 힘을 빼다, 진정하다, 쉬게 하다

어근힌트 re- 다시(접두사) + lax 풀다
파생어 relaxation ⓝ 완화, 이완, 휴식

He knew how to relax and could leave his work at the office.
그는 휴식을 취하고 일거리를 사무실에 남겨 두고 퇴근하는 법을 알았다.

STORY 191 — 교수님, 눈치보여요

STORY

이곳은 과학 science을 연구하는 싸이 과학실이다. 논문을 표절하지 않는 양심 conscience을 가진 교수님이 연구에 몰두한다. 그 옆에는 이 교수님을 의식하는 conscious 학생이 눈치를 보고 있다.

연상 HINT

① **science**
이곳은 싸이 과학 science 연구실이다.

② **conscience**
교수님은 논문을 표절하지 않는 등 양심 conscience을 중시하는 분이다. 이름이 심심 心心 양심인가 보다.

③ **conscious**
연구원은 교수님을 의식하느라 conscious 이리저리 눈치를 살핀다. 교수님, 연구원이 함께 con- 아는 sci → 의식하는

---

sci — 알다 know

science [sáiəns]

n 과학, 학문

어근힌트 sci 알다 + ence (명사형 접미사)
파생어 scientific ⓐ 과학의 scientifically ⓐ 과학적으로

Science shows that the two sides of the brain have different ways of thinking.
과학은 뇌의 양쪽이 다른 방식으로 사고한다는 것을 보여 준다.

conscience [kánʃəns]

n 양심

어근힌트 con- 함께(접두사) + sci 알다 + ence (명사형 접미사)
파생어 conscientious ⓐ 양심적인, 성실한

Article 19 : All citizens shall enjoy freedom of conscience.
제19조 모든 국민은 양심의 자유를 가진다.

conscious [kánʃəs]

a 의식하고 있는

어근힌트 con- 함께(접두사) + sci 알다 + ous (형용사형 접미사)
파생어 consciously ⓐ 의식[자각]하여 unconscious ⓐ 알아채지 못하는
consciousness ⓝ (지각 반응이 있는) 의식 subconscious ⓐ 잠재 의식의

Don't be so conscious of others.
남의 눈치볼 필요 없어요.

STORY 192 ROOTS 지혜에 대한 사랑

STORY

대학 2학년 sophomore이 되면 여러 가지 일이 하고 싶어진다. 애인과 함께 정교한 sophisticated 애니메이션 영화를 보러 영화관에 가고 싶기도 하고, 철학자 philosopher가 되어 人生의 의미를 묻기도 한다.

1 sophomore

3 philosopher

2 sophisticated

연상 HINT

① **sophomore**
대학 2학년이 되면 지혜가 sopho 좀 더 more 늘어난다. 어원상으로는 둔한 것에서 좀더 지혜로와지는 단계라는 뜻이다. 대학교 학년은 1학년 freshman, 2학년 sophomore, 3학년 junior, 그리고 4학년 senior 이다.

② **sophisticated**
이 시기가 되면 애인과 함께 정교한 sophisticated 4D 애니메이션 영화를 보고 싶어지기도 한다.

③ **philosopher**
철학자 philosopher가 되어 '지혜 sopho에 대한 사랑 philo-'을 묻기도 하는 시기이다.

---

soph 현명한 wise

sophomore
[sάfəmɔ̀ːr]

n (대학의) 2학년생

어근힌트 sopho 지혜 + more 무딘 dull

I am a freshman but will be a sophomore when our new school year begins.
나는 지금 1학년이지만 새로운 학기가 시즈되면 2학년이 될 것이다.

sophisticated
[səfístəkèitid]

a 세련된, 정교한

어근힌트 sophi 지혜 + stic (형용사형 어미) + ated (과거분사형)

Many of the very sophisticated things are developed through a long period of evolution.
많은 세련된 것들은 오랜 시간의 진화를 거쳐 발달되었다.

philosopher
[filάsəfər]

n 철학자

어근힌트 philo 사랑 + soph 지혜 + er 형위자 (명사형 접미사)
파생 philosophy **n** 철학

Wonder is the feeling of the philosopher, and philosophy begins in wonder. Plato
경이감은 철학자의 느낌이며, 철학은 경이감으로 시작한다. 플라톤

STORY 193 여행 - 대기실

STORY

멋진 전망 perspective이 펼쳐진 공항 대기실이다. TV에는 스펙터클 멋진 장면 spectacle이 나오는 액션 영화가 방영 중이다. 의자에 앉아있는 남자는 유리창 밖으로 빌딩들을 보면서 부동산 투기해서 speculate 돈을 버는 방법을 묵상한다 speculate. 돈 유령 specter이 붙은 또 다른 남자도 한몫 잡을 것을 기대하며 expect 창밖을 바라본다.

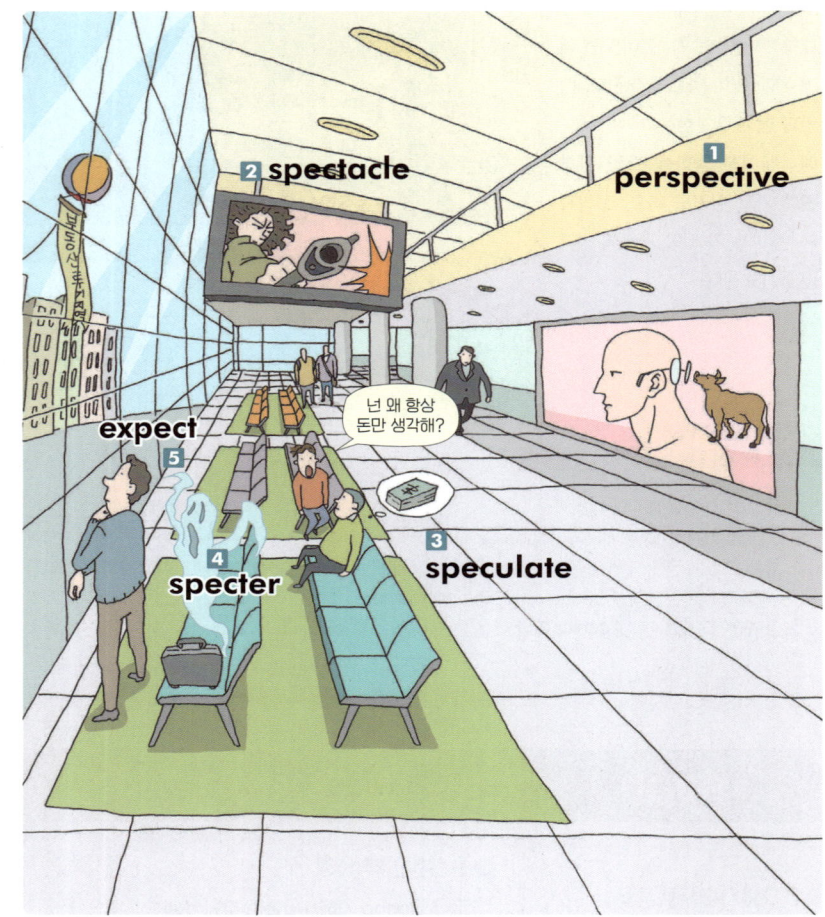

연상 HINT

① **perspective**
5컷에 걸쳐 '보다' 관련 어근을 배우게 된다. 비행기 여행(대기실, 검열, 면세점, 기내, 방문)을 상상하며 즐거운 시간을 누리도록 하자. 여기는 공항 대기실이다. 원근법 perspective에 따라 전망 perspective이 펼쳐져있다. 확 뚫려 per- 보이는 spect 이란 뜻이다.

② **spectacle**
대형 TV에는 장관 spectacle이 펼쳐지는 액션 영화가 방영 중이다.

③ **speculate**
의자에 앉아있는 사람들은 부동산 투기해서 speculate 돈을 어떻게 벌지 사색하는 speculate 중이다.

④ **specter**
이들은 돈 유령 specter에 잡혀있는 사람들이다.

⑤ **expect**
또 한 남자도 밖을 ex- 바라보며 한몫 잡을 것을 기대한다 expect.

spec — 보다 look

perspective
[pərspéktiv]

n 원근법, 경치, 전망

어근힌트: per- 뚫어(접두사) + spect 보다 + ive (형용사형 접미사)

Many of us have trouble seeing things in broad perspective.
우리 중 많은 사람들이 넓은 조망을 갖고 사물을 보는 데 어려움이 있다.

spectacle
[spéktəkl]

n 광경, pl. 안경

어근힌트: spect 보다 + acle (명사형 어미)

파생어: spectacular ⓐ 장관의, 볼 만한 spectator ⓝ 구경꾼, 관객

It was a spectacle not to be missed.
그것은 놓칠 수 없는 장관이었다.

speculate
[spékjulèit]

v 사색하다, 투기하다

어근힌트: specul 보다 + ate (형용사형 접미사)

파생어: speculation ⓝ 사색, 투기 speculative ⓐ 명상하는, 투기의

He acquired a lot of money speculating in stocks.
주식에 투기하여 그는 많은 돈을 벌었다.

specter
[spéktər]

n 유령

어근힌트: spect 보다 + er (명사형 어미)

The specter rose before them into the air.
그 유령은 그들 앞에서 떠올라 공중으로 사라졌다.

expect
[ikspékt]

v ~을 기대하다, 예상하다

어근힌트: ex- 밖으로(접두사) + pect 보다

파생어: expectant ⓐ ~을 기대하고 있는 expectation ⓝ 기대, 예상 unexpected ⓐ 예기치 않은

I expected Suzan to accept the invitation to reading seminar.
나는 수잔이 독서 세미나 초대를 받아들일 것으로 기대했다.

STORY 194 여행 - 검열

STORY

출국 검열이 진행 중이다. 벽에는 위험품 견본 specimen과 현상 수배 중인 용의자 suspect 사진이 붙어 있다. 검열관은 신중한 prudent 자세로 승객들의 가방을 특수한 specific 장비로 검사한다 inspect. 검열과정 가운데 모니터에 의심이 되는 점이 증거 evidence로 확보된다. 그래서 검열관이 승객을 조사하며 survey 서류를 작성한다. 공항 내에는 진돗개가 있어서 마약 등을 탐지한다. 이 개는 순수한 혈통을 가진 종(품종) species 으로 보인다.

연상 HINT

① **specimen**
출국 전 검열이 철저하다. 벽에는 위험품 견본 specimen이 붙어있다. 위험물은 보통 남자들-men이 소지하고 다닌다.

② **suspect**
아래 sus=sub를 쳐다보는 용의자 suspect의 현상수배 사진도 붙어 있다.

③ **prudent**
신중한 prudent 검열관은 '가방 풀어 pru-'하며 승객에게 요청한다.

④ **specific**
그는 특수한 specific 장비를 가지고 있다. 픽 쓰러지게 하는 그런 장비이다.

⑤ **inspect**
또한 그는 가방 안을 in- 검사한다 inspect.

⑥ **evidence**
그러자 모니터에 의심스런 점이 증거 evidence로 포착된다. 증거물이 밖으로 e- 보인다.

⑦ **survey**
그리하여 검사요원이 조사에 survey 착수한다.

spec · speci · vid · vey 보다 look

specimen
[spésəmən]

n 견본, 표본

어근힌트 speci- 보다 + men (명사형 어미)

The scientist had arranged his bug specimens in a glass display case.
그 과학자는 유리 진열장에 있는 곤충 견본들을 정리했다.

suspect
[səspékt]

v ~을 의심하다; **n** 용의자

어근힌트 sus- 아래(접두사) + pect 보다

파생어 suspicion **n** 혐의 suspicious **a** 의심스러운

Because she had never seen the chocolate, she suspected her little brother, Bob.
그녀는 초콜릿을 본 적이 없기 때문에 그녀의 어린 동생인 Bob을 의심했다.

prudent
[prú:dnt]

a 사려 깊은, 신중한

어근힌트 pru 앞에(접두사) + dent 보다

파생어 prudence **n** 사려, 신중 prudential **a** 신중한, 빈틈 없는
imprudent **a** 경솔한, 신중하지 못한

Though he is young, he is prudent.
그는 어리지만 신중하다.

specific
[spisífik]

a 특수한, 특정한

어근힌트 speci- 보다 + fic 만들다

파생어 specifically **ad** 특수하게, 특히

Let's look at a specific example of how it works.
그것이 어떻게 작동하는지에 대한 구체적인 예를 살펴보겠습니다.

inspect
[inspékt]

v ~을 조사하다, 점검하다

어근힌트 in- 안으로(접두사) + spect 보다

파생어 inspection **n** 조사, 검사 inspector **n** 검사자, 조사자

You have to inspect what you've ordered.
당신이 주문한 것을 점검해야 합니다.

evidence
[évədəns]

n 증거, 증언

어근힌트 e- 밖으로(접두사) + vid 보다 + ence (명사형 접미사)

파생어 evident **a** 명백한 (=) clear evidently **ad** 명백히

Growth is the only evidence of life. John Henry Newman
성장은 생명의 유일한 증거이다. 존 헨리 뉴먼

survey
[sərvéi]

v 조사하다; **n** 조사

어근힌트 sur- 위에(접두사) + vey 보다

A recent survey shows that there is a gap between the labor supply and demand.
최근의 한 조사는 인력 공급과 수요 사이에 격차가 있음을 보여주고 있다.

STORY 195 여행 - 면세점

💬 STORY

면세점에서 일어나는 일을 보여주는 장면이다. 총 지배인이 위편에서 가게를 감독한다 supervise. 진열대에는 특별한 special 음료가 놓여있다. 바로 옆에는 어느 측면 aspect에서 보아도 귀중하게 보이는 보석과 그것의 명세사양 specification이 진열되어 있다. 부요해 보이는 두 남녀가 들어오자 점원이 이들을 존경하는 respect 자세로 맞이한다. 반면 이 점원이 뒤에서 고추(고추는 양념 spice 재료로 많이 사용된다)를 들고 있는 누추한 아저씨는 멸시한다 despise.

💡 연상 HINT

① **supervise**
면세점 책임자가 위에서 super- 보면서 -vise.가게를 감독한다 supervise.

② **special**
진열대 앞에는 특별한 special 음료가 진열되어 있다.

③ **aspect**
옆에는 A, B, C 어느 측면 aspect에서 보더라도 귀중하게 보이는 보석이 빛을 낸다.

④ **specification**
이 보석 품목의 명세서 specification를 보면 그 가치를 알 수 있다. 우리가 보통 알고 있는 스펙spec.은 이 단어의 약자이다.

⑤ **respect**
번쩍거리는 부자커플이 들어오자 점원은 존경하는 respect 인사를 한다. '다시 re- 보다'에서 존경한다는 뜻이 되었다.

⑥ **spice**
뒤에는 매운 고추 양념 spice 냄새가 나는 시골 아저씨가 서 있다.

⑦ **despise**
점원 아가씨가 뒤de에 있는 이 누추한 아저씨를 멸시한다 despise. 없어보인다고 해서 이렇게 대하면 안되는데.

spec · spic · spise · vise — 보다 look

supervise
[súːpərvàiz]

v 관리[감독]하다

어근힌트 super- 위에(접두사) + vise 보다
파생어 supervision **n** 관리, 감독　supervisor **n** 관리[감독]자, 상관

Steve has supervised one of his company's warehouses for four years.
Steve는 4년 동안 회사 창고 중의 하나를 감독해왔다.

special
[spéʃəl]

a 특별한

어근힌트 speci- 보다 + al (형용사형 접미사)
파생어 specialist **n** 전문가　specialize **v** 전문으로 다루다　specially **ad** 특히, 특별히　especially **ad** 특별히　specify **v** 일일이 열거하다, 상술하다

What is the teacher's special plan for implementation of the program?
프로그램 실시를 위한 교사의 특별 계획은 무엇입니까?

aspect
[金spekt]

n 외관, 국면, 관점

어근힌트 a- ~로(접두사) + spect 보다

Talk about every aspect of your business.
비즈니스의 모든 측면에 대해 이야기해 주십시오.

specification
[spèsəfikéiʃən]

n 사양, 명세

어근힌트 speci- 보다 + fica 만들다 + tion (명사형 접미사)

When ordering replacement parts for your humidifier, please specify which model you own.
가습기의 교체 부품을 주문할 때, 어떤 모델을 가지고 계신지 구체적으로 알려주세요.

respect
[rispékt]

n 존경; **v** 존중하다

어근힌트 re- 다시(접두사) + spect 보다
파생어 respectable **a** 존경할 만한　respectful **a** 경의를 표하는　respectfully **ad** 공손하게

I still believe old people deserve respect for their experience and wisdom.
나는 아직도 노인들은 그들의 경험과 지혜로 존경받을 만하다고 믿는다.

spice
[spais]

n 양념

어근힌트 spice 보다
파생어 spicy **a** 양념을 넣은, 매운

Variety's the very spice of life, That gives it all its flavor. William Cowper
다양성은 삶의 향신료이다. 다양성은 인생의 맛을 내준다. 윌리엄 카우퍼

despise
[dispáiz]

v ~을 경멸하다

어근힌트 de- 떨어져(접두사) + spise 보다

Don't despise others because they are poor.
가난하다고 해서 남을 멸시하지 마라.

STORY 196 여행 - 기내

STORY

드디어 비행기에 탑승한다. 창공은 아름다운 무지개가 시각의 visual 스펙트럼을 이뤄 장관을 이룬다. 조종석 앞의 전망 prospect 이 좋다. 승무원은 승객들에게 기내에서 전자 기기 device를 사용하지 않도록 충고 advice 한다. 또한 승무원이 승객들에게 음료를 제공한다 provide. 뒤편에 앉아있는 노처녀 아가씨는 앞에 앉아있는 꼴불견 남녀 한 쌍을 질투한다 envy. 노신사는 이들을 보며 젊었던 지난날을 회상한다 retrospect. 이 노신사는 개정하여 revise 만든 서적을 읽는다.

연상 HINT

① **prospect**
조종사 앞pro-의 전망 prospect이 보기 좋다.

② **device**
한 승객이 핸드폰 기기 device를 귀 뒤de에 대고 있다.

③ **advice**
스튜어디스는 이 기기를 사용하지 않도록 충고 advice의 말을 한다.

④ **provide**
이 승무원은 승객들의 필요를 미리 pro- 보고 -vid 음료를 공급한다 provide.

⑤ **envy**
노처녀는 신혼부부의 애정행각에 질투심 envy이 생겨서 화가 나서 지껄인다. '니그들은 사람도 안뵈~냐?'

⑥ **retrospect**
노신사는 젊은이들을 보면서 자신의 과거를 뒤돌아 retro- 보고-spect 회상한다 retrospect.

⑦ **revise**
이 노신사는 다시 re- 교정한 revise 책을 읽으며 기내에서의 시간을 보낸다.

spec · vise · vis · vice · vy · vide — 보다 look

prospect
[práspekt | prós-]

n 전망
- 어근힌트: pro- 앞(접두사) + spect 보다
- 파생어: prospective ⓐ 가망이 있는

He is looking to buy a house with a southern prospect.
그는 남향 전망을 가진 집을 구매하려고 한다.

device
[diváis]

n 장치, 고안물
- 어근힌트: de- 떨어져(접두사) + vice 보다
- 파생어: devise ⓥ ~을 궁리해 내다 (=) invent

He is now inventing a device whereby to make money.
그는 돈을 버는 장치를 발명하고 있다.

advice
[ædváis]

n 충고, 조언
- 어근힌트: ad- ~로(접두사) + vice 보다
- 파생어: advise ⓥ ~에게 충고(조언)하다, 상담하다

Could you give me some advice?
조언 좀 해줄 수 있니?

provide
[prəváid]

v 공급하다, 지급하다
- 어근힌트: pro- 앞(접두사) + vide 보다
- 파생어: provided conj ~이라는 조건으로; ⓐ 공급된 provider ⓝ 공급자
  providing conj (=) provided provision ⓝ 예비, 공급

We are here to provide the public with the best possible service.
우리는 대중에게 가능한 최상의 서비스를 제공하기 위해 여기에 존재하는 것입니다.

envy
[énvi]

n 질투; **v** ~을 부러워하다
- 어근힌트: en- 안으로(접두사) + vy 보다
- 파생어: envious ⓐ 부러워하는, 시기하는

I envy you going abroad.
나는 네가 해외로 나가는게 부럽다.

retrospect
[rétrəspèkt]

n 회상, 추억; **v** 회상[회고]하다
- 어근힌트: retro 뒤로(접두사) + spect 보다

In retrospect, I would have done better as an artist.
회고해보면, 내가 미술가였다면 더 잘했을 것이다.

revise
[riváiz]

v 고정하다; **n** 수정
- 어근힌트: re- 다시(접두사) + vise 보다
- 파생어: revision ⓝ 개정, 교정

If there are some mistakes, could you please revise the document?
오류가 있으면 문서를 수정해 주시겠습니까?

STORY 197 여행 - 방문

STORY

준수는 여행을 통해 삶의 비전 vision을 새롭게 한다. 준수가 비자 검열을 받는 동안 할머니를 떠올린다. 공항에 내리자 기자가 준수에게 다가와 '무엇이 보이나요?'라고 질문하면서 준수가 생각하는 삶의 견해 view에 대해 알고자 한다. 또한 방문하는 visit 목적에 대해 물어보며 인터뷰한다 interview. 준수는 '말할 것을 미리 예습하여 preview 준비할 걸..'하고 혼잣말을 한다. 이후에 준수는 할머니를 만나러 간다. 할머니는 손자의 모습이 가까이서 잘 보이게 visible 되자 손자를 반갑게 맞이한다.

연상 HINT

① **vision**
준수(주인공을 준수라고 하자)는 여행을 통해 인생의 비전 vision을 새롭게 한다.

② **view**
공항에 도착하자 여기자가 찾아와 '눈에 뭐가 뵈유?'하며 준수의 견해, 전망 view에 대해 묻는다.

③ **visit**
또한 방문하는 visit 목적에 대해서도 질문한다.

④ **interview**
이렇게 인터뷰 interview 할 것이라고는 생각지도 못한 것 같다.

⑤ **preview**
준수는 뭐라고 답변할지 잘 생각이 나지 않는다. '미리 pre- 예습 preview할 걸'하며 후회한다.

⑥ **visible**
이제 드디어 할머니를 만나는 시간이다. 할머니는 눈에 보이는 visible 손자가 뛰어오는 것이 너무 반갑다. 이렇게 비행기 여행 시리즈를 마치게 되었다. 전체를 돌아보며 복습 review 하기 바란다.

vis · view   보다 look

vision
[víʒən]

n 시력, 환상

어근힌트 vis- 보다 + ion (명사형 접미사)

During a regular examination a doctor checks weight, vision, blood pressure, and so on.
정기 검진을 하는 동안에 의사는 체중, 시력, 혈압 등을 점검한다.

view
[vju:]

n 전망, 시각; **v** 보다

어근힌트 view 보다

파생어 viewer **n** 보는 사람, 시청자 viewpoint **n** 관점, 견해

The sweeping beautiful view made the hard climbing worthwhile.
아름다운 광경을 둘러보는 것이 그 어려운 산행을 가치 있게 만들었다.

visit
[vízit]

v 방문하다; **n** 방문

어근힌트 vis- 보다 + it (명사형 어미)

파생어 visitor **n** 방문자, 손님

I felt ashamed for not having visited him for the last five years.
지난 5년간 그를 방문하지 못한 것에 대해 나는 부끄러움을 느꼈다.

interview
[íntərvjù:]

n 인터뷰, 면접; **v** ~와 회견하다

어근힌트 inter- 사이에(접두사) + view 보다

파생어 interviewee **n** 피회견인, 면접을 받는 사람

I'm so nervous about attending job interview.
나는 취직 면접에 참석하는 것에 대해 너무 불안해.

preview
[prí:vjù:]

n 예고편, 예습

어근힌트 pre- 앞(접두사) + view 보다

파생어 review **n** 재검토, 복습 overview **n** 개관, 개요(槪要)

The principal asserted that review is more important than preview.
교장은 복습이 예습보다 더 중요하다고 주장했다.

visible
[vízəbl]

a 보이는, 명백한

어근힌트 vis- 보다 + ible 할 수 있는

파생어 invisible **a** 눈에 보이지 않는

What planets are visible to the naked eye?
육안으로 무슨 행성을 볼 수 있습니까?

STORY 198 지구는 내 손 안에 있소이다

💬 STORY

구체(球體) globe 모양의 지구를 대형 장갑이 떠 받치고 있다. 지구는 둥그런 구체 sphere로서 두개의 반구 hemisphere로 나뉜다. 대기권 atmosphere에는 아톰이 분위기 atmosphere를 주름잡으며 날고 있다. 지구를 둘러싸는 거대한 거미가 실을 내보낸다. 처녀는 이 거미줄을 당기며 실을 잣는다 spin.

💡 연상 HINT

① **globe**
구체(球體) globe 모양의 지구를 대형 장갑이 떠 받치고 있다. globe는 '글로우브' glove는 '글러브'라고 발음한다. global '지구의, 전 세계적인'이란 뜻으로 세계적인 인재가 되려면 글로 쓰고 발로 뛰어야 한다.

② **sphere**
지구는 둥그런 구체 sphere이다.

③ **hemisphere**
지구는 북반구, 남반구 이렇게 두개의 반구 hemisphere로 나뉜다. hemi는 semi와 같은 어원으로 半. 반구(半球)란 뜻이다.

④ **atmosphere**
지구의 대기권 atmosphere을 아톰(atmo의 철자를 바꾸면 atom이 됨)이 돈다.

⑤ **spin**
거대한 거미에서 나오는 실을 가지고 처녀가 실을 잣는다 spin. 보통 우리가 스핀 먹인다고 할 때 이 스핀이 바로 spin 이다. 돌리다. 물레를 돌리다 → 실을 잣다.

spher · spin · glob 구(球) globe

globe
[gloub]

n 구(球), [the globe] 지구 (=) earth

어근힌트 globe 구
파생어 global ⓐ 세계적인, 지구의

I want to travel all around the globe.
나는 지구 도처에 여행하고 싶다.

sphere
[sfiər]

n [기하] 구체(球體), 구형, 천체, (방향, 관심) 영역

어근힌트 sphere 구

She has a wide sphere of influence.
그녀는 광범위한 영향력을 가지고 있다.

hemisphere
[hémisfìər]

n (지구·천체의) 반구

어근힌트 hemi 반(半) + sphere 구체

The Southern Cross is a feature of the night sky in the southern hemisphere.
남십자성은 남반구에서 밤하늘의 특징이다.

atmosphere
[ǽtməsfìər]

n 대기, 분위기

어근힌트 atmo 대기 + sphere 구체
파생어 atmospheric ⓐ 대기(중)의, 공기의

I just came out for a change of atmosphere.
바람 쐬러 잠깐 나왔어요.

spin
[spin]

v (실을) 잣다, 돌리다

어근힌트 spin 돌다

Sleeping Beauty pricked her finger on the spindle of a spinning wheel.
잠자는 공주는 돌아가는 물레의 축에 손가락을 찔렸다.

STORY 199 에디슨의 열망

💬 STORY

연구실에서 밤새워 연구한 에디슨은 아침 태양을 보면서 큰 뜻을 품으며 희망찬 열망한다 aspire. 에디슨 머릿속에 영감이 번득 떠오른다 inspire. 그 기대감에 몸에서 땀이 난다 perspire. 에디슨은 '좋았어'라고 하면서 파이팅 정신(스피릿) spirit을 외친다. 이렇게 정신없이 연구에 몰두하다보니 빵 먹는 것도 잊었나 보다. 유효기간이 지난 expire 빵에 곰팡이가 피어 있다. 그런데 이렇게 고생하며 얻은 에디슨의 아이디어를 훔치려고 공모하는 conspire 자들이 숨어있다. 이들이 조용히 호흡하며 respire 기회를 엿본다.

💡 연상 HINT

① **aspire**
에디슨이 아침(a-) 태양을 보며 인류의 행복을 밝히기 위한 열망을 키운다 aspire.

② **inspire**
백열구 전구 번쩍하듯이 에디슨의 머리 안에서 in- 번쩍이는 영감이 떠오른다 inspire.

③ **perspire**
좋은 아이디어라도 땀을 흘려야 perspire 좋은 결실이 맺힌다. 땀은 피부를 뚫어서 per- 나온다.

④ **spirit**
에디슨이 '좋았어'라며 스스로 파이팅 스피릿(정신) spirit 상태를 가다듬는다.

⑤ **expire**
얼마나 연구에 열중하였던지 빵을 먹는 것도 잊었나 보다. 만기일 지난 expire (기한이 밖으로 ex- 나간 것) 빵이 책상에 놓여있다.

⑥ **conspire**
이렇게 고생하며 얻은 아이디어를 훔치려고 함께(con- 공모하는 conspire 자들이 숨어있다.

⑦ **respire**
이들이 다시 re- 숨을 죽이며 호흡하면서 respire 기회를 엿본다.

spir 숨쉬다, 호흡하다 breath

aspire [əspáiər]

v ~을 열망하다(to)
- 어근힌트: a- ~로(접두사) + spire 호흡하다
- 파생어: aspiration ⓝ 열망, 갈망, 포부 (=) ambition

She is an aspiring actress.
그녀는 포부 있는 배우이다.

inspire [inspáiər]

v 영감을 주다
- 어근힌트: in- 안으로(접두사) + spire 호흡하다
- 파생어: inspiration ⓝ 영감, 감화

The general inspired all the troops with confidence.
그 장군은 모든 군대에 자신감을 고무시켰다.

perspire [pərspáiər]

v 땀을 내다[흘리다]
- 어근힌트: per- 뚫어(접두사) + spire 호흡하다
- 파생어: perspiration ⓝ 발한(發汗)(작용), 땀

He had been working hard and was perspiring heavily.
그는 열심히 일했고 심하게 땀을 흘리고 있었다.

spirit [spírit]

ⓝ 정신, 마음, 영혼
- 어근힌트: spir 호흡하다 + it (명사형 어미)
- 파생어: spiritual ⓐ 정신의, 영적인

Let us overcome the upcoming challenges with fighting spirit.
우리가 파이팅 스피릿(투지)으로 다가오는 도전을 극복합시다.

expire [ikspáiər]

v 만기가 되다, 끝나다
- 어근힌트: ex- 밖으로(접두사) + pire 숨쉬다

The visa card will expire at the end of next month.
비자 카드는 다음 달 말에 만료됩니다.

conspire [kənspáiər]

v 음모를 꾸미다
- 어근힌트: con- 함께(접두사) + spire 호흡하다

The two men conspired to assassinate the president.
두 남자는 대통령을 암살하는 것을 공모했다.

respire [rispáiər]

v 호흡하다
- 어근힌트: re- 다시(접두사) + spire 호흡하다
- 파생어: respiratory ⓐ 호흡(용)의

Some reptiles respire through their skin.
몇몇 파충류는 피부를 통해 호흡한다.

STORY 200 위문 편지

STORY

국방의 책임 responsibility을 감당하는 군인에게 든든한 후원자 sponsor가 있다. 바로 여자친구이다. 이 군인이 여친에게 답장을 써서 반응한다 respond. 두 사람은 자주 편지를 써서 서신 왕래한다 correspond. 집배원 아저씨가 전달할 편지를 들고 편지의 주소와 여자 친구의 집의 주소가 일치하는지 correspond 확인한다. 여자 친구는 정성을 다해 십자수 원단 직물 textile에 텍스트 text 글자로 수를 놓고 있다. 가운데 문자는 문맥 context에 따라 'B'가 되기도 하고 '13'이 되기도 한다. 현미경으로 확대해 보니 직물 조직 texture이 촘촘하게 짜여있다. 이렇게 준비하여 군인 남친에게 보낼 생각이다.

연상 HINT

① **responsibility**
국방의 책임 responsibility을 지고 열심히 군복무하는 군인이 있다. 책임감있는 사람은 올바르게 반응하는 response 능력 ability을 가진 사람이다.

② **respond**
이 군인은 여친의 편지에 반응한다 respond. 편지를 받고나서 다시 re- 보낸다.

③ **correspond**
이 두 사람은 함께 cor- 자주 서신왕래한다 correspond. 집배원 아저씨가 편지주소와 집주소가 일치하는지 correspond 확인한다.

④ **textile**
여친은 타일 -tile 모양의 직물 textile에 편지를 수놓는다. 실이나 털같은 직물원료를 말한다.

⑤ **text**
이 여친은 텍스트 text 글자로 수를 놓는다.

⑥ **context**
문맥 context에 따라 13 혹은 B로 보이는 글자로 수를 놓고 있는 중이다. 12와 14 사이에 있으면 13으로 보이고, A와 C 사이에 있으면 B로 보일 수도 있다.

⑦ **texture**
현미경으로 확대해 보니 직물 texture 조직이 촘촘하게 짜여져 있다. 결, 소재감, 재질감 등을 texture라고 한다. 질감이 춥게 느껴지면 '추워'하고 반응한다.

spond · spons 약속하다 promise

responsibility
[rispὰnsəbíləti]

n 책임, 의무

어근힌트 re- 다시(접두사) + spons 약속하다 + ibil 할 수 있는 + ity (명사형 접미사)
파생어 responsible ⓐ 책임이 있는, 책임을 져야 할 irresponsible ⓐ 무책임한

People try not to take responsibility for their actions.
사람들은 자신의 행동에 대해 책임을 지지 않으려고 한다.

respond
[rispánd]

v 대답하다, 반응하다

어근힌트 re- 다시(접두사) + spond 약속하다
파생어 response ⓝ 응답, 대답 responsive ⓐ 반응하는

The center hole allows the kite to respond quickly to the flyer's commands.
가운데 구멍이 있어서 연은 연날리는 사람의 명령에 신속하게 반응할 수 있다.

correspond
[kɔ̀:rəspánd]

v 일치하다, 서신 왕래하다

어근힌트 cor- 함께(접두사) + re 다시 + spond 약속하다
파생어 correspondence ⓝ 일치, 통신 correspondent ⓝ 통신인, 특파원

The products I received do not correspond to the samples you sent me.
제가 받은 제품은 당신이 보낸 샘플과 일치하지 않습니다.

text 천을 짜다 weave

textile
[tékstail]

n 직물; **a** 직물의

어근힌트 text 천을짜다 + ile (명사형 어미)

Because it is durable and easy to dye, cotton is an important textile fiber.
면직물은 내구성이 있고 염색하기 쉽기 때문에 중요한 섬유 섬유이다.

text
[tekst]

n 본문

어근힌트 text 천을 짜다
파생어 textbook ⓝ 교과서, 교본

They had to memorize whole texts.
그들은 본문 전체를 암기해야했다.

context
[kántekst]

n 문맥

어근힌트 con- 함께(접두사) + text 천을 짜다

Design and styling cannot be fully understood outside of their social, economic, political, and cultural contexts.
디자인과 스타일링은 사회적, 경제적, 정치적, 문화적 맥락 외부에서 완전히 이해 될 수 없다.

texture
[tékstʃər]

n 직물, 조직

어근힌트 text 천을 짜다 + ure (명사형 접미사)

I like the soft texture of the surface layer.
표면층의 부드러운 감촉이 좋네요.

STORY 201 세종대왕과 훈민정음

💬 STORY

세종대왕이 자음과 모음으로 구성된 consist 훈민정음을 창제해야 한다고 끝까지 고집한다 persist. 왕의 품안에 있는 학자도 똑같이 만들어야 한다고 주장한다 insist. 그러나 다른 학자는 '훈민정음을 만들면 명나라가 가만히 있지 않을 겁니다.'하면서 왕에게 저항한다 resist. 좌의정은 우의정에게 "임금님 앞에서 딴짓하다 생존하기 exist 힘들거야. 살고 싶으면 내 옆으로 빨리와"라고 말하며 겁을 준다. 우의정은 트랜지스터 라디오를 듣는다. '우리의 박지성 선수 루니 선수에게 어시스트합니다 assist.' 축구 경기 내용인 것 같다.

💡 연상 HINT

① **consist**
훈민정음은 자음과 모음으로 함께 con- 이루어져 있다 consist.

② **persist**
이 훈민정음을 창제해야 한다고 강력하게 고집한다 persist. 얼마나 강력한지 칠판이 뚫어질 per- 것 같다.

③ **insist**
대왕 품 안에 in- 있는 학자들은 "그럼요, 창제해야지요."하면서 동일하게 주장한다 insist.

④ **resist**
당시 최만리 같은 학자는 훈민정음 창제에 반대했디고 한다. '다시 re- 고려해 주세요'하면서 저항한다 resist. 불어로 저항군을 resistance(레지스탕스)라고 부른다.

⑤ **exist**
세종대왕은 진지한데 우의정이 딴짓하고 있으니까 좌의정이 '야, 우의정 생존하려면 exist 엎드려'하고 조심할 것을 요청한다. 사실 임금 앞에서 잘못하면 큰일 난다.

⑥ **assist**
우의정은 트랜지스터 라디오로 축구경기를 듣고 있다. '우리 박지성 선수 루니 선수에게 어시스트 assist하고 있습니다.' 아나운서의 목소리를 듣는다.

sist 서다, 세우다 stand

consist [kənsíst]
v ~로 이루어져 있다 (of)

어근힌트 con- 함께(접두사) + sist 서다
파생어 consistence, consistency ⓝ 계속됨, 일치 consistent ⓐ 일치하는 inconsistent ⓐ 일치되지 않는

The committee consists of seven members.
위원회는 7명으로 구성되어 있다.

persist [pərsíst]
v 고집하다, 주장하다 (in)

어근힌트 per 뚫어(접두사) + sist 서다
파생어 persistent ⓐ 고집하는, 완고한

The child persisted in asking the teacher hard questions.
그 아이는 선생님에게 어려운 질문을 끝까지 계속했다.

insist [insíst]
v (~을) 강요하다

어근힌트 in- 안으로(접두사) + sist 서다
파생어 insistence, insistency ⓝ 주장, 강요 insistent ⓐ 강요하는, 끈질긴

He insisted that his son go to a special school for the gifted.
그는 아들이 영재들을 위한 특수학교에 가야 한다고 고집했다.

resist [rizíst]
v 저항하다

어근힌트 re- 다시(접두사) + sist 서다
파생어 resistance ⓝ 저항, 반대 resistant ⓐ 저항(반항)하는 irresistible ⓐ 저항할 수 없는

He couldn't resist showing off his new house.
그는 자기 새 집을 자랑하고 싶어 못 견딜 정도였다.

exist [igzíst]
v 존재하다, 생존하다

어근힌트 e- 밖으로(접두사) + xist 서다
파생어 existence ⓝ 존재, 생존 coexist ⓥ 공존하다 coexistence ⓝ (국가간의) 공존

Anyone who comes to God must believe that he exists.
하나님께 나아오는 사람은 그가 존재한다고 믿어야 한다.

assist [əsíst]
v ~을 돕다 (=) help

어근힌트 as- ~로부터(접두사) + sist 서다
파생어 assistance ⓝ 원조, 보조 assistant ⓝ 원조자, 보조자; ⓐ 원조하는, 보조의

She found a job as a nurse's assistant in a hospital for homeless people.
그녀는 노숙자들을 위한 병원에서 간호 보조사 직업을 구했다.

STORY 202 뿌리깊은나무

💬 STORY

버팀목을 견고하게 steadfast 묶어놓은 나무 두 그루가 변함없는 constant 자세로 서 있다. 이와 대조 contrast를 이루듯 뒤의 나무들은 바람에 흔들린다. 나무 내부의 시스템 system은 뿌리로부터 잎까지의 성장하는데 도움이 되도록 만들어져 있다. 나무의 뿌리는 실체 substance를 보여준다. 세종대왕은 위엄 있는 태도로 시 한 소절을 읊는다. 그런데, 먼 distant 거리에서 엄마가 달려와서 나무 위에 숨어있는 아이를 보고 "당장 instant 내려와."라고 소리친다.

💡 연상 HINT

① **steadfast**
뿌리깊은 남간 바람에 아니뮐새. 용비어천가를 떠올리며 공부하자. 나무가 흔들리지 않게 확고부동하게 steadfast 묶어 놓았다. 묶는 것을 fasten이라고 한다. Fasten your seat belt (좌석 벨트를 매세요).

② **constant**
두 그루의 나무가 함께 con- 변치 않고 constant 서 있다.

③ **contrast**
뿌리가 얕은 나무는 이와 대조를 contrast 쉽게 흔들린다.

④ **system**
나무는 뿌리의 물이 꼭대기 잎까지 잘 전달되는 시스템 system을 갖고 있다.

⑤ **substance**
실체 substance는 아래sub- 뿌리에 있다. 물질의 근본은 이렇게 아래에 서있는 것이다.

⑥ **distant**
어머니가 떨어진 dis- 저 멀리서 distant 달려오고 있다.

⑦ **instant**
아들이 나무 안에 in- 있기 때문이다. 떨어질까 걱정이 앞서는 엄마는 "당장 instant 내려와"하며 소리친다. 인스탄트 식품 얘기를 많이 들어서 instant의 뜻은 이미 알고 있을 것이다.

sta — 서다, 세우다 stand

steadfast [stédfæst]
a 확고 부동한
- 어근힌트: stead 서다 + fast 빠른, 잡다
- 파생어: steady ⓐ 고정된, 안정된 steadily ⓐd 꾸준히, 착실하게 unsteady ⓐ 불안정한

He is steadfast in his belief in the value of money.
그는 돈의 가치에 대한 그의 믿음에 확고하다.

constant [kánstənt]
a 불변의, 끊임없는
- 어근힌트: con- 함께(접두사) + sta 서다 + nt (형용사형 어미)
- 파생어: constantly ⓐd 변함없이, 끊임없이

There is constant conflict between good and evil.
선과 악의 끊임없는 갈등이 있다.

contrast [kəntrǽst | trá:st]
v 대조하다(with, to); **n** 대조
- 어근힌트: contra- 반대(접두사) + st 서다

He is quiet and academic, in sharp contrast to his brother.
그는 조용하고 학구적이어서 동생과 뚜렷한 대조를 보인다.

system [sístəm]
n 체계, 계통
- 어근힌트: sy 함께 + stem 서다
- 파생어: systematic ⓐ 체계[조직, 계통]적인 constitution ⓝ 헌법, 체질

Our nervous system determines the complexity of activities that we are able to perform.
우리의 신경계가 우리가 수행할 수 있는 활동들의 복잡성을 결정한다.

substance [sʌ́bstəns]
n 물질, 물체
- 어근힌트: sub 아래(접두사) + stance 서다
- 파생어: substantial ⓐ 실질적인, 많은

Water is an essential substance for living organisms.
물은 생물에게 필수적인 물질이다.

distant [dístənt]
a (거리, 시간 등이) 먼
- 어근힌트: di- 떨어져(접두사) + stant 서다
- 파생어: distance ⓝ 거리

In the distant past, there lived a man who would be king.
먼 옛날에, 왕이 될 남자가 살았습니다.

instant [ínstənt]
n 즉시, 인스턴트 식품; **a** 즉시의
- 어근힌트: in- 안으로(접두사) + stant 서다
- 파생어: instance ⓝ 실례 (=) example, 사실 instantly ⓐd 즉시, 당장에

The world tend to change in an instant.
세상은 즉시 변하는 경향이 있다.

STORY 203 집현전

STORY

세종대왕이 집현전을 설립한다 establish. 이것은 학자들의 한글 연구소 institute이다. 집현전 지붕 위에 북어 한 마리가 놓여 있다. 이 연구소가 잘되기를 기원하는 미신 superstition으로 붙여 놓은 것 같다. 집현전의 견고한 stable 기초석에는 마구간 stable을 의미하는 '馬' 글자가 새겨져 있다. 집현전 지하실에는 왕의 대리인 substitute 영의정이 앉아 있다. 이 세종대왕을 만나기 위해 미국의 헌법 constitution 초안을 만든 벤자민 프랭클린이 조선을 방문한다. 배가 나온 것을 보니 서양사람은 우리나라 사람과 체질 constitution이 다른 것 같다.

연상 HINT

① **establish**
세종대왕이 '과인이 이e-제 나라를 확립하고자 establish 하노라'고 말씀하신다.

② **institute**
이를 위해 집현전을 세웠다. 지금으로 말하면 학술 연구소 institute이다. 현판을 안에 in- 세워 놓았다.

③ **superstition**
연구소가 잘 되도록 하기 위해 북어를 지붕 위에 super- 놓았다. 이것은 미신 superstition이다.

④ **stable**
건물은 견고한 stable 주춧돌 위에 세웠다. stable은 마굿간이란 뜻도 있다. 그래서 마(馬)글자를 이 돌에 새겨 놓은 것이다.

⑤ **substitute**
건물 아래 sub-에는 왕의 대리인 substitute 영의정이 앉아 있다.

⑥ **constitute**
세종대왕의 명성을 들어서인지 미국의 헌법 constitution 주창자인 벤자민 프랭클린이 찾아왔다. '우리 함께 con- 잘 해봅시다.' 하며 대화를 나눈다. 배가 나온 것을 보니 서양인은 동양인과 체질 constitution이 다른 것 같다.

sta · stit 　　서다, 세우다 stand

establish
[istǽbliʃ]

v 설립하다

어근힌트 e- 밖으로(접두사) + stabl 서다 + ish (동사형 접미사)
파생어 establishment ⓝ 설립, 수립

It's necessary to establish better educational programs for teaching English language.
영어 교수법에 대해 더 좋은 교육 프로그램이 세워져야 할 필요가 있는 것이다.

institute
[ínstətjùːt]

n 협회, 연구소, 학원

어근힌트 in- 안으로(접두사) + stitu 서다 + te (동사형 어미)
파생어 institution ⓝ 설립, 제도, 시설

This research institute is designed to help youth prepare for future.
이 연구소는 젊은이들이 미래를 준비하는 것을 돕도록 설계되었다.

superstition
[sùːpərstíʃən]

n 미신

어근힌트 super 위에(접두사) + sti 서다- + tion (명사형 접미사)
파생어 superstitious ⓐ 미신적인

According to ancient superstitions, moles reveal a person's character.
고대의 미신에 따르면 반점은 사람의 성격을 나타낸다.

stable
[stéibl]

a 안정된; **n** 외양간

어근힌트 sta 서다 + ble (형용사형 접미사)
파생어 unstable ⓐ 안정되지 않은 stability ⓝ 안정, 안정성(도) instability ⓝ 불안정 stabilize ⓥ 안정시키다

The currency exchange rate has remained stable for a year.
현 환율은 일 년 동안 안정된 상태로 머물러 있다.

substitute
[sʌ́bstətjùːt]

v ~을 대신하다; **n** 대리(인)

어근힌트 sub 아래(접두사) + stitu 서다 + te (동사형 어미)
파생어 substitution ⓝ 대리, 대용

There is no substitute for your own experience.
자신의 경험을 대체할만한 것은 없다.

constitute
[kánstətjùːt]

v ~을 구성하다

어근힌트 con- 함께(접두사) + stitu 서다 + te (동사형 어미)
파생어 constitutional ⓐ 체질의, 헌법상의

The Constitution is the highest and most important law in Korea.
헌법은 한국에서 가장 높고도 중요한 법이다.

STORY 204 자유 여신상, 63빌딩 방문

STORY

위엄 있는 자세로 앉아 있는 세종대왕은 "조선의 위상 status 을 높일 수 있는 방법을 알려주시오." 하고 자유 여신상에게 물어본다. 이 동상 statue 아래에는 '자', '유'를 말해주는 추가 좌우로 움직인다. 자유 여신상은 통계 statistics 자료를 보고 "정체기에 있는 부동산 estate 경기를 활성화할 필요가 있어요."라고 말한다 state. 자유의 여신상을 보고 그 미모에 놀라 움직이지 않은 채(정적으로) static 서 있는 한 남자는 황홀경 ecstasy 에 빠져있다. 세종역에는 자유의 여신상을 보기 위해 수많은 사람들이 역동적인 dynamic 몸짓으로 뛰어 나온다.

연상 HINT

① **status**
세종대왕은 자유의 여신상을 초청하여 조언을 듣는다. '우리-us 조선의 위상 status 을 높일 방안을 알려주시오.'라고 묻는다.

② **statue**
자유의 여신상은 미국을 대표하는 동상 statue이다. 그런데 동상에 '자', '유' 두 개의 추가 달려 있다.

③ **statistics**
이제 통계 statistics 도표를 보여주며 설명하기 시작한다.

④ **estate**
'부동산 estate 경기를 활성화해야 합니다.'라고 말한다.

⑤ **state**
state는 주, 나라; 정부, 미국, 말하다 등의 뜻이 있다. <자유의 여신상은 미국(United States of America)에서 온 정치가이고 말하는 state 것을 좋아한다>라고 상상해서 그 뜻을 다 잡도록 하자.

⑥ **static**
이 여신을 보려고 많은 사람들이 몰려들었다. 사람들이 넋을 잃고 움직이지 않고 static 서 있다.

⑦ **ecstasy**
그 미모를 보고 정신이 밖으로 ec-=ex-으로 나가서 황홀경 ecstasy에 빠진 것이다.

sta · stat   서다, 세우다 stand

status
[stéitəs]

n 상태, 위상, 신분

어근힌트 stat 서다 + us 서다

It helps to conceal the personal taste and financial status of children's parents.
그것은 개인의 성향과 아이들의 부모의 재정상태를 감춰준다.

statue
[stǽtʃuː]

n 동상, 조상(彫像)

어근힌트 stat 서다 + ue (명사형 어미)
파생어 statue of liberty **n** 자유의 여신상

The beauty of a statue is in its outward form; of a man in his conduct.
동상의 아름다움이 외형에 있다. 사람의 아름다움은 그 행동에 있다.

statistics
[stətístiks]

n 통계(표), 통계학

어근힌트 stat 서다 + ist (명사형 어미) + ics (명사형 접미사)
파생어 statistical **a** 통계의, 통계(학)상의

The mean is one of the most widely used statistics.
평균은 가장 널리 사용되는 통계치의 하나이다.

estate
[istéit]

n 소유지, 재산

어근힌트 e- 밖으로(접두사) + state 서다

When her elderly uncle died, she became the executor of his estate.
그녀의 삼촌이 돌아가셨을 때 그녀는 그의 부동산 집행인이 되었다.

state
[steit]

n 국가, 정치, 주, 미국, 상태; **v** 말하다

어근힌트 sta 서다 + te (동사형 어미)
파생어 statement **n** 진술문, 보고(서) understate **v** 줄여(작게, 적게) 말하다
overstate **v** ~을 과장해서 말하다 statesman **n** 정치가

Judging from the present state of things, the project is likely to be a huge success.
일의 현재 상태로 볼 때, 이 프로젝트는 큰 성공이 될 것 같다.

static
[stǽtik]

a 정적인 (↔) dynamic 동적인

어근힌트 stat 서다 + ic (형용사형 접미사)

Using a fabric softener is one of the way to remove static electricity from clothes.
직물 연화제 사용이 옷에서 정전기를 제거하는 한가지 방법이다.

ecstasy
[ékstəsi]

n 무아지경, 황홀경

어근힌트 ec- 밖으로(접두사) + sta 서다 + sy (명사형 어미)

He was in ecstasy after meeting her.
그는 그녀를 만난 후에 무아지경에 빠졌다.

STORY 205 경마장 매점

STORY

세종대왕이 자유의 여신상이 조선에 머무는 동안 경기장 stadium에 데리고 갔다. 말뚝 stake에서 풀린 말은 정력(스태미나) stamina이 좋은 것 같다. 매점 앞의 꽃들을 뜯어먹는다. 이 매점은 이름이 마구간 stall 매점 stall이다. 직원 staff이 막대기 staff로 말을 때린다. 한편 매점 앞에서는 수탉 한 마리가 건초 더미 stack를 파헤치고 있다.

연상 HINT

① **stadium**
세종대왕은 자유의 여신상을 경기장 stadium으로 데리고 갔다. 경기장은 서있는 stadi- 장소-um이다. -um은 '장소'의 접미사로서, 수족관 aquarium, 강당 auditorium 등이 있다.

② **stake**
세워져 있는 말뚝 stake에서 말을 데리고 –take 왔다. at stake는 절박한, 위기에 처한 이란 뜻으로 많이 사용된다.

③ **stamina**
그런데, 이 말은 정력 stamina이 너무 좋아서 자기 고집대로 한다.

④ **stall**
stall은 마구간, 매점이라는 뜻이 있다. 시각효과로 단어의 뜻을 암기하도록 하고자 글씨를 크게 썼다. 마굿간은 키가 크다 -tall.

⑤ **staff**
말이 화분의 꽃을 뜯어먹자 매점 직원 staff이 막대기 staff로 말을 때린다.

⑥ **stack**
수탉이 무슨 벌레를 잡는지 앞의 건초 더미 stack를 쪼고 있다.

sta 서다, 세우다 stand

stadium [stéidiəm]
- ⓝ 경기장
- 어근힌트 stad 서다 + ium (명사형 어미)

Overnight, fans slept outside the stadium to make certain they could get tickets.
밤새 팬들은 확실히 표를 구하기 위해 스타디움 밖에서 잠을 잤다.

stake [steik]
- ⓝ 말뚝, 버팀대, 내기
- 어근힌트 sta 서다 + ke (명사형 어미)
- 파생어 at stake 위태로운

There is no doubt that our company is at stake.
우리 회사가 위험에 처해있다는 것은 의심의 여지가 없다.

stamina [stǽmənə]
- ⓝ 지구력, 스테미너
- 어근힌트 stamin 서다 + a (명사형 어미)
- 파생어 destine ⓥ ~을 운명짓다 destination ⓝ 목적지, 도착지

Marathon runners run every day to improve their stamina.
마라톤 주자들은 지구력을 향상시키기 위해 매일 달린다.

stall [stɔːl]
- ⓝ 마구간, 매점
- 어근힌트 stall 서다
- 파생어 install ⓥ 설치하다, 취임시키다

There were books and magazines piled up in the window of a stall a few paces down the street.
그 거리로 몇 걸음 내려가면 있는 한 매점의 창문 안쪽에는 책과 잡지들이 수북이 쌓여 있었다.

staff [stæf]
- ⓝ 참모, 직원, 막대기
- 어근힌트 staff 서다

The manager over a staff of 10 workers is on vacation. She will be back tomorrow.
10명의 직원을 관할하는 관리자가 휴가 중이다. 그녀는 내일 돌아온다.

stack [stæk]
- ⓝ 낟가리, 더미; ⓥ 쌓다
- 어근힌트 stack 서다

Papers were stacked all over his desk.
종이들이 그의 책상 위에 수북이 쌓여 있다.

STORY 206 경마장 베팅

💬 STORY

경마장에서 말들을 보며 한창 내기를 걸고 있는 중이다. 세종대왕은 트랙 밖에 서있는 뛰어난 outstanding 말에, 자유의 여신상은 표준 standard 흑마에 건다. 장애물 obstacle 바로 뒤에서 달려오는 말에 돈을 건 사람은 자신의 운명 destiny을 걱정한다. 한편 경기장 한 복판의 그루터기 앞에서 고집 센 stubborn, obstinate 말이 자신을 끌고 가는 사람에게 저항한다 withstand. 사람마다 경기를 바라보는 관점 standpoint이 서로 다른 것 같다.

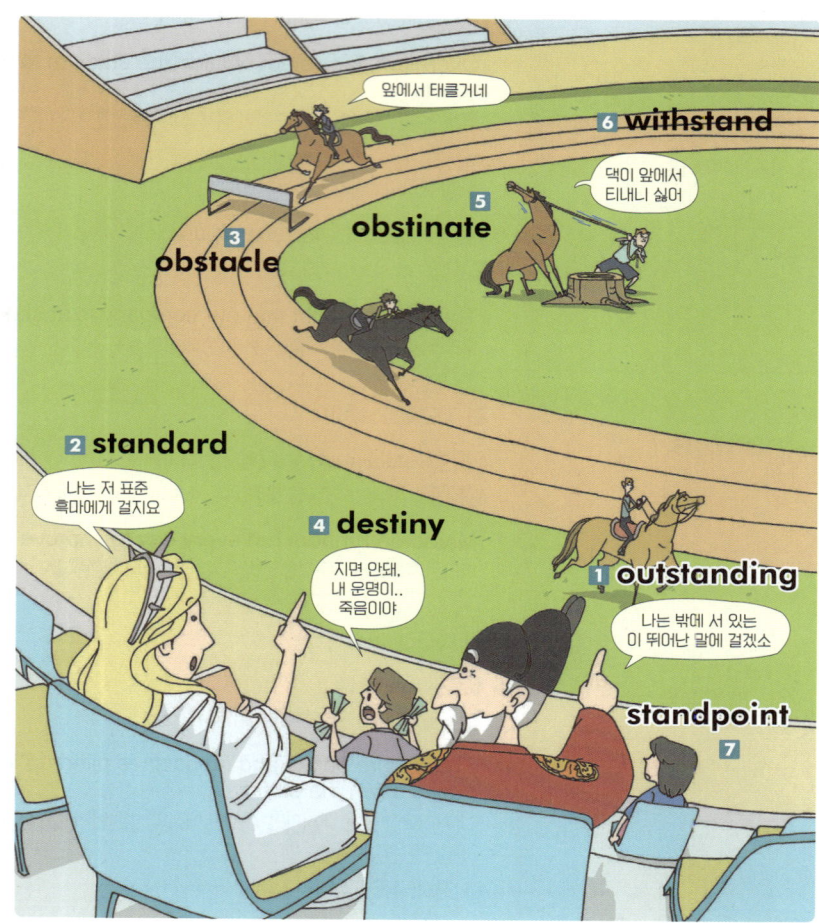

💡 연상 HINT

① **outstanding**
이제 경기장에서 내기하는 장면을 보자. 세종대왕은 밖에 out- 서있는 -standing 뛰어난 outstanding 말에 건다.

② **standard**
자유의 여신상은 표준 standard 흑마에 건다.

③ **obstacle**
장애물 obstacle을 넘는 기수는 '앞 ob에서 태클 –tacle 거네.'하고 불만을 토로한다.

④ **destiny**
이 장애물을 넘는 말에 건 사람은 자신의 운명 destiny을 걱정한다. 지면 곧 죽음 des- death이다.

⑤ **obstinate**
이 말은 기수에게 '당신이 앞서obs- 티내니-tinate 싫어'하고 고집부리며 obstinate 튕긴다.

⑥ **withstand**
'함께 with- 서있는 -stand 것도 싫어'하며 저항한다 withstand.

⑦ **standpoint**
사람마다 경기를 보는 관점 standpoint이 다르다. 이렇게 해서 세종대왕 '서다'시리즈도 마친다.

sta — 서다, 세우다 stand

outstanding
[aʊtstǽndɪŋ]

ⓐ 뛰어난, 특출한

어근힌트 out- 밖(접두사) + stand 서다 + ing (형용사형 어미)
파생어 outstand ⓥ 눈에 띄다, 돌출하다

He is known as one of the most outstanding player in major league.
그는 메이저 리그에서 가장 뛰어난 선수 중 한 명으로 알려져 있다.

standard
[stǽndərd]

ⓝ 표준; ⓐ 표준의

어근힌트 stand 서다 + ard (명사형 어미)
파생어 standardize ⓥ ~을 표준[규격]에 맞추다

Don't judge others harshly by your own standard.
자신의 기준에 따라 다른 사람을 가혹하게 판단하지 마십시오.

obstacle
[ɑ́bstəkl]

ⓝ 장애(물)

어근힌트 ob- 대항하여(접두사) + sta 서다 + cle (명사형 어미)

A bulldozer cleared the obstacle from the road.
불도저가 장애물을 도로에서 제거했다.

destiny
[déstəni]

ⓝ 운명, 숙명

어근힌트 de- 떨어져(접두사) + stin 서다 + y (명사형 접미사)

The boy Hannibal said, "I will use fire and steel to arrest the destiny of Rome."
소년 한니발(Hannibal)은 "나는 로마의 운명을 잡기 위해 불과 철을 사용하겠다"라고 말했다.

obstinate
[ɑ́bstənət]

ⓐ 고집센

어근힌트 ob- 대항하여(접두사) + stin 서다 + ate (동사형 접미사)

We all need to find solutions to the obstinate problem of unemployment.
우리 모두는 실업이라는 고질적인 문제에 대한 해결책을 찾을 필요가 있다.

withstand
[wiðstǽnd, wiθ-]

ⓥ 견거하다, 버티다

어근힌트 with- 반대(접두사) + stand 서다

I cannot withstand much criticism.
나는 많은 비판을 견딜 수 없다.

standpoint
[stǽndpɔɪnt]

ⓝ 관점, (=) viewpoint

어근힌트 stand 서다 + point 점
파생어 understand ⓥ 이해하다, 알아듣다

Try to think of the issue from a number of different standpoints.
여러 다양한 관점에서 그 문제를 생각해 보도록 해라.

STORY 207 미운 오리, 똥침에 날다

STORY

불이 꺼진 extinct 사화산 아래 엄마 오리가 새끼들을 품 안으로 품는다. 모성 본능 instinct으로 새끼들을 품는 것이다. 그런데, 이 어미가 유별난 distinct 모양을 한 미운 오리 새끼를 발로 차버린다. 불쌍한 이 새끼 오리를 할머니가 집으로 데려가 키운다. 쥐가 빵을 먹는 것을 보고, 배고픈 새끼 오리가 막대기 stick로 먹을 것 좀 달라고 쥐를 콕콕 찌른다 stick. 끈끈이로 바닥에 붙은 stick 인색한 stingy 쥐는 아랑곳하지 않고 혼자만 먹으려 한다. 다음 해 봄, 다 자란 오리 새끼가 사실은 백조였던 것이다. 동료 백조가 똥침을 놓아 자극하자 stimulate, 창공으로 날기 시작한다.

연상 HINT

① **extinct**
안델센 동화에 나오는 미운오리 새끼 장면이다. 불이 꺼진 extinct 사화산 아래에서 오리들이 놀고 있다.

② **instinct**
모성 본능 instinct을 가진 어미는 어린 새끼들을 몸 안에 in-품는다.

③ **distinct**
흰 새끼 오리 틈에 독특한 distinct 오리가 끼어있자, 어미 오리가 멀리 dis-발로 차 버린다. 할머니는 이 오리가 불쌍해서 집으로 데리고 온다.

④ **stick**
미운 오리는 배가 고파서 막대기 stick로 먹이를 잡고 있는 쥐를 찌른다 stick. 그러나, 끈끈이로 붙어있는 stick 쥐는 꿈쩍도 않는다. stick은 막대기, 찌르다, 붙다는 뜻이 있는 데 이 상황을 생각하며 기억하면 좋겠다.

⑤ **stingy**
이 쥐는 찔러도 피 한방울 안나는 인색한 stingy 쥐이다. 스띤쥐

⑥ **stimulate**
미운 오리는 원래 백조였다. 이 사실을 알고 있던 동료 백조가 이 미운 오리에게 수(手)침을 놓아서(똥침을 놓음) 자극하자 stimulate 창공으로 날기 시작한다. '너도 날 수 있어. 자, 날아봐.'

stick · stig · sting · stinct 　찌르다 prick, 지팡이

☐☐☐ extinct [ikstíŋkt]

a 꺼진, 멸종한

어근힌트 ex- 밖으로(접두사) + tinct 찌르다
파생어 extinction ⓝ 소화(消火), 소멸　extinctive ⓐ 사멸되는　extinguish ⓥ 소멸시키다

Have you ever heard of the extinct elephant, called mammoth.
매머드라고 불리는 멸종된 코끼리에 대해 들어 보셨습니까?

☐☐☐ instinct [ínstiŋkt]

ⓝ 본능, 직관

어근힌트 in- 안으로(접두사) + stinct 찌르다
파생어 instinctive ⓐ 본능적인, 직관적인

Women's instinct is often truer than men's reasoning.
여성의 본능은 종종 남성의 추론보다 더 사실적이다.

☐☐☐ distinct [distíŋkt]

ⓐ 별개의 (=) different, 뚜렷한 (=) clear

어근힌트 di- 떨어져(접두사) + stinct 찌르다
파생어 distinction ⓝ 구별, 특징, 우수성　distinctive ⓐ 뚜렷이 구별되는, 독특한
　　　　distinctively ⓐⓓ 독특하게　distinguish ⓥ ~을 구별하다, 두드러지게 하다

Korea has four distinct seasons.
한국은 사계절이 뚜렷하다.

☐☐☐ stick [stik]

ⓝ 막대기; **ⓥ** 찌르다, 달라붙다(to)

어근힌트 stick 찌르다
파생어 sticker ⓝ 스티커, 찌르는 사람　sticky ⓐ 끈적끈적한

We collected dry sticks to make a campfire.
캠프파이어를 하기 위해 마른 막대기를 모았다.

☐☐☐ stingy [stíndʒi]

ⓐ 인색한

어근힌트 sting 찌르다 + y (형용사형 어미)

She was stingy with her money.
그녀는 돈을 쓰는데 인색하다.

☐☐☐ stimulate [stímjulèit]

ⓥ 자극하다, 격려하다

어근힌트 stimul 찌르다 + ate (동사형 접미사)
파생어 stimulus ⓝ 자극, 격려

Picture books can stimulate our brain to release imagination.
그림책은 뇌를 자극하여 상상력이 유발되게 할 수 있다.

STORY 208 불멸의 이순신

💬 STORY

삼도수군통제사로 명성 prestige 을 떨치고 있는 이순신 장군. 조선 수군은 장군아래 재정비하고 명량 해협 strait에서 왜군을 격파한다. 줄 string을 당겨서 돛을 끌어올린 왜선은 바람과 조수를 따라 한 척 씩 해협으로 밀려들어오고 있다. 용감히 왜선에 뛰어든 조선 수군 은 왜군의 목을 졸라 질식시킨다 strangle. 그 왜군은 숨이 막혀 스 트레스가 심한 stressful 상태이다. 이 전투에서 이순신 장군은 12척 의 거북선으로 133척의 왜선을 침몰시키는 대승을 거두었다.

💡 연상 HINT

① **prestige**
불멸의 명장 이순신 장군은 협소한 해협으로 적을 유인하여 적선을 대파한 것으로 유명하다. 삼도수군통제사로 앞pre-무대에서-stage 위신 prestige을 떨치고 있는 이순신 장군을 보라.

② **strait**
왜선이 해협 strait으로 곧장 straight 빨려 들어온다. 동음이 의어 strait, straight으로 단어를 기억하자.

③ **string**
이들 왜선은 줄 string을 당겨 돛을 올리는 돛단배이다. 밧줄 이 고리 ring에 걸려 있다.

④ **strangle**
조선 수군은 배 모서리 각 angle이 있는 곳에서 왜군에 달려 들어 목을 졸라 질식시킨다 strangle.

⑤ **stressful**
왜군이 스트레스에 쌓여 stressful 고통스러워하고 있다. 이날 이순신 장군은 12척의 배로 왜선 133척을 격파하는 대승을 거두었다.

strai · stress · stig 팽팽히 당기다 draw tight

prestige
[prestí:ʒ]

n 위신, 명성

어근힌트 pre- 앞으로, 미리(접두사) + stige 찌르다
파생어 prestigious ⓐ 고급의, 일류의

The wealthy man sought to obtain social prestige by contributing to popular charities.
부자는 유명 자선 단체에 기부함으로써 사회적 명성을 얻으려고 한다.

strait
[streit]

n 해협

어근힌트 strait 찌르다

It takes 80 years for the water to be renewed, through the narrow, shallow straits.
좁고 수심이 얕은 해협을 통해 해수가 정화되려면 80년은 걸리게 된다.

string
[striŋ]

n 끈, 줄

어근힌트 string 찌르다

She started undoing a little package tied with string.
그녀는 줄로 묶인 작은 꾸러미 하나를 풀기 시작했다.

strangle
[strǽŋgl]

v 질식시키다

어근힌트 strang 당기다 + le (동사형 어미)
파생어 stress ⓝ 강조, 스트레스 distress ⓝ 고민 (=) worry, 비통

Audrey Hayes was strangled in her basement.
오드리 헤이즈는 지하실에서 교살 당했다.

stressful
[strésfəl]

a 긴장[스트레스]이 많은

어근힌트 stress 당기다 + ful (형용사형 접미사)

Anything that contributes to stress during mealtime can interfere with the digestion of food.
식사 시간 동안 스트레스에 기여하는 것은 어떤 것이든지 음식의 소화를 방해할 수 있다.

STORY 209 두발규제

STORY

순신초등학교와 충무고등학교가 있는 학교 구역 district이다. 차량 속도는 시속 30km 미만으로 제한한다 restrict. 충무고등학교 정문 앞에서는 엄격한 strict 두발규제가 행해지고 있다. 등교하는 학생들은 선생님들이 목을 조이듯이 constrict 너무 답답하게 자신들의 자유를 제한한다고 불만이다. 정문 안에서는 혈통 strain이 이순신 장군의 후손인 두 학생이 머리가 길어서 학생주임 선생님에게 걸렸는데, 둘은 벌로 서로의 머리를 잡아당기고 strain 있다. 그야말로 하기 싫은데 억지로 시켜서 constrain 하는 것이다. 이것을 지켜보던 한 학생은 화가 치밀어 오른다. 이순신 장군 동상을 보며 분을 억제한다 restrain.

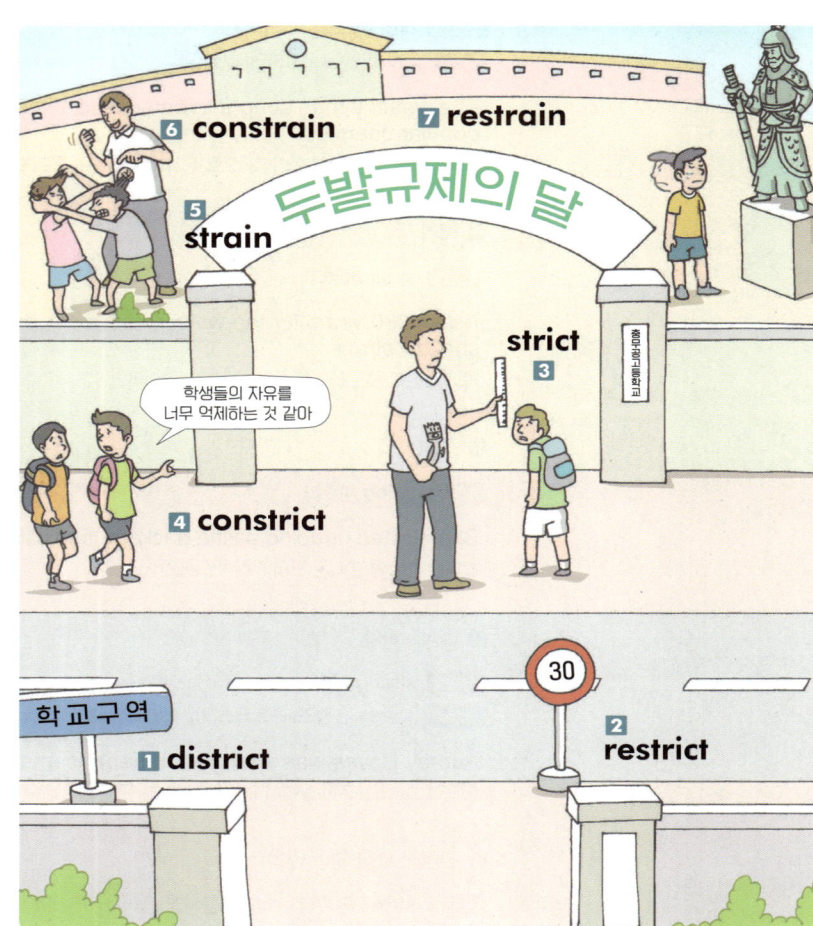

연상 HINT

① **district**
여기는 이순신 장군의 후예들이 다니는 순신초등학교 충무초등학교. 학생들이 다니는 구역 district이다. 어린이들이 다니는 학교 구역은 안전을 위해서 따로 떼어놓은 dis- 곳이다.

② **restrict**
자동차 속도는 시속 30km로 제한된다 restrict. 속도를 다시 re- 생각해야 한다.

③ **strict**
학교 정문 길가 street 에서 두발 단속하는 선생님은 엄격한 strict 분이다.

④ **constrict**
함께 con- 등교하는 두 학생이 '학생의 자유를 너무 억제하는 constrict 것 같아.'라며 불평한다.

⑤ **strain**
이순신 장군 혈통 strain인 두 학생이 못된 주임선생님께 걸려 긴장하고 strain 있다. 이 선생님은 둘이 머리를 서로 잡아당기라고 strain 한다. 혈통, 긴장하다, 잡아당기다 라는 뜻을 가진 이 단어를 상황을 보며 기억하자.

⑥ **constrain**
이 선생님은 두 학생이 함께 con- 잡아당기도록 -strain 강요한다 constrain.

⑦ **restrain**
의협심이 강한 학생이 이를 보고 화가 치밀어 오른다. 그러나 이순신 장군 동상을 보며 '그래, 다시 re- 생각하자. 참자'라고 말하며 분을 억제한다 restrain.

strict · strain 팽팽히 당기다 draw tight

district
[dístrikt]

- n 지구, 지역
- 어근힌트 di- 떨어져(접두사) + strict 당기다

What is the best way to see that district?
그 지역을 구경하는 가장 좋은 방법이 뭐죠?

restrict
[ristríkt]

- v 제한하다, 한정하다
- 어근힌트 re- 다시(접두사) + strict 당기다
- 파생어 restriction n 제한, 한정

I restrict myself to having a cup of coffee a day.
나는 하루에 커피 한잔하는 것으로 스스로를 제한한다.

strict
[strikt]

- a 엄한, 엄격한
- 어근힌트 strict 당기다
- 파생어 strictly ad 엄격히, 엄밀히

Successful people are willing to work hard, but within strict limits.
성공한 사람들은 기꺼이 열심히 일하지만 엄격한 한도 내에서만 한다.

constrict
[kənstríkt]

- v 죄다, 압축하다, 제한하다
- 어근힌트 con- 함께(접두사) + strict 당기다
- 파생어 constriction n 압축, 속박감

Society seems to want to constrict childhood more and more.
이 사회는 어린 시절을 더욱더 단축시키려는 것처럼 보인다.

strain
[strein]

- v 잡아당기다, 긴장시키다; n 팽팽함, 혈통
- 어근힌트 strain 당기다

The strain is hard to bear.
긴장은 견디기 어렵다.

constrain
[kənstréin]

- v 억지로 ~를 시키다
- 어근힌트 con- 함께(접두사) + strain 당기다
- 파생어 constraint n 강제, 압박

Research has been constrained by a lack of support for the students.
연구 활동이 학생들에 대한 지원의 부족으로 제약을 받아 왔다.

restrain
[ristréin]

- v 억제하다, 구속하다
- 어근힌트 re- 다시(접두사) + strain 당기다
- 파생어 restraint n 억제, 제지

He could not restrain his temper.
그는 북받치는 화를 누를 수 없었다.

STORY 210 건설 산업현장

STORY

안전을 위하여 울타리로 주위를 차단한 obstruct 산업 industry 현장이다. 건물 바깥 부분에 구조물 structure을 세우고 두 노동자가 건설하느라 construct 수고하고 있다. 감독관은 노동자들에게 해야 할 일을 지시한다 instruct. 수레로 흙을 나르는 근면한 industrious 노동자의 몸에서 땀이 흘러내린다. 뒤편에서는 도구 instrument를 이용하여 오래된 건물을 파괴한다 destroy.

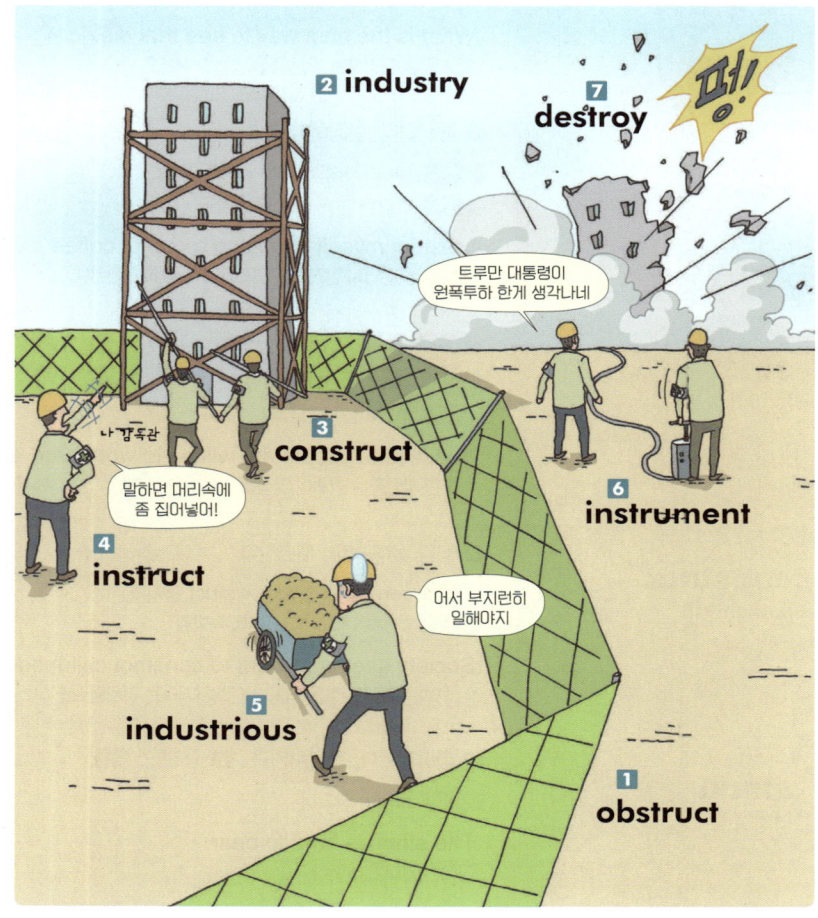

연상 HINT

① **obstruct**
건설현장은 위험하다. 그래서 공사현장의 앞ob을 차단한다 obstruct.

② **industry**
산업 industry은 국가 내부 in를 세우는 것이다. 산업은 인도의 인더스 강변에서 일어났다고 하여 이 단어가 생겨났다고 한다.

③ **construct**
두 명의 노동자가 함께 con- 건설하는 construct 중이다.

④ **instruct**
십장은 '말하면 머리 속에 in- 집어 넣어!'라고 말하면서 이 노동자들에게 지시한다 instruct.

⑤ **industrious**
손수레를 끄는 부지런한 industrious 노동자는 '어서 –ous, 일하자.'하고 혼잣말을 하는데, 머리에서 빗방울 같은 땀을 흘린다.

⑥ **instrument**
오래된 건물을 파괴하기 위해서 도구 instrument를 사용하는 노동자는 트루만 대통령의 원폭투하 명령이 생각난다.

⑦ **destroy**
앞에서 하면 사고가 나기 쉬우니 뒤에서 뒤de에서 파괴한다 destroy.

struct · stru · stry 세우다 build

obstruct
[əbstrʌ́kt]

v 막다, 방해하다
어근힌트 ob- 대항하여(접두사) + struct 세우다
파생어 obstruction ⓝ 방해, 훼방 obstructive ⓐ 방해하는, 훼방 놓는

Another vehicle was obstructing the way.
다른 차가 길을 가로막고 있었다.

industry
[índəstri]

n 산업
어근힌트 indu- 안에 + stry 세우다
파생어 industrial ⓐ 산업의 industrialize ⓥ ~을 산업화하다 industrialization ⓝ 산업화

That company is the heart of the timber industry in Asia.
이 회사는 아시아 목재 산업의 핵심이다.

construct
[kənstrʌ́kt]

v 건설하다 (↔) destroy
어근힌트 con- 함께(접두사) + struct 세우다
파생어 construction ⓝ 건설 (↔) destruction, 건축물
constructive ⓐ 건설적인 (↔) destructive

We want to construct a bridge between the two places.
우리는 두 장소를 연결하는 다리를 만들고 싶다.

instruct
[instrʌ́kt]

v ~을 가르치다 (=) teach, 지시하다
어근힌트 in- 안으로(접두사) + struct 세우다
파생어 instruction ⓝ 교육, 지시, 교훈 instructive ⓐ 교육적인
instructor ⓝ 교사, 강사, 지도자

Please instruct me on how to place an order.
주문하는 방법을 가르쳐주세요.

industrious
[indʌ́striəs]

a 부지런한 (=) diligent
어근힌트 indu- 안에 + stri 세우다 + ous (형용사형 접미사)

The Korean are considered to be very industrious.
한국인는 매우 근면한 것으로 간주된다.

instrument
[ínstrəmənt]

n 기계, 기구
어근힌트 in- 안으로(접두사) + stru 세우다 + ment (명사형 어미)

To learn a musical instrument is beneficial to our mental health.
악기를 배우는 것은 우리의 정신 건강에 도움이 된다.

destroy
[distrɔ́i]

v ~을 파괴하다 (↔) construct
어근힌트 de- 떨어져(접두사) + stroy 세우다
파생어 destruction ⓝ 파괴, 파멸 destructive ⓐ 파괴적인

Destroy the seed of evil, or it will grow up to your ruin. Aesop
악의 씨를 파괴하십시오, 그렇지 않으면 그것이 자라서 당신을 파멸로 몰고 갈 것이다. 이솝

STORY 211 불량 영사 퇴출작전 1

💬 STORY

영사 공관에서는 믿지 못할 일이 벌어지고 있다. 큰 술병을 들고 술에 취해 있는 영사 consul는 봉급 salary을 주지 않는 등 자신의 책임을 망각한 채 나날이 지낸다. 직원 간에 영사 처리 문제로 자문을 구하고 consult 이에 대해 암살자를 준비시켰다는 조언(상담) counsel을 나눈다. 드디어 암살자가 등장하여 경비병을 소금 salt으로 절여서 무력화시킨다. 이후의 결과 result가 어떻게 될지 기대하시라.

💡 연상 HINT

① **consul**
큰 술병을 든 영사 consul의 못된 행실에 직원들이 힘들어 한다.

② **salary**
직원들 월급 salary을 몇 달간 주지 않나 보다. 로마시대에는 월급을 소금 salt로 주었다고 한다. 소금과 봉급은 같은 뿌리이다.

③ **consult**
이제 직원들이 어떻게 하면 좋을지 여기저기에 함께 con- 자문을 구한다 consult.

④ **counsel**
또한 상담해주는 counsel 사람을 통해 암살자를 준비시켜 놓았다는 말을 듣는다.

⑤ **salt**
암살자는 옥상에 있던 경비병을 소금 salt으로 절여서 마비시킨다.

⑥ **result**
이후의 결과 result는 어떻게 되었을까? 다음 장면을 기대하기 바란다.

sult · salt · sal — 뛰어 오르다 leap

consul
[kánsəl]

n 영사

어근힌트 con- 함께(접두사) + sul 뛰다

When there was trouble, they sought the protection of their consul.
분쟁이 있을 때, 그들은 영사의 보호를 구했다.

salary
[sǽləri]

n 봉급; **v** 봉급을 지불하다

어근힌트 sal 뛰어오르다 + ary (형용사·형 접미사)

Are you content with your present salary?
당신은 현재의 봉급에 만족하십니까?

consult
[kənsʌ́lt]

v 의견을 묻다, 진찰받다, 상의[의논]하다

어근힌트 con- 함께(접두사) + sult 뛰다

파생어 consultant **n** 컨설턴트 consulting **a** 자문의; **n** 자문, 진찰

We can consult doctors to find out the best way to protect the skin.
우리는 피부 보호를 위한 최상의 방법을 알아내기 위해 의사들과 상담할 수 있다.

counsel
[káunsəl]

n 상담; **v** 상담하다

어근힌트 coun- 충고하다 + sel 뛰다

파생어 counsel(l)or **n** 상담역, 카운슬러

It is the counsel of prudence to forgive those who hurt you.
당신을 해치는 사람들을 용서하는 것이 신중한 삶의 조언이다.

salt
[sɔːlt]

n 소금; **v** 소금을 치다

어근힌트 salt 뛰다

파생어 salty **a** 소금기 있는

It's good for health to abstain from using salt when cooking dishes.
요리할 때 소금 사용을 절제하는 것이 건강에 좋다.

result
[rizʌ́lt]

n 결과 (↔) cause; **v** 결과로서 생기다

어근힌트 re- 다시(접두사) + sult 뛰다

Civilization resulted from the ability of human beings to control fire.
문명은 불을 다루는 인간의 능력으로부터 생겨났다.

STORY 212 불량 영사 퇴출작전 2

STORY

마침내 부하직원들이 영사를 모욕하며 insult 추방한다 exile. 직원 간에 서로 축하하여 잔치를 벌인다. 샐러드, 맛있는 소스 sauce, 연어 salmon 등으로 진수성찬을 차리고 음식을 먹고 있다. 봉급을 이제야 받게 된 직원은 세일 sale중인 가게에서 물건을 왕창 산다.

연상 HINT

① **insult**
부하직원들은 건물 내부에서 in- '인석아, 오지 마.'라고 영사를 모욕한다 insult.

② **exile**
급기야 밖으로 ex- 이 영사를 추방한다 exile.

③ **sauce**
영사를 쫓아낸 후 직원들은 맛있는 소스 sauce와 음식으로 파티를 연다.

④ **salmon**
음식 중에는 연어 salmon 회가 놓여있다. 실제 발음은 [새먼]이지만, 글자대로 발음하면 [살믄]이 되는데 삶은 연어라고 보면 뜻을 기억하기 쉽다. 어원으로 보면 sal은 뛰어오르다는 뜻이다. 연어는 고향을 찾아 올라올 때 뛰어오른다.

⑤ **sale**
봉급을 받고 나서는 세일판매 sale하는 물건을 왕창 사는 직원도 있다. 이상의 스토리는 단어를 외우기 위해 극화한 장면으로 실제 이런 일은 없을 것이다.

sult · salt · sal 뛰어 오르다 leap

insult
[insʌlt]

n 모욕; v 모욕하다

어근힌트 in- 안으로(접두사) + sult 튀다

Adding insult to injury = It never rains but it pours.
엎친 데 덮친다 (雪上加霜).

exile
[égzail]

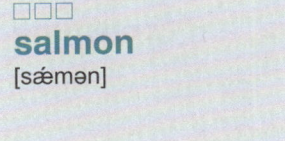

n 추방, 망명; v 추방하다 (=) banish

어근힌트 ex- 밖으로(접두사) + ile (형용사형 어미)

I know how men in exile feed on dreams of hope.
나는 망명자들이 어떻게 희망의 꿈을 먹고 사는 지 안다. Aeschylus

sauce
[sɔːs]

n 소스, 양념

어근힌트 sau 튀다 + ce (명사형 어미)

Hunger is the best sauce.
시장이 반찬이다.

salmon
[sǽmən]

n 연어

어근힌트 sal 튀다 + mon (명사형 어미)

Salmon battle their way for hundreds of miles upstream.
연어는 수백km에 달하는 격류를 거슬러 오른다.

sale
[seil]

n 판매

어근힌트 sale 튀다

I'm in charge of the sales department of S company.
저는 S사의 영업부장입니다.

STORY 213 면접 시험을 잡아라

STORY

여기는 면접 시험장이다. 면접관들이 미리 검토한 examine 지원자들의 이력서가 책상 위에 한 무더기로 쌓여 있다. 사장님은 회사에서 모범 example 사원으로 칭찬받고 있는 옆에 있는 직원처럼 부지런하게 일할 사람을 찾고 있다. 한 거만한 지원자는 영어를 잘 하는 척하면서 입사에 성공하리라 가정한다 assume. 머릿속으로 사장님이 자신을 뽑아주고 악수하는 장면을 상상한다 presume. 돈을 많이 써서(소비하여) consume 면접 시험이 면제되고 입사에 성공하는 자도 있다. 지원했다가 떨어진 지원자는 다시 시작하는 resume 것을 결심한다.

연상 HINT

① examine
신입사원을 보는 면접장이다. 은퇴 직원이 면접보는데, 면접관이 친구인 것을 알고 창피해서 시험보는 examine 시험지로 얼굴을 가린다.

② example
면접관은 '나는 이 사원같은 사람을 원하오.'라고 말하며 본보기 example가 되는 사원을 가리킨다.

③ assume
토익 990점 맞은 사람은 자신은 합격할 것이라고 어줍잖게 상상한다 assume.

④ presume
프리즘을 통해 사장님이 자신과 악수하는 장면을 추정해 presume 본다.

⑤ consume
그런데, 큰 돈을 소비해서 consume 낙하산으로 입사하는 자를 보면 얄밉다.

sume · amp — 잡다 take

examine
[igzǽmin]

V 시험보다, 검토하다

어근힌트 ex- 밖으로(접두사) + am 잡다 + ine (동사형 어미)

파생어 examination **n** 시험, 조사

When we see men of a contrary character, we should turn inwards and examine ourselves.
우리는 반대되는 성격을 지닌 사람들을 보게 될 때 우리 내면으로 주의를 돌려 우리 자신들을 살펴보아야 한다.

example
[igzǽmpl]

n 예, 보기

어근힌트 ex- 밖으로(접두사) + ample 잡다

His example has encouraged both handicapped and healthy people to attempt the impossible.
그의 본보기는 장애인과 정상인 모두에게 불가능해 보이는 것을 시도하도록 고무시켰다.

assume
[əsúːm]

V 가정하다, 추측하다 (=) presume

어근힌트 as- ~로부터(접두사) + sume 잡다

파생어 assumption **n** 가정, 추정

I assume that you are completely wrong in that.
나는 당신이 그점에 있어서 완전히 잘못했다고 생각한다.

presume
[prizúːm]

V 추정하다, 상상하다

어근힌트 pre- 앞으로, 미리(접두사) + sume 잡다

I presume you are married.
나는 당신이 기혼자일 것이라고 추측했습니다.

consume
[kənsúːm]

V 소비하다

어근힌트 con- 함께(접두사) + sume 잡다

파생어 consumption **n** 소비 (↔) production consumptive

The electricity industry consumes a great deal of fossil fuels.
전기 산업은 상당한 양의 화석연료를 소비한다.

STORY 214 에일리언 지구침공

STORY

건드리지 않은 순전한 intact 지구를 정복하기 위해 외계인들이 서로 접촉 contact 신호를 보낸다. 드디어 외계인이 압정 tack으로 만든 총으로 공격한다 attack. 이에 사람들은 압정이 팔에 박혀 몸이 마비된다. 이러한 공격으로 극도의 긴장이 수반되고, 큰 전쟁이 일어나 지구에 전염병 contagion이 발병하여 전역이 전염되기 시작한다.

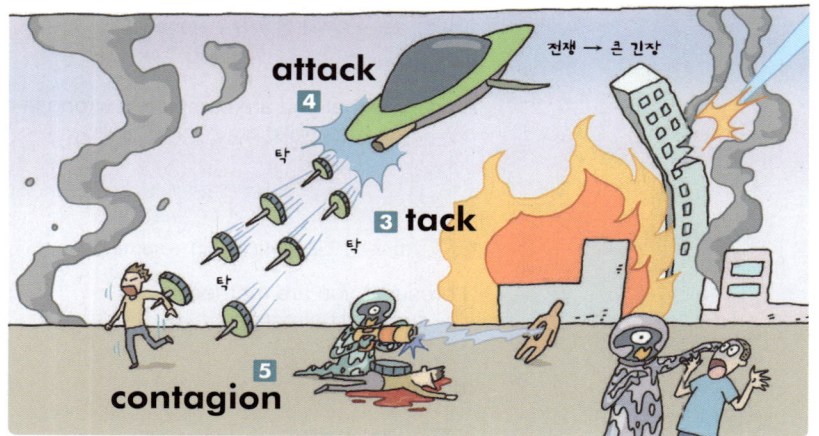

연상 HINT

① intact
  외계인들이 아직 건드리지 않은 intact 지구를 공격하려고 시도한다.

② contact
  먼저 함께 con- 접속 contact 신호를 보낸다.

③ tack
  드디어 이들은 압정 tack 총으로 지구를 침공한다. 탁 탁 탁 총알 소리가 들린다.

④ attack
  이들이 계속 공격한다 attack.

⑤ contagion
  급기야 지구에 전염병 contagion이 확산된다. 어떤 사람은 '외계인들이 큰 대전(大戰)을 일으켰어.'라고 소리친다.

tack · tact · tag 잡다 tough

intact
[intǽkt]

a 손상되지 않은, 완전한 (=) complete

어근힌트 in- 부정(접두사) + tact 붙잡다

The building structure has remained intact in the fire.
건물 구조는 화재에도 불구하고 그대로 남아 있다.

contact
[kάntækt]

n 접촉, 교제

어근힌트 con- 함께(접두사) + tact 붙잡다

The physical appearance includes facial expressions, eye contact, and general appearance.
신체적 외모는 표정, 눈 맞춤, 그리고 전반적 용모를 포함한다.

tack
[tæk]

n 납작한 못, 압정

어근힌트 tack 잡다

She jumped around in pain after accidentally stepping on a tack.
그녀가 우연히 압정을 밟은 후에 아파서 덜쩍 뛰어다녔다.

attack
[ətǽk]

v ~을 공격하다; **n** 공격, 비판

어근힌트 at- ~로부터(접두사) + tack 붙잡다
파생어 counterattack **n** 역습, 반격

The leopard began to attack dogs and cattle in the village.
표범은 마을에 있는 개들과 소 떼를 공격하기 시작했다.

contagion
[kəntéidʒən]

n 감염, 전염병

어근힌트 con- 함께(접두사) + tag 붙잡다 + ion (명사형 접미사)
파생어 contagious **a** 전염성의

The best defence against contagion is to keep our bodies clean inside and out.
전염에 대한 최상의 방어는 우리 몸을 안팎으로 깨끗하게 유지하는 것이다.

STORY 215 에일리언 섬멸 대작전

💬 STORY

지구 수비대는 지구방어 전술 tactics을 구상한다. 다리 걸어 넘어뜨리기 tackle, 등나무에 얽히게 하기 entangle, 전부대가 통합하여 integrate 싸우기 등의 의견을 내놓는다. 이에 교관은 그들의 재치를 칭찬한다. 결국 외계인 세력은 와해되고, 차량 등도 완전히 entirely 파괴되어 타이어가 분리되어 detach 날아간다. 아기는 무서워서 엄마에게 꽉 붙어있고 attach 엄마는 팔로 아기를 토닥토닥 보듬어 준다

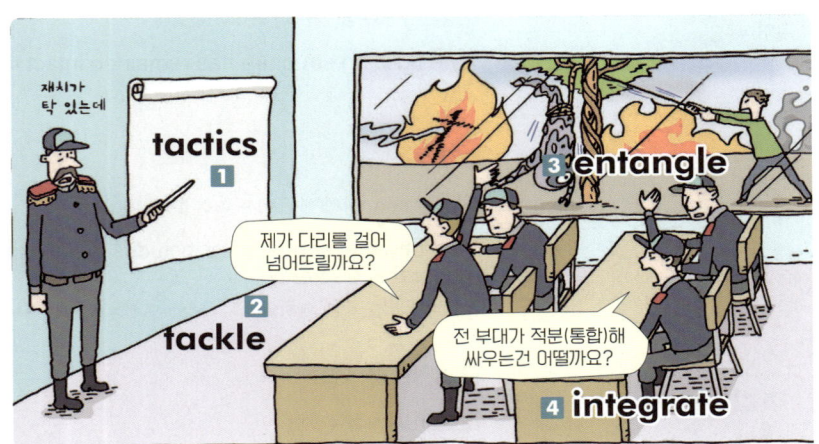

💡 연상 HINT

① tactics
지구수비대는 지구 방어 전술 tactics를 구상한다. 각자 자신들의 의견을 제시한다.

② tackle
한 사람이 '제가 태클 tackle 걸어 넘어뜨릴까요?'라고 말한다.

③ entangle
다른 사람은 '등나무에 댕글 매달아 얽히게 하면 entangle 어떨까요?'라고 한다.

④ integrate
듣고 있던 다른 사람은 '모두 통합하여 integrate 싸우면 좋겠습니다.'라고 힘을 합칠 것을 제안한다.

⑤ entirely
결국 외계인 세력은 완전히 entirely 와해된다. 타이어-tire도 다 떨어져 나간다.

⑥ detach
모든 게 뒤로 분해되어 detach 부서진다.

⑦ attach
전쟁에 겁먹은 아이는 엄마에게 착 달라붙는다 attach. 엄마는 '못된 것들. 어 때치'하고 아이를 토닥거린다.

tack · tact · tang · tach · tire · tegr 잡다 touch

tactics
[tǽktiks]

- ⓝ 전술, 용병학
- 어근힌트 tact 잡다 + ics (명사형 접미사)
- 파생어 tactical ⓐ 전술(상)의, 용병상의 tactic ⓝ 병법, 책략

The general wrote a book about military tactics.
장군은 군사 전술에 관한 책을 썼다.

tackle
[tǽkl, téikl]

- ⓝ 태클; ⓥ ~에 달려들다
- 어근힌트 tac 잡다 + kle (명사형 어미)

We will have to tackle a lot of problem in earnest.
우리는 많은 문제와 진지하게 씨름해야 할 것이다.

entangle
[intǽŋgl]

- ⓥ ~을 얽히게 하다
- 어근힌트 en- 밖으로(접두사) + tang 붙잡다 + le (동사형 어미)
- 파생어 tangle ⓥ 엉키게 하다 entire ⓐ 전체의 (=) whole

He felt himself to be entangled in a web of intrigue.
그는 자신이 음모의 덫에 얽힌 느낌이 들었다.

integrate
[íntəgrèit]

- ⓥ 통합하다, [수학] 적분하다
- 어근힌트 in- 안으로(접두사) + tegr 붙집다 + ate (동사형 접미사)
- 파생어 integral ⓐ 통합된; [수학] 적분 integration ⓝ 통합, 완성 integrity ⓝ 성실 (=) sincerity, 고결

We adults should allow children to fully integrate and engage in this society.
우리 어른들은 아이들이 이 사회에 완전히 통합되고 참여할 수 있도록 허락해 주어야 한다.

entirely
[intáiərli]

- ⓐⓓ 전적으로
- 어근힌트 en- 밖으로(접두사) + tire 붙잡다 + ly (부사형 접미사)

I was entirely ignorant about the fact that he is the father of the child.
나는 그가 아이의 아버지라는 사실에 대해 전혀 몰랐다.

detach
[ditǽtʃ]

- ⓥ ~을 떼어놓다 (↔) attach
- 어근힌트 de- 떨어져(접두사) + tach 붙잡다
- 파생어 detachment ⓝ 분리, 이탈

It can be difficult to detach ourselves from an abusive relationship.
폭력적인 관계에서 벗어나는 것은 어려울 수 있다.

attach
[ətǽtʃ]

- ⓥ ~을 붙이다 (↔) detach
- 어근힌트 at- ~로부터(접두사) + tach 붙잡다
- 파생어 attachment ⓝ 붙이기, 애착

Please attach a copy of your resume to the application letter.
지원양식에 이력서 복사본을 첨부하세요.

STORY 216 최후의 심판

💬 STORY

최후 심판의 날에 하나님이 사람들을 심판하고 있다. 한 의인이 예수님을 믿는다고 고백하며 하나님을 기쁘게 해드리자 please 하나님이 즐거워하는 pleasant 모습이다. 한 악인이 지옥에 보내지 말아달라고 탄원 plea한다. 다른 악인 둘은 지옥에 가지 않을 거라고 생각하며 무사 안일한 complacent 태도로 살아간다.

💡 연상 HINT

① **please**
심판대 앞에서 서있는 신자는 '전 하나님을 믿어요. 제발 please 구원해 주세요'하고 하나님을 기쁘게 please 하려고 애쓴다.

② **pleasant**
하나님은 그 믿음을 보고 즐거운 pleasant 표정을 하신다.

③ **plea**
한 악인은 자신을 지옥에 보내지 말라고 탄원한다 plea. 이를 드러내고 간청한다.

④ **complacent**
다른 악인 둘은 '지옥같은 장소(-place-)가 어디 있어. 모든 게 잘 될거야'하면서 무사안일한 complacent 태도로 행한다.

please

기쁘게 하다 please

please
[pliːz]

v 기쁘게 하다

어근힌트 pleas 기쁘게하다 + e (동사형 어미)
파생어 pleased ⓐ 좋아하는 pleasing ⓐ 유쾌한, 즐거운

It pleases me to know that you passed the exam.
당신이 시험에 합격했음을 알게 되어 기쁩니다.

pleasant
[plézənt]

ⓐ (사물·일이) 즐거운, 유쾌한

어근힌트 pleas 기쁘게하다 + ant (형용사형 접미사)
파생어 unpleasant ⓐ 불쾌한 pleasure ⓝ 즐거움, 유쾌 displeasure ⓝ 불쾌, 불만 displease

Or July 20, at 6:00 p.m. the weather on the street was pleasant, even cool.
7월 20일 오후 6시경, 거리의 날씨는 상쾌하고 시원하기조차 했다.

plea
[pliː]

ⓝ 탄원, 변명

어근힌트 plea 기쁘게하다
파생어 plead ⓥ 변호하다

How do you wish to plea?
어떻게 항변하고 싶습니까?

complacent
[kəmpléisnt]

ⓐ 자기만족의, 무사안일의

어근힌트 com- 함께(접두사) + plac 기쁘게하다 + ent (형용사형 접미사)

He likes his job and has a complacent attitude toward life.
그는 자기 일을 좋아하며 인생에 대해 자족하는 태도를 가지고 있다.

STORY 217 테일러, 이제 봉합하게

STORY

수술을 마치고 봉합할 때에 양복점 재단사 tailor 출신 테일러 씨가 바늘과 실로 봉합하려고 한다. 간호사를 방문한 소매상 retail 화장품 아줌마가 화장품을 팔려고 애를 쓴다. 화장품 아줌마는 "세부사항 detail은 나중에 읽어봐요"하고 말을 한다.

연상 HINT

① tailor
병원 수술실에서 수술을 마쳤는데 봉합하는 사람은 의사가 아니라 양복점 tailor 출신 테일러 씨이다.

② retail
화장품을 소매 retail로 파는 아줌마가 간호사를 방문한다. 안 산다고 해도 계속 다시 re- 찾아온다.

③ detail
'세부 사항 detail은 뒤de-에 읽어보시고 하나 사주셔.'하고 간청한다.

tail 자르다 cut

tailor
[téilər]

n 재봉사; **v** (양복을) 짓다

어근힌트 tail 자르다 + or (명사형 접미사)

The tailor makes the man.
사람은 양복점에서 만들어진다. 옷이 날개다.

retail
[rí:teil]

n 소매상 (↔) wholesale

어근힌트 re- 다시(접두사) + tail

In the retail industry, it is often said that the customer is always right.
소매업계에서는 흔히 고객은 항상 옳다고들 말한다.

detail
[ditéil, dí:teil]

n 세부, 상세한 설명

어근힌트 de- 떨어져(접두사) + tail

Our life is frittered away by detail. Simplify, simplify.
우리의 삶은 사소한 일로 찔끔 찔끔 소모된다. 단순화하라. 단순화하라. Henry David Thoreau

STORY 218 고시생 남편

STORY

고시에 합격하기 위한 집념이 강한 남편은 유흥을 삼가한다 abstain. 공부한 것을 잊지 않고 간직하려고 retain 공부에 집중한다. 벽에는 책 내용(內容) content 을 다 암기하고 만족(滿足)하는 content 수준까지 공부하라는 고시 공부 방법이 적혀 있는 종이가 붙어 있다. 밖에서 유지보수하는 maintain 공사 소리가 들린다.

연상 HINT

① **abstain**
고시생의 인생 역전 성공 스토리이다. 앞ab에 어른거리는 유혹거리를 삼가하고 abstain 공부한다.

② **retain**
공부한 내용은 잊어버리지 말고 머리에 보유하고 retain 있어야 한다. 그래서 다시 re- 머리에 넣으려고 반복한다.

③ **content**
공부의 내용(목차) content이 벽에 붙어있다. 이 내용을 '만족하는 content 수준까지' 이르도록 달음질한다.

④ **maintain**
이렇게 어렵게 단칸방에서 공부하는데 밖에서 유지보수하는 maintain 소리가 나서 공부에 방해가 되는 경우가 많다.

ten · tain 붙잡다 hold

abstain
[æbstéin, əbstéin]

v 절제하다

어근힌트 ab- ~로부터(접두사) + stain 서다
파생어 abstention ⓝ 절제, 자제

I've abstained from drinking for the whole season of Lent this year.
나는 올해 사순절 기간 내내 술을 자제하였다.

retain
[ritéin]

v 보류하다, 보유하다

어근힌트 re- 다시(접두사) + tain 붙잡다
파생어 retention ⓝ 보유, 유지

As I grow older, I find it difficult to retain information that I have learned.
나는 나이가 들어감에 따라, 배웠던 정보를 간직하기가 어렵다는 것을 발견한다.

content
[kɑ́ntent]

ⓝ 내용물, 목차 ⓐ 만족한(with) (↔) discontent

어근힌트 con- 함께(접두사) + tent 붙잡다
파생어 contentment ⓝ 만족하기, 만족 discontent ⓝ 불만; ⓐ 불만스러운
malcontent ⓐ 만족스럽지 못현; ⓝ 반항자

This study shows that peoples are growing less content with the current politics.
이 연구는 현재의 정치에 대해 사람들이 덜 만족하게 되어가고 있음을 보여준다.

maintain
[meintéin]

v ~을 유지하다

어근힌트 main 손 + tain 붙잡다
파생어 maintenance ⓝ 지속, 유지

I have found it difficult to maintain effective working relationships with others.
나는 다른 사람들과 효과적으로 지내는 관계를 유지하는 것이 어렵다는 것을 깨달았다.

STORY 219 아빠, 힘내세요

STORY

아내는 단백질 protein이 풍부한 두부와 고기를 요리하여 남편에게 맛있는 음식으로 영양을 보충해 주려한다. 이 아내는 남편을 포대기로 떠받치고 부양한다 sustain. 그러면서도 "여보, 힘내서 계속해요 continue."라고 말하며 격려한다. 이렇게 돈없이 고생하는데도 집주인은 임차인 tenant인 이들 부부에게 밀린 집세를 내라고 독촉한다. 아이는 냉장고 문을 열고 먹을 것이 없나 찾아본다. 냉장고 안에는 음식물을 담는(포함하는) contain 그릇이 있다.

연상 HINT

① **protein**
아내는 남편 고생한다고 단백질 protein이 풍부한 두부 음식을 앞에서 pro- 만든다.

② **sustain**
보통 고시생 아내는 남편을 부양한다 sustain. 아래로 sus-=sub 떨어지지 않도록 남편을 포대기로 업고 있다.

③ **continue**
아내는 '계속하여 continue 끝까지 힘내세요. 제가 함께 con-할께요.'하면서 힘을 북돋운다.

④ **tenant**
집주인은 임차인 tenant에게 10개월 밀린 집세를 내라고 독촉한다. 이때 열 마리 ten 개미 ant가 창가에 붙어있다.

⑤ **contain**
냉장고 안에는 여러 가지 음식물을 함께 con- 포함한 contain 큰 그릇이 있다.

ten · tain · tin   붙잡다 hold

protein
[próuti:n]

n 단백질

어근힌트 pro- 앞으로, 미리(접두사) + tein 붙잡다

These foods contain all of the essential proteins.
ㅇ 이 음식에는 모든 필수 단백질이 들어 있다.

sustain
[səstéin]

v 유지하다, 떠 받치다

어근힌트 sus 아래(접두사) + tain 붙잡다
파생어 sustainable ⓐ 견딜 수 있는

We are directed, nurtured, and sustained by others.
남들에 의해 우리는 지도받고, 양육되고, 부양받는다.

continue
[kəntínju:]

v 계속되다, ~을 계속하다

어근힌트 con- 함께(접두사) + tin 붙잡다 + ue (동사형 어미)
파생어 continual ⓐ 끊임없는   continually ⓐd 끊임없이   continuous ⓐ 연속의
continuously ⓐd 연속해서

A moving object continues to move unless some force is used to stop it.
움직이는 사물은 어떤 힘이 그것을 멈추기 위해 사용되지 않는 한 계속 움직인다.

tenant
[ténənt]

n 차용자, 임차인

어근힌트 ten 붙잡다 + ant (형용사형 접미사)
파생어 tenement ⓝ 차지(借地), 차가(借家)

The owner warned a tenant out of a house.
주인은 세입자에게 집 밖으로 나가라고 경고했다.

contain
[kəntéin]

v ~을 포함하다, 담고 있다

어근힌트 con- 함께(접두사) + tain 붙잡다
파생어 container ⓝ 용기, 컨테이너

These hot springs are said to contain many minerals healthy for skin.
이 온천은 피부에 좋은 미네랄을 많이 함유하고 있다고 한다.

STORY 220 고시 합격

💬 STORY

드디어 고시 합격! 목표를 달성한 attain 남편은 판사라는 지위를 획득하게 obtain 된다. 합격 축하 파티장에서 남편은 선배님에게 최선을 다 하겠다고 약속한다. 벽에는 대륙 continent 지도가 걸려 있고 무대에서는 남편 친구가 축하노래를 부르며 유흥을 즐기고 entertain 있다.

💡 연상 HINT

① **attain**
드디어 남편은 고시합격이라는 목표를 달성한다 attain. 축하해 주기 위해 온 선배는 "목표를 달성하니 어때?"라고 묻는다.

② **obtain**
또한 '이제는 원하는 것을 획득했으니 obtain 앞ob이 탁 트인 걸세.' 라고 격려한다.

③ **continent**
벽에는 큰 T 표시가 된 대륙 continent 지도가 걸려있다. 대륙을 품고 인생을 펼칩시다.

④ **entertain**
남편 친구가 즐겁게 해주려고 entertain 노래를 부른다.

ten · tain · tin 붙잡다 hold

attain
[ətéin]

v ~을 달성하다

어근힌트 at- ~로부터(접두사) + tain 붙잡다
파생어 attainment ⓝ 달성

My grandfather attained a number of medals when he served as a fighter pilot.
나의 할아버지는 전투기 조종사로 복무하는 동안 많은 훈장을 받았다.

obtain
[əbtéin]

v 얻다

어근힌트 ob- 앞에서(접두사) + tain 붙잡다

In some villages in many developing countries people obtain their water from ponds nearby.
많은 개발도상국의 몇몇 지역에서는 연못 근처에서 물을 얻는다.

continent
[kántənənt]

ⓝ 대륙, 육지

어근힌트 con- 함께(접두사) + tin 붙잡다 + ent (형용사형 접미사)
파생어 continental ⓐ 대륙의; ⓝ 대륙인

Africa is my continent. It is where I opened my eyes. Djimon Hounsou
아프리카는 나의 대륙입니다. 그것은 내가 눈을 뜨게 해주었습니다. 지몬 훈소우

entertain
[èntərtéin]

v ~을 즐겁게 해주다

어근힌트 enter- 들어가다 + tain 붙잡다
파생어 entertainer ⓝ 즐겁게 해주는 사람 entertainment ⓝ 오락, 연예

The documentary program not only entertains but also teaches.
다큐멘터리 프로그램은 즐겁게 해주고, 또한 가르침을 줍니다.

STORY 221 — 쏴! 이 물총으로

STORY

독일 문화원에 동시대의 contemporary 인물인 괴테와 베토벤의 사진이 걸려있다. 베토벤의 사진에는 박자 템포 tempo를 맞추는 메트로놈이 보인다. 장난꾸러기 아이 둘이 물총을 동시에 simultaneous 쏘아 일하는 직원의 얼굴을 맞춘다. 이 직원은 일시적인 temporary 통증을 느낀다. 즉, 관자놀이 temporal 에 물총을 받아서, 일시적인 temporal 통증을 느끼는 것이다. 갑자기 동쪽에서 폭풍우 tempest가 몰려온다.

연상 HINT

① **contemporary**
괴테와 베토벤은 동시대의 contemporary 인물이다. 함께 con- 시간 tempo-을 지낸 사람이란 뜻이다.

② **tempo**
음악가에게 있어 메트로놈은 템포 tempo를 알려주는 기구이다.

③ **simultaneous**
장난꾸러기 둘이 '쏴! 이 물총으로.'라고 말하며 문화원 여직원에게 동시에 simultaneous 물총을 쏜다.

④ **temporary**
그러자 여직원이 일시적인 temporary 통증을 느낀다.

⑤ **temporal**
얼굴 관자놀이 temporal 에 일시적인 temporal 통증을 느낀 것이다.

⑥ **tempest**
한편 동쪽(east) -est 에서 폭풍우 tempest가 몰려온다.

tempor — 시간, 시대 time

contemporary
[kəntémpərèri]

a 같은 시대의; **n** 동시대 사람

어근힌트 con- 함께(접두사) + tempor 시간 + ary (형용사형 접미사)

She is well-known for writing a lot of contemporary music for singers.
그녀는 가수를 위한 많은 현대 음악을 작곡한 것으로 유명하다.

tempo
[témpou]

n 빠르기, 박자

어근힌트 tempo 시간

This instrument is used to provide a stable rhythmic beat and tempo for performers.
이 악기는 연주자들을 위해서 안정되고 리듬감 있는 장단과 박자를 만들어 주는데 쓰입니다.

simultaneous
[sàiməltéiniəs]

a 동시의

어근힌트 simul 같은 + tane 시간 + ous (형용사형 접미사)

파생어 simultaneously **ad** 동시에

Her dream is to become a simultaneous interpreter.
그녀의 꿈은 동시 통역사가 되는 것이다.

temporary
[témpərèri]

a 일시적인, 잠시의

어근힌트 tempor 시간 + ary (형용사형 접미사)

파생어 temporarily **ad** 일시적으로, 임시로

Temporary works will be an important stepping-stone towards permanent employment.
임시직은 영구 고용을 향한 중요한 발판이 될 것이다.

temporal
[témpərəl]

a 시간의, 일시적인, 관자놀이의

어근힌트 tempor 시간 + al (형용사형 접미사)

The files is stored in a temporal storage means of a computer system.
파일은 컴퓨터 시스템의 임시 저장 매체에 저장된다.

tempest
[témpist]

n 폭풍우, 폭설

어근힌트 temp 시간 + est (명사형 어미)

For about a week the tempest raged ceaselessly.
폭풍우가 거의 일주일 동안 계속 들이불었다.

STORY 222 한국 은행 금고 털이

STORY

도둑 셋이 모여서 은행을 털자고 유혹한다 tempt. 너무 위험해서 안된다고 하며 부정적인 negative 의견을 제시하는 자와, 중립적인 neutral 입장이라고 대답하는 자도 있다. 드디어 이들이 함께 한국은행을 털려고 시도한다 attempt. 그러다가 청소부 아줌마에게 들키자 살인 murder을 저지른다. 죽어야 할 운명인 mortal 사람의 삶이 이렇게 허무하다. 경찰에 잡힌 자는 자신의 행동을 부인한다 deny. 그러자 청소부 아줌마의 가족들은 그를 멸시한다 contempt.

연상 HINT

① tempt
도둑 셋이 모였다. 이들이 '10tem시부터pt 털자.'라고 속삭이며 은행을 털자고 유혹한다 tempt.

② negative
부정적인 negative 태도를 갖고 있는 녀석은 '네가 해'하면서 꼬리를 뺀다.

③ attempt
이제 한국은행 금고를 열려고 시도한다 attempt. '내 실력 어때?'라고 말하면서.

④ murder
청소부 아줌마에게 들키자, 이 강도는 살인 murder을 저지른다. 청소부의 아들은 '엄마 마더'하며 운다.

⑤ mortal
이 강도는 '사람은 누구나 죽을 운명이지 mortal. 그러나 강도짓 모탈[못할] 짓이군.'하며 씁쓸해한다.

⑥ deny
경찰에 붙잡힌 이들은 '제 나이가 몇인데.. 나 강도짓 안했어요'하며 자신의 범행을 부인한다 deny.

⑦ contempt
청소부 아줌마의 아들과 그 남편은 함께 con- 이들을 경멸한다 contempt.

tempt — 시도하다 try

tempt [tempt]
v 유혹하다
어근힌트: tempt 시도하다
파생어: temptation ⓝ 유혹

Don't be tempted by her sweet kiss.
그녀의 달콤한 키스에 속지 마라

attempt [ətémpt]
v 시도하다, 기도하다
어근힌트: at- ~로부터(접두사) + tempt 시간

When you attempt to do something and fail, you have to ask yourself why you have failed.
당신이 뭔가를 시도했다가 실패를 하면, 당신이 왜 실패를 했었는지를 자신에게 물어 봐라.

contempt [kəntémpt]
n 경멸, 멸시
어근힌트: con- 함께(접두사) + tempt 시간

You should not treat people with contempt.
당신은 사람들을 경멸로 대해서는 안된다.

neg · ny · ne — 부인하다 deny

negative [négətiv]
a 부정[부인]의, 부정적인
어근힌트: nega 부인하다 + tive (형용사형 접미사)

Don't be so negative about it.
그것에 대해 너무 부정적이지는 말아라.

deny [dinái]
v 부인[부정]하다
어근힌트: de- 떨어져(접두사) + ny (동사형 어미)
파생어: denial ⓝ 부정, 부인

He denied that he had killed her.
그는 자신이 그녀를 죽였다는 것을 부인했다.

mort — 죽음 death

murder [mə́ːrdər]
n 살인
어근힌트: murd 죽음 + er (명사형 어미)
파생어: murderer ⓝ 살인자[범]

He was executed for murder.
그는 살인죄로 처형당했다.

mortal [mɔ́ːrtl]
a 죽어야 할 운명의
어근힌트: mort 죽음 + al (형용사형 접미사)
파생어: mortality ⓝ 죽을 운명, 인류 immortal ⓐ 불사(신)의, 불멸의
immortality ⓝ 불사, 불멸

The Buddha was originally a common mortal like one of us.
부처도 우리와 같은 사람이었다.

STORY 223 수학여행, Love me tender

💬 STORY

바다로 수학여행을 갔다. 담임선생님이 학생들을 "주목 attention!"하며 부르자, 학생들이 선생님 주위로 모인다. 한 여학생은 춤을 추며 "선생님, 저도 출석 attendance 했어요."하고 앞으로 나간다. 이 여학생은 헤드폰으로 최신 유행 trend의 청바지를 입고 노래를 부르는 엘비스 프레슬리의 부드러운 tender 사랑의 노래 'Love me tender'를 듣는다. 수풀 뒤에서 두 학생이 음식을 만들고 있나보다. 한 학생이 음식을 만들고 있는 친구에게 "무슨 음식을 만들 작정이니 intend?"하고 묻는다. 우편에서는 강아지 한 마리를 돌보는 tend 아저씨가 나무에도 물을 주고 있다.

💡 연상 HINT

① **attention**
수학여행을 갔다. 선생님이 '모두들 주목 attention'하며 주의를 집중시킨다. 어떤 선생님은 이렇게 아이들의 주목을 끌기 위해 애쓴다.

② **attendance**
이때 '선생님, 저도 출석 attendance 했어요'하며 여학생이 흥겹게 춤추며-dance 다가온다.

③ **trend**
이 여학생은 엘비스 프레슬리의 음악을 듣는다. 엘비스 프레슬리는 당시의 유행 trend을 이끈 세기의 가수이다.

④ **tender**
팝송 제목은 그 유명한 '러브 미 텐더 tender.' (나를 더-der 부드럽게 사랑해 주세요)이다.

⑤ **intend**
수풀 안 in- 쪽에서는 가스버너로 몰래 음식을 만드는 녀석들이 있다. 이들이 뭐라고 하는지 들어보자. '너 무슨 음식 만들 작정이니? intend' '나, 인도카레'

⑥ **tend**
한 아저씨는 나무에 물을 주어 돌본다 tend. 전봇대나 나무를 보면 강아지들은 그냥 지나가지 않고, 꼭 쉬를 하는 경향이 있다 tend.

tend

뻗다 stretch

attention
[əténʃən]

n 주의, 주목

어근힌트 at- ~로부터(접두사) + ten 뻗다 + tion (명사형 접미사)
파생어 attentive ⓐ 주의 깊은

He didn't pay any attention to the advice of his father.
그는 아버지의 충고에 관심을 기울이지 않았다.

attendance
[əténdəns]

n 출석, 참석

어근힌트 at- ~로부터(접두사) + tend 뻗다 + ance (명사형 접미사)
파생어 attendant ⓝ 시중드는 사람, 수행원

I want to register for attendance to the workshop.
나는 워크샵 참석에 등록하기를 원합니다.

trend
[trend]

n 경향, 유행

어근힌트 trend 뻗다

There is a exciting and disturbing trend in artificial intelligence.
인공 지능에는 흥분이 되기도 하고 불안감을 주기도 트렌드가 있다.

tender
[téndər]

a 부드러운

어근힌트 tend 뻗다 + er (형용사형 어미)

I try to have tender heart.
나는 부드러운 마음을 가지려고 노력합니다.

intend
[inténd]

v ~할 작정이다

어근힌트 in- 안으로(접두사) + tend 뻗다
파생어 intent ⓝ 의지, 의향 intention ⓝ 의향, 의도 intentional ⓐ 고의적인
intentionally ⓐⓓ 고의적으로

You indicate in your cover letter that you intend to follow a literary career.
당신은 당신의 소개서에서 문학관련 직업을 추구하려고 한다는 점을 보여줍니다.

tend
[tend]

v (~하는) 경향이 있다, 돌보다

어근힌트 tend 뻗다
파생어 tendency ⓝ 경향, 추세

Your experience tells you that men tend to be taller than women.
당신의 경험이 남자가 여자보다 키가 큰 경향이 있다는 것을 말해준다.

STORY 224 수학여행, 텐트치기

💬 STORY

텐트를 치기 위해 끙끙대며 팽팽한 tense 상태로 줄을 당겨 널리 연장한다 extend. 줄을 세게 당겨서 그런지 고혈압 hypertension 으로 힘이 든다. "나좀 도와줘"하고 앞의 친구에게 도와달라고 부탁한다. 하지만 그 친구는 못 들은 척한다 pretend. 텐트 안에서는 또 다른 학생이 불을 지피기 위해 애쓰고 있다. 강렬한 intense 회전을 해야 불꽃이 생길 것 같다. 평상 위에서는 두 학생이 자기 자리라고 주장하며 서로 다투는 contend 것이 심상치 않다.

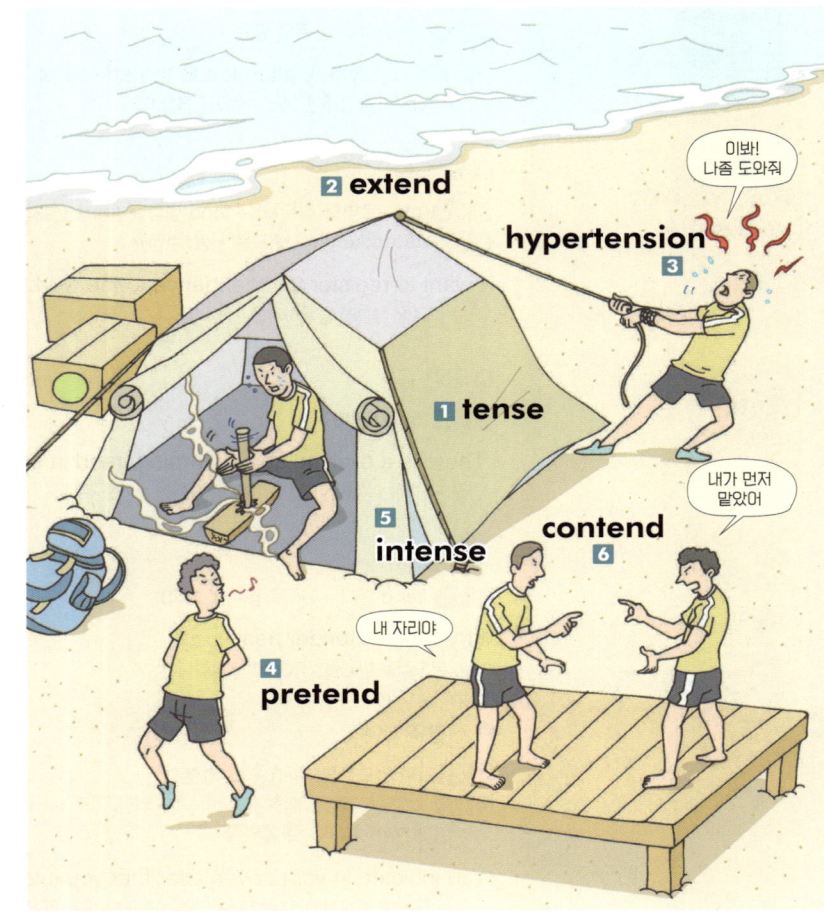

💡 연상 HINT

① **tense**
지금 다 같이 텐트를 치고 있다. 팽팽한 tense 텐트를 쳐야 바람에 날아가지 않는다.

② **extend**
팽팽하게 하기 위해서 줄을 밖으로 ex- 뻗쳐야 extend 한다.

③ **hypertension**
그런데 너무 당겨서 그런지 고혈압 hypertension에 걸린다. 혈압 긴장도가 너무 위로 hyper 오른 것이다.

④ **pretend**
야외에서 꼭 눈치만 살피고 도와주지는 않는 녀석이 꼭 있다. 앞에서 pre- 어슬렁거리는 빤질이는 '도와줘'라는 말도 못 들은 척한다 pretend.

⑤ **intense**
필요한 성냥을 가져오지 않았나 보다. 불을 피우기 위해 텐트 안 in-에서는 한 학생이 불을 피우려고 강렬한 intense 몸동작으로 애쓴다.

⑥ **contend**
해수욕장 가면 자리 맡으려고 텃세부리는 사람이 꼭 있다. 평상을 차지하려고 함께 con- 다투는 contend 아이들을 보라.

tend · tens 뻗다 stretch

tense [tens]

ⓐ (줄 등이) 팽팽한, 긴장한

어근힌트 ten 뻗다 + se (형용사형 어미)
파생어 tension ⓝ (정신적) 긴장 (=) strain, 불안

The voice of the teacher created a tense atmosphere in the classroom.
교사의 목소리는 교실에서 긴장된 분위기를 조성했다.

extend [iksténd]

ⓥ (손·발 등을) 뻗다, 치다, 연장하다

어근힌트 ex- 밖으로(접두사) + tend 뻗다
파생어 extension ⓝ 뻗음, 확장 extensive ⓐ 넓은, 광대한 extent ⓝ 넓이, 크기

Can you extend the deadline on the report?
보고서의 기한을 연장 할 수 있습니까?

hypertension [hàipərténʃən]

ⓝ 고혈압(증)

어근힌트 hyper- 위에(접두사) + ten 뻗다 + sion (명사형 접미사)

Hypertension and overweight are associated.
고혈압과 비만은 연관성이 있다.

pretend [priténd]

ⓥ ~인 체하다

어근힌트 pre- 앞으로, 미리(접두사) + tend 뻗다

I pretended not to see him.
나는 그를 못 본 척 하였다.

intense [inténs]

ⓐ 강렬한

어근힌트 in- 안으로(접두사) + ten 뻗다 – se (형용사형 어미)
파생어 intension ⓝ 강화, 보강 intensity ⓝ 강렬, 강도 intensive ⓐ 강한, 강렬한

She hopes to find in marriage an intense emotional fulfillment such as she has read of in books.
그녀는 책에서 읽었던 강렬한 정서적 충족감을 결혼에서 찾기를 희망한다.

contend [kənténd]

ⓥ 싸우다, 논쟁하다

어근힌트 con- 함께 (접두사) + tend 뻗다
파생어 contention ⓝ 말다툼, 논쟁, 논전

Never contend with a man who has nothing to lose.
잃을 것이 없는 사람과 다투지 말라. (서양속담)

STORY 225 사이버 테러

STORY

오사마 빈 라덴 일당이 끝내주는 굉장한 terrific 해킹 프로그램으로 세계무역센터 서버에 끔찍한 terrible 테러 terror를 자행한다. 서버를 보호하기 protect 위해 방화벽을 세워놓았으나 공중으로 날아 들어오는 비행기를 막을 수가 없다. 한참이 지난 후에야 인공위성 망원경이 이러한 빈 라덴 일당의 테러 현장을 발견하게 detect 된다.

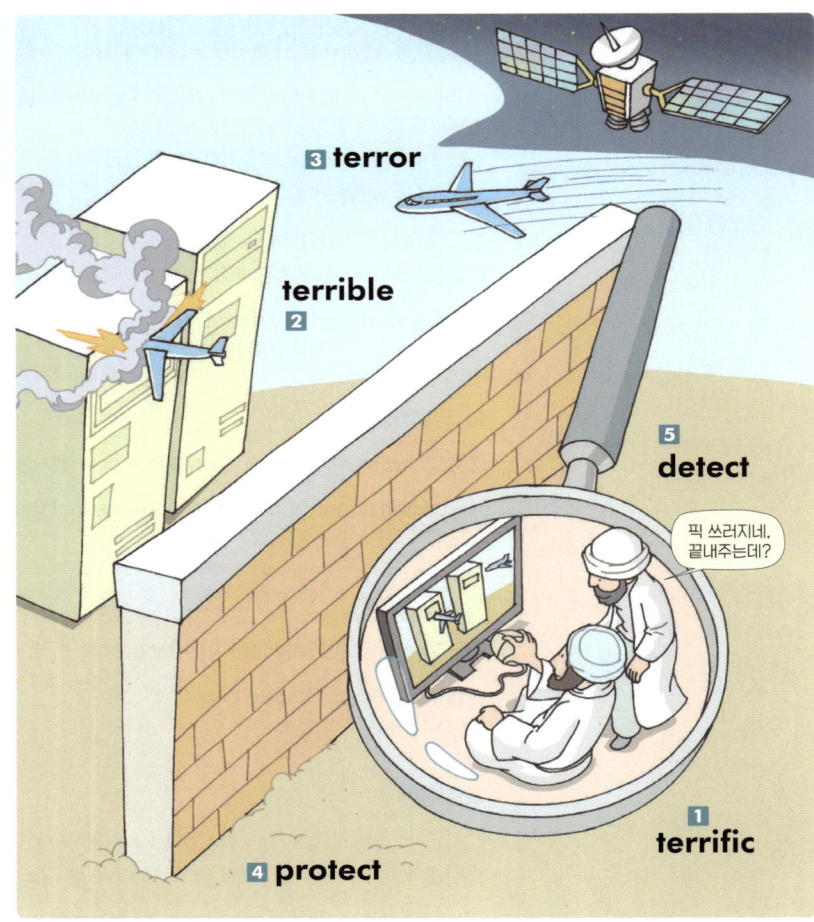

연상 HINT

① **terrific**
빈 라덴 일당이 끝내주는 terrific 프로그램으로 테러를 저지른다. '이 프로그램 끝내주는데. 픽-fic 쓰러지네.'

② **terrible**
세계 무역 센타 건물 서버에 끔찍한 terrible 불-ible이 났다.

③ **terror**
이렇게 비행기로 테러 terror를 저지를 것이라고 누가 상상했겠는가?

④ **protect**
사전에 보호하기 protect 위해 건물 앞에 pro- 방화벽을 세워 놓았으나 허사였다.

⑤ **detect**
나중에 가서야 인공위성으로 이들 일당의 테러현장을 뒤에서 de- 탐지하게 detect 된다.

terr 두려워하게 하다 frighten

terrific [tərífik]
ⓐ 굉장한, 빼어난
- 어근힌트: terri 두려워하게하다 + fic (형용사형 어미)
- 파생어: terrify ⓥ 무섭게[겁나게] 하다

Isn't this movie great terrific?
ㅇ 경화 끝내주지?

terrible [térəbl]
ⓐ 무서운, 가공할
- 어근힌트: terr 두려워하게하다 + ible (형용사형 접미사)
- 파생어: terribly ⓐⓓ 무섭게, 무시무시하게

Nawal was a joy to her mother, but also a terrible heartache.
Nawal은 어머니의 기쁨이자 무척 가슴 아픈 대상이었다.

terror [térər]
ⓝ (심한) 공포, 무서움
- 어근힌트: terr 두려워하게하다 + or (명사형 어미)

A wave of terror is rolling across our country.
공포의 물결이 온 나라를 흔들고 있다.

tect 덮다, 감싸다 cover

protect [prətékt]
ⓥ 보호하다, 막다
- 어근힌트: pro- 앞으로, 미리(접두사) + tect 덮다
- 파생어: protection ⓝ 보호, 옹호 protective ⓐ 보호하는

The hat protects the head and forehead from freezing winds.
모자는 머리와 이마가 바람으로 인해 차가와지는 것으로부터 보호해 준다.

detect [ditékt]
ⓥ 탐지하다 (=) discover, 간파하다
- 어근힌트: de- 떨어져(접두사) + tect 덮다
- 파생어: detective ⓝ 탐정, 형사; ⓐ 탐정의

She detected the smell of gas in the coner of the basement.
그녀는 지하실 구석에서 가스 냄새를 감지했다.

STORY 226 지금 지중해에선...

STORY

지중해 Mediterranean 한 영토 territory에서 일어난 일이다. 한 남자가 에이스를 먹으며 테라스 terrace에 앉아 있는데, 외계 비행체가 추락했다. 이 외계의 extraterrestrial 생물체가 지나간 곳의 토양이 오염되고 상태가 악화되어 deteriorate 버린다.

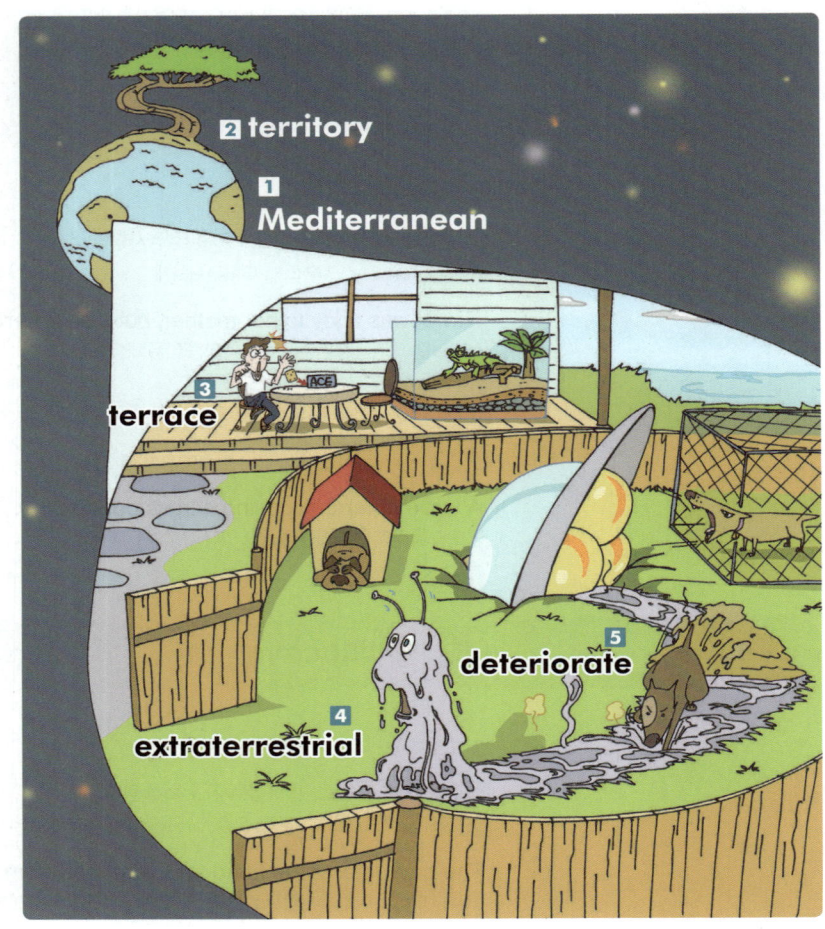

연상 HINT

① **Mediterranean**
지중해 한 영토에서 일어난 일이다. 지중해(地中海)는 '땅 중간에 있는 바다'라는 어원 그대로 기억하면 된다.

② **territory**
영토 territory는 발음힌트 '토'-tor-를 떠올리기 바란다.

③ **terrace**
한 남자가 테라스 terrace에서 에이스-ace를 먹고 있다.

④ **extraterrestrial**
그런데 ET가 앞 마당에 떨어져 엄청난 문제가 생긴다. ET는 문자그대로 'extra-밖의'와 'terrestrial 땅의, 지구의'가 합쳐져서 만들어진 단어이다. celestial은 '하늘의'란 뜻인데, 철자가 celestrial이 아니라 r이 빠진다는 것에 주의하기 바란다.

⑤ **deteriorate**
이 외계 생물체 ET는 앞으로 나가면서 토양을 악화시키고 deteriorate 있다. 지나간 뒤de-의 토양을 보라.

terra · terr · terior 땅 earth

Mediterranean
[mèdətəréiniən]

n 지중해; **a** 지중해의

어근힌트 Medi 중간 + terra 땅 + nean (명사형 어미)

The Mediterranean Sea is a part of the Atlantic Ocean almost completely enclosed by land.
지중해는 대서양의 일부인데 거의 완전히 육지에 의해 둘러싸여 있다.

territory
[térətɔ̀:ri]

n 영토

어근힌트 territ 땅 + ory 장소 (명사형 어미)

파생어 territorial **a** 영토의 territorialism **n** 지주 제도, 영토
subterranean **a** 지하의 (=) under the earth

They extended the territory of the empire.
그들은 제국의 영토를 넓혔다.

terrace
[térəs]

n 테라스(휴식 · 식사 장소)

어근힌트 terra 땅 + ce (명사형 어미)

파생어 terrestrial **a** 지구(상)의

They stood out on the terrace and surveyed the night sky.
그들은 테라스에 서서 밤하늘을 둘러보았다.

extraterrestrial
[ekstrətərestriəl]

a 외계의; **n** 외계인

어근힌트 extra- 밖으로(접두사) + terrestr 땅 + ial (형용사형 어미)

E.T. means "extra-terrestrial."
E.T.는 "지구 외부의 생물"을 의미한다.

deteriorate
[ditíəriərèit]

v ~을 악화시키다, 악화되다

어근힌트 de- 떨어져(접두사) + terior 땅 + ate (동사형 접미사)

파생어 deterioration **n** 악화

Relations between Palestine and Israel deteriorated after the election of Hamas.
팔레스타인과 이스라엘 간의 관계가 하마스가 선출된 후 더 악화되었다.

STORY 227 얄개시대 잔혹사

STORY

시험기간 term이 임박했는데 모두 딴 짓을 한다. 책상에 금으로 한계 limit를 그어놓자, 옆 짝꿍이 지우개로 이 금을 지우려 eliminate 한다. 다른 학생들은 터미널에서 terminal 서로 싸운 이야기로 말이 많다. 선도부장과 싸우기로 결심한 determine 우리의 얄개는 실제 싸움을 하기 전에 예비로 preliminary 팔굽혀 펴기를 하면서 준비를 한다. 결국 옥상에서 만나 한바탕 일전을 벌인다. 전문용어 terminology로 말하자면 이단옆차기로 싸움을 끝내 terminate 버린다.

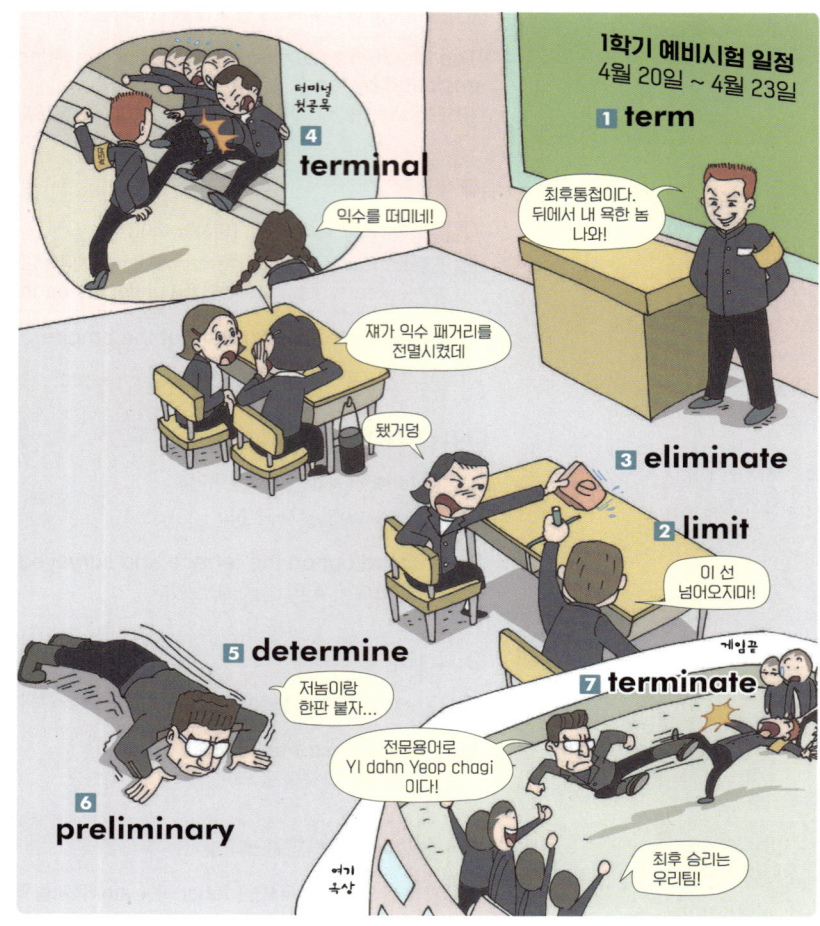

연상 HINT

① **term**
term은 '기간, 학기, 용어' 등 여러 가지 뜻이 있다. 1학기 시험기간인데 아이들은 딴청만 피운다. 선도부장이 앞에 나가서 '뒤에서 나 욕한 놈 나와'하면서 심한 용어를 쓰면서 군기를 잡는다.

② **limit**
앞 책상에 앉아있는 여자는 책상에 금으로 한계 limit를 그어놓고 '이 밑으로 넘으면 알아서 해.'하면서 윽박지른다.

③ **eliminate**
그러자 옆자리에서 '됐거덩'하면서 지우개로 금을 삭제한다 eliminate. 지저분한 것을 밖으로 e- 떨어내는 중이다.

④ **terminal**
다른 책상에서는 남자아이들이 터미널 terminal에서 싸운 이야기를 한다. 보통 차량 터미널은 끝에 있는데 이 단어도 'term 끝'에 –al에서 나왔다.

⑤ **determine**
터미네이터처럼 생긴 우리의 얄개는 뒤de-에서 선도부장과 한판 붙기로 결심한다 determine.

⑥ **preliminary**
이를 위해 미리 pre- 사전에 preliminary 팔굽혀펴기를 하며 몸을 만든다.

⑦ **terminate**
우리 얄개가 바로 끝내버린 terminate 것이다. 터미네이터 terminator는 '끝내주는 자'라는 뜻이다.

termin · term — 끝 end, 한계 limit

term [təːrm]
n 기간, 학기, 용어
어근힌트 term 끝
I am on good [bad] terms with him.
그와 사이가 좋다 [나쁘다].

terminal [tə́ːrmənl]
a 끝의, 종말의; **n** 맨끝, (공항의) 터미널
어근힌트 termin 끝 + al (형용사형 접미사)
Let's meet at the terminal railroad station.
철도 종착역에서 만납시다.

determine [ditə́ːrmin]
v 결심시키다, 결심하다 (= decide)
어근힌트 de- 떨어져(접두사) + term 끝 + ine (동사형 어미)
파생어 determination **n** 결심, 결단(력) determined **a** 결연[단호]한 (= resolute)
Our deeds determine us, as much as we determine our deeds.
우리가 우리의 행동을 결정짓는 것만큼이나 우리의 행위도 우리를 결정짓는다. Marian Evans

terminate [tə́ːrmənèit]
v 끝내다, 종결시키다
어근힌트 termin 끝 + ate (동사형 접미사)
파생어 termination **n** 종료, 끝, 결말
Is it possible to terminate the contract before its term is up?
계약기간이 끝나기 전에 계약을 해제할 수 있습니까?

limin — 문턱 threshold, 경계 border

limit [límit]
n 한계(선), 극한; **v** 한정하다
어근힌트 limit- 경계
파생어 limitation **n** 한정, 제한 limited **a** 한정된, 유한한 unlimited **a** 끝없는, 망망한
People drive faster than the speed limit, and drive through red light.
사람들은 속도 제한 보다 빨리 운전하고 빨간 불을 지나쳐 운전한다.

eliminate [ilímənèit]
v 제거하다, 삭제하다
어근힌트 e- 밖으로(접두사) + limin 문턱 + ate (동사형 접미사)
파생어 elimination **n** 제거, 배제
It is important to eliminate possible social threats.
있을법한 사회적 위협을 제거하는 것이 중요하다.

preliminary [prilímənèri]
a 예비적인, 준비의; **n** 사전 준비
어근힌트 pre- 앞으로, 미리(접두사) + limin 문턱 + ary (형용사형 접미사)
The winner of each preliminary goes through to the final.
각 예비시합의 승자는 최종으로 간다.

STORY 228 너희당 경선 콘테스트

STORY

국민 경선 contest에 출마한 나후보는 돈주고 조작한 여론 조사를 증거 testimony 자료로 제시하며 여론 조사 결과가 자신의 지도력을 입증하고 있다고 주장한다. 예비 경선에서 떨어진 후보는 예비 경선 방식에 항의한다 protest. 이 후보를 증오하는 detest 경쟁 후보가 있다. 수년 전에 법정에서 나후보가 조작된 검사 자료를 가지고 자신을 간첩이라고 증언하던 testify 기억이 생생하다.

연상 HINT

① **contest**
국민 경선 contest에 나후보가 출마한다. 정치 경제 모든 면에서 함께 con- 테스트 test 하여 사람을 선발하게 된다.

② **testimony**
이 후보는 돈 mony주고 조작한 여론 조사를 증거 testimony 자료로 제시하며 자신의 지도력을 입증하고 있다고 주장한다.

③ **protest**
예비 경선에서 떨어진 후보는 앞 pro- 자리에서 예비 경선 방식에 항의한다 protest.

④ **detest**
나후보를 증오하는 detest 경쟁 후보가 뒤 de-에 앉아있다.

⑤ **testify**
이 경쟁후보는 수년 전에 법정에서 나후보가 조작된 검사 자료를 가지고 자신을 간첩이라고 증언하던 testify 기억이 생생하다.

test 증명하다 witness

contest
[kántest | kón-]

n 경기, 경선; **v** 경쟁하다

어근힌트 con- 함께(접두사) + test 증명하다
파생어 contestant **n** 경쟁자

Some were dressed up for a fashion contest.
일부는 패션 콘테스트를 위해 말끔히 차려입었다.

protest
[próutest]

v 항의하다; **n** 항의

어근힌트 pro- 앞으로, 미리(접두사) + test 증명하다
파생어 protestant **n** 프로테스탄트, 신교도 protestantism **n** 신교 교회, 신교도

It was useless to protest in front of the armed police.
무장 경찰 앞에서 항의하는 것은 소용이 없었다.

detest
[ditést]

v 몹시 싫어하다

어근힌트 de- 떨어져(접두사) + test 증명하다
파생어 detestation **n** 몹시 싫은 것, 증오

I detest life-insurance agents; they always argue that I shall some day die.
나는 생명보험 대리점들을 싫어한다. 왜냐하면 그들은 항상 내가 언젠가 죽을 거라고 주장하기 때문이다.

testify
[téstəfài]

v 증언하다

어근힌트 test 증명하다 + ify (동사형 접미사)
파생어 testimonial **n** 증명서, 보증서

The next witness was called to the stand to testify.
다음 목격자가 증언을 하기 위해 단상에 불려갔다.

testimony
[téstəmòuni]

n 증언, 증거

어근힌트 testi 증명하다 + mony (명사형 어미)

After sighting the UFO, the man went to the FBI to give testimony to what he saw.
UFO를 본 후에 그 남자는 자신이 본 것을 증거로 제시하기 위해 FBI에 갔다.

STORY 229 십자군 전쟁

STORY

신학 theology을 전공하는 신학생이 십자군 전쟁에 관한 역사를 공부하고 있다. 십자군 전쟁은 성스러운 sacred 성지 회복을 명분으로 시작되었다. 그러나 맹신적인 열정 enthusiasm 으로 무고한 사람들이 잔인한 희생 sacrifice 제물이 되었고, 대량 학살 massacre이 자행되었던 것이다. 이러한 때에 성인 saint 프란치스코는 십자군 전쟁을 대화로 평화롭게 해결하려고 노력했다.

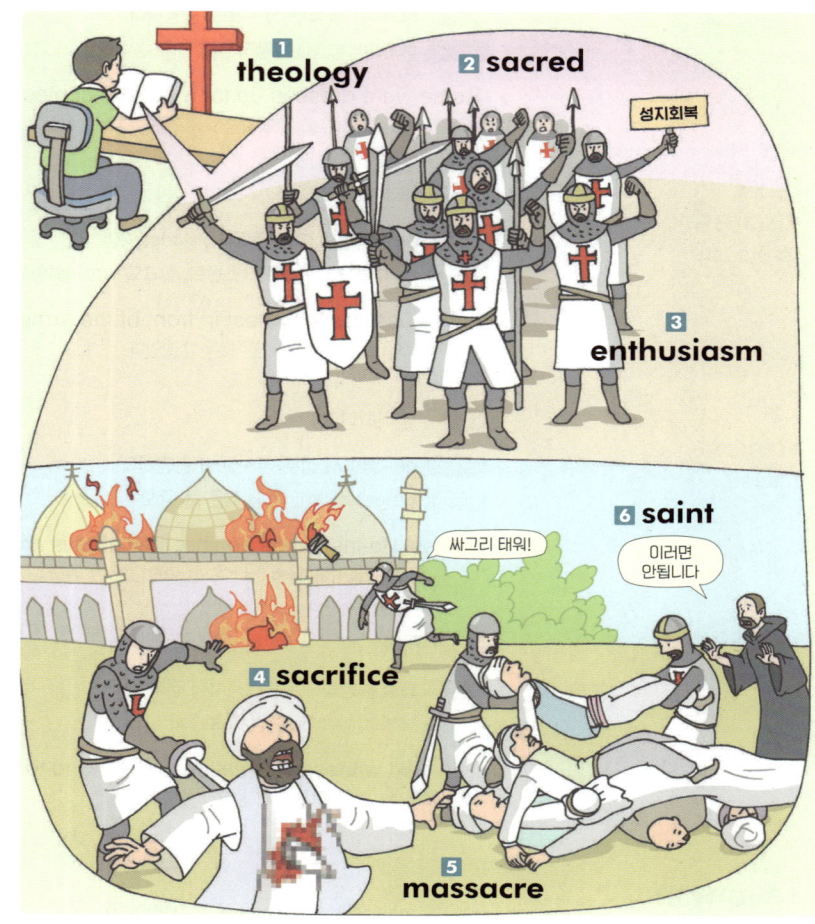

연상 HINT

① theology
신학 theology을 공부하는 신학생이 십자군 전쟁에 대하여 연구하는 중이다. 신학은 그 the 분을 연구하는 학문 -logy이다.

② sacred
십자군은 '성지 회복'이라는 성스러운 sacred 대의명분으로 시작되었다. 이 단어의 발음은 say creed (신조를 말하다)라고 하면 좋겠다.

③ enthusiasm
처음에 이들의 열정 enthusiasm은 대단했다. 열정은 몸 안에 en=in- 신(神) thusi을 품고 있다는 뜻이다.

④ sacrifice
그러나 십자군은 '싸그리 sacri- 태워 –fice fire'하면서 무고한 사람들을 잔인하게 희생시킨다 sacrifice.

⑤ massacre
대량학살 massacre을 자행하는 장면이 너무 가혹하다. 시체의 냄새가 '메스꺼워'

⑥ saint
이러한 때에 성자 saint 프란치스코 (St. Francisco)는 십자군 전쟁을 평화롭게 해결하려고 노력했다. St.는 saint의 약자이다.

theo — 신 god

theology
[θiάlədʒi]

n 신학

어근힌트 theo 신 + logy 학문
파생어 theological **a** 신학의

One man's theology is another man's belly laugh.
한 사람의 신학이론은 다른 사람에게는 웃음거리[포복절도]이다. Lazarus Long.

enthusiasm
[inθú:ziæzm]

n 열광, 감격

어근힌트 en- 밖으로(접두사) + thusi 신 + asm (명사형 어미)
파생어 enthusiastic **a** 열광적인 enthusiastically **ad** 열광적으로

Success is the ability to go from one failure to another with no loss of enthusiasm.
성공은 열정이 식지 않은 채 한 가지 실패에서 다른 실패로 갈 수 있는 능력이다. Winston Churchill

sacr · saint — 신성한 holy

sacred
[séikrid]

a 신성한

어근힌트 sacr 신성한 + ed (명사형 어미)

Marriage is a sacred institution.
결혼은 신성한 제도이다.

sacrifice
[sǽkrəfàis]

n 희생; **v** 희생하다

어근힌트 sacri 신성한 + fice 만들다

Their glory lies not in their achievements but in their sacrifices.
그들의 영광은 그들의 성취에 있는 게 아니라 그들의 희생에 있다.

massacre
[mǽsəkər]

n 대량 학살

어근힌트 massacre 도살

Was there advanced warning that could have prevented the Columbine massacre?
콜럼바인 고등학교의 대학살을 예방할 수도 있었던 사전경고책이 있었나요?

saint

n 성인, 성자

어근힌트 saint 신성한

Most people are good. They may not be saints, but they are good.
대부분의 사람은 선하다. 그들이 성자는 아닐지 모르지만 그들은 선하다. Jimmy Wales

STORY 230 놀람 교향곡

STORY

하이든의 놀람 교향곡 2악장에서는 음이 단조롭고 monotonous, 억양 intonation이 없이 밋밋하게 시작된다. 그러나 갑자기 팀파니 등 모든 악기가 '쾅'하고 일제히 소리를 낸다. 이로 인해 청중들을 돌에 맞은 듯이 깜짝 놀라게 한다 astonish. 청중들은 "음 tone이 왜 저래?", "조율 tuning은 제대로 한 거야?" 하면서 불만을 토로한다.

연상 HINT

① **monotonous**
하이든의 놀람교향곡을 들어본 적이 있는가? 놀람교향곡 2악장은 단조로운 monotonous 음으로 죽 이어진다. 음 tone이 하나로 mono 되어 있어서 단조로운 것이다.

② **intonation**
억양 intonation도 없고 무미건조하다. 억양은 음 tone의 안 in을 변화시켜서 나는 소리이다.

③ **astonish**
그러다가, 갑자기 '쾅'소리가 난다. 그러자 청중들은 돌-stone에 맞은 듯이 깜짝 놀란다 astonish.

④ **tone**
청중들이 '음tone이 왜 저래?' 하면서 소란을 피운다.

⑤ **tuning**
또한 '조율 tuning은 제대로 한 거야?' 하면서 불만을 드러낸다.

ton — 소리 phone

monotonous
[mənátənəs]

a 단조로운

어근힌트 mono 혼자 + ton 소리 + ous (형용사형 접미사)
파생어 monotone ⓝ [음악] 단조로운 monotony ⓝ 단조로움

The capacity to endure a monotonous life is one which should be acquired in childhood.
단조로운 생활을 견뎌내는 능력은 어릴 때에 습득되어야 하는 것이다.

intonation
[ìntounéiʃən, -tə-]

n (소리의) 억양, 어조

어근힌트 in- 안으로(접두사) + tona 소리 + tion (명사형 접미사)

Elementary school children will learn intonation of sentences.
초등학교 학생들은 문장의 인토네이션을 배우게 될 것이다.

astonish
[əstániʃ]

v (깜짝) 놀라게 하다

어근힌트 as- ~로부터(접두사) + ton 소리 + ish (동사형 접미사)
파생어 astonishing ⓐ 놀라운, 눈부신

I cannot help being astonished to see how much the city has changed.
그 도시가 이렇게 많이 변한 것을 보고 놀라지 않을 수가 없다.

tone
[toun]

n 음, 음조

어근힌트 tone 소리
파생어 tune ⓝ 곡조; ⓥ 조율하다, 파장을 맞추다

At the alarming news, her tone of voice suddenly changed.
그 놀라운 소식을 듣자, 갑자기 그 여자의 어조가 바뀌었다

tuning
[tjú:niŋ]

n 조율

어근힌트 tun 소리 + ing (명사형 어미)

The players were tuning up their violins as we entered the hall.
우리가 홀로 들어갔을 때는 연주자들이 바이올린의 음을 맞추고 있었다.

STORY 231 별주부전 - 토끼 고문편

STORY

용궁에서 별주부가 토끼 간을 빼내기 위한 고문 현장이다. 횃불 torch이 불을 밝히고 있다. "토끼 간을 꺼내도록 하라"하고 강요하는 extort 명령에 고문 전문 자라들이 고문한다. "또쳐라 torture, 또 맞네 torment." 그래도 말을 안듣자, 토끼 다리를 비튼다 twist. 토끼는 "간 없다니깐!" 하면서 말 대꾸한다 retort. 밖에서 이를 지켜보던 물고기들이 서로 대화한다. "토끼 간이 몸에 좋대", "아니야, 그건 사실을 왜곡하는 distort 거야."

연상 HINT

① **torch**
용궁에서 별주부가 토끼 간을 빼내기 위해 고문하는 현장에 횃불 torch이 불을 밝힌다. 불길이 비틀어진 tor- 것이 횃불이다. 그 받침대는 ch모양으로 만들어져 있다.

② **extort**
고문관이 "토끼의 간을 밖으로 ex- 꺼내도록 하라"고 강요한다 extort.

③ **torture**
고문전문 자라가 "또 쳐라"하면서 고문한다 torture.

④ **torment**
그 옆의 고문전문 자라도 "또 맞네"하며 맞장구치며 괴롭힌다 torment. 이 단어는 장기간에 걸쳐 끈덕지게 괴롭힌다는 의미가 강하다.

⑤ **twist**
이제 토끼 다리에 주리를 비트는 twist 자라는 트위스트 춤을 추면서 고문한다.

⑥ **retort**
토끼는 "간 없다니깐."하면서 다시 re- 말대꾸한다 retort.

⑦ **distort**
용궁 바깥에 떨어져 dis- 있는 장어들이 '토끼 간이 몸에 좋대' '아니야, 그것은 왜곡된 거야 distort'하면서 서로 말이 오간다.

tor 비틀다 twist

torch [tɔːrtʃ]
n 횃불

어근힌트 torch 비틀다

We used a torch to light our way.
우리는 길을 밝히기 위해 횃불을 이용했다.

extort [ikstɔ́ːrt]
v 강제로 탈취하다, 무리하게 강요하다

어근힌트 ex- 밖으로(접두사) + tort 비틀다
파생어 extortion **n** 강요

He extorted money from a rich widow.
그는 부유한 과부에게서 돈을 탈취했다.

torture [tɔ́ːrtʃər]
n 고문; **v** 고문하다

어근힌트 tort 비틀다 + ure (명사형 접미사)

No citizen shall be tortured or be compelled to testify against himself in criminal cases.
모든 국민은 고문을 받지 아니하며, 형사상 자기에게 불리한 진술을 강요당하지 아니한다.

torment [tɔːrmént]
v 괴롭히다; **n** 고문, 고통

어근힌트 tor 비틀다 + ment (명사형 접미사)

After serving in the war, I was tormented by nightmares.
전장에서 복무한 뒤, 나는 악몽으로 고통 받았다.

twist [twist]
v 꼬다, 비틀어 돌리다, 뒤틀리다

어근힌트 twi 비틀다 + st 서다

I twisted my ankle in the race and it swelled up.
나는 달리기 경주에서 발목이 삐어 부어 올랐다.

retort [ritɔ́ːrt]
v 말대꾸하다 (on, against)

어근힌트 re- 다시(접두사) + tort 비틀다

His sharp retort clearly made an impact.
그의 날카로운 반박은 분명한 영향을 주었다.

distort [distɔ́ːrt]
v 찌푸리다, 왜곡하다

어근힌트 dis- 떨어져(접두사) + tort 비틀다
파생어 distortion **n** 곡해, 왜곡

Wrath and malice do darken and distort the understandings of men.
분노와 악의는 사람의 이성을 진정 어둡게 하고 왜곡시킨다.

STORY 232 순대도둑이야!

STORY

트랙 track 위에서 트레일러 trailer가 끄는 기차 train이 지나간다. 순대를 훔친 도둑이 이 기차를 타고 도망중이다. 순대 부스러기 흔적 trace을 따라서 개미들이 몰려가고 있다. 이 도둑을 잡기 위해 형사가 출동했다. 순대집 주인은 도둑의 인상 착의 특색 trait을 말한다. 얘기를 들으면서 도둑의 초상화 portrait를 그린다 portray. 그림이 잘 그려지지 않는지 재떨이에 계속하여 담뱃재를 떤다.

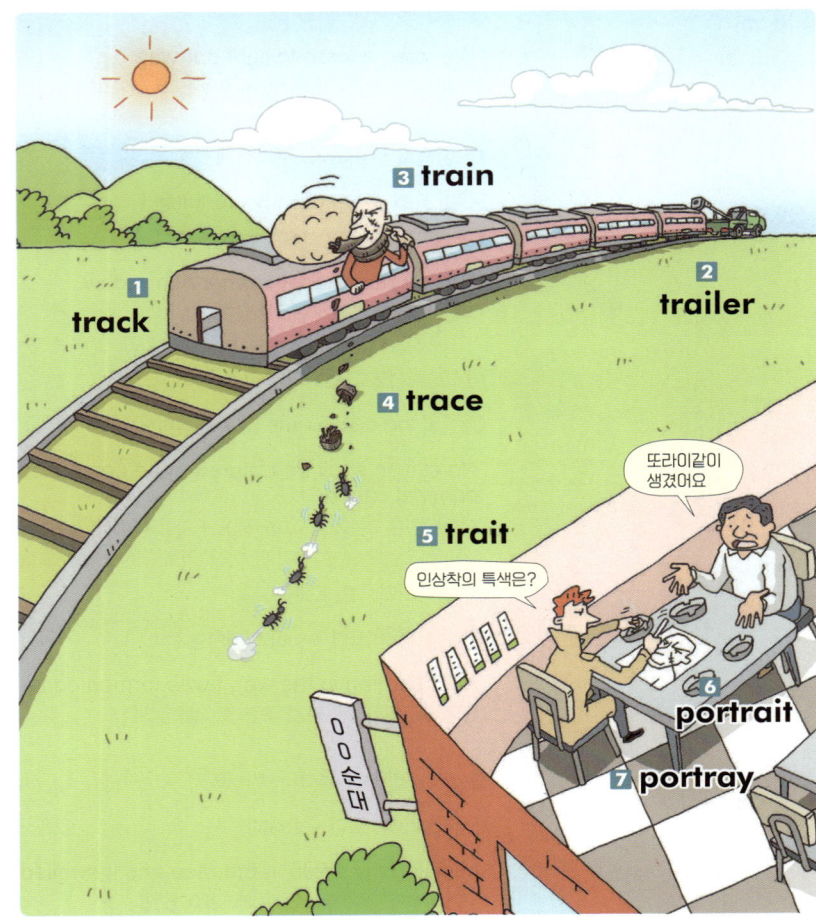

연상 HINT

① **track**
그림의 기차는 트랙 track 선로 위를 지나가는 기차이다.

② **trailer**
특이한 것은 이 기차를 트레일러 trailer가 끌고 간다는 점이다. 어원상으로 끌고가는 trail 것 –er이다.

③ **train**
train은 기차, '훈련하다'라는 두 가지 뜻이 있다. 훈련하다는 의미에서 나온 단어들은 training(훈련), trainer(훈련자), trainee(피훈련자) 등이다.

④ **trace**
도둑이 순대집에서 순대를 훔치고 기차에 올라탄다. 도둑이 지나간 흔적 trace에 순대부스러기가 떨어져 있는데, 이것을 먹으려고 개미들이 서로 레이스 -race를 펼친다.

⑤ **trait**
순대집에 형사가 도착하여 주인에게 도둑의 인상 특징 trait을 묻자, 주인은 '또라이(뜨레이트) 같이 생겼어요'라고 대답한다.

⑥ **portrait**
형사는 인상착의 특징을 살려 초상화 portrait를 그린다.

⑦ **portray**
초상화를 그리는 portray 것이 쉽지 않자, 담배를 피운다. 4four개 재떨이 tray가 놓여있는 것을 보니 고민이 많이 되나 보다.

trac · tra — 끌다, 선을 긋다 draw

track [træk]

n 지나간 자국

어근힌트 track 끌다
파생어 trail **n** 지나간 흔적; **v** 끌다

We became so interested in the mummies that we lost track of the time.
우리는 미이라에 많은 흥미를 느껴서 시간의 흐름을 몰랐다.

trailer [tréilər]

n 트레일러, (자동차로 끄는) 이동주택

어근힌트 trail 끌다 + er (명사형 접미사)

Do not go where the path may lead, go instead where there is no path and leave a trail.
길이 인도하는 곳으로 가지 마라. 대신 길이 없는 곳으로 가서 지나간 자국을 남겨라.

train [trein]

n 열차, 기차; **v** 훈련하다

어근힌트 train 끌다
파생어 trainman **n** (미국) 열차 승무원

The train arrived at the station on time.
기차가 정시에 역에 도착했다.

trace [treis]

n 자취, 흔적

어근힌트 trace 끌다

There was not any mark or trace left by the criminal.
범죄자가 남긴 표시나 흔적은 없었다.

trait [treit, trei]

n (성격 따위의) 특성

어근힌트 trait 끌다

It is a human trait to try to define and classify the things we find in the world.
세상에서 우리가 알게 되는 것들을 정의하고 분류하려는 것이 인간의 특성이다.

portrait [pɔ́:rtrit]

n 초상, 초상화

어근힌트 por- 앞으로, 미리(접두사) + trait 끌다

Portraits of the family's ancestors hung on the wall of the manor.
그 집안 조상들의 초상화가 저택의 벽에 걸려 있었다.

portray [pɔ:rtréi]

v ~의 초상을 그리다

어근힌트 por- 앞으로, 미리(접두사) + tray 끌다

Love in this book is portrayed in the way of sacrificial living.
이 책에서 사랑은 희생적인 삶의 방식으로 묘사된다.

STORY 233 우리 배추는 좋은 것이여

STORY

배추 농산물 야외 현장. 한 아주머니가 배추에서 고갱이를 뽑는다 extract. 두더지는 이 와중에 몰래 배추를 아래로 뺀다 subtract. 도시출신 유통사장이 순진한 농부와 계약한다 contract. 트럭에 탄 젊은 농부들은 사기꾼에 속지 말라고 하면서 주의를 흐트린다 distract. 상추를 거꾸로 쓰고 있는 아저씨가 ABS 장착된 트랙터를 운전한다. 들에는 매력을 끄는 attract 멋진 배추가 빛을 발하고 있다.

연상 HINT

① **extract**
배추 농산물 야외 현장이다. 한 아주머니가 배추에서 고갱이를 밖으로 ex- 뽑는다 extract.

② **subtract**
옆에 놓아둔 배추를 몰래 두더지가 굴 아래로 sub- 빼돌린다 subtract.

③ **contract**
도시에서 온 유통 사장이 '우리 함께 con- 사인합시다.'라고 말하자 순진한 농부 아저씨는 그 말에 속아 계약한다 contract. 이 단어의 강세는 명사는 앞에 동사는 뒤에 있다.

④ **distract**
한편 젊은 일군들은 메가폰으로 '사기꾼에 속지 마세요.'라고 말하며 주의를 사방으로 dis- 분산시킨다 distract.

⑤ **abstract**
abs가 장착된 트랙터를 끄는 아저씨가 머리에 거꾸로 쓴 것은 무엇일까? 이것은 배추가 아니라 상추이다. 거꾸로 하면 추상. abstract는 '추상적인'이라는 뜻이라, 기억을 하는데 도움을 주고자 머리에 상추를 쓴 것이다. 철자는 abs-, 의미는 상추 이렇게 기억하자.

⑥ **attract**
매력을 끄는 attract 최상급 배추가 들판에서 at- 멋진 자태를 뽐내고 있다. at는 ~에서 라는 뜻이므로 이 철자를 기억하자.

tract — 끌다, 선을 긋다 draw

extract
[ikstrǽkt]

- ⓥ 추출하다, 발췌하다; ⓝ 추출물
- **어근힌트** ex- 밖으로(접두사) + tract 끌다
- **파생어** extraction ⓝ 뽑아냄, [화학] 추출

The essence of intelligence is skill in extracting meaning from everyday experience.
지능의 본질은 매일의 경험에서 의미를 뽑아낼 수 있는 기술이라고 할 수 있다.

subtract
[səbtrǽkt]

- ⓥ (~에서) 빼다, 공제하다 (↔) add
- **어근힌트** sub 아래(접두사) + tract 끌다
- **파생어** subtraction ⓝ 빼냄, 공제

There is nothing to add or subtract.
더하거나 뺄 것이 없습니다.

contract
[kάntrækt | kɔ́n-]

- ⓝ 계약; ⓥ 계약하다
- **어근힌트** con- 함께(접두사) + tract 끌다
- **파생어** contraction ⓝ 수축, (통화, 자금 등의) 축소

The contract is valid until December 31st, 2020.
이 계약은 2020년 12월 31일까지 유효합니다.

distract
[distrǽkt]

- ⓥ (마음, 주의를) 흐트러뜨리다, 전환시키다
- **어근힌트** dis- 떨어져(접두사) + tract 끌다
- **파생어** distraction ⓝ 정신이 흩어짐, 주의산만

He got distracted in the class.
그는 수업 시간에 주의가 산만했다.

abstract
[æbstrǽkt]

- ⓐ 추상적인 (↔) concrete; ⓝ 추상
- **어근힌트** abs- ~로부터(접두사) + tract 끌다

It is very difficult to express an abstract concept in a concrete form.
추상적인 개념을 구체적인 형태로 표현하는 것은 매우 어렵다.

attract
[ətrǽkt]

- ⓥ (주의, 흥미 등을) 끌다
- **어근힌트** at- ~로부터(접두사) + tract 끌다
- **파생어** attraction ⓝ 끌어당김, 매력 (=) charm attractive ⓐ 매력적인 (=) charming

His mnemonic-based teaching has attracted a lot of attention.
기억법에 기반을 둔 그의 교육은 많은 주의를 끌었다.

STORY 234 한청 조약

STORY

머리를 손질한 trim 중국 사신은 조선에 중국군이 주둔하는 조약 treaty에 매우 만족해 한다. "내가 조선 관료 당신에게 대접하는 treat 날이 올거라 해." 하며 다음 한턱 쏘겠다고 한다. 조선 관료는 현 조정을 잘 봐달라고 중국 사신에게 간청한다 entreat. 주점 밖에서는 신진 선비들이 중국군 물러가라(퇴각하라) retreat고 외친다. 조선의 유학 선비는 이 조약에 관한 논문 treatise을 쓰고 있다.

연상 HINT

① trim
머리를 손질한 trim 중국 청나라 사신은 음식을 먹고 트림(~거억)한다. 흔히 머리손질을 트리밍 triming 이라고 한다.

② treaty
조선과 청나라가 조약 treaty을 체결한다. 체결 장소는? 연변(Yanbian) 지역이다. treat에 y를 붙여서 이 단어가 만들어졌다.

③ treat
만족한 청나라 사신은 '다음엔 내가 한턱 대접하지요 treat. 아니 세 번 trea.'이라고 말한다.

④ entreat
조선 사신은 '인en-제 잘 좀 봐 주소.'하며 간청한다 entreat.

⑤ retreat
주점 밖에서는 선비들이 사대주의를 반대하며 "중국, 물러가라 retreat"고 외치고 있다.

⑥ treatise
장래가 촉망되는 선비는 한청조약에 관한 논문 treatise를 쓴다. 동료선비는 '논문 잘 쓰고 있어-ise?'라고 묻는다.

treat 끌다 drag, 다루다 deal with

trim [trim]

v 다듬다, 장식하다

어근힌트 trim 끌다
파생어 trimming **n** 손질, 트리밍

Forty-nine percent of men would like to trim their waistline.
남자의 49%가 허리선을 가꾸기를 원한다.

treaty [tríːti]

n 조약, 협정

어근힌트 treat 끌다 + y (명사형 어미)

North and South Korea legally remain at war because of the absence of a formal peace treaty.
북한과 남한은 공식적인 평화 조약의 부재로 인해 법적으로 전쟁 상태로 남아 있다.

treat [triːt]

v 대우하다, 대접하다

어근힌트 treat 끌다
파생어 treatment **n** 처리(법) maltreat **v** ~을 거칠게 다루다

One of the key factor to make friends is to treat a person with respect.
친구를 사귀는 핵심 요소 중 하나는 존경심으로 사람을 대하는 것이다.

entreat [intríːt]

v 간청하다 (=) pray, beg

어근힌트 en- 밖으로(접두사) + treat 끌다

I entreat you to be gentle.
나는 당신에게 온유해지라고 간청합니다.

retreat [ritríːt]

v 퇴각하다, 후퇴하다

어근힌트 re- 다시(접두사) + treat 끌다

It's your choice to advance or retreat.
전진하거나 후퇴하는 것은 귀하의 선택입니다.

treatise [tríːtis]

n 논문, 논설집

어근힌트 treat 끌다 + ise (명사형 어미)

He had written a treatise on the equitable distribution of wealth.
그는 '부의 공정분배'에 대한 논문을 썼다.

STORY 235 나라파는 매국노

💬 STORY

반역자 traitor가 국새(國璽)를 일본에 빼돌린다. 이에 대해 일본인은 "이것은 나쁜게 아니오. 무역하는 trade 것이요. 무역.."라고 뻔뻔하게 말한다. 비옷을 입은 매국노는 "여기 독도 문서도 있어요. 독도" 하며 독도에 관한 기밀을 누설한다 betray. 왕은 반역 treason에 가담한 모든 사람들을 잡아들이라고 명령하고 있다. 이에 전통 tradition 의상을 입은 무사가 쟁반(재떨이) tray을 반역자에게 던진다.

💡 연상 HINT

① **traitor**
청나라 뿐만 아니라 일본에게 나라를 팔아먹는 반역도들이 있었다. 선비행색을 하는 반역자 traitor가 국새를 일본에 넘겨주려 한다. 반역자는 건네주는 trait 사람 –or이다.

② **trade**
일본인은 '이것은 반역이 아니라 무역하는 trade 것이오'라고 말하며 합리화한다.

③ **betray**
비옷 입은 또 다른 반역자가 '여기 독도 문서도 있어요'하고 기밀을 누설한다 betray.

④ **treason**
조선 임금은 '나와 틀어진 자들, 반역 treason에 가담한 자들을 잡아들여라'고 명령한다.

⑤ **tradition**
그러자 전통 tradition 복장을 한 조선 무사가 등장한다.

⑥ **tray**
무사는 반역자들에게 '이 또라이들'이라고 말하며 재떨이 tray를 던진다.

trad · tray · trai · trea 전해 주다 hand over

traitor
[tréitər]

ⓝ 배반자, 배신자

어근힌트 trait 끌다 + or (명사형 접미사)

Most of them denounced him as a traitor.
그들 대부분은 그를 반역자라고 비난했다

trade

ⓝ 매매, 무역; ⓥ 거래하다

어근힌트 trade 끌다

파생어 trader ⓝ 상인, 무역업자 trading ⓐ 상업의, 통상용의

The country has a trade imbalance; its exports vastly outnumber its imports.
그 나라는 무역 불균형을 가지고 있다. 수출이 수입보다 훨씬 더 앞선다.

betray
[bitréi]

ⓥ 배반하다, 폭로하다 (=) reveal

어근힌트 be- 강조 + tray 끌다

파생어 betrayal ⓝ 배신, 폭로

When our employee left for a rival company, we felt betrayed.
우리의 직원이 경쟁사로 떠났을 때 우리는 배신감을 느꼈다.

treason
[tríːzn]

ⓝ 반역(죄)

어근힌트 treas 끌다 + on (명사형 어미)

It is an act of treason to give confidential information to the enemy.
기밀 정보를 적에게 제공하는 것은 반역행위이다.

tradition
[trədíʃən]

ⓝ 전통, 관습

어근힌트 tradi 끌다 + tion (명사형 접미사)

파생어 traditional ⓐ 전통의, 전통적인

We should be respectful of our long and proud tradition.
우리는 오랫동안 지켜온 자랑스러운 전통을 존중해야 한다.

tray
[trei]

ⓝ 쟁반

어근힌트 tray 끌다

파생어 ashtray ⓝ 재떨이

A word aptly spoken is like apples of gold on a silver tray.
경우에 합당한 말은 은쟁반에 금사과와 같다.

STORY 236 로마의 공물 징수

STORY

로마의 예하 부족 tribe은 로마 제국에 공물 tribute을 기부해야 contribute 했다. 그렇지만 인색하게도 로마제국은 각 부족들에게 겨우 먹을 만큼의 배급을 나누어 준다 distribute. 공물을 바치지 않은 부족에게는 고문이 가해졌고 그 부족은 바치지 않는 원인을 둘러대느라 ("가지고 오다가 빼앗겼어요. 아니, 길에 웅덩이가 있어서요." 하면서 도둑 탓, 도로 탓으로 돌리고 있음) attribute 고통의 나날을 보내야 했다.

연상 HINT

① **tribe**
로마의 예하 부족 tribe은 로마에 대한 모든 예우를 다해야 했다. 로마에는 3개 tri- 인종 부족으로 구분되어 있었다고 한다.

② **tribute**
이들 부족은 공물 tribute을 바쳐야 했다. 로마황제에게 찬사를 tribute 올리며 공물을 드리붓다.

③ **contribute**
당시에 이들 여러 부족이 함께 con- 기부해야 contribute 했던 것이다.

④ **distribute**
많은 공물을 기부 받으면서도 정작 이들 부족에게는 조금의 빵만 나누어서 dis- 분배해 준다 distribute.

⑤ **attribute**
로마는 공물을 바치지 않은 부족에게 고문을 가한다. 그 부족은 공물을 바치지 못한 원인을 둘러대느라 attribute 애쓰고 있지만 너무 고통스럽다. 원인을 ~에(at~) 돌리다.

tribut — 할당하다, 나누어 주다 allot

tribe
[traib]

☐☐☐

n 부족

어근힌트 tribe 할당하다

A belief in magic still prevails among some tribes.
아직도 어떤 부족들 사이에는 마법에 대한 믿음이 널리 퍼져 있다.

tribute
[tríbju:t]

☐☐☐

n 감사의 표시, 공물(貢物)

어근힌트 tribu 할당하다 + te (명사형 어미)

A large number of mourners paid him final tribute at the private funeral service.
거긴 장례식에서 많은 조문객들은 그에게 마지막 경의를 표했다.

contribute
[kəntríbju:t]

☐☐☐

v 기부[기증]하다

어근힌트 con- 함께(접두사) + tribu 할당하다 + te (동사형 어미)

파생어 contribution **n** 기부, 기증

A generous man contributed some two billion won to charity.
어떤 인심 좋은 사람이 대략 20억 원을 자선 단체에 기부했다.

distribute
[distríbju:t]

☐☐☐

v 분배하다, 배분하다

어근힌트 dis- 떨어져(접두사) + tribu 할당하다 + te (동사형 어미)

파생어 distribution **n** 분배, 배급

These goods will be distributed free to our major customers.
이 상품들은 우리의 주 고객들에게 무료로 제공될 것이다.

attribute
[ətríbju:t]

☐☐☐

v (~의 원인을) ~의 탓으로 하다

어근힌트 at- ~로부터(접두사) + tribu 할당하다 + te (동사형 어미)

파생어 attribution **n** 귀착시킴, 귀속

I'd like to attribute this glory to my parents.
이 영광을 부모님께 드리고 싶습니다.

STORY 237 유니온 잭

STORY

영연방 국기인 유니온 잭은 잉글랜드, 스코틀랜드, 아일랜드 세 개의 디자인이 합쳐져서 만들어진 연합 union 국기이다. 세 마리 백마가 하나의 단위 unit를 이루어 행진한다. 유니콘은 독특한 unique 뿔이 하나 달려 있어서 다른 백마들과는 구분된다. 유니세프 회원국들은 서로 연합하여 unite '우리의 소원은 통일 unification' 노래를 부른다.

연상 HINT

① union
연합, 연방을 유니온 union이라고 한다. 영 연방 union 국기를 유니온 잭 Union Jack 이라고 부른다.

② unit
잉글랜드, 스코틀랜드, 아일랜드 세 개의 국가가 합쳐서 하나의 단위 unit를 이룬다.

③ unique
그림에서 앞에서 이끄는 유니콘은 독특한 unique 뿔이 하나 달려 있어서 다른 백마들과 구분된다. '크크..' 하고 잘난척하며 앞서간다.

④ unite
유니세프 회원국들은 서로 연합하여 unite 노래를 부른다.

⑤ unification
노래의 제목은 '우리의 소원은 통일 unification'이다. 하나로 uni- 만드는 fy 것 –tion이 통일이다.

uni — 하나의, 혼자의 one

union
[júːnjən]

☐☐☐

n 결합 (=) combination, 연합

어근힌트 uni- 하나 + on (명사형 어미)

The European Union (EU) was founded to enhance political, economic and social co-operation.
유럽연합은 정치적, 경제적 그리고 사회적 협력을 증진하기 위해 세워졌다.

unit
[júːnit]

☐☐☐

n 단일체, 하나

어근힌트 unit 하나
파생어 unity n 단일(성), 유일

Genes are tiny units of herecity located within every living thing
유전자는 모든 살아있는 것들 안에 있는 작은 유전의 단위들이다.

unique
[juːníːk]

☐☐☐

a 유일(무이)한

어근힌트 uni- 하나 + que (형용사형 어미)

A unique feature of water is that it expands when it changes from a liquid to a solid.
물의 고유한 특징은 그것이 액체에서 고체로 변했을 때 팽창한다는 것이다.

unite
[juːnáit]

☐☐☐

v 결합하다, 합치다

어근힌트 unit- 하나 + e (동사형 어미)

There is a phrase that goes, 'united we stand, divided we fall.'
"뭉치면 살고 흩어지면 죽는다."라는 문구가 있다.

unification
[jùːnəfikéiʃən]

☐☐☐

n 통일, 단일화

어근힌트 uni- 하나 + fica 만들다 + tion (명사형 접미사)

We Koreans wish for peaceful unification.
우리 한국인들은 평화 통일을 바라고 있다.

STORY 238 영업제로 게임지존

STORY

각종 유틸리티(컴퓨터 유용 프로그램) utility를 다 활용할 줄 아는 임대리는 최근 게임에 푹 빠져 PC방에 부엌용품 utensil까지 갖다 놓고 숙식하면서 지낸다. 컴퓨터를 남용하는 abuse 임대리는 '영업제로, 게임지존' 이라는 명성 reputation을 자랑하는 동료도 끌어들인다. 이제 서로 게임하느라 논쟁 dispute까지 벌인다. 일은 하지 않고 게임방에서 시간을 다 보내는 부하들을 보고 참다못한 상사가 게임방에 급습한다. 그리고 보고서를 이 녀석들에게 던지기로 사용한다 use. 임대리는 '뭐, 흔히 usual 있는 일인디' 하며 혼잣말을 한다.

연상 HINT

① **utility**
게임에 푹빠진 우리의 임대리는 각종 컴퓨터 유틸리티 utility를 끝내주게 활용한다.

② **utensil**
최근에는 집에 가지도 않고 부엌용품 utensil 까지 PC방에 갖다 놓고 숙식하며 지낸다. 그림을 보며 기름 유(油) U, 10 ten 실 -sil 로 기억하자.

③ **abuse**
임대리는 무슨 화가 났는지 컴퓨터를 남용 오용한다 abuse. 키보드 자판 a, b가 튀어나올 정도이다.

④ **reputation**
이제는 '영업제로, 게임지존'의 명성 reputation을 자랑하는 동료도 끌어들인다.

⑤ **dispute**
그런데 둘이 게임하느라 논쟁한다 dispute. 의견이 둘로 나뉘어 dis- 있다.

⑥ **use**
일은 안하고 게임만 하고 있는 이들을 찾아온 부장님은 이들에게 무엇인가를 던진다. 보고서를 던지기로 사용하는 use 것이다. 우리 학교 다닐 때 선생님은 출석부를 던지기로 사용했었다!

⑦ **usual**
그러자 임대리는 '다들 흔히 usual 하는 일인디 뭘 그러슈.' 하며 궁시렁거린다.

us — 사용하다 use

utility
[juːtíləti]

n 유용 (=) usefulness, [컴퓨터] 유틸리티

어근힌트 util 사용하다 + ity (명사형 접미사)

This utility is accessible to all disabled students.
이 설비는 장애 학생 모두가 이용할 수 있다.

utensil
[juːténsəl]

n 기구, 가정용품

어근힌트 utensil 사용하다
파생어 utilize **v** 이용하다 (=) make use of

The tables were set, with the utensils placed neatly on top of linen napkins.
그 테이블들은 리넨 냅킨으로 깔끔하게 덮여진 주방 용품으로 세팅되어 있었다.

abuse
[əbjúːz]

n 남용, 욕설; **v** 남용하다, 욕하다

어근힌트 ab- ~로부터(접두사) + use 사용하다

Several of the children had been physically abused.
그 아이들 중 몇 명은 신체적 학대를 받았다.

use
[juːz]

v 사용[이용]하다; **n** 사용, 사용권

어근힌트 use 사용하다
파생어 used **a** 익숙한, 사용된; **v** 언제나 ~했다 usage **n** (언어의) 사용법
useful **a** 유용한 useless **a** 무익한

It is of no use crying over spilt milk.
엎질러진 우유를 보고 울어도 소용없다.

usual
[júːʒuəl, -ʒwəl]

a 보통의, 통상의

어근힌트 usu 사용하다 + al (형용사형 접미사)
파생어 usually **ad** 보통, 늘 unusual **a** 보통이 아닌, 별난 unusually **ad** 유별나게

Though the fire destroyed a section of the store, it's business as usual.
화재로 인해 매장의 일부가 파괴되었지만 평상시처럼 업무를 처리합니다.

put — 생각하다 think

reputation
[rèpjutéiʃən]

n 평판, 명성

어근힌트 re- 다시(접두사) + puta 생각하다 + tion (명사형 접미사)
파생어 repute **v** ~이라고 평하다, 여기다 avail **v** ~에 도움이 되다; **v** 쓸모가 있다

We would like to increase our reputation by using our own brand name.
우리는 우리 자신의 브랜드 이름을 이용하여 명성을 키우고 싶다.

dispute
[dispjúːt]

v 논쟁하다 (=) discuss; **n** 논쟁

어근힌트 dis- 떨어져(접두사) + pute 생각하다

A sovereignty dispute between South Korea and Japan over the Tokdo islets
韓日간 독도 영유권 분쟁

STORY 239 고래의 가치

STORY

구축함에서 고래 쇼를 관람하는 것이 장관이다. 최신 유행하는 prevail 베일을 쓴 고래에 줄을 매어 수상스키를 즐긴다. 수상스키 발판에 용감한 valiant 개미가 붙어있다. 고래는 참으로 유용한 available 동물이다. 배 위에서는 고래의 가치 value 에 대해 서로 대화한다. "저 고래를 견적내면 estimate 얼마일까?" "대략 억대는 되지 않을까"하면서 그 가치를 평가한다 evaluate. 뒤에서는 선원과 배의 스팀 엔진을 만든 기술자와 대화한다. 마침내 선원은 스팀엔진을 만든 기술자를 존경한다 esteem고 하며 기술자를 띄운다. 선실에서는 멀미가 날 때는 드링크제를 마시는 것이 효과있는 valid 처방이라고 말한다.

연상 HINT

① prevail
구축함에서 고래 쇼를 관람하는 것이 장관이다. 돌고래가 최신 유행하는 prevail 베일을 앞 pre- 머리에 쓰고 헤엄친다.

② available
베일 vail을 쓰고 있는 물고기(어:魚)인 돌고래는 참으로 유용한 available 동물이다.

③ value
배위에 있는 동료가 '저 고래의 가치 value는 얼마나 될까? 별로 안될까?'하고 물어본다.

④ estimate
또한 '견적내면 estimate 대략 얼마나 할까?'하면서 친구-mate에게 묻는다.

⑤ evaluate
그러자 '대략 1억원은 하겠는 걸'하며 고래 가치를 평가한다 evaluate. 속의 가치value 를 밖으로 e- 꺼내는 것이 평가하는 것이다.

⑥ esteem
한 기술자가 '구축함의 스팀엔진 내가 만든 거야'하면서 자랑하자, 대화하던 선원이 '존경해요 esteem'하면서 칭찬한다.

⑦ valid
선실에서는 멀미를 하는지 드링크제를 마시는데, 옆에서, '빨리 드셔야 효력이 있어요 valid'라고 말한다.

val · vail — 가치있는 worth, 강한 strong

prevail
[privéil]

v 우세하다, 보급되다, 유행하다

어근힌트 pre- 앞으로, 미리(접두사) + vail 가치있는
파생어 prevalent **a** 널리 퍼진

Justice will prevail.
정의가 승리할 것이다.

available
[əvéiləbl]

a 이용할 수 있는, 유효한

어근힌트 a- ~로(접두사) + vail 가치있는 + able 할 수 있는 (형용사형 접미사)
파생어 availability **n** 유효성, 유용성, 효용

Are you available at two o'clock on Wednesday?
수요일 2시에 시간되니?

value
[vǽljuː]

n 가치, 가격; **v** 평가하다, 높이 평가하다

어근힌트 value 가치
파생어 valueless **a** 값어치가 없는 valuable **a** 값비싼 (=) precious, 귀중한
invaluable **a** 값을 헤아릴 수 없는, 매우 귀중한

Try not to become a man of success but rather to become a man of value.
성공한 사람이 되려고 노력하지 말고 가치 있는 사람이 되려고 노력하라. Albert Einstein

evaluate
[ivǽljuèit]

v 평가하다, 어림하다 (=) estimate

어근힌트 e- 밖으로(접두사) + valu 가치있는 + ate (등사형 접미사)
파생어 evaluation **n** 평가, 사정 (=) valuation

Don't evaluate all Koreans by those two.
저 두 사람으로 한국인 전체를 평가하지 마세요.

valid
[vǽlid]

a 타당한, 유효한

어근힌트 val 가치 + id (형용사형 어미)
파생어 invalid **a** 타당하지 않은

The valid procedure in language learning involves listening first, to be following by speaking.
언어학습에 있어서 타당한 절차는 듣기를 먼저하고 이후에 말하기를 하는 것과 관련이 있다.

estim — 평가하다 value

esteem
[istíːm]

v 존경(존중)하다 (=) respect; **n** 존중

어근힌트 e- 밖으로(접두사) + steem 평가하다

I esteem my brother for his efforts to achieve what he has in mind.
나는 마음속에 있는 것을 성취하려는 노력을 보고 형을 존경한다.

estimate
[éstəmèit]

n 견적, 평가; **v** 평가하다 (=) evaluate

어근힌트 e- 밖으로(접두사) + stim 평가하다 + ate (동사형 접미사)
파생어 overestimate **v** 과대 평가하다 underestimate **v** 과소 평가하다

Please show us the estimated cost of the project.
그 프로젝트의 예상 비용을 알려 주십시오.

STORY 240 우리 둘이 집에

STORY

아빠 엄마가 여행을 가서 집안이 공허 vacancy 그 자체이다. 방에는 진공 vacuum 청소기가 어지럽게 널려있다. 엄마 아빠는 배 vessel 를 타고 여름날을 즐긴다. 아빠는 자기 뱃살을 그릇 vessel 모양으로 만들어 그 안에 팝콘을 담아 먹는 다. 뱃살을 너무 당겨 혈관 vessel 이 튀어나와 있다. 허영심 많은 vain 엄마는 몸을 치장한 채 거울을 보는 중이다. 배 뒤로는 모터보트가 '쉬'소리를 내며 사라진다 vanish. 한편 두 아이만 남아있는 집에 악마가 쳐들어와 황폐화시킨 다 devastate. 놀란 아이들은 집밖으로 대피한다 evacuate. 집안에 들어온 마귀는 아무도 없이 devoid 텅 비어있는 것을 본다.

연상 HINT

① **vacancy**
아빠 엄마가 여행을 가서 집은 공허함 vacancy이 가득하다. 휴가를 불어로 바캉스 vacance라고 하는데 집을 비우다는 뜻이다.

② **vacuum**
방에는 진공 vacuum 청소기가 널부러져 있다. 이것도 필터 갈지 않으면 백 곰팡이 키움.

③ **vessel**
이 단어는 배, 혈관, 그릇이란 뜻이 있다. '배' 위에 있는 아빠가 뱃살로 '그릇'을 만들었는데 너무 당겨서 '혈관'이 보인다.

④ **vain**
배 va- 안에 -in 있는 허영심이 많은 vain 엄마가 썬글라스를 끼고 누워있다.

⑤ **vanish**
우편으로 배가 ~쉬 소리를 내며 사라진다 vanish.

⑥ **devastate**
아이만 남아있는 집의 뒤de- 편으로 거대한 -vast 악마가 쳐들어와 집안을 황폐화시킨다 devastate.

⑦ **evacuate**
아이들은 집을 비우고 vacu- 밖으로 e- 피난한다 evacuate.

⑧ **devoid**
악마는 뒤de-를 살펴보지만 아무것도 보이지 않는 텅빈 devoid 집안을 보고 실망해한다.

van · vain · void · vac · vacu · vas ves   빈 empty

vacancy
[véikənsi]

n 공허, 결여

어근힌트 vac 빈 + ancy (명사형 접미사)
파생어 vacant ⓐ 빈, 공허한 vacate ⓥ 그만두고 물러나다

I'm sorry, we have no vacancy.
죄송합니다만, 빈방이 없습니다.

vacuum
[vǽkjuəm]

n 진공, **v** 진공청소기로 청소하다

어근힌트 vac 빈 + uum (명사형 어미)

Since I vacuumed the floor, would you mop it?
제가 진공청소기로 바닥은 청소했으니까, 당신은 걸레로 바닥을 닦아줄래요?

vessel
[vésəl]

n 배《보통 boat보다 큰》, 용기(그릇), (혈)관

어근힌트 vess 빈 + el (명사형 어미)

What shipping line has vessels going to Dubai?
어느 선사가 두바이항으로 가는 배를 가지고 있지요?

vain
[vein]

a 헛된, 무익한, 허영심이 강한

어근힌트 vain 빈
파생어 vanity ⓝ 허영심, 자만심

All my efforts turned out to be in vain.
나의 모든 노력이 헛수고로 돌아갔어요.

vanish
[vǽniʃ]

v 사라지다, 없어지다

어근힌트 van 빈 + ish (형용사형 접미사)

The cargo vessel vanished in the Mediterranean without trace.
그 화물선은 지중해에서 흔적도 없이 사라졌다.

devastate
[dévəstèit]

v 홑폐시키다

어근힌트 de- 떨어져(접두사) + vast 빈 – ate (동사형 접미사)
파생어 devastation ⓝ 황폐하게 함

A devastating earthquake hit the state capital.
파괴적인 규모의 지진이 그 주(州)의 수도를 덮쳤다.

evacuate
[ivǽkjuèit]

v (장소·집 등을) 비우다, 피난하다

어근힌트 e- 밖으로(접두사) + vacu 빈 + ate (동사형 접미사)
파생어 evacuation ⓝ 비우기

Blasting in ten minutes, please evacuate the site.
10분 후에 발파를 합니다. 현장에서 대피해 주십시오.

devoid
[divɔ́id]

a ~없는

어근힌트 de- 떨어져(접두사) + void 빈

He delivered a simple completely devoid of fancy language or emotional appeals.
그는 꾸밈말이나 감정적 호소가 전혀 없는 쫄막한 연설을 했다.

STORY 241 군바리의 복수

STORY

군인들이 축구를 하고 있다. 공격수가 슛을 하려고 하자 골키퍼가 공격수를 들이받는다. 공격수는 고통 pain을 호소하고, 심판은 벌칙 penalty을 준다. 심판은 골키퍼에게 편히 쉬어 자세로 서 있게 하는 벌을 준다 punish. 공격수는 복수하기 avenge 위해 공으로 골키퍼의 얼굴을 맞히거나, 머리 뒤통수 또는 배를 맞추는 복수 revenge, vengeance를 상상한다.

연상 HINT

① **pain**
군발이들이 축구하는데 문제가 생겼다. 공격수가 슛을 하려고 하는데 골키퍼가 공격수를 들이받자, 공격수는 고통 pain을 호소한다. '나, 페인됐어' 사실 공격수는 군대 고참이었다.

② **penalty**
심판이 페널티 킥으로 형벌을 penalty 주기로 한다.

③ **punish**
심판은 골키퍼에게 '편히 쉬어' 상태로 있으라고 말한다. 어떻게 처벌할 punish 것인지 걱정이 앞선다.

④ **avenge**
공격수 고참은 골을 넣는데는 관심이 없고 공으로 몸을 맞추어서 복수하기로 avenge 결심한다. 앞인지 > 아벤지

⑤ **revenge**
뒤로 다시 맞혀서 복수하든지 revenge, 뒤인지 > 리벤지

⑥ **vengeance**
아니면, 배를 맞추어 복수 vengence 할 것인지 어떻게 할까 고민을 하고 있다. 배인지 > 밴지. avenge는 "죄없는 사람, 약자 등을 대신하여 원수를 갚다"는 것이고, revenge는 "자신에게 가해진 부당 행위에 대한 보복"을 말한다. "그는 그의 아버지를 죽인 원수를 갚았다."고 하면 He avenged his father's murder.라고 해야 한다. 여기서 revenge를 쓰면 안된다. "그는 자기를 때린 남자에게 보복했다."고 한다면, He took his revenge on the man who had struck him.라고 하면 된다.

venge — 복수하다 revenge

avenge [əvéndʒ]
v 복수를 하다
어근힌트 a- ~로(접두사) + venge 복수하다

In the films, there is a character who is out to avenge a wrong done to a close friend.
그 영화에는 가까운 친구가 받은 피해를 복수하려는 등장인물이 있다.

revenge [rivéndʒ]
n 복수 (=) vengeance, 앙갚음
어근힌트 re- 다시(접두사) + venge 복수하다

There is no revenge so complete as forgiveness.
용서만큼 철저한 복수는 없다.

vengeance [véndʒəns]
n 복수, 원수 갚기
어근힌트 venge 복수하다 + ance (명사형 접미사)

Heaven's vengeance is slow but sure.
천벌은 느리나 확실히 있다.

pen — 벌 penalty

pain [pein]
n 아픔, 고통
어근힌트 pain 벌, 고통
파생어 painful ⓐ 아픈 painfully ⓐⓓ 고통스럽게

No pain, no gain.
고통없이 이득도 없다.

penalty [pénəlti]
n 형벌
어근힌트 penal 벌, 고통 + ty (명사형 접미사)

Should the death penalty be abolished?
사형은 철폐되어야만 하는가?

punish [pʌ́niʃ]
v 벌하다, 처벌하다
어근힌트 pun 벌, 고통 + ish (형용사형 접미사)
파생어 punishment ⓝ 형벌 (=) penalty, 처벌

Research shows that punishing kids creates more misbehavior.
연구 결과에 따르면 아이들을 처벌하면 더 많은 잘못된 행동을 일으킨다고 한다.

STORY 242 산타클로스 총회

STORY

산타 연차 총회 convention가 열렸다. 사회를 보는 산타가 비누 수익(매출) revenue의 평균 average을 보여주고 있는 도표를 가리키고 있다. 산타 할머니가 전화로 원빈과 현빈도 소집하라고 convene 말한다. 회의장 뒤쪽에서는 한 산타가 자신이 발명한 invent 루돌프 코의 상품 목록을 나누어 준다. 창문 밖을 보니, 크리스마스 빅 이벤트 event 광고지가 붙어 있고 문 앞에는 동파를 방지하기 prevent 위해 수도를 감싼 것이 보인다.

연상 HINT

① **convention**
산타가 선물 주는 어린이 시절로 돌아가 보자. 산타 총회 convention가 열렸다. 컨벤션 센타라고 할 때 바로 이 단어를 쓴다. 함께 con- 와서 –vent 총회하는 것이다.

② **revenue**
총회에서 각 산타의 수입 revenue은 어떤지 확인한다. 그런데, 화면의 비누 중에서 '레re'비누 수입 revenue이 가장 높다.

③ **average**
사회를 보는 MC 산타가 '평균 average 이하로 선물을 주면 애버리지요. 그러니까 열심히 선물을 주어야 해요'라고 말한다.

④ **convene**
이 총회에는 산타를 모두 함께 con- 오도록 -ven 소집한다. 원빈, 현빈 모두.

⑤ **invent**
안내보는 산타는 '내(內in)가 루돌프 코를 발명했어요 invent.'라고 자랑한다.

⑥ **event**
창 밖에 e- 크리스마스 이벤트 event 광고가 보인다.

⑦ **prevent**
추운 겨울 동파를 방지하기 prevent 위해 미리 pre- 수도관을 단열재로 감싸 놓았다.

ven · vent · venue — 오다, 나오다 come

convention
[kənvénʃən]
n 집회, 전시회
어근힌트 con- 함께(접두사) + ven 오다 + tion (명사형 접미사)
파생어 conventional **a** 전통적인, 집회의

The convention will be held at the Marriott Hotel.
그 집회는 메리어트 호텔에서 열릴 예정이다.

revenue
[révənjùː]
n 수익, 세입(income) (↔) annual expenditure
어근힌트 re- 다시(접두사) + venue 오다

For the first time this month, our company earned enough revenue to cover its expenses.
이번 달 처음으로 우리 회사는 비용을 감당할 정도로 충분한 소득을 얻었다.

average
[ǽvəridʒ]
n 평균; **a** 평균의
어근힌트 a- ~로(접두사) + ver 오다 + age (명사형 어미)

People all around the world spend an average of 1.1 hours on the road each day.
세계 전역의 사람들은 1.1시간을 매일 도로상에서 보낸다.

convene
[kənvíːn]
v 모이다, 소집하다
어근힌트 con- 함께(접두사) + vene 오다
파생어 reconvene **v** 재소집(소환, 집합)하다

The members of the club convened annually.
클럽 회원들은 연례적으로 모였다.

invent
[invént]
v ~을 발명하다
어근힌트 in- 안으로(접두사) + vent 오다
파생어 invention **n** 발명, 발명품 inventive **a** 발명의, 창작의 재능이 있는
inventor **n** 발명가, 고안자

No matter how many electronic wonders we invent, we will need to read.
우리가 얼마나 많은 전자 공학적인 기적을 발명하느냐에 상관없이, 우리는 독서가 필요할 것이다.

event
[ivént]
n 사건, 이벤트
어근힌트 e- 밖으로(접두사) + vent 오다
파생어 eventual **a** 최종적인, 결과의 eventually **ad** 마침내, 결국

There are many different events held at the Olympics.
올림픽에는 개최되는 여러 다양한 행사가 있다.

prevent
[privént]
v 막다, 예방하다
어근힌트 pre- 앞으로, 미리(접두사) + vent 오다
파생어 prevention **n** 예방, 예방법

When I ride a bicycle, I wear a helmet to prevent head injuries.
자전거를 탈 때, 나는 머리가 상해를 입지 않도록 헬멧을 착용한다.

STORY 243 산타어드벤쳐

💬 STORY

밤 하늘에 루돌프가 모는 썰매가 출현 advent하는가 싶더니, 360도 회전하는 모험 adventure을 한다. 편리한 convenient 큰 비녀 썰매를 타고 가는 산타는 "수분 내에 선물 souvenir 갖다 줄게. 아이들아 기다려."라고 잠꼬대한다. 또 다른 산타는 사고가 난다. 새 한 마리가 사이에 끼어들어 방해하는 intervene 바람에 썰매 안에 있던 비누 하나가 가로수 길 avenue에 떨어진다. 그 비누 이름은 애(愛)비누..

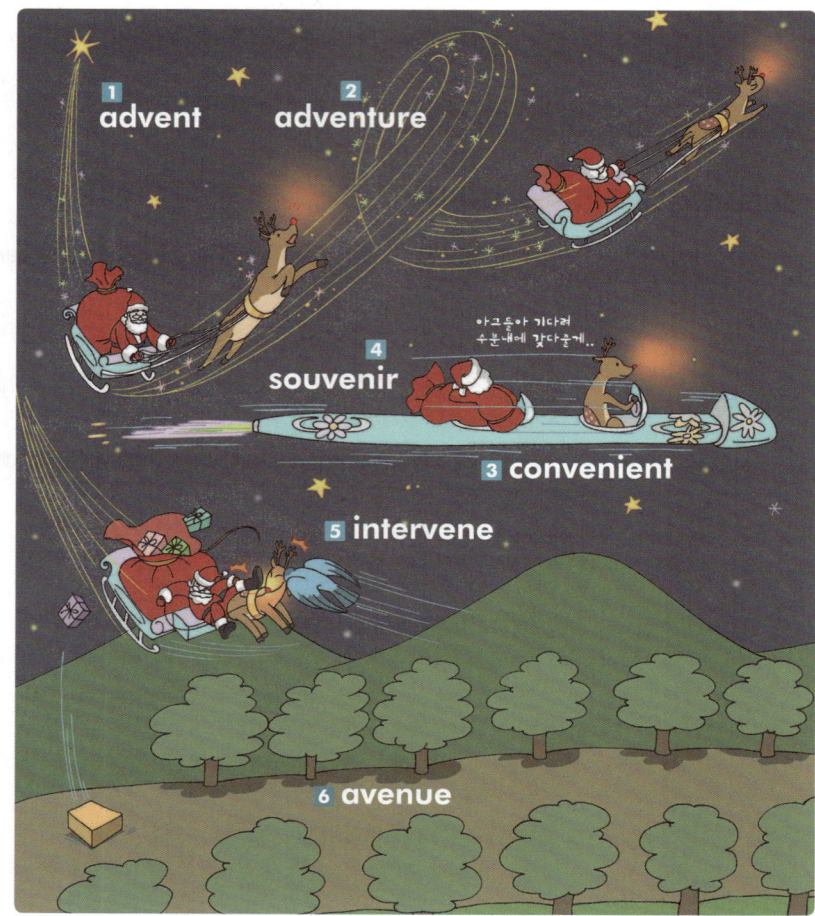

💡 연상 HINT

① **advent**
밤하늘 어디 ad- 엔가에서 루돌프가 끄는 산타 출현 advent에 멋진 장면이 펼쳐진다.

② **adventure**
이 산타는 360도 회전하는 모험 adventure을 연출한다.

③ **convenient**
아주 편리한 convenient 썰매도 지나간다. 큰 비녀로 만든 썰매이다.

④ **souvenir**
너무 편리해서 잠이 들어 잠꼬대를 하는 싼타. '아그들아, 선물을 souvenir 수분 내에 갖다 줄게.'

⑤ **intervene**
파랑새 한 마리가 또 다른 싼타의 썰매 사이에 inter- 끼어들어 진로를 방해한다 intervene.

⑥ **avenue**
그 바람에 비누 하나가 가로수길 avenue로 떨어진다. 떨어진 비누의 이름은? 애(愛)비누.

ven · vent · venue · venir 오다, 나오다 come

advent
[ǽdvent]

n 출현, 등장

어근힌트 ad- ~로부터(접두사) + vent 오다

With the advent of the internet, it became much easier to find information.
인터넷의 출현으로, 정보를 찾아내기가 훨씬 더 쉬워졌다.

adventure
[ædvéntʃər]

n 모험; **v** 위험을 무릅쓰다

어근힌트 ad- ~로부터(접두사) + vent 오다 + ure (명사형 어미)

파생어 adventurous **a** 모험을 좋아하는 venture **v** 감히 ~하다; **n** 모험

He embarked on a great adventure.
그는 위대한 모험에 착수했다.

convenient
[kənvíːnjənt]

a 편리한

어근힌트 con- 함께(접두사) + veni 오다 + ent (형용사형 접미사)

파생어 convenience **n** 편리함 inconvenience **n** 불편 inconvenient **a** 불편한

I have been working hard so that my family can enjoy an easy and convenient life.
나는 가족들이 편하고 안락한 생활을 누릴 수 있도록 열심히 일해 왔다.

souvenir
[sùːvəníər]

n 기념품, 선물

어근힌트 sou 아래 + ven 오다 + ir (명사형 어미)

We brought back souvenirs from our trip to Thailand.
우리는 타이 여행에서 기념품을 가지고 왔다.

intervene
[ìntərvíːn]

v 중재하다, 방해하다

어근힌트 inter- 안으로(접두사) + vene 오다

I intervened to stop them from fighting.
나는 그들이 싸움을 멈추도록 하기 위해 개입하였다.

avenue
[ǽvənjùː]

n 가로수길

어근힌트 a- ~로(접두사) + venue 오다

They strolled along the tree-lined avenues.
그들은 나무가 일렬로 늘어선 가로수 길을 따라 산책했다.

STORY 244 눈물 도는 보카 유격장 1

💬 STORY

산 중턱에 광고하는 advertise 간판이 보인다. 조교는 훈련병들을 위해 다양한 diverse 훈련들을 준비했다고 말하고 있다. 한 병사는 놀면서 기분전환을 하자고 divert 제안한다. 군대에서 종교행사로 다투기도 한다. 한 병사는 초코파이가 햄버거보다 더 낫다는 동료의 주장을 반박한다 controvert. 그러나 초코 파이를 받자 다른 종교로 개종한다 convert. 계곡 안에서는 병사들이 몸을 뒤집는 invert 등 기합을 받고 있다.

💡 연상 HINT

① **advertise**
'돌다'는 어근 vert vers 단어들은 군대 유격장을 떠올리면서 공부하자. '피도 눈물도 없는 빵빵이 유격장' 광고하는 advertise 현판이 눈에 들어온다. ~를 향하여 ad 주의를 돌리게 하는 vert-것이 광고이다.

② **diverse**
빨간 모자 조교는 '너희들을 위하여 다양한 diverse 메뉴를 준비했다'고 매섭게 말한다. 분리하여 di- 돌리면 vers 다양해진다.

③ **divert**
'산 좋고 물 좋은데 재미있게 놀다가요.'하면서 고참 병장이 주의를 딴데로 돌린다 divert.

④ **controvert**
종교행사 때 교회는 초코파이, 절은 떡을 준다. 병사들은 먹는 것 가지고 서로 반대 contro- 의견을 내며 논쟁한다 controvert.

⑤ **convert**
한 병사는 '난 초코파이 먹을래'하면서 다른 종교로 개종한다 convert. 이 종교 저 종교 함께 con- 생각해보다가 바꾼다.

⑥ **invert**
산 안쪽 in- 중턱에서는 병사들이 몸을 뒤집는(거꾸로 하는 invert)기합을 받는 소리가 들린다.

vert · vers — 돌다, 돌리다 turn

advertise, -ze [ǽdvərtàiz]
v 광고하다, 선전하다

어근힌트 ad- ~로부터(접두사) + vert 돌다 + ise (동사형 어미)

파생어 advertisement, -ze ⓝ 광고, 선전 advertising ⓝ 광고하기; ⓐ 광고의

You can advertise your products by using this website with a small amount of money.
당신은 이 웹 사이트를 사용하여 적은 돈으로 제품을 광고 할 수 있다.

diverse [divə́:rs]
a 다양한 (=) various

어근힌트 di- 떨어져(접두사) + verse 돌다

파생어 diversify ⓥ ~을 다양화하다 diversion ⓝ 빗나가게 하기, 기분전환
 diversity ⓝ 서로 다름, 다양성

I came in contact with people from diverse cultures there and was very impressed.
나는 거기에서 다양한 문화의 사람들과 접촉하였고 매우 깊은 인상을 받았다.

divert [divə́:rt]
v 주의를 돌리다, 기분을 전환케 하다

어근힌트 di- 떨어져(접두사) + vert 돌다

He is so firmly resolved to become a politician that nothing will divert him from his decision.
그는 정치가가 되겠다는 의지가 너무 단호해서 아무것도 그의 결정을 돌릴 수 없을 것이다.

controvert [kántrəvə̀:rt | kɔ́n-]
v ~을 논박하다

어근힌트 contro- 반대(접두사) + vert 돌다

파생어 controversial ⓐ 논쟁의 여지가 있는 controversy ⓝ 논쟁 (=) argument

We controverted the opinion that a nuclear waste plant should be built near our city.
우리는 우리 시 근처에 핵 폐기물 공장을 건설해야한다는 견해에 반대했다.

convert [kənvə́:rt]
v 변환시키다 (=) change, 개종시키다

어근힌트 con- 함께(접두사) + vert 돌다

파생어 converter ⓝ 개종시키는 사람, 변환기 convertible ⓐ 전환[개종]할 수 있는
 conversion ⓝ 전환, 개종

The missionary devoted himself to convert a few natives to Christianity.
그 선교사는 원주민 몇몇을 기독교로 개종시키기 위해 헌신했다.

invert [invə́:rt]
v ~을 거꾸로 하다

어근힌트 in- 부정(접두사) + vert 돌다

파생어 inverse ⓐ 반대의; ⓝ 역, 역(함)수

For this calculation, the ratio is inverted.
이 계산에서 비율이 뒤바뀌었다.

STORY 245 ROOT V 눈물 도는 보카 유격장 2

STORY

광활한 우주 universe. 이 지구 산악지대에서 두 병사가 계곡을 가로지르는 훈련을 받는다. 심술궂은 조교가 병사에게 반대 방향으로 돌아가도록 reverse 명령한다. "오토 리버스" 기합 받고 있는 한 병사가 다른 병사와 대화 conversation를 나누며 서로 위로하고 있다. 또 다른 병사 둘은 훈련을 받으며 운문 verse을 노래로 부른다. 물고기는 계곡물을 거슬러 adverse 올라간다. 어디서 나타났는지, 민간인 한 명이 수직의 vertical 절벽을 오르며 버티고 있다.

연상 HINT

① **universe**
별이 총총히 빛나는 밤하늘을 보며 광활한 우주 universe에서 점만도 못한 자신을 보게 된다. 이전에 우주는 한 개의 uni - 태양을 중심으로 돈다 -verse 고 생각하여 이 단어가 나왔다.

② **reverse**
계곡을 가로지르는 줄타기 훈련 장면. 막 건너온 병사에게 조교가 "오토 리버스 반대로 reverse"하며 다시 re- 돌아 verse고 한다.

③ **conversation**
기합받는 병사들이 함께 con- 대화 conversation를 나눈다. '이 우주에 이런 곳도 있구나.' '그래도 국방부 시계는 돌아가지.'

④ **verse**
병사들이 기합받으면서(벌 서면서) 한 절 verse 씩 군가를 부른다. "싸나이로 태어나서~"

⑤ **adverse**
살아있는 물고기는 상류를 향하여 ad- 역(逆)으로 adverse 올라간다. 그래서 산다는 것이 힘든 가 보다.

⑥ **vertical**
민간인 한 명이 수직의 vertical 절벽을 오르기 위해 칼로 버티느라 고생한다.

vert · vers — 돌다, 돌리다 turn

universe
[júːnəvəːrs]

☐☐☐

n (the~) 우주

어근힌트 uni- 하나 + ver 돌다 + se (형용사형 어미)

파생어 universal @ 우주의 universally @ 널리

It is said that there is no limit to the universe.
우주에는 끝이 없다고 한다.

reverse
[rivə́ːrs]

☐☐☐

v 거꾸로 하다; **a** 반대의

어근힌트 re- 다시(접두사) + verse 돌다

They were disappointed with the result reverse to what was intended.
그들은 의도했던 것과는 반대되는 결과에 실망했다.

conversation
[kànvərséiʃən]

☐☐☐

n 회화, 대화, 교제

어근힌트 con 함께(접두사) + vers 돌다 + tion (명사형 접미사)

파생어 converse @ 격의없이 이야기하다 @ 거꾸로의

I had a private conversation with him throughout the day.
나는 하루 내내 그와 사적인 대화를 나누었다.

verse
[vəːrs]

☐☐☐

n 운문, 시, (성서의) 절

어근힌트 vers 돌다 + e (명사형 어미)

파생어 version @ (성서의) 역, ~판

The congregation sang the first and third verses of the hymn.
회중은 그 찬송가의 일절과 삼절을 노래했다.

adverse
[ædvə́ːrs, -´-]

☐☐☐

a 격(逆)의, 불리한

어근힌트 ad- ~로부터(접두사) + verse 돌다

He had been the victim of adverse circumstances.
그는 불운한 환경의 희생자이다.

vertical
[vəːrtikəl]

☐☐☐

a 수직의

어근힌트 vert 돌다 + ical (형용사형 접미사)

This vertical section of the soil shows three basic soil layers.
이 토양의 수직 단면은 세 가지 기본 토양 층을 보여준다.

STORY 246 갈라찐 홍해

STORY

이스라엘의 외교사절인 모세는 항해 voyage를 떠나려는 파라오를 만난다. 그리고 하나님께 제사를 드릴 수 있도록 이스라엘 백성들을 보내달라고 요구한다. 그러나 파라오 비서는 "저들이 제사 핑계대고 도망치려는 것이 분명한 obvious 것 같습니다."라고 말하며 놓아주지 말라고 한다. 그래서 파라오는 "이전에 previous 말했듯이 안돼."라며 부정적으로 답한다. 그러나 결국 이스라엘 백성들은 홍해를 경유해서 via 애굽을 빠져 나오게 된다. 이스라엘 백성들은 옥수수와 베이컨을 수레에 나르며 convey 홍해를 건넌다. 마음이 변한 애굽의 파라오는 나중에 이스라엘 백성들을 잡으러 기마병을 이끌고 홍해를 건너지만 모두 물속에 수장되고 만다.

연상 HINT

① **voyage**
파라오가 보이지 않는 먼 곳으로 항해하러 voyage 떠나려 한다. 이때 이스라엘 지도자 모세가 '우리 백성들을 보내주시오'하고 요청한다.

② **obvious**
이때 신하가 파라오에게 '제사 핑계대고 멀리 도망치려는 것이 분명합니다 obvious'라고 말한다.

③ **previous**
그러자 파라오가 '전에 previous 말했듯이 안돼'라고 말한다.

④ **via**
여러 번의 기적을 경험한 후 환난에 빠진 파라오는 이스라엘 백성을 풀어준다. 이들이 홍해 바다를 경유해서 via 지나간다. 돌고래는 이들에게 '바이'하고 인사한다.

⑤ **convey**
어떤 사람은 옥수수 corn과 베이컨을 나른다 convey. 광야에서 먹을 것이 없기 때문에 가지고 가는 것이다.

via · vi · vey · voy 길 way

voyage
[vɔ́iidʒ]

n 항해

어근힌트 voy 길 + age (명사형 어미)

The voyage lasted 10 hours.
항해는 10시간 동안 지속되었다.

obvious
[ábviəs]

a 명백한

어근힌트 ob- 앞에서(접두사) + vi 길 + ous (형용사형 접미사)

파생어 obviously [ad] 명백하게

It is obvious that we will succeed.
우리가 성공할 것임은 분명하다.

previous
[príːviəs]

a 이전의

어근힌트 pre- 앞으로, 미리(접두사) + vi 길 + ous (형용사형 접미사)

파생어 previously [ad] 전에(는)

Please note that candidates must have previous work experience.
응시자는 이전 직장 경험이 있어야 한다는 것에 유의하시기 바랍니다.

via
[váiə, víːə]

prep ~을 거쳐, 경유해서

어근힌트 via 길

I flew to Toronto via Alaska.
나는 알래스카를 지나 토론토로 날아갔다.

convey
[kənvéi]

v ~을 나르다 (=) carry

어근힌트 con- 함께(접두사) + vey 길

파생어 conveyer [n] 컨베이어, 운반인

She was able to accurately convey the things that she wanted to say.
그녀는 말하고자하는 것을 정확하게 전달할 수 있었다.

STORY 247 오빠 100점 맞아와

STORY

수능 시험일 아침이다. 집안 살림 livelihood을 알뜰하게 꾸려 가시는 어머니 정성이 지극하다. 재수생 아들을 위해 영양이 듬뿍 담긴 채소 vegetable를 먹으라고 한다. 또한 체력을 위해 매우 중요한 vital 고기를 아침 식탁에 내놓으셨다. 게다가 원기 vigor 회복에 좋은 약을 아들에게 건네준다. 수능 시험장으로 출발하는 오빠에게 생기발랄한 vivid 동생이 100점 맞아오라고 격려한다. 재수생 아들은 수능 시험을 보면서 다시 부활할 revive 날을 기대한다. 그 옆의 삼수생은 경쟁에서 생존하기 survive 위해 한 문제라도 더 풀려고 필사적이다. 그 어떤 수험생 보다도 더 오래 사신 outlive 장수생 할아버지도 시험문제 푸느라 힘들어 하신다.

연상 HINT

① **vegetable**
시험 당일에 몸에 좋은 야채 vegetable를 먹으라고 권한다. 야채인 배추, 가지가 테이블에 놓여있다.

② **vital**
동물성 고기도 생명유지에 중요한 vital 식품이다. 가끔 이 음식도 먹어주어야 한다. 삼겹살 비개에 돼지털이 붙어있다.

③ **vigor**
어머니는 또한 '이거 먹고 힘내'하면서 활력 vigor을 돋우는 영양제를 아들에게 준다.

④ **vivid**
시험 보러 가는데 여동생이 두 손으로 V V를 비비며 '오빠 100점 맞아와'라고 말하는 것이 생생한 vivid 인상으로 남는다. 수능만점이 400점인데 100점 맞으면 어떻게 하나?

⑤ **revive**
시험장에는 여러 부류의 수험생이 있다. 다시 re- 살아서-vive 부활하기 revive 위해 애쓰는 재수생.

⑥ **survive**
생존하기 survive 위한 몸부림. 살아남기-vive 위해서는 답을 다 써야하는 삼수생.

⑦ **outlive**
누구보다 더 오래 사신 outlive 장수생 등 세 부류이다. out-이 접두어로 쓰이면 '~보다 더'란 뜻이 된다. outdo ~를 능가하다. outnumber 숫적으로 ~보다 우세하다 outshine ~보다 강하게 빛나다. 등 여러 단어가 있다.

live · viv — 살다 live, 삶 life

vital [váitl]
a 생명의, 생명에 관한
- 어근힌트: vit 살다, 활기있는 + al (형용사형 접미사)
- 파생어: vitality [n] 생명력, 활력

This information is vital to ensure the accuracy of their weblogs.
이 정보는 웹 로그의 정확성을 보장하는 데 중요하다.

vivid [vívid]
a 생생한
- 어근힌트: viv 살다 + id (형용사형 어미)
- 다생어: vividly [ad] 생생하게

Sports serve society by providing vivid examples of excellence.
스포츠는 탁월함에 대한 생생한 본을 제공함으로써 사회에 기여한다. George F. Will

revive [riváiv]
v 부활시키다
- 어근힌트: re- 다시(접두사) + vive 살다
- 파생어: revival [n] 재생, 소생

He slowly began to revive.
그는 서서히 의식을 되찾기 시작했다.

survive [sərváiv]
v 생존하다
- 어근힌트: sur 위에(접두사) + vive 살다
- 파생어: survival [n] 생존, 살아남음 survivor [n] 생존자

Without the government's support, the performing arts cannot survive.
정부의 후원이 없다면, 공연예술은 살아남지 못할 것이다.

outlive [aʊtlɪv]
v ~보다 더 (오래) 살다
- 어근힌트: out- 밖(접두사) + live 살다

Your turtle will probably outlive you when you provide it with the proper care.
당신이 거북이를 적절하게 돌보아주면 아마도 그것이 당신보다 더 오래 살 것이다.

vig — 활기찬 lively, 깨어있는 awake

vegetable [védʒətəbl]
n 야채
- 어근힌트: veget 살다, 활기있는 + able (형용사형 접미사)
- 파생어: vegetarian [n] 채식(주의)자 vegetarianism [n] 채식주의 vegetation [n] [집합적] 초목

People choose fruit and vegetables to give them strength for physical activity.
사람들은 육체적 활동을 위한 근력을 얻기 위해 과일과 야채를 선택한다.

vigor [vígər]
n 정력, 활력
- 어근힌트: vig 살다, 활기있는 + or (명사형 접미사)
- 파생어: vigorous [a] 정력적인

He said he had not lost his vigor at seventy.
그는 나이 칠십에도 그의 활기를 잃지 않았다고 말했다.

STORY 248 칭찬하는 선생님

STORY

공부 잘하는 여학생(보카순이)이 자식위해 헌신하는 devote 어머니를 마음에 떠올린다. 신에게 기원하는 invoke 어머니의 모습이 눈앞에 아른거린다. 스스로 주위를 환기시키며 evoke 열심히 할 것을 다짐한다. 보카순이가 a,e,i,o,u 모음 vowel을 발음하면서 어휘 vocabulary공부에 열중하는 모습이 기특하다. 선생님이 "와우, 너는 SKY 대학은 가겠구나, 내가 맹세해 vow"라고 말하며 칭찬한다.

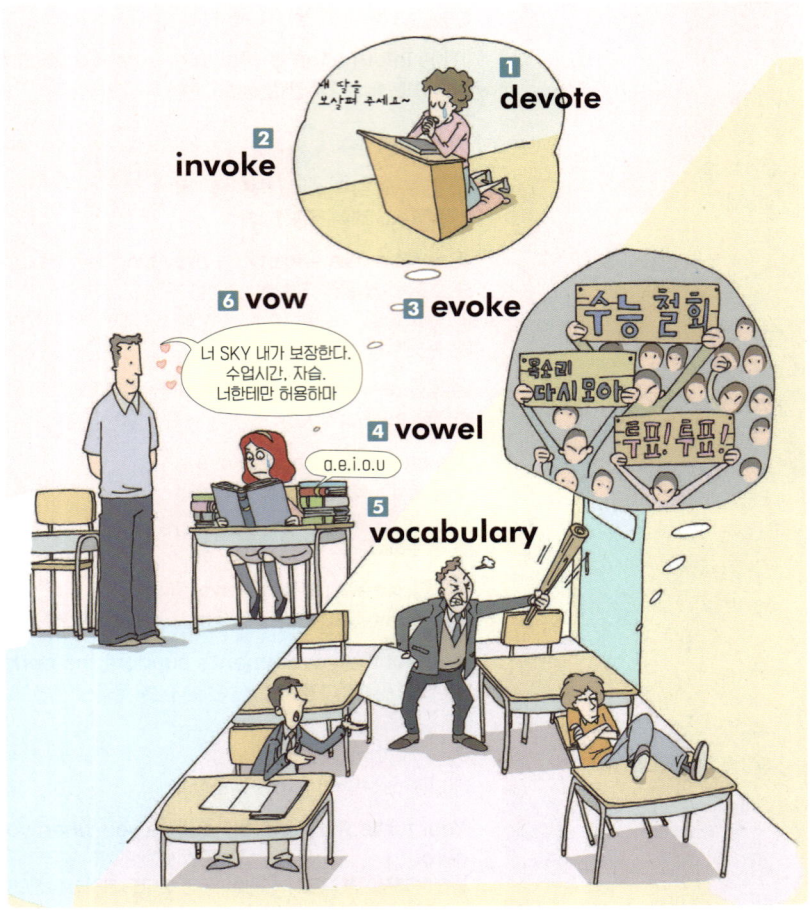

연상 HINT

① **devote**
목소리를 높이는 시끄러운 학교이다. 공부를 잘해서 시끄럽고 공부를 안해서 시끄럽다. 우리 보카순이는 뒤de-에서 자녀를 위해 헌신하는 devote 어머니를 생각하며 열심히 공부한다.

② **invoke**
어머니는 손을 안으로 in- 모으고 '우리 순이를 보살펴 주세요.'라고 신에게 기원한다 invoke.

③ **evoke**
보카순이는 어머니에 대한 생각을 밖으로 e- 불러내어 –voke 마음을 환기시킨다 evoke.

④ **vowel**
단어에서 소리를 내는 것이 모음 vowel이다. 자음은 consonant인데, 모음과 함께 con- 있어야 소리가 난다.

⑤ **vocabulary**
열심히 보카 voca-를 불러가며 어휘 vocabulary 를 공부한다.

⑥ **vow**
선생님이 보카순이를 보며, '와우 wow, 맹세 vow하건데, 너는 SKY 대 들어갈 거야.' vow와 wow는 글자모양과 발음이 비슷하다.

voc · vok · vot · vow   목소리 voice, 부르다 call

devote [divóut]
- ⓥ 바치다, 쏟다
- 어근힌트 de- 떨어져(접두사) + vote 목소리
- 파생어 devoted ⓐ 헌신적인, 몸을 바친
- I am going to devote myself to finish what I started.
  나는 내가 시작한 것을 끝내기 위해 자신을 바칠 것이다.

invoke [invóuk]
- ⓥ (천우신조 등을) 빌다, 기원하다
- 어근힌트 in- 안으로(접두사) + voke 목소리
- The judge invoked an international law that protects refugees.
  판사는 난민들을 보호하는 국제법을 발동했다.

evoke [ivóuk]
- ⓥ 일깨우다, 환기시키다
- 어근힌트 e- 밖으로(접두사) + voke 목소리
- We often use strong language not to express a powerful emotion but to evoke it in us.
  우리는 종종 강력한 감정을 표현하기 위해서가 아니라 우리 안에 그러한 감정을 불러일으키기 위해 강한 언어를 사용한다. Eric Hoffer

vowel [váuəl]
- ⓝ [음성] 모음
- 어근힌트 vow 목소리 + el (명사형 어미)
- The terms vowel and consonant refer to the sounds which make up the spoken language.
  모음과 자음이라는 용어는 말하는 언어를 구성하는 소리를 가리킨다.

vocabulary [voukǽbjulèri]
- ⓝ 어휘, 용어
- 어근힌트 vocabul 목소리 + ary (명사형 접미사)
- Using your new vocabulary is not only fun, but a great way to remember all these new words.
  새로운 단어를 사용하는 것은 재미있을 뿐 아니라, 이 모든 새로운 단어를 기억하는 좋은 방법이다.

vow [vau]
- ⓝ 맹세, 서약 ⓥ 맹세(서약)하다
- 어근힌트 vow 목소리
- It is better not to vow than to make a vow and not fulfill it.
  약속을 하고 지키지 않는 것보다는 약속을 하지 않는 것이 낫다.

STORY 249 목소리 높이는 선생님

STORY

목소리의 vocal 직업인 보컬 가수가 되겠다고 티를 내는 학생이 있다. 이 꼴불견 학생은 꼭 선생님을 화나게 하는 provoke 그런 아이이다. 수능에 불만이 있는 학생들은 수능을 철회하자 revoke는 투표 vote를 하려고 한다. 이 친구를 옹호하는 advocate 학생이 선생님에게 "어, 선생님, 직업 vocation에는 귀천이 없잖아요"라고 말하자 선생님은 더 화가 치밀어 오른다.

연상 HINT

① **vocal**
하라는 공부는 안하고 딴전 피우는 말썽꾸러기들이 있다. '아름다운 목소리의 vocal 소유자, 바로 저는요 보칼이 될 거에요.'라고 말한다.

② **provoke**
앞에 pro- 있는 선생님은 이 학생 태도에 화가 난다 provoke.

③ **revoke**
공부하기 싫은 녀석들은 '수능시험 폐지, 폐지.. 우리 다시 re- 목소리 -voke 모아, 폐지하자 revoke...'라고 팻말들고 반항한다.

④ **vote**
또한 수능 시험 폐지에 대한 찬반 투표 vote 하자고 난리들이다. '보우트 – 투표'에서 힌트를 얻으면 좋다.

⑤ **advocate**
옆에서 ad- 목소리 내며 -voc 옹호하는 advocate 친구를 보고 선생님은 한층 더 열 받는다.

⑥ **vocation**
보칼이 되겠다는 학생의 말에 열 받는 선생님을 보고 "선생님, 직업 vocation에는 귀천이 없잖아요."하고 그 친구가 거든다.

voc · vok · vot · vow 목소리 voice, 부르다 call

vocal
[vóukəl]

a 목소리의, 음성의

어근힌트: voc 목소리 + al (형용사형 접미사)

Men and women have different vocal cord sizes; adult male voices are usually lower-pitched.
여자와 남자는 다른 성대 크기를 가지고 있다. 성인 남자의 목소리는 보통 낮은 음조이다.

provoke
[prəvóuk]

v 화나게 하다

어근힌트: pro- 앞으로, 미리(접두사) + voke 목소리

파생어: provocation **n** 도발, 자극 provocative **a** 성나게 하는

Anger, if not restrained, is frequently more hurtful to us than injury that provokes it.
분노가 억제되지 않으면, 그것이 일으키는 상처보다 더 우리에게 유해한 것이 된다. Seneca

revoke
[rivóuk]

v 취소하다, 폐지하다

어근힌트: re- 다시(접두사) + voke 목소리

If a driver refuses to take a breath or blood test, their license may be immediately revoked.
운전자가 (음주측정을 위해) 숨을 내쉬거나 혈중 테스트하기를 거부한다면 면허증이 즉각 취소될 수도 있다.

vote
[vout]

n 투표

어근힌트: vote 목소리

More than half of them cast their vote in favor of the democratic candidate.
그들 중 절반 이상이 민주당 후보에 찬성 투표를 했다.

advocate
[ǽdvəkèit]

v 옹호하다; **n** 옹호자

어근힌트: ad- ~로부터(접두사) + voc 목소리 + ate (동사형 접미사)

Gandhi was an advocate of nonviolence.
간디는 비폭력의 옹호자였다.

vocation
[voukéiʃən]

n 천직, 사명 (=) calling

어근힌트: voca 목소리 + tion (명사형 접미사)

파생어: vocational **a** 직업상의

If you refer to your job as your vocation, you feel that you are particularly suited to it.
당신이 당신의 일을 소명이라 부른다면, 당신은 자신이 그 일에 특별히 적합하다고 느끼는 것이다.

STORY 250 해와 바람

STORY

저 멀리 화산 volcano에서 용암이 분출한다. 해와 바람이 지나가는 행인의 코트를 벗기는 내기를 한다. 바람이 반드시 벗기고 말겠다는 의지 will를 드러내며 강풍을 불어 보낸다. 하지만 그럴수록 행인은 코트를 더 꼭 끌어안아 당긴다. 그러자 이번에는 자기가 해보겠다고 해가 자원한다 volunteer. 자비심 많은 benevolent 해가 추워하는 그 남자에게 따뜻한 빛을 비추자 그는 자원해서 voluntary 옷을 벗는다.

연상 HINT

① **volcano**
이솝우화 해와 구름. 지나가는 행인의 옷을 벗기는 내기를 하고 있다. 불 까놓은 곳이 바로 화산 volcano이다. 애드벌룬에 탄 사람은 화산에서 용암(불)이 K 모양으로 나오니 'NO' 라고 소리친다.

② **will**
구름이 '옷을 벗기고 말겠어'하며 강풍을 불어 자기의 의지 will를 드러낸다. 사람이 죽을 때 자신의 의지를 나타내는 것이 유언 will 이다.

③ **volunteer**
행인은 옷을 벗지 않으려고 옷을 더 꽉 잡는다. 이에 불눈이 튀어는 해가 자원자 volunteer로 나선다.

④ **benevolent**
해가 인자한 benevolent 모습으로 햇빛을 내리쬔다. 해의 별명은 베네씨이다.

⑤ **voluntary**
이제 행인은 자원해서 voluntary 옷을 벗고 더워서 털이개로 부채질한다.

voll · wil 의지 will

volcano
[valkéinou]

n 화산, 분화구

어근힌트 volcan 불, 의지 + o (명사형 어미)
파생어 volcanic ⓐ 화산의, 화산성의

The active volcano erupts at regular intervals.
그 활화산은 주기적으로 분화한다.

will
[wəl, əl, l; (강) wíl]

n 의지, 유언 **v** ~할[일] 것이다

어근힌트 will 의지
파생어 goodwill ⓝ 호의, 친절

I will have a steak.
스테이크를 먹을래요.

volunteer
[vàləntíər]

n 지원자, 자원 봉사자

어근힌트 volunt 의지 + eer (명사형 접미사)

The early volunteers worked alone and did hard and unpleasant tasks.
초기의 자원 봉사자들은 혼자서 힘들고 불쾌한 작업을 해냈다.

benevolent
[bənévələnt]

a 자비로운, 인자한

어근힌트 bene- 좋은 + vol 의지 + ent (형용사형 접미사)

Be strict with yourself, but be benevolent towards others.
자신에게는 엄격하고, 다른 사람을 향하여는 인자하라.

voluntary
[váləntèri]

a 자발적인, 임의의

어근힌트 volunt 의지 + ary (형용사형 접미사)

Attendance is purely voluntary.
참석은 순전히 자의에 의한 것입니다.

STORY 251 신혼여행에 무슨 날벼락

STORY

동남아에 신혼여행을 갔어요. 그런데 진화하는 evolve 무기로 무장하고 있는 정부군과 회전식 연발권총 revolver을 들고 반란 revolt을 주도하는 반란군 사이에 연루되어 involve 정말 무슨 날벼락인가요? 이제 바다 모래사장에서 다른 쌍이랑 배구하다가 완전히 망가졌거든요. 결국 이혼 divorce 지경까지 갔는데 한 볼륨 volume의 책을 검토한 변호사 attorney가 말하네요. "서로 잘 지내는 게 어떠니?"

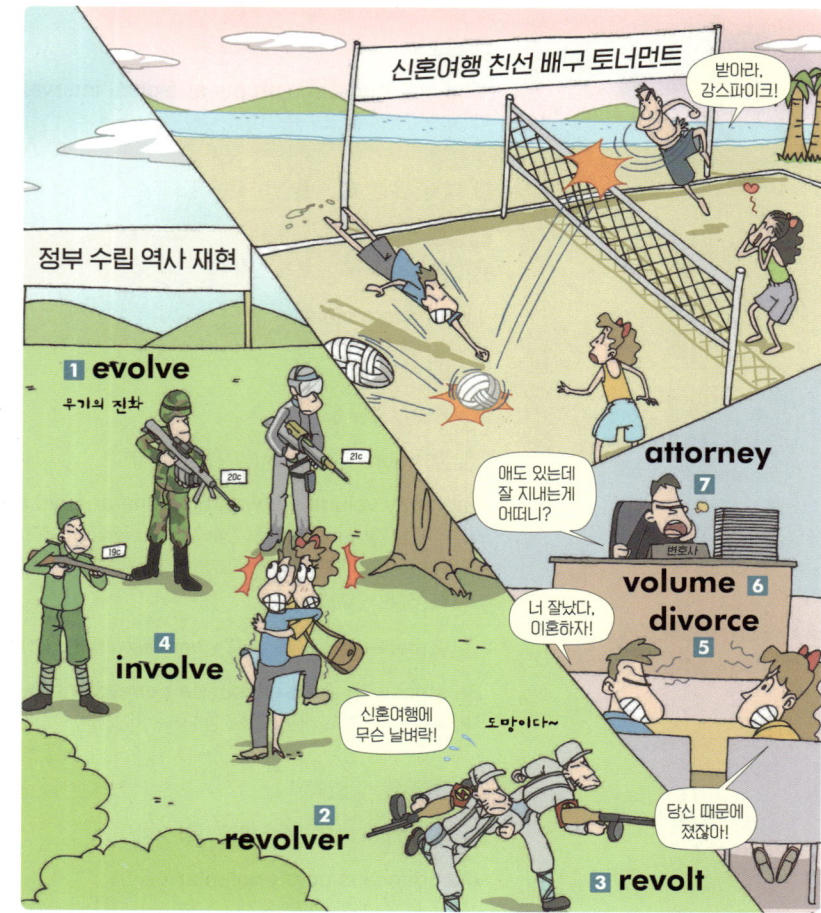

연상 HINT

① **evolve**
동남아에 신혼여행을 갔는데 완전히 망쳤어요. 밖에는 e- 진화된 evolve 무기로 무장하고 있는 정부군이 진치고 있었어요.

② **revolver**
반란군은 연발식 총 revolver으로 무장하였지요. 리볼버는 탄창이 여러 번 다시 re- 도는 -volv 연발 총이에요.

③ **revolt**
정부군에 밀리자, 반란군 revolt은 '튀어, 가족 다시 re- 볼려면 튀어.'라고 말하면서 도망쳤어요.

④ **involve**
우리 둘은 이들 전쟁터 안에 in- 연루되어 involve 죽을 뻔 했어요. 겨우 살아나서 해변에 갔지요. 거기서 다른 커플과 족구 게임에서 완전 깨졌어요.

⑤ **divorce**
결국 우리 둘이 di- 목소리 높이며 이혼 divorce 지경까지 갔어요.

⑥ **volume**
한 분을 찾아갔지요. 이 분은 부피 volume가 큰 책 더미를 훑어보고 볼륨 volume 이 높은 목소리로 말했어요.

⑦ **attorney**
이 분이 바로 변호사 attorney 였어요. 뭐라고 하는지 아세요? '서로 잘 지내면 어토니(어떠니)?'라고 말하더라구요.

volv · volu · volt 말다, 돌다 roll

evolve
[iválv]

v [생물] 진화[발달]시키다

어근힌트 e- 밖으로(접두사) + volve 말다

파생어 evolution ⓝ 발달, 진화, 진화론 evolutionary ⓐ 진화(론)적인

Network security solutions must evolve their own way of dealing with hacking attempts.
네트워크 보안 솔루션은 해킹 시도를 처리하는 자체 방식을 발전시켜야한다.

revolver
[riválvər]

n (탄창 회전식) 연발 권총

어근힌트 re- 다시(접두사) + volv 말다 + er (명사형 접미사)

파생어 revolution ⓝ (정치상의) 혁명 revolutionary ⓐ 혁명의

On wednesday, state police said the man was armed with a revolver.
수요일에 주 경찰은 그 남자가 권총으로 무장하고 있다고 말했다.

revolt
[rivóult]

n 반란, 폭동; **v** 반란[폭동]을 일으키다

어근힌트 re- 다시(접두사) + volt 말다

파생어 revolve ⓥ 회전하다 (=) rotate

The leader of the revolt made an unconditional surrender early this morning.
그 폭동의 리더는 오늘 아침 일찍 무조건적인 항복을 선언했다.

involve
[inválv]

v 포함하다, (필연적으로) 수반하다, 말려들게 하다

어근힌트 in- 안으로(접두사) + volve 말다

파생어 involvement ⓝ 말려들게 함, 연루

True happiness involves the full use of one's power and talents.
진정한 행복은 자신의 힘과 재능을 온전히 다 사용하는 것과 관련이 있다. Douglas Pagels

divorce
[divó:rs]

n 이혼

어근힌트 di- 떨어져(접두사) + vor 소리 + ce (명사형 어미)

Divorce is becoming more common nowadays.
이혼이 요즈음엔 더 흔해지고 있다.

volume
[válju:m]

n 책 (=) book, 권, 부피

어근힌트 vol 돌다, 말다 + ume (명사형 어미)

Would you please turn down the volume a little?
볼륨을 조금만 낮춰 주실래요?

attorney
[ətə́:rni]

n 변호사

어근힌트 at- ~로부터(접두사) + torn 돌다 + ey (명사형 어미)

Why don't you consult an attorney beforehand?
변호사와 미리상의 해 보는게 어때?

STORY 252 평강 요새 사수하라

💬 STORY

이곳은 평강국 요새이다. 기물 ware을 보관하고 있는 기물 창고 warehouse를 수비대가 지키고 있다. 온달은 평강공주의 보디가드 bodyguard이다. 조심성 있는 적은 지뢰를 피해 성에 슬금슬금 접근한다. 곰을 발견한 적의 한 병사는 동료 병사에게 곰을 조심하라고 beware 속삭인다. 망을 지켜보던 병사는 적의 움직임을 알아채고 aware, 전쟁이 났다고 경고한다 warn. 한편 배신자가 훔친 기밀문서를 가지고 문을 빠져나간다.

💡 연상 HINT

① **ware**
'지키다' watch의 뜻인 어근 war, ward, gar, guard들을 배워보자. g는 w가 변형된 것이다. 이곳은 평강국 요새이다. 기물(제품) ware을 보관하여 싸움에 대비한다. software, hardware가 여기에서 나온 단어이다.

② **warehouse**
이렇게 기물을 모아 놓은 곳-house이 기물창고 warehouse이다.

③ **bodyguard**
평강공주의 몸을 지키는 보디가드 bodyguard는 바로 바보온달이다.

④ **beware**
성벽 밖에서는 적군이 '야, 곰 bear 조심해 beware'라고 말하며 쳐들어 온다. 베어 비웨어 발음이 비슷하다.

⑤ **aware**
적의 낌새를 알아챈 aware 보초병이 '어 a- 적이다.'라고 소리친다.

⑥ **warn**
경계병은 수비대에게 경고한다 warn. "적이 완네, 왔어." 그런데, 내부 배신자가 기밀문서를 훔쳐서 몰래 성문으로 빠져나가고 있다.

war · ward · gar · guard 지키다 watch

ware [wεər]
- **n** 상품, 제품
- 어근힌트: ware 지키다
- At the market, the venders were selling their wares.
  시장에서 상인들이 자신들의 물품을 팔고 있었다.

warehouse [werhaʊs]
- **n** 창고, 저장소
- 어근힌트: ware 지키다 + house 집
- 파생어: ware n (보통 ~s) 상품, 제품
- We are searching for a person who will manage a warehouse.
  우리는 창고를 관리할 사람을 찾고 있습니다.

bodyguard [ba:diga:rd]
- **n** 보디가드
- 어근힌트: body 몸 + guard 지키다
- 파생어: guard v ~을 지키다; n 경호원 guardian n 보호자, 후견인
- Bodyguards must have expertise in unarmed combat, tactical driving, and first aid.
  경호원들은 비무장 전투에 관한 전문적인 기술, 전술적인 운전 실력과 응급처치 기술을 소유해야 한다.

beware [biwέər]
- **v** 조심하다, 경계하다
- 어근힌트: be- 강조 + ware 지키다
- The sign said, "Beware of Dog."
  표지판에는 "개 조심"이라고 쓰여 있었다.

aware [əwέər]
- **a** 알고 있는, 감지한
- 어근힌트: a- ~로(접두사) + ware 지키다
- 파생어: unaware a 눈치 못 채는 awareness n 알고 있음, 인식
- You gradually become aware that you are a unique person with your own ideas.
  당신은 점차로 자신 나름의 생각과 태도를 지닌 독특한 사람이란 것을 깨닫게 된다.

warn [wɔ:rn]
- **v** 경고하다
- 어근힌트: warn 경고하다
- 파생어: warning n 경고 forewarn v ~에게 미리 경고하다
- All of them shouted to him to warn him of the danger.
  그들 모두는 그에게 위험에 대해 경고하기 위해 그에게 소리 쳤다.

STORY 253 왕의 사위

STORY

온달의 수훈에 대해 왕은 보상을 주고 reward, 상을 내린다 award. 왕비는 온달과 평강공주와의 결혼을 보장한다 guarantee, warrant. 왕비의 말에 공주는 기쁜 나머지 온달을 주목한다 regard. 가면 무도회 의복 garment을 차려 입은 관료는 예쁘게 장식되어 있는 음식 맛을 보고 있다. 이 와중에 평강국의 기밀을 빼낸 배신자를 소환한다 summon. 그리고, 감시하는 monitor 시스템이 갖추어진 감옥 ward에 수감한다. 죄수는 간수에게 뇌물을 주려고 하지만, 간수는 "그러면 안돼" 하며 죄수를 훈계한다.

연상 HINT

① **reward**
온달의 수훈에 대해 임금님이 보상 reward을 내린다. 아울러 특별상 award도 수여한다. reward는 수고에 대한 정당한 보상을 해주는 것이고, award는 심사위원등이 검토해서 주는 상을 말한다. receive a reward 보상을 받다. win a Academy Award 아카데미상을 받다. re-/re-, A-/A-로 구분하면 좋다.

② **guarantee**
왕비님은 온달과 평강공주의 결혼을 보장한다 guarantee, warrant. guarantee는 일반적인(general) 표현이라고 할 수 있고, warrant는 문서상으로(written) 보증을 나타낼 때 많이 쓰인다. g와 w로 구분하면 기억하기 좋다.

③ **regard**
평강공주는 온달을 장래 낭군으로 주목하게 regard 된다. 다시 re- 보고 또 보고..

④ **garment**
잔칫날인지라, 가면 복장 garment 을 한 관료가 음식의 맛을 보고 있다.

⑤ **summon**
이 전 그림에서 기밀문서를 훔쳐간 배신자를 소환한다 summon. 간수들이 '누군가 someone 너 오라고 하니 따라와'라고 말하며 데려간다.

⑥ **monitor**
모니터 monitor가 설치되어 있는 감옥이다. 모니터는 사람들을 감시하는데 monitor 활용된다.

⑦ **ward**
사람을 지키는 watch 장소들을 ward라고 한다. 여기에는 감옥, 병실, 구역 등이 포함된다.

war · ward · gar · guard   지키다 watch

reward
[riwɔ́:rd]

n 포상, 사례금; **v** 보답하다

어근힌트 re- 다시(접두사) + ward 지키다
파생어 rewarding **a** 보답하는 award **v** 수여하다 **a** 상, 상품

The sales manager wanted to reward the workers for their efforts to increase sales volume.
그 판매 관리자는 판매량을 늘리기 위해 노력하는 근로자들에게 보상하기를 원했다.

guarantee
[gæ̀rəntí:]

n 보증, 보증인; **v** ~을 보증하다

어근힌트 guar 지키다 + ant (동사형 어미) + ee (명사형 어미)
파생어 warrant **a** 보증, 증서; **v** 보증하다 warranty **n** (A/S 기간중) 상품 보증(서), 허가

We guarantee to compensate for any defects that occur in products.
우리는 제품에서 생기는 결함을 보상해 줄 것을 보장합니다.

regard
[rigά:rd]

v 간주하다, 주목해서 보다

어근힌트 re- 다시(접두사) + gard 지키다
파생어 regarding **prep** ~에 관하여는 regardless **a** 부주의한 disregard **v** ~을 무시하다 (=) neglect

She regards herself as a singer, if not much of one.
그녀는 자신을 가수로 여긴다. 비록 대단한 가수는 아니더라도.

garment
[gά:rmənt]

n 의류

어근힌트 gar 장식하다 + ment (명사형 접미사)

The garment factory burned down.
의류 공장이 불에 탔다.

ward
[wɔ:rd]

n 경동, 병실, 감방

어근힌트 ward 지키다
파생어 warden **n** 관리자, 감시자

The rescue team reported that they were approaching the condemned ward.
구조대는 그 저주받은 감옥으로 접근해 가고 있다고 보고하였다.

monit · mon   경고하다 warn

summon
[sʌmən]

v 소환하다

어근힌트 sum 아래 + mon (동사형 어미)
파생어 summons **n** 소환장, 출두명령서

I have been summoned for jury duty, and will serve in court next month.
나는 배심원으로서의 의무를 하도록 요청받았다. 다음달 법정에서 일하게 될 것이다.

monitor
[mάnətər]

n 반장, 모니터; **v** 감시(조정)하다

어근힌트 monit 생각하다 + or (명사형 접미사)

We will continue to closely monitor the progress and take necessary action.
우리는 계속하여 진행 상황을 면밀히 모니터링하고 필요한 조치를 취할 것입니다.

INDEX | 단어 색인

A

abandon	31
abduct	107
abject	177
abnormal	255
abnormality	255
abolish	17
abolishment	17
aborigine	267
abort	267
abortion	267
abortive	267
abound	87
abrupt	345
abruptly	345
absence	113
absent	113
absolute	377
absolutely	377
abstain	433
abstention	433
abstract	463
abundance	87
abundant	87
abuse	473
accept	49
acceptable	49
acceptance	49
access	161
accessible	161
accident	57
accidental	57
accidentally	57
accommodate	239
accommodation	239
accompany	269
accomplish	303
accomplishment	303
accord	75
accordance	75
according to	75
accordingly	75
accuracy	89
accurate	89
achieve	39
achievement	39
acknowledge	179
acquaint	181
acquaintance	181
acquainted	181
acquire	335
acquisition	335
act	13
action	13
active	13
activity	13
actor	13
actress	13
actual	13
actually	13
adapt	261
adaptation	261
add	97
addict	99
addiction	99
addition	97
additional	97
adequacy	111
adequate	111
adjust	179
adjustment	179
administer	227
administration	227
admirable	231
admiration	231
admire	231
admission	235
admit	235
admittance	235
admitted	235
adolescence	17
adolescent	17
adopt	263
adopter	263
adoption	263
adult	17
advance	19
advanced	19
advancement	19
advantage	19
advent	483
adventure	483
adventurous	483
adverse	487
advertise	485
advertisement	485
advertising	485
advice	389
advise	389
advocate	495
affair	129
affect	125
affectation	125
affection	125
affectionate	125
affective	125
affliction	135
agency	15
agent	15
aggress	157
aggression	157
aggressive	157
agony	13
agree	155
agreeable	155
agreement	155
agricultural	87
agriculture	87
alien	37
alliance	197
allocate	201
allow	201
allowance	201
ally	197
alone	373
altar	17
alter	37
alternate	37
alternation	37
alternative	37
altitude	17
alto	17
ambition	395
amnesty	217
amount	248
analogize	203
analogous	203
analogy	203
analysis	379
analytic	379
analyze	379
ancestor	19, 347
ancient	19
anecdote	97
anger	327
anguish	327
annals	21
anniversary	21
announce	257
announcement	257
announcer	257
annoy	257
annoyance	257
annual	21
annually	19
antecedent	161
antibiotic	37
anticipate	49
anticipation	49
antidote	97
antique	19
antiquity	19
anxiety	327
anxious	327
apart	277
apartheid	277
apartment	277
apologetic	203
apologize	203
apology	203
apparatus	271
apparent	275
apparently	275
appeal	291
appear	275
appearance	275
append	293
appendicitis	293
appendix	293
appetite	299
appetizer	299
appetizing	299
applaud	301
applause	301
appliance	307
applicable	305
applicant	305
application	305
apply	305
appoint	333
appointment	333
appreciate	323
appreciation	323
apprehend	321
apprehension	321
appropriate	207
approval	331
approve	331
apt	261
aptitude	261
argument	485
arrange	337
arrangement	337

art	23	attraction	463	believe	195	casualty	57
article	23	attractive	463	beneficial	127	catalog	203
articulate	23	attribute	469	benefit	127	caution	91
artificial	23, 251	attribution	469	benevolent	497	cautious	91
artillery	23	auction	85	betray	467	cease	161
artisan	23	audience	27	betrayal	467	ceaseless	161
artist	23	audit	27	beware	501	centennial	21
artistic	23	audition	27	biannual	21	centimeter	223
ascend	347	auditorium	27	biennial	21	certain	53
ascendant	347	aural	27	bind	31	certainty	53
ascent	347	autobiography	29	biographer	37	certificate	53
ascribe	349	autocracy	29	biography	37	certification	53
ashtray	467	autograph	29	biologic	37	certify	53
aspect	387	automate	29	biological	37	change	55
aspiration	395	automatic	29	biologist	37	changeable	55
aspire	395	automatically	29	biology	37	chapter	41
assemble	357	automation	29	biotic	37	charge	45
assembly	357	automobile	29	bodyguard	501	chariot	45
assert	361	autonomous	255	bond	31	charity	91
assess	367	autonomy	255	bondage	31	charm	301, 463
asset	275	avail	473	broad	205	charming	301, 463
assign	369	availability	475	broadcast	43	cherish	91
assignment	369	available	475	bunch	31	chief	41
assist	399	avenge	479	bundle	31	chiefly	41
assistance	399	avenue	483			circle	61
assistant	399	average	481	**C**		circuit	61
associate	371	award	503			circular	61
association	371	aware	501	capability	39	circulate	61
assume	423	awareness	501	capable	39	circulation	61
assumption	423			capacity	39	circumference	61
assurance	53	**B**		capital	39	circumstance	61
assure	53			capitalism	39	citation	71
asteroid	25	badtempered	175	capitalist	39	cite	71
astonish	457	band	31	capitol	39	citizen	63
astonishing	457	bandage	31	captain	39	citizenship	63
astrology	25	bankrupt	345	captive	39	civic	63
astronaut	25	bankruptcy	345	captivity	39	civil	63
astronomer	25	banner	31	capture	39	civilian	63
astronomy	25	bar	33	caravan	47	civilization	63
at stake	405	barbarian	35	care	91	civilize	63
atmosphere	393	barbaric	35	career	45	civilized	63
atmospheric	393	barbarism	35	careful	91	claim	69
attach	427	barber	35	cargo	45	client	65
attachment	427	barbershop	35	carpenter	47	climate	65
attack	425	bare	35	carpet	47	climb	65
attain	437	barefoot	35	carriage	47	clinic	65
attainment	437	barely	35	carrier	45	close	73
attempt	439	baritone	33	carry	45	closet	73
attend	439	barometer	223	cart	45	coexist	399
attendance	443	barrel	33	carve	47	coexistence	399
attendant	443	barren	33	cascade	57	coincide	57
attention	443	barrier	33	case	57	coincidence	57
attentive	443	barter	35	casket	57	coincident	57
attitude	261	basically	145	cast	43	collaborate	185
attorney	499	belief	195	casual	57	colleague	189
attract	463	believable	195	casually	57	collect	193

collection	193	complement	303	confidentially	119	constructive	415
collective	193	complete	303	confine	137	consul	419
colloquial	203	completely	303	conflict	135	consult	419
colloquialism	203	completion	303	conform	143	consultant	419
colonial	87	complex	305	conformist	143	consulting	419
colonist	87	complexity	305	conformity	143	consume	423
colony	87	complicate	305	confuse	246	consumption	423
comedian	262	complicated	305	confused	246	consumptive	423
comedy	262	compliment	303	confusing	246	contact	425
comfortable	141	comply	303	confusion	246	contagion	425
comfortably	141	component	315	congratulate	155	contagious	425
comic	262	compose	315	congratulation	155	contain	435
commander	211	composer	315	Congress	157	container	435
commemorate	217	composition	315	congressman	157	contemporary	439
commemoration	217	composure	315	connotation	183	contempt	441
commemorative	217	compound	315	connote	183	contend	445
comment	219	comprehend	321	conquer	335	content	433
commerce	221	comprehension	321	conqueror	335	contention	445
commercial	221	comprehensive	321	conquest	335	contentment	433
commission	233	compress	325	conscience	380	contest	453
commit	233	compression	325	conscientious	380	contestant	453
commitment	233	compressor	325	conscious	380	context	397
committee	233	comprise	321	consciously	380	continent	437
commodity	239	compromise	233	consciousness	380	continental	437
common	245	compulsion	291	consecutive	355	continual	435
commonly	245	compulsory	291	consent	359	continually	435
commonplace	245	conceit	51	consequence	355	continue	435
communicate	245	conceited	51	consequent	355	continuous	435
communication	245	conceive	51	consequently	355	continuously	435
communism	245	concentrate	323	conservation	363	contract	463
communist	245	concentration	323	conservative	363	contraction	463
community	245	concept	51	conserve	363	contradict	99
commute	247	conception	51	consider	365	contradiction	99
commuter	247	concern	81	considerable	365	contradictory	99
companion	269	concerned about	81	considerably	365	contrast	401
company	269	concerned with	81	considerate	365	contribute	469
comparable	273	concerning	81	consideration	365	contribution	469
comparative	273	concise	59	considering	365	control	295
comparatively	273	conclude	73	consist	399	controversial	485
compare	273	conclusion	73	consistence	399	controversy	485
comparison	273	conclusive	73	consistent	399	controvert	485
compartment	277	concrete	85	consolation	373	convene	481
compass	281	concur	67	console	373	convenience	483
compassion	285	concurrent	67	conspicuous	183	convenient	483
compassionate	285	condemn	93	conspire	395	convent	375
compatible	285	condition	95	constant	401	convention	481
compel	291	conduct	107	constantly	401	conventional	481
compensate	294	conductor	107	constitute	403	conversation	487
compensation	294	confer	131	constitution	401	converse	487
compete	299	conference	131	constitutional	403	conversion	487
competence	299	confess	115	constrain	413	convert	485
competent	299	confession	115	constraint	413	converter	485
competition	299	confide	119	constrict	413	convertible	485
competitive	299	confidence	119	constriction	413	convey	489
competitor	299	confident	119	construct	415	conveyer	489
complacent	429	confidential	119	construction	415	convict	211

conviction	211	culture	87	degeneration	152	detective	447
convince	211	curable	89	degree	157	deteriorate	449
cooperate	185	cure	89	deject	177	deterioration	449
cooperation	185	curiosity	89	dejected	177	determination	59, 451
cooperative	185	curious	89	delay	379	determine	451
coordinate	265	currency	67	delegate	191	determined	451
coordinator	265	current	67	deliberate	197	detest	453
cord	75	currently	67	deliberately	197	detestation	453
cordial	75	curriculum	67	deliberation	197	devastate	477
core	75	curse	68	deliver	197	devastation	477
corporate	77			delivery	197	device	389
corporation	77	**D**		demand	211	devise	389
corps	77			demotion	241	devoid	477
corpse	77	damage	93	denial	441	devote	493
correct	341	date	97	denotation	183	devoted	493
correction	341	debt	93	denote	183	diagram	165
correspond	397	debtor	93	denounce	257	dialect	193
correspondence	397	decease	161	deny	441	dialectal	193
correspondent	397	deceit	49	depart	277	dialogue	203
corrupt	345	deceitful	49	department	277	diameter	223
corruption	345	deceive	49	departure	277	dictate	101
cosmopolis	309	deception	49	depend	293	dictation	101
cosmopolitan	309	decide	59	dependence	293	dictator	101
council	71	decision	59	dependent	293	dictatorship	101
counsel	419	decisive	59	deplore	337	differ	131
counsel(l)or	419	decisively	59	deposit	317	difference	131
counteract	13	decline	65	depress	325	different	131
counteraction	13	decrease	85	depression	325	differently	131
counterattack	425	decree	81	depressive	325	digest	153
courage	75	dedicate	101	deprive	375	digestion	153
courageous	75	dedicated	101	descend	347	digestive	153
cradle	83	dedication	101	descendant	347	diligence	189
craft	23	deduct	107	descent	347	diligent	189
craftsman	23	deduction	107	describe	349	dimension	223
crafty	23	deep	205	description	349	dimensional	223
create	83	deescalate	347	descriptive	349	diminish	227
creation	83	defeat	129	desert	361	diplomacy	307
creative	83	defect	125	deserve	363	diplomat	307
creator	83	defective	125	design	369	diplomatic	307
creature	83	defend	135	designer	369	direct	341
credible	83	defendant	135	desolate	373	direction	341
credit	83	defense	135	despair	173	directly	341
creditor	83	defensive	135	desperate	173	disadvantage	19
creed	83	defer	131	desperately	173	disagree	157
crime	81	defiant	119	despise	387	disagreeable	155
criminal	81	deficiency	127	dessert	361	disagreement	155
crisis	79	deficient	127	destination	405	disappear	275
critic	79	deficit	127	destine	405	disappearance	275
critical	79	define	137	destiny	407	disappoint	333
criticism	79	definite	137	destroy	415	disappointment	333
criticize	79	definitely	137	destruction	415	disapproval	331
cultivate	87	definition	137	destructive	417	disapprove	331
cultivated	87	deform	143	detach	427	disassemble	357
cultivation	87	deformation	143	detachment	427	disaster	25
cultivator	87	defy	119	detail	431	disastrous	25
cultural	87	degenerate	151	detect	447	discard	75

discern	81	distort	459	effect	125	enforcement	141
discernment	81	distortion	459	effective	125	engrave	167
discharge	45	distract	463	effectively	125	enhance	19
disciple	51	distraction	463	efficiency	127	enormous	255
disclose	73	distress	411	efficient	127	enormously	255
disclosure	73	distribute	469	effort	141	enroll	295
discontent	433	distribution	469	elaborate	185	enrollment	295
discord	75	district	413	elect	193	ensure	53
discourage	75	disturb	249	election	193	entangle	427
discourage	75	disturbance	249	electric	109	enterprise	321
discourse	68	diverse	485	electrical	109	enterprising	321
discredit	83	diversify	485	electrician	109	entertain	437
discreet	81	diversion	485	electricity	109	entertainer	437
discrete	79	divert	485	electron	109	entertainment	437
discretion	81	divide	201	electronic	109	enthusiasm	455
discriminate	81	dividend	201	elegance	191	enthusiastic	455
discrimination	81	division	201	elegant	191	enthusiastically	455
disgrace	155	divorce	499	elevate	195	entire	427
disgraceful	155	donate	97	elevator	195	entirely	427
disloyal	189	donation	97	eligible	189	entreat	465
dismiss	233	donor	97	eliminate	451	entrust	119
dismissal	233	dose	97	elimination	451	envious	389
disobedience	27	double	103	eloquence	203	envy	389
disobedient	27	doubt	103	eloquent	203	equal	111
disobey	27	doubtless	103	embarrass	35	equality	111
disorder	265	drug	99	embarrassing	35	equally	111
dispatch	289	dual	103	embarrassment	35	equation	111
dispel	291	duchess	107	embodiment	77	equator	111
dispense	294	duck	107	embody	77	equipment	111
dispenser	294	due	93	emerge	253	equity	111
displease	429	duke	107	emergence	253	equivalent	111
displeasure	429	duplicate	307	emergency	253	erect	341
disposable	315	duplication	307	emigrant	243	erection	341
disposal	315	duty	93	emigrate	243	erupt	345
dispose	315			emigration	243	eruption	345
disposed	315	**E**		emission	233	escalate	347
disposition	315			emit	233	escalator	347
disproof	331	earliest	267	emotion	241	escape	41
disprove	331	eccentric	323	emotional	241	especially	387
dispute	473	ecological	269	emperor	271	essence	113
disregard	503	ecologist	269	emphasis	117	essential	113
disrupt	345	ecology	269	emphasize	117	essentially	113
disruption	345	economic	255	empire	271	establish	403
dissatisfaction	275	economical	255	employ	307	establishment	403
dissatisfied	275	economics	255	employee	307	estate	403
dissatisfy	275	economy	255	employer	307	esteem	475
dissect	351	ecstasy	403	employment	307	estimate	475
dissolution	377	edit	95	empress	271	evacuate	477
dissolve	377	edition	95	enact	15	evacuation	477
distance	401	editor	95	enactment	15	evaluate	475
distant	401	editorial	95	encircle	61	evaluation	475
distinct	409	educate	107	enclose	73	event	481
distinction	409	educated	107	encompass	283	eventual	481
distinctive	409	education	107	encourage	75	eventually	481
distinctively	409	educational	107	encouragement	75	evidence	385
distinguish	409	educator	107	enforce	141	evident	385

evidently	385	expert	297	famous	115	fragment	147
evoke	493	expire	395	fancy	123	frequency	355
evolution	499	explode	301	fantasia	123	frequent	355
evolutionary	499	exploit	307	fantastic	123	frequently	355
evolve	499	exploration	337	fantasy	123	fund	145
exact	13	explore	337	farewell	163	fundamental	145
exactly	13	explorer	337	fascinate	123	fundamentally	145
exactness	13	explosion	301	fatal	115	fuse	246
exaggerate	153	explosive	301	fate	115	fusion	246
exaggeration	153	export	313	fault	120	futile	147
exaggerative	153	exportation	313	faultfinding	120		
examination	423	expose	317	faultless	120	**G**	
examine	423	exposition	317	faulty	120		
example	401, 423	exposure	317	feature	129	garment	503
exceed	159	express	325	federal	119	gender	151
except	49	expression	325	federation	119	gene	149
exception	49	expressway	325	fence	137	genealogy	149
exceptional	49	expulsion	291	ferry	131	general	151
excess	159	exquisite	335	ferryboat	131	generalize	151
excessive	159	extend	445	fertile	131	generally	152
exchange	55	extension	445	fertilize	131	generate	151
excite	71	extensive	445	fertilizer	131	generation	151
excitement	71	extent	445	fiction	127	generator	151
exciting	71	extinct	409	fidelity	119	generosity	151
exclaim	69	extinction	409	final	137	generous	151
exclamation	69	extinctive	409	finally	137	generously	151
exclude	73	extinguish	411	finance	137	genesis	149
exclusion	73	extort	459	financial	137	genetic	149
exclusive	73	extortion	459	finite	137	genetics	149
exclusively	73	extract	463	fiscal	137	genius	149
excursion	67	extraction	463	flexibility	121	genre	149
execute	353	extracurricular	67	flexible	121	gentle	151
execution	353	extraordinary	265	flow	139	genuine	151
executive	353	extraterrestrial	449	flu	139	genuinely	151
exert	361	extravagance	147	fluency	139	gesture	153
exertion	361	extravagant	147	fluent	139	global	393
exhaust	17			fluid	139	globe	393
exhausted	17	**F**		force	141	goodwill	497
exhibit	169			forceful	141	grace	155
exhibition	169	fable	115	forcefully	141	graceful	155
exile	421	facile	129	forecast	43	gracefully	155
exist	399	facilitate	129	forewarn	501	gracious	155
existence	399	facility	129	forfeit	127	graciously	155
exit	163	facsimile	129	forget	217	graduate	157
expect	383	fact	129	forget-me-not	217	graduation	157
expectant	381	factor	129	formula	143	grammar	165
expectation	381	factual	129	formulate	143	grammatical	165
expedition	289	faculty	129	fortification	141	graphic	165
expel	291	fail	120	fortify	141	graphics	165
expenditure	294	failure	120	fortunate	141	gratitude	155
expense	294	faith	119	fortune	141	grave	167
expensive	294	faithful	119	found	145	gravely	167
experience	297	faithfully	119	foundation	145	gravestone	167
experienced	297	false	119	fountain	145	graveyard	167
experiment	297	falsehood	120	fraction	147	gravitate	167
experimental	297	fame	115	fragile	147	gravitation	167

gravity	167
grief	167
grieve	167
grievous	167
guarantee	503
guard	501
guardian	501

H

habit	169
habitant	169
habitat	169
habitation	169
habitual	169
harshness	351
heir	171
hemisphere	393
hereditary	171
heredity	171
heritage	171
high	205
hospitable	173
hospital	173
hospitality	173
host	173
hostess	173
hostile	173
hostility	173
hottempered	175
humble	87
humbly	87
hydrogen	297
hypertension	445

I

ignoble	181
ignorance	181
ignorant	181
ignore	181
illegal	191
illogical	203
immediate	215
immediately	215
immemorial	217
immense	223
immigrant	243
immigrate	243
immigration	243
imminent	225
immortal	441
immortality	441
impair	271
impartial	279
impatience	285

impatient	285
impede	289
impediment	289
impel	241
impel	291
impending	293
imperfect	125
imperial	271
imperialism	271
implausible	301
implement	303
implemental	303
implementation	303
implicate	307
implication	307
imply	305
import	313
importation	313
impose	315
imposition	315
impossible	319
impress	325
impression	325
impressive	325
imprint	327
imprison	321
imprisonment	321
improbable	331
improper	207
improve	331
improvement	331
imprudent	385
impulse	291
impulsive	291
inaccurate	89
inactive	13
inactivity	13
inadequate	111
inappropriate	207
incapable	39
incessant	161
incite	71
incitement	71
inclination	65
incline	65
inclined	65
include	73
inclusion	73
incomparable	273
incompatible	285
incompetence	299
incompetent	299
incomplete	303
inconsistent	399
inconvenience	483
inconvenient	483

incorporate	77
incorrect	341
increase	85
increasingly	85
incredibility	83
incredible	83
incredibly	83
incurable	89
indebted	93
indecisive	59
indefinite	137
independence	293
independent	293
independently	293
index	99
indicate	99
indication	99
indifference	131
indifferent	135
indigestion	153
indirectly	341
indispensable	294
individual	201
individualism	201
individually	201
induce	105
induction	105
industrial	417
industrialization	417
industrialize	417
industrious	417
industry	417
ineffective	125
inefficient	127
inelegant	191
inequality	111
inequity	111
inexperienced	297
infamous	115
infamy	115
infancy	115
infant	115
infantile	115
infect	125
infection	125
infectious	125
infer	131
inference	131
infidelity	119
infinite	137
infinity	137
inflect	121
inflexible	121
inflict	137
influence	139
influential	139

influenza	139
inform	143
information	143
informative	143
ingenious	151
ingenuity	151
ingratitude	155
ingredient	157
inhabit	169
inhabitant	169
inherit	171
inheritance	171
inhibit	169
initial	163
initially	163
initiate	163
initiative	163
inject	177
injection	177
injure	179
injurious	179
injury	179
injustice	179
innate	251
innovate	259
innovation	259
inquire	335
inquiry	335
inquisition	335
inscribe	349
inscription	349
insect	351
insecure	89
insensitive	359
insert	361
insertion	361
inside	365
insignificance	369
insignificant	369
insist	399
insistence	399
insistent	399
inspect	385
inspection	385
inspector	385
inspiration	395
inspire	395
instability	403
install	407
instance	401
instant	401
instantly	401
instinct	411
instinctive	411
institute	403
institution	403

instruct	417	invasion	157	lever	197	manipulate	207
instruction	417	invent	389, 481	liability	199	manipulation	207
instructive	417	invention	481	liable	199	mansion	207
instructor	417	inventive	481	liberal	195	manual	207
instrument	417	inventor	481	liberate	195	manufacture	207
insufficient	127	inverse	485	liberation	195	manufacturer	207
insult	421	invert	485	liberty	195	margin	221
insurance	53	invisible	391	lift	195	market	221
insure	53	invoke	493	limit	451	martyr	231
intact	425	involve	499	limitation	451	marvel	231
integral	427	involvement	499	limited	451	marvelous	231
integrate	427	irrational	339	linger	205	massacre	455
integration	427	irregular	343	local	201	master	229
integrity	427	irrelevant	197	locally	201	masterpiece	229
intellect	193	irresistible	399	locate	201	maximum	227
intellective	193	irresponsible	397	location	201	mayor	229
intellectual	193	isle	175	locomotion	241	mean	213
intelligence	193	isolate	175	locomotive	241	meaning	213
intelligent	193	isolation	175	logic	203	meaningful	213
intend	443	issue	163	logical	203	means	213
intense	445			lonely	373	meantime	213
intension	445			lonesome	373	meanwhile	213
intensity	445	**J**		long	205	measure	223
intensive	445	judge	179	longing	205	measurement	223
intent	443	judgement	179	longitude	187	mechanic	109
intention	443	jury	179	loud	301	mechanical	109
intentional	443	just	179	loudly	301	mechanism	109
intentionally	443	justice	179	loyal	189	media	213
interact	15	justification	179	loyalty	189	mediate	215
interaction	15	justify	179			medical	215
interchange	55	justly	179			medicine	215
interchangeable	55			**M**		medieval	213
interest	113			machinery	109	meditate	213
interested	113	**K**		magician	229	meditation	213
interesting	113	kilometer	223	magnanimous	229	Mediterranean	449
interfere	131	know	181	magnet	229	medium	213
interference	131	knowledge	181	magnetic	229	melody	262
intermediate	215			magnetism	229	memo	219
interpret	327			magnificent	229	memorable	217
interpretation	327	**L**		magnify	229	memorial	217
interpreter	327	labor	185	magnitude	229	memorize	217
interrupt	345	laboratory	185	mainly	41	memory	217
interruption	345	laborer	185	maintain	433	menace	225
intervene	483	latitude	187	maintenance	433	mental	219
interview	391	law	189	majestic	227	mentality	219
interviewee	391	lawyer	189	majestically	227	mentally	219
intonation	457	league	199	majesty	227	mention	219
introduce	105	leaven	195	major	227	mentor	219
introduction	105	lecture	193	majority	227	merchandise	221
introductory	105	lecturer	193	make	473	merchant	221
intrude	225	legacy	191	malcontent	433	merciful	221
intrusion	225	legal	191	maltreat	465	merciless	221
invade	157	legality	191	manage	207	mercy	221
invader	157	legalize	191	management	207	mess	235
invalid	475	legend	191	manicure	207	message	237
invaluable	475	legitimate	191	manifest	207	messenger	237

Messiah	237	move	243	nurse	261	opposite	315
metaphor	247	movement	243	nursery	261	opposition	315
metropolis	309	moving	243	nurture	261	oppress	325
metropolitan	309	multiple	305	nutrition	261	oppression	325
microscope	25	multiply	305	nutritionist	261	option	263
minimum	227	murder	441			optional	263
minister	227	murderer	441			order	265
ministry	227	mutual	247	## O		ordinarily	265
minor	227	mutually	247	obedience	27	ordinary	265
minority	227			obedient	27	orient	267
miracle	231			obey	27	oriental	267
miraculous	231	## N		object	177	orientation	267
mirage	231	naked	251	objection	177	origin	267
miscast	43	nation	251	objective	177	original	267
mischief	41	national	251	obligation	199	originality	267
mischievous	41	nationalism	251	obligatory	199	originate	267
misconception	51	nationality	251	oblige	199	originative	83
mispronounce	257	native	251	observance	363	outfit	261
miss	235	natural	251	observation	363	outlaw	189
missile	235	naturally	251	observatory	363	outlive	491
mission	237	nature	251	observe	363	outright	341
missionary	237	nausea	253	observer	363	outside	365
mob	241	navigate	253	obsess	367	outstand	407
mobile	243	navigation	253	obsession	367	outstanding	183
moderate	239	navy	253	obsessive	367	outstanding	407
modern	239	necessary	159	obstacle	407	overestimate	475
modernization	239	necessity	159	obstinate	407	overflow	139
modernize	239	negative	441	obstruct	417	overstate	405
modest	239	neglect	193, 503	obstruction	417	overview	391
modestly	239	newcomer	259	obstructive	417	oxygen	297
modesty	239	nitrogen	297	obtain	437		
modification	239	nobility	181	obvious	489		
modifier	239	noble	181	obviously	489	## P	
modify	239	noise	257	occasion	57	pace	283
mold	239	noisy	257	occasional	57	pain	479
moment	243	nonconductor	107	occasionally	57	painful	479
momentary	243	nonfiction	127	occidental	57	painfully	479
monitor	503	nonsense	359	occupation	49	pair	271
monk	375	norm	255	occupy	49	pant	123
monologue	375	normal	255	occur	67	par	273
monopolize	375	normally	255	occurrence	67	paragraph	165
monopoly	375	notable	183	octopus	289	paralysis	379
monotone	457	note	183	offend	137	paralytic	379
monotonous	457	noted	183	offense	137	paralyze	379
monotony	457	notice	183	offensive	137	paraphrase	117
monument	217	noticeable	183	offer	131	parity	273
monumental	217	notify	183	omission	235	parliament	117
mortal	441	notion	183	omit	235	parlor	117
mortality	441	notorious	183	opera	185	parrot	273
motion	243	nourish	261	operate	185	part	277
motivate	241	nourishment	261	operation	185	partial	279
motivation	241	novel	259	operator	185	partially	279
motive	241	novelist	259	opinion	263	participant	279
motto	241	novelty	259	opponent	315	participate	279
mountain	248	novice	259	opportunity	313	participation	279
movable	243	nuisance	257	oppose	315	particle	279

particular	279	perspire	395	posture	317	previously	489
particularly	279	petition	299	potent	319	prey	321
partly	277	phantom	123	potential	319	price	323
partner	277	phenomena	123	potentiality	319	priceless	323
pass	281	phenomenal	123	power	319	primarily	329
passage	283	phenomenon	123	powerful	319	primary	329
passenger	281	philosopher	381	praise	323	prime	329
passerby	281	philosophy	381	precaution	91	primitive	329
passion	285	photograph	333	precautionary	91	principal	329
passionate	285	photographer	333	precautious	91	principle	329
passive	285	photographic	333	precede	159	print	327
passport	281	photography	333	precedent	159	prior	329
pastime	281	phrase	117	preceding	159	priority	329
paternal	287	physical	77	precious	323, 475	prison	321
patience	285, 351	physician	77	precise	59	prisoner	321
patient	285	physicist	77	precisely	59	privacy	375
patriot	287	plausible	301	precision	59	private	375
patriotic	287	plea	429	predecessor	159	privilege	375
patriotism	287	plead	429	predict	99	prize	323
patrol	287	pleasant	429	prediction	99	probability	331
patron	287	please	429	predictor	99	probably	331
patronize	287	pleased	429	prefer	135	probe	331
pattern	287	pleasing	429	preferable	135	procedure	161
pedal	289	pleasure	429	preferably	135	proceed	159
peddle	289	plentiful	303	preference	135	proceeding	159
peddler	289	plenty	303	pregnant	151	process	159
pedestrian	289	poise	317	prejudice	179	procession	159
peer	273	policy	309	prejudiced	179	proclaim	69
penalty	479	polite	309	preliminary	451	proclamation	69
peninsula	175	politic	309	preparation	271	produce	105
pension	293	political	309	prepare	271	producer	105
perceive	51	politician	309	prerequisite	335	product	105
perception	51	politics	309	prescribe	349	production	105
perfect	125	ponder	293	prescription	349	productive	105
perfection	125	ponderous	293	presence	113	productivity	105
perfectly	125	populace	311	present	113	profess	115
perform	143	popular	311	presentation	113	profession	115
performance	143	popularity	311	presently	113	professional	115
performer	143	populate	311	preservation	363	professionalism	115
peril	297	population	311	preservative	363	professor	115
perilous	297	port	313	preserve	363	profound	145
perish	163	portable	313	president	365	progress	157
perishable	163	portion	279	presider	365	progressive	157
permanent	207	portrait	461	press	325	prohibit	169
permanently	207	portray	461	pressure	325	prohibition	169
permission	237	pose	317	prestige	413	project	177
permit	237	position	317	prestigious	413	prolong	205
perpetual	299	possess	367	presume	423	prominent	225
perplex	305	possession	367	pretend	445	promote	241
perplexed	305	possibility	319	pretense	357	promotion	241
perseverance	351	possible	319	prevail	475	pronouncement	257
persevere	351	possibly	319	prevalent	475	pronunciation	257
persist	399	postdate	97	prevent	481	proof	331
persistent	399	postgraduate	157	prevention	481	propel	291
perspective	381	postpone	317	preview	391	propeller	291
perspiration	395	postscript	349	previous	489	proper	207

property	207	qualification	127	reformation	143	render	95
prophecy	117	qualify	127	reformer	143	renew	259
prophesy	117	quest	335	refund	145	renewal	259
prophet	99, 117	question	335	refusal	246	renovate	259
proportion	279			refuse	246	renovation	259
proportional	279			refutation	145	rent	95
proposal	315		**R**	refute	145	repair	271
propose	315	rally	199	regard	503	repeat	299
propriety	207	range	337	regarding	503	repeatedly	299
prosecute	353	rank	337	regardless	503	repetition	299
prosecutor	353	ranking	337	region	343	repetitive	299
prospect	389	rate	339	regional	343	reply	305
prospective	389	rating	339	register	153	represent	113
prosper	173	ratio	339	registrant	153	representation	113
prosperity	173	rational	339	registration	153	representative	113
prosperous	173	rationalism	339	regular	343	reproduce	105
protect	447	rationalize	339	regularly	343	reproduction	105
protection	447	react	15	regulate	343	reproductive	105
protective	447	reaction	15	regulation	343	reproof	331
protein	435	reason	339	rehabilitation	169	reprove	331
protest	453	reasonable	339	reign	343	republic	311
protestant	453	recede	159	reinforce	141	republican	311
protestantism	453	receipt	49	reinforcement	141	reputation	473
protrude	225	receive	49	reject	177	repute	473
prove	331	reception	49	rejection	177	request	335
provide	389	recess	159	relate	187	require	335
provided	389	recession	159	relation	187	required	335
provider	389	recipe	51	relationship	187	requirement	335
providing	389	recital	71	relative	187	requisite	335
provision	389	recite	71	relatively	187	requisition	335
provocation	495	recognition	181	relax	379	rescue	89
provocative	495	recognize	181	relaxation	379	resemble	357
provoke	495	recommend	211	relay	379	resent	359
prudence	385	recommendation	211	release	379	resentment	359
prudent	385	reconcile	71	relevance	197	reservation	363
prudential	385	reconciliation	71	relevant	197	reserve	363
psychological	269	reconvene	481	reliable	199	reside	367
psychologist	269	recreate	83	reliance	199	residence	367
psychology	269	recreation	83	relief	195	resident	367
public	311	recruit	79	relieve	195	residential	367
publication	311	recruitment	79	religion	199	resign	369
publicity	311	rectangle	341	religious	199	resignation	369
publish	311	recur	68	rely	199	resist	399
pulsation	291	recurrence	68	remain	207	resistance	399
pulse	291	recurrent	68	remainder	207	resistant	399
punctual	333	reduce	105	remark	221	resolute	377, 451
punctuality	333	reduction	105	remarkable	183, 221	resolution	377
punctuate	333	refer	135	remedy	215	resolve	377
punctuation	333	reference	135	remember	219	resource	267
punish	479	refine	137	remembrance	219	respect	387
punishment	479	refined	137	remind	219	respectable	387
purpose	317	refinement	137	reminder	219	respectful	387
pursue	353	refinery	137	remote	241	respectfully	387
pursuit	353	reflect	121	removal	243	respiration	23
		reflection	121	remove	243	respiratory	395
	Q	reform	143	renaissance	251	respire	395

respond	397	satisfy	275	sign	369	speculation	383
response	397	sauce	421	signature	369	speculative	383
responsibility:	397	scale	347	significance	369	sphere	393
responsible	397	scar	347	significant	369	spice	387
responsive	397	scanner	347	signify	369	spicy	387
restrain	413	scarcely	35	similar	357	spin	393
restraint	413	scent	359	similarity	357	spirit	395
restrict	413	science	380	similarly	357	spiritual	395
restriction	413	scientific	380	simile	357	stability	403
result	419	scientifically	380	simulate	357	stabilize	403
retail	431	scissors	59	simulation	357	stable	403
retain	433	scribe	349	simultaneous	439	stack	407
retention	433	script	349	simultaneously	439	stadium	407
retort	459	seal	369	sincerity	427	staff	407
retreat	465	seclude	73	skill	23	stake	407
retrospect	389	second	355	skillful	23	stall	407
revenge	479	secondhand	355	sociability	371	stamina	407
revenue	481	secret	79	sociable	371	standard	407
reverse	487	secret	119	social	371	standardize	407
review	391	secretary	79	socialism	371	standpoint	407
revise	389	section	351	socialist	371	state	405
revision	389	sector	351	socialize	371	statement	405
revival	491	secure	89	society	371	statesman	405
revive	491	security	89	sociology	371	static	405
revoke	495	sedan	365	sole	373	statistical	405
revolt	499	seem	357	solely	373	statistics	405
revolution	499	seeming	357	solemn	373	statue	405
revolutionary	499	seemingly	357	solemnity	373	statue	405
revolve	499	segment	351	solicit	373	status	405
revolver	499	select	193	solicitous	373	steadfast	401
reward	503	selection	193	solitary	373	steadily	401
rewarding	503	semiconductor	107	solitude	373	steady	401
right	341	semifinal	137	solo	373	stethoscope	25
rigid	341	sensation	359	solution	377	stick	411
rotate	295, 499	sensational	359	solvable	377	sticker	411
rotation	295	sensationism	359	solve	377	sticky	411
routine	345	sense	359	solvent	377	stimulate	411
royal	343	senseless	359	sophisticated	381	stimulus	411
royalty	343	sensible	359	sophomore	381	stingy	411
rupture	345	sensitive	359	soundproof	381	straight	341
		sentimental	359	source	267	strain	415, 445
S		sentimentalism	359	souvenir	483	strait	413
		separate	273	sovereign	343	strange	327
sacred	455	separation	273	special	387	stranger	327
sacrifice	455	sequence	355	specialist	387	strangle	413
saint	455	sequent	355	specialize	387	stress	413
salary	419	sequential	355	specially	387	stressful	413
sale	421	serial	361	specific	385	strict	415
salmon	421	series	361	specifically	385	strictly	415
salt	419	service	363	specification	387	striking	183
salty	419	session	365	specimen	385	string	413
satire	275	settle	367	spectacle	381	subconscious	380
satisfaction	275	settlement	367	spectacular	383	subdue	107
satisfactorily	275	settler	367	spectator	383	subject	177
satisfactory	275	severe	351	specter	383	subjective	177
satisfied	275	severity	351	speculate	383	submission	237

submissive	237	surmount	248	tenant	435	trainman	461
submit	237	surpass	283	tend	443	trait	461
subordinate	265	surprise	321	tendency	443	traitor	467
subscribe	349	surprising	321	tender	443	transact	15
subscription	349	surprisingly	321	tenement	435	transaction	15
subsequence	355	surrender	95	tense	445	transfer	135
subsequent	355	surround	87	tension	445	transform	143
subsequently	355	surrounding	87	term	451	transformation	143
subsidiary	367	survey	385	terminal	451	transient	243
subsidy	367	survival	491	terminate	451	transit	163
substance	401	survive	491	termination	451	transition	163
substantial	401	survivor	491	terrace	449	translate	187
substitute	403	suspect	385	terrestrial	449	translation	187
substitution	403	suspend	293	terrible	447	translator	187
subterranean	449	suspense	293	terribly	447	transmissible	237
subtract	463	suspension	293	terrific	447	transmission	237
subtraction	463	suspicion	385	terrify	447	transmit	237
suburb	63	suspicious	385	territorial	449	transparent	275
suburban	63	sustain	435	territorialism	449	transport	313
succeed	159	sustainable	435	territory	449	transportation	313
success	159	sympathetic	285	terror	447	tray	467
successful	159	sympathy	285	testify	453	treason	467
succession	159	synthesize	379	testimonial	453	treat	465
successive	159	synthetic	379	testimony	455	treatise	465
successor	159	system	401	text	397	treatment	465
suddenly	345	systematic	401	textbook	397	treaty	465
suffer	135			textile	397	tremble	147
suffice	127			texture	397	tremendous	147
sufficient	127	**T**		theological	455	trend	443
suggest	153			theology	455	trespass	283
suggestion	153	tack	425	thermometer	223	tribe	469
suggestive	153	tackle	427	threat	225	tribute	469
suicide	59	tactic	427	threaten	225	triennial	21
suit	353	tactical	427	threatening	225	trim	465
suitable	353	tactics	427	thrust	225	trimming	465
suitcase	353	tailor	431	tolerable	281	trouble	249
suitor	353	tangle	427	tolerance	281	troublesome	249
summit	339	technical	109	tolerant	281	true	119
summon	503	technician	109	tolerate	281	truth	119
summons	503	technique	109	toll	281	truthful	119
superficial	127	technological	109	tone	457	tune	457
supernatural	251	technology	109	torch	459	tuning	457
superstition	403	telegram	165	torment	459	twist	459
superstitious	403	telepathy	285	torture	459		
supervise	387	telescope	25	trace	461	**U**	
supervision	387	temper	175	track	461		
supervisor	387	temperament	175	trade	467	umpire	273
supply	303	temperance	175	trader	467	unacceptable	49
support	313	temperate	175	trading	467	unaware	501
supporter	313	temperature	175	tradition	467	unbelievable	83, 195
suppose	315	tempest	439	traditional	467	unbind	31
supposition	315	tempo	439	tragedy	262	uncertain	53
suppress	325	temporal	439	tragic	262	uncertainty	53
suppression	325	temporarily	439	trail	461	unchanged	55
sure	53	temporary	243, 439	trailer	461	unchanging	55
surge	267	tempt	441	train	461	uncomfortable	141
		temptation	441				

uncommon	245	vacuum	477	**W**			
unconscious	380	vague	147	ward	503		
uncooperative	185	vain	477	warden	503		
underestimate	475	valid	475	ware	501		
undergraduate	157	valuable	475	warehouse	501		
undernourishment	261	valuation	475	warn	501		
understand	409	value	475	warning	501		
understate	405	valueless	475	warrant	503		
undoubtedly	103	vanish	477	warranty	503		
unemployed	307	varity	477	welfare	163		
unemployment	307	variety	55	whole	427		
unequal	111	various	55	widow	201		
unexpected	383	vary	55	will	497		
unfortunate	141	vegetable	491	withstand	409		
unification	471	vegetarian	491	worry	413		
union	471	vegetarianism	491				
unique	471	vegetation	491	**Z**			
unit	471	vengeance	479				
unite	471	venture	483	zoology	269		
unity	471	verse	487				
universal	487	version	487				
universally	487	vertical	487				
universe	487	vessel	477				
unjust	179	via	489				
unknown	181	victim	211				
unlimited	451	victimize	211				
unpleasant	429	victor	211				
unpopular	311	victorious	211				
unprecedented	159	victory	211				
unprepared	271	view	391				
unreasonable	339	viewer	391				
unsatisfactory	275	viewpoint	391				
unstable	403	vigor	491				
unsteady	401	vigorous	491				
unsure	53	visible	391				
unusual	473	vision	391				
unusually	473	visit	391				
upright	341	visitor	391				
upset	367	vital	491				
urban	63	vitality	491				
usage	473	vivid	491				
use	473	vividly	491				
used	473	vocabulary	493				
useful	473	vocal	495				
useless	473	vocation	495				
usual	473	vocational	495				
usually	473	volcanic	497				
utensil	473	volcano	497				
utility	473	volume	499				
utilize	473	voluntary	497				
		volunteer	497				
V		vomit	235				
		vote	495				
vacancy	477	vow	493				
vacant	477	vowel	493				
vacate	477	voyage	489				

MEMO

닥터보카
필수어휘 3000

....

발행일 2017년 10월 20일
편저자 이홍재
발행인 서정범
발행처 ㈜용감한컴퍼니
등록번호 제2016-000098호
전화 070-4603-1578
팩스 070-4850-8623
이메일 cs@bravecompany.net
ISBN 979-11-88019-71-7
정가 25,000원

이 책은 ㈜용감한컴퍼니가 저작권자와의 계약에 따라 발행한 것이므로
본사의 허락 없이는 어떠한 형태나 수단으로도 이 책의 내용을 이용하지 못합니다.
잘못된 책은 구입처에서 교환해 드립니다.